周世昌師友書札手跡

周倫玲 編

中華書局

圖書在版編目(CIP)數據

周汝昌師友書札手跡/周倫玲編. —北京:中華書局,
2023.12
ISBN 978-7-101-15590-7

Ⅰ.周… Ⅱ.周… Ⅲ.周汝昌(1918~2012)-書信集
Ⅳ.K825.6

中國版本圖書館 CIP 數據核字(2022)第 004069 號

責任編輯:李世文
釋　　文:趙林濤　趙大海
特約審校:沈錫麟　艾俊川
裝幀設計:毛　淳
責任印製:陳麗娜

周汝昌師友書札手跡

周倫玲 編

*

中 華 書 局 出 版 發 行

(北京市豐臺區太平橋西里 38 號　100073)

http://www.zhbc.com.cn

E-mail:zhbc@zhbc.com.cn

北京雅昌藝術印刷有限公司印刷

*

889×1194 毫米 1/16・28¼印張・200 千字

2023 年 12 月第 1 版　2023 年 12 月第 1 次印刷

印數:1-1500 册　定價:680.00 元

ISBN 978-7-101-15590-7

周汝昌先生（1918—2012）

出版說明

周汝昌先生（一九一八—二〇一二）早歲兩度就讀於燕京大學，後執教於成都華西大學、四川大學。一九五四年返回北京，歷任人民文學出版社編輯、中國藝術研究院研究員等職。自二十世紀四十年代至新世紀之初，周先生不僅撰寫了大量學術論著與隨筆、詩詞，參與文學古籍的整理和編輯工作，還妥善保存了一批珍貴的文獻資料，這就是數量甚夥的師友函札與書畫墨跡。周汝昌先生去世後，二〇一三年，家人將遺存圖書、手稿、書札等資料捐獻於恭王府博物館。二〇一八年，恭王府博物館設立周汝昌紀念館，將周先生遺存辟爲專藏珍護。

這批文獻資料藴含著豐富的文化與學術信息，具有重要的歷史價值和文物價值。有鑒於此，我們特約請周倫玲女士編選本書，將周先生師友書札及詩箋、畫作較有代表性者按原貌影印刊布，並附參考釋文，俾可嘉惠學林，以爲相關研究的參考。

中華書局編輯部　二〇二三年十月

目録

凡例

一、本書選録周汝昌先生師友書札並書畫、詩箋等近三百通（件），一般按作者生年先後編次（生年相同者，復按卒年編次），並附人物小傳。同一作者的作品，亦盡量按時間先後排定，偶因版面需要，適作調整。

二、全書圖版之後附以參考釋文，按現代書信格式排版。原無標點者，均加新式標點。落款日期，一般改爲漢字。若干書札上有周汝昌先生所寫文字，必要者亦作釋文，以仿宋字體排版，以示區別。

三、手跡中之明顯誤字，釋文中以【 】將正字括置於其後。據文意所補之字，以〔 〕標示。衍字以［ ］標示。未能辨識之字，以□標示。簡體字書寫者，統改爲繁體。

張元濟

（一八六七—一九五九）

浙江海鹽人。字筱齋，號菊生。清光緒十八年（一八九二）進士，授翰林院庶吉士。曾任刑部主事、總理各國事務衙門章京，參與戊戌變法。後長期任職於商務印書館，曾任董事長等職，主持《四部叢刊》、《百衲本二十四史》之出版。一九五三年任上海市文史研究館館長。著有《校史隨筆》、《涉園序跋集録》等。

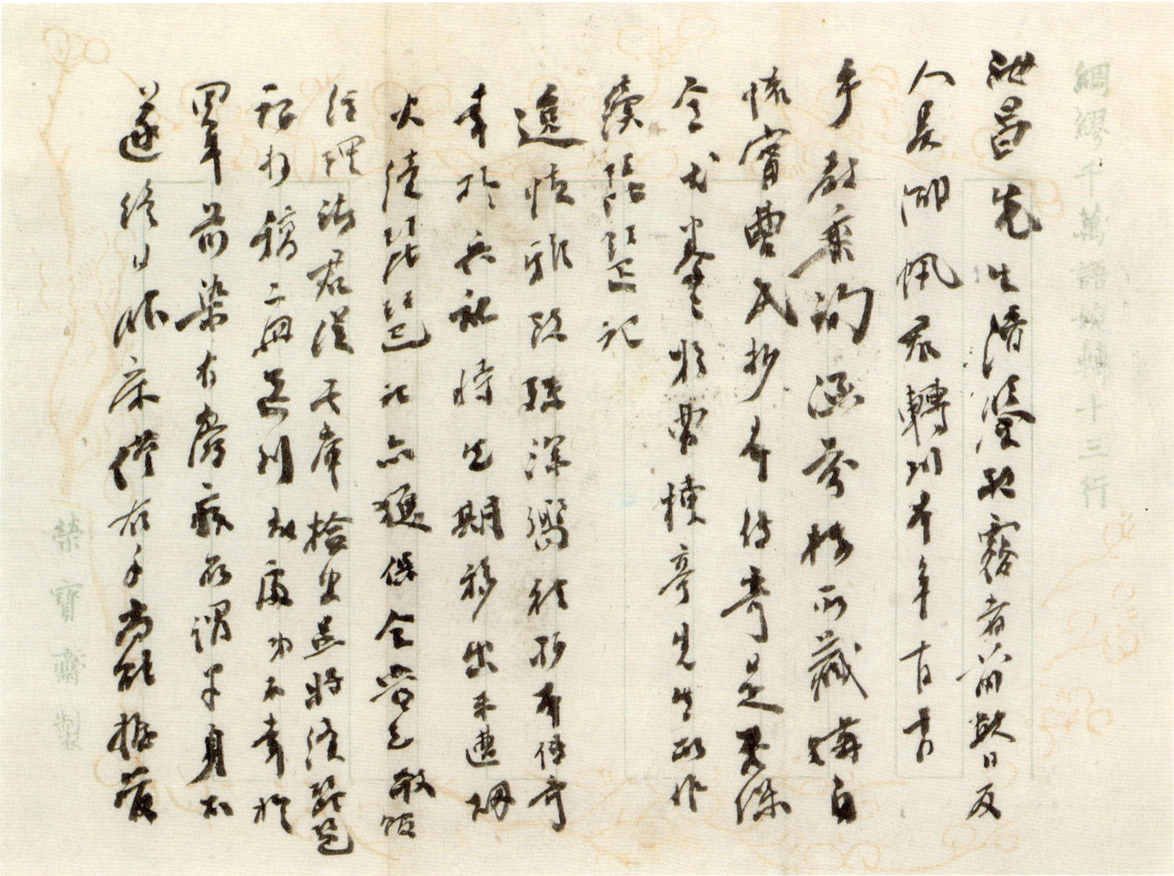
榮寶齋製

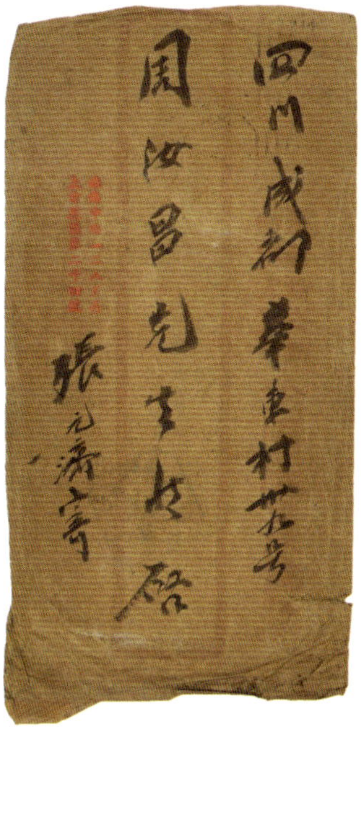
四川成都華東村廿五號
周汝昌先生大啟
張元濟寄

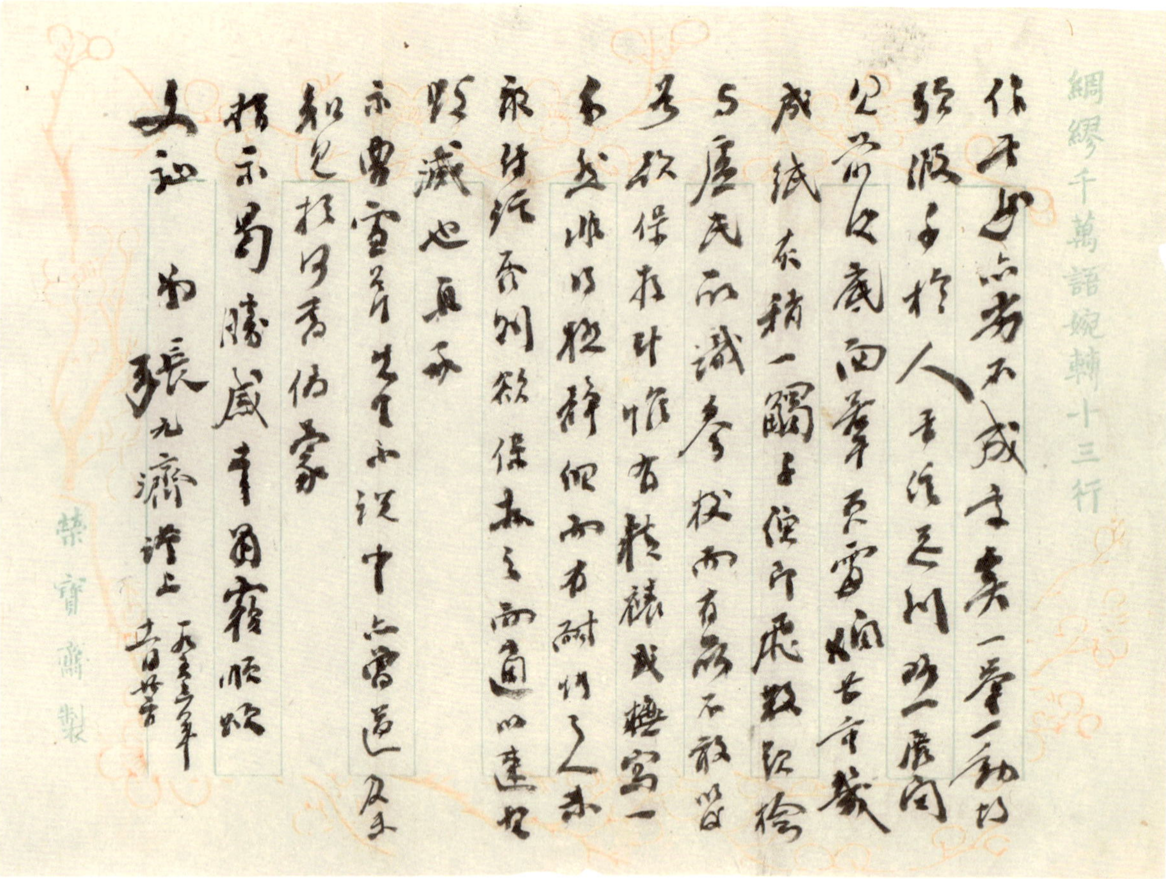
綢繆千萬語婉轉十三行
榮寶齋製

汪鸞翔

（一八七一—一九六二）

廣西臨桂（今桂林）人。字鞏庵，一字公嚴。一八八八年考入廣雅書院。一八九一年辛卯科舉人。一八九八年加入保國會，參加維新運動。曾任清華大學等校教授。一九五二年被聘爲中央文史研究館館員。喜作古文詩詞，工繪畫。著有《秋實軒詩集》等。

蘆荻青〻水
一涯摩魚團〻
樂相偕潮來不
用旋彈弩失笑
錢唐萬箭
右題射魚法
公巖

簌簌藤陰
霞水涼游人將入
輞川莊竹垞亦有
斜街居不敢鷗鄉味更長
右題藤陰書屋

汪鸞翔（一八七一—一九六二）

柳陌菱塘暮
靄餘漁浦詩窗
釣人居秋光未暮
農邨母母莖白楓
丹邨示妍
右題楓林莖白邨
小景四幅為
敏庵仁兄娱
覩偽 辛卯長夏
客歲洴居初莫詩札
重償山莊廢晤年 汝昌

周汝昌師友書札手跡

六

惜餘懽

西山矗矗正相見甚懽把卷同讀驀聽唱驪歌又征騎

相識口我點蜀山一鞭殘照斜出去問君平簾下臨邛市

畔萬里橋西業多游目　文翁自來化蜀況舊學商

量新智薰育莫吝浣花箋寫斜行盈幅峨嵋嶺西來

大江東下還新語免義義棖觸大雲千里到了益州涼

飈石肅　送

敏庵仁兄入蜀執教即請正拍

辛卯秋八月公蔥汪鸞翔倚聲

時年八十又一

夏仁虎

（一八七四—一九六三）

江蘇南京人。字蔚如，號枝巢。清末舉人，官至北洋政府國務院秘書長，後專事著述和講學，曾任北京師範大學教授。一九五一年被聘爲中央文史研究館館員。著有《舊京瑣記》、《枝巢四述》等。

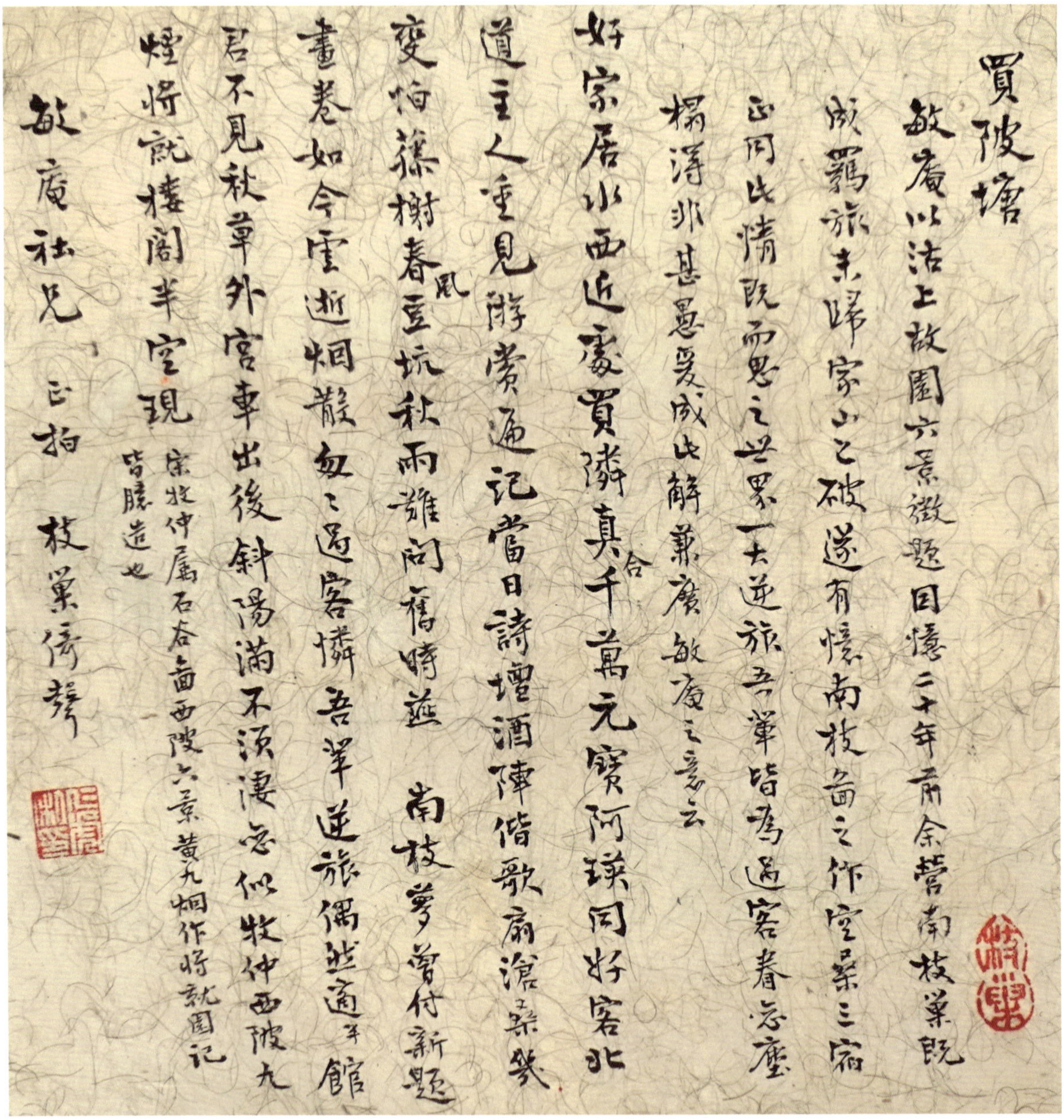

買陂塘

敏庵以沽上故園六景徵題因憶二十年前余營南枝巢既以羈旅未歸家山之破遂有憶南枝詞之作室案三宿正同此情既而思之世界一大逆旅吾輩皆為過客眷戀塵榻得非甚愚爰成此解兼廣敏庵之意云

好家居小西近處買鄰真合千萬元寶阿瑛同好客北道主人垂見辭賞通記當日詩壇酒陣偕歌扇滄桑幾變怕蓀樹春風豆坑秋雨離問舊時燕 南枝夢曾付新題畫卷如今雲逝烟散匆匆過客憐吾輩逆旅偶然適半館君不見秋草外宮車出後斜陽滿不須淒戀似牧仲西陂九煙將就樓閣半空現 宋牧仲屬石谷畫西陂六景黃九烟作將就園記皆臆造也

敏庵社兄 正拍 枝巢倚聲

夏仁虎（一八七四—一九六三）

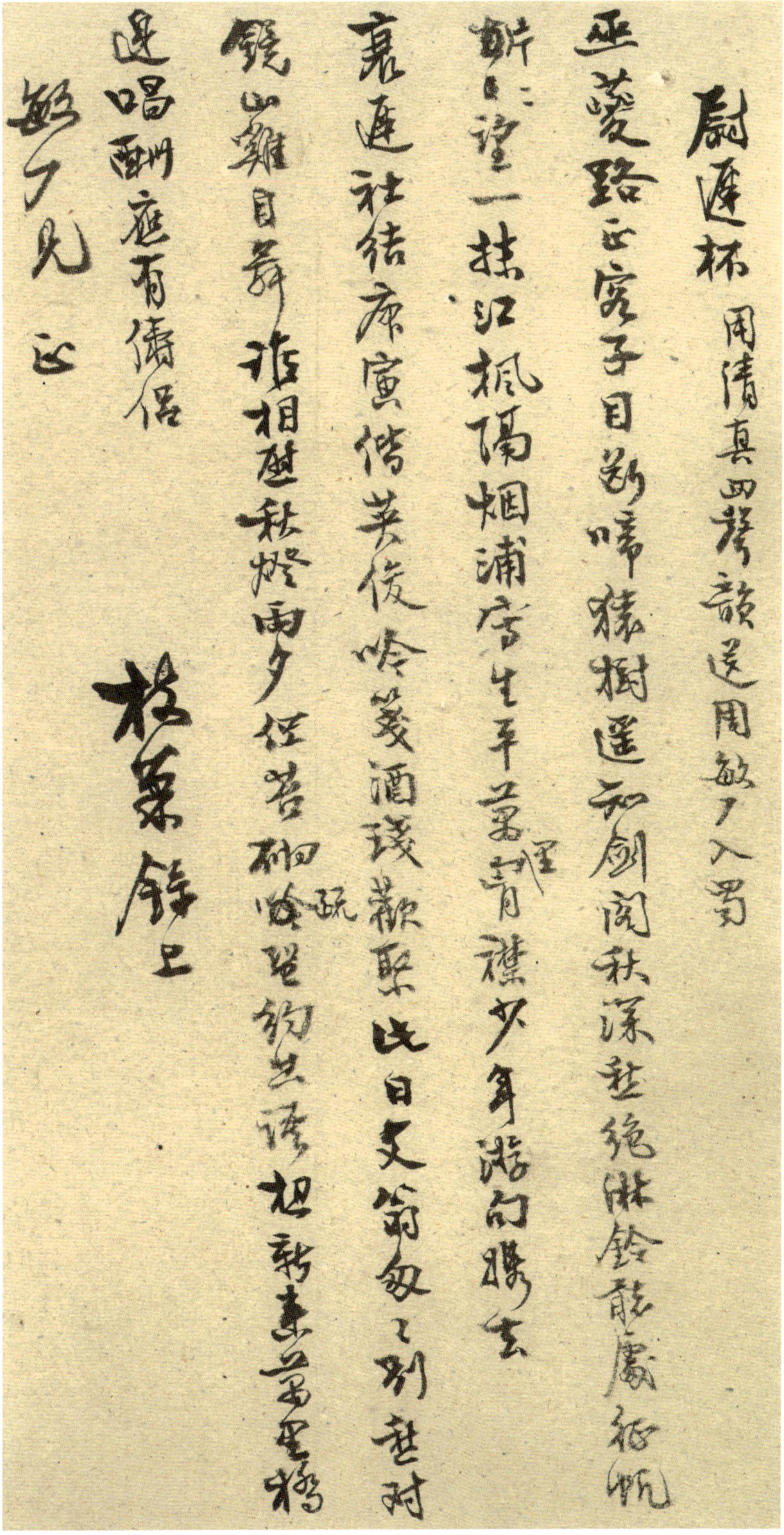
尉遲杯　用清真四聲韻送周敏乃入蜀

巫峽路，正客子目斷啼猿樹。還知劍閣秋深，趁絶淋鈴聽處征帆。斷斷望一抹江楓，隔煙浦。念生平萬里胸襟，少年游向勝去。

襄遲社結席賓，借英俊吟箋酒錢歡聚。比日文翁敘敘，到趁對鏡山雞自舞。誰相憶秋燈雨夕，但苦硯吟疏罷約出謾，想新來萬里橋邊唱酬，應有儔侶。

敏乃兄正

枝巢錄上

齊如山

（一八七五—一九六二）

河北高陽人。幼承家學，博習經史，十九歲進同文館學習德文和法文。後經商，幾次游歷西歐各國。畢生從事戲曲研究，協助梅蘭芳創立梅派藝術。著有《中國劇之組織》、《齊如山回憶録》等。

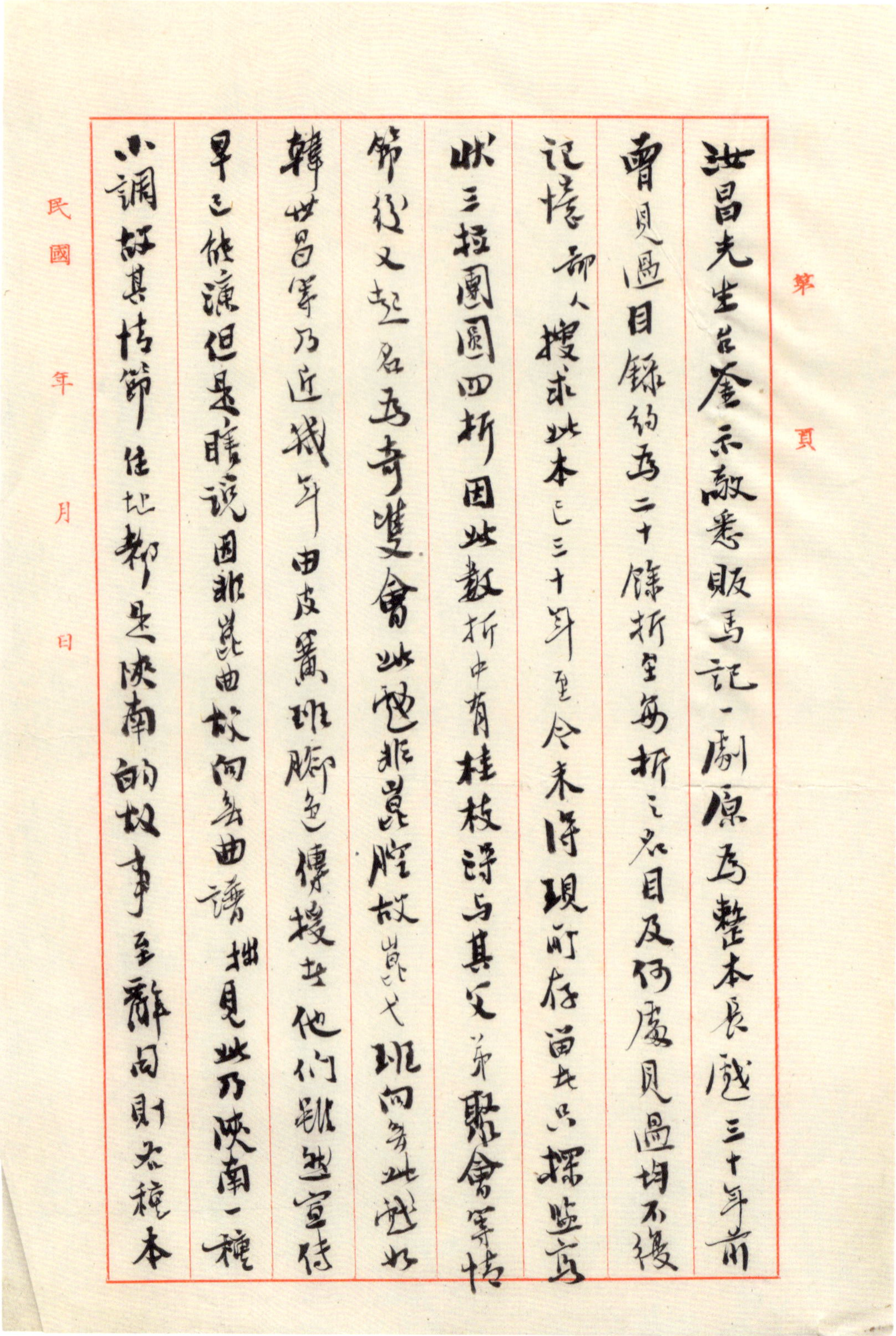

第　頁

汝昌先生台鑒示敬悉販馬記一劇原爲整本長戲三十年前曾見過目録約爲二十餘折至每折之名目及何處見過均不復記憶鄙人搜求此本已三十年至今未得現所存留者只探監寫狀三拉團圓四折因此戲折中有桂枝寫與其父弟聚會等情節從文起名爲奇雙會此戲非崑腔故崑弋班向無此戲如韓世昌等乃近幾年由皮簧班腳色傳授給他們雖然宣傳早已能演但是據說因非崑曲故向無曲譜拙見此乃陝南一種小調故其情節住址都是陝南的故事至離間財若種本

民國　年　月　日

第　頁

戲典中之文字与陳德霖梅蘭芳諸君所演者多異
至一二句一二字則各人各不同之處

本亦大同小異各腳私有之辭句与戲典戲考中所印之本亦相差無幾可以說是一樣既有坊刻本便無須再由各腳家尋覓矣一年以前代南京國立編譯館瞎仿清宮戲本若干種曾記似有此戲帶工尺之本子無亦記不清矣假如有之亦係昇平署命皮黃班場面現譜出而時亦不過光緒年間不足資為考證且該劇腔調極為簡單全劇不過幾個腔因其係地方劇之小調也後戲界又呼其為帶過門之崑腔蓋即之也此覆即頌

撰祺

齊如山敬上　五月十九日

販馬記戲詞腔調均不見怎樣了不明世揶演的太好

先生得暇可請來舍一談否但須預示恐相左徒勞往返也　舍下電話五〇四一二

陶洙

（一八七八—一九六一）

江蘇武進人。號心如，又號憶園。工山水、花卉，喜藏書、刻書。

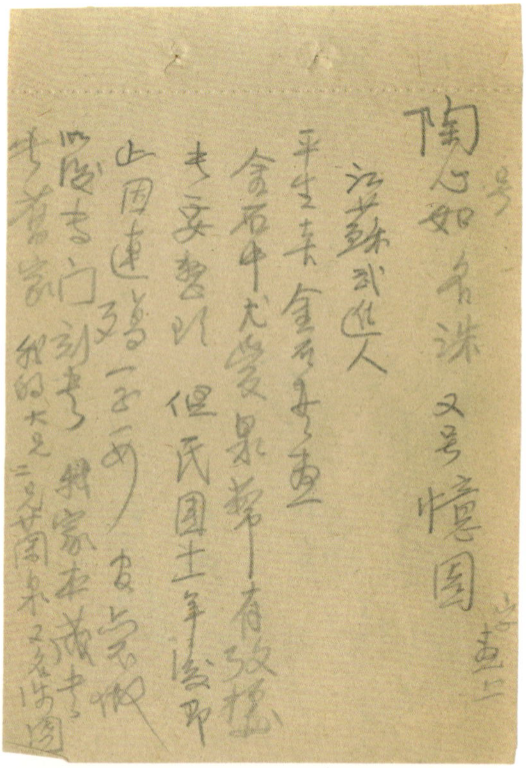

陶心如 名洙 又号 憶园

江蘇武進人

平生喜金石書畫

金石中尤愛鼎彝 有攷據

[illegible] 但民国十年後即

[illegible]

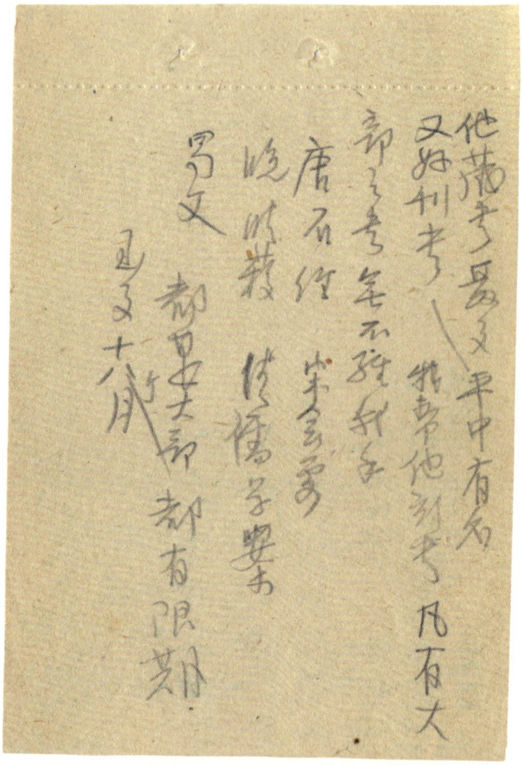

他藏書最多 平中有名

又好刊書 就幫他刻書 凡有大

部之書 無不經他手

唐石經 宋[illegible]

[illegible]

寫文 都是大部 都有限期

[illegible]

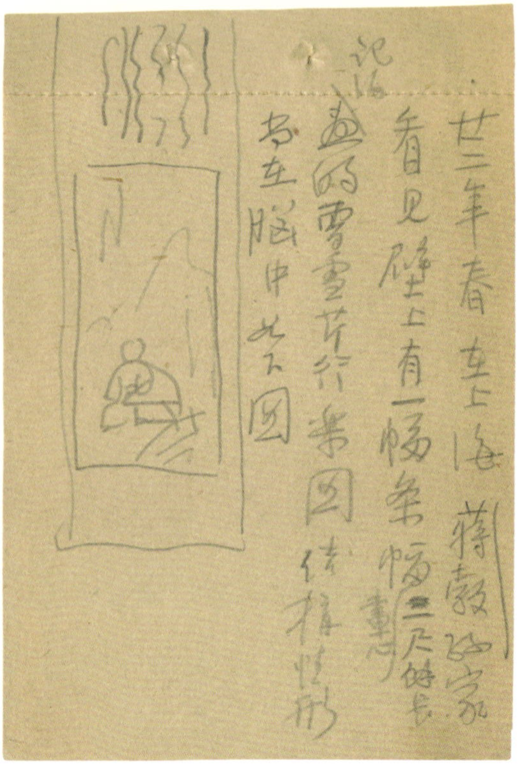

廿三年春 在上海蔣穀孫家

看見壁上有一幅条幅（一二尺餘長）

記得 畫的雪芹行樂图 [illegible]

大約在腦中如下图

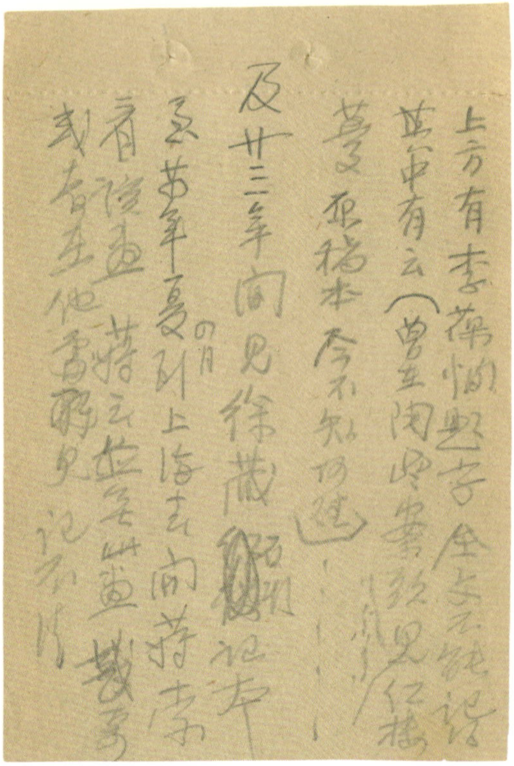

上方有李葆恂題字 全文不能記得

其中有云（曾在陶心如處見紅樓

夢原稿本 今不知何處）

及廿三年向見[illegible]

至某年夏（四月）到上海去 向蔣索

看該畫 蔣云 此畫已[illegible]

或存在他處 [illegible]

陶洙（一八七八—一九六一）

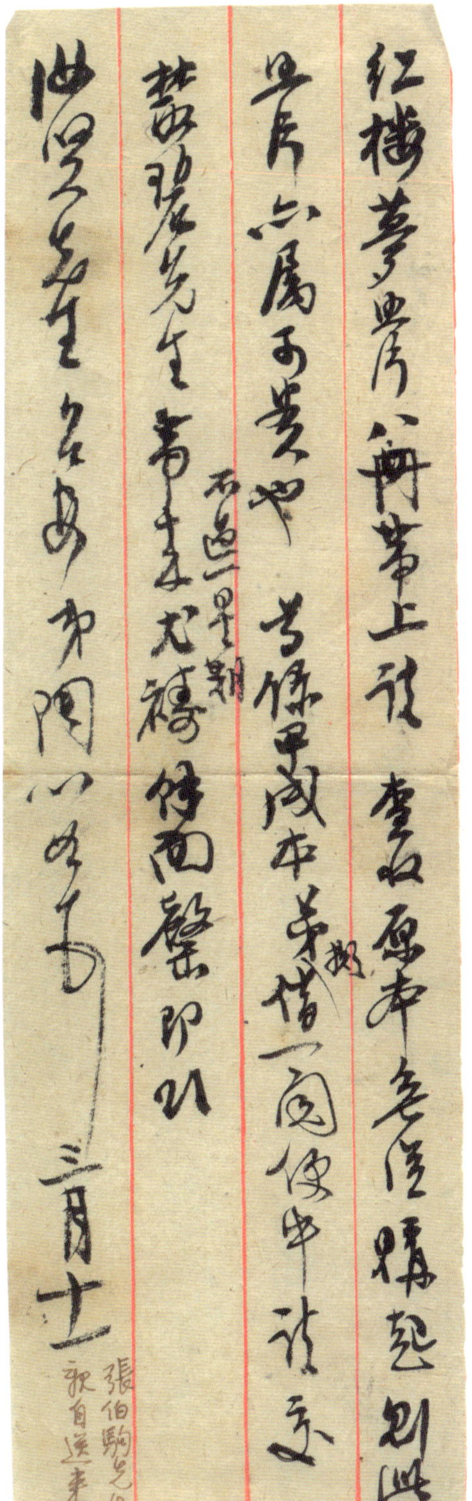
三月十二
張伯駒先生
親自送來

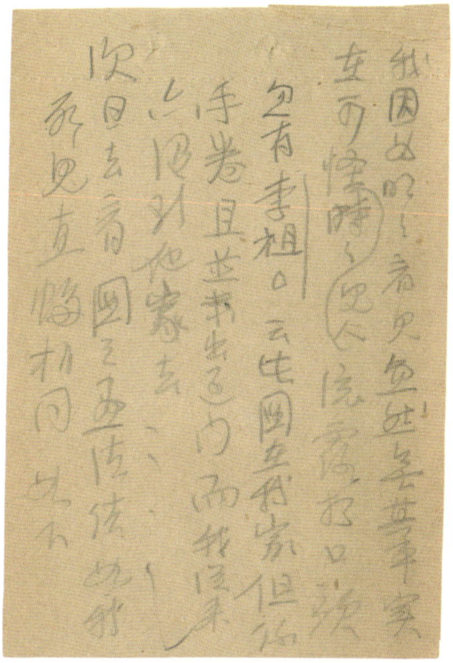

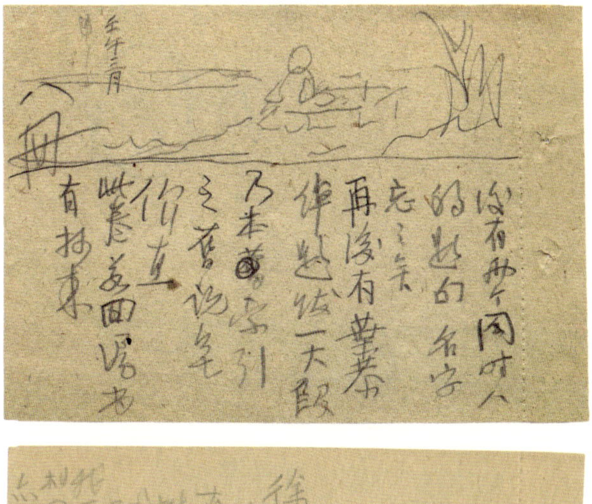

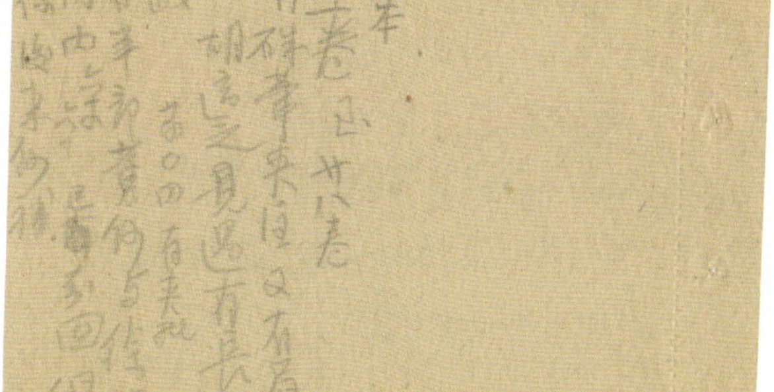

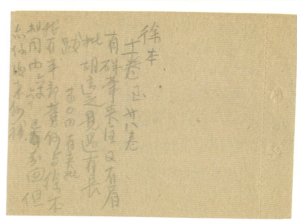

辛卯六月朔為
敏菴先生作 陶心如時年七十四

陶洙（一八七八—一九六一）

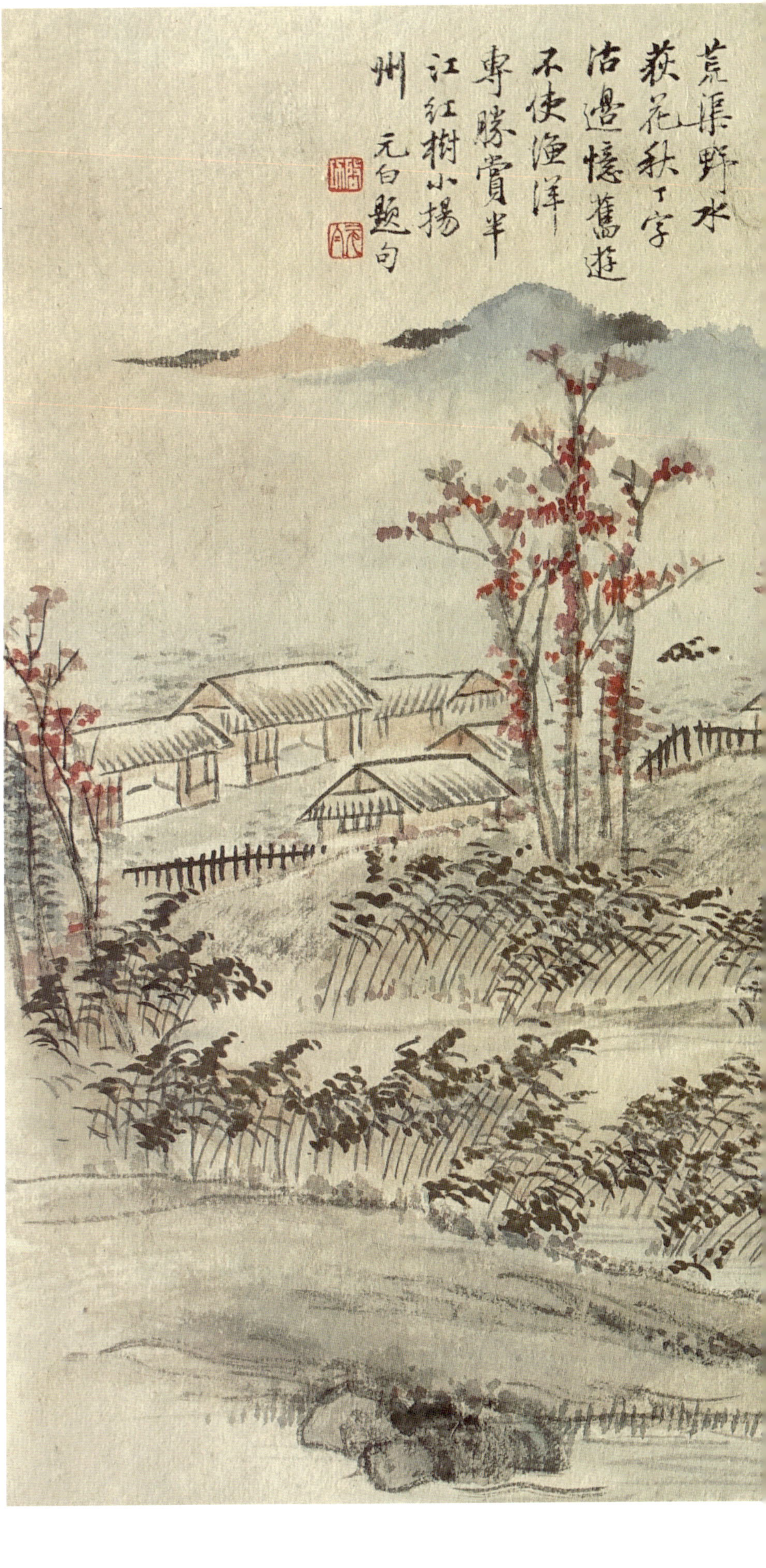
荒渠野水荻花秋丁字沽邊憶舊遊不使漁洋專勝賞半江紅樹小揚州
元白題句

關賡麟

（一八八〇—一九六二）

廣東南海人。字穎人。一九〇四年甲辰科進士。曾任京漢鐵路局局長、交通部路政司司長、交通大學校長等職。一九五六年被聘爲中央文史研究館館員。曾發起並主持稊園詩社。著有《瀛談》、《稊園詩集》（多種）等。

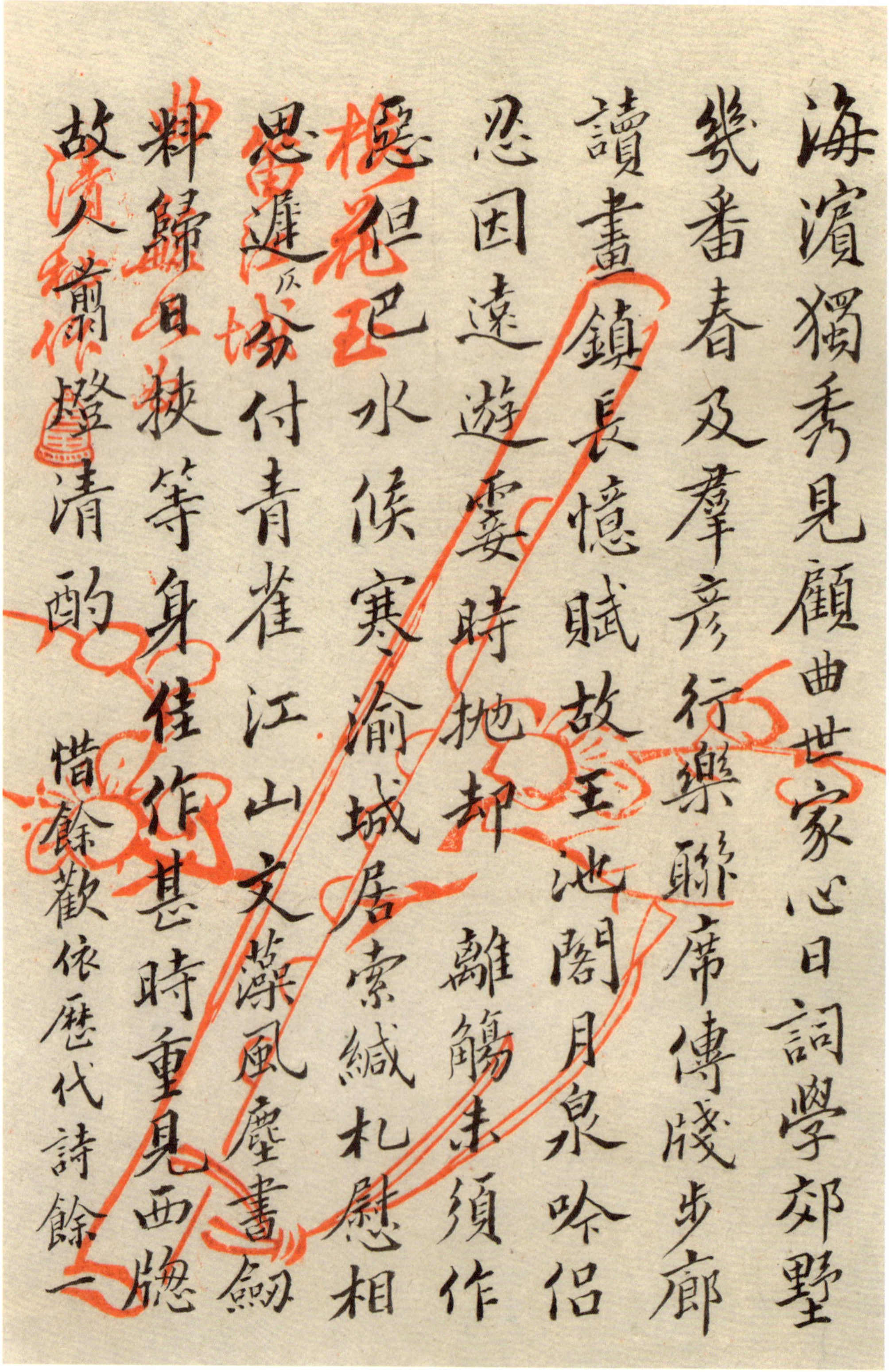

海濱獨秀見顧曲世家心日詞學郊墅
幾番春及羣彥行樂聯席傳牋步廊
讀畫鎮長憶賦故王池閣月泉吟侶
忍因遠遊霎時拋却離觴未須作
愿但巴水候寒渝城居索緘札慰相
思邅仄分付青雀江山文藻風塵書劒
料歸日披等身佳作甚時重見西牕
故人翦燈清酌 惜餘歡依歷代詩餘一

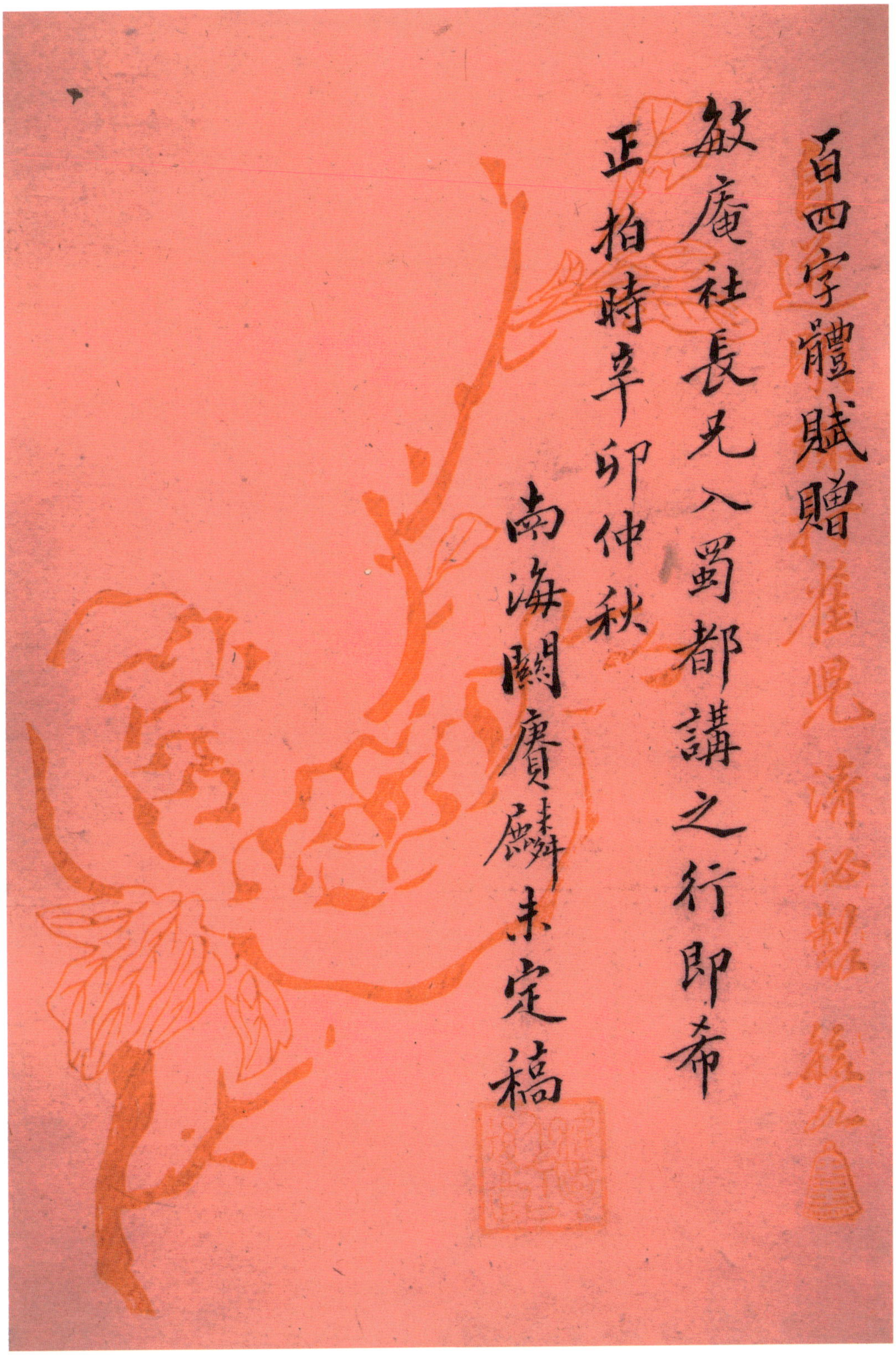
百四字體賦贈
斂庵社長兄入蜀都講之行即希
正拍時辛卯仲秋
南海關賡麟未定稿

葉恭綽

（一八八一—一九六八）

廣東番禺（今屬广州）人，生於北京。字裕甫、譽虎，號遐庵，晚號遐翁，别署矩園。早年就讀於京師大學堂仕學館，官至鐵路總局提調、蘆漢鐵路督辦。後任北洋政府郵政總局局長、交通部總長、交通大學校長等職。新中國成立後，任中央文史研究館副館長、北京中國畫院院長。著有《遐庵談藝録》、《遐庵清秘録》、《遐庵彙稿》等，編有《全清詞鈔》、《清代學者象傳》（合編）等。

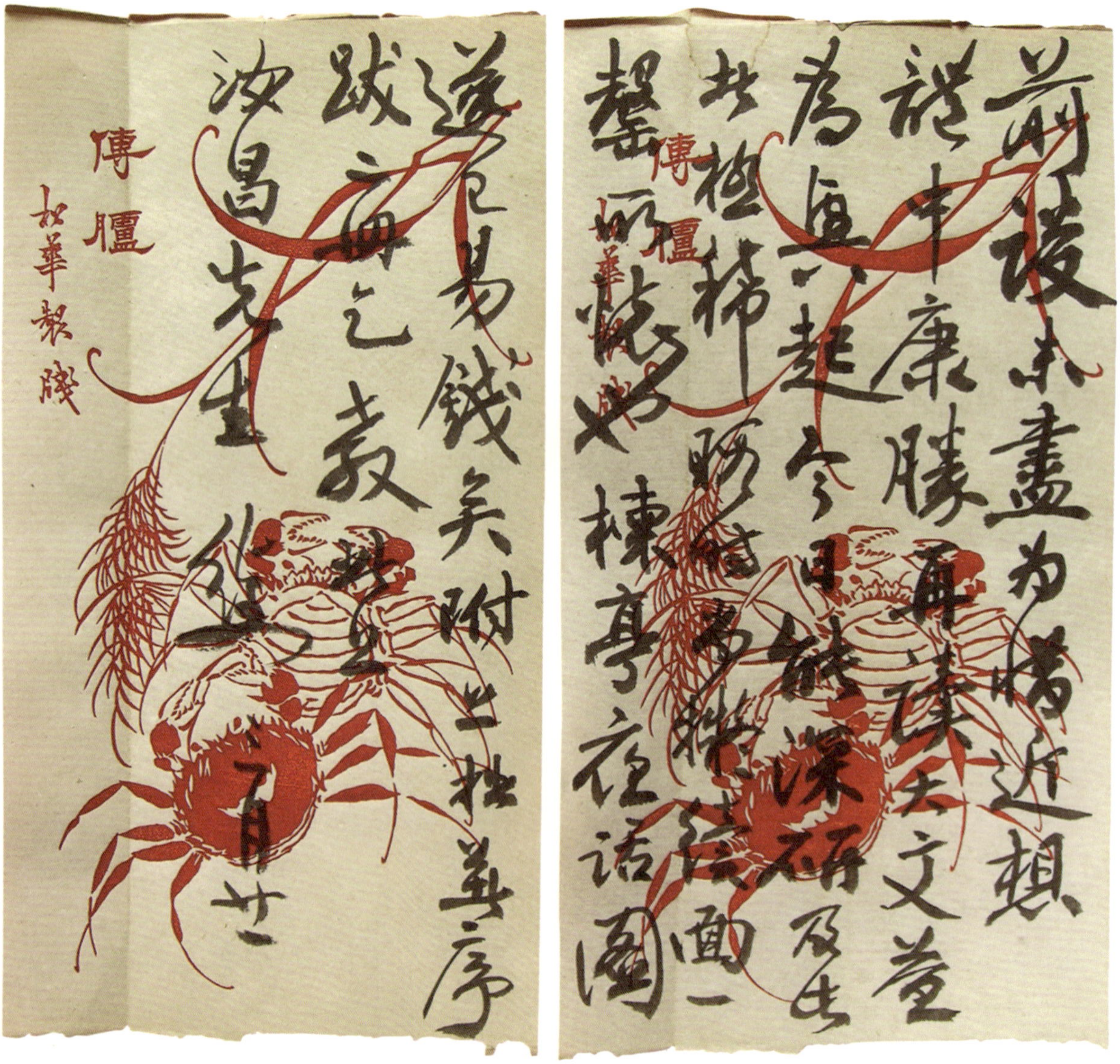

傳臚
如華製牋
傳臚
如華製牋

黃潔塵

（一八八一—？）

天津城南詩社成員，曾任職於天津圖書館。工書畫。

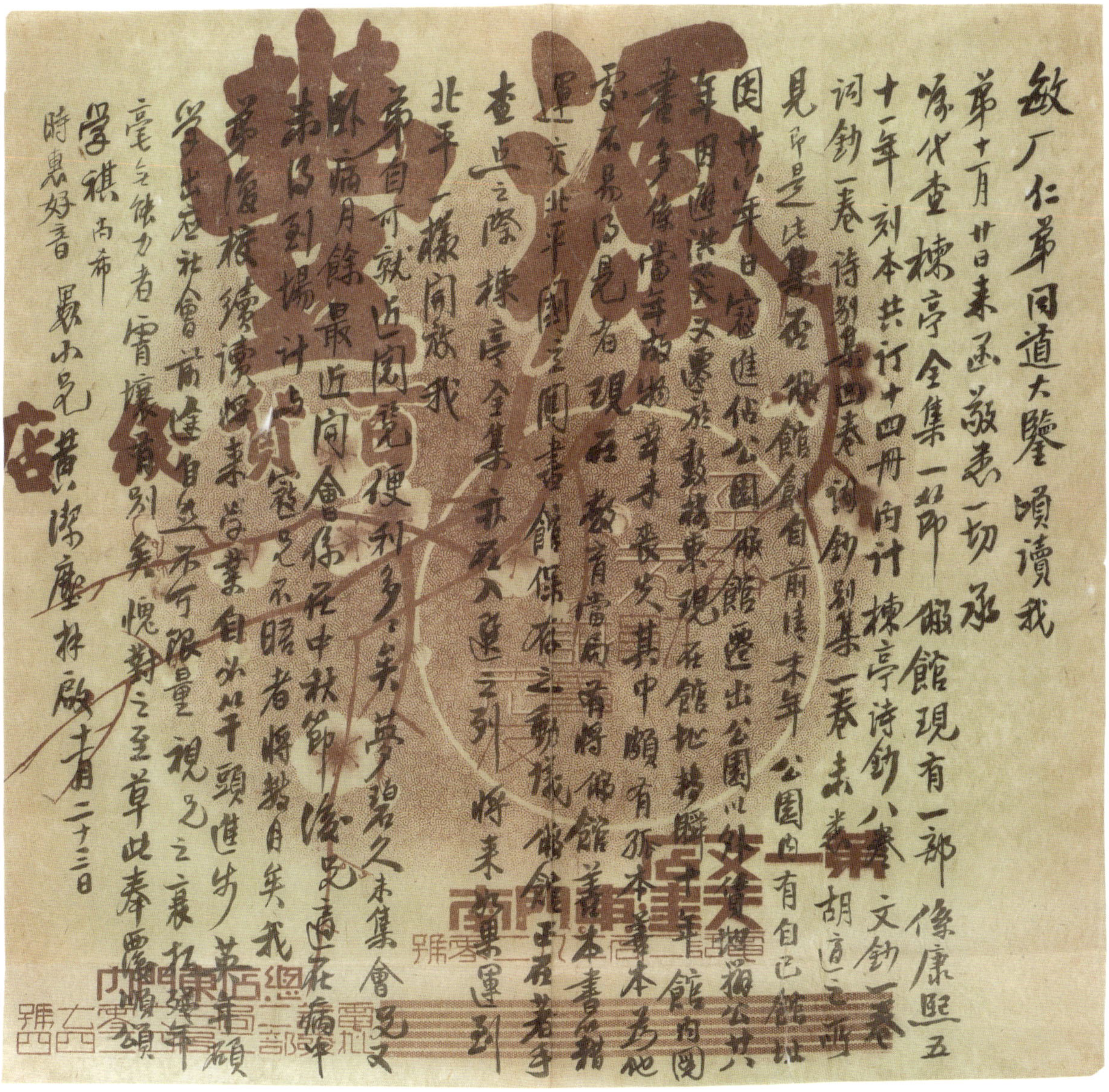

敏厂仁弟同道大鑒：頃讀我
弟十月廿日來函，敬悉一切。承
詢代查《棟亭全集》一節，敝館現有一部，係康熙五
十一年刻本，共訂十四冊，內計《棟亭詩鈔》八卷、《文鈔》一卷、
《詞鈔》一卷、《詩別集》四卷、《詞鈔別集》一卷，未著[?]胡適之所
見即是此書。敝館創自前清末年，公園內有自己館址，
因廿六年日寇進佔公園，敝館遷出公園以外，後歸併公共[?]
年因避洪災，又遷於[illegible]東，現在館址移歸市館內。閱
書多係當年[illegible]，其中頗有孤本善本，為他
處不易得見者。現在教育當局，前將敝館善本書籍
運交北平國立圖書館保存之動議，敝館正在着手
查點之際，《棟亭全集》亦在入選之列，將來如果運到
北平，一樣開放，我
弟自可就近閱覽，便利多多矣。夢碧久未集會，兄又
臥病月餘，最近詞會係在中秋節[illegible]，兄適在病中，
未得到場，計[illegible]兄不暇者，將數月矣。我
弟復校續讀，將來學業自必如竿頭進步，[illegible]
學出社會，前途自是不可限量，視兄之衰朽殘年
毫無能力者，實屢有別矣，愧對之至。草此奉覆，順頌
學祺。尚希時惠好音。愚小兄黃潔塵拜啟　十月二十三日

戴亮吉

（一八八三—一九七五）

四川江北（今屬重慶）人。名正誠，字亮吉。一九〇五年至日本留學，畢業於山口高等商業學校。後長期在國民政府財政部任職。一九五九年被聘爲四川省文史研究館館員。詞人鄭文焯婿。撰有《鄭叔問先生年譜》等。

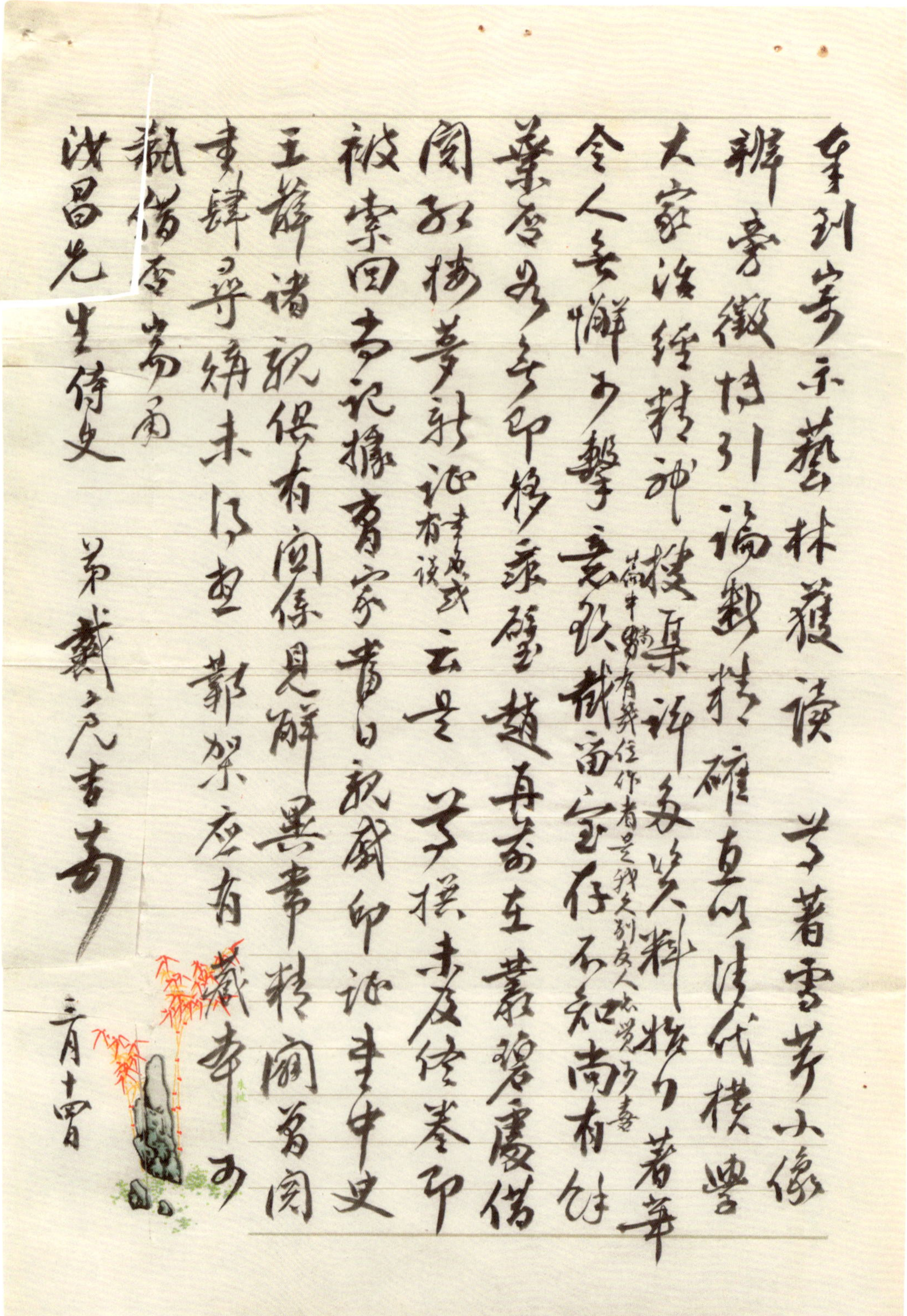
來到寄示藝林，獲讀 尊著雪芹小像辨，旁徵博引，論斷精確，直以清代樸學大家治經精神，搜集許多史料，撰爲著華，令人無懈可擊。意欲截留寶存，不知尚有餘葉否？如無，即將原璧趙上。前在叢碧處借閱紅樓夢新證（書有誤），云是兄撰，未及終卷，即被索回。書記據曹家當日親戚印證書中史王薛諸親，係有關係，見解異常精闢。前閱東肆尋購未得，想鄭架應有藏本，可擬借否？此肅，敬頌

汝昌先生侍史

弟戴亮吉頓首

二月十四日

胡適

（一八九一—一九六二）

安徽績溪人。原名嗣穈，學名洪騂，後改名胡適，字適之。早年留學美國，先後就讀於康奈爾大學、哥倫比亞大學。後爲北京大學教授，曾任國民政府駐美大使、北京大學校長、中研院院長等職。以倡導白話文、領導新文化運動聞名於世，學術活動涉及文學、哲學、史學等諸多方面。著有《嘗試集》、《中國哲學史大綱》（上）、《胡適文存》、《四十自述》等。

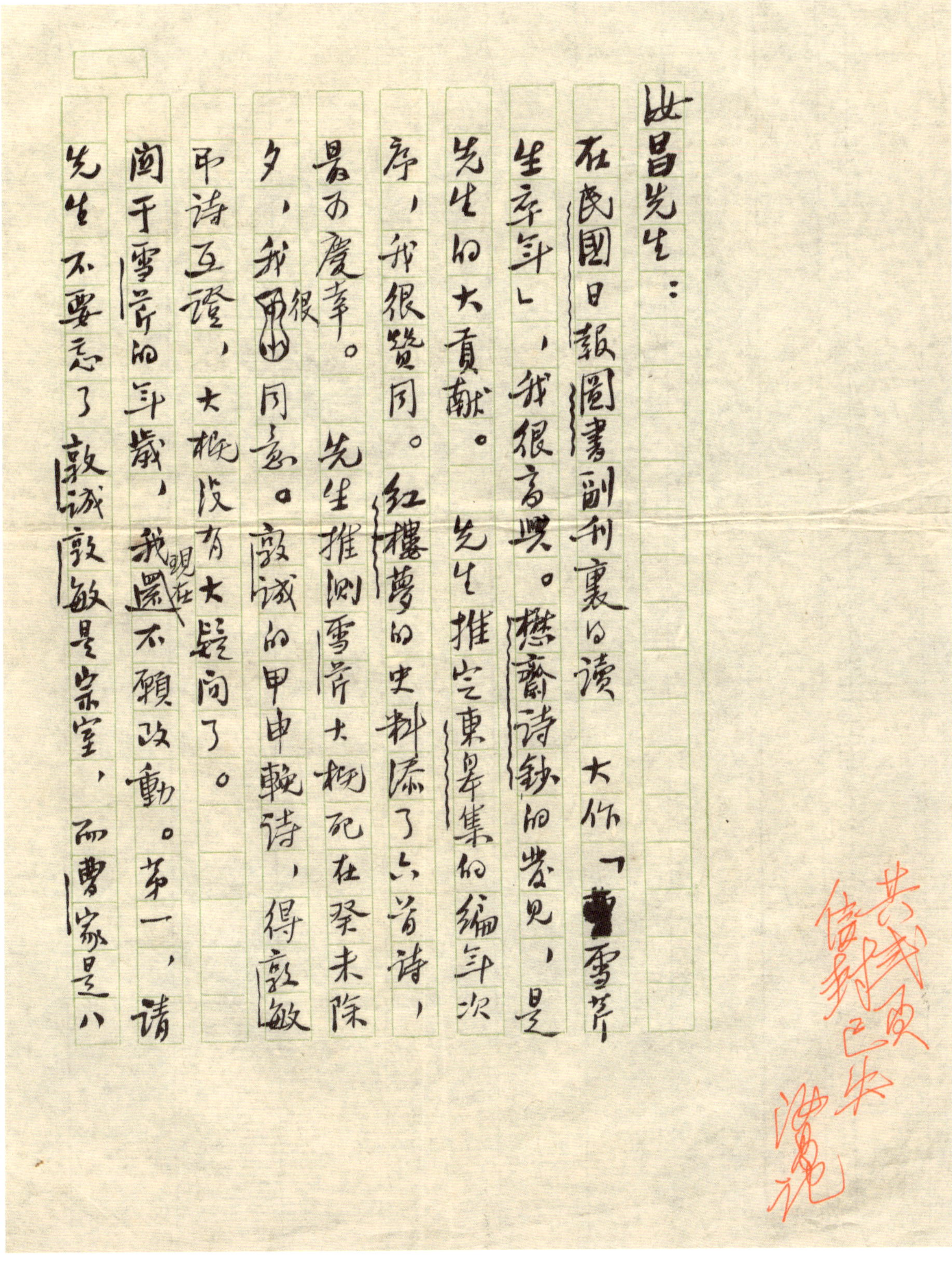

世昌先生：

在民國日報圖書副刊裏得讀大作「雪芹生卒年」，我很高興。懋齋詩鈔的發見，是先生的大貢獻。先生推定東皋集的編年次序，我很贊同。紅樓夢的史料添了六首詩，最可慶幸。先生推測雪芹大概死在癸未除夕，我很同意。敦誠的甲申輓詩，得敦敏的詩互證，大概沒有大疑問了。

關于雪芹的年歲，我現在還不願改動。第一，請先生不要忘了敦誠敦敏是宗室，而曹家是八

共貳頁
信封已失

旗包衣，是奴才，故他們稱「芹圃」，稱「曹君」，已是很客氣了。第二，最要緊的是雪芹若生得太晚，就趕不上親見曹家繁華的時代了。

先生說是嗎？

匆匆問好。

胡適

卅六，十二，七

匆匆往南邊去了，這信忘了（沒有）郵寄，今天才寄上。

卅七，一，十八

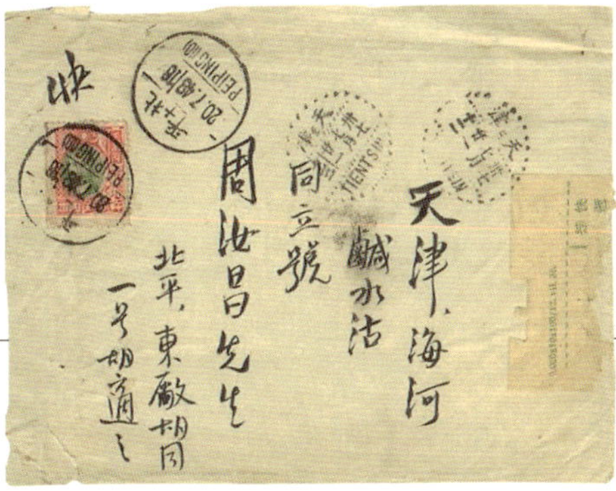

天津、海河
鹹水沽
同立號
周汝昌先生
北平、東廠胡同
一號胡適之
快

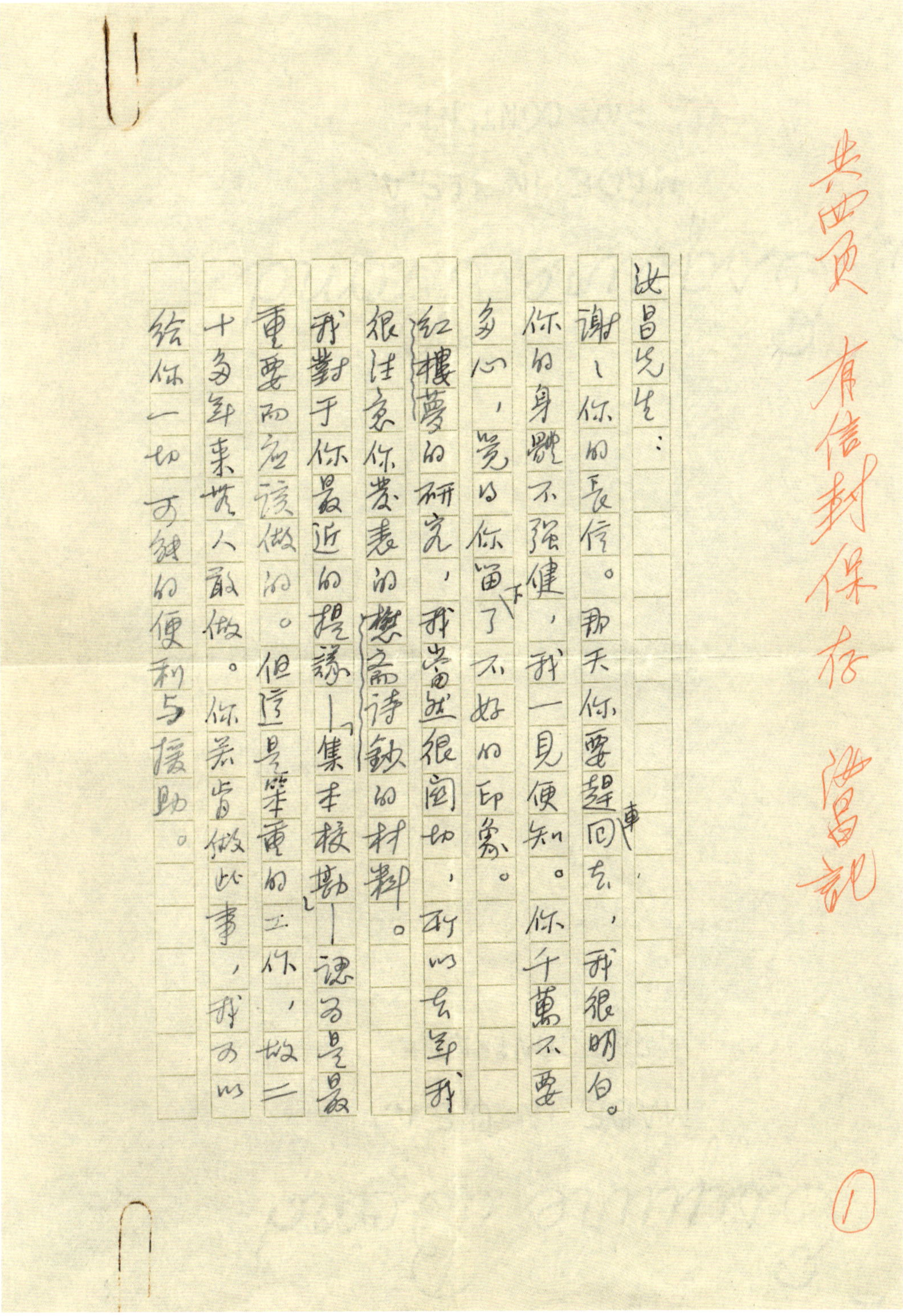

共四頁　有信封保存　昌記
①

汝昌先生：

謝謝你的長信。那天你要趕車回去，我很明白。你的身體不強健，我一見便知。你千萬不要多心，覺得你留下了不好的印象。

紅樓夢的研究，我當然很關切，所以去年我很注意你發表的懋齋詩鈔的材料。

我對于你最近的提議——集本校勘——認為是最重要而應該做的。但這是笨重的工作，故二十多年來無人敢做。你若肯做此事，我可以給你一切可能的便利與援助。

有正書局本有兩種：一是民國前的大字本，一是民國後重寫付石印的小字本。你若沒有見到大字本，我可以借給你。戚蓼生是乾隆三十四年三甲第廿三名進士，正是曹雪芹的同時人；故他的小序可以表示他真能賞識這部小說的藝術價值，故他的本子應該是一部精鈔精校的同時本子。（怕的是他是太高明的通人，不免有校改的地方！）前不多時，我偶翻房兆楹杜聯喆（都是燕大出身）增校的清朝進士題名錄，忽然发現戚蓼生的姓名，並且是浙江德清人，

②

我大高興，因為這个小發現可以抬高「戚本」的歷史價值。（我當初萬不料戚蓼生是官名，榜名。）可惜徐星署的八十回本，現已不知下落了。徐君是王克敏的親戚，當年也是王克敏轉借給我的。聽說，有一部八十回本在一兩年前曾向藏書家兜售，現不知流入誰家。將來或可以出現。

我的「程甲」「程乙」兩本，其中「程甲」最近于原本，故須參用校。

我的「脂硯本」，誠如你所說，只是一个粗粗

③

開採過的寶藏，還有許多沒有提出討論過的材料。你的繼續研究，我當然歡迎。

四松堂集現已尋出，也等候你來看。

最後，我勸你暫時把你的「年表」擱起。專力去做一件事，固然要緊；撇開一切成見，以「虛心」做出發點，也很重要。你說是嗎？

暑熱中當勉力休息，不要太用功。

胡適

卅七，七，廿

4

吳曉鈴先生說，徐藏八十回本，聽說索價奇高！我們此時自不可太捧此本了。

汝昌先生：

你的長文收到了。你的見解，我大致贊同。但我不勸你發表這樣隨便寫的長文。材料是大部分可用的，但你必須多用一番剪裁之功。今日紙貴，排工貴，誰也不印這樣長的文字。你的古文工夫太淺，切不可寫文言文。你應當努力寫白話文，力求潔淨，力避拖沓，文章才可以有進步。（此文中如駁俞平伯的一段，皆可全刪。俞文並未發表，不必駁他。也）

此文且存我家，等你回來再面談。我的評語，你不必生氣，更不可失望。

祝你好。

胡適

卅七，八，七

共一頁

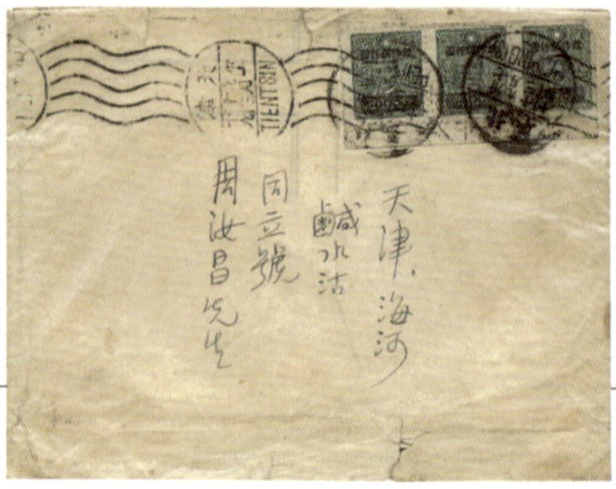
天津，海河
鹹水沽
周立號
周汝昌先生

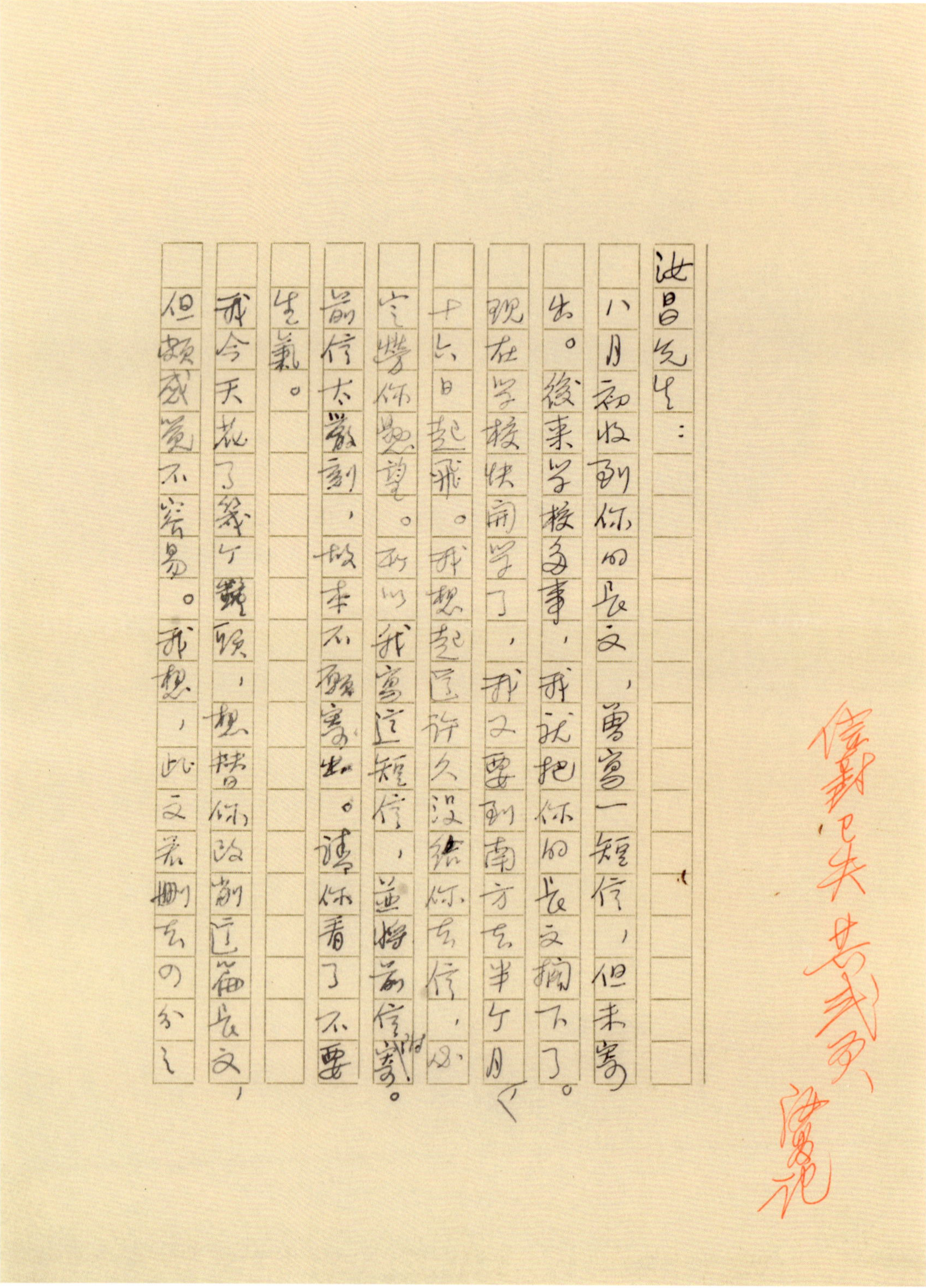

汝昌先生：

八月初收到你的長文，曾寫一短信，但未寄出。後來学校多事，我就把你的長文擱下了。現在学校快開学了，我又要到南方去半个月，十六日起飛。我想起這許久沒給你去信，心定勞你懸望。所以我寫這短信，並將前信寄。前信太嚴刻，故本不願寄出。請你看了不要生氣。

我今天花了幾个鐘頭，想替你改削這篇長文，但頗感覺不容易。我想，此文若刪去四分之

信封已失，共貳頁，汝昌記

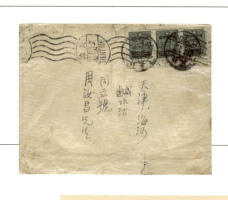

古人說，「作詩容易改詩難」。你文必須痛改痛刪，切不可隨便寫。

三，或五分之四，當可成一篇可讀的小品考據文字。

全篇之中，只有「異文可貴」一章可存，餘章皆不必存。故我主張你此文主題可以改為「脂硯齋乾隆甲戌重評石頭記的特別優勝處」，即以「異文之可貴」一章為主文，而將其餘各章中可用的例子（如「赤瑕」）都挑出搬入此章。

其實你自己也明白這一點，故第（五）章開首說，「以上所論，雖題目不同，但亦不外異文二字。」

原文暫存我家。我大概在十月初可回來，那時請你來取此文，並看四松堂集。此時你若有信，可寄南京、中央研究院轉。

祝你好。

胡適。卅七，九，十二夜

汝昌先生：

你的信來晚了一天！我昨天寄了一信到你家裏去了。

我在那信上勸你把那篇長跋刪成一篇簡明的文字，題作「脂硯齋甲戌評本紅樓夢的特別勝處」，內容专举我沒有举出的異文。我不再評述了，我盼望你不久可以收到我的信。

我讀你信上說的你們弟兄費了兩个月的工夫，鈔完了這个脂硯甲戌本，使這个天地間僅存的殘本有个第二本，我真覺得十分高興！這是一件大功勞！將來你把這副本給我看時，我

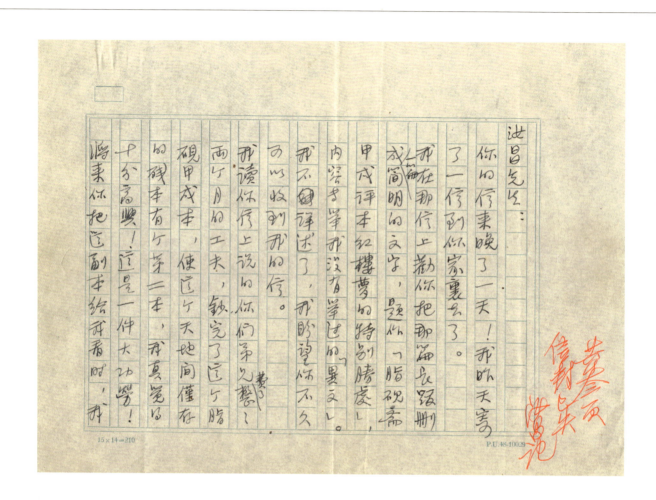

共叁页
信封已失

胡適（一八九一—一九六二）

一定要寫一篇題記。這个副本當然是你們兄弟的藏書。我自己的那一部原本，將來也是要歸公家收藏的。

論學近著，給你們兄弟們翻舊了，我聽了也感覺高興。

我日內走了，請你等我回來再來取四松堂集。

故宮內有曹寅父子上康熙帝的密摺甚多；十多年前，曾在故宮出版的文獻叢編裏陸續發表此項密摺數十通。你要寫曹家家世，當翻讀這些重要史料。

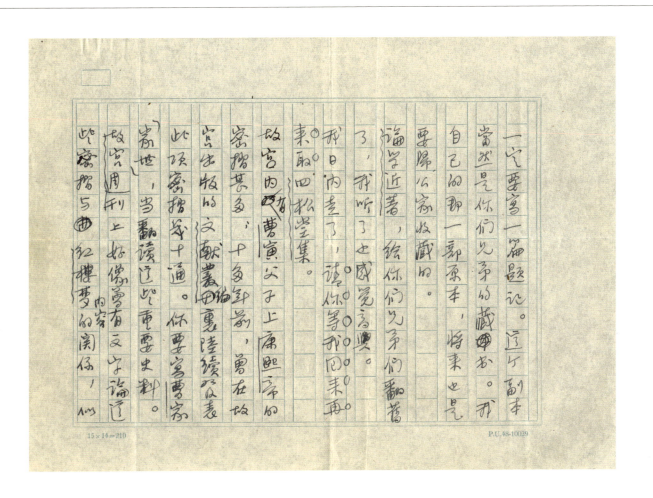

故宮周刊上好像曾有文字論這些密摺與紅樓夢的內容的關係，似

此亦有証否

似嫌武斷

此不確

是李玄伯先生寫的。我記不清了。燕大當有文獻叢編與故宮週刊吧？

曹寅家有一女嫁與一位蒙古親王，亦見于密摺中。所謂「元妃」，大概指此。

你說的北靜王或是永瑢，我看不確。我猜想北靜王至多不過是影射敦誠敦敏二公而已。

尤侗葉子裏有關于曹寅的文字。

胡適

卅，九，十三夜

15×14=210　　P.U.48-10029

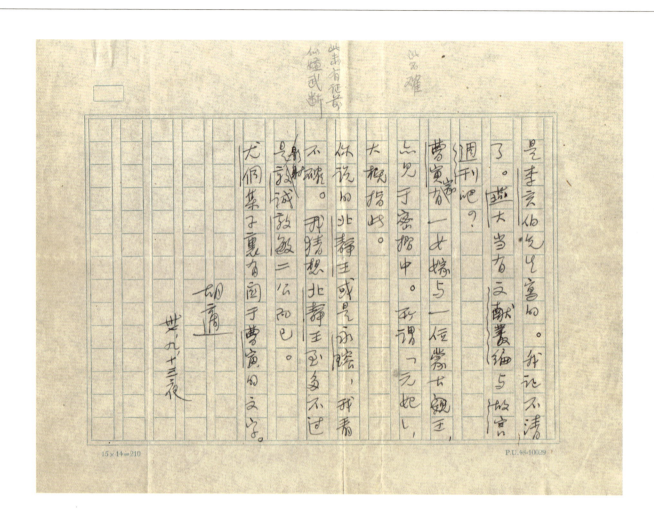

胡適（一八九一—一九六二）

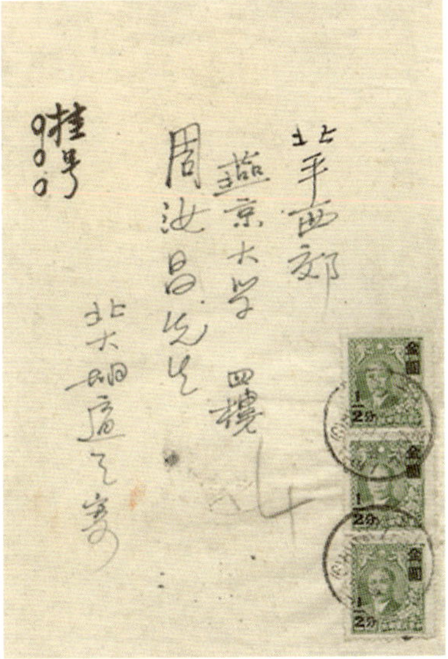
北平西郊
燕京大學 四樓
周汝昌先生
北大胡適之寄
挂號 900

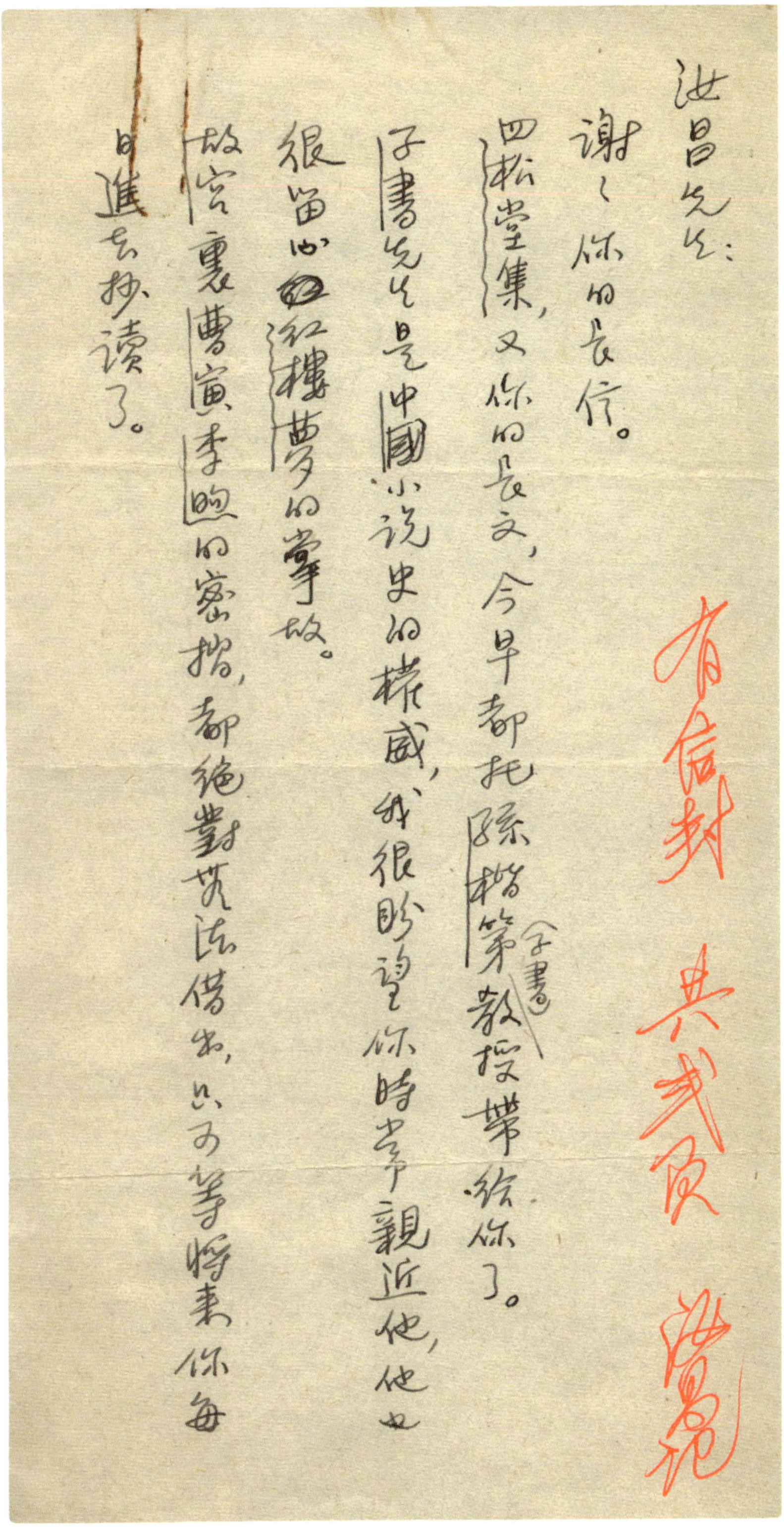
汝昌先生：
謝謝你的長信。
四松堂集，又你的長文，今早都托孫楷第（子書）教授帶給你了。
子書先生是中國小說史的權威，我很盼望你時常親近他，他也很留心紅樓夢的掌故。
故宮裏曹寅、李煦的密摺，都絕對無法借出，只可等將來你每日進去抄讀了。

有信封 共貳頁 汝昌記

劉銓福是北京有名的藏書家。葉昌熾的藏書紀事詩有專詠他的詩，其注語可供參攷。

你有好弟兄，最可欣羨。你下次寫信給你令兄時，請代我致意。

脂本的原本與過錄本，都可以請子書先生看看。他若高興題一篇跋，一定比平伯先生的跋更有價值。

胡適

卅七，十，廿四夜

陸志韋

（一八九四—一九七〇）

浙江吴興（今屬湖州）人。一九一三年畢業於東吴大學，一九一五年赴美就讀於芝加哥大學心理學系，獲哲學博士學位。回國後歷任南京高等師範學校、燕京大學等校教授，燕京大學校務委員會主席、校長。一九五二年高等學校院系調整，調入中國科學院語言研究所從事研究工作。著有《古音説略》、《詩韻譜》、《陸志韋語言學著作集》等，另有新詩集《渡河》、《申酉小唱》等。

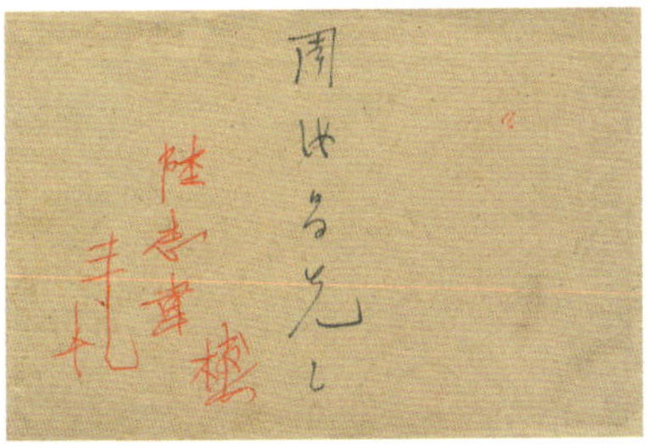

周汝昌兄々
陸志韋緘
手札

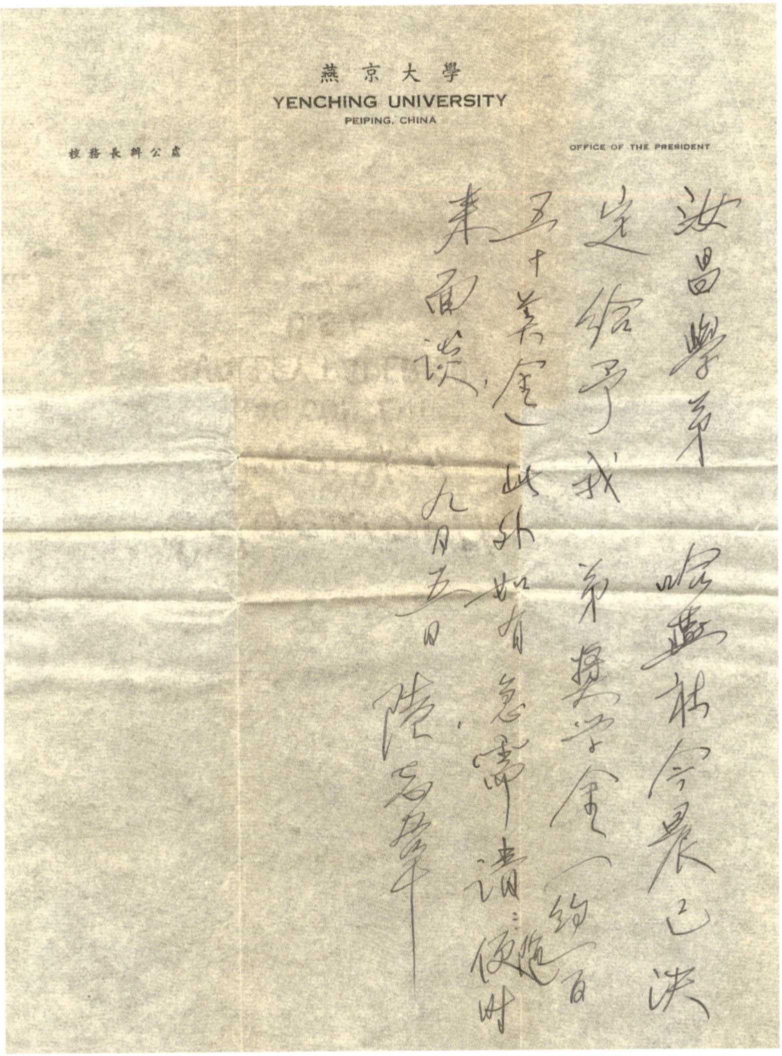
燕京大學
YENCHING UNIVERSITY
PEIPING, CHINA
校務長辦公處
OFFICE OF THE PRESIDENT

汝昌學弟：昨與林今晨已決定給予我弟獎學金（約百五十美金）。此外如有急需，請隨時來面談。

九月五日 陸志韋

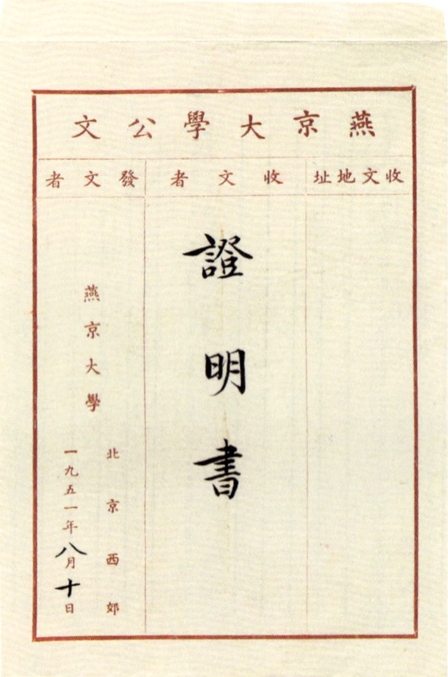

燕京大學公文

收文地址

收文者

證明書

發文者

燕京大學
北京西郊
一九五一年八月十日

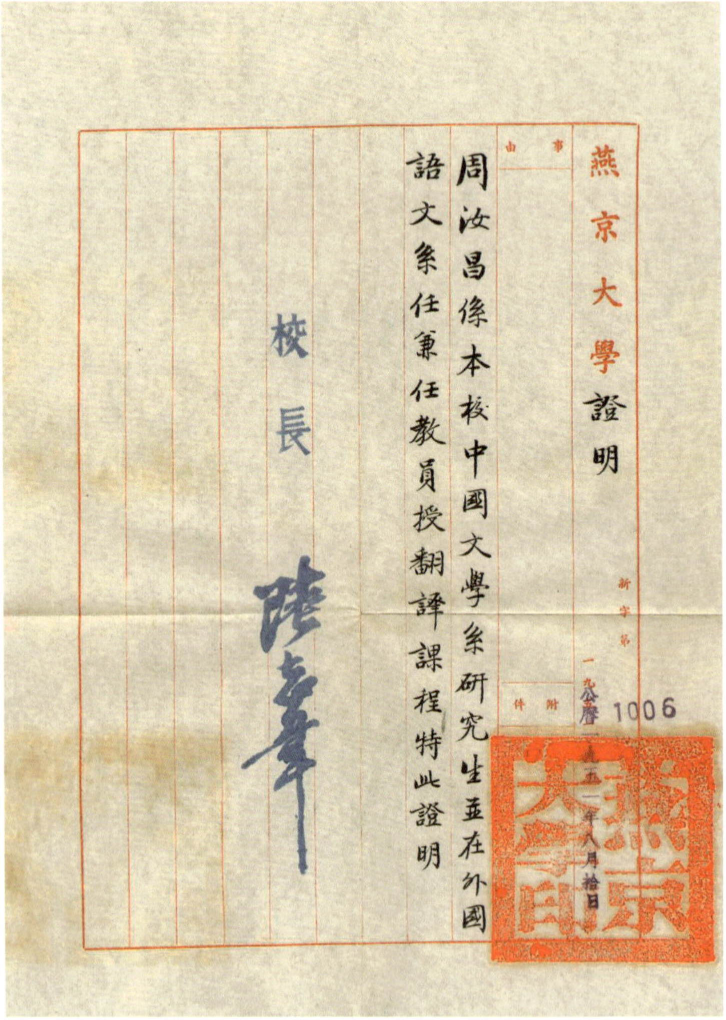

燕京大學證明

字第　號

事由

周汝昌係本校中國文學系研究生並在外國語文系任兼任教員授翻譯課程特此證明

校長　陸志韋

附件

公曆一九五一年八月拾日

1006

燕京大學印

吳　宓

（一八九四—一九七八）

陝西涇陽人。本名玉衡，字雨僧。一九一一年考入北京清華學堂，一九一七年赴美留學。一九二一年回國，先後在東南大學、清華大學、西南聯合大學、燕京大學、西南師範學院等校任教。曾主編《學衡》雜誌。著有《文學與人生》、《吳宓詩集》、《吳宓日記》等。

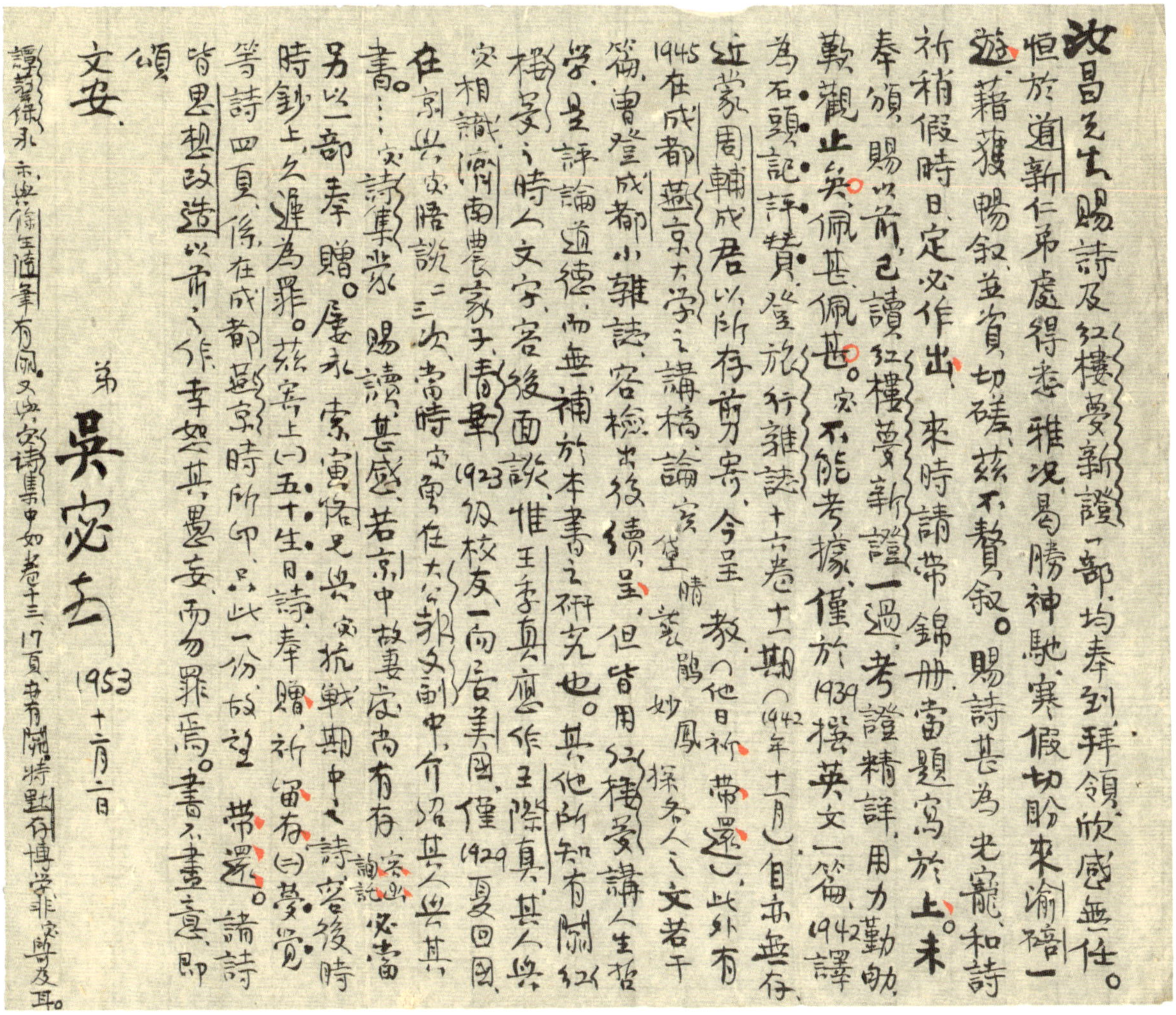

汝昌先生：賜詩及《紅樓夢新證》一部，均奉到拜領，欣感無任。恒於道新仁弟處得悉雅况，昌勝神馳。寒假切盼來渝碚一遊，藉獲暢叙，並資切磋。茲不贅叙。賜詩甚為光寵，和詩祈稍假時日，定必作出，來時請帶錦冊，當題寫於上。未奉頒賜以前，已讀《紅樓夢新證》一過，考證精詳，用力勤劬，歎觀止矣。佩甚佩甚。宓不能考據，僅於1939撰英文一篇，1942譯為《石頭記評贊》，登《旅行雜誌》十六卷十一期（1942年十一月），自亦無存，近蒙周輔成君以所存剪寄，今呈教（他日祈帶還），此外有1945在成都燕京大學之講稿，論宓、黛、晴、襲、鵑、妙、鳳、探各人之文若干篇，曾登成都《小雜誌》，容檢出後續呈，但皆用《紅樓夢》講人生哲學，是評論道德，而無補於本書之研究也。其他所知有關《紅樓夢》之時人文字，容後面談。惟王季真應作王際真，其人與宓相識，濟南農家子，清華1923級校友，一向居美國，僅1929夏回國，在京與宓晤談二三次，當時宓曾在《大公報·文副》中介紹其人與其書。……宓《詩集》蒙賜讀，甚感。若京中故妻家尚有存，宓函詢記，必當另以一部奉贈。屢承索寅恪兄與宓抗戰期中之詩，容後時時鈔上，久遲為罪。茲寄上(一)五十生日詩，奉贈，祈留存，(二)夢覺等詩四頁，係在成都燕京時所印，只此一份，故望帶還。請詩皆思想改造以前之作，幸恕其愚妄，而勿罪焉。書不盡意，即頌

文安。

弟　吳宓　上
1953 十二月二日

《譚藝錄》承示，與《餘生隨筆》有關。又與《宓詩集》中如卷十三、17頁，亦有關。特點在博學，非宓所及耳。

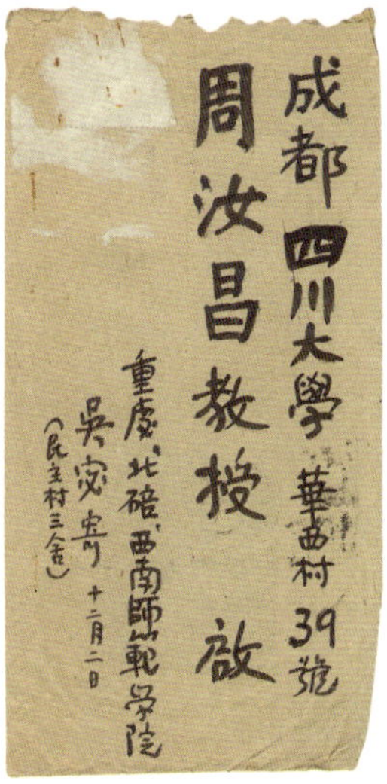

成都四川大學華西村39號
周汝昌教授　啟
重慶北碚西南師範學院
吳宓寄　十二月二日
（民主村三舍）

入　恒納　習暘　劫誨滂　忘　污失　己　托　法　音　綫　劫

奉贈　留存

五十生日詩

吳宓

民國三十二年（一九四三年）八月二十日，即陰曆癸未年七月二十日，爲予五十歲生日。即事述懷　綜括詳切，成詩凡十四章。時在昆明。

（一）五十始欲滿，往事盡知非。理明行多誤，情眞境恒違。破家難成愛，助友反招譏。賢父傷飢宦，慈姑念補衣。盟車身已老，館戰世安歸。箴時文字滅，設教心力微。擴臂怯馮婦，餘光思下帷。悼紅書未就，夢想化鶴飛。

（二）樓室矮且斜，舊居書可讀。窗低案無光，細字傷昏目。四時寒熱均，青衫本儒服。入市求三餐，尚能適口腹。嫂孝諧餞親，士夫勢利蹙。老來愛自然，率性伍麋鹿。曳杖步湖郊，雨過山林沐。內心有眞樂，莫怪吾行獨。

（三）有才難自用，出處每旁皇。在己謀何拙，爲人計則長。想像顏圓滿，推極精詳。施事恒枘鑿，與世動參商。坐厄羣小間，鬱鬱氣不揚。藏山業未就，藪樂亦少嘗。勞勞役朝夕，瑣屑案牘忙。萬古一生盡，醒枕淚淋浪。

（四）筋力日就衰，心靈翻開霽。尙友千古賢，渺冥神常契。老來見道眞，至理非虛滯。書中事與人，一一窺實際。窮經傷鑑研，讀史輕獺祭。入聖由凡情，言仁取近例。所悲文教亡，陳編人莫翁。澆漓易染風，功利靡全世。

（五）治生吾不能，亦復恥言貧。一身原習活，重責皆爲人。億萬紳吏手，收支錙銖隙。什一入馬腹，厭挽力苦辛。脂膏競餘鑠，大地毀戰塵。物價日騰貴，俸食計盈均。餘閒讀且思，未兼職與薪。外傷爆僻贏，內葆情性眞。

（六）平生愛倫倫，臨老益眷戀。世表音書絕，夢中神影現。憐伊多苦悲，孀居成獨善。孤舟汎橫流，羣魔鉢赤嶽。讌會今無時，未死思一面。吾情承付君，堅誠石莫轉。相抱痛哭別，安心歸佛殿。卽此命亦慳，空有淚如霰。

（七）賦性少貪嗔，所患惟愛癡。風昔久追蹤，柴愚寓寫奇。歷劫貧病老，乃深感厭離。刺耳惡優習，盈目鳩盤姿。艱苦析米鹽，瑣屑計銖絲。安知恩合義，但潘婁與私。污瀆無仙花，沙場堆腐屍。嗚呼時世異，力竭堂天擲。

（八）戀愛與義務，雙途齊努力。自求本末賞，人怪首行直。公私若小大，黽勉盡吾職。事畜未能贍，勞作不遑息。理想非空談，情志忘虛飾。薄物細故間，聖德日滋殖。晨夕看雲樂，深宵聞笛惻。徒博狂猖名，誰知中正極。

（九）街衢何所見，污穢且煩囂。倚勢叛頁儒，貪利競錐刀。鞭馬僕御狼，射鳥兒童驕。矮圍遍州婢，無天一牛勞。更聞徵役苦，兵飢將侈豪。改革壞紀綱，與亂失節操。連盟自卻敵，後顧多煎熬。均富立民德，佐政思稷皋。

（十）寰宇闢方酣。戰國略可餌。齊晉己中衰，吳越新崛起。合縱推一強，秦亡期當俟。舉世用鞅法，誰復存儒揆。學術惟利兵，思齡益傲詭，好貨貪欲盈，尙功仁義鄙。白穆卽孟荀，人文立教旨。繼往足開來，後賢應仰止。

（十一）文學吾所業，痛見國無文。字體極醜怪，音義更淆紛。託托徵征誤，妄以云爲雲。士習趨苟偷，世風遂泯棼。方言與夷語，窮末途益分。創作矜白話，不讀書可焚。句調摹西法，經史棄前聞。國脈從此斬，民德何由熏。

（十二）廿載未成書，說部期傳後。情事幻假眞，因緣述新舊。舍己恒爲人，蹉跎功莫就。餘牛能幾日，忍更旁馳驟。良友愛國心，強借作獅吼。善生宣俗醫，曙光昏冥透。再拜謝辭卻，誰知吾憤疚。頹唐任世譏，衰庸辭台宥。

（十三）生盡卽爲死，死至生無餘。譬如綫衰錠，取用日減舒。修短固前定。無知樂容與。羞羨執揮霍，戒行少安居。七年一轉變，我生同驛車。嘗感五十六，大夢將醒蘧。古賢樹立早，卽此多惭余。在途宜奮勉，臨別毋趑趄。

（十四）緬懷聖賢跡，及今知天命。宇宙轉輪劫，不改眞如性。至道智難窺，篤信須誠敬。世師孔柏先，教宗佛耶正。報施各有宜，我未識究竟。薪盡火能傳，溪澹入海鏡。功畢可長息，途窮焉足病。西山晚霞明，美景實歡慶。

白屋文學院籌備會印贈

雨老賜鑒：晚廿二日下午登車，次晨安抵錦里，五旬數日之聚，
華翰奉悉已感激
厚意尤難去懷。晚受江同學等數拾余圖，俱於當日
寄到，附上收條一紙，乞　察入。川大開課在即，不及
詳叙。琴閣容再詳候。專上，祇頌
教綏不莊
晚汝昌再拜　五四、二、廿五。

剋收存　附收條書單

（林義芳之孫小慶）江家駿各已有函來，其款皆收到矣。

1954 三月一日 寄讀

附數地圖二幅，乞函交（吳宓）

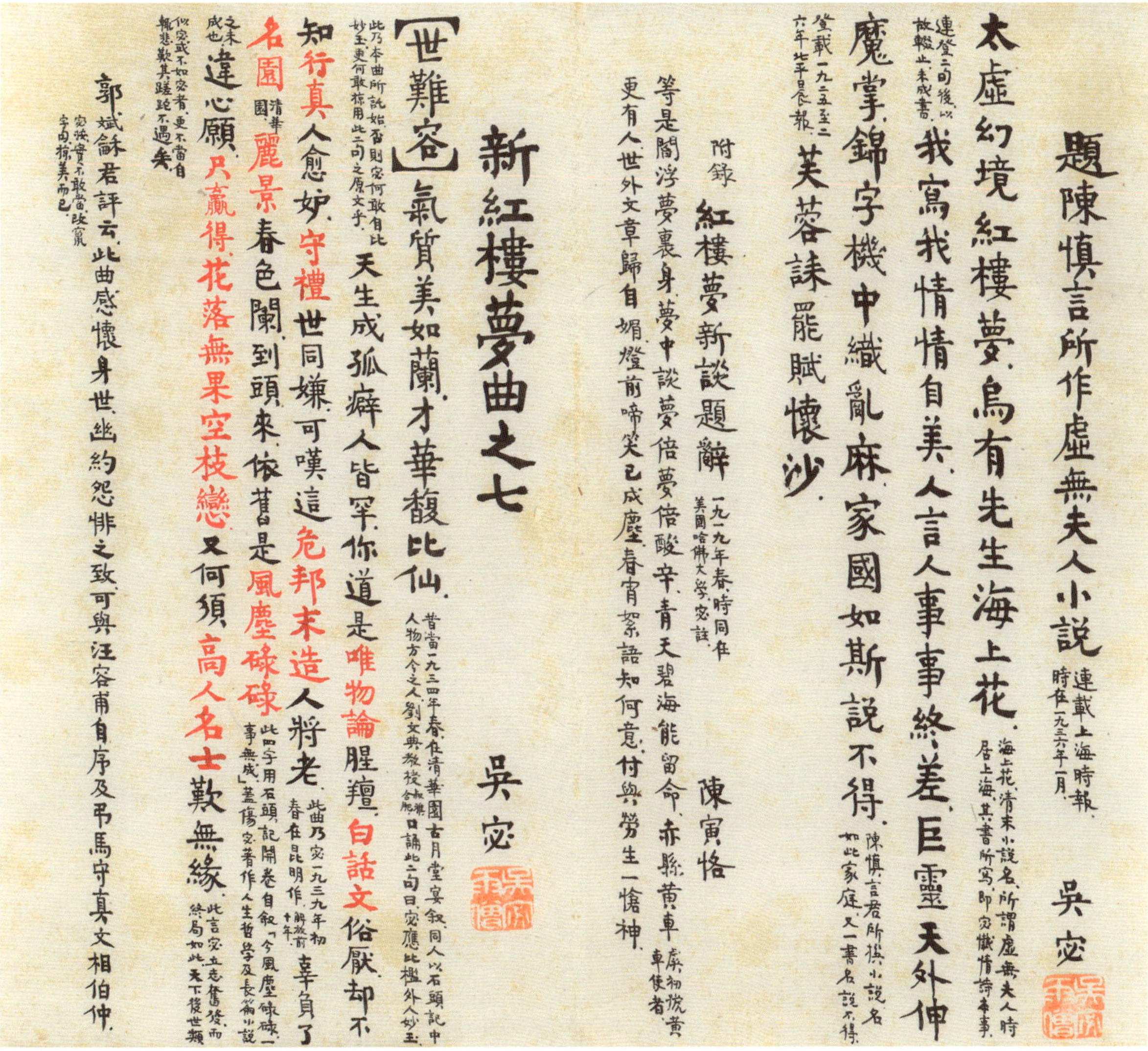

題陳慎言所作虛無夫人小說（連載上海時報，時在一九三六年一月。）

吳宓

太虛幻境紅樓夢，烏有先生海上花。（海上花，清末小說名。所謂虛無夫人時居上海，其書所寫，即宓懺情詩本事。連登二旬後，以故輟止，未成書。）我寫我情情自美，人言人事事終差。巨靈天外伸魔掌，錦字機中織亂麻。家國如斯說不得，（陳慎言君所撰小說名如此家庭，又一書名說不得，登載一九二五至二六年北平晨報。）芙蓉誄罷賦懷沙。

附錄　紅樓夢新談題辭（一九一九年春，時同在美國哈佛大學。宓註。）

陳寅恪

等是閻浮夢裏身，夢中說夢倍酸辛。青天碧海能留命，赤縣黃車（虞初號黃車使者）更有人。世外文章歸自媚，燈前啼笑已成塵。春宵絮語知何意，付與勞生一愴神。

新紅樓夢曲之七

吳宓

【世難容】氣質美如蘭，才華馥比仙。（昔當一九三四年春，在清華園古月堂宴敘，同人以石頭記中人物方今之人。劉文典教授叔雅合肥口誦此二句曰：宓應比檻外人妙玉。此乃本曲所託始。否則宓何敢自比妙玉，更何敢擬用此二句之原文乎。）天生成孤癖人皆罕。你道是唯物論腥羶，白話文俗厭，却不知行真人愈妒，守禮世同嫌。可嘆這危邦末造人將老，（此曲乃宓一九三九年初春在昆明作，解放前十年。）辜負了名園（清華園）麗景春色闌。到頭來，依舊是風塵碌碌（此四字用石頭記開卷自敘「今風塵碌碌，一事無成」，蓋傷宓著作人生哲學及長篇小說之未成也。）違心願，只贏得花落無果空枝戀。又何須高人名士歎無緣。（此言宓立志奮發，而終局如此，天下後世頗似宓或不如宓者，更不當自輒悲歎其蹉跎不遇矣。）

郭斌龢君評云：此曲感懷身世，幽約怨悱之致，可與汪容甫自序及弔馬守真文相伯仲。（宓按：實不敢當，改竄字句，掠美而已。）

平襟亞

（一八九四—一九八〇）

江蘇常熟人。原名衡，字襟亞，號秋翁，筆名襟霞閣主、沈亞公、網蛛生等。早年在家鄉小學任教，後至上海以寫作爲生。曾任世界書局編輯，創辦中央書店和《萬象》月刊。一九五七年被聘爲上海市文史研究館館員。晚年爲上海評彈社顧問。著有《秋齋筆譚》及長篇小說《人海潮》等。

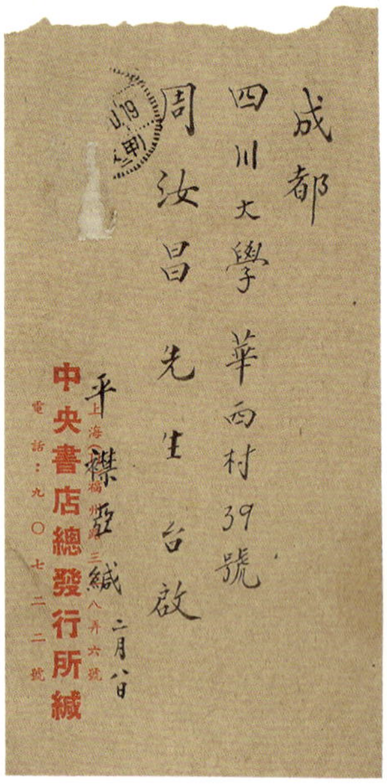
成都
四川大學華西村39號
周汝昌先生台啟
平襟亞緘 二月八日
中央書店總發行所緘
上海(11)福州路三八二弄六號
電話：九〇七二二號

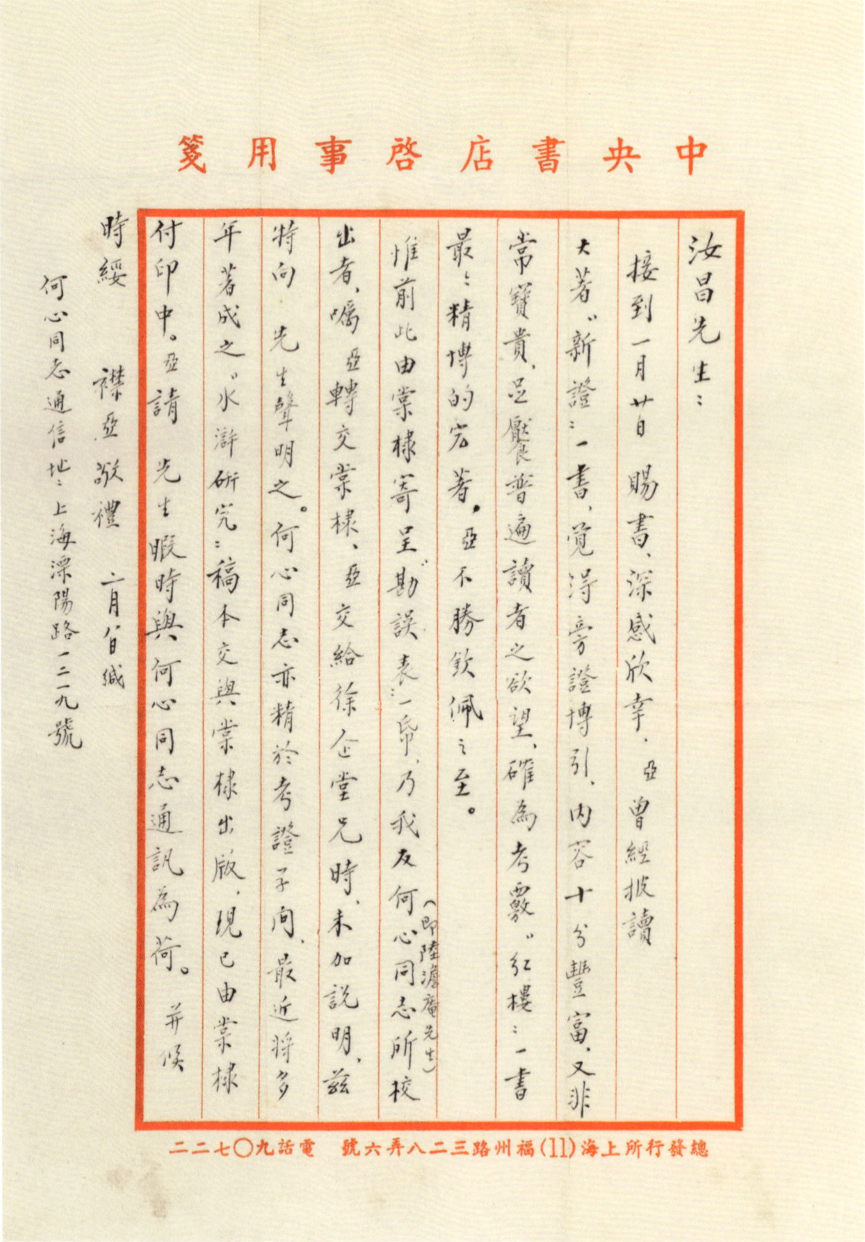

中央書店啓事用箋

汝昌先生：

接到一月廿日賜書，深感欣幸。亞曾經披讀大著《新證》一書，覺得旁證博引，内容十分豐富，又非常寶貴，足饜普遍讀者之欲望，確爲考據《紅樓》一書最最精博的宏著。亞不勝欽佩之至。惟前此由棠棣寄呈勘誤表一節，乃我友何心同志（即陸澹庵先生）所校出者，囑亞轉交棠棣，亞交給徐企堂兄時，未加説明，茲特向先生聲明之。何心同志亦精於考證，子向最近將多年著成之《水滸研究》稿本交與棠棣出版，現已由棠棣付印中。亞請先生暇時與何心同志通訊爲荷。并候

時綏

襟亞敬禮 二月八日緘

何心同志通信地址：上海溧陽路一二一九號

總發行所上海(11)福州路三八二弄六號 電話九〇七二二

鄭逸梅

（一八九五—一九九二）

江蘇吴縣（今蘇州）人，生於上海。本姓鞠，幼年投靠外祖父，改姓鄭，名願宗，字際雲，别署冷香、陶拙庵等。畢業於江南高等學堂，曾任愛群女中教員、誠明文學院教授、晉元中學副校長等職。南社社員。一九八〇年被聘爲上海市文史研究館館員。擅撰文史掌故，被譽爲「補白大王」。著有《人物品藻録》、《藝林散葉》、《南社叢談》、《書報話舊》等。

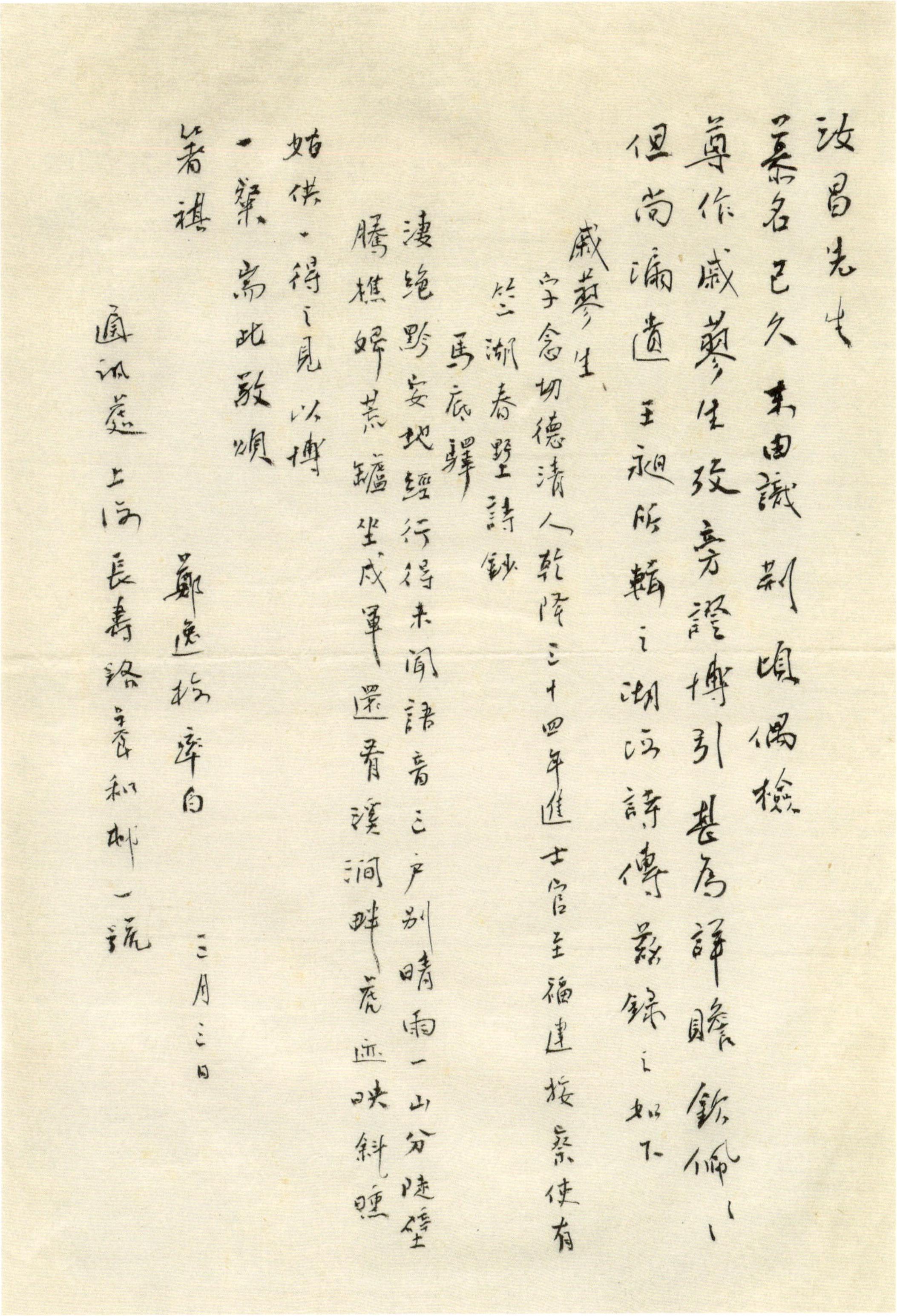

汝昌先生

慕名已久，未由識荆，頃偶檢

尊作《戚蓼生考》，旁證博引，甚爲詳贍，欽佩欽佩。

但尚漏遺王昶所輯之《湖海詩傳》，兹録之如下：

戚蓼生

字念功，德清人，乾隆三十四年進士，官至福建按察使，有

《竺湖春墅詩鈔》

《馬底驛》

淒絶黔安地，經行得未聞。語音三户别，晴雨一山分。陡壁

騰樵婦，荒鑪坐戍軍。還看溪澗畔，虎迹映斜曛。

姑供一得之見，以博

一粲。肅此，敬頌

著祺

鄭逸梅率白　三月二日

通訊處：上海長壽路棗和坊一號

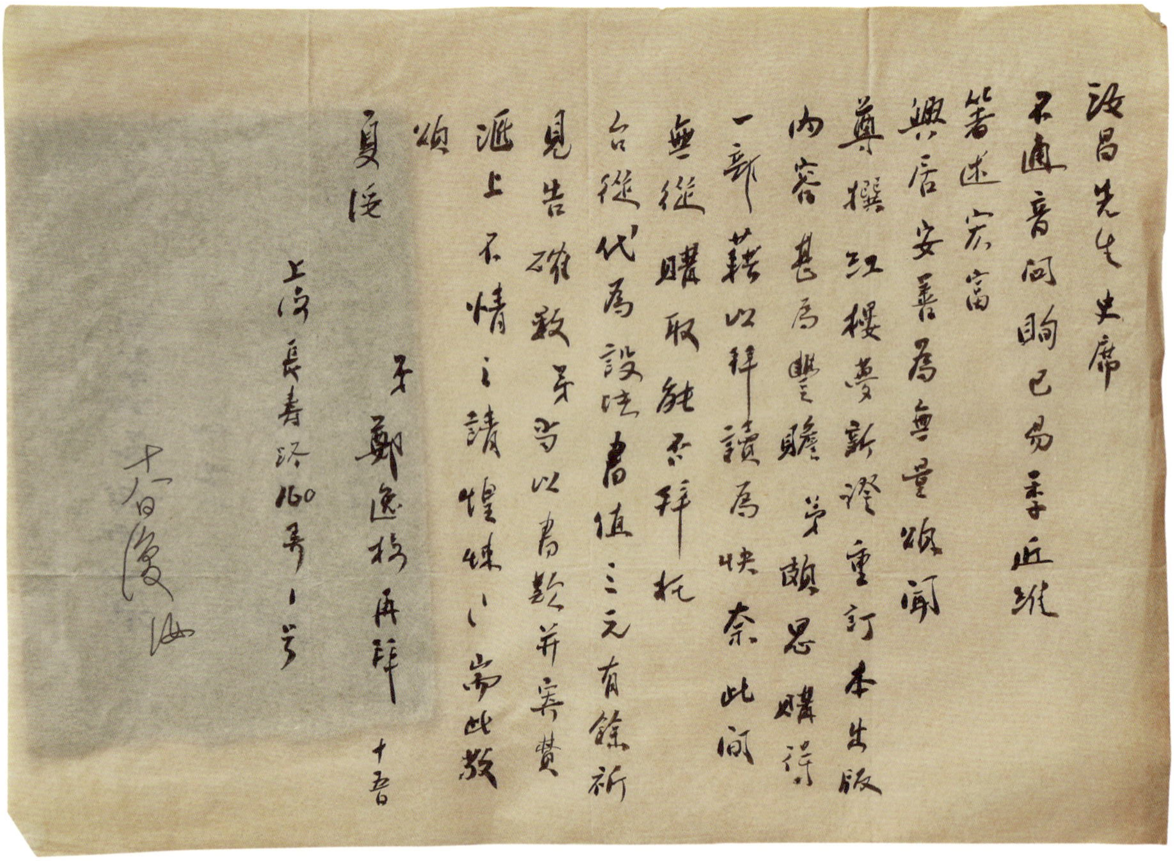

汝昌先生史席：

不通音問，瞬已易季，近維

箸述宏富，

興居安善，為無量頌。聞

尊撰《紅樓夢新證》重訂本出版，

內容甚為豐贍，弟頗思購讀

一部，藉以拜讀為快，奈此間

無從購取，能否拜托

台從代為設法，書值三元有餘，祈

見告確數，弟當以書款并寄費

匯上。不情之請，惶悚惶悚。耑此，敬

頌

夏綏

弟鄭逸梅再拜　十四

上海長壽路160弄1號

十八日復函

沈雁冰

（一八九六—一九八一）

浙江桐鄉人。原名沈德鴻，字雁冰，筆名茅盾等。一九一三年考入北京大學預科班學習。一九二一年革新《小説月報》，參與發起文學研究會。新中國成立後，擔任第一任文化部部長。著有《子夜》、《林家鋪子》、《我走過的道路》等。

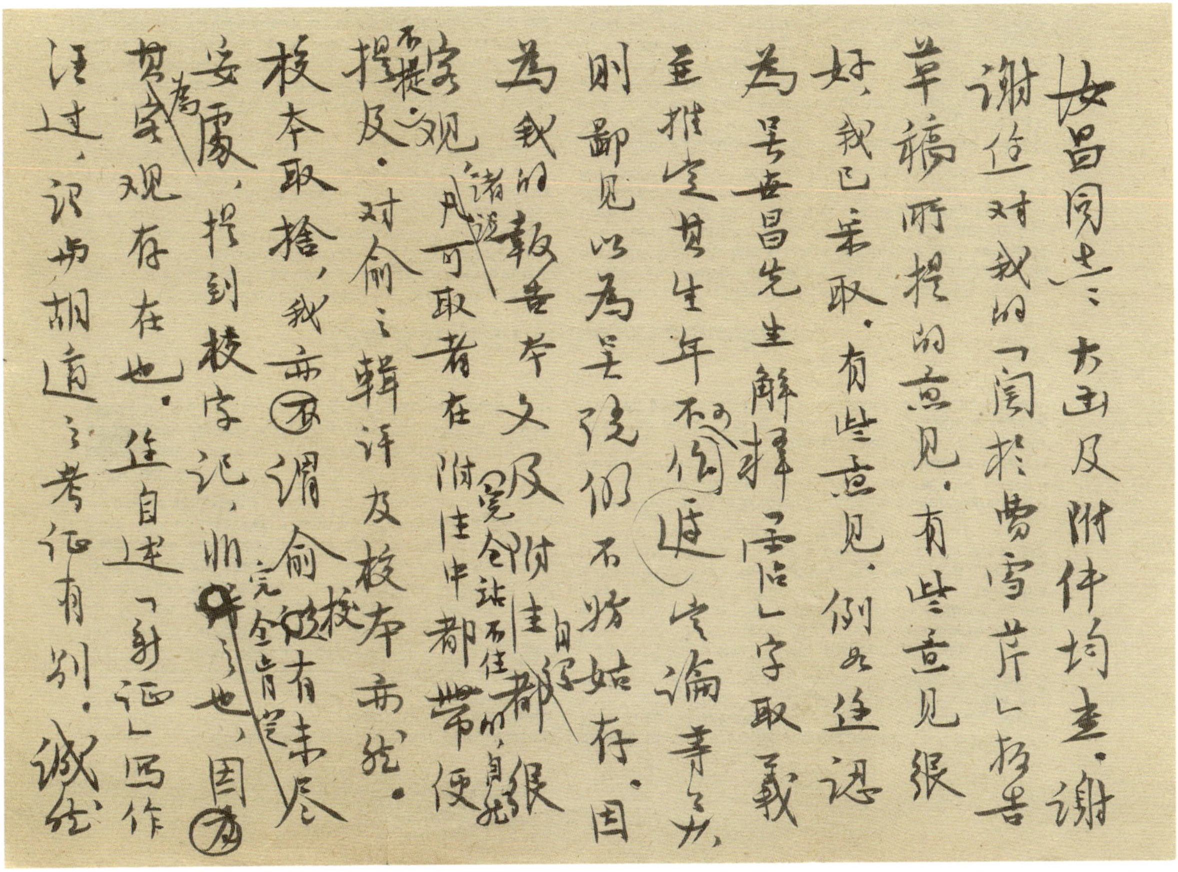

汝昌同志：

大函及附件均達。謝謝您對我的「關於曹雪芹」拙著草稿所提的意見，有些意見很好，我已采取。有些意見，例如您認為吴世昌先生解釋「碧」字取義至推定其生年不可信之論，甚有力，則鄙見以為吴說似不妨姑存。因為我的報告本文及附注都很……字觀，凡可取者在附注中都帶便提及。對俞之輯評及校本亦然。校本取捨，我亦不謂俞之校有未盡妥處，提到校字記，則略之也，因為其學觀存在也。您自述「身世」寫作經過，記與胡適之考證有別。誠然

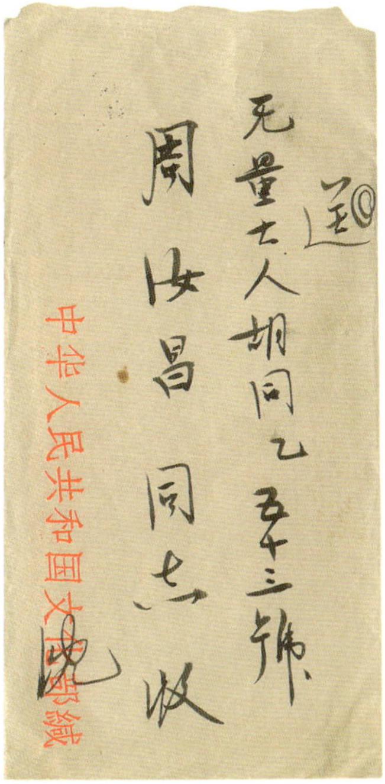

無量大人胡同乙五十三號

周汝昌同志收

送

中华人民共和国文化部緘

誠然。教告草稿及附注未為剖
析，是我之疏忽。现在已至本文「已
於此類事蹟……」云云一段修改為
「至於一方面已認识到紅樓夢之反
封建的重大意义，另一方面又比類
事蹟，欲從紅樓夢中尋繹曹雪
芹年譜，則又未免作繭自縛，進
退失据。」又在附注第五條，「最晚
者……新证」之下加數十字，正面説
明「新证」不同於前此之「考证派」。
又「新紅学」一詞，现亦改為「考
证派紅学」，指胡適一派，与「索隱
派」对举。
外國研究紅樓夢及譯本，现

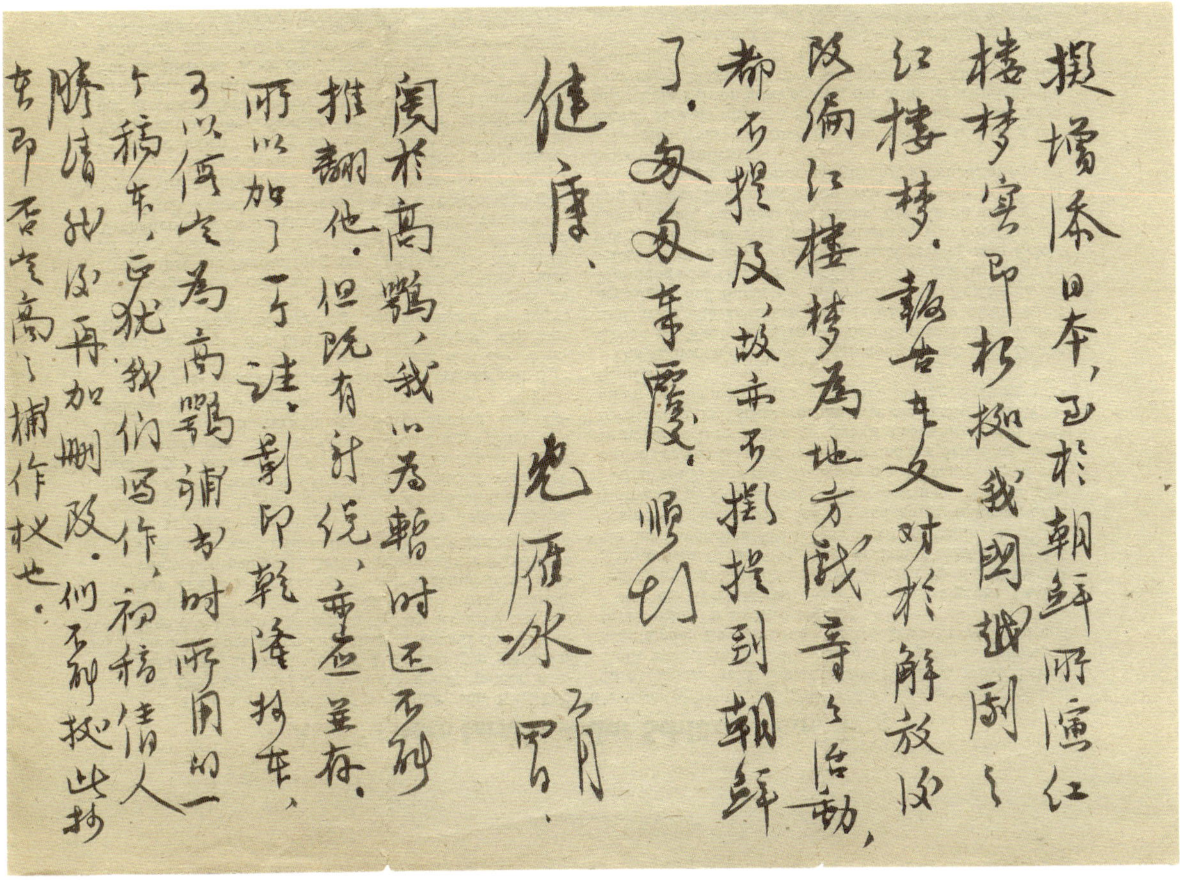

拟增添日本，至於朝鲜所演红楼梦实即於越剧红楼梦，韩国之文对於解放后改编红楼梦为地方戏等等活动，都不提及，故亦不拟提到朝鲜了。匆匆草覆，顺颂

健康、

沈雁冰 七月四日、

关於高鹗，我以为暂时还不必推翻他。但既有新说，亦应并存，所以加了一句注。[illegible]即乾隆抄本，可以假定为高鹗补书时所用的一个稿本，亦犹我们写作，初稿请人誊清后又再加删改。但不能把此抄本即看定高之补作稿也。

茲訂於十月三十一日（星期日）下午三，在東四頭條四號第六樓中國文聯大會議室舉行中國文學藝術界聯合會主席團及中國作家協會主席團聯席（擴大）會議。會議內容爲：關於開展「紅樓夢」研究工作上反對資產階級唯心論的傾向以及「文藝報」在處理這一討論中的錯誤態度等問題。務請準備意見，準時出席爲荷。

此致

周汝昌同志

郭沫若
茅盾
周揚

十月二十九日

周汝昌同志：

訂于本月22日（星期五）下午三时在四川飯店座談曹雪芹卒年問題。屆时請出席。

敬礼！

茅盾

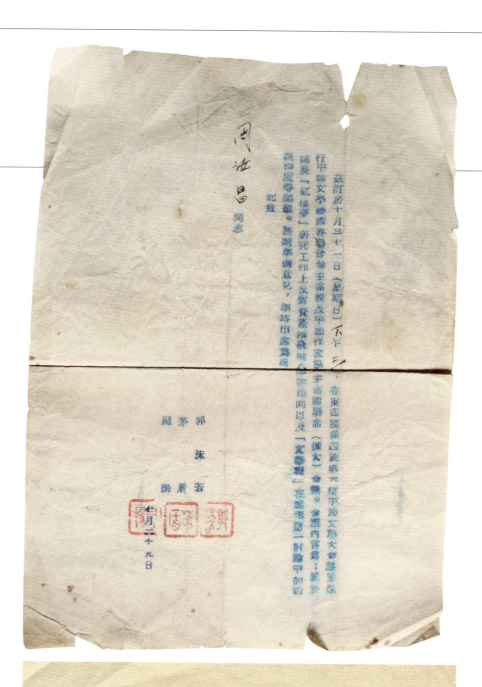

3月20日

顧隨

（一八九七—一九六〇）

河北清河人。本名寶隨，字羡季，號苦水、駝庵。一九二〇年畢業於北京大學英文系。初輾轉於山東、天津等地中學任教，一九二九年起，先後執教於燕京大學、北京大學、輔仁大學、北京師範大學、天津師範學院（河北大學前身）等高校。生前印行《無病詞》等詞集六種、《苦水詩存》一種、《苦水作劇》兩種，另著有《稼軒詞説》、《東坡詞説》、《揣籥録》等。

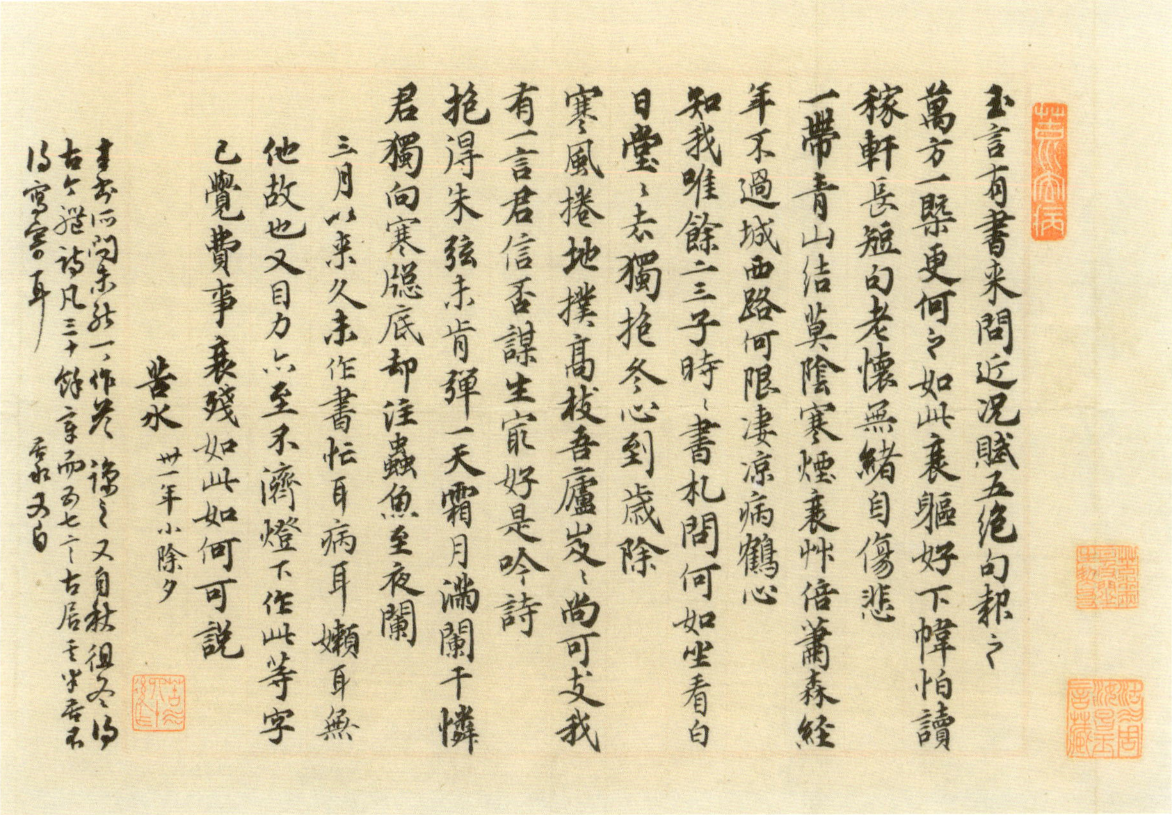
玉言有書來問近況賦五絶句報之
萬方一槩更何〻如此衰軀好下幃怕讀
稼軒長短句老懷無緒自傷悲
一帶青山结莫陰寒煙衰艸倍蕭森经
年不過城西路何限凄凉病鶴心
知我唯餘二三子時〻書札問何如坐看白
日堂〻去獨抱冬心到歲除
寒風捲地撲高枝吾廬岌〻尚可支我
有一言君信否謀生宜好是吟詩
抱得朱弦未肯彈一天霜月滿闌干憐
君獨向寒爐底卻注蟲魚至夜闌
三月以來久未作書恬耳病耳懶耳無
他故也又目力亦至不濟燈下作此等字
已覺費事衰殘如此如何可說
苦水 卅一年小除夕

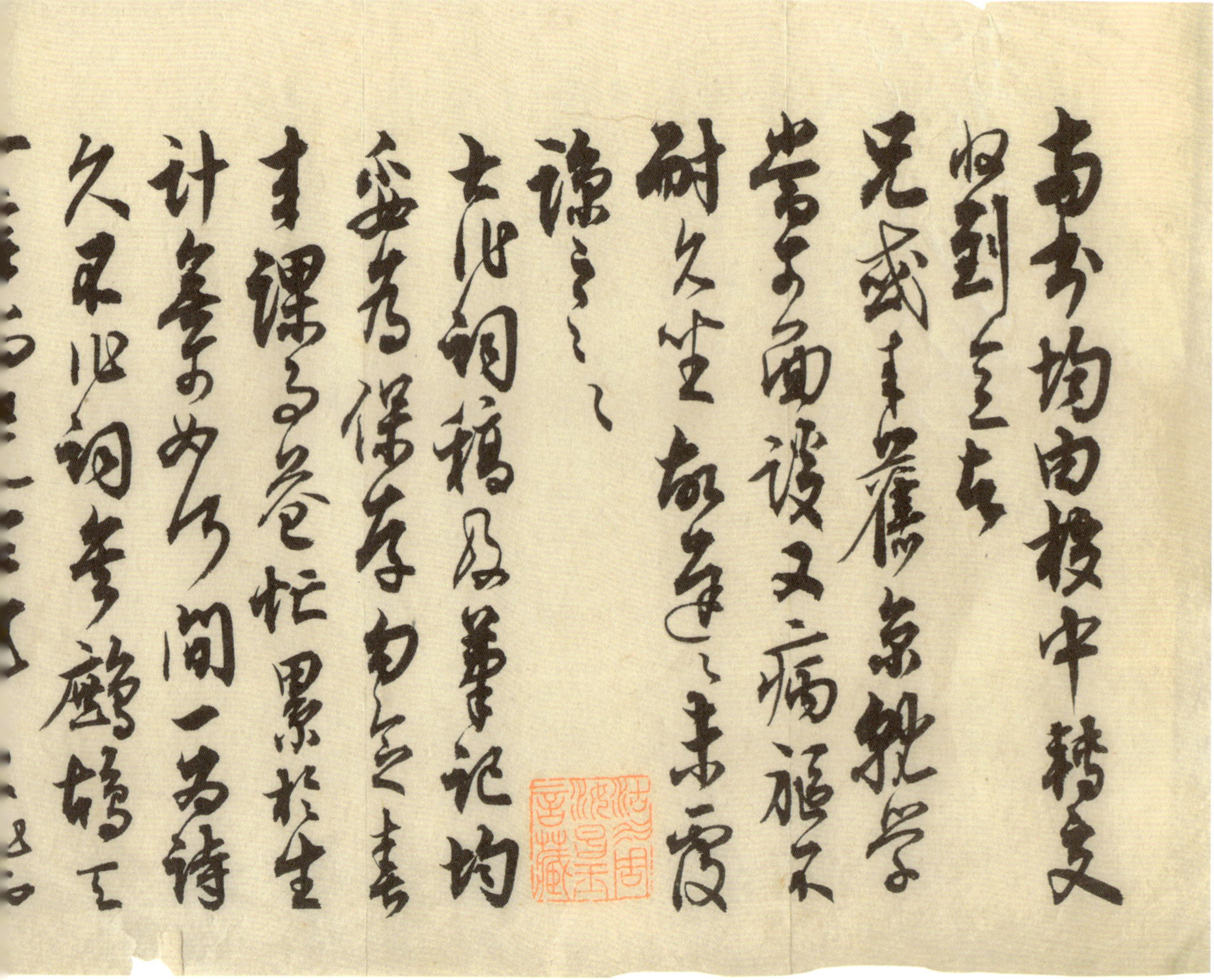
來書均由校中轉交
收到至今
兄感冒舊疾號學
當年面談又病福不
耐久坐，故每每未覆
諒之。
大作詞稿及筆記均
妥為保存，勿念。書
來課多卷忙累於生
計，無如何。間一為詩，
久不作詞。鷓鴣天

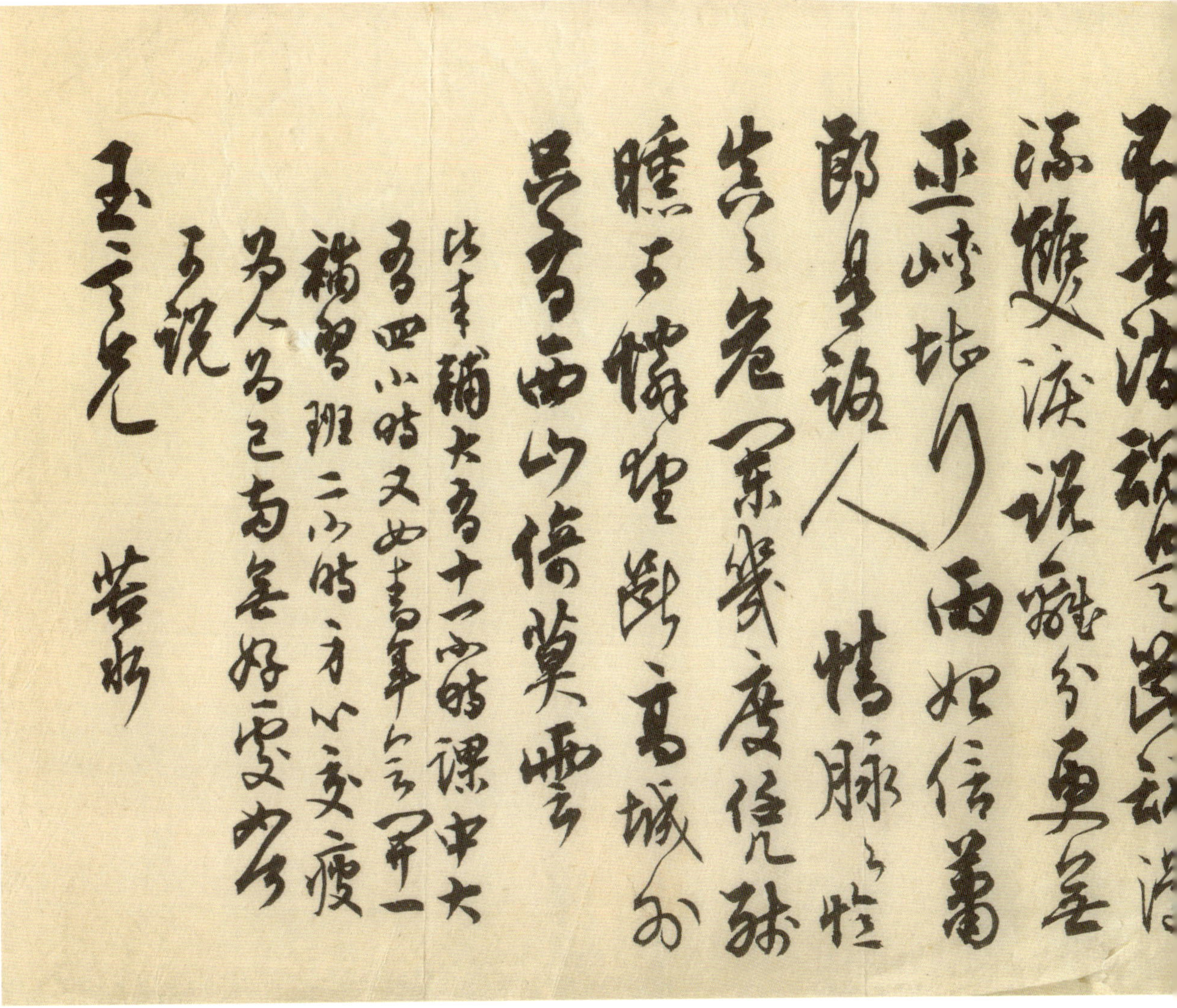
添幾滴淚淚難分真是
巫峽地雨如信萬
郎是說人情脉脉怯
瞻于情埋斷高城外
是西山倚暮雲
比來輔大每十一小時課中大每四小時又女青年會開一補習班二小時方以更瘦為人為己看是好耍也
玉言兄正說
苦水

近來覺得作詞人須多讀唐人詩，不知
兄亦同意否

玉言兄史席：前得
手書並水調歌頭、贊儒序，與一年前寄來霞頂
又奉
來札，欣悉尊恙連日稍松。敝校大四年級生已開
始畢業考試，日內須閱卷，及各指論文，恐暇時益
少也。腰痛又時時作。昨得家六吉弟書，言嘉興
生涯等於討飯，然更有人欲討飯而不得之會。
元代有九儒十丐之說，蓋讀書人之與討飯為友
不過一間，由來已久，不禁失笑。
兄於讀詞得與余見即合。余讀與其得先生
有同學之誼，又相識之久，然總覺沙氏不能融
洽，吾友之一二之其乃是沈祖棻之言，而非盡水之
言也。贊儒序極見工力，然澀調太多，除先南

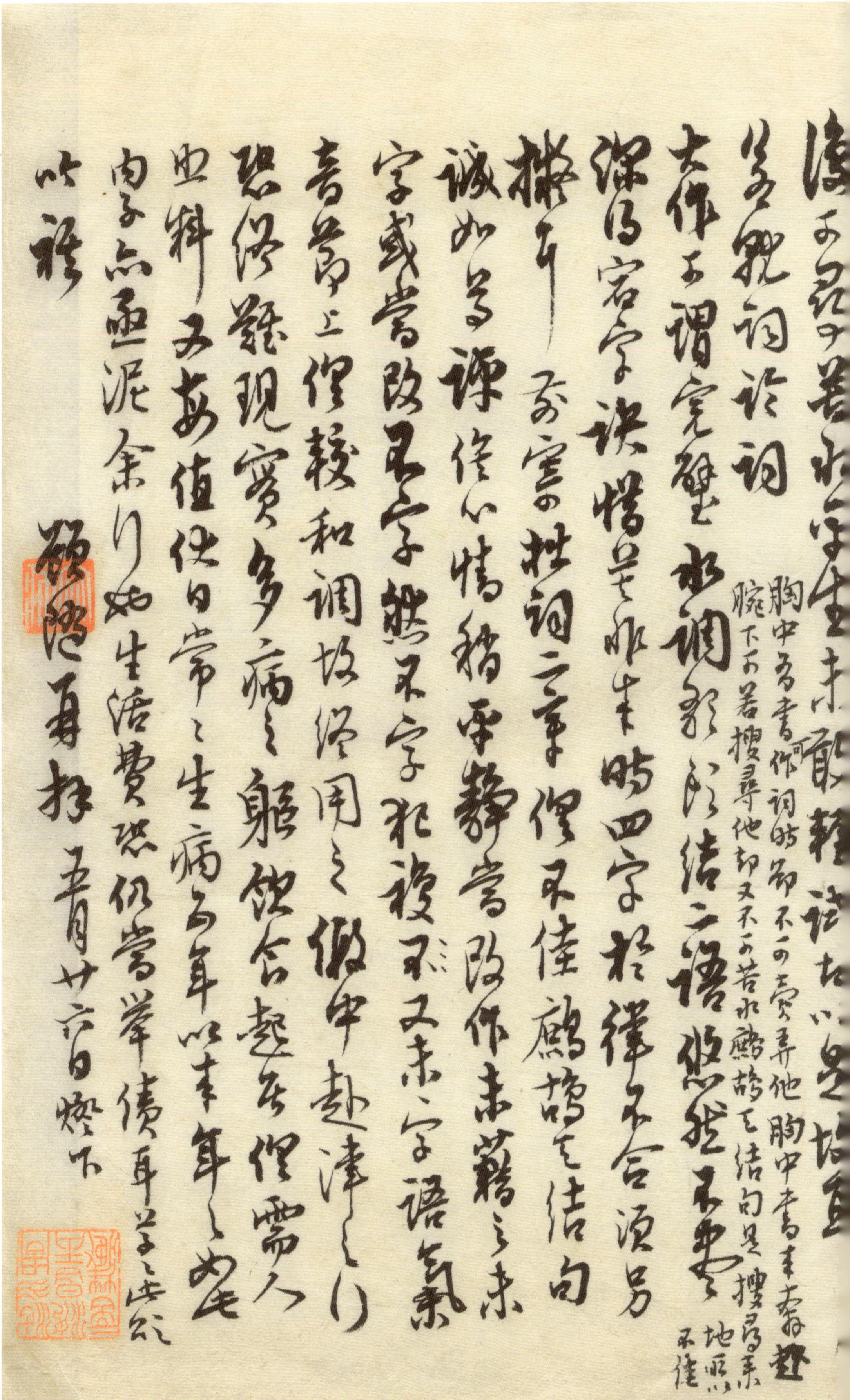
淺于君可若此學生未敢輕議也以是始宜
多覩詞話詞
大作可謂完璧也如調歌所結二語非然我不要
胸中有書可作詞時卻不可賣弄他胸中有書來腕下不可若搜尋他卻又不可若非鷓鴣天結句是搜尋來地照照不佳
深得宕字訣惜是也非少時四字於律不合須另
撰再寄杜詞二章俱不佳鷓鴣天結句
誠如尊諭作者心情稍平靜當改作未蘊之未
字或當改不字然不字亦復不又未字語氣
言曾上俱較和調故得聞之似更起津津的
碧得疑現實多病之軀飲食起居俱需人
照料又安值此日常之生病數年以來年年如是
內子亦亟泥余則如生活費恐仍當舉債耳草草不悉
吟祺
顧隨再拜 五月廿六日燈下

玉言吾兄
手書高通，又
前作賀新涼、七古一章，均拜讀。嫌來即
覆，古非以忙，乃以天氣雨多，濕重，纏皆
時作，找遂懶於伏案執筆。十一日陰
雨竟日，潮濕如秋，而筋骨痠痛，
唯坐立皆無所可，臥床偃息，不復能起。向
夕雨止，乃如復活，然亦精坐，乃作此書，然
中懷我鬱結，點亦未能來，而累之，如平日最愛
讀樓外樓絕之之書，樓光緒之去，宜性格中
為而不知二語以為訓。不盡欲言。若水 寓照

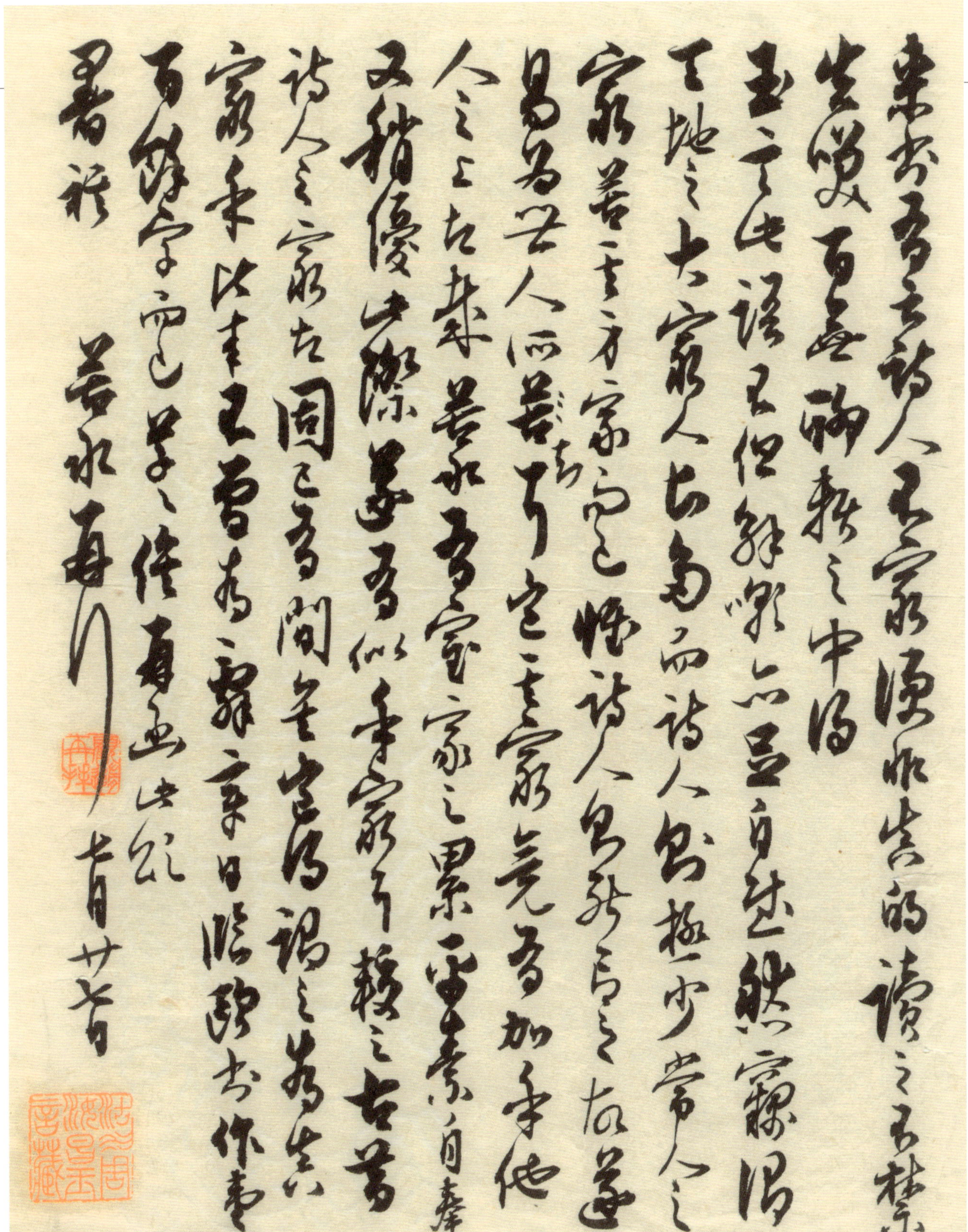

顧隨（一八九七—一九六〇）

玉言道兄英鑒：秋風轉寒，至不可耐，日来雖較爲晴暖，而時時有俗事牽帥，心情仍不能平和，使人終日怏怏，如何如何。雙十節日所作書至今尚未寄奉，職是之故，諒之諒之。鄭因百就任滬暨南大學系教授，上週啓程赴津海道南下，方今是處才難，如玉言者真不易多得，只可自豪也。此頌

吟祺

弟汝昌拜手　十月十六日

高江詩二首另紙寫奉

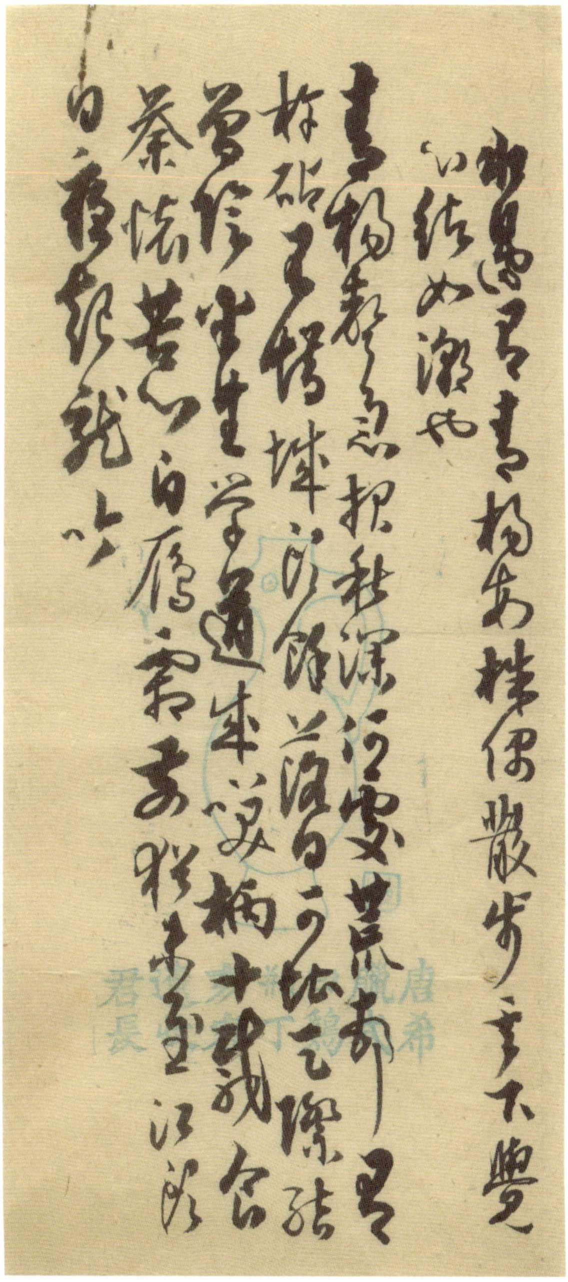

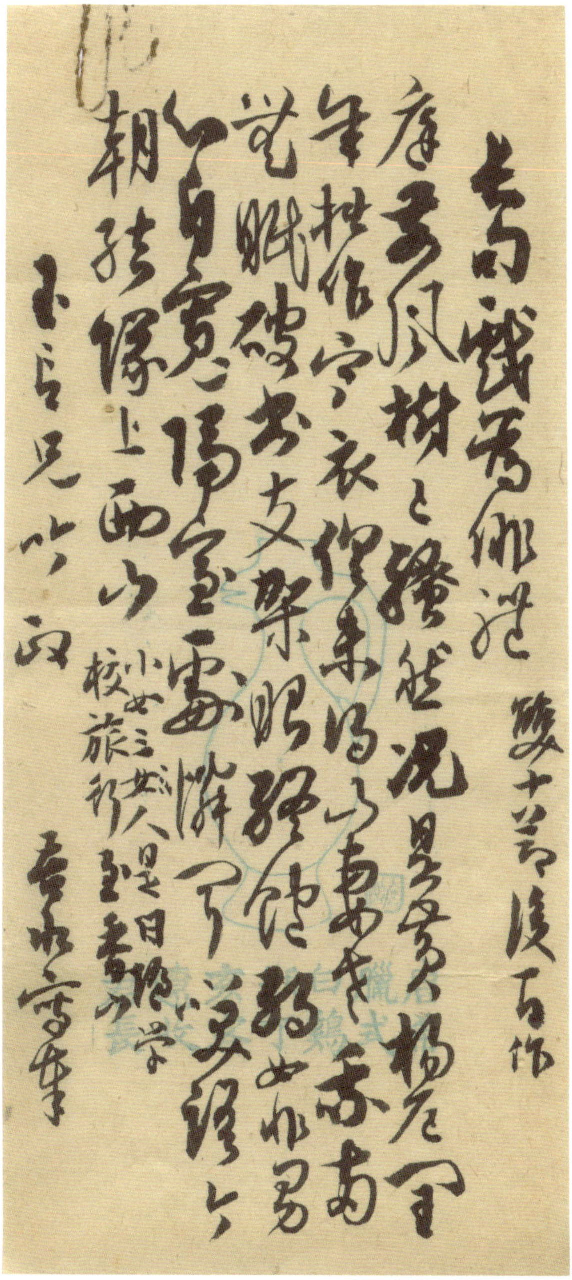

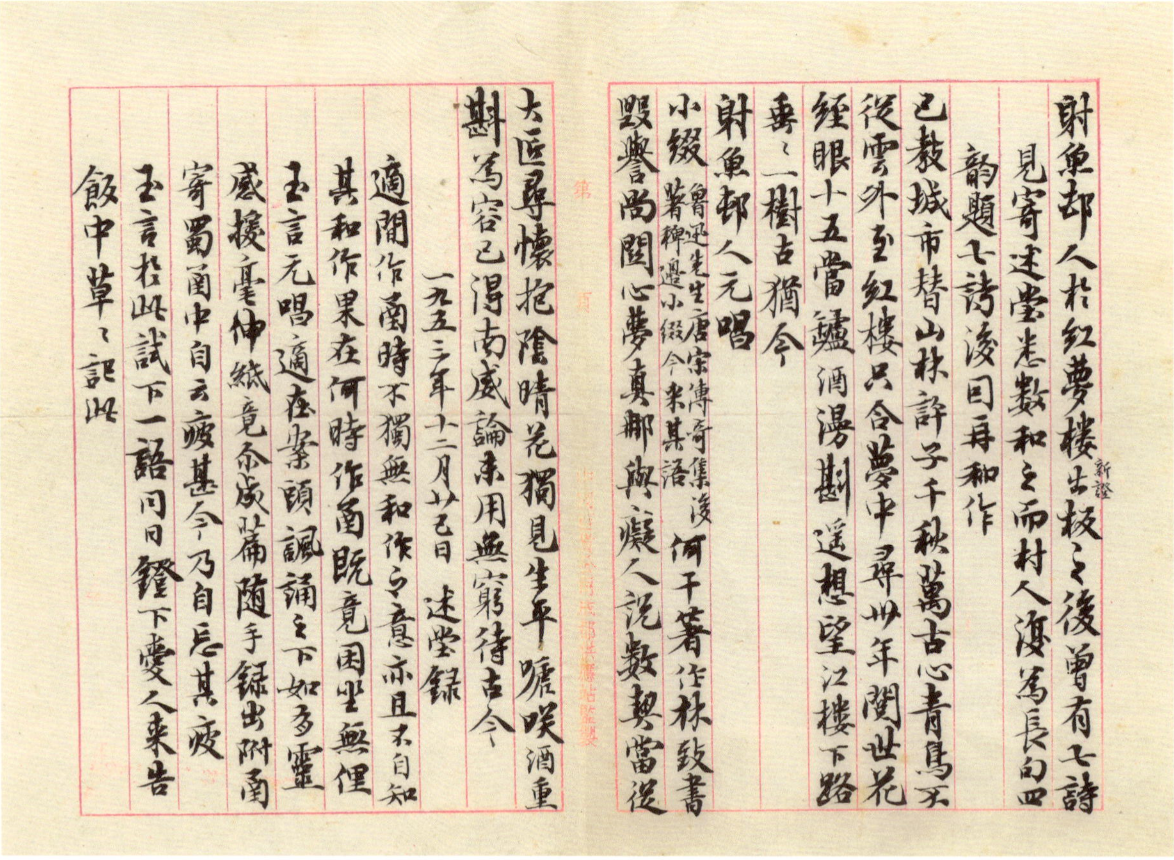
射魚邨人於紅夢樓新證出板之後曾有七詩
見寄述堂忝數和之而村人復寫長句四
韵題七詩後因再和作
已教城市替山林許子千秋萬古心青鳥不
從雲外至紅樓只合夢中尋卅年閱世花
經眼十五當壚酒湧斟遥想望江樓下路
垂垂一樹古猶今
射魚邨人元唱
小綴 魯迅先生唐宋傳奇集後著稗邊小綴今采其語 何干著作林致書
毀譽尚閒心夢真郵與癡人說數契當從
大匠尋懷抱陰晴花獨見生平嚬咲酒重
斟寫容已得南威論未用無窮待古今
一九五三年十二月廿五日 述堂録
適閒作函時不獨無和作之意亦且不自知
其和作果在何時作函既竟困坐無俚
玉言元唱適在案頭諷誦之下如多靈
感援毫伸紙竟亦成此篇隨手録出附函
寄蜀函中自云疲甚今乃自忘其疲
玉言於此試下一語同日鐙下燮人來告
飯中草草記此

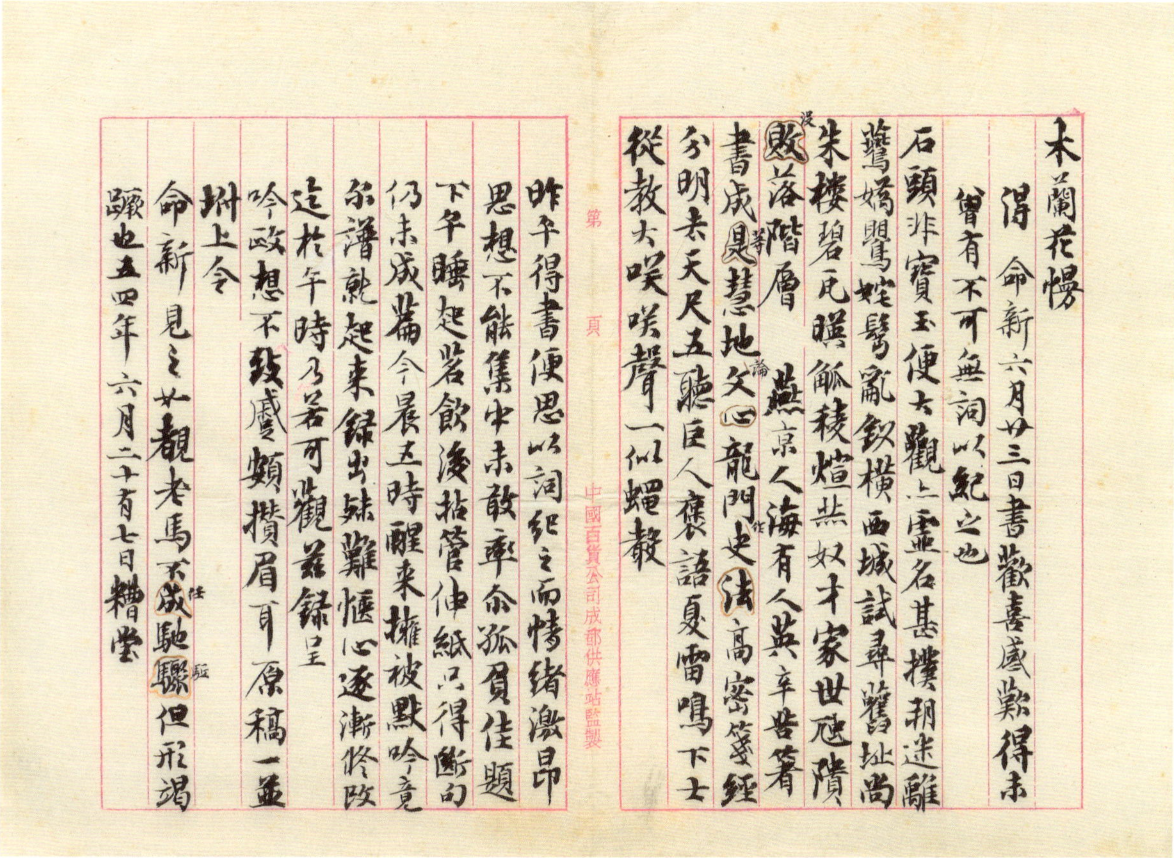

木蘭花慢

得命新六月廿三日書歡喜感歎得未曾有不可無詞以紀之也

石頭非寶玉便大觀上靈名甚撲朔迷離鶯嬌鷰姹鬢亂釵橫西城試尋舊址尚朱樓碧瓦瞑觚稜煊共奴才家世湮隤敗(沒)落階層　燕京人海有人共辛苦著書成是(等)慧地(論)文心龍門史(作)法高密箋經分明去天尺五聽巨人褒語夏雷鳴下士從教大咲咲聲一似蠅鼓

昨午得書便思以詞紀之而情緒激昂思想不能集中未敢率命致負佳題下午睡起茗飲後拈管伸紙只得斷句仍未成篇今晨五時醒來擁被默吟竟尔譜就起來錄出殊難愜心遂漸修改迄於午時乃差可觀茲錄呈

吟政想不致處頗攢眉耳原稿一並

附上令

命新見之如觀老馬不成(任)馳驟(騁)但形竭蹶也五四年六月二十有七日糟堂

陳兼與

（一八九七—一九八七）

福建福州人。名聲聰，字兼與，號壺因、荷堂。早年就讀於中國大學政治經濟科，後長期任職於財税機關。新中國成立後，曾在化工廠工作。一九八二年被聘爲上海市文史研究館館員。早年曾與人編著《舊都文物略》，另著有《兼于閣詩》、《壺因詞》、《兼于閣詩話》等。

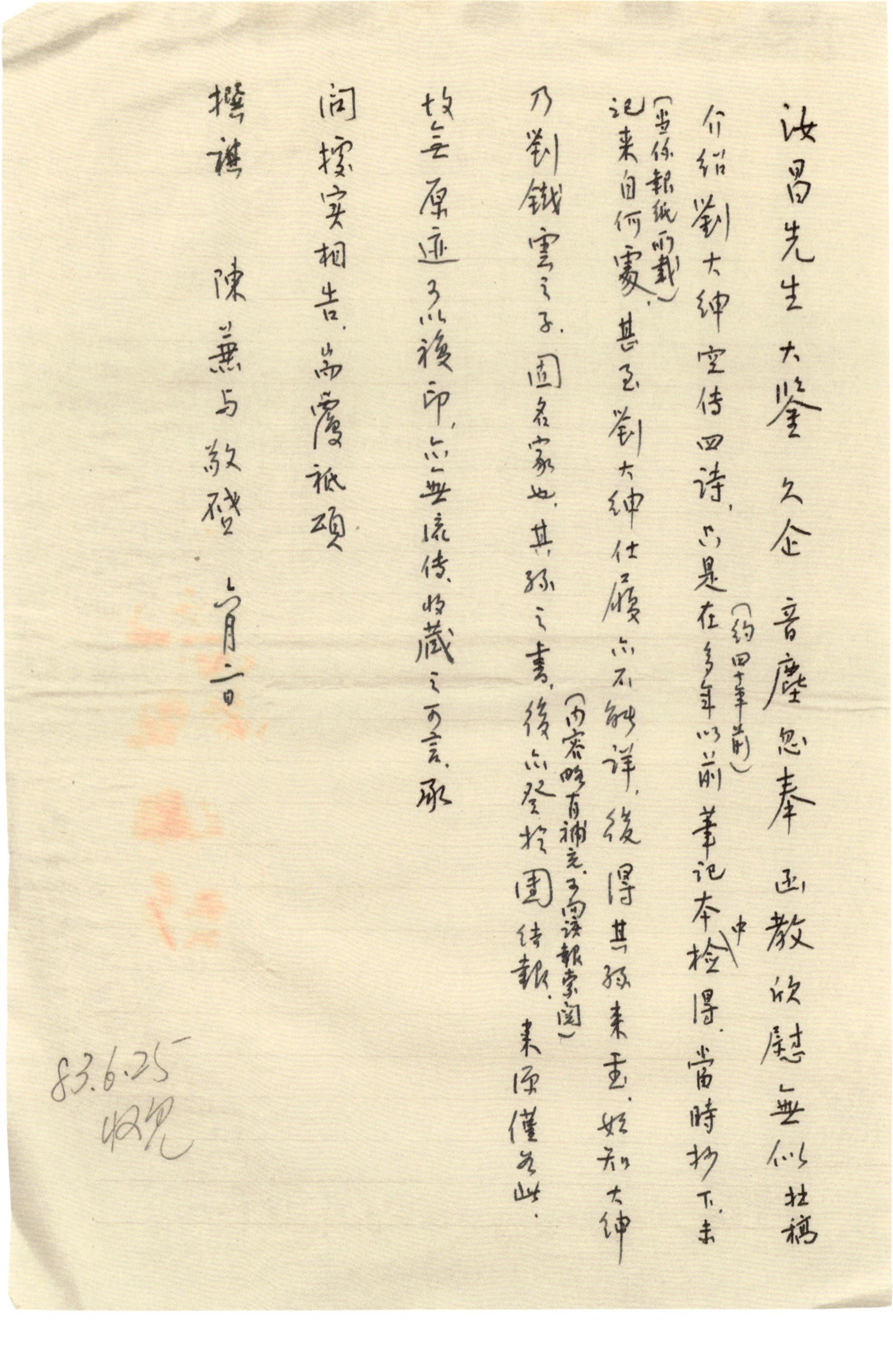

汝昌先生大鑒：久企音塵，忽奉函教，欣慰無似。拙稿介紹劉大紳寶傳四詩，亦是在多年以前（約四十年前）筆記本中檢得，當時抄下未記來自何處（要係報紙所載），甚至劉大紳仕履亦不能詳，後得其孫來函，始知大紳乃劉鐵雲之子，固名家也。其孫之書，後亦登於團結報（內容略有補充，可向該報索閱），來源僅此。故無原迹可以複印，亦無流傳收藏之可言。承詢據實相告，尚蒙 祇頌

撰祺

陳兼與敬啓 六月二日

83.6.25 收[illegible]

康生

（一八九八—一九七五）

山東諸城大臺莊（今屬青島）人。原姓張，名宗可，字少卿。工書法，嗜收藏。

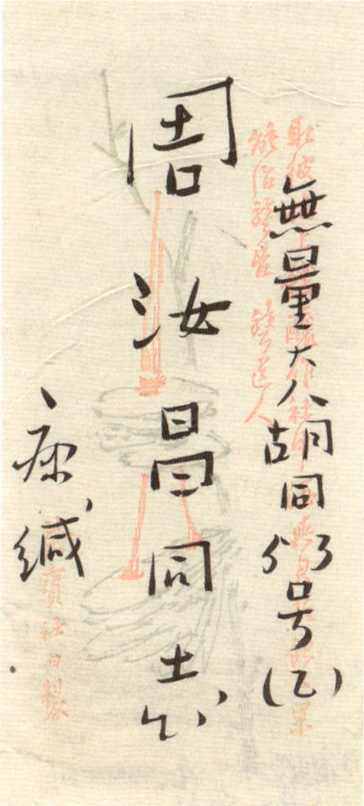

無量大人胡同五三号（乙）

周汝昌同志

康緘

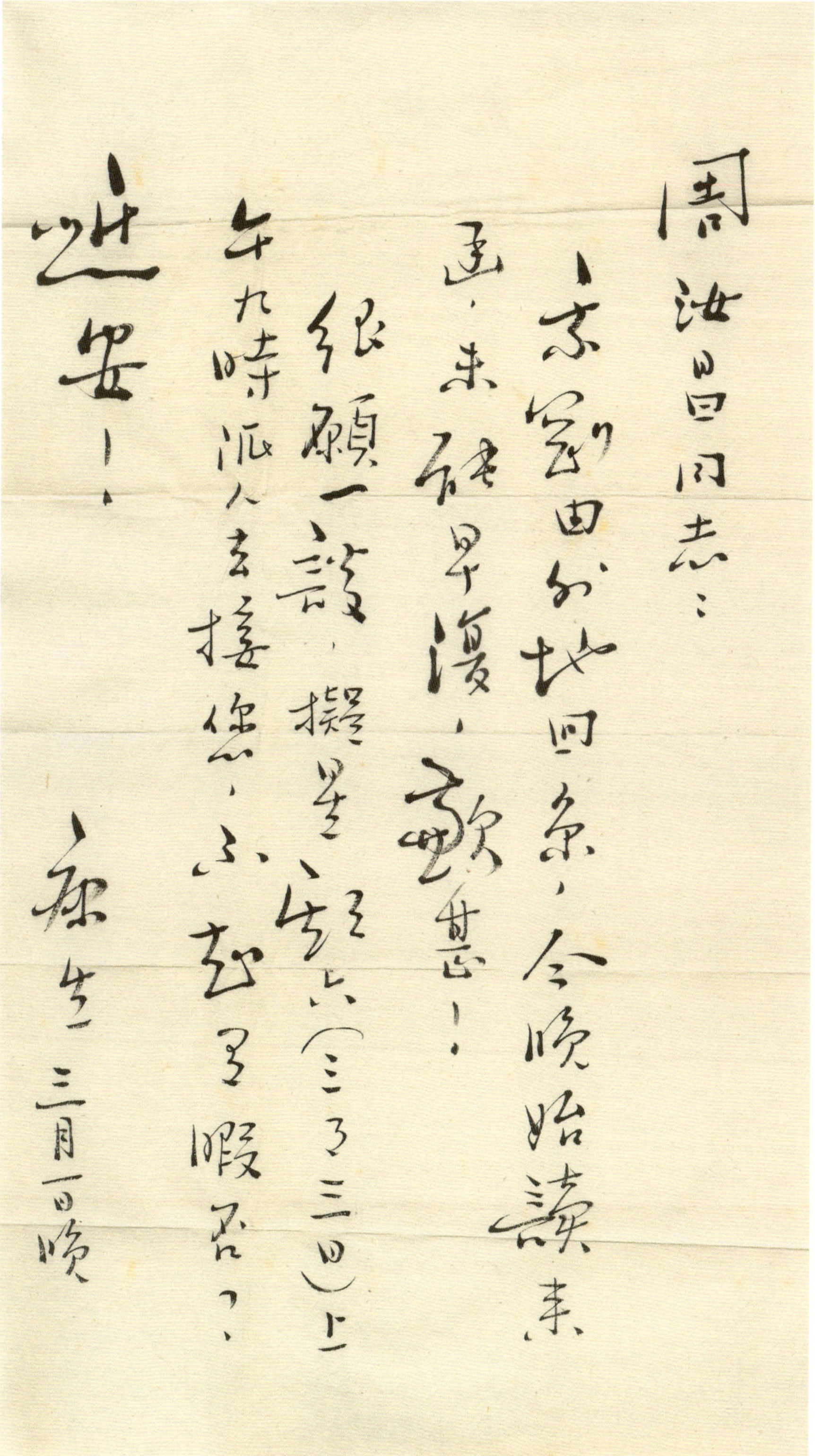

周汝昌同志：

承劉田分地回条，今晚始讀來函。未能早復，歉甚！

很願一談，擬星期六（三月三日）上午九時派人去接您，不知有暇否？

近安！！

康生　三月一日晚

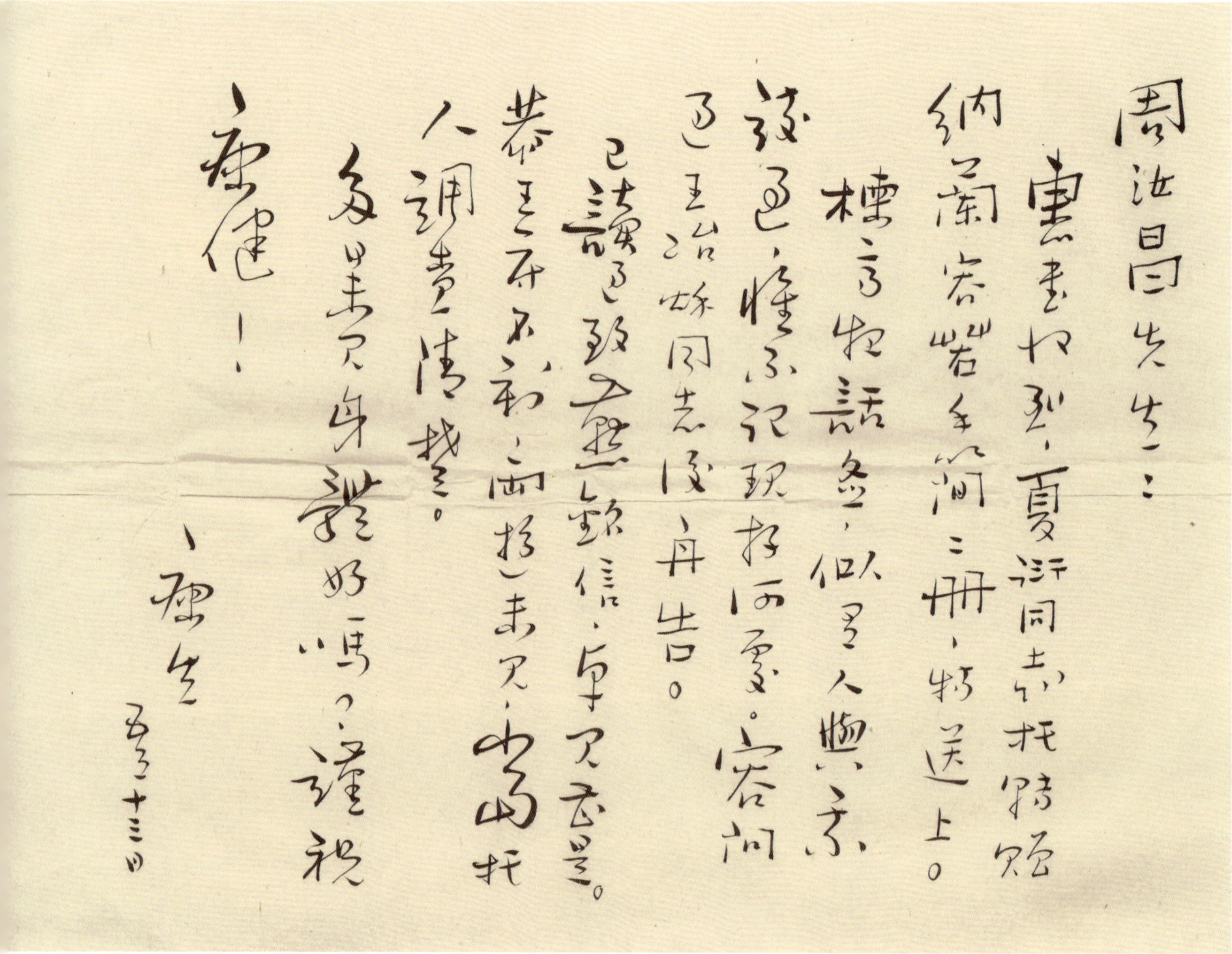
周汝昌先生：
惠書收到，夏衍同志托轉贈
納蘭容若手簡二册，特送上。
標點極好，話多，但是人無亦
讀過，將來記得改正。容問
過王冶秋同志後再告。
已讀過致吳恩裕信，卓見可喜。
恭王府不知，函稿未見，如需托
人調查清楚。
您近來身體好嗎？謹祝
康健！
康生
五月十三日

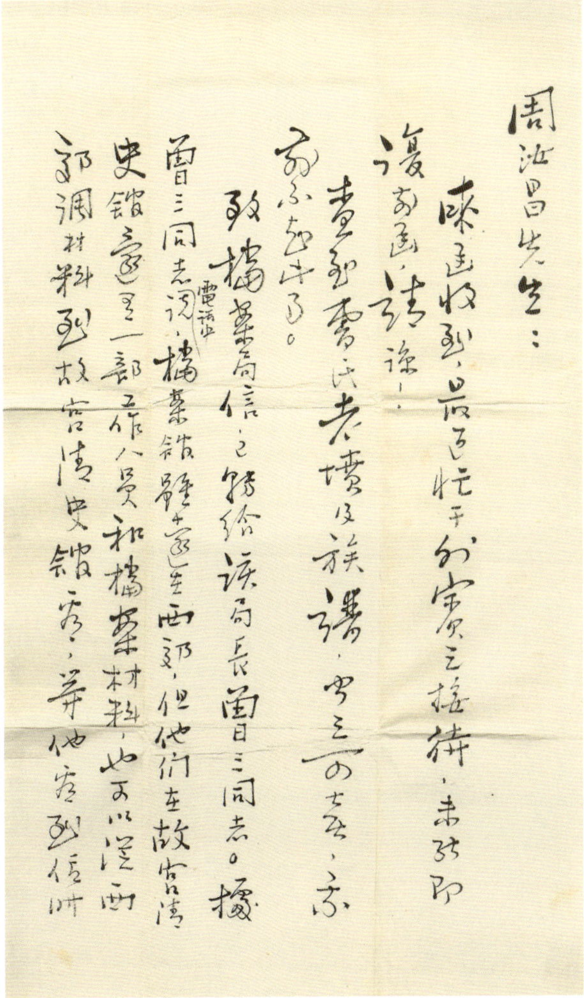
周汝昌先生：

來函收到，最近忙于外賓之接待，未能即復函，請諒！！

惠寄曹氏老墳及族譜，甚之可喜，我亦知道了。

致檔案局信，已轉給該局長曾三同志。據曾三同志（電話中）說，檔案館雖已遷去西郊，但他們在故宮清史館還有一部分工作人員和檔案材料，也可以從西郊調材料到故宮清史館查，並他寄到信時

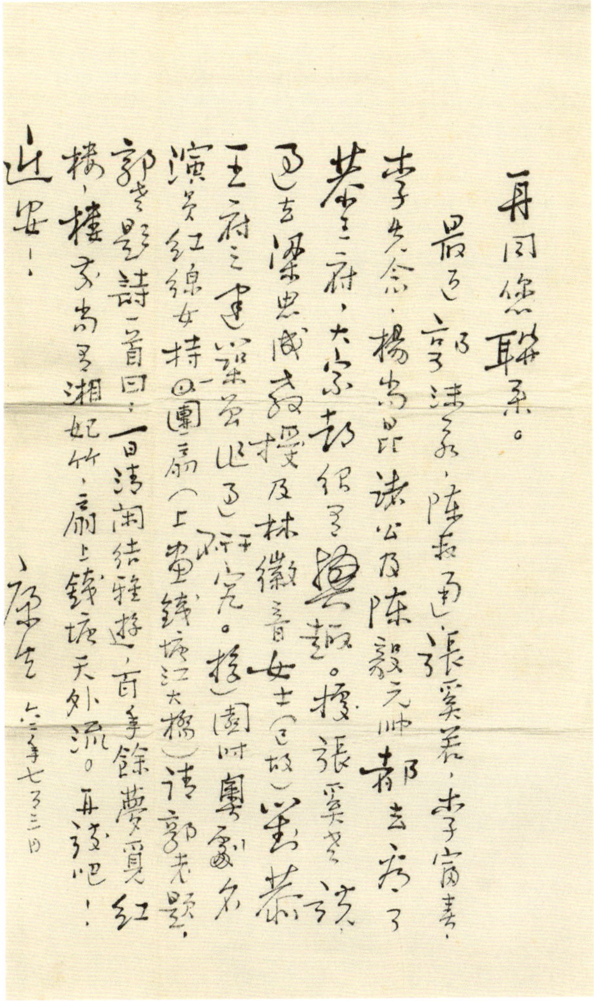
再同您聯系。

最近郭沫若、陳叔通、張奚若、李富春、李先念、楊尚昆諸公及陳毅元帥都去看了恭王府，大家都很感興趣。據張奚若談，過去梁思成教授及林徽音女士（已故）對恭王府之建築進行過研究。游園時粵劇名演員紅線女持一團扇（上畫錢塘江大橋）請郭老題，郭老題詩一首曰：一自清閑結雅游，百年餘夢覓紅樓，樓前尚有湘妃竹，扇上錢塘天外流。再談吧！！

近安！！

康生

六三年七月三日

張伯駒

（一八九八—一九八二）

河南項城人。名家騏，字叢碧，别號春游主人。早年爲軍人，後入金融界，大力收藏文物字畫。上世紀五十年代將所購藏《平復帖》等十餘件文物捐獻國家。一九六二年任吉林省博物館副館長。一九七二年被聘爲中央文史研究館館員。精鑒藏，能詩詞，爲京劇名票友。著有《素月樓聯語》、《叢碧詞》、《紅毹紀夢詩注》等，編有《春游瑣談》。

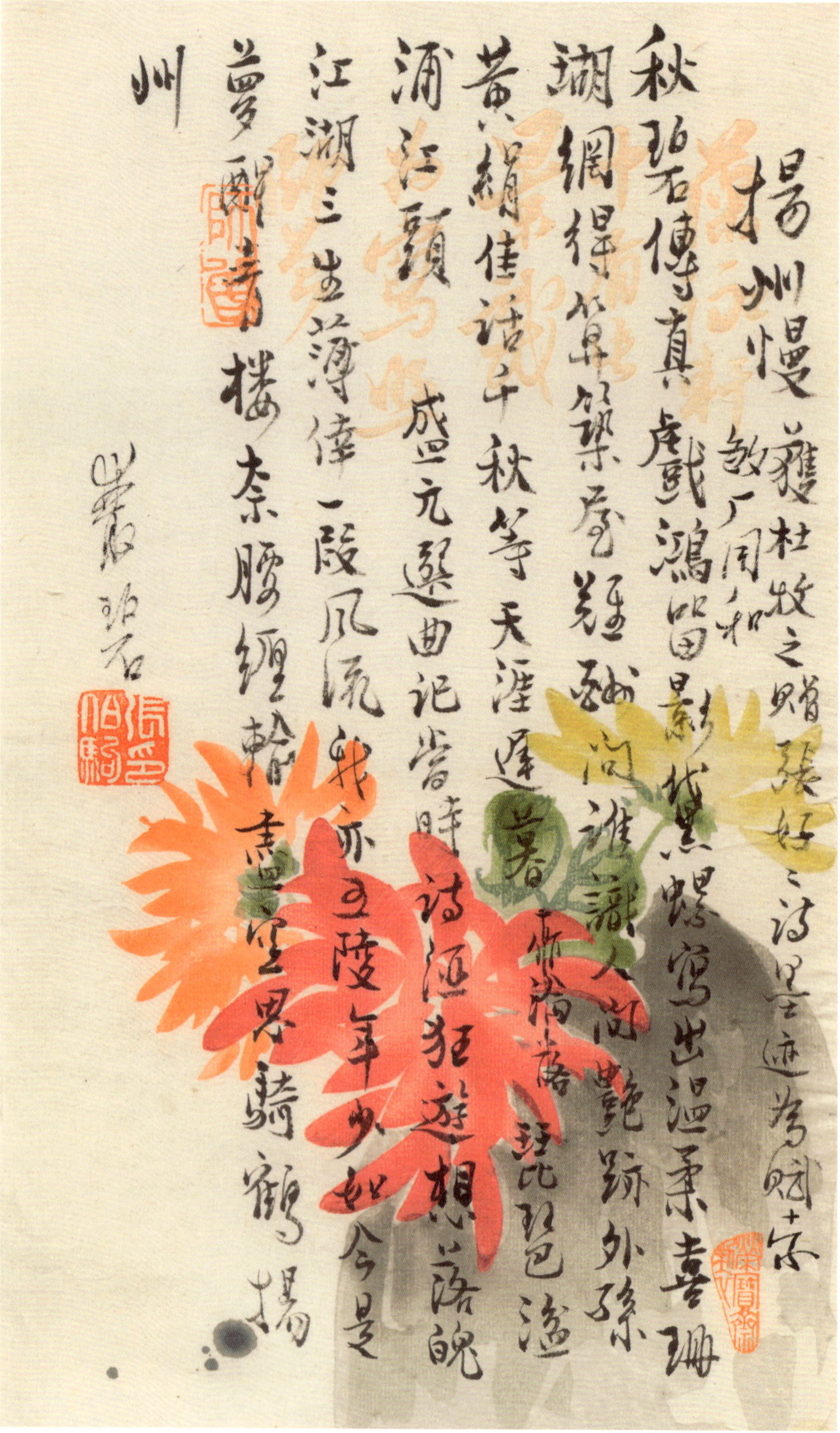
揚州慢 獲杜牧之贈張好好詩墨迹爲賦[illegible]
秋碧傳真，戲鴻留影，黛螺寫出溫柔。喜珊瑚網得，算築屋難酬。[illegible]誰識人間艷跡，外孫黃絹，佳話千秋。等天涯遲暮，亦偕淪落，琵琶溢浦江頭。
盛元遐曲，記當時詩酒狂遊。想落魄江湖，三生薄倖，一段風流。我亦五陵年少，如今是夢醒青樓。奈腰纏輸盡，空思騎鶴揚州。
叢碧[illegible]

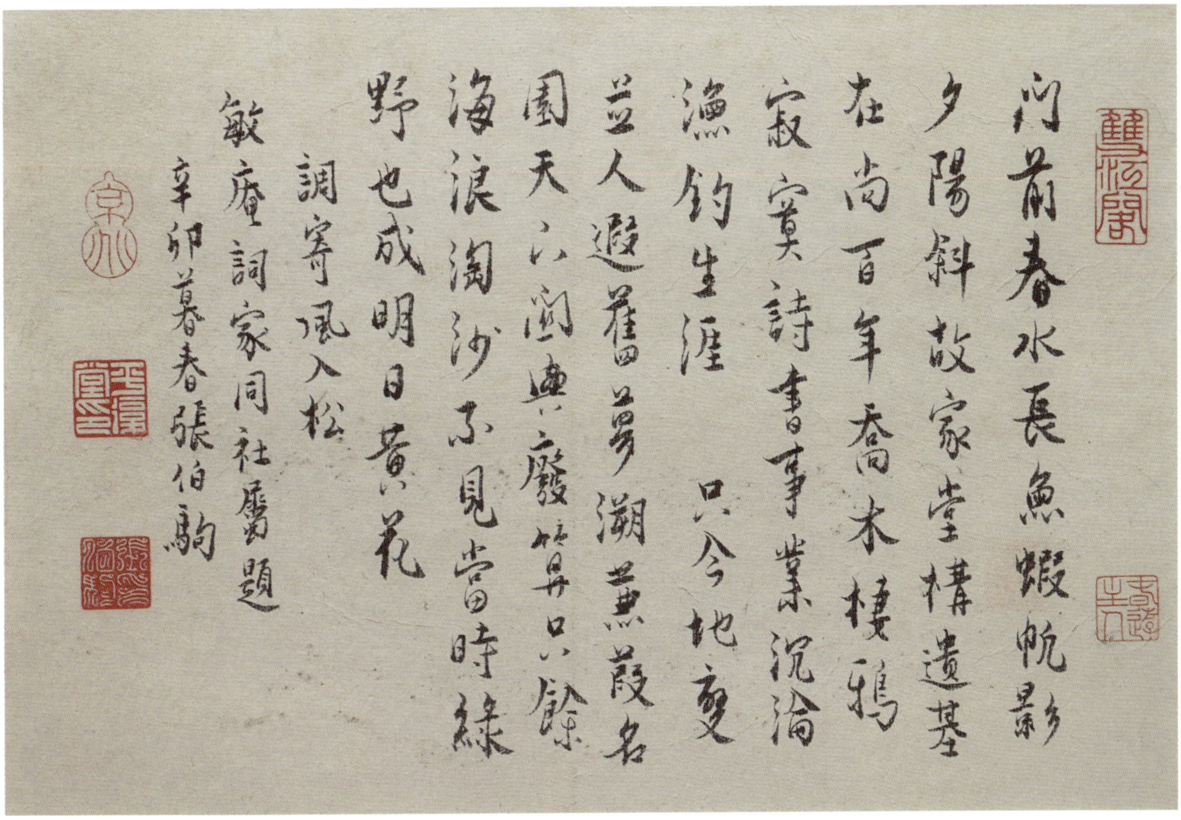
門前春水長魚蝦帆影
夕陽斜故家堂構遺基
在尚百年喬木棲鴉
寂寞詩書事業沉淪
漁釣生涯　只今地變
豈人遐舊夢湖蕪葭名
園天亦閱興廢頻異只餘
海浪淘沙不見當時綠
野也成明日黃花
調寄風入松
敏庵詞家同社屬題
辛卯暮春張伯駒

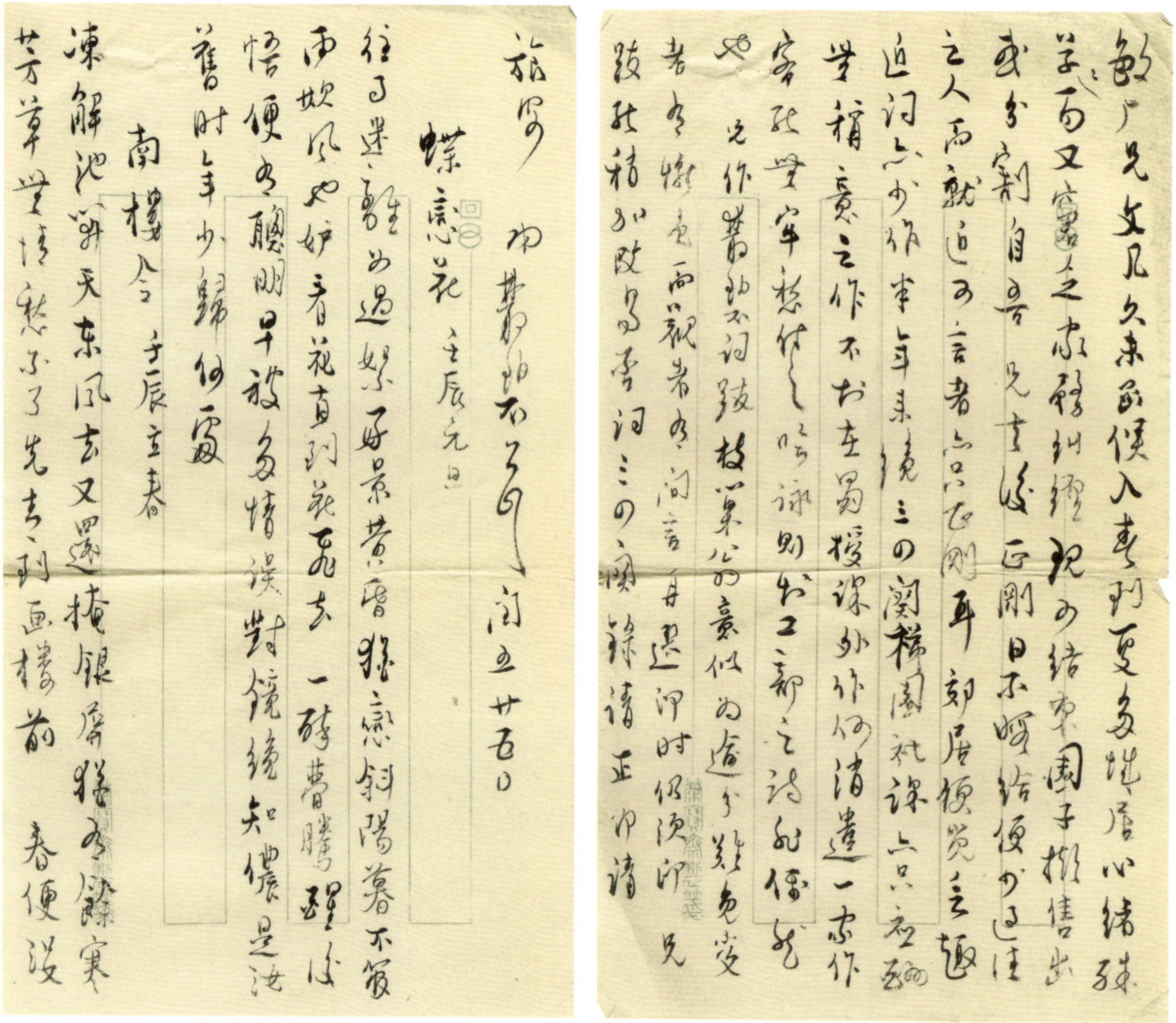

敏庵兄文几：久未函候，入春以來更多煩擾，心緒殊
劣，而又[illegible]之求稿糾纏，現已結束。園子擬售出
或分割自居。兄書[illegible]日來[illegible]給便可過[illegible]
之人而就近可言者亦只[illegible]耳。郊居頗覺無趣，
近詞亦少作，半年來僅三四闋，稼園社課亦只應酬，
無精意之作，不如在蜀授課外作何消遣，亦作
客，無聊賴之[illegible]詠，則如工部之詩亂離乎？
兄作[illegible]詞跋，枝葉[illegible]意似為過譽，難免受
者[illegible]，[illegible]紀者，亦聞言[illegible]過即時須即兄
跋，然精加改易，其詞三四闋錄請正，即請
旅安　　弟[illegible]　閏五廿五日

蝶戀花　壬辰元旦

往日迷離如過夢，好景黃昏，猶戀斜陽暮。不管
雨欺風也妒，看花直到花飛去。一醉[illegible]醒後
悟，便是聰明，早被多情誤。對鏡纔知懷是
舊，當時年少歸何處。

南樓令　壬辰立春

凍解池冰天，東風去又還。換銀屏、猶[illegible]餘寒。
芳草無情愁不了，先春到，畫樓前。　春便[illegible]

張伯駒（一八九八—一九八二）

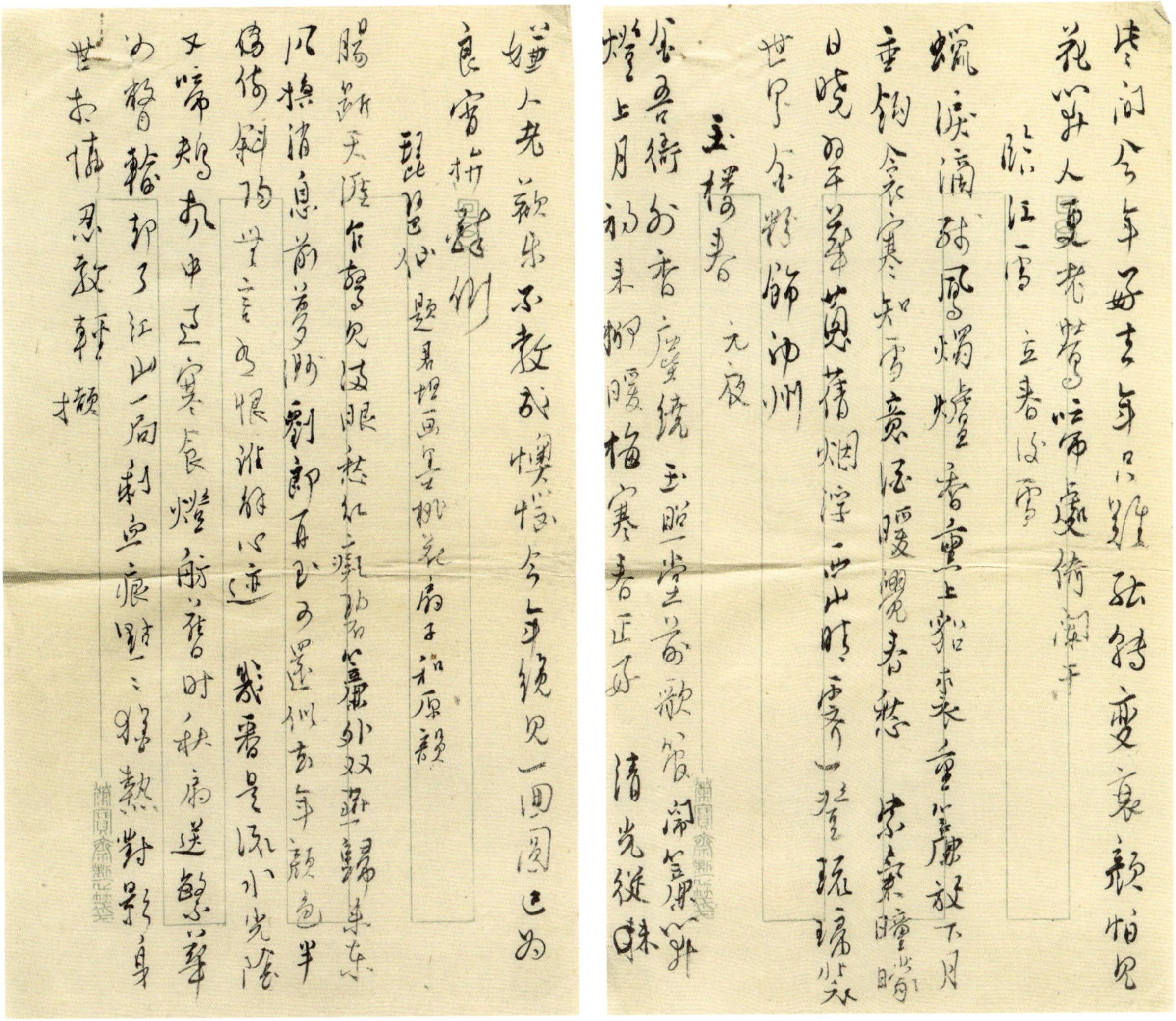
悵問今年好去年，只難強轉更衰顔，怕見花開人更老，驚啼處，倚闌干。

臨江仙 立春後雪

蠟淚滴殘風燭燼，香熏重上貂裘，重簾放下月垂鉤。衾寒知雪意，爐暖覺春愁。宿霧曈曨日曉，羣峰茵蒨烟浮。西山晴雪一叢琉璃裝世界，金粉飾神州。

玉樓春 元夜

金吾衛前香塵繞，玉照堂前歌管鬧。簾外燈上月初來，柳暖梅寒春正好。清光從昧繞人先，歡樂不教成懊惱。今年總見一回圓，還為良宵拚醉倒。

琵琶仙 題君坦畫宮桃花扇子和原韻

腸斷天涯，又驚見、波眼愁紅凝碧。簾外雙燕歸來，東風換消息。前夢渺、劉郎再到，可還似、去年顏色。半傳倚斜陽，無言又恨，誰解心迹。幾番是、流水光陰，又啼鵑聲中過寒食。燈前舊時秋扇，送繁華消歇。輪卻了、江山一局，剩無痕、點點猩熱。對影身世未情，忍教輕擲。

定風波 摩訶池

瓊户風來送暗涼，玉肌不耐薄羅裳。菡萏夜深香淡遠，清淺，碧荷波動浪睡鴛鴦。

故國月明空似水，垂淚，可憐憔悴作壯衣。蜀魄聲聲鬧，馬上惆悵羅襟手，愛君思思量。

林敢頓首

敏厂兄正

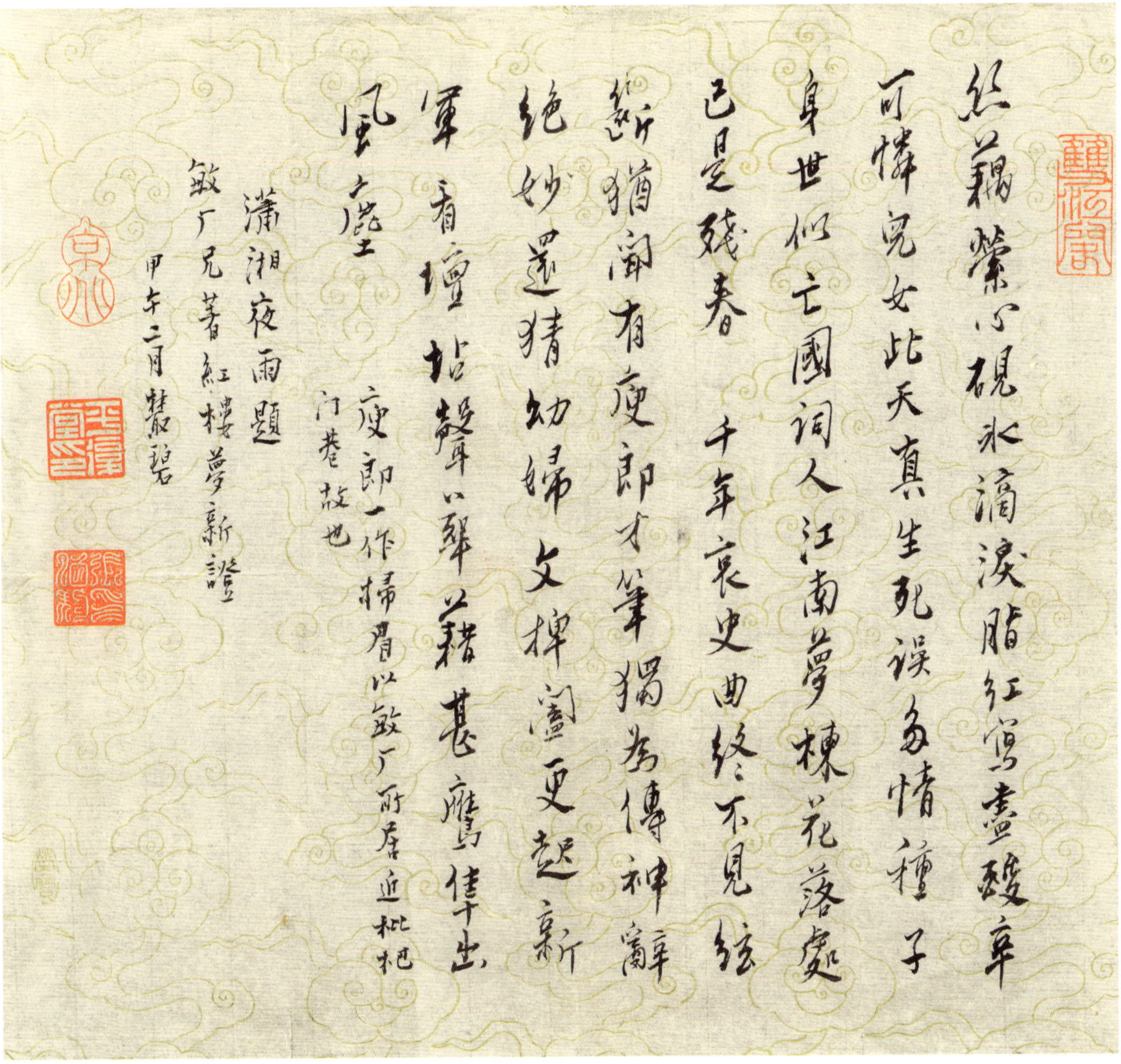

紅藕縈心硯水滴淚脂紅寫盡酸辛
可憐兒女此天真生死誤多情種子
身世似亡國詞人江南夢棟花落處
已是殘春　千年哀史曲終不見絃
斷猶聞有庾郎才筆獨為傳神辭
絕妙還猜幼婦文稗靈更起新
軍看壇坫聲以翠藉甚鷹隼出
風塵

庾郎一作掃眉以敏广所居近枇杷
門巷故也

瀟湘夜雨題
敏广兄著紅樓夢新證
甲午二月慧碧

人月圓　乙未中秋寄啟厂正剛兩弟

三年三度中秋夜同賞有三人太行山
影昆明水氣直到清尊　月圓易
缺人生難聚忽自離群羈時舊地
不堪回首北雁南雲

今歲移居李廣橋門臨後海門對西山
窗
中秋夜因念及與啟厂正剛展春園賞月
舊事情景猶在而咫尺相隔不啻天涯
人生聚散真如夢寐因寄此詞當柬
乙未中秋[illegible]

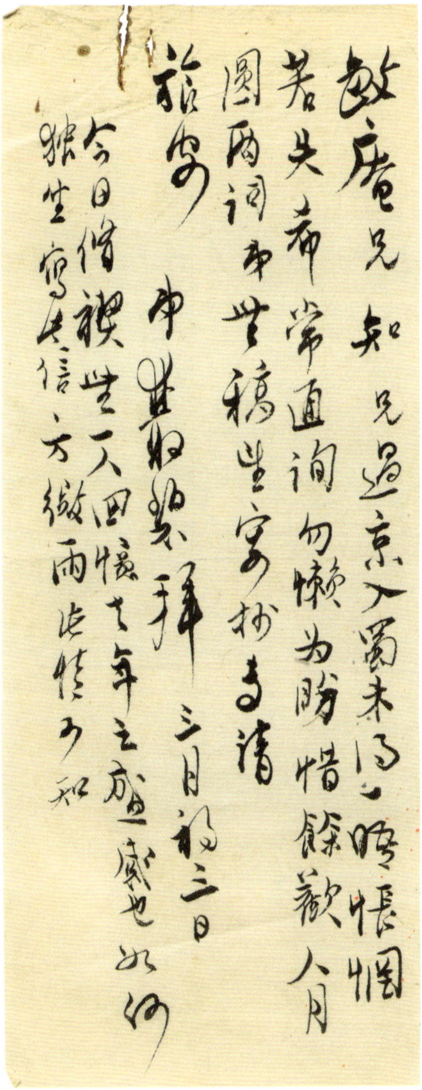

敔庵兄知 兄過京入蜀未得一晤悵惘若失希常通詢勿懶為盼惜餘歡人月圓兩詞中世稿上寄抄去請
指正
中其叔頓首拜 三月初三日
今日修禊世一人回憶去年之盛感也如何
猶坐窗前信方繳雨後情不知

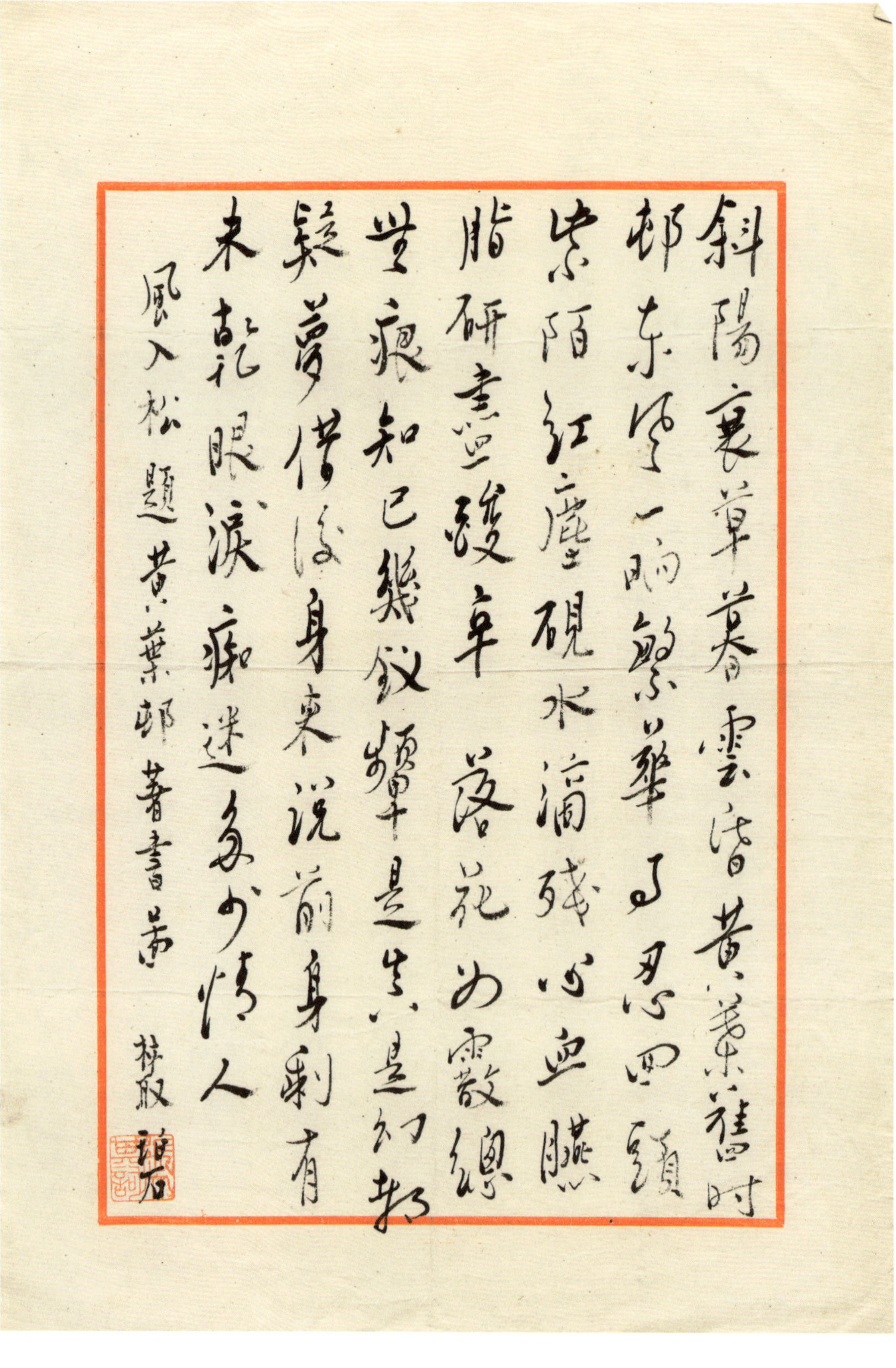
斜陽衰草暮雲昏黃葉黃葉舊時
邨東望一晌繁華了忍回頭
悵陌紅塵硯水滴殘心血膩
脂研盡血發辛落花如霰總
無痕知已幾紋蟬是生是幻都
疑夢借後身來說前身剩有
未乾眼淚癡迷多少情人
風入松　題黃葉邨著書第
梓叔　碧

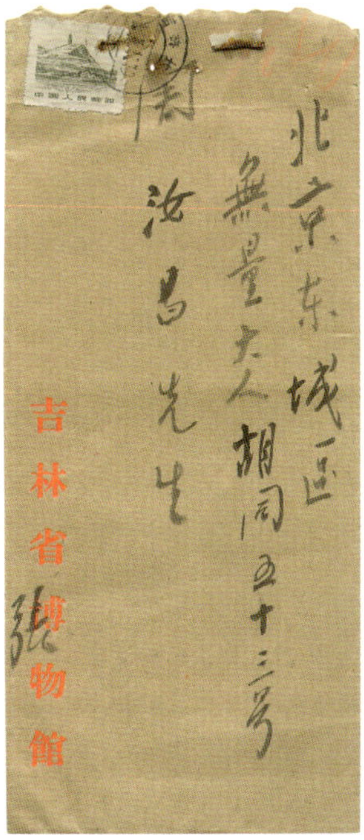
北京东城區
無量大人胡同五十三号
周汝昌先生
吉林省博物館
張

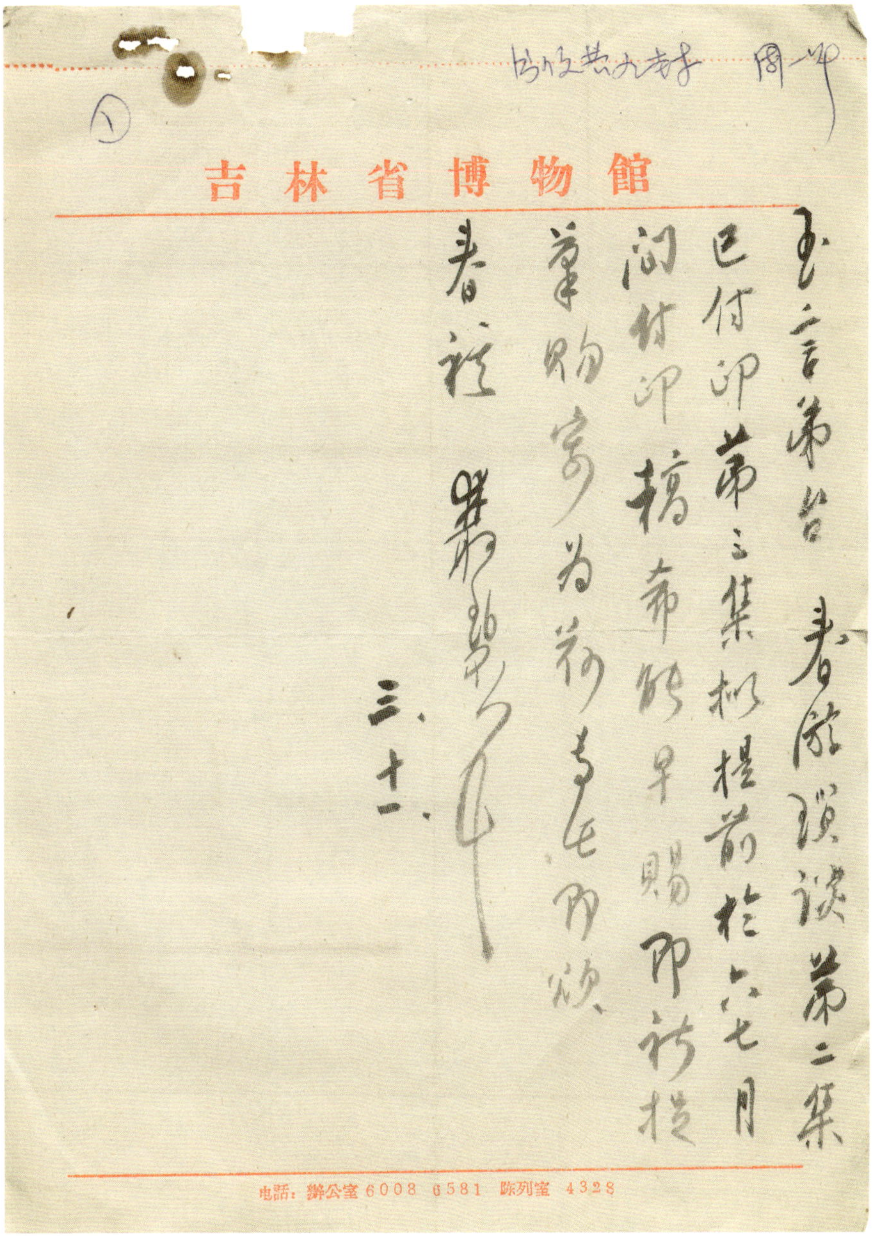
吉林省博物館

玉言弟台：春節頃談第二集已付印，第三集擬提前於六七月間付印，稿希能早賜，即祈提筆賜寄為荷。專此即頌
春祺
弟叢碧
三、十一、

电話：辦公室 6008 6581 陳列室 4328

敏庵弟台：一別將匝月，光陰忽忽，
不使人春游。續談第二百十五期
即印將　大稿忘在內，第三百十八
擬程要收稿於六月要收齋付
印，並論扶開故了作俗游覽示否
也。書考證說部者　弟任寫
二篇紅樓，更將早為購下為荷。
專此即請
撰安
羨季不具　六、三十

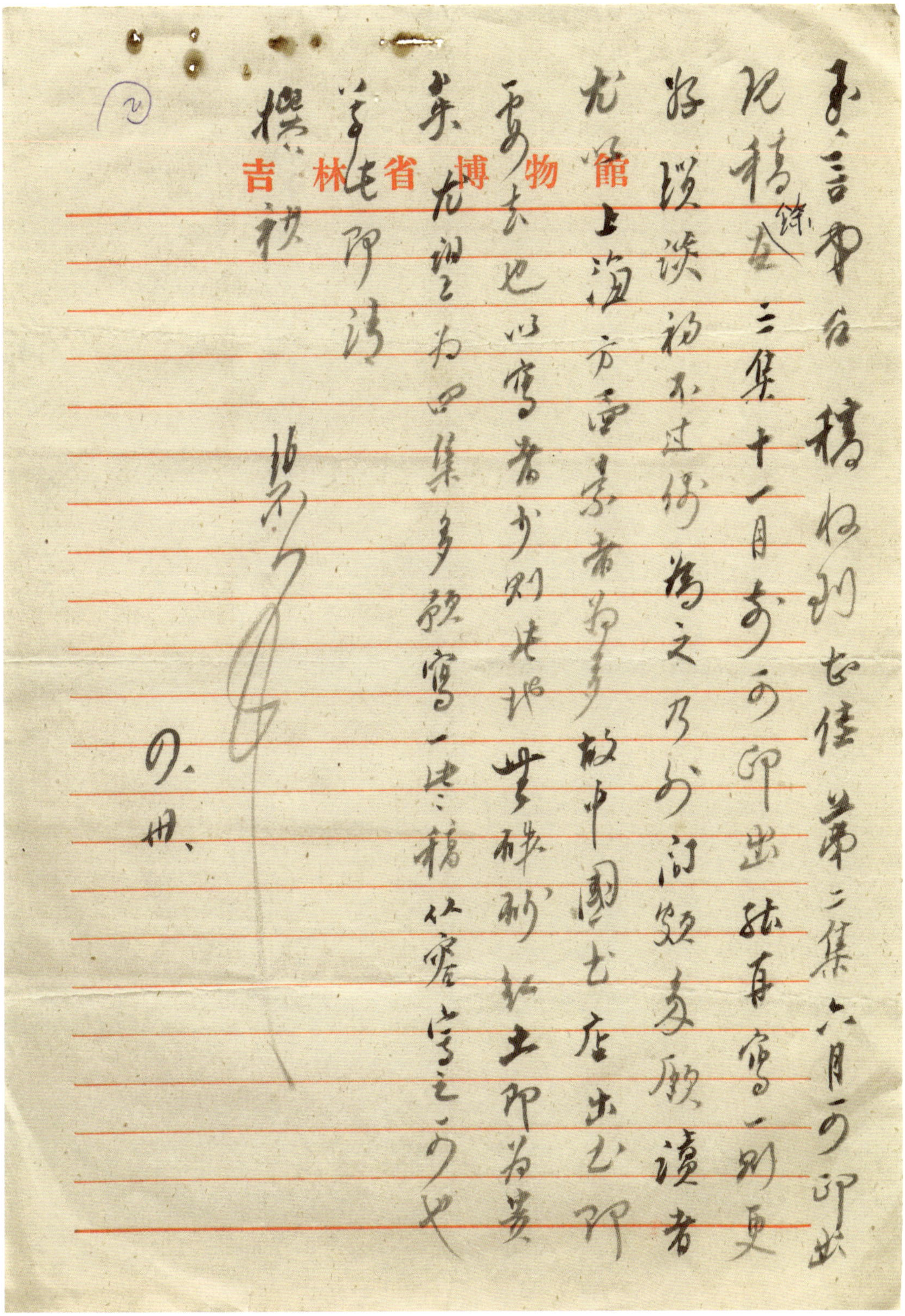

來言粵台稿收到甚佳，第二集六月可印出，此稿（錄）在三集，十一月或可印出。茲有寫一則更好。瑣談初不過備為之，乃可謂類多厭讀者，尤喜上海方面來者都多，故中國書店出書即要去也。以寫者少則甚難，出版刊物如上即為首來，尤望之為四集多點寫一些稿件寄之可也。草草即請

撰祺

伯駒

四、卅

②

吉林省博物館

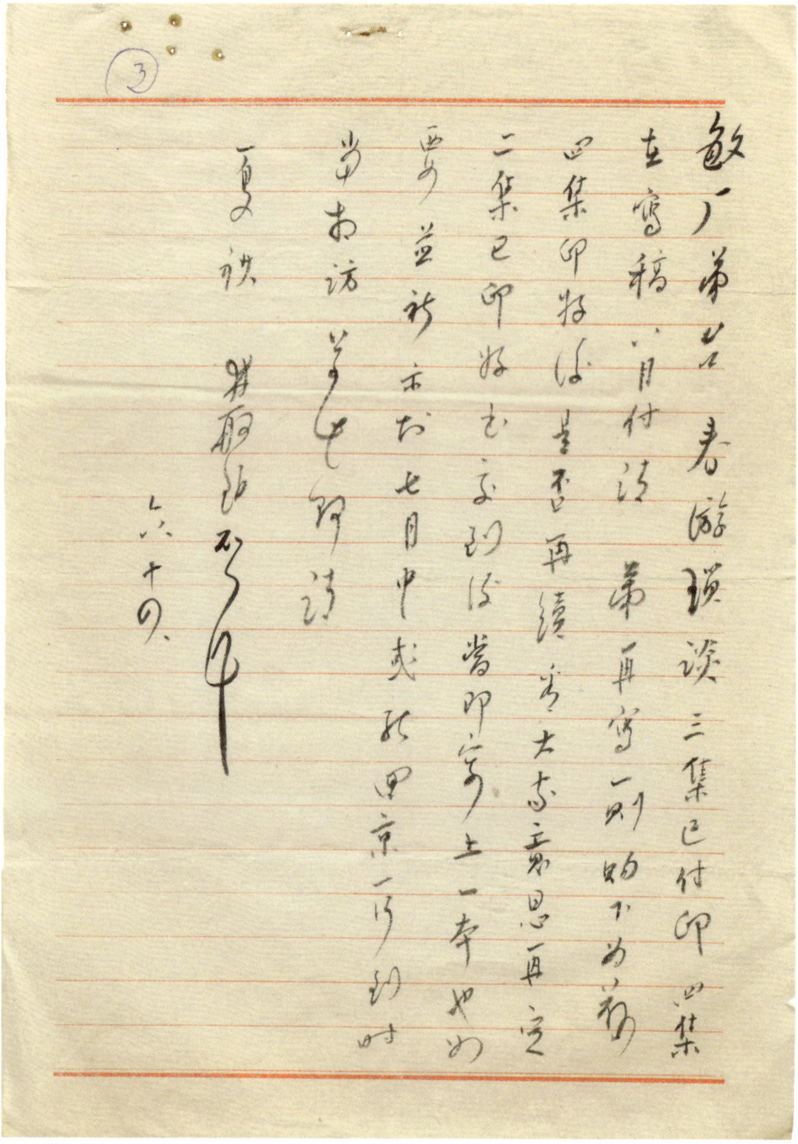
(3)

敏庵弟台：春游琐谈三集已付印，四集
去写稿，自付访弟再写一则，盼下为荷。
四集印好后，盼再读，大家意思一再定。
二集已印好，未寄到，俟出印寄上一本也。如
要，并祈于七月中或於田京一行，到时
当面访，并请
夏祺
张伯驹
六、十四

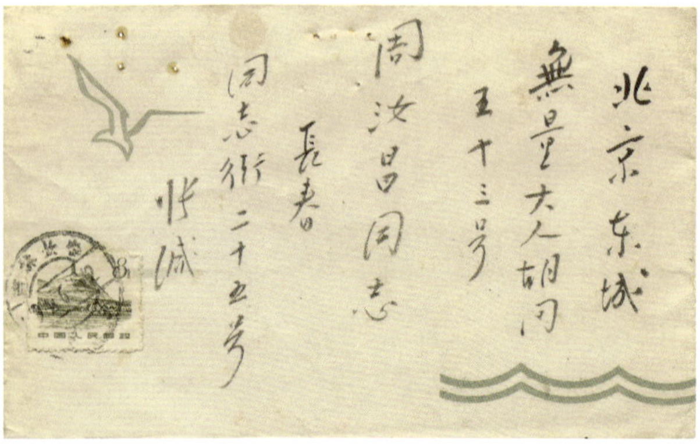
北京东城
無量大人胡同
五十三号
周汝昌同志
長春
同志街二十五号
张缄

張伯駒（一八九八—一九八二）

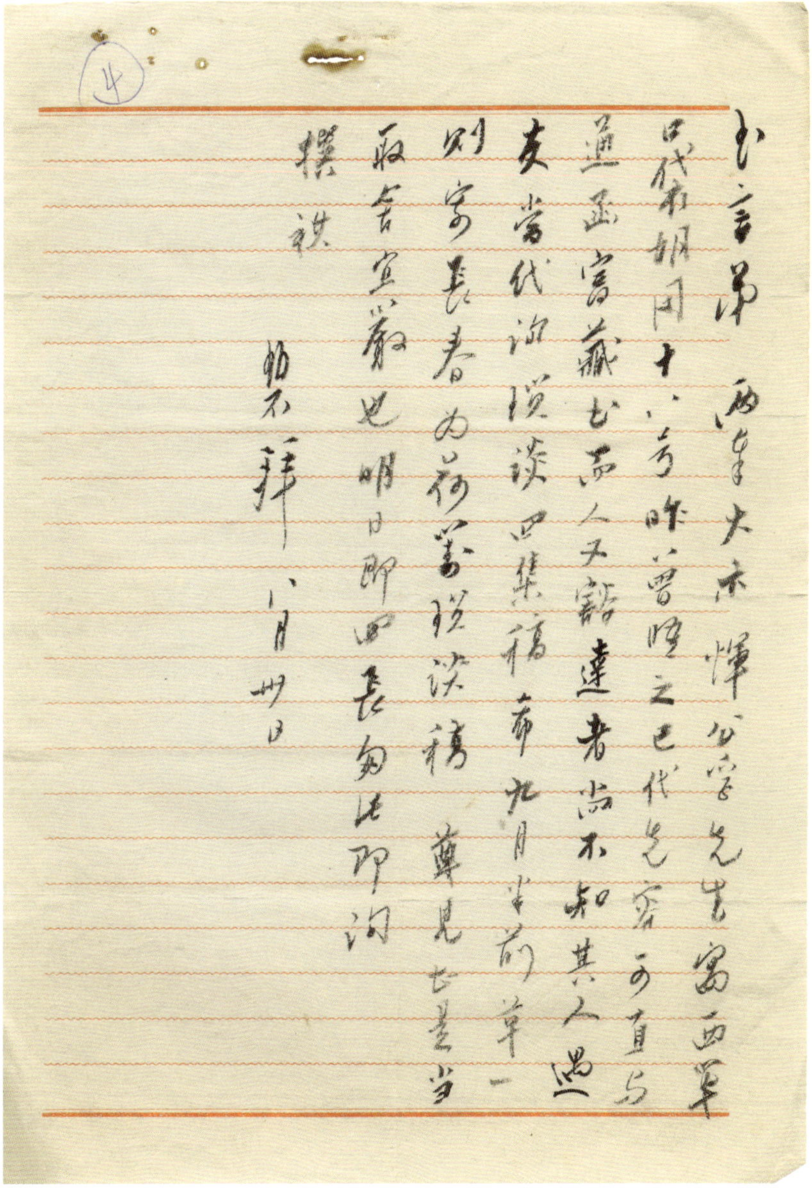
玉言弟：兩奉大示。惲公孚先生寓西單口袋胡同十六號，昨曾晤之，已代先容，可直與通函。富藏書而人又豁達者，尚不知其人，遇友當代詢。詞談四集稿希九月半前草一則寄長春為荷。寄詞談稿尊見甚是，當取舍宜嚴也。明日即回長，匆此即詢
撰祺
伯駒拜　八月卅日

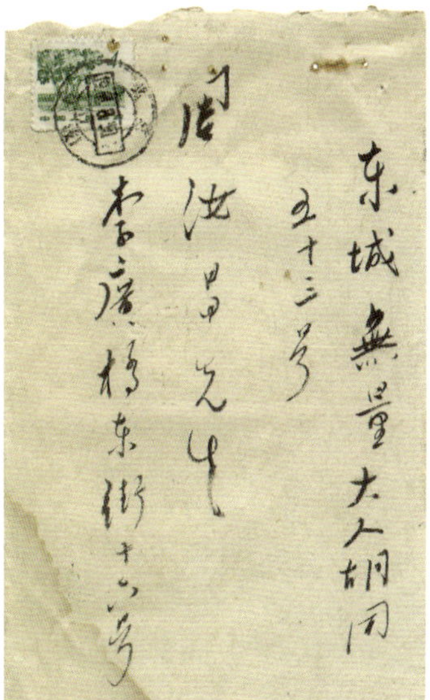
东城無量大人胡同
五十三号
周汝昌先生
李廣橋东街十六号

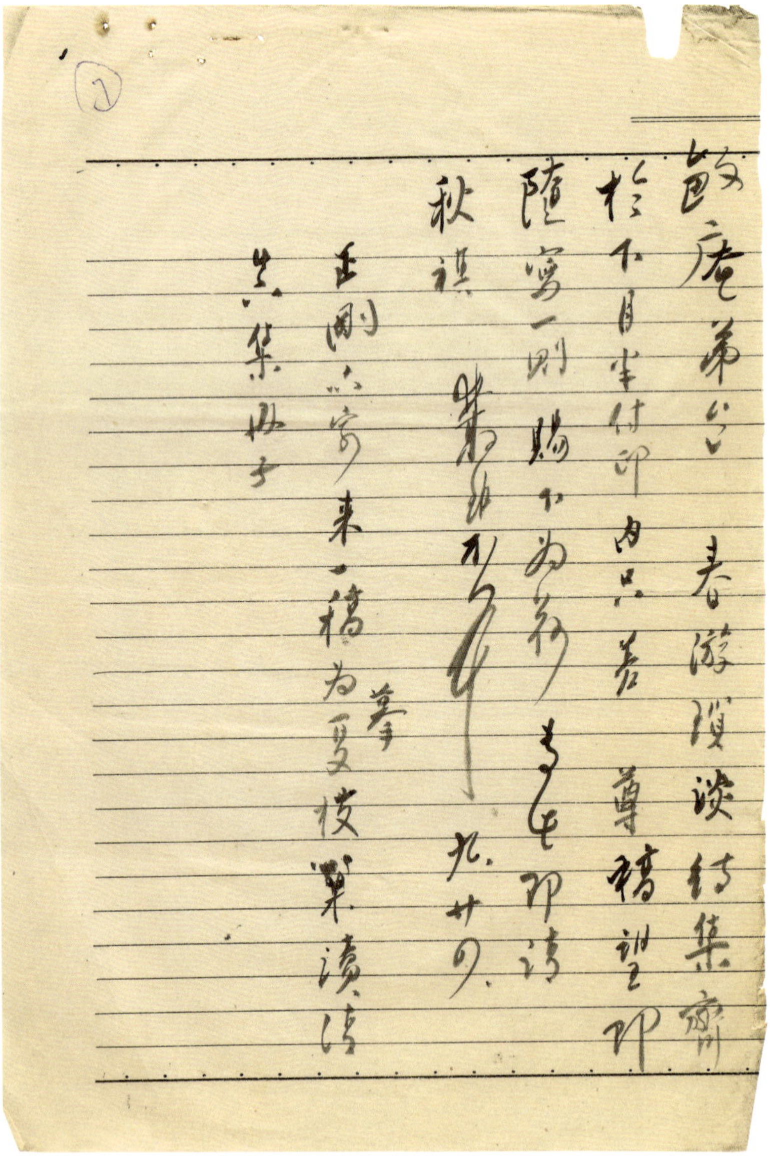

鼓庵弟台：春游瑣談續集齋
於下月半付印，内只吾尊稿，望即
隨寫一則賜下為禱，專此即請
秋祺 叢碧拜手 九廿四
正剛亦寄來一稿，為夏枝巢遺筆，遺清
先集所手

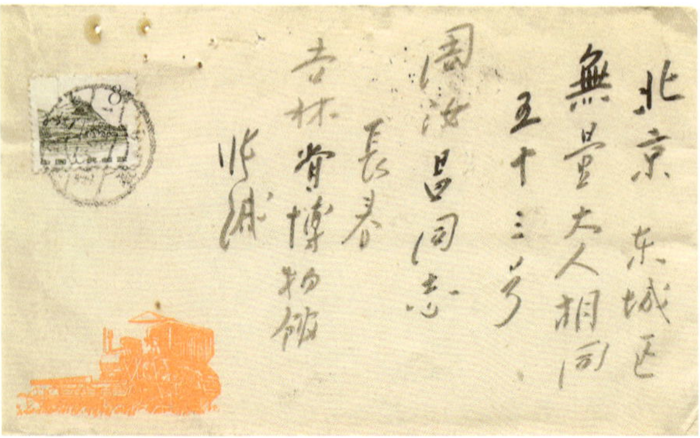

北京东城区
無量大人胡同
五十三号
周汝昌同志
長春
吉林省博物館
張緘

張伯駒（一八九八—一九八二）

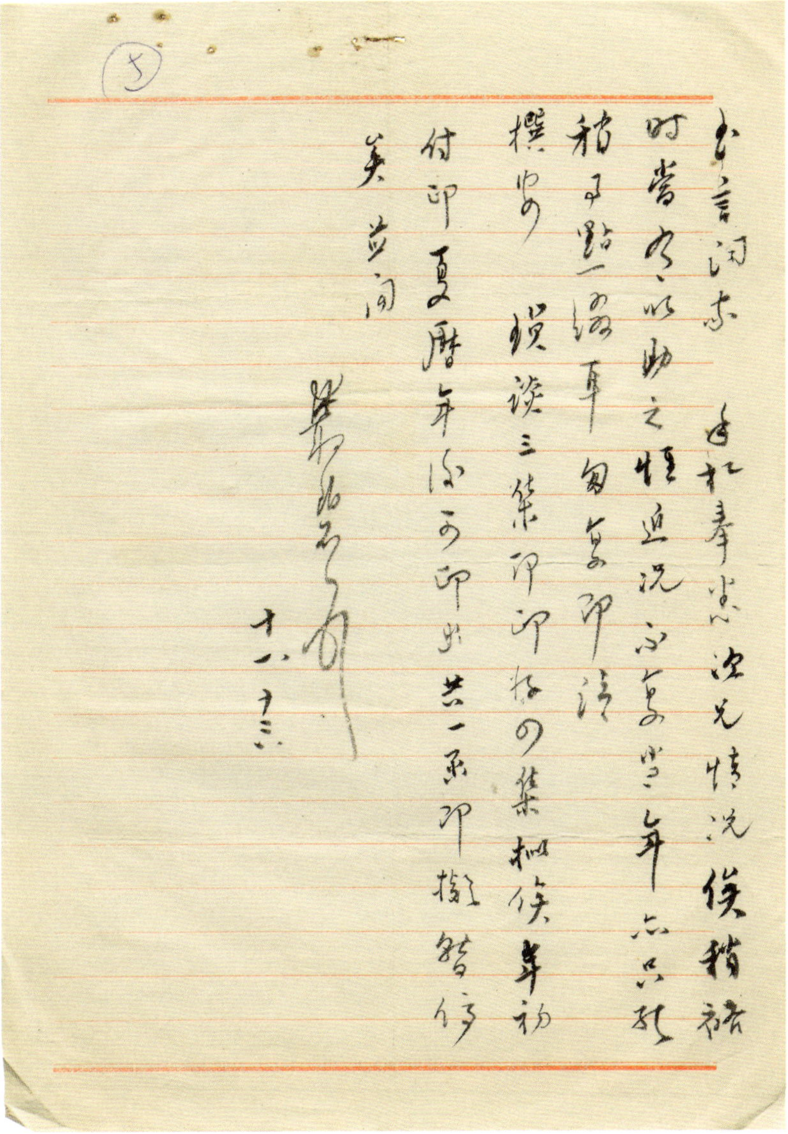
汝昌同志：

手札奉悉。汝光情況，俟稍暇時當問明。收藏之性近況，亦多寫字，舞亦只能稍予點綴耳。向有集印譜撰寫。續談三集已印，四集擬俟年初付印。夏曆年後可印出，共一函，即擬贈[illegible]矣。並問

安

張伯駒

十一、十三

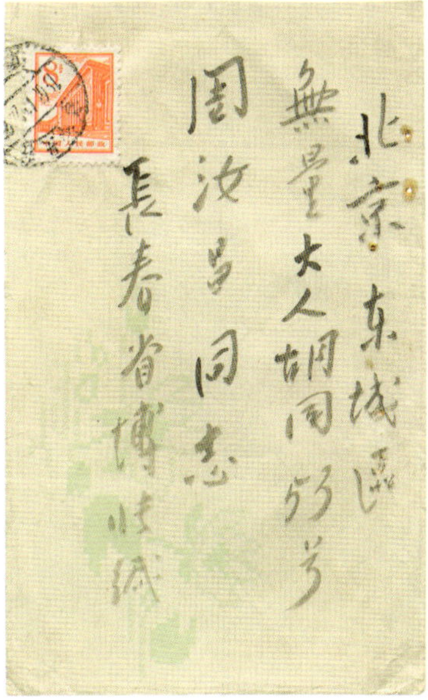
北京東城區

無量大人胡同53號

周汝昌同志

長春省博物館

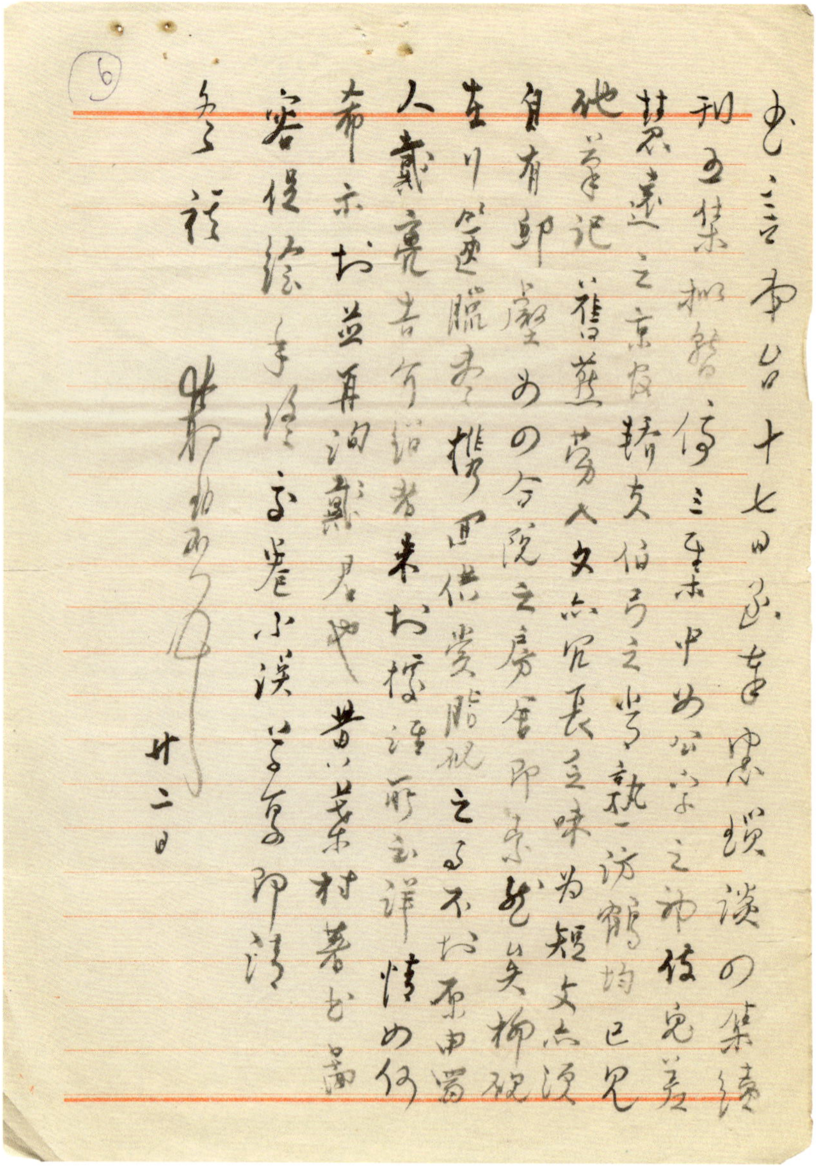
玉言吾兄：十七日函悉。……

廿二日

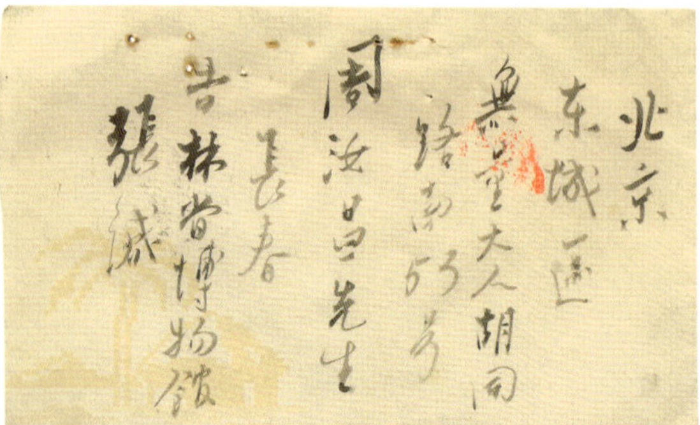
北京
東城
無量大人胡同
路南53號
周汝昌先生
長春
吉林省博物館
張緘

張伯駒（一八九八—一九八二）

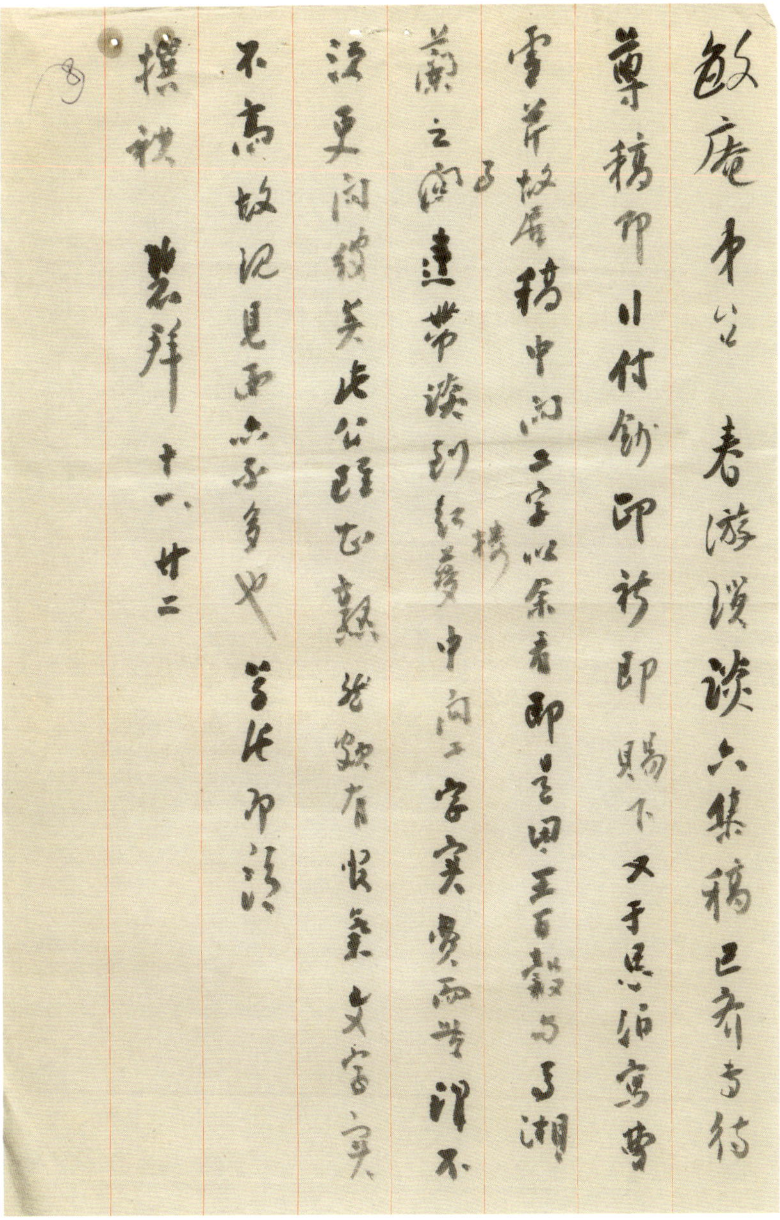
斂庵中公：春游瑣談六集稿已寄去，待
尊稿即付鈔印，鈔印即賜下。又于思伯寫寄
雪芹故居稿中「沁乃」二字，以余看即是因王百穀與子湘
蘭之戀遠帶涉到紅樓夢中「沁乃」二字，實費而無謂，不
須更問矣。此公距丞熱，並缺有假象，文字實
不高，故見面亦不多也。專此即請
撰祺
碧拜　十八、廿二

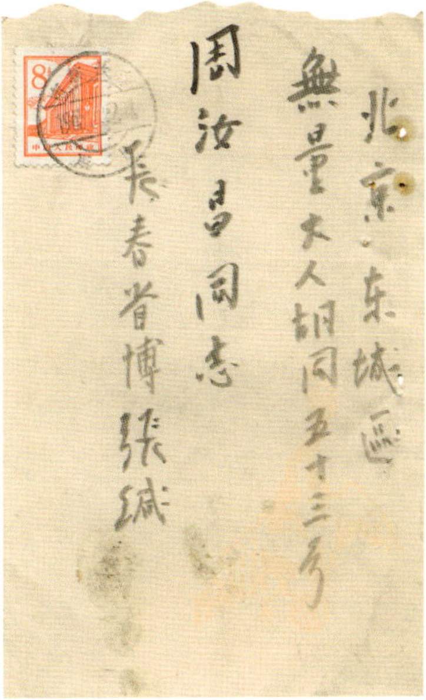
北京東城區
無量大人胡同五十三號
周汝昌同志
長春省博張緘

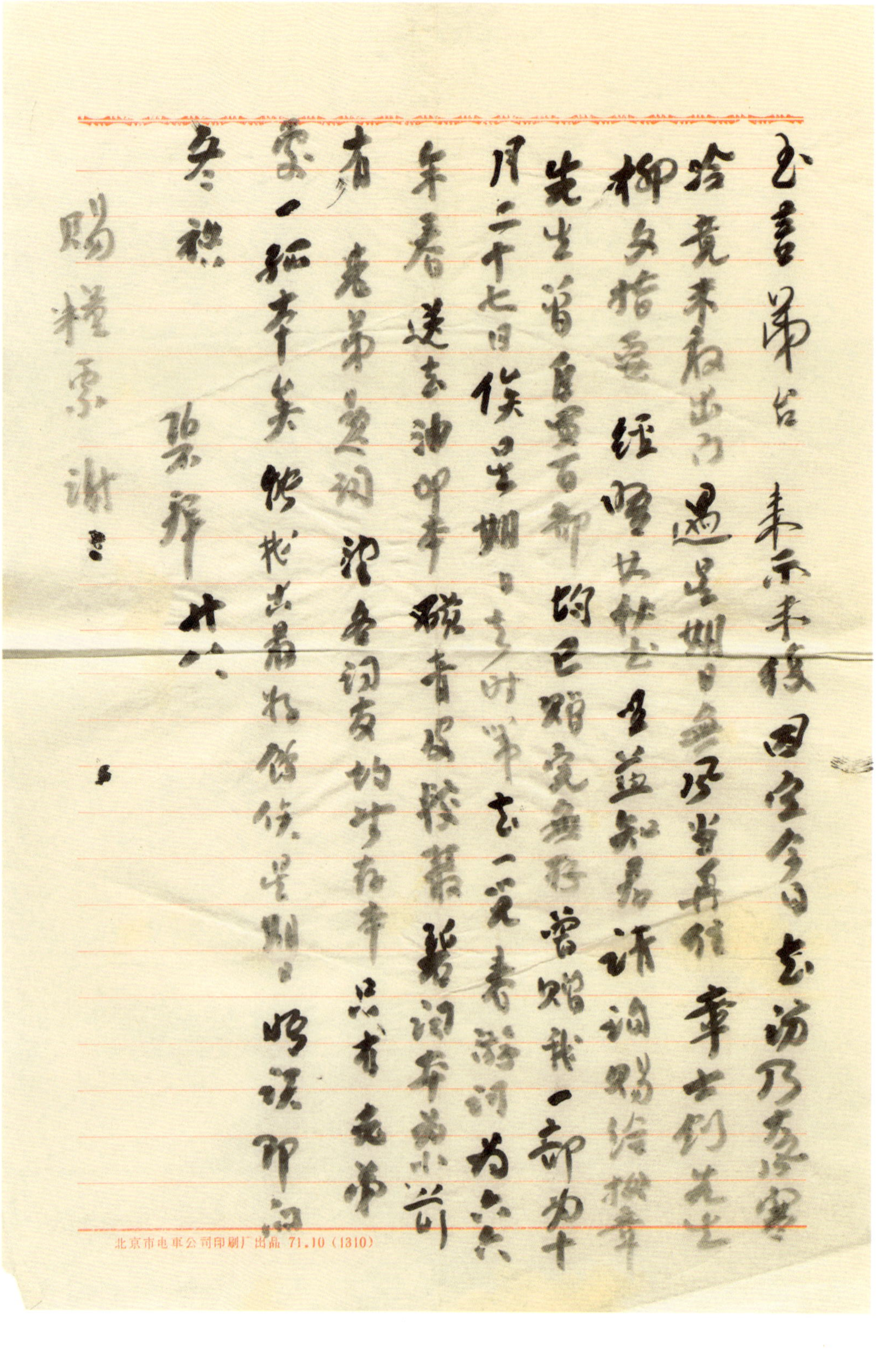
玉言弟台：來示未復，因今日去訪乃兄寒
舍，竟未在，出門遇星期日無暇，當再往。章士釗先生
柳文指要，經贈其於去，並知君請詞，賜給撰章
先生當自贈百部，均已贈完無存，曾贈我一部，為十
月二十七日。俟星期日去時，帶去一冊春游瑣談，為六六
年春送去油印本，猶有可校稿，瑣詞本為小冊
有多。老弟處詞，說各詞友均少存本，只有老弟
處一份存矣。然託出為將錄，俟星期日帶還，即頌
冬祺。　碧拜　廿六
賜糧票謝謝。

北京市电車公司印刷厂出品 71.10（1310）

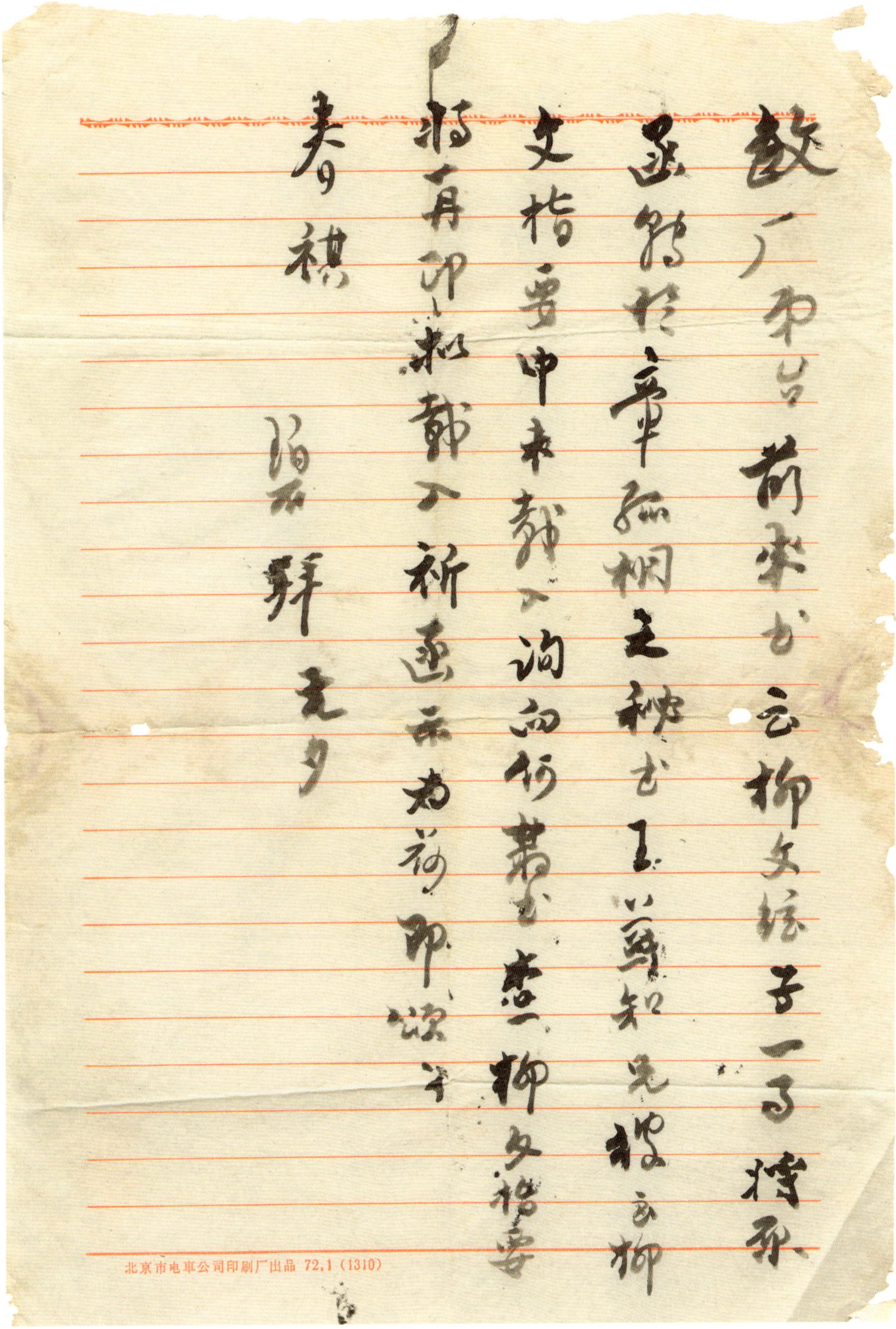

敬厂弟台：前承出示柳文指手一函，特承

惠贈於章平孫桐之秘書王以蘇知先生，抄示柳

文指要中未載，又詢向何某書，惠一柳文指要

猶有印本，擬覓一部，祈速示為荷。即頌

春祺

伯駒拜 元夕

北京市电車公司印刷厂出品 72.1（1310）

玉言詞兄：前函奉請，未蒙答覆，望賜復。
內云日搭客出致誤，仍于本星期日（十日）上
午十一時許移府寒居午餐，談讀書新著
的構思，因囑其為做菜，豆花脯涮羊肉鍋部。
沫若有關章張桐論蘭亭一文章論，
並在柳文指要中評擬未敢與南苟，
談蘭亭真偽問題，楊柳枝殊有意。
致候，即頌
吟祺。　兆拜　十二、六、星三。

北京市电車公司印刷厂出品 72.7（1230）

張伯駒（一八九八—一九八二）

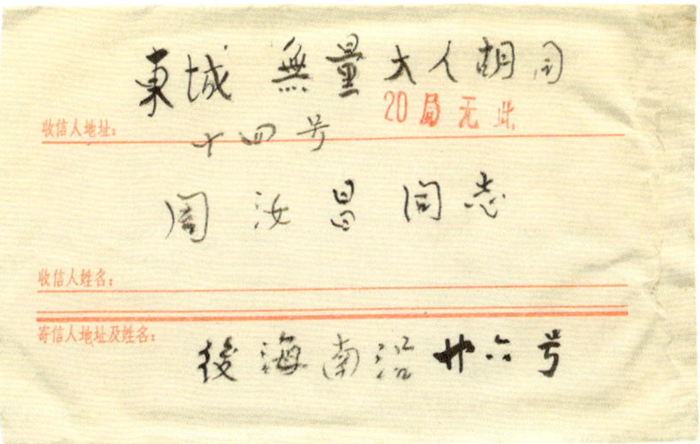
東城 無量大人胡同
20局无此
收信人地址：十四号
周汝昌同志
收信人姓名：
寄信人地址及姓名：後海南沿廿六号

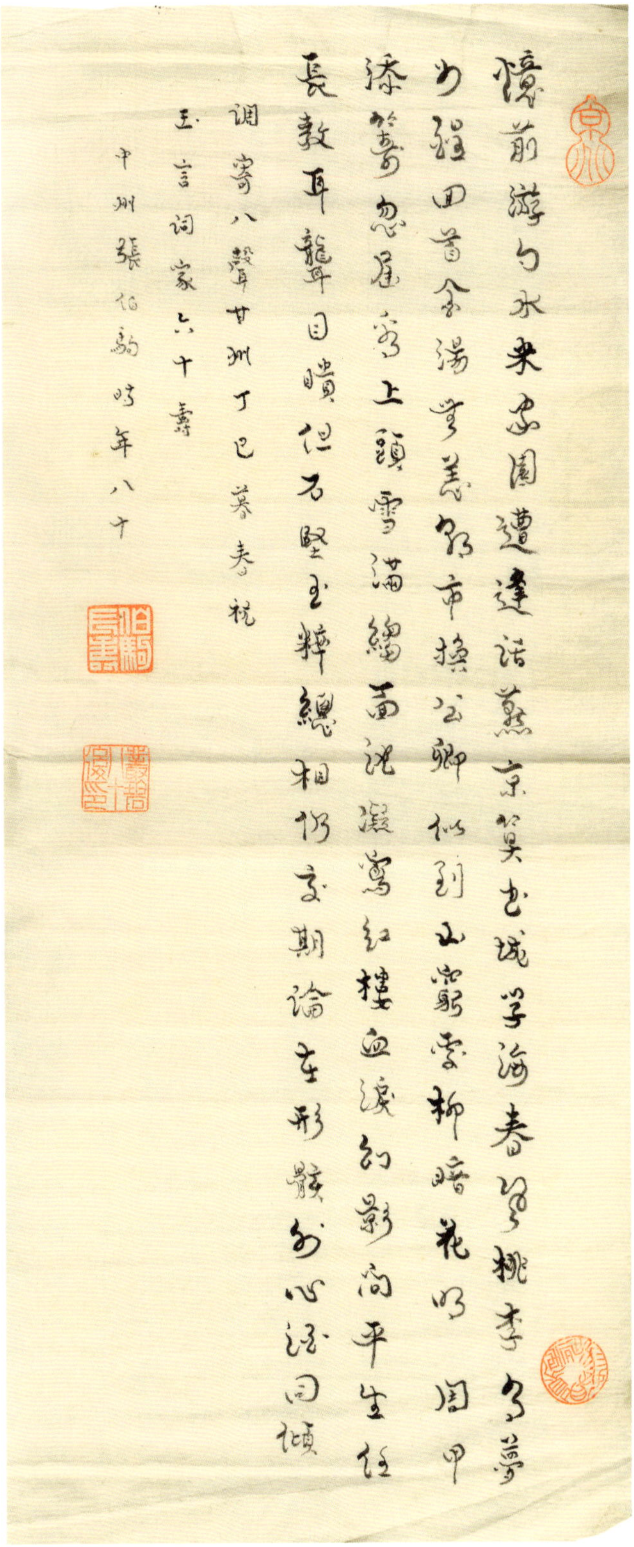
憶前游勺水來思園遭逢話燕京算古城學海春風桃李多夢
少猶田苗金湯豐養雞市換公卿似到山窮處柳暗花明周甲
添籌忽屆霜上頭雪滿鬢面淚凝鴛紅樓血淚幻影向平生任
長教耳聾目瞶但石堅玉粹總相仍交期論去形骸分心證同傾
調寄八聲甘州丁巳暮春祝
玉言詞家六十壽
中州張伯駒時年八十

潘素

（一九一五—一九九二）

江蘇蘇州人。字慧素。張伯駒夫人。曾隨管平湖習古琴，隨夏仁虎習詩詞、古文，隨祁井西等習國畫山水。新中國成立後，曾任中國畫研究會理事、吉林省藝術專科學校講師、吉林藝術學院教授等職。有《張伯駒潘素書畫集》行世。

黄葉邨著書圖
癸卯夏日
潘素

夏承燾

（一九〇〇—一九八六）

浙江温州人。字瞿禪，一作臞禪，晚號瞿髯，別號夢栩生，室名天風閣。一九一八年畢業於温州師範學校，歷任之江大學、浙江大學、杭州大學等校教授。撰有《唐宋詞人年譜》、《姜白石詞編年箋校》、《瞿髯論詞絕句》、《唐宋詞欣賞》、《夏承燾詞集》等。

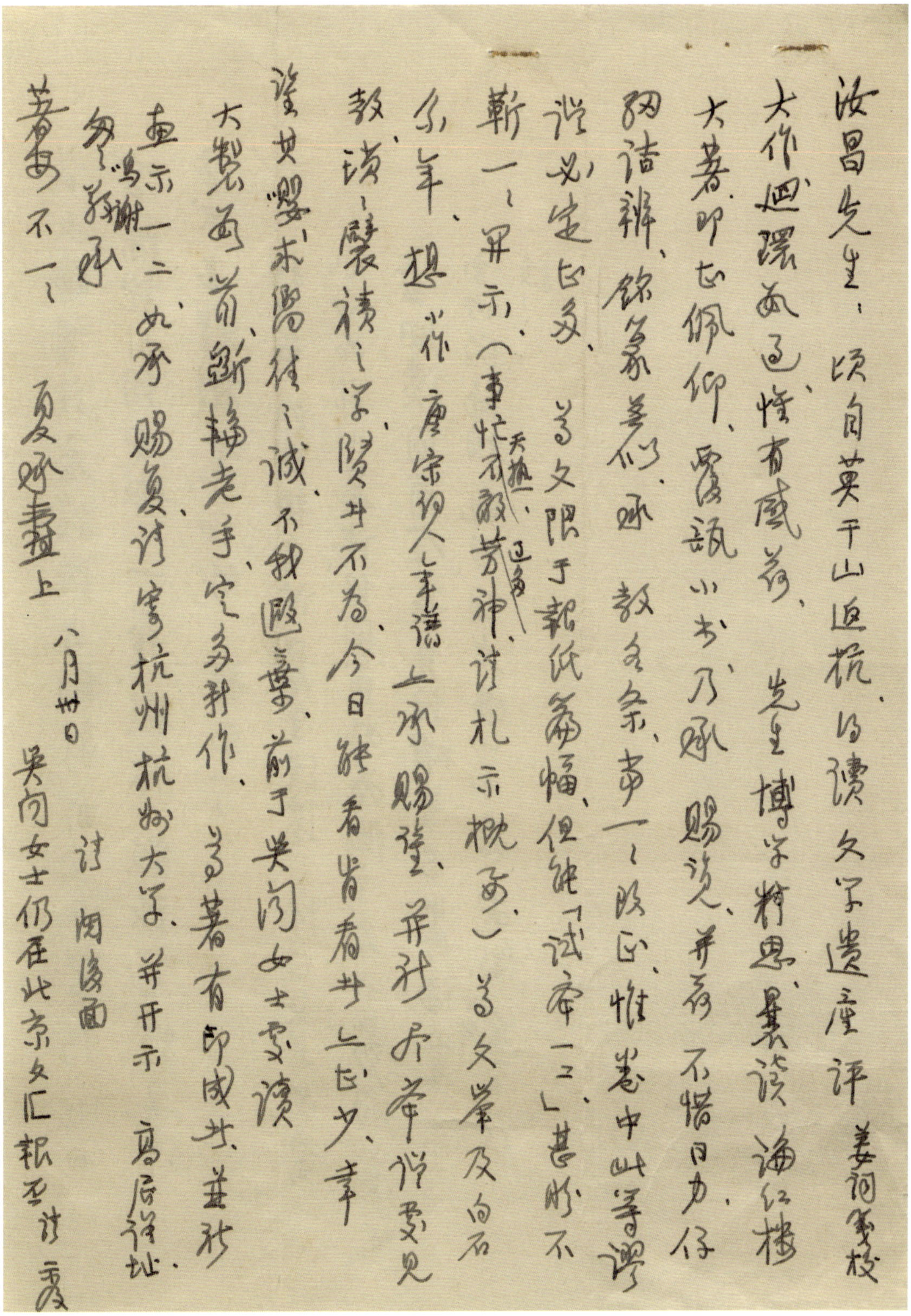

汝昌先生：頃自莫干山返杭，得讀文學遺產評姜詞箋校
大作，迴環數過，慚感交并。先生博學精思，異日讀論紅樓
大著，即已佩仰，屢讀小書，乃承賜讀，并荷不惜日力，仔
細詰辨，銘篆無似。承教各條，當一一改正，惟卷中此等謬
誤必定正多，前文限于報紙篇幅，但能「試舉一二」，甚盼不
靳一一開示（事忙天熱，不敢勞神過多，請札示概要）。前文舉及白石
系年、拙作唐宋詞人年譜上承賜譽，并祈不吝從覈見
教，襞襞績績之學，賢者不為，今日能看肯看者亦已少，幸
諒其嬰求賜援之誠，不我遐棄。前于吳聞女士處讀
大製兩首，斷梅老手，定多新作，高著有印成者，並祈
惠示一二，如承賜復，請寄杭州杭州大學，並開示 高居詳址。
多多鳴謝承
著安不一一　夏承燾上　八月卅日
請閱後面
吳聞女士仍在北京文匯報否？請示及

学文论笺注，应推陈先铢新、邓之立赞同。近日写「陈龙川词发微」一小稿，拟依教改写，惟具体方式当斟酌拟定，也盼指示一二。

龙川每一词成，辄自说曰：平生经济之怀略已是矣。叶水心为龙川墓志，说同甫好为微言，多不易解，此其一也。尝细读同甫全集，其词颇有与中兴论、上孝宗书诸政论相通者，因名为小书为发微。此名妥否，请教！

夏承燾（一九〇〇—一九八六）

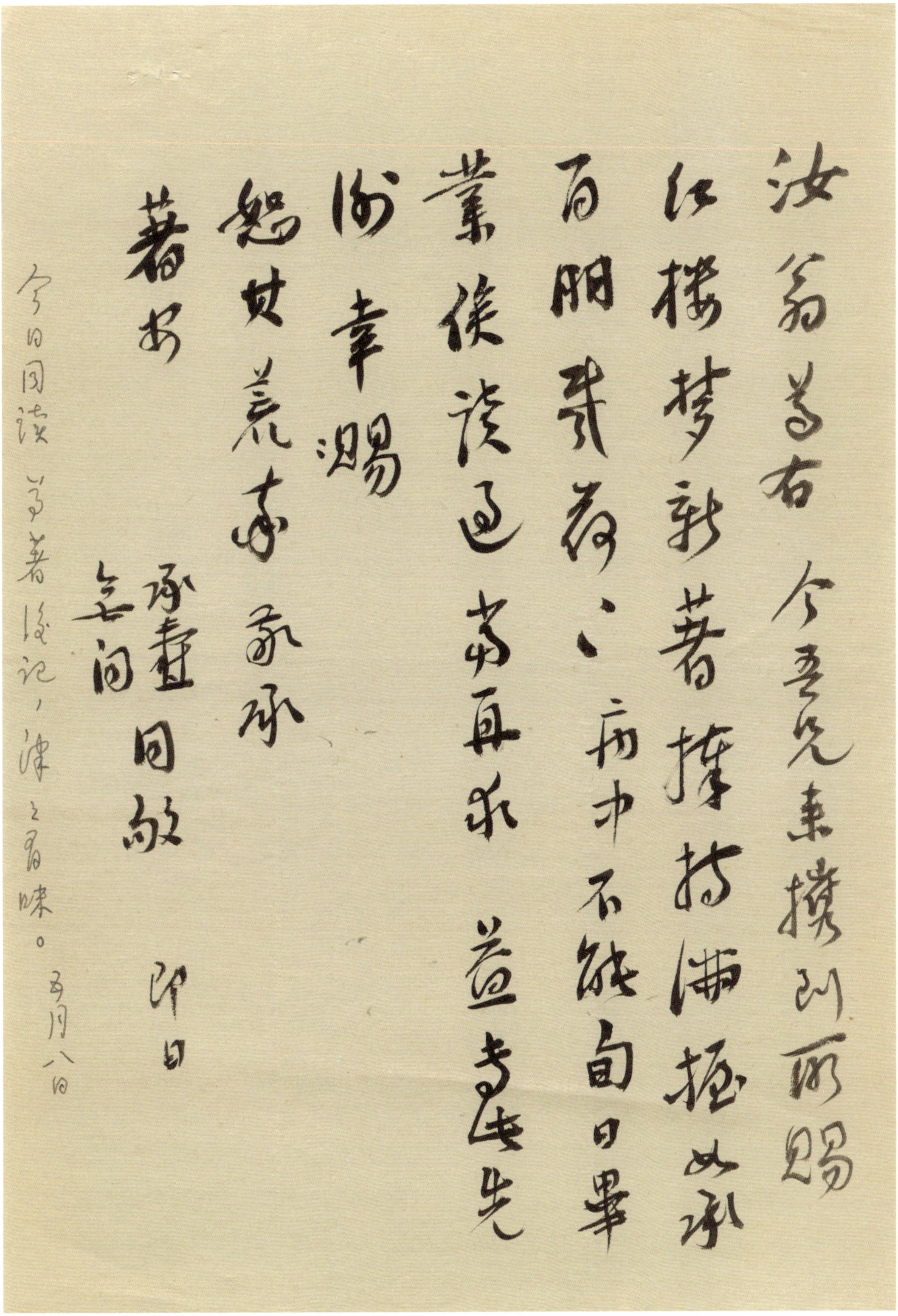

汝翁道右 今吾兄來攜到所賜
紅樓夢新著捧持滿握如承
百朋歡荷 病中不能旬日畢
業俟讀過當再求 益老先
俯幸賜
恕其荒率 承承
承燾 無聞同啟 即日
著安

今日閱讀尊著後記，津津有味。五月八日

俞平伯

（一九〇〇—一九九〇）

浙江德清人。原名銘衡，字平伯。早年畢業於北京大學，後任教於上海大學、燕京大學、清華大學、北京大學。一九五三年起任北京大學文學研究所（一九五五年劃歸中國科學院，中國社會科學院文學研究所前身）研究員。著有散文集《燕知草》、《雜拌兒》、《燕郊集》等，另有《紅樓夢辨》、《讀詞偶得》等專門著述。

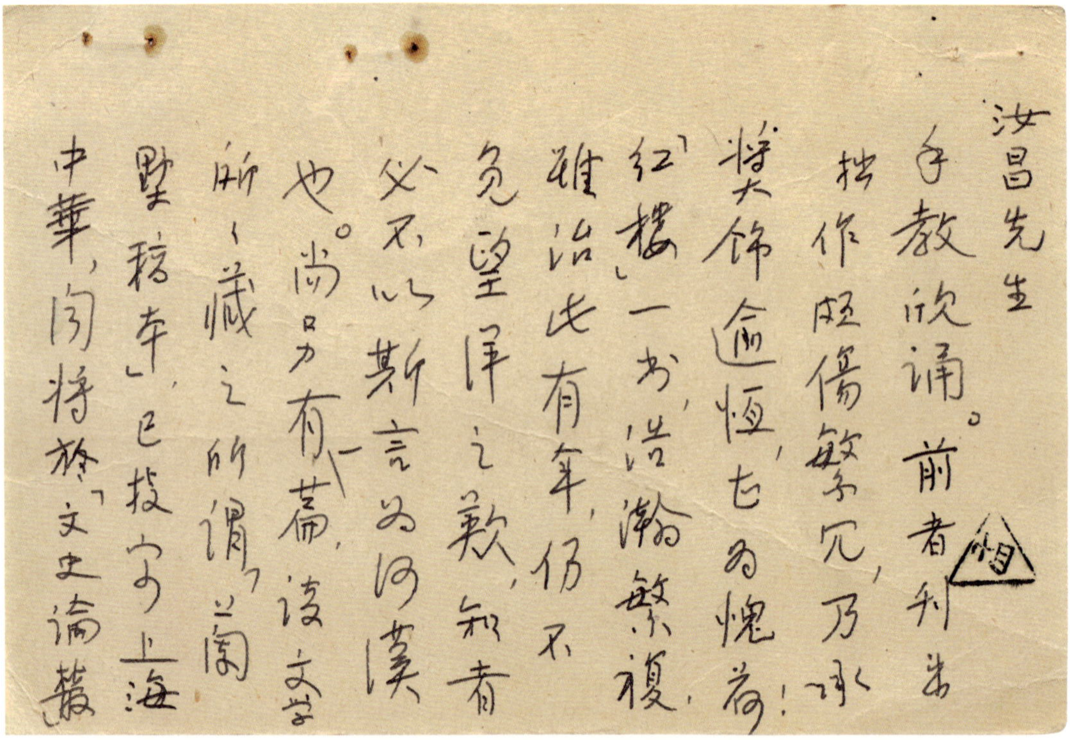
汝昌先生
手教欣誦。前者刊出
拙作極為繁冗，乃承
獎飾逾恒，甚為愧荷！
「紅樓」一書，浩瀚繁複，
雖治此有年，仍不
免望洋之歎，知者
必不以斯言為河漢
也。尚另有一篇，談文學
所所藏之所謂「蘭
墅稿本」，已投寄上海
中華，聞將於「文史論叢」

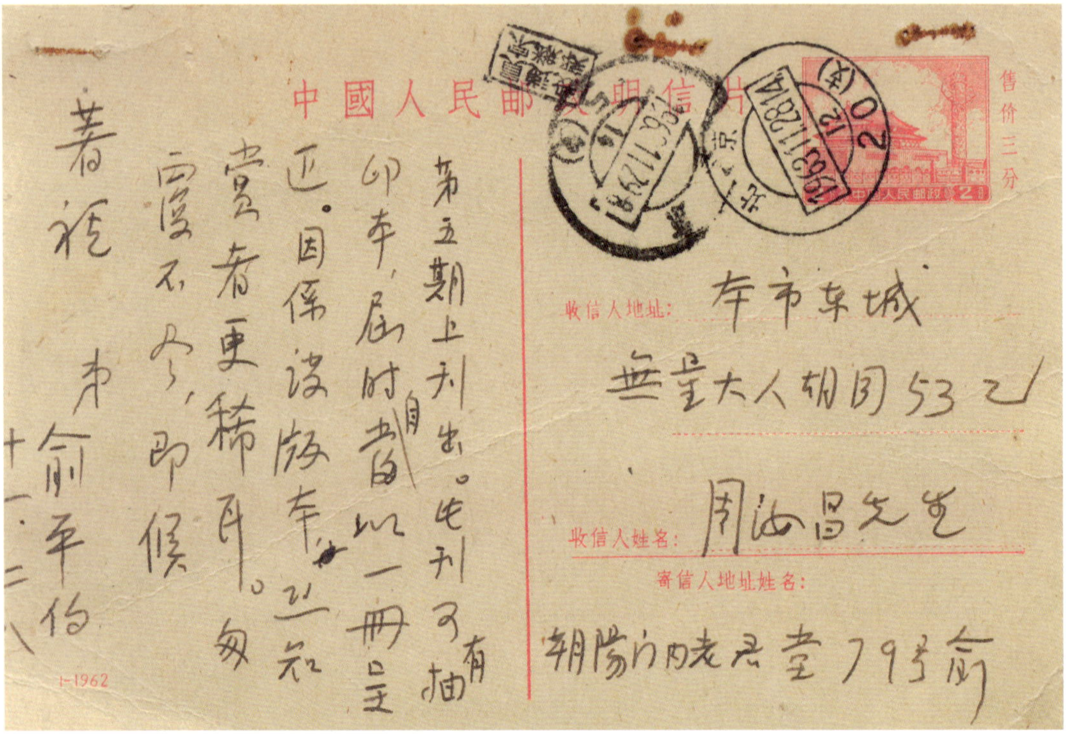
第五期上刊出。此刊可抽有
印本，屆時自當以一册呈
正。因係談版本，亦知
賞者更稀耳。匆
覆，不具，即候
著祺
弟 俞平伯
十一、二十八

中國人民郵政明信片
售價三分
收信人地址：本市東城
無量大人胡同53乙
收信人姓名：周汝昌先生
寄信人地址姓名：朝陽門内老君堂79號俞
1-1962

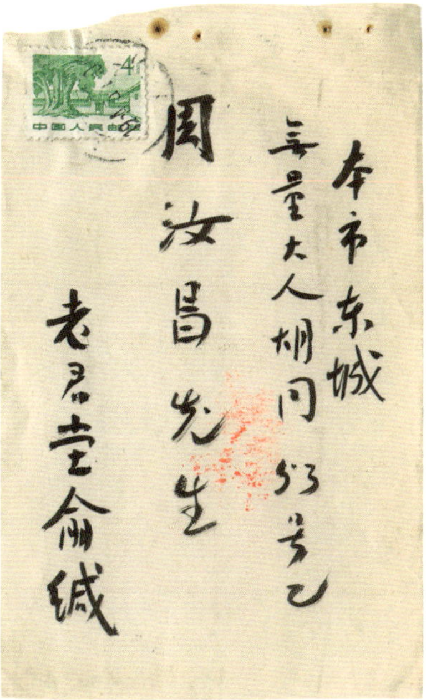
中国人民邮政 4

本市东城
无量大人胡同53号乙
周汝昌先生
老君堂俞缄

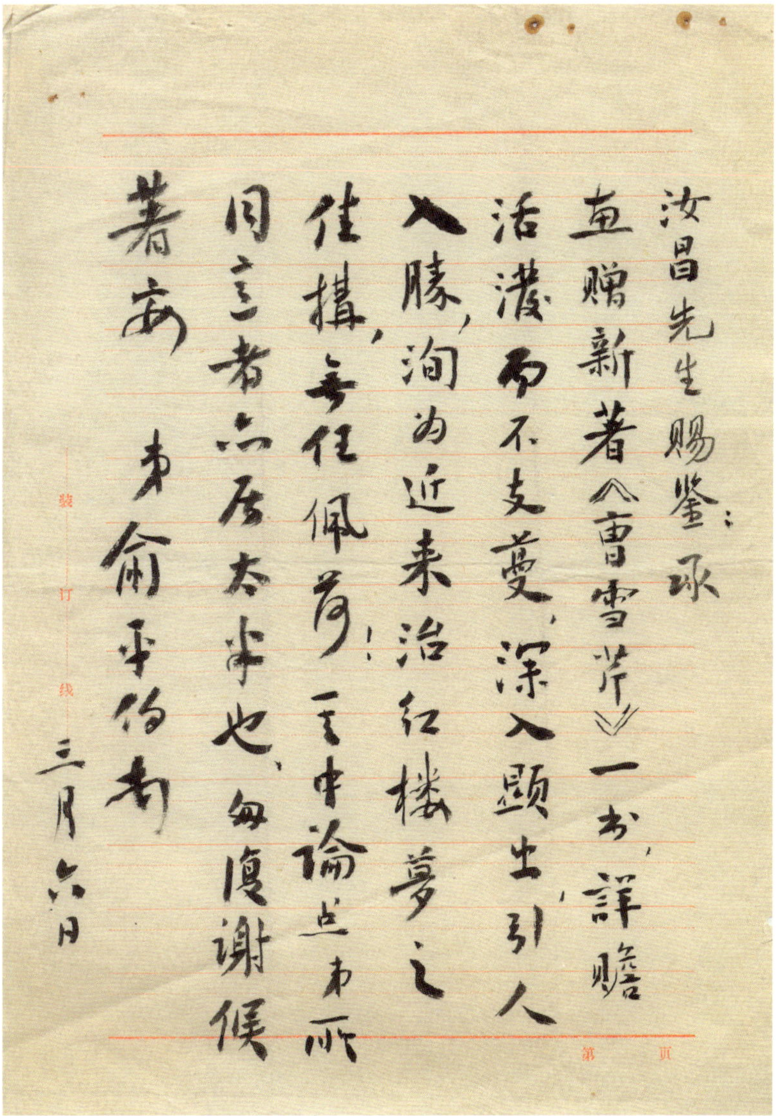

汝昌先生赐鉴：承

惠赠新著《曹雪芹》一书，詳贍活泼，而不支蔓，深入显出，引人入胜，洵为近来治红楼梦之佳構，无任佩荷！书中论点亦所同意者，亦居太半也。匆復谢候

著安

弟俞平伯

三月六日

第　頁
裝　訂　线

汝昌先生：

論「夢稿」一文甚不完備，草草寫就，迺蒙來札獎飾有加，良愧良愧！高氏續書只憑船山詩注一證，依近來陸續發見各情況，其非高氏之筆或然性較大，惠書云云，竊有同感。若程乙本之凡例尤為顯明，自胡適享其敝帚而影響至今，亦可惜也。平曾有一想法，程乙本流傳矣，脂本亦稍稍流傳矣，而刻本之祖若程甲者迄無一可據之定本，於學者誠為匪便。甲與乙每相混，不易辨識。今友朋中多有藏此殘簡者，文學所曾入藏一部，觀其品甚佳，却未曾核對。若能彙萃諸家所有，經子細審定，而影印之，或亦紀念作者之一事，而津逮來學尤非淺尟。雖竊懷此意，迄未曾言之，質諸高明，以為如何？若論甲戌本之年代，鄙意底本是一事，過錄（即今本）又是一事，所附批語又是一事，不宜混殽。如雙行注固與底本相連，若夾批、眉批等，則無時不可轉抄、加批，以之推定底本及今本之年代亦難。此問題非可驟決者。其間文字（例如第一回）有出己庚兩本之外者，別是一格；不能設想雪芹晚年有此改筆，亦不為後來各本所依，當為早年之筆無疑。吳藏己酉序本昔借來匆匆一讀，旋即還之。其時弟適傷臂，倩人錄出如干條，極不多。以其不甚佳，且属妄改，未采入校本中。今承詢及，迻錄前抄者十二條奉上，庶嘗鼎一臠，聊佐清談。前寫「隨筆」，紕繆良多，悔其少作，舊稿亦已零落，致未克檢呈為歉。54年作家協會編印《紅樓夢參攷資料》之三，即其全稿，或可在圖書館中覓得欤。匆復候

著祺　弟俞平伯上

七月二十六日

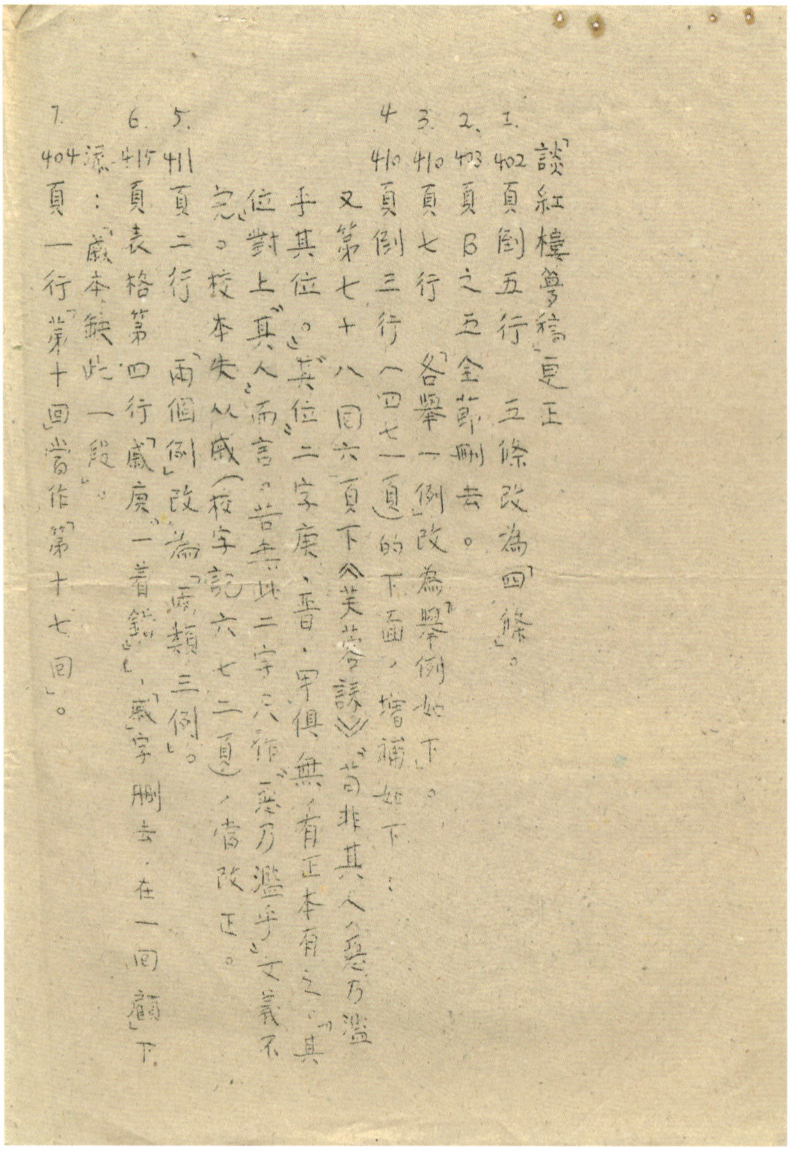

「談紅樓夢稿」更正

1. 402頁倒五行 五條改為「四條」。

2. 403頁B之五全節刪去。

3. 410頁七行「各舉一例」改為「舉例如下」。

4. 410頁倒三行（四七一頁）的下面，增補如下：

又第七十八回六頁下《芙蓉誄》「苟非其人，惡乃濫乎其位。」「其位」二字庚、晉、甲俱無，有正本有之。「其位」對上「其人」而言。若無此二字，只作「惡乃濫乎」，文義不完。校本失从戚（校字記六七二頁），當改正。

5. 411頁二行「兩個例」改為「兩類三例」。

6. 415頁表格第四行「戚庚」一着錯，「戚」字刪去，在「一回顧」下。
添：「戚本缺此一段」。

7. 404頁一行「第十回」當作「第十七回」。

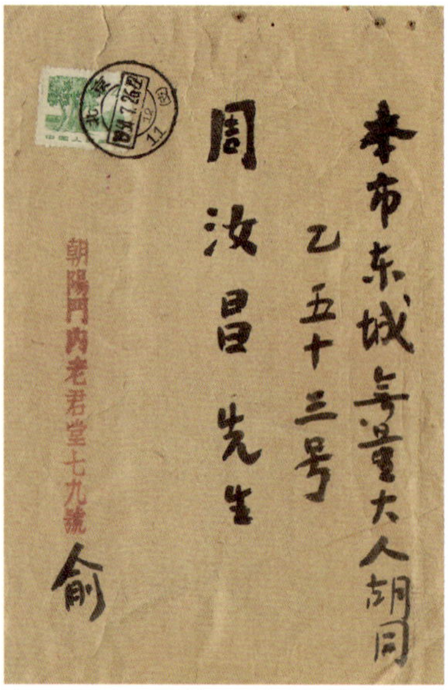
本市东城无量大人胡同
乙五十三号
周汝昌先生
朝陽門內老君堂七九號
俞

孟志蓀

（一九〇一—一九七八）

字昭聃。畢業於金陵大學。初任天津南開中學國文教師，後執教於南開大學。

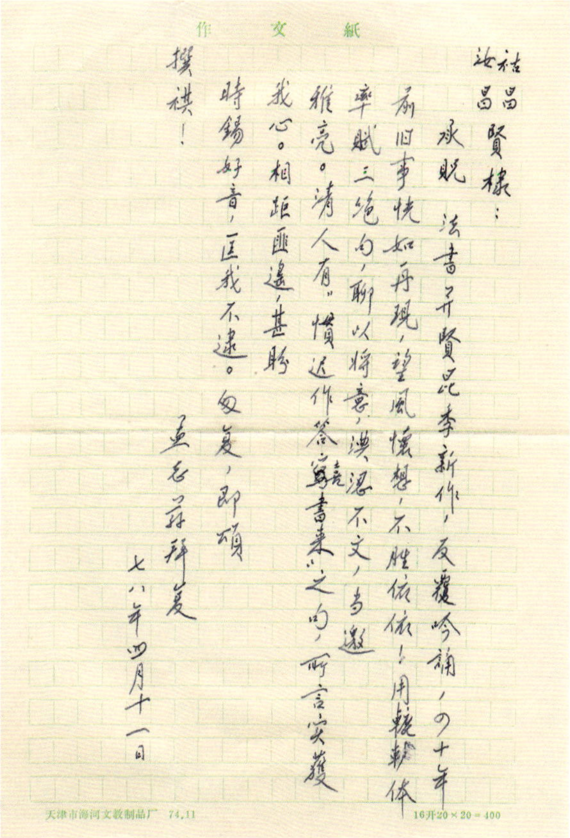

作 文 紙

祜昌
汝昌 賢棣：

承貺 法書并賢昆季新作，反覆吟誦，四十年前旧事恍如再現，望風懷想，不勝依依！用轆轤体率賦三绝句，聊以將意，淺陋不文，尚邀雅亮。清人有"慣送作答寫書來"之句，所言实獲我心。相距匪遙，甚盼時錫好音，匡我不逮。匆復，即頌

撰祺！

孟志蓀拜复

七八年四月十一日

天津市海河文教制品厂 74.11　16开20×20＝400

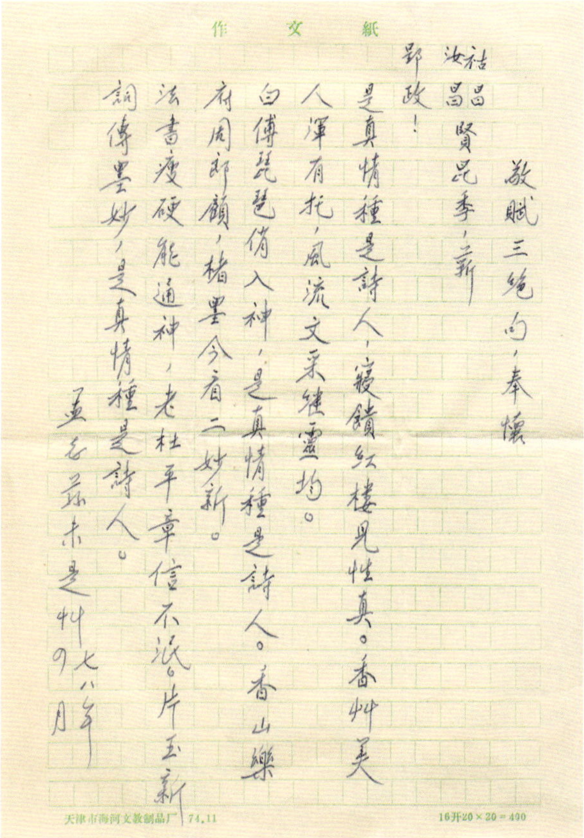

作 文 紙

敬賦三绝句，奉懷

祜昌
汝昌 賢昆季，新

郢政！

是真情種是詩人，寢饋紅樓見性真。香草美人渾有托，風流文采繼靈均。

白傅琵琶倚入神，是真情種是詩人。香山樂府周郎顧，楮墨今看二妙新。

法書瘦硬能通神，老杜平章信不誣。片玉新詞傳墨妙，是真情種是詩人。

孟志蓀未是艸 七八年四月

天津市海河文教制品厂 74.11　16开20×20＝400

謝國楨

（一九〇一—一九八二）

河南安陽人。號剛主。早年入清華學校國學研究院學習，後在南開中學任教，不久任職於國立北平圖書館，繼任教於中央大學。一九四九年後，歷任南開大學教授、中國社科院歷史研究所研究員。著有《晚明史籍考》、《江浙訪書記》、《明清筆記談叢》等。

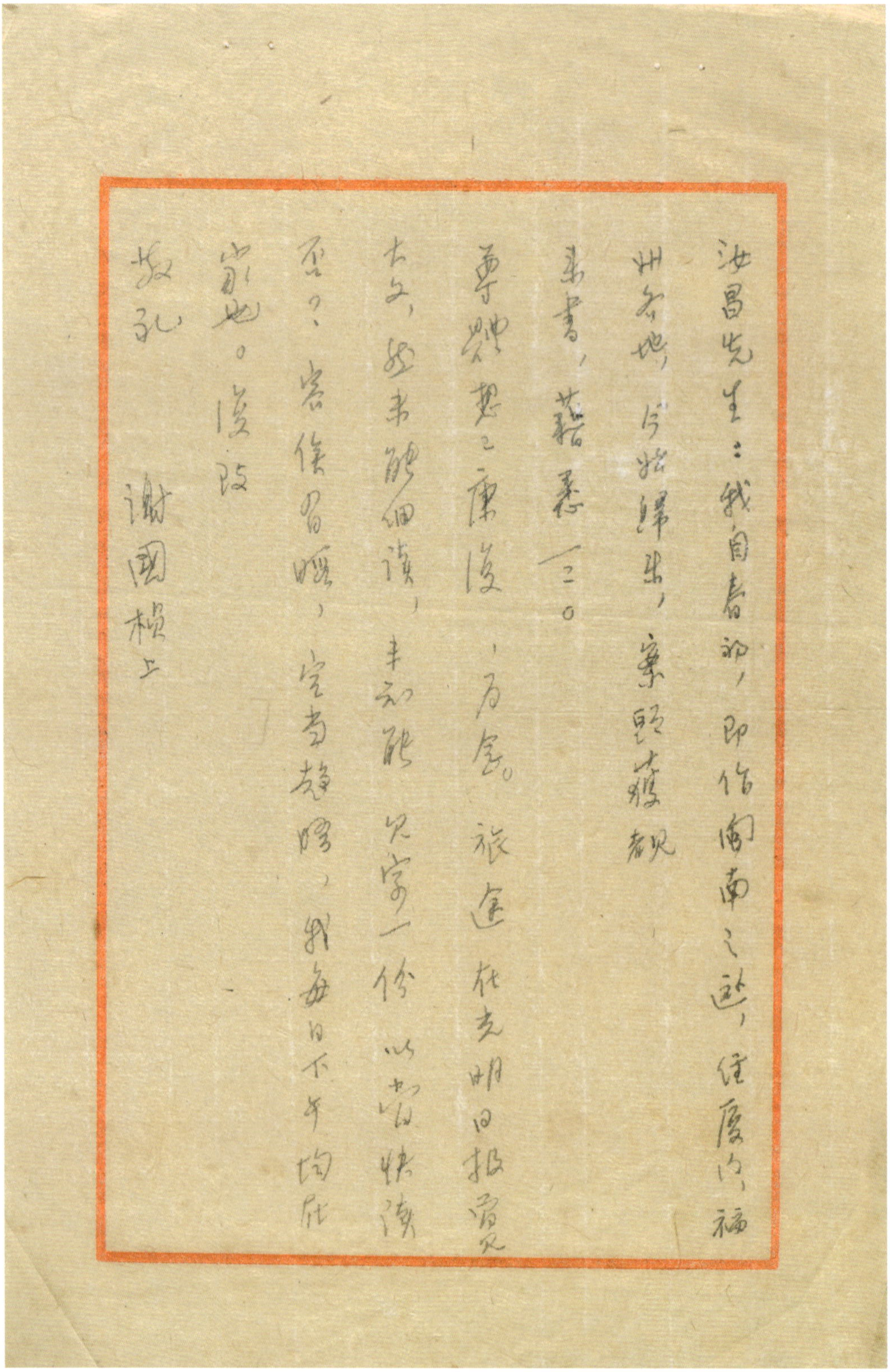
汝昌先生：我自春初，即作閩南之游，經廈門、福州各地，頃始歸來，案頭獲覩
來書，藉悉一二。
尊體想已康復，為念。旅途在光明日報見
大文，然未能細讀，未知能見寄一份以當快讀否？寄信時，宜書樓號，我每日下午均在家也。此致
敬禮
謝國楨上

汝昌先生左右：接　奉覆之際，時尚未作南遊，請書滿学而書亦至。國慶後，始返北京，本擬懇謁，適接

惠函，藉悉

道體清勝，至以為慰。拙著「明清筆記談叢」實不足掛齒。明清筆記資料匯編，已將編纂完畢，尚希指正。拙近半年在家中工作，俟日內稍暇，當策杖　造廬，敬候

教益。振常處兄去之，亦致賜款。此頌

撰祉

弟謝國楨上　十月廿二日

中國科學院歷史研究所稿紙

25×20＝500

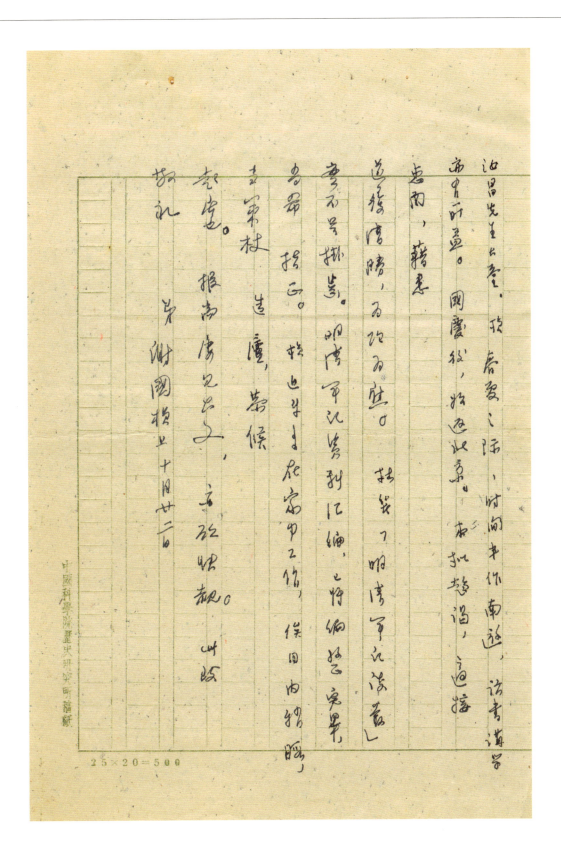

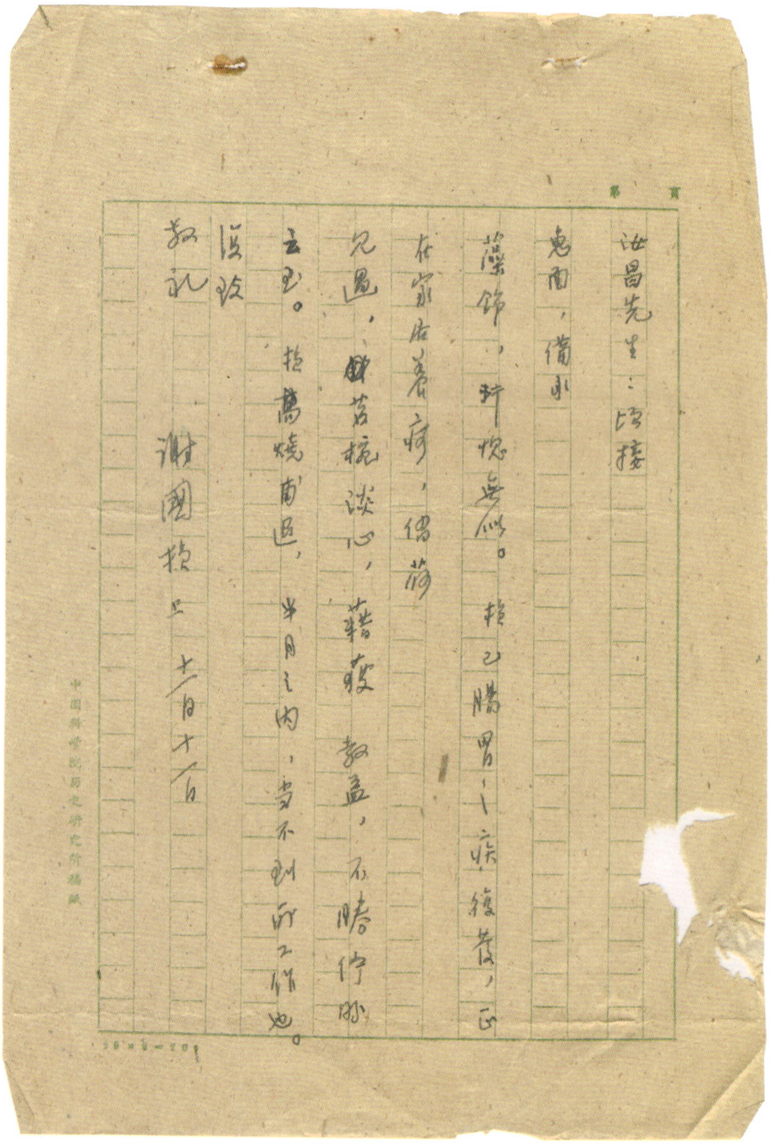
汝昌先生：頃接
惠函，備承
藻飾，訐愧無似。拙以腸胃之疾復發，正
在家居養病，俟病
兄過，啜茗梳談心，藉獲教益，不勝佇盼
之至。拙稿燒前過，半月之內，當不到所工作也。
復頌
教祉　謝國楨上　十二月十一日

第　頁

中國科學院歷史研究所稿紙

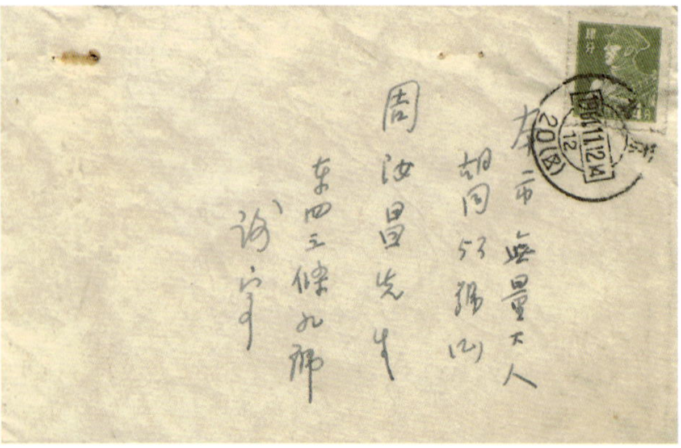
本市無量大人胡同53號（內）
周汝昌先生
東四三條九號
謝寄

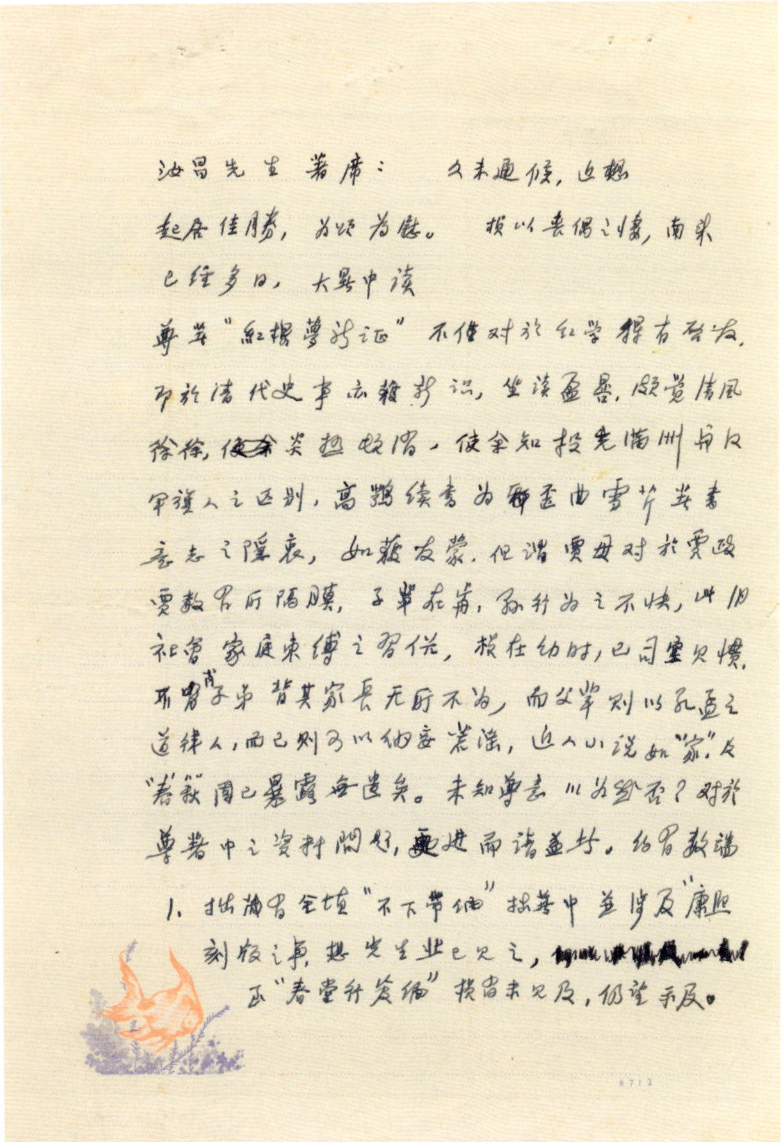

汝昌先生著席：　久未通候，近想
起居佳胜，为颂为慰。　损以袁偶之疾，南来
已经多日，大暑中读
尊著"紅樓夢新证"不仅对于红学颇有启发，
即于清代史事亦增新识，坐读盈晷，顿觉清风
徐徐，炎热顿消。使余知旗人与汉
军旗人之区别，高鹗续书为违逆曲雪芹著书
意志之隐衷，如获发蒙。但谓贾母对于贾政
贾赦等所隔膜，子弟在前，辄予为之不快，此旧
社会家庭束缚之习俗，损在幼时，已司空见惯。
有贵子弟皆其家长无所不为，而父辈则以孔孟之
道律人，而己则可以纳妾荒淫，近人小说如"家"及
"春秋"固已暴露无遗矣。未知尊意以为然否？对于
尊著中之资料问题，更进而请益者，约略数端
1. 批论书全填"不下带编"据著中并涉及"康熙
刻版之真，想先生业已见之，
至"春堂升发编"损当未见及，仍望示及。

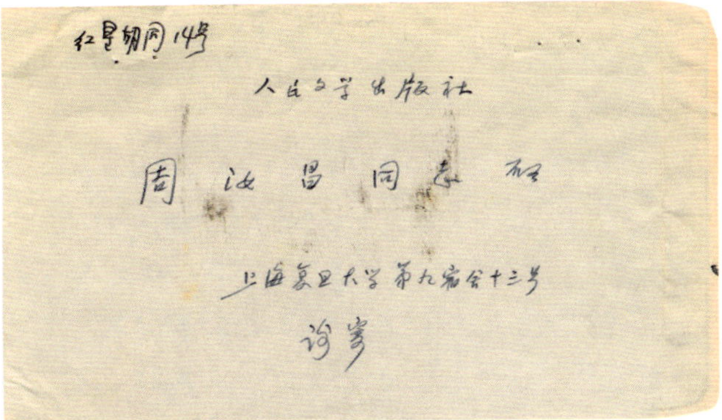

红星胡同14号
人民文学出版社
周汝昌同志　收
上海复旦大学第九宿舍十三号
谢寄

2，由尊著而知朱竹垞与曹子清之关系，因之想到
桢收有扬州诗局本之"全唐诗"有竹垞老人对於每家诗人
题识颇适，纵未必其手笔，然确为康熙间人之字迹。又
桢藏有楝亭十二种单行本，系开化纸印，未知曾目验否？
3，桢曾藏有永忠所书闲庵西厓行乐图画，或公业
已见及。
4，纳兰容若既与曹氏有关系，其弟揆叙著有隙光
亭杂识，清康熙间刻本，院馆及南开大学均有储本。
桢曾藏有"饮水诗词集"清康熙间张见阳刻本，有
其序，为饮水词之最早刻本。尚有纳兰容若选"清代绝
句钞"选有子清绝句，未知曾寓目否？
以手间无书，仅凭记忆琐记于此，以供参考。桢
樗鲁无文，惟喜搜集野史稗闻，人弃我取，僻好成
癖，然向此道，得不我弃，尚请
公鉴别，以供同好。灯光炎蒸逼人，书此心情
顿爽，藉博一笑。此致
敬礼

谢国桢 8.3.灯下

闻李莹南旋，当将函交之

8712

1976.9.25（星六）下午收 汝

聞　宥

（一九〇一—一九八五）

江蘇松江（今屬上海）人。字在宥，號野鶴。曾就職於商務印書館，後任中山大學、燕京大學、成都華西協和大學等校教職。一九五四年起調中央民族學院任教。編著有《古銅鼓圖録》、《四川漢代畫象選集》、《聞宥論文集》等。

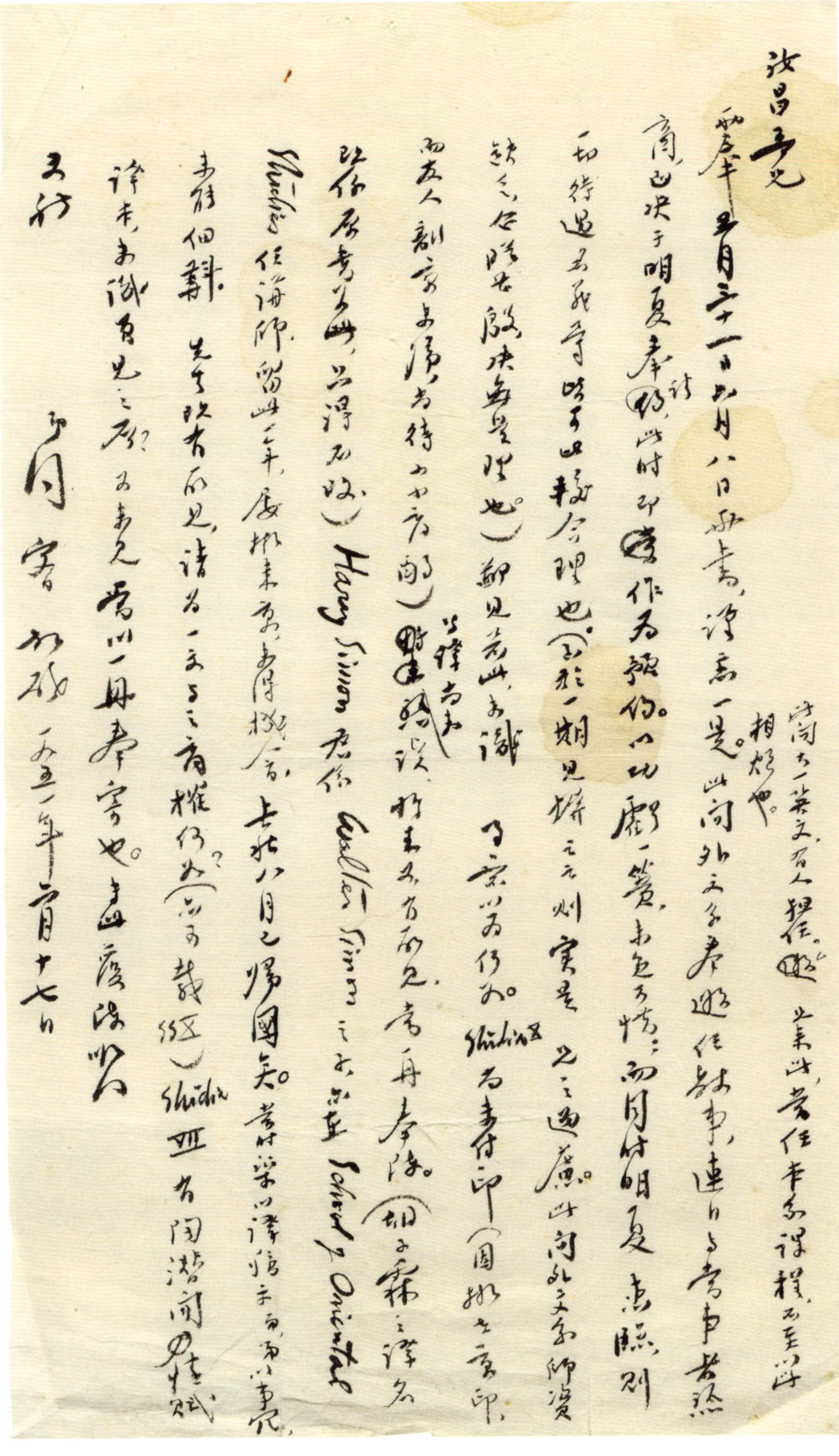
汝昌吾兄

聞宥 拜啟 一九五一年一月十七日

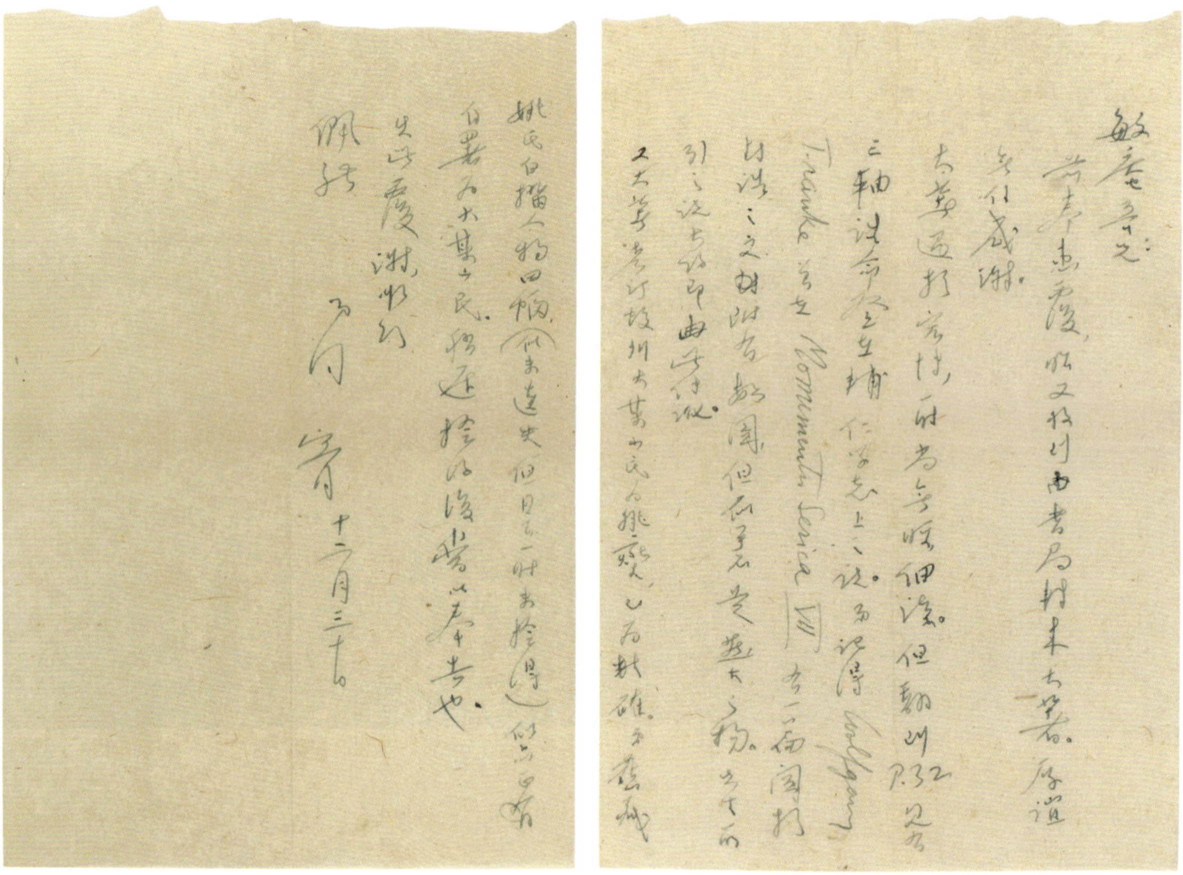

敏庵吾兄：

前承惠覆，并又托付南書局轉來大著。厚誼至深感謝。

大著遍搜宮詩，所考甚[illegible]細。但翻此 P.32 又有三軸詩[illegible]補[illegible]志上之詩多譯 Wolfgang Franke 先生 Monumenta Serica VII 有一篇關於此詩之文，附有數圖，但似乎不是原物。大作所引之詩[illegible]即由[illegible]。

又大著考訂[illegible]本[illegible]氏為姚燮，以為[illegible]

姚氏白描人物四幅（[illegible]）[illegible]自署為大某山民，[illegible]也。

此覆，謝謝。

[illegible]

十二月三十日

汝昌吾兄：

阔别近二十年，思至山积。近读《文物》1973年2期大著，如晤风采，深慰下怀。

大著23页引及"照堂"一名。忆《愙斋集古录》中屡提述照堂部郎（第八册作名暄，第十一册又作煊）不知即此人否？此人大约系在嘉道以后，或与批语时代不符。手头无书，未遑借考，姑为老友妄言之耳。

仆现在此间研究室工作。寓所仍为民族学院家属宿舍和平楼207号，与吴文藻谢冰心两君望衡对宇。最近以病气大发，不良于行，正在家中工作。吾兄何时得暇，倘能枉顾，欣幸何如！寓所出入，请始告为幸。匆匆即颂

俪祺！ 闻宥手上 1973.6.19

内人屡忆吾于十余年前晤嫂夫人于途次。不见已久，思念良殷，嘱为致候。

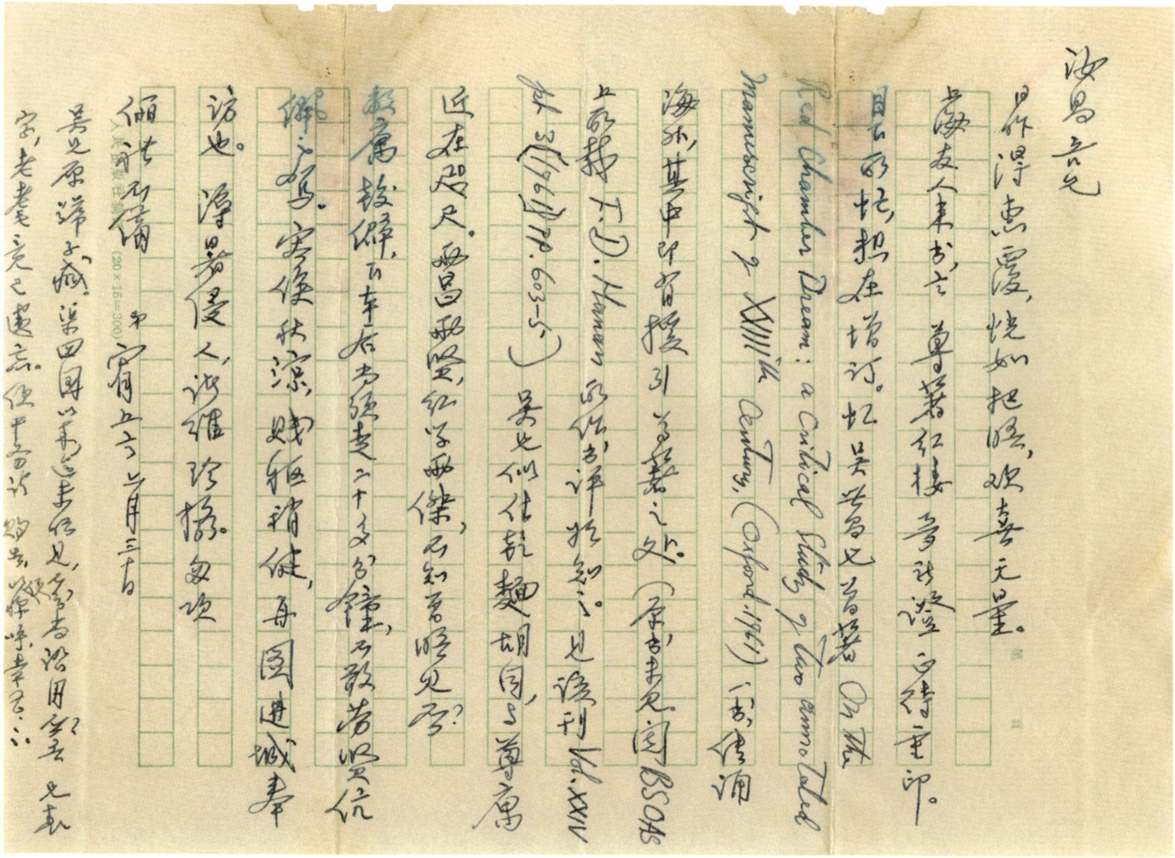
汝昌吾兄：

昨得惠覆，恍如把晤，欢喜无量。

海外友人来书云：尊著红楼梦新證已将重印。

目下正在增订。虹吴世昌兄著有 On the

Red Chamber Dream: a Critical Study of Two Annotated

Manuscripts of XVIIIth Century, (Oxford 1961)，亦流通

海外，其中亦曾援引尊著之处。（原书未见，闻BSOAS

上载有 F.D. Hawan 的书评，指出之。见该刊 Vol. XXIV

第3期 (1961) pp. 603-5） 吴兄似住乾面胡同，与尊寓

近在咫尺，两昌两贤，红学两杰，不知曾否晤见否？

敝寓鼓楼，占本古老建筑二十多间，不敢劳以贤伉

俪之驾。容俟秋凉，贱躯稍健，再图进城奉

访也。 淳昌便人，此维珍摄，勿頌

俪祉不备。 弟 宵 五十六年三月三日

吴兄原籍浙江，渠四国以来这未往见，尊书仍用“□”名 兄執

家，老老兄之遗忘，使中□許 □□，□□晦章之□

黃君坦

（一九〇二—一九八六）

福建閩縣（今屬福州）人。名孝平，字君坦，號甦宇。早年就讀於青島禮賢書院，一九二五年起歷任北洋政府教育部、財政部秘書等職。一九五五年爲古籍刊行社擔任社外校勘古籍工作。一九六一年被聘爲中央文史研究館館員。與其兄孝紓（字公渚）、其弟孝綽（字公孟）合著《左海黃氏三先生儷體文》，與張伯駒合作選注《清詞選》，另校點《靜志居詩話》等。

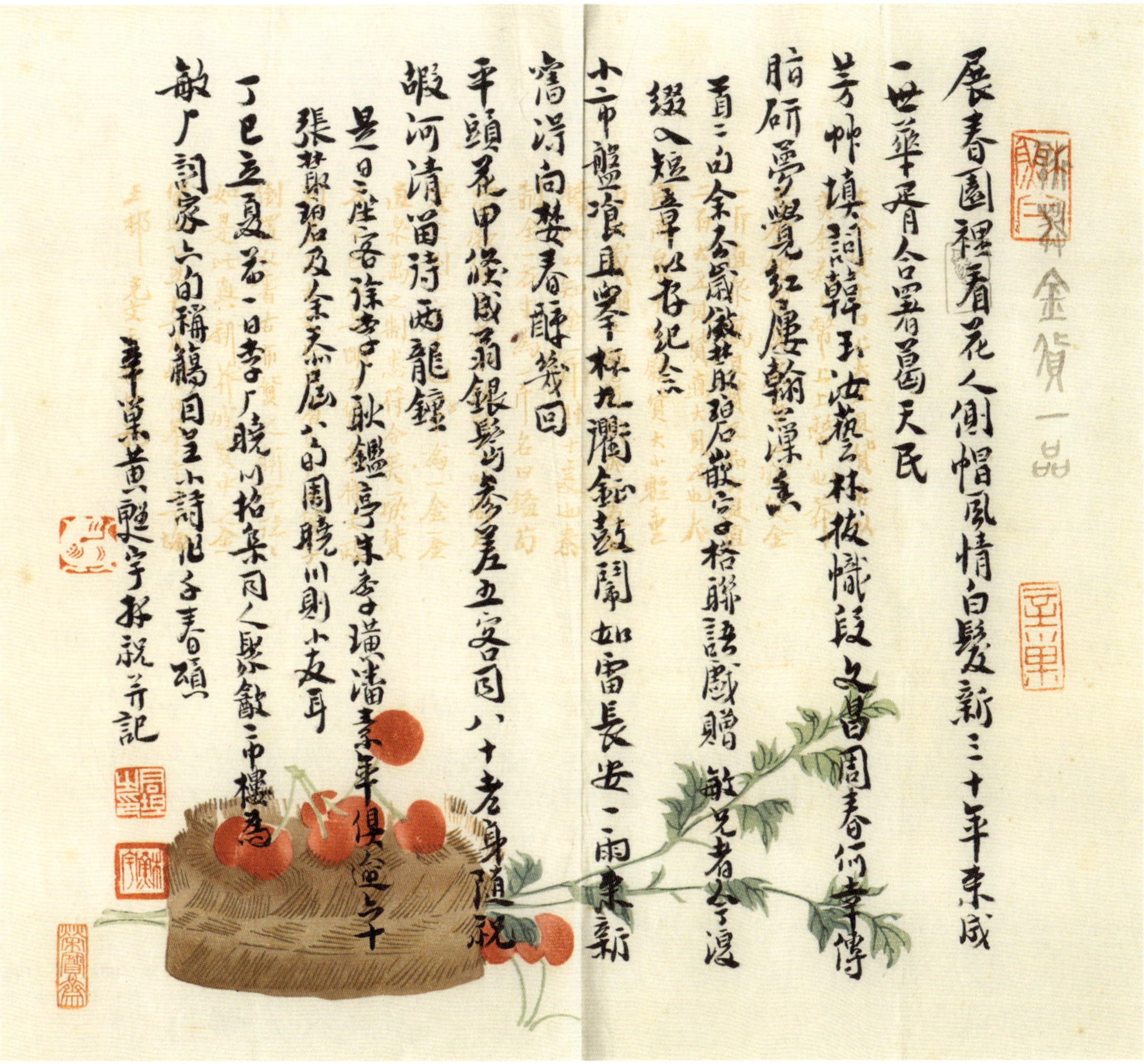

商承祚

（一九〇二—一九九一）

廣東番禺（今屬广州）人。字錫永，號契齋。少嗜古文字之學，投師羅振玉門下。肄業於北京大學研究所國學門。先後執教於東南大學、中山大學、北京大學、清華大學等校，一九四八年復任中山大學教授。編著有《殷墟文字類編》、《殷契佚存》、《石刻篆文編》等。

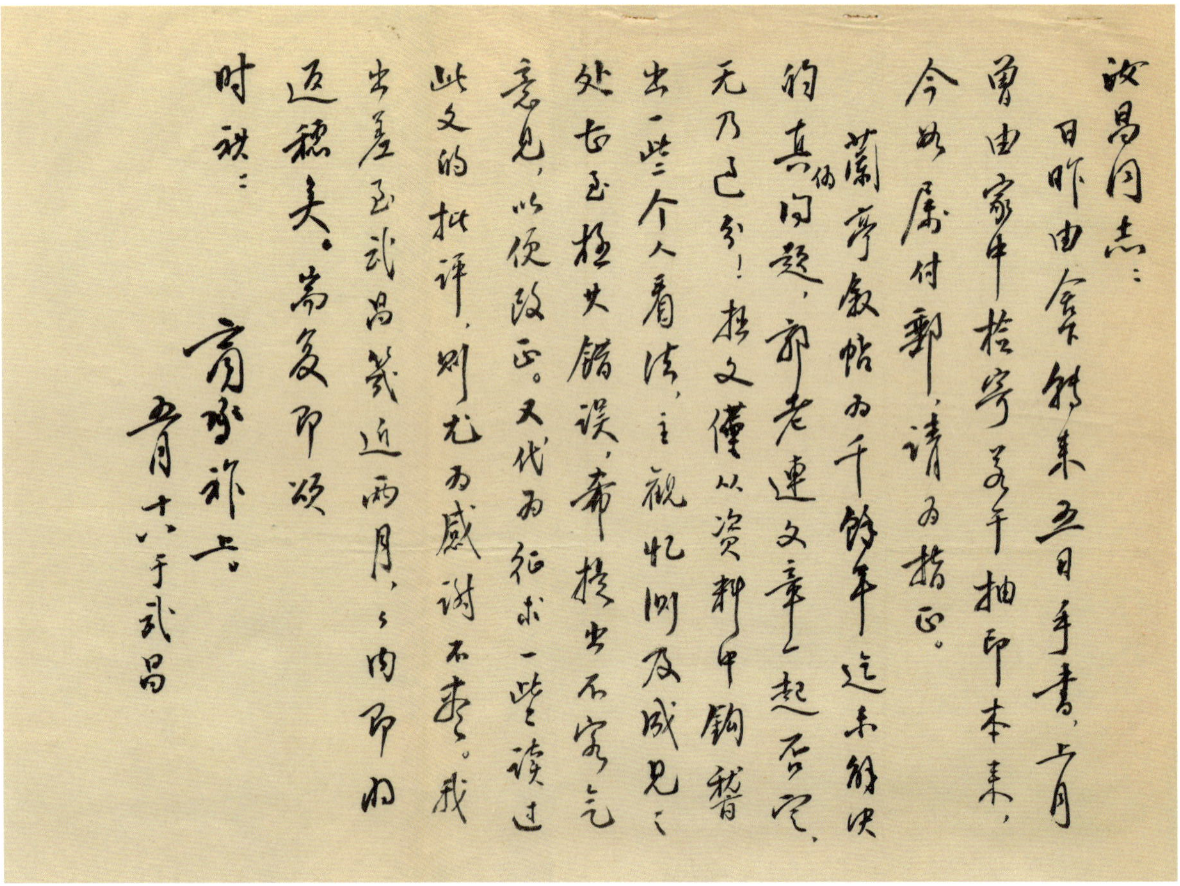

汝昌同志：

日昨由舍轉來五日手書，前月曾由家中檢寄[illegible]抽印本來，今始屬付郵，請予指正。

蘭亭叙帖爲千餘年迄未解決的真伪問題，郭老連文章一起否定，无乃已甚！拙文僅从資料中鉤稽出一些个人看法，主觀忆测及成见之处，甚至極大錯誤，希檢出不客气意見，以便改正。又代爲征求一些讀过此文的批評，則尤爲感谢不盡。我出差至武昌蒞近兩月，日內即將返穗矣。匆复即頌

时祺！

商承祚上

五月十六于武昌

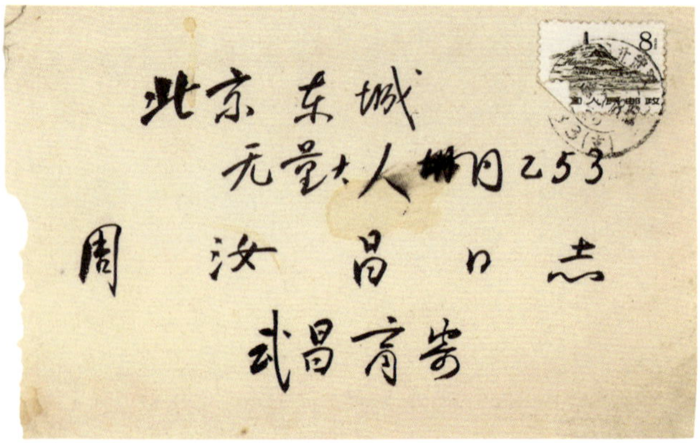

北京东城

无量大人胡同253

周汝昌同志

武昌商寄

北京东城
红星胡同十四号
周汝昌同志
中大东北区九号
商寄

毛主席語录

国家的统一，人民的团结，国内各民族的团结，这是我们的事业必定要胜利的基本保证。

《关于正确处理人民内部矛盾的問題》

汝昌同志：

月之十四、十七先后奉读十一、十三两札。论书凡五，实多启发，并为之提供不少补充资料，为之既忻且感！芳谓宜搜入六朝古写本与兰亭有关之字对照取证，此亦是极！当属稿之初，也作过如是想，乃以所见不广，又以催稿去，只好将想到的材料取用，今此一提，坚我信念，明眼人看问题自不同也。以字论字，不外取直证舍旁证，取类例舍非类，免无谓之纠缠。这样一来，不仅看出书法发展规律，而羲之承先启后这一条线路也较为清楚，不应割断历史贻人以口实。至附入智永书，乃择其行书中与兰亭同者以致郭云和尚仿兰亭找见证人，此虽旁证，非主流，我认为还是有用的。不过今传智永两体千文，日人藏本无署名，是否可靠？刻石以陕本为佳，惜非墨迹，隔雾看花，又不亟采用，取材殊不易，未知高明何以教我？

玄之作玄，亦见汉张迁碑避字所从，晋承汉人结体又得一左证。

丧乱帖三十年前即见影本，即异常欣赏，认为世传右

毛主席語录

国家的统一，人民的团结，国内各民族的团结，这是我们的事业必定要胜利的基本保证。

《关于正确处理人民内部矛盾的問题》

军书之冠，迷来酷爱之，百读不厌。玩其用笔，毫势扭叠振宕而下，少有顺笔，横划亦多取逆上之势，这种用笔方法，羲之逝后已成广陵散矣。徵明虽极力心摹手追，未能得其万一。子昂书，我于学书之年即鄙其媚俗无一点骨气，及长始知其品德使然也。

姨母帖比之丧乱帖似有五十与百步之差，以远算出自好手所临摹，其中尚间有逆笔存焉，绝非唐以后所为，我们是爱好的。

世多尝定式，而公别拘，因手中无可参考，日后再论。

尝谓隶书笔意是古汉人八分之挑踢法，而取其方笔。我亦曾想过，然而此碑亦多侧用方笔，又当何说？再四细思，认为隶书笔意不在要有且偏于抽象。羲之青李来禽帖中的感字钩笔有隶势，永和十三年霍君墓壁题记有些字在某一笔亦如此，若从总体看则又有别，特别是右军行书，更难领会隶书笔意所在。再三考虑还是用胜这一种看法，用从总体看有无隶书笔意作为定义。郭、李就是想用隶书笔意及时代为之来否定羲之不能写出兰亭

毛主席語录

国家的统一，人民的团结，国内各民族的团结，这是我们的事业必定要胜利的基本保证。

《关于正确处理人民内部矛盾的問題》

序之类的行书，亦应定了真书，而真书出于二爨之体而后可者，直痴人说梦耳。右军兼精于章草，我意其早、中年行书可能多具章草笔势，近晚年摆脱而创新独具面貌，此其所以能也，自是隶笔、隶意不复存在。当否？尚希明鉴。

拙文改动之处：1. 前言重写；2. 书写工具笔的方面采用您说，整段改换；3. 卅页末段插入批评李文田以唯心论和形而上学来批评羲之书法割断历史的错误思想；4. 卅五页桑世昌段~~删去~~移第二段之后（变成今之二段），酌用您说临水、临帖的意见以接桑说。此外，仍有小部分删改移易之处，不缕述。在改动时，于字里行间，有的意见提得较为尖锐，不似旧文之温和，亦以在这次文化大革命，认识有所提高，以往有些话不敢说，怕得罪了人，尤其对郭老，这股小情绪今思之是不对的，人家有错误提出批评，亦可提出反批评，批评得对的接受改正，才符合毛泽东思想，不应引需毛之也。因是，拙文改就抄呈时，错误和不当之处，可以得到批评指正，以我的修养（修养有阶级性，所云之修养为革命修养，非刘修之"修养"也，一笑），从

毛主席語录

国家的统一，人民的团结，国内各民族的团结，这是我们的事业必定要胜利的基本保证。

《关于正确处理人民内部矛盾的問題》

哪方面说都很差，非依靠阶级兄弟帮助不可。旁观者清，当局者迷，其斯之谓与。

当前较为困难为实材补充问题，不少材料没在手头，很难下笔，拟容再行补入，以免影响这次修改的抄正时间。

想到哪里写到哪里，既不成次，又不成文，祈谅。敬候

箸祺：

秀水弟谨上。10.25.

承询来文，第二行首字苦思不得其意，看前书之行款当是图形章，篆字文结体并非古法，似乎为三九十年作品，如能以示，或转询知其年份也。

毛主席語录

国家的统一，人民的团结，国内各民族的团结，这是我们的事业必定要胜利的基本保证。

《关于正确处理人民内部矛盾的問題》

汝昌同志：

四月奉读去月廿一日手教，至今倏忽两周了。这次来示，在知无不言的热忱帮助下，使我更加兴奋，何止三复籀诵。所云"越加大胆"，我认为还是个开端。来日遇有提出问题不对之处，望即时指出纠正，以君之优，补我之短，做到新交旧识之谊，幸甚幸甚！

惠书指出，要高举毛泽东伟大红旗，等等，非常正确。在改稿时，已朝这方向去做，但做得不够，还要百倍努力，以毛泽东思想这条红线贯穿到底。以事论事是不可少，乃是支流，主流则在前者。李文田的谬论，曾作了批判，即所示和不正确的东西作斗争，不计个人利害者。今我更有勇气。

文内拟增加关于兰亭叙帖本子的问题一节。最近在所藏书帖中发现一本宋克藏的定武肥本（有正印），自题宝之，又新版书道全集亦有一本（只印出半部），确实书、刻俱差。书道收者笔划臃肿如苏书，更不象话。近世对定武种种迹象，何以如此吹捧，至摹写本则夸神龙手。我又认为，所谓某某人摹实不可信。唐太宗命摹拓之本，可能皆有署名，还

毛主席語录

国家的统一，人民的团结，国内各民族的团结，这是我们的事业必定要胜利的基本保证。

《关于正确处理人民内部矛盾的問題》

有检校人名（见桑世昌兰亭考卷五），在封建社会对君命的一种负责态度。此本一出，转相递摹，决不敢将原摹手写入，是可以肯定不疑的。代远年湮，哪知出自何人重搨。以后云云，皆出自忆测。

我在此节，拟提出定本、神本、陈本来个笔法比较，附带批判下赵子昂的流毒（不可能全面），当否？请示！

盖刻本与传摹本在笔势上距离日远，信如所云。从有些锋铩到没了锋铩，从方笔变为略方笔，从略具方笔变成了圆笔这一系列过程，拓墨有绝大关系，如统归罪刻手，是不公平的，必须分担。因此，不如着纸落纸之直觉易见其迹也。乃世人不明刻本有种种原因存在，临写时画猫类虎，唯恐其不似刻迹，特别写王楷，团缩之如鳝鱼死，令人作三日呕。

来论谓对羲之要破除神圣思想，和书法不能超越的观念，确实获我心。在文化大革命的大字报与大标语中，乃深有感觉，因有的小将从未拿过毛笔，从未临过什么帖，更谈不上是天天日功，等等，而能写出各式各样的书体，

毛主席語录

国家的统一，人民的团结，国内各民族的团结，这是我们的事业必定要胜利的基本保证。

《关于正确处理人民内部矛盾的問題》

且气势磅礴，咄咄逼人，令我们这些所谓"十年寒窗"写字的人，退避三舍，原因何在？不外框框条条太多，信仰不力，没个闯劲，哪有自辟蹊径，走出自己的道路呢？将来这些小将们，在执笔挥洒，在毛泽东思想的指引下，破旧创新，产生不只一个王羲之，可以断言。

唐前笔多方，从墨书可以看出。尔后强调笔之中锋，铓铢全无。方笔不等于使用偏锋，李文田、赵之谦之流的北碑体，简直是刷字自欺欺人，何得丰笔北魏风度。魏晋笔有方有圆，为自然形成，而其圆势之内涵方势，笔涩而不滑，韵在其中，可意会不可言传，亦非抽象之言，必须在墨迹中仔细读之才有体会。唐的大家以后，此意尽矣。过去对写字我每有这样一种想法，在过程中是：生—熟—生……，不断地循环，即其书成，如不能达到生的地步，就算失败，所谓不过一个"工"字。刻木章工人，年年刻，月月刻，日日刻，时时刻，必然熟练而工，所以，工之一字，只要不断写作，任何人都能做到。能使人规矩，不能使人巧，意在斯乎！目前我对此更有深刻的体会，但是自己不能做到。

毛主席語录

国家的统一，人民的团结，国内各民族的团结，这是我们的事业必定要胜利的基本保证。

《关于正确处理人民内部矛盾的問题》

您对我文的修改补充，关怀备切，鼓励至再，何敢自暴自弃，必当努力为之。不过，将来能否不违足意，固难言也。

拉杂陈词，不复铨次，聊代面谈，希毋吝教！肃复

即颂

撰祺！

商承祚谨陈。11.16夜

67

馮雪峰

（一九〇三—一九七六）

浙江義烏人。原名福春，筆名畫室等。早年就讀於金華浙江省立第七師範學校和杭州浙江省立第一師範學校。曾參與籌建中國左翼作家聯盟。後歷任魯迅著作編刊社社長兼總編輯、中國作協副主席兼黨組書記、人民文學出版社首任社長兼總編輯、《文藝報》主編等職。作品輯爲《雪峰文集》（四卷）。

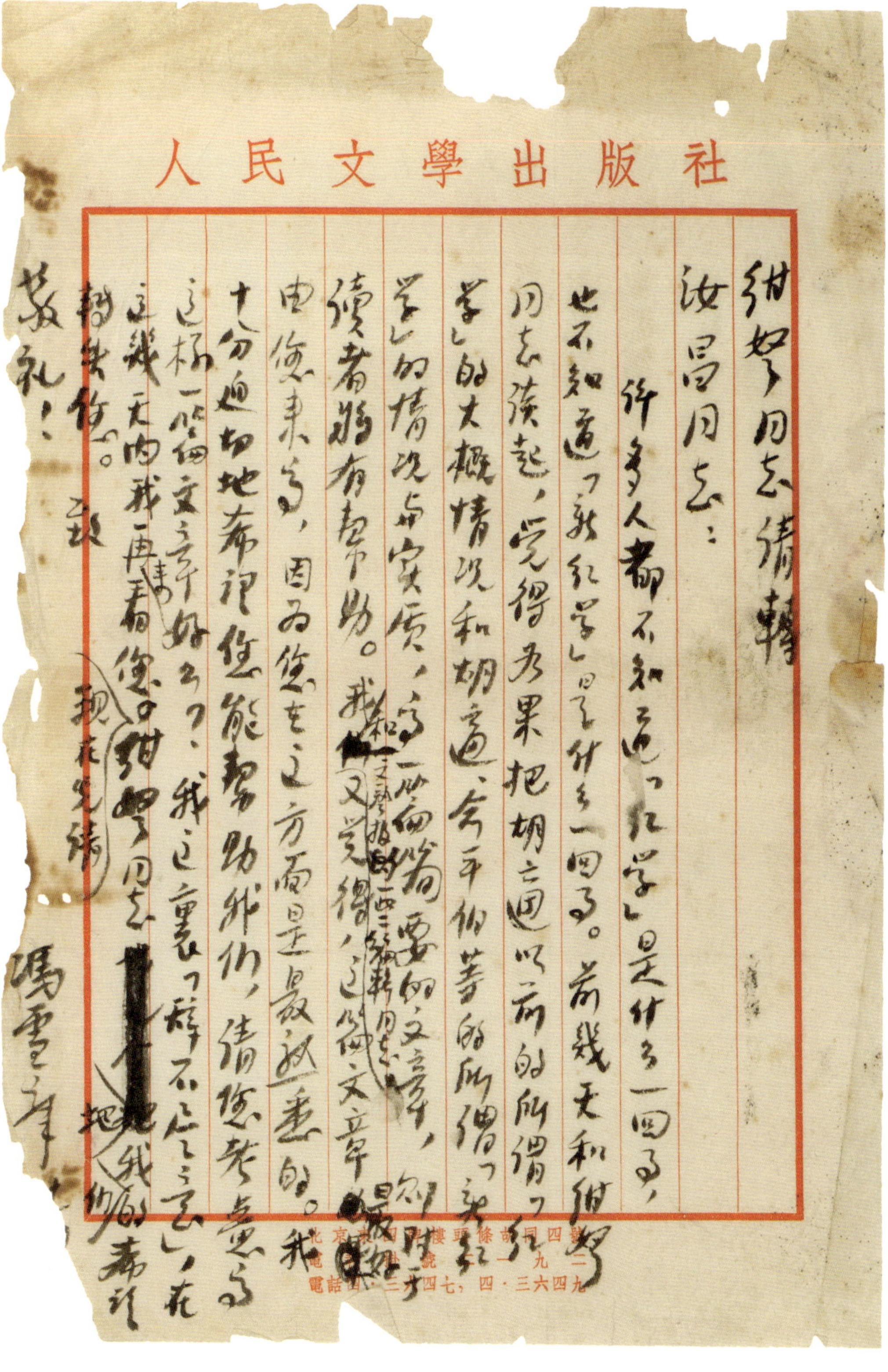

人民文學出版社

紺弩同志請轉

汝昌同志：

許多人都不知道「紅學」是什麽一回事，也不知道「新紅學」是什麽一回事。前幾天和紺弩同志談起，覺得如果把胡適以前的所謂「紅學」的大概情況和胡適、俞平伯等的所謂「新紅學」的情況與實質，寫一兩篇通俗的文章，對於一般讀者將有幫助。我和《文藝報》的兩三位編輯同志都覺得，這樣的文章最好由您來寫，因爲您在這方面是最熟悉的。我十分迫切地希望您能幫助我們，請您考慮爲這樣一兩篇文章好麽？我這意見不只是我一人的，在這幾天内我再來看您。紺弩同志現在覺得……把我們的希望轉告您。

敬禮！

馮雪峰

聶紺弩（一九〇三—一九八六）

湖北京山人。一九二四年考入黄埔軍校第二期，後入莫斯科中山大學學習。曾任南京國民黨中央通訊社副主任。新中國成立後，歷任香港《文匯報》總主筆、人民文學出版社副總編輯兼古典部主任。著有《聶紺弩雜文集》、《中國古典小説論集》等。

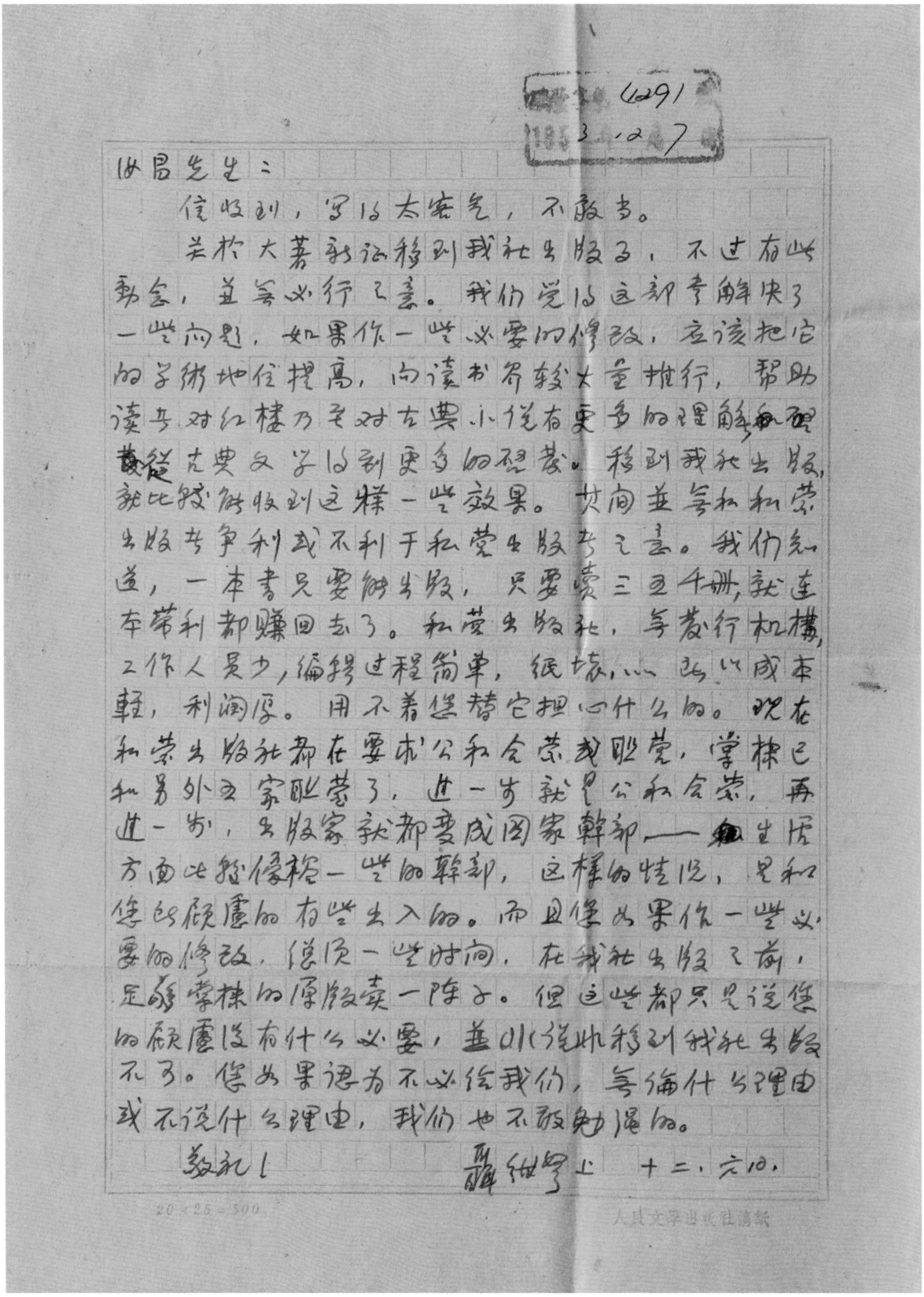

汝昌先生：

信收到，写得太客气，不敢当。

关于大著新证移到我社出版了，不过有些勉强，并无必行之意。我们觉得这部书解决了一些问题，如果作一些必要的修改，应该把它的学术地位提高，向读书界较大量推行，帮助读者对红楼乃至对古典小说有更多的理解，和使读者对古典文学得到更多的启发。移到我社出版，就比较能收到这样一些效果。其间并无和私营出版者争利或不利于私营出版者之意。我们知道，一本书只要能出版，只要卖三五千册，就连本带利都赚回去了。私营出版社，无发行机构，工作人员少，编辑过程简单，纸张、……所以成本轻，利润厚。用不着您替它担心什么的。现在私营出版社都在要求公私合营或联营，棠棣已和另外五家联营了，进一步就是公私合营，再进一步，出版家就都变成国家干部——在生活方面比较优裕一些的干部，这样的情况，是和您的顾虑的有些出入的。而且您如果作一些必要的修改，须须一些时间，在我社出版之前，足够棠棣的再版卖一阵子。但这些都只是说您的顾虑没有什么必要，并非说非移到我社出版不可。您如果认为不必给我们，无论什么理由或不说什么理由，我们也不敢勉强的。

敬礼！

聂绀弩上　十二，六日。

20×25=500

人民文學出版社稿紙

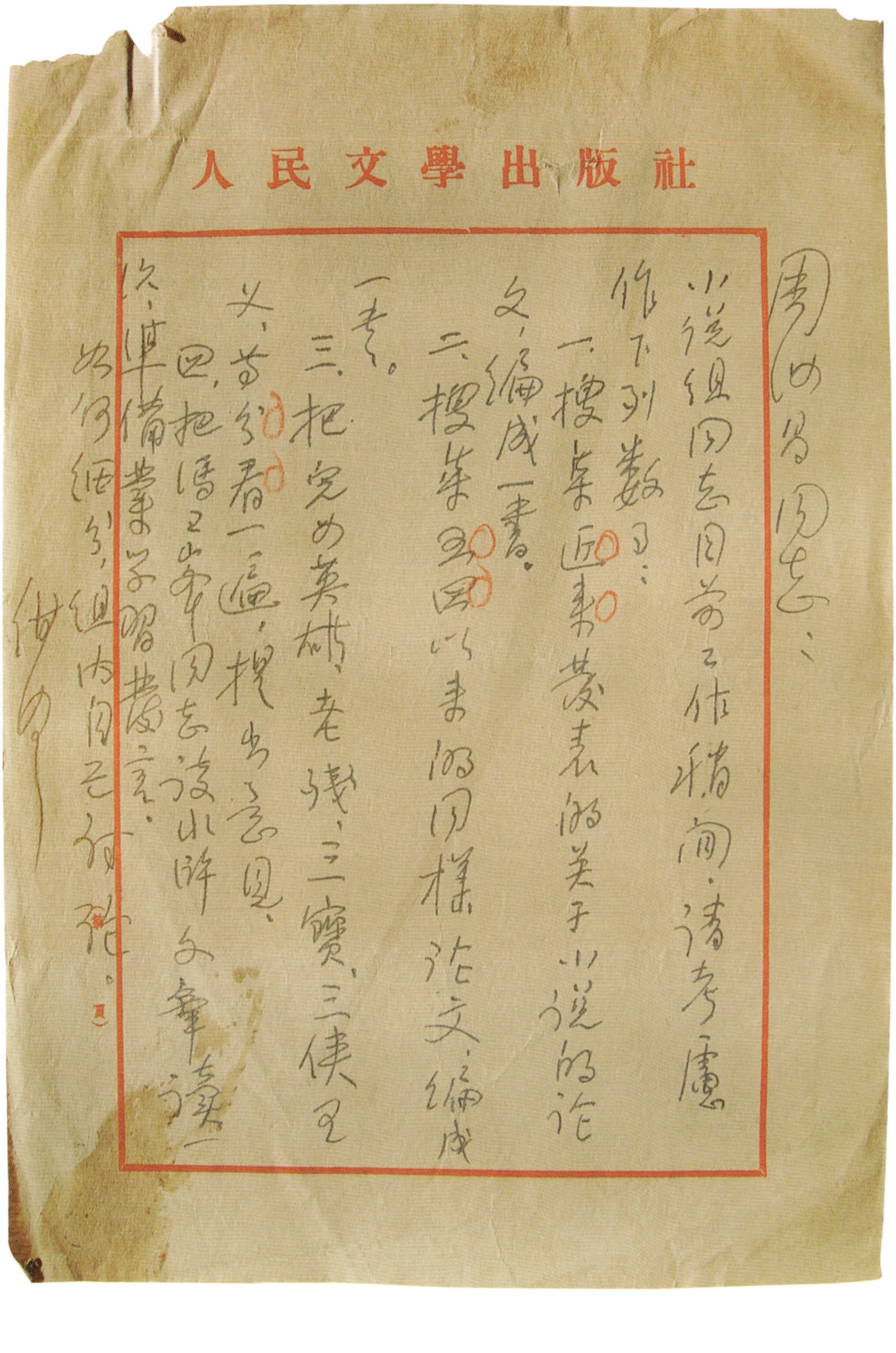

人民文學出版社

周汝昌同志：

小說組同志目前工作稍閒，請考慮作下列數事：

一、搜集近年發表的關于小說的論文，編成一書。

二、搜集五四以來的同樣論文，編成一書。

三、把兒女英雄、老殘、三寶、三俠五义，每人看一遍，提出意見，

四、把語言上常同志談水滸文章討論一次，準備業務學習發言。

如何，請組內自己討論。

紺弩

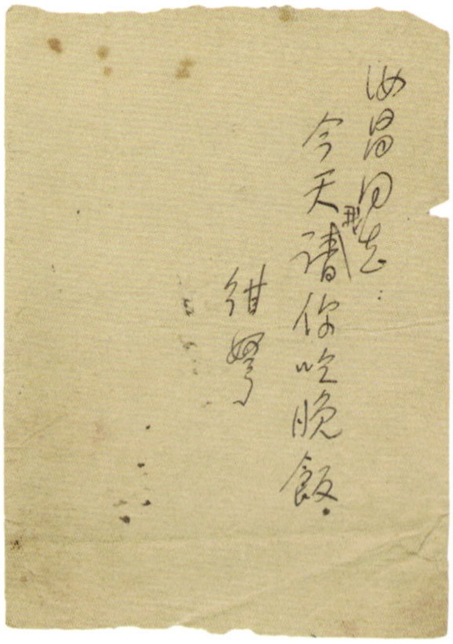
汝昌同志：
今天请你吃晚饭
绀弩

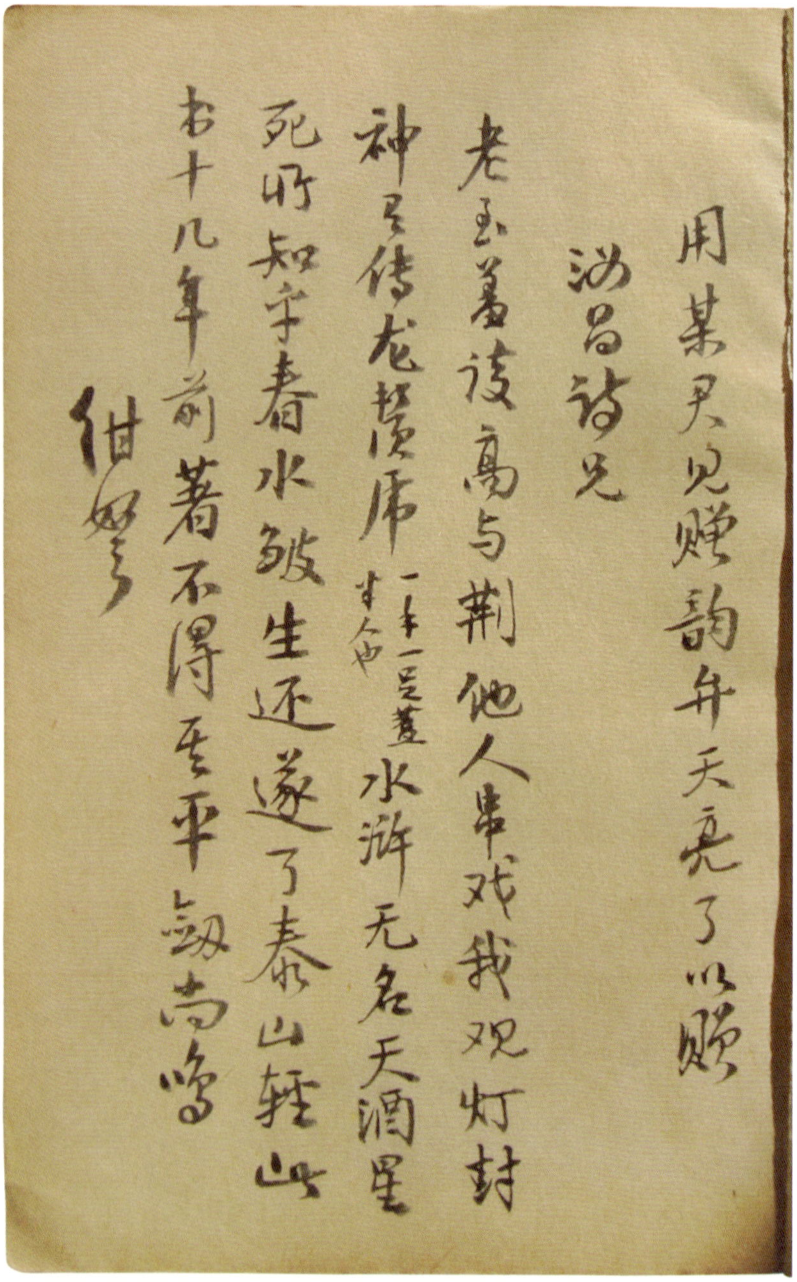
周某兄见赠韵并天亮了以赠
汝昌诗兄
老至篇读高与荆他人串戏我观灯封
神足传龙髯佛（一手一足盖世命也）水浒无名天酒星
死时知守春水皱生还遂了泰山轻此
书十几年前著不得至平翁高鸣
绀弩

鍾敬文

（一九〇三—二〇〇二）

廣東海豐人。原名鍾譚宗，筆名靜聞等。一九二二年畢業於陸安師範，一九三四年赴日本早稻田大學研究院研修神話學和民俗學。回國後歷任中山大學、香港達德學院教授。新中國成立後爲北京師範大學教授。著有《荔枝小品》、《西湖漫拾》、《鍾敬文民俗學論集》、《天風海濤室詩詞鈔》等。

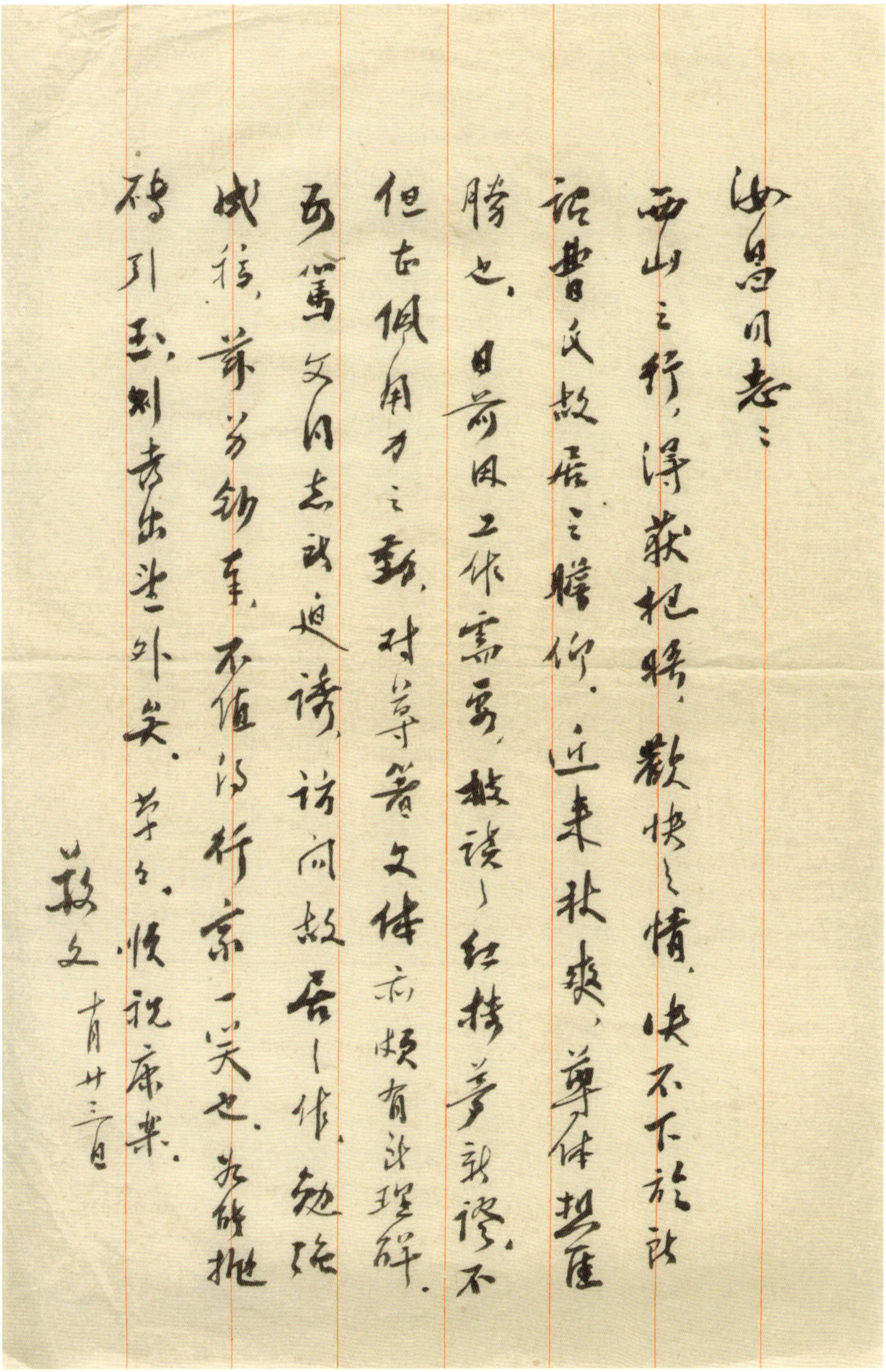
汝昌同志：

西山之行，得獲把晤，歡快之情，決不下於訪諸曹氏故居之瞻仰。近來秋爽，尊体想佳勝也。目前因工作需要，擬談談紅樓夢新證，不但欽佩用力之勤，對尊著文体亦頗有些理解。所寫文同志改過讀，訪問故居之作，勉強成稿，並另鈔奉，不值得行家一笑也。如能拋磚引玉，則喜出望外矣。草草，順祝康樂。

敬文 十月廿三日

繆鉞

（一九〇四—一九九五）

江蘇溧陽人，生於河北遷安。字彦威。一九二四年北京大學肄業。曾在保定培德中學等校任教。後歷任河南大學、廣州學海書院、浙江大學、華西大學、四川大學教職。著有《詩詞散論》、《讀史存稿》、《杜牧年譜》、《冰繭庵叢稿》等。

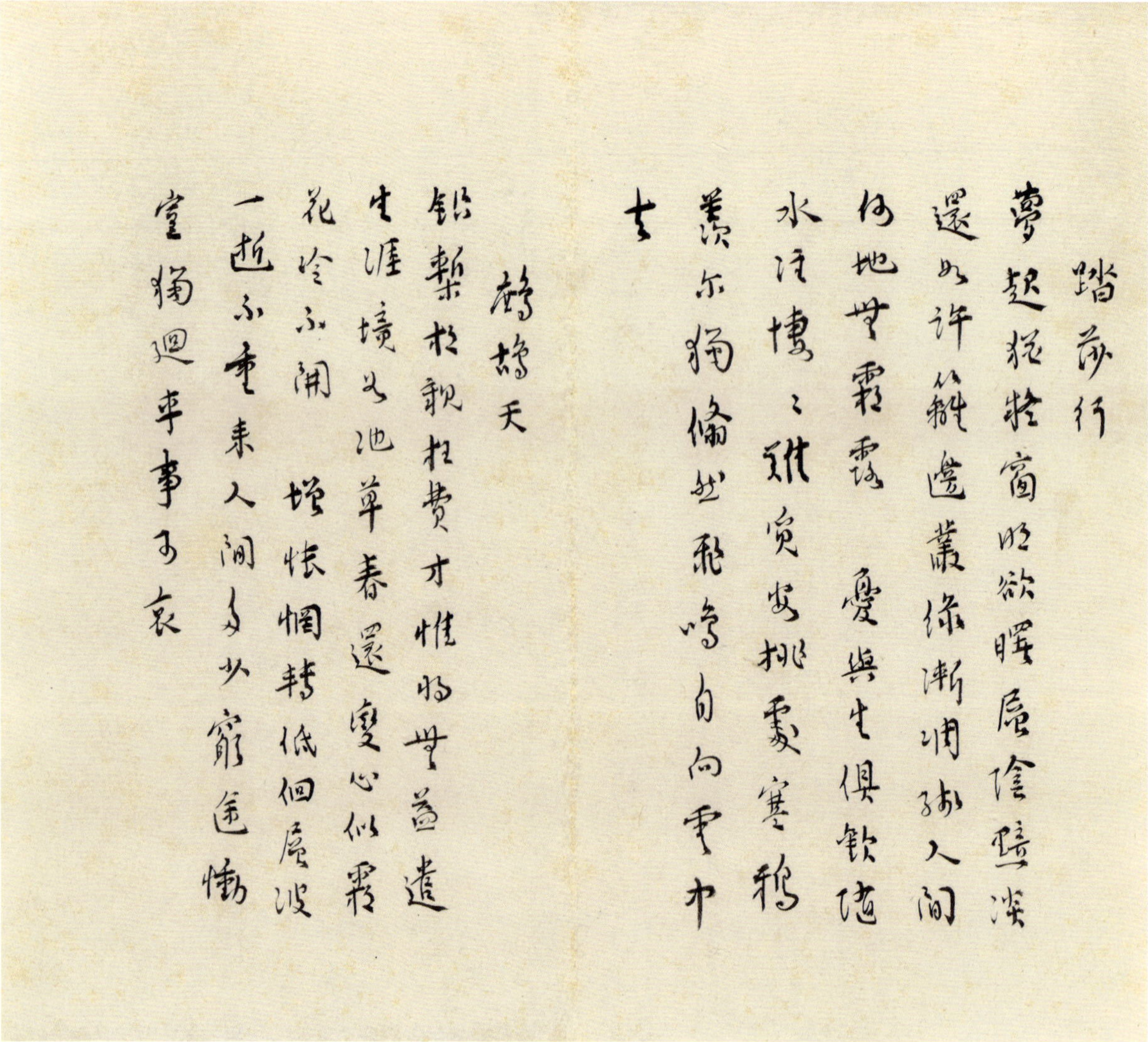

踏莎行
夢起雞聲窗明欲曙屋陰曈淡
還如許籬邊叢綠漸凋殘人間
何地無霜露　憂與生俱歡隨
水注懷懷縱覓安排處寒鴉
羨爾獨翛然飛鳴自向雲中
去

鷓鴣天
鉛槧相親枉費才性情無益遣
生涯境如池草春還變心似霜
花冷不開　增悵惘轉低徊層波
一逝不重來人間多少窮途慟
豈獨迴車事可哀

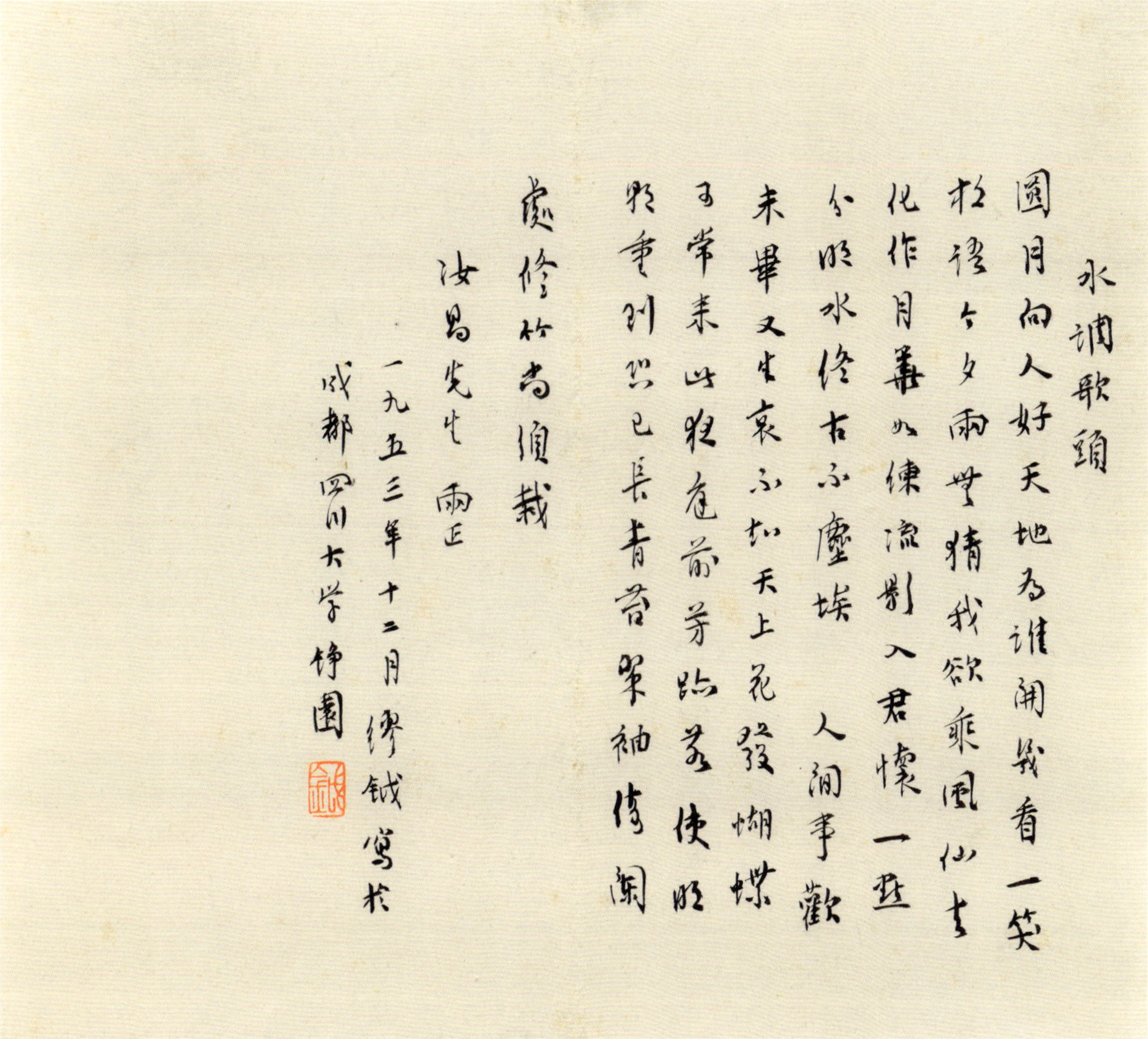
水調歌頭

圓月向人好天地為誰開幾看一笑於後今夕雨無猜我欲乘風仙去化作月華如練流影入君懷一共分明水終古不塵埃　人間事歡未畢又生哀不如天上花發蝴蝶自常來此後庭前芳跡莫使明朝重到照已長青苔翠袖傳聞處修竹尚須栽

汝昌先生雨正

一九五三年十二月繆鉞寫於

成都四川大學靜園

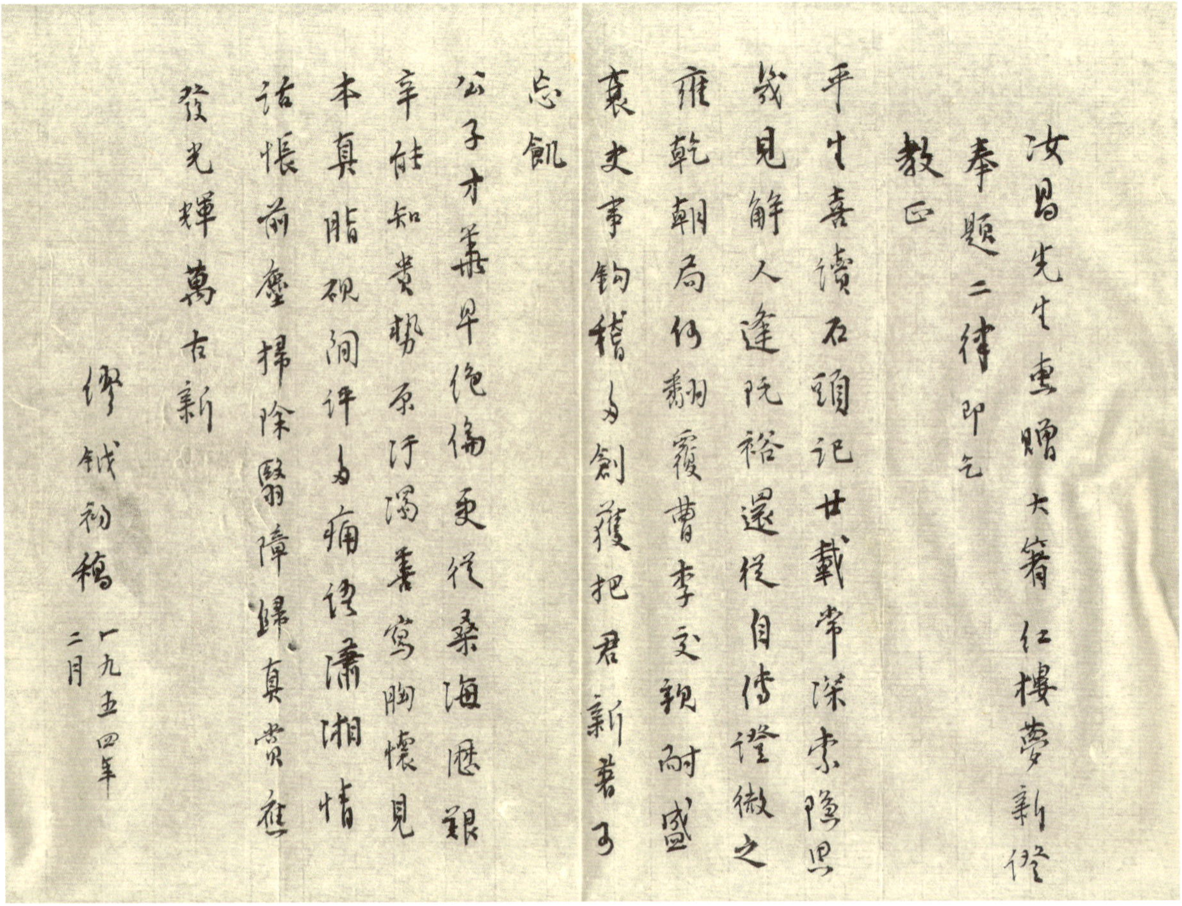

汝昌先生惠贈大箸紅樓夢新證
奉題二律即乞
教正
平生喜讀石頭記廿載常深索隱思
幾見解人逢阮裕還從自傳證微之
雍乾朝局何翻覆曹李交親耐盛
衰史事鈎稽多創獲把君新著可
忘飢
公子才華早絶倫更從桑海歷艱
辛能知貴勢原汙濁善寫胸懷見
本真脂硯閒評多痛語瀟湘情
話悵前塵掃除翳障歸真賞應
發光輝萬古新
繆鉞初稿 一九五四年二月

汝昌先生購得顧二娘翔鳳硯奉題一絕

舊肆搜尋硯一方昂頭俊眼鳳如翔人間
絕藝多零落誰識前朝顧二娘

遊草堂寺杜工部祠

休沐尋春到草堂拾遺陳跡久微茫蕭
疎古木侵雲上迤邐江流繞寺長能為生
民歌病苦每同皎日共輝光漫與異代
蕭條感國勢而今邁盛唐

汝昌先生教正　繆鉞呈稿　一九五六年九月

人生離別亦常事相契如君世
所難蜀驛江船勞遠道斷
紅新緣又看殘讀書如水能
尋脈（黃山谷稱陳后山讀書如禹治水知天下之脈絡）談
藝從今恐寡歡你重紅樓研討
業佇看天際振高翰

奉送
汝昌先生赴北京
繆鉞呈稿　一九五四年五月

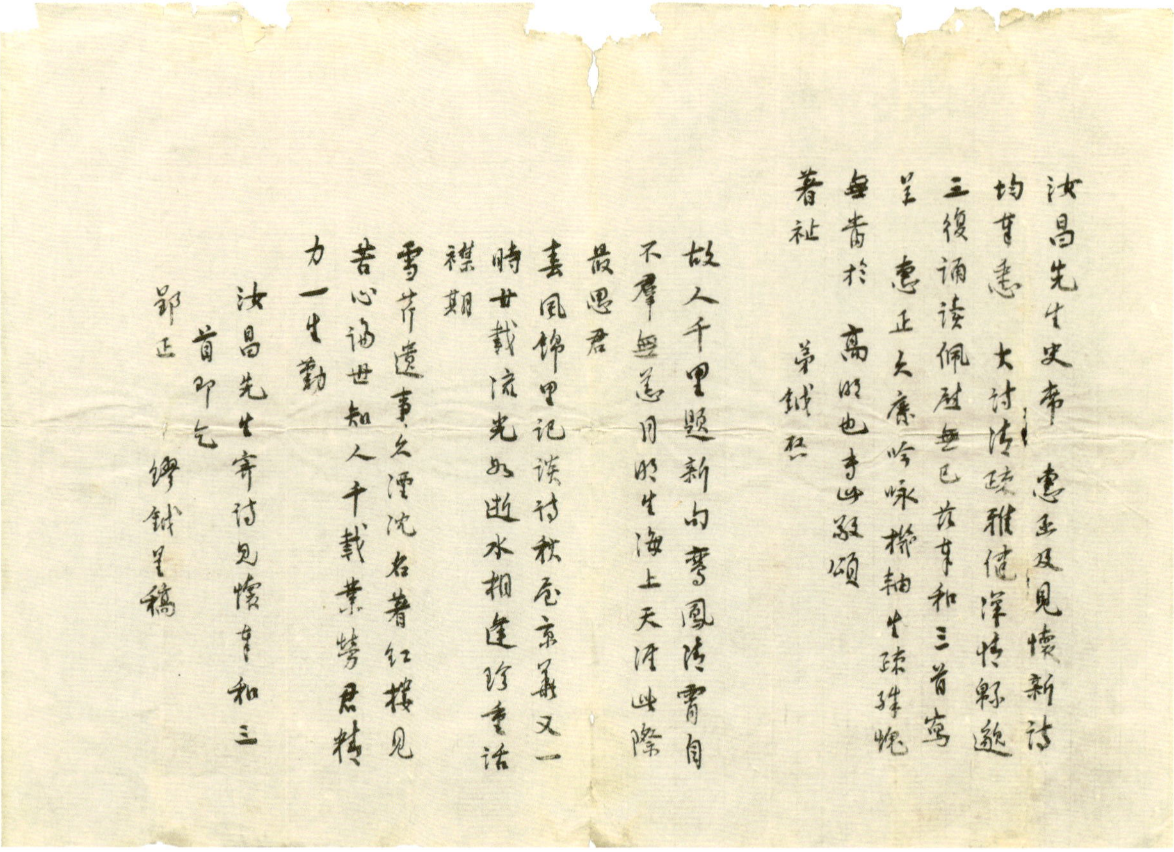

汝昌先生史席：惠函及見懷新詩均奉悉。大什清疏雅健，深情綿邈，三復誦讀，佩慰無已。茲奉和三首寫呈惠正。大康吟咏，擲釉生珠璣，無責於高明也。專此敬頌著祉。弟鉞拜

故人千里題新句，彎鳳清霄自不群。無意月明生海上，天涯此際最思君。

裊風錦里記談詩，秋色京華又一時。廿載流光如逝水，相逢珍重話襟期。

雪芹遺事久湮沈，名著紅樓見苦心。論世知人千載業，勞君精力一生勤。

汝昌先生寄詩見懷，奉和三首，即乞郢正。繆鉞呈稿

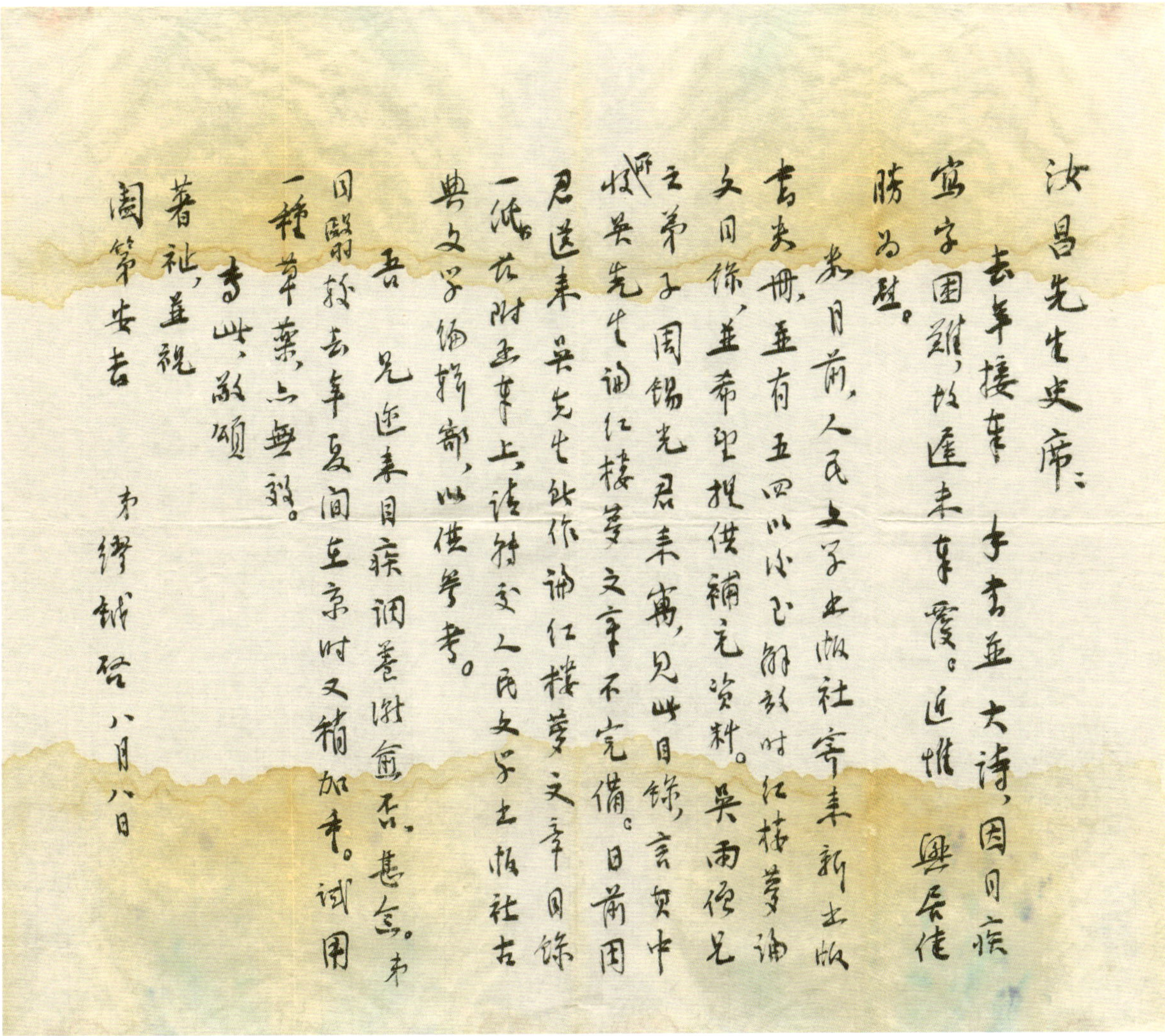
汝昌先生史席：

去年接奉 手書並 大詩，因目疾寫字困難，故遲未奉覆。近惟 興居佳勝為慰。

數月前，人民文學出版社寄來新出版書兩冊，並有五四以後至解放時紅樓夢論文目錄，並希望提供補充資料。吳雨僧兄之弟子周錫光君來寓，見此目錄，言其中所收吳先生論紅樓夢文章不完備。目前周君送來吳先生所作論紅樓夢文章目錄一紙，茲附函奉上，請轉交人民文學出版社古典文學編輯部，以供參考。

吾 兄近來目疾調養得愈否，甚念。弟因髖骨去年夏間在京時又稍加重。試用一種草藥，亦無效。

專此，敬頌

著祉，並祝

闔第安吉

弟繆鉞啓 八月八日

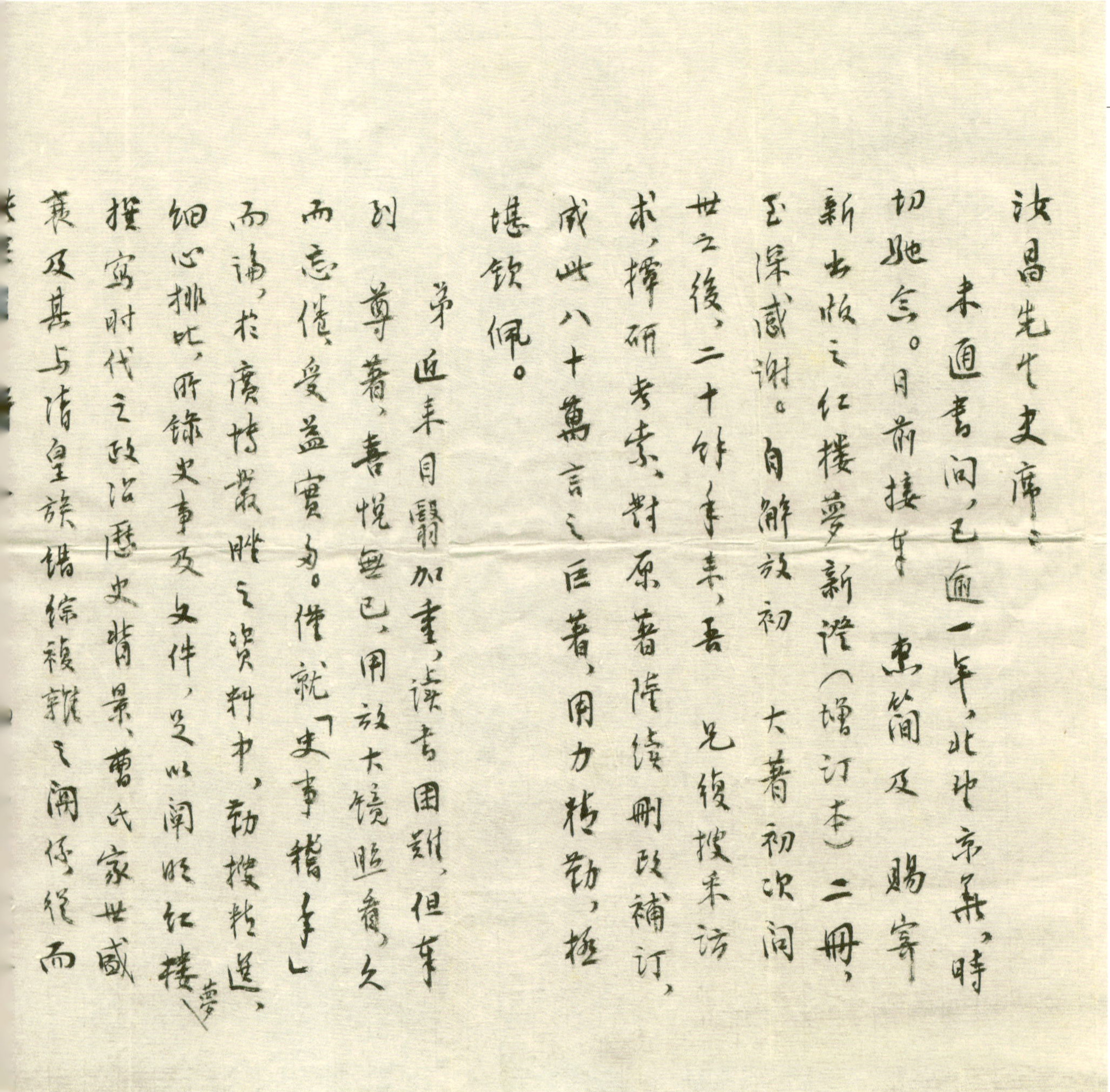
汝昌先生史席：
来函書问，已逾一年，北地京华，時切驰念。月前接奉　惠簡及　賜寄新出版之红樓夢新證（增订本）二册，至深感谢。自解放初　大著初次问世之後，二十餘年来，吾　兄復搜求訪求，擇研考索，對原著陸續刪改補订，成此八十萬言之巨著，用力精勤，極堪欽佩。
弟近来目翳加重，读书困難，但奉到　尊著，喜悦無已，用放大镜照看，久而忘倦，受益實多。僅就「史事稽年」而論，於廣博叢脞之資料中，勤搜精選，细心排比，所錄史事及文件，足以闡明红樓夢撰寫时代之政治歷史背景，曹氏家世盛衰及其与清皇族错综複雜之關係，從而

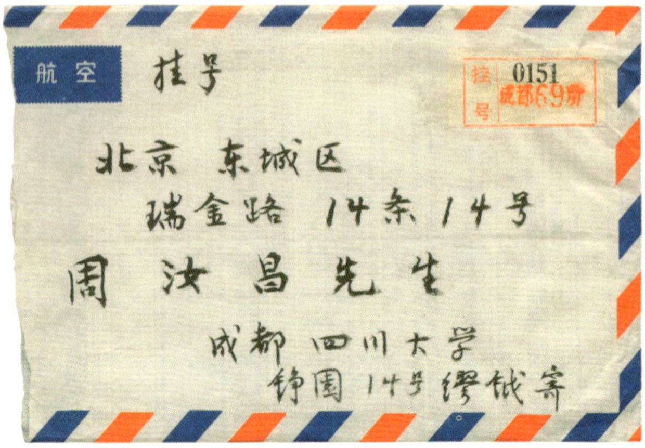
航空
挂号
挂号 0151 成都69
北京 东城区
瑞金路 14条 14号
周汝昌先生
成都 四川大学
锦園 14号 缪钺寄

有關之典制、習尚、學執、文風各方面資料，亦足助於認識雪芹書中所寫一事一物、隻言半語，看似尋常，實含深意，大抵皆深刻反映當時現實而又有強烈之針對性，非同泛設。紅樓夢為一部偉大的政治歷史小說，得此而益明矣。至於探索脂評之隱微，推論紅樓之佚稿，揭發高鶚之竄改，斥責讀者之誣妄，尤徵卓識，如撥雲霧而見青天，吾兄真不愧為雪芹後世之子雲也。

近來吾兄目疾治療情況如何，較前輕減否，念念。弟目翳又加重，視物更模糊，寫字困難，因讀尊著後，極為欣喜敬佩，故努力作此長札，字跡踈拙，大小不匀，尚乞鑒諒。專此奉覆，敬頌

著祺，並祝

合第均吉

弟鉞啓 五月廿六日

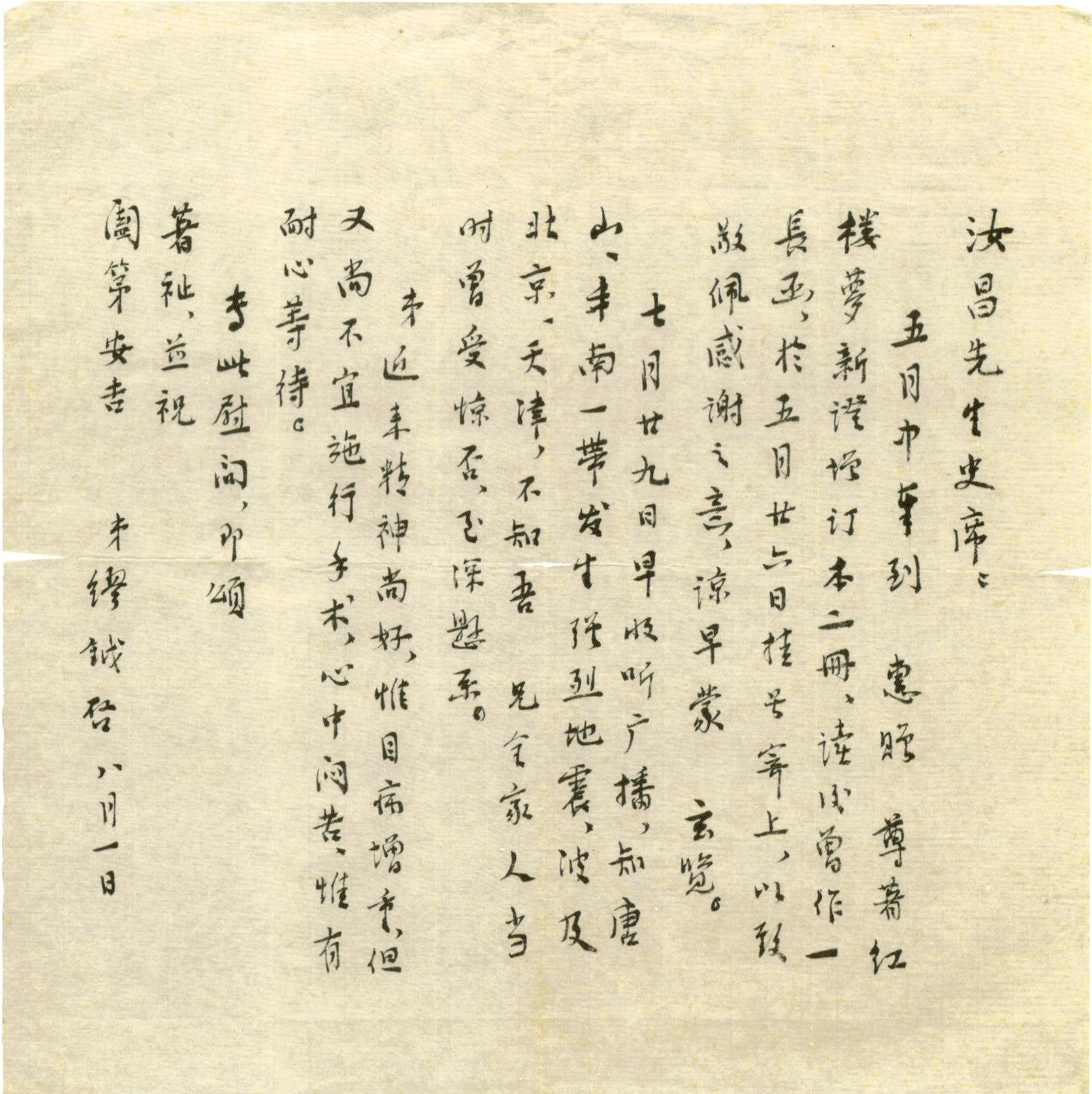

汝昌先生史席：

五月中奉到 惠贈 尊著紅樓夢新證增訂本二冊，讀後曾作一長函，於五月廿六日掛号寄上，以致敬佩感謝之意，諒早蒙 玄覽。

七月廿九日早收听广播，知唐山、丰南一带发生强烈地震，波及北京、天津，不知吾 兄全家人当时曾受惊否，至深懸系。

弟近来精神尚好，惟目病增重，但又尚不宜施行手术，心中闷苦，惟有耐心等待。

專此慰問，即頌

著祉，並祝

闔第安吉

弟繆鉞啓 八月一日

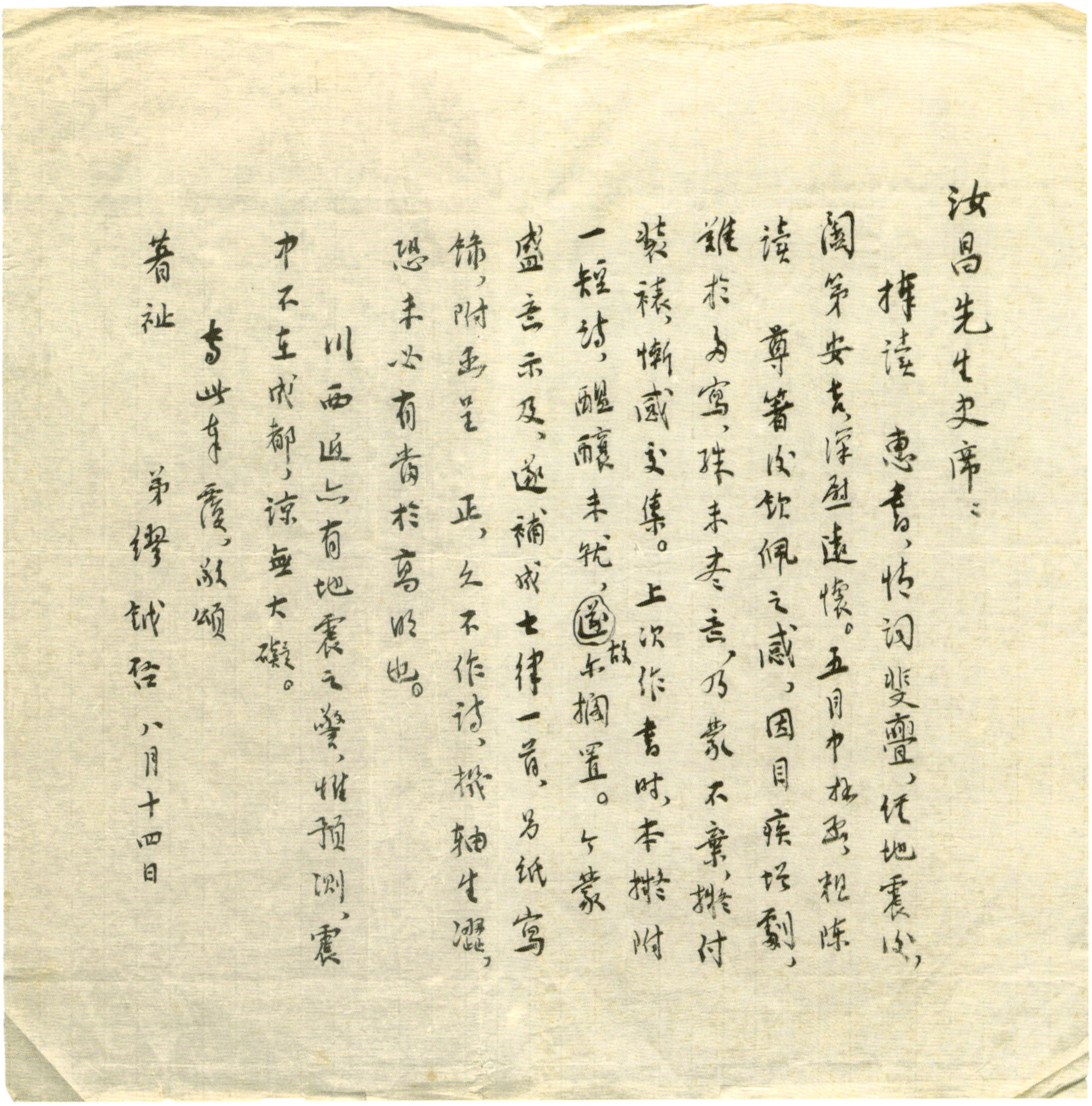

汝昌先生史席：

拜讀　惠書，情詞斐亹，係地震後，閲第安吉，深慰遠懷。五月中拙函，想陳讀　尊著後欽佩之感，因目疾增劇，難於為寫，殊未寄去，乃蒙不棄，擬付裝裱，慚感交集。上次作書時，本擬附一短詩，醞釀未就，遂（故）亦擱置。今蒙盛意示及，遂補成七律一首，另紙寫錄，附函呈　正。久不作詩，機軸生澀，恐未必有當於高明也。

川西近亦有地震之警，雖預測震中不在成都，諒無大礙。

專此奉復，敬頌

著祉

弟繆鉞啓　八月十四日

廿載交親未易忘，燕山錦水遠相望。索居病目傷孤陋，新證紅樓發耿光。高鶚續書真妄作，脂評精語足參詳。三朝史事勤稽考，清康、雍、乾三朝史事，与曹雪芹家世及紅樓夢内容有關涉者，君書中搜考精博。賞析何時共舉觴。

汝昌先生惠贈大著紅樓夢新證增訂本，賦此志謝，並以述懷，敬乞

教正。

繆鉞呈稿 一九七六年八月於成都

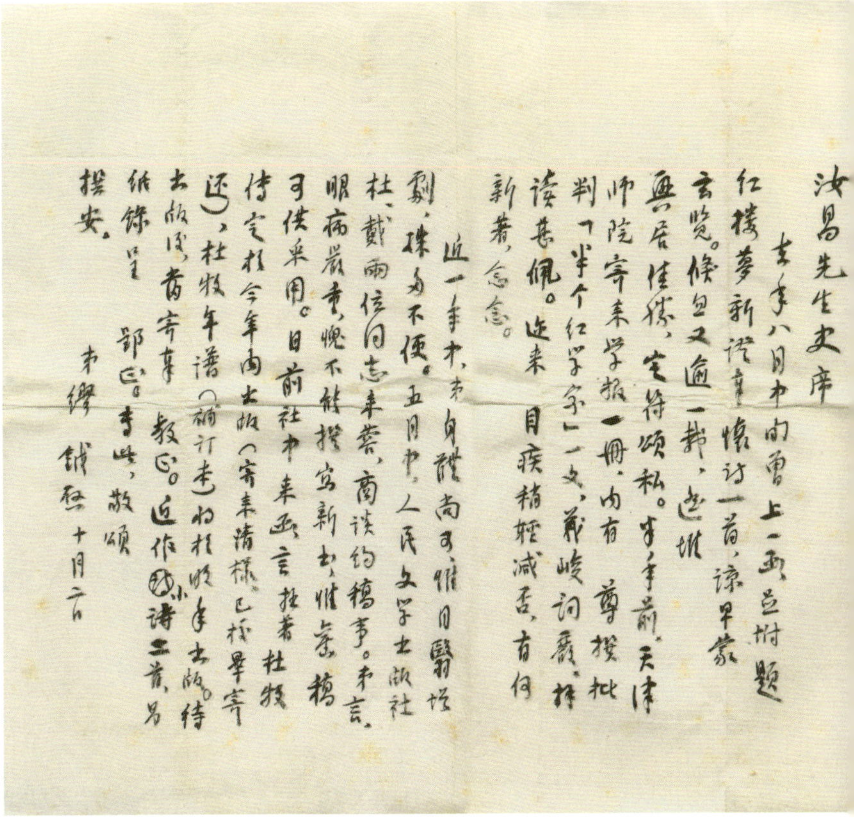

汝昌先生史席：

去年八月中曾上一函，并附题《红楼梦新证》书怀诗一首，谅早蒙垂览。倏忽又逾一载，遥惟兴居佳胜，定符颂私。半年前，天津师院寄来学报一册，内有尊撰批判「半个红学家」一文，义峻词严，拜读甚佩。近来目疾稍轻减否？有何新著，念念。

近一年来，弟身体尚可，惟目翳增剧，殊为不便。五月中，人民文学出版社杜、戴两位同志来蓉，商谈约稿事。弟言眼病严重，愧不能撰写新书，惟旧稿可供采用。日前社中来函，言拟将杜牧传定于今年内出版（寄来清样，已校毕寄还），杜牧年谱（补订本）则于明年出版。待出版后，当寄奉教正。近作小诗二首，另纸录呈郢正。专此，敬颂

撰安。

弟缪钺拜 十月二日

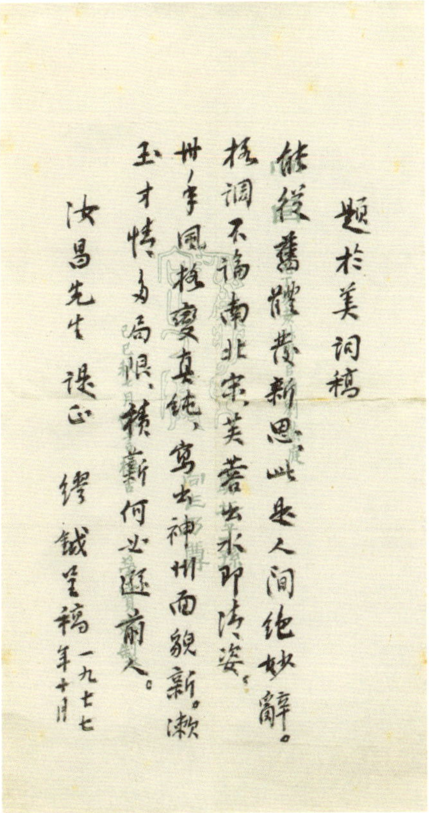

题於美词稿

能从旧体发新思，此是人间绝妙辞。格调不论南北宋，芙蓉出水即清姿。

卅年风格变真纯，写出神州面貌新。漱玉才情多遗恨，积薪何必逊前人。

汝昌先生 谟正

缪钺呈稿 一九七七年十月

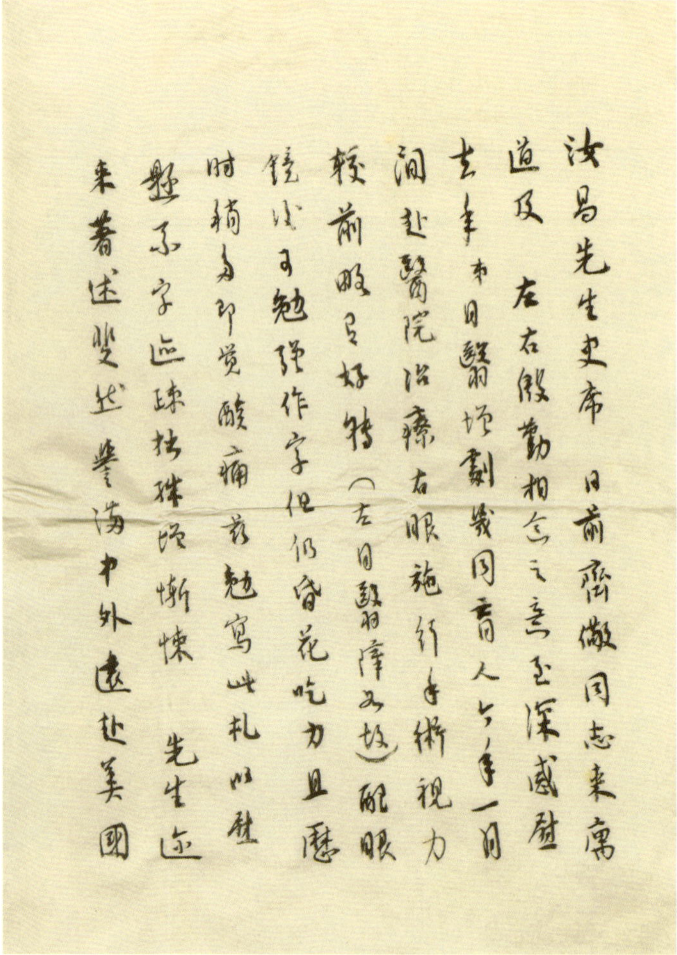

汝昌先生史席：日前齊徽同志來寓道及，左右殷勤相念之意，至深感慰。去年本月醫師割幾同盲人六年，一月間赴醫院治療右眼，施行手術，視力較前略見好轉（左目醫療又壞），配眼鏡後可勉強作字，但仍昏花吃力，且歷時稍久即覺酸痛。茲勉寫此札，以慰懸系，字迹潦草，殊增慚愧。先生近來著述斐然，蜚聲中外，遠赴美國

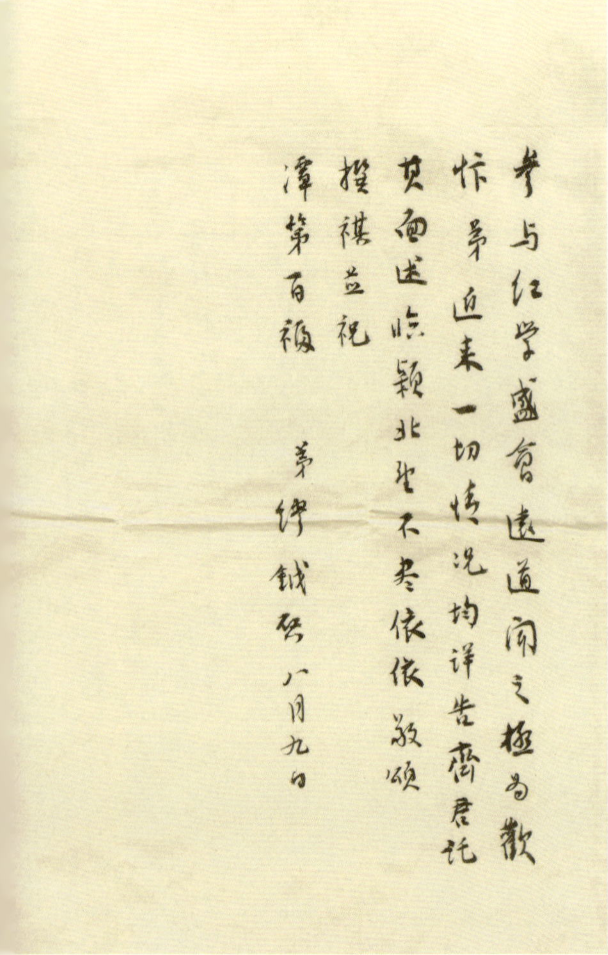

參與紅學盛會，遠道聞之，極為歡忭。弟近來一切情況，均詳告齊君，託其面述。臨穎北望，不盡依依。敬頌
撰祺，並祝
潭第百福

弟 仰鉞 啟 八月九日

巴金

（一九〇四—二〇〇五）

四川成都人。原名李堯棠，字芾甘。一九二〇年考入成都外語專門學校，一九二三年離家去上海、南京求學，一九二七年留學法國。曾主持上海文化生活出版社編務。新中國成立後，歷任中國文聯副主席、中國作協主席等職。著有長篇小説愛情三部曲《霧》、《雨》、《電》，激流三部曲《家》、《春》、《秋》，《寒夜》、《憩園》，散文《隨想録》等。

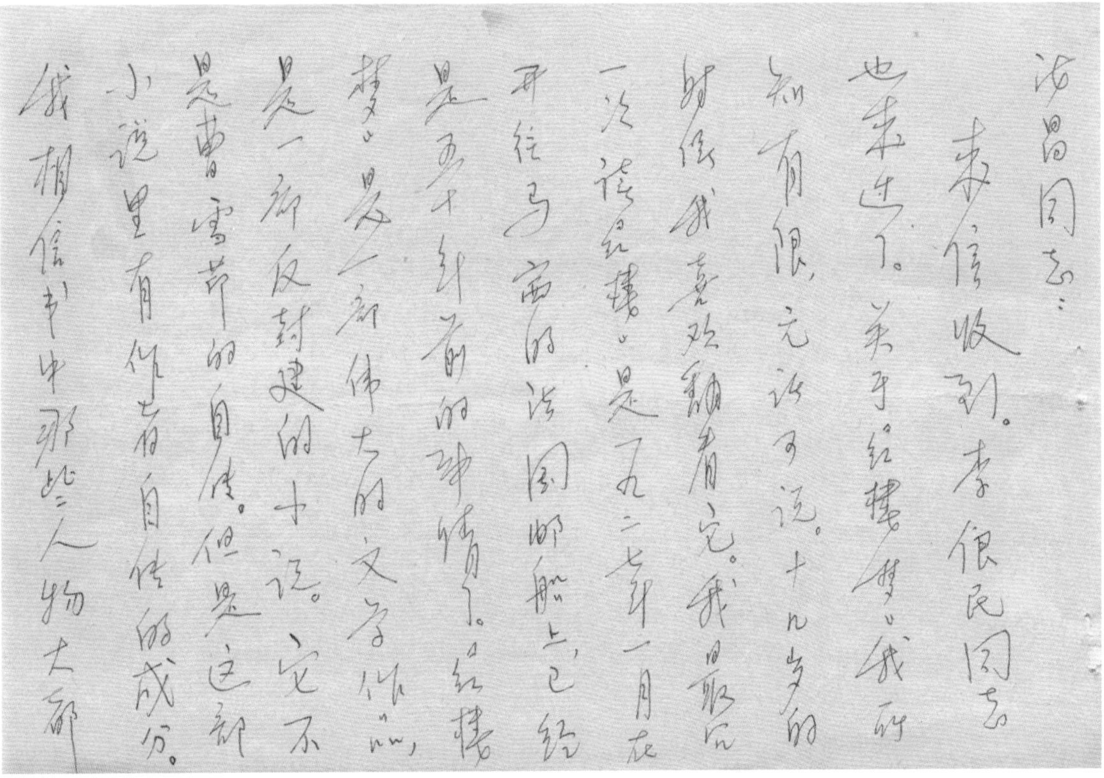

汝昌同志：

来信收到。李侃同志也来过了。关于红楼梦，我所知有限，无话可说。十九岁的时候我喜欢翻看它。我最后一次读红楼梦是一九二七年一月在开往马赛的法国邮船上，已经是五十年前的事情了。红楼梦当然是一部伟大的文学作品，是一部反封建的小说。它不是曹雪芹的自传。但是这部小说里有作者自传的成分。我相信书中那些人物大部

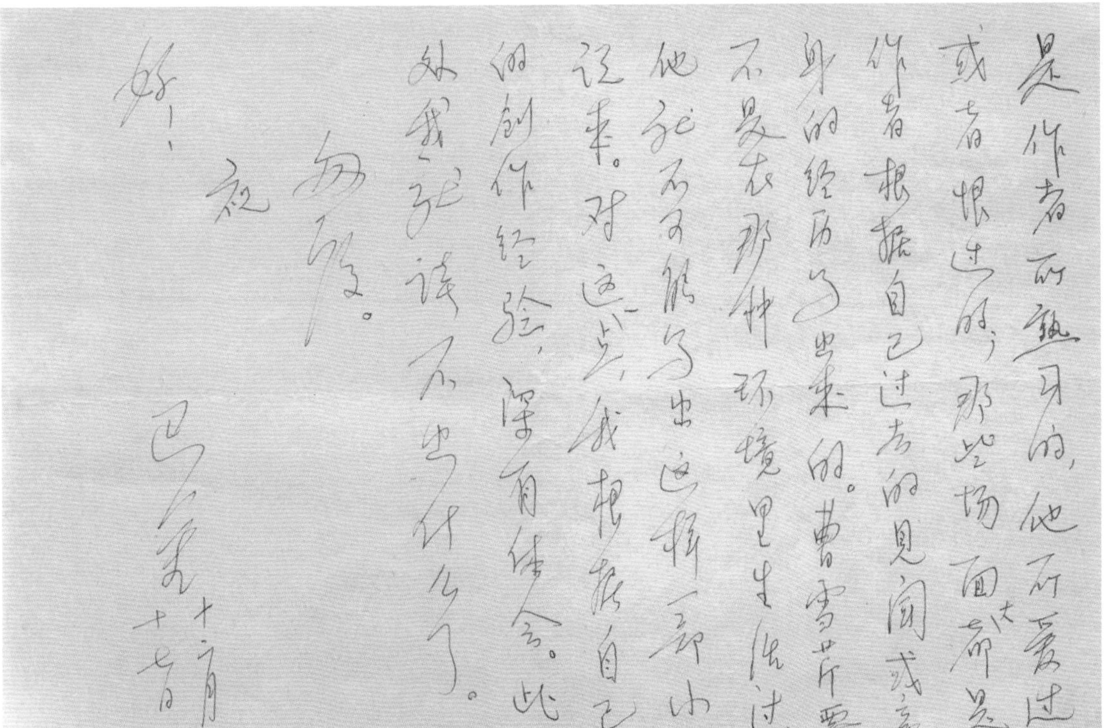

是作者所熟悉的，他所写过或者根据的那些场面大都是作者根据自己过去的见闻或亲身的经历写出来的。曹雪芹要不是在那种环境里生活过，他就不可能写出这样一部小说来。对这点，我根据自己的创作经验，深有体会。此外我就说不出什么了。

匆复。

祝

好！

巴金

十二月十七日

趙萬里

（一九〇五—一九八〇）

浙江海寧人。字斐雲，別署芸盦、舜盦。一九二二年考入東南大學國文系。一九二五年任清華學校國學研究院助教。一九二八年轉至中國國家圖書館前身之一北京圖書館（當年十月更名北平北海圖書館，一九二九年八月合入國立北平圖書館）工作，歷任編纂委員、善本部主任等職，並曾在清華大學、輔仁大學、北京大學等校教授目録學、版本學等課程。編著有《國立北平圖書館善本書目》、《漢魏南北朝墓誌集釋》等，另有《校輯宋金元人詞》等。

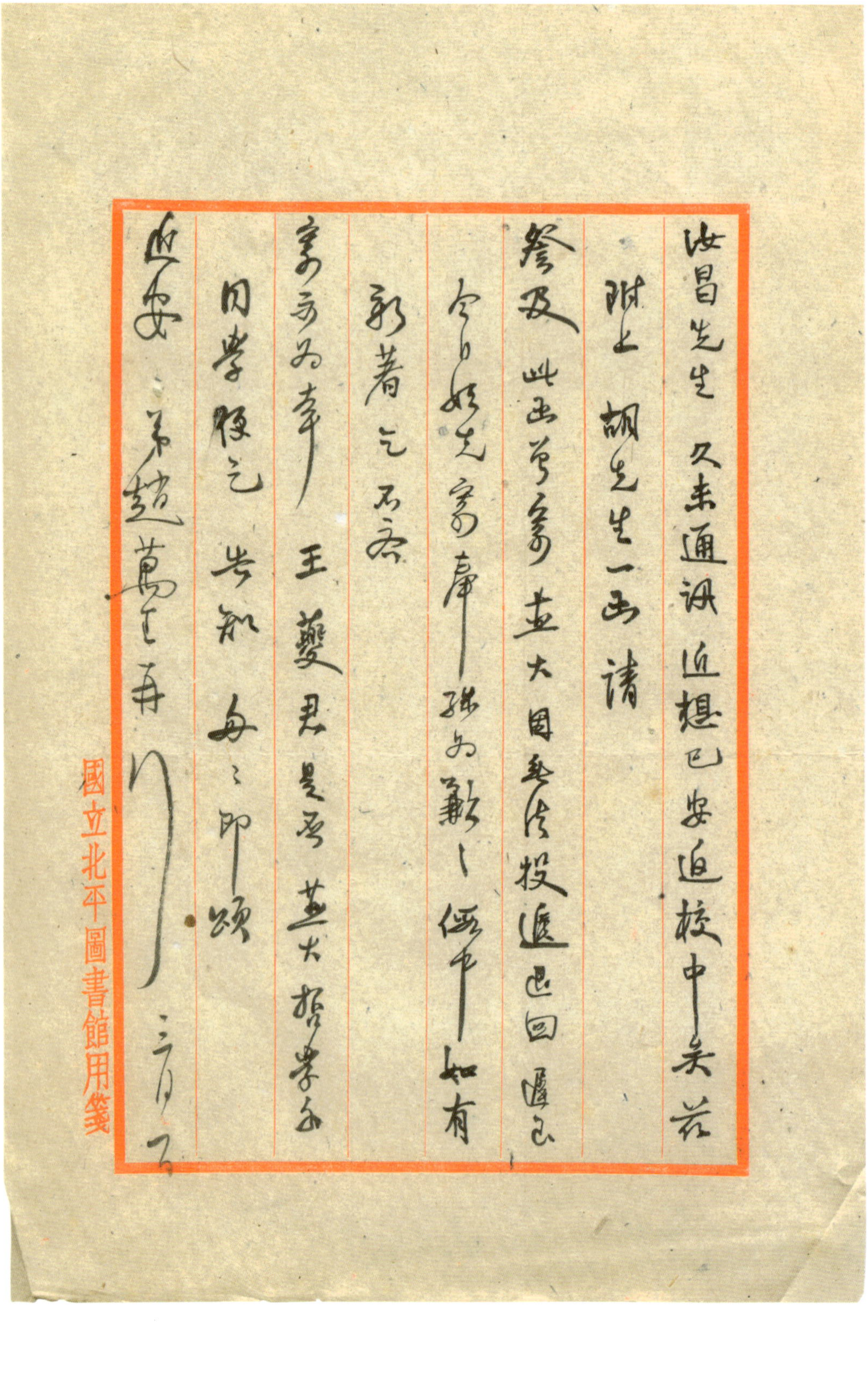
汝昌先生：久未通訊，近想已安返校中矣。茲附上胡先生一函，請察及。此函前寄燕大，因無法投遞退回，還乞令姊先生寄奉，殊爲歉歉。[illegible]如有新著，乞不吝寄示爲幸。王燮君是否燕大哲學系同學，便乞告知。匆匆即頌近安。

弟趙萬里再拜 三月五日

國立北平圖書館用箋

汝昌先生道席：惠書敬悉。天津圖書館藏書，係整箱原封寄存，故無從開箱，所囑一節，無由應命，至深歉仄。惟曹寅楝亭集，敝館善本乙庫亦有一帙，如需參攷，請枉駕館中善本閱覽室一觀，星期日停止閱放（上午九至十二時，下午二至五時）。如弟不在館，請向該室劉君接洽為荷。敝館一仍舊貫，希釋念。匆頌

著安不一

弟萬里再拜

二月十七

汝昌先生：前蒙
惠稿，感幸之至。茲已刊出，附呈單頁一份，稿
費壹百萬元，請
哂收賜據為荷。適之、平伯兩先生處亦寄單
頁一份，且看反應如何。匆上，即頌
著祺
弟萬里拜上
五月卅一日
如有續稿，極盼寄示，以便刊登也。
萬又、

國立北平圖書館用箋

君度君度：來書皆見，稍暇即寄還。雁翰手
卅七、六、六

齊燕銘

（一九〇七—一九七八）

北京人。原姓齊利特，名振勛，蒙古族。一九三〇年畢業於中國大學國學系，曾在中國大學等校任教，並從事進步文化活動。後任延安中央研究院研究員等職。新中國成立後，歷任中央人民政府辦公廳主任、政務院副秘書長、總理辦公室主任、文化部副部長等職。有《齊燕銘印譜》、《齊燕銘書法篆刻選集》等。

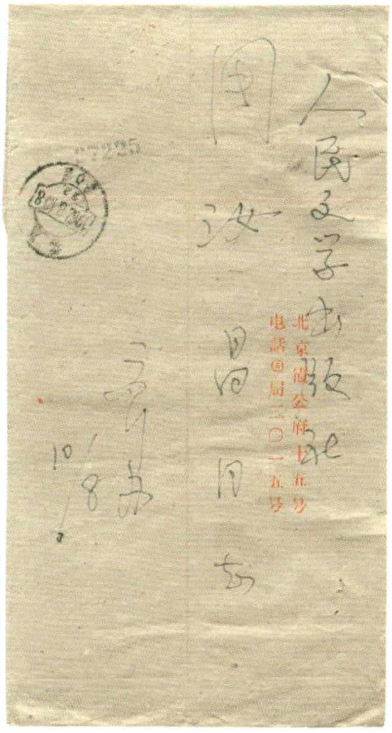
人民文学出版社
周汝昌同志
北京[illegible]十五号
电话④局二〇一五号
10/8

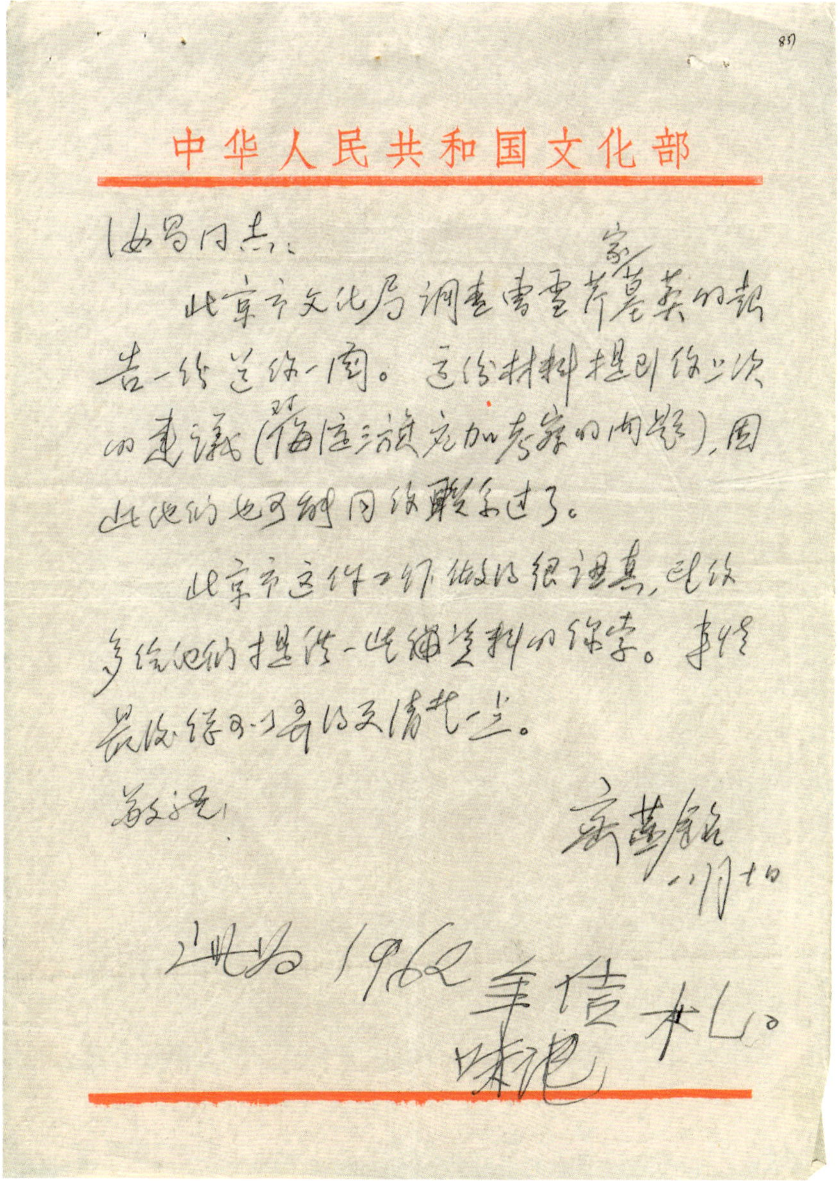

中华人民共和国文化部

汝昌同志：

北京市文化局调查曹雪芹墓葬的报告一份送给一阅。这份材料提到你上次的建议（[illegible]），因此他们也可能同你联系过了。

北京市这件工作做得很认真，望你多给他们提供一些细节材料的帮助。事情最后结果可告诉我知道一些。

敬礼！

齐燕铭
11月10

此為1962年信札。味[illegible]

牟潤孫

（一九〇八—一九八八）

山東福山人，生於北京。原名傳楷，字潤孫，號海遺。一九三二年畢業於燕京大學國學研究所。後任教於輔仁大學、暨南大學、臺灣大學、香港中文大學等校。著有《注史齋叢稿》、《海遺雜著》等。

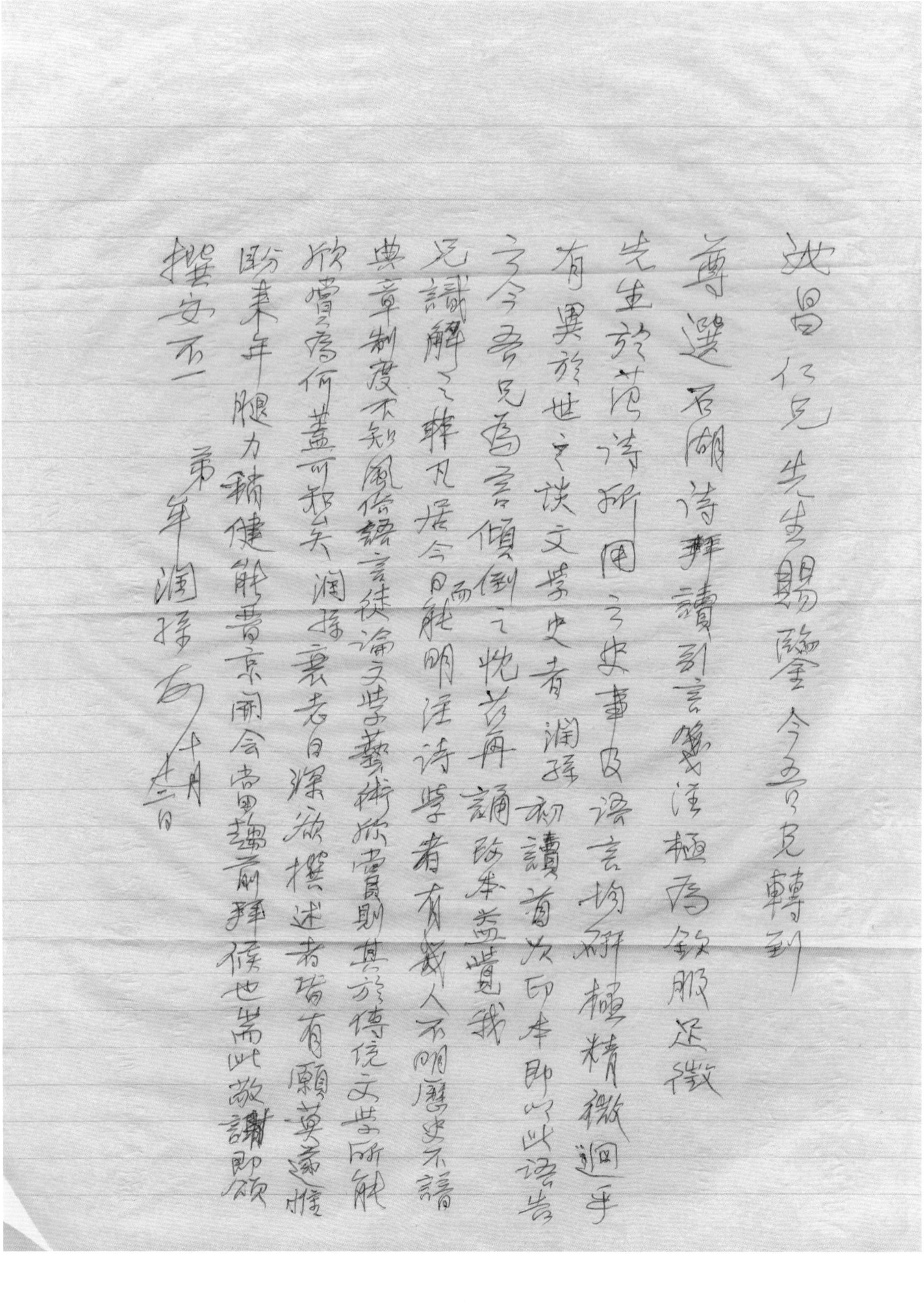
汝昌仁兄先生賜鑒：今吾兄轉到
尊選石湖詩，并讀引言箋注，極爲欽服。足徵
先生於范詩所用之史事及語言均解極精微，迥乎
有異於世之談文學史者。潤孫初讀首次印本，即以此語告
之。今吾兄爲吾言傾倒之忱，茲再誦改本，益覺我
兄識解之韙。凡居今日而能明注詩學者有幾人？不明歷史，不諳
典章制度，不知風俗語言，徒論文學藝術欣賞，則其於傳統文學所能
欣賞之爲何，蓋可想矣。潤孫衰老目深，欲撰述者皆有願莫遂，惟
盼來年腿力稍健，能晉京開會，當趨前拜候也。耑此敬謝，即頌
撰安不一
弟牟潤孫頓首 十月廿三日

吴組緗

（一九〇八—一九九四）

安徽涇縣人。原名祖襄，字仲華。一九二九年考入清華大學經濟系，一年後轉入中文系，一九三三年入清華研究院。一九三五年受聘擔任馮玉祥的國文教師，兼做秘書工作。後歷任金陵女子文理學院、清華大學、北京大學教授。一九八〇年任紅樓夢學會會長。代表作有小說《一千八百擔》、《天下太平》等，學術著作有《說稗集》、《宋元文學史稿》（合著）等。

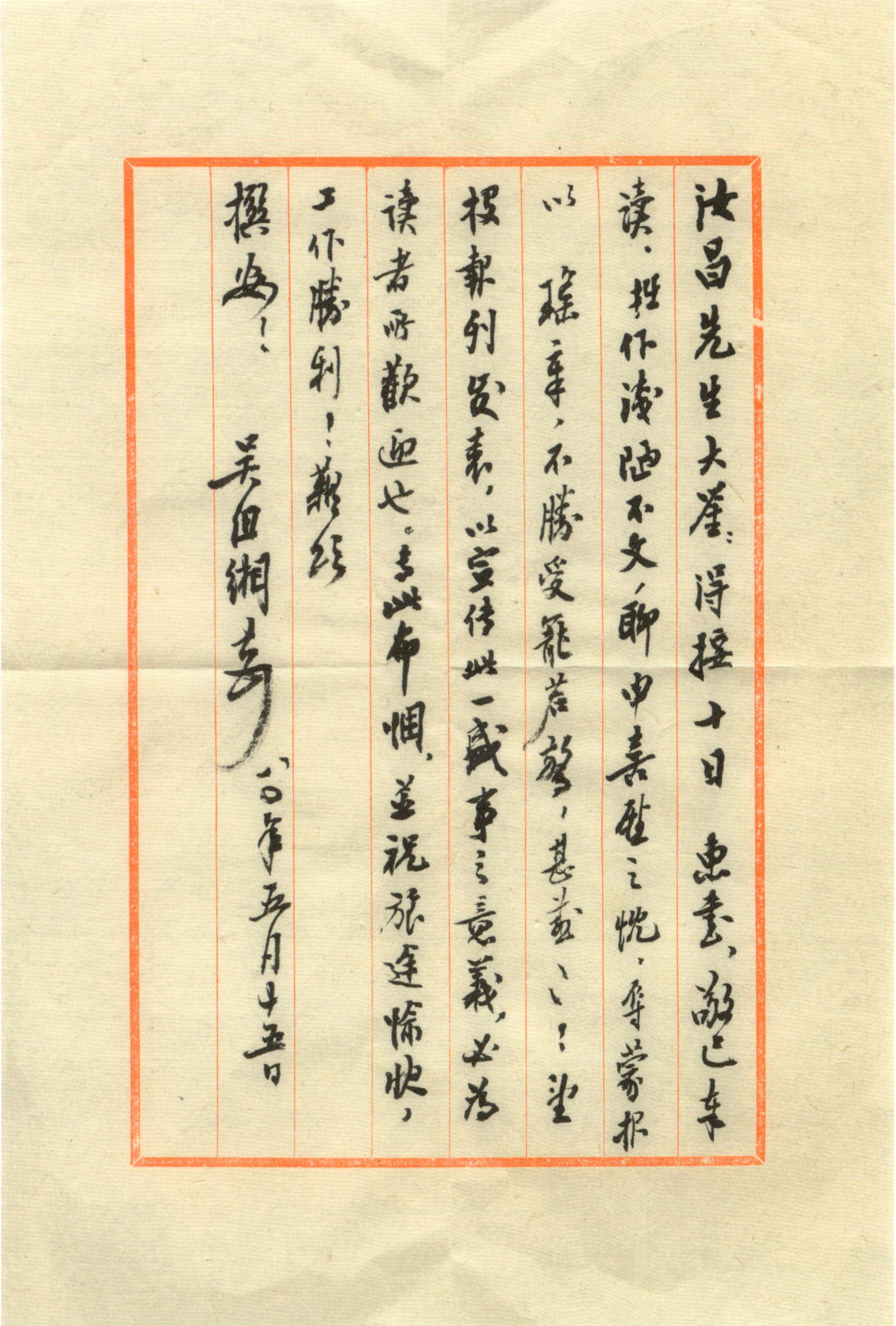
汝昌先生大鑒：得接十日惠書，欣已奉讀。拙作淺陋不文，聊申喜躍之忱，乃蒙報以瑤章，不勝受寵若驚，甚感之至！望投報刊發表，以宣傳此一盛事之意義，必為讀者所歡迎也。專此布悃，並祝旅途愉快，工作勝利！！敬候
撰安！！
吴組緗手
八〇年五月十五日

張次溪

（一九〇九—一九六八）

廣東東莞人，名涵鋭，仲鋭，字次溪，號江裁。少時隨父母在北平生活。二十世紀三十年代初畢業於孔教大學。曾在北平研究院史學研究會從事史籍整理研究工作。新中國成立後，在輔仁大學、北京師範大學歷史系工作。著有《人民首都的天橋》、《白石老人自述》（筆録）等，編有《清代燕都梨園史料》、《京津風土叢書》等。

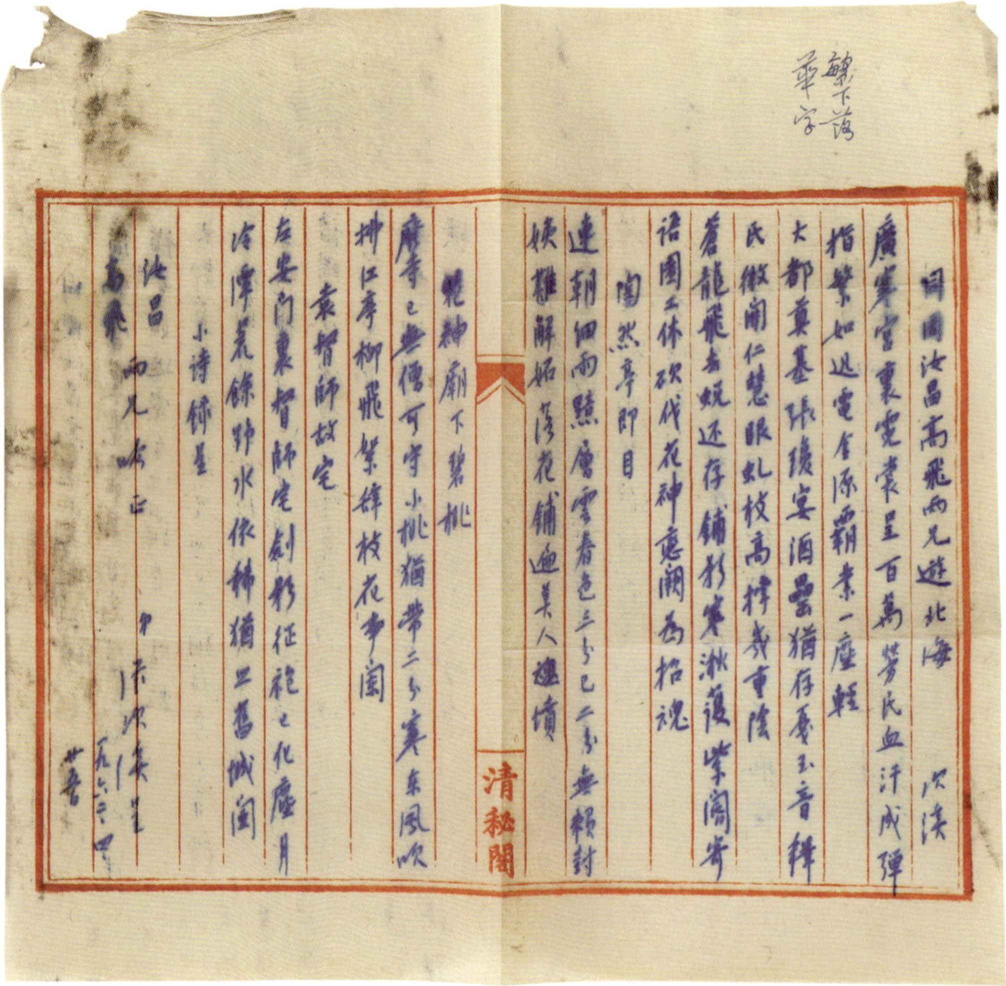

録下詩
華字

同周汝昌高飛兩兄遊北海　次溪

廣寒宮裏覓裘呈，百萬勞民血汗成。彈指繁如迅電，全除霸業一塵輕。

大都奠基張猿宴，酒罋猶存覆玉音。緯氏徽閣仁慧眼，虬枝高擇載重陰。

蒼龍飛去娥還存，鋪形寒漱復紫閣寄語園工休砍伐，花神應爾為招魂。

陶然亭即目

連朝細雨黯雲春，色三分已二分。無賴封姨難解妬，落花鋪遍美人墳。

花神廟下碧桃

廢寺已無僧可守，小桃猶帶二分寒。東風吹拂江亭柳，飛絮辭枝花事闌。

袁督師故宅

左安門裏督師宅，劍影征袍已化塵。月冷潭荒餘野水，依稀猶照舊城闈。

小詩録呈

汝昌
高飛　兩兄吟正

弟　張次溪　一九六三　四　廿四

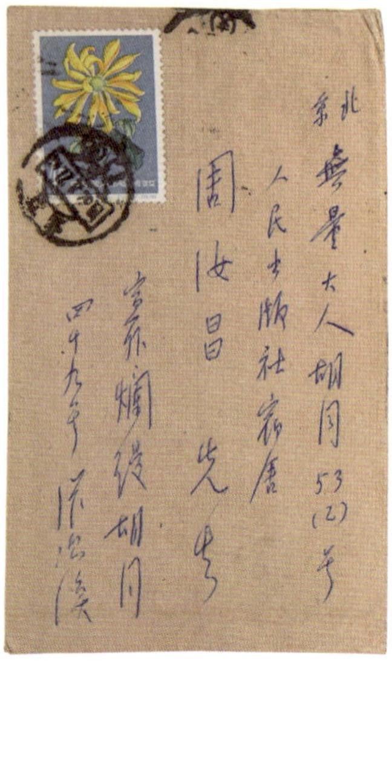

北京
無量大人胡同53（2）號
人民出版社宿舍
周汝昌　先生
爛縵胡同
四十九號　張次溪

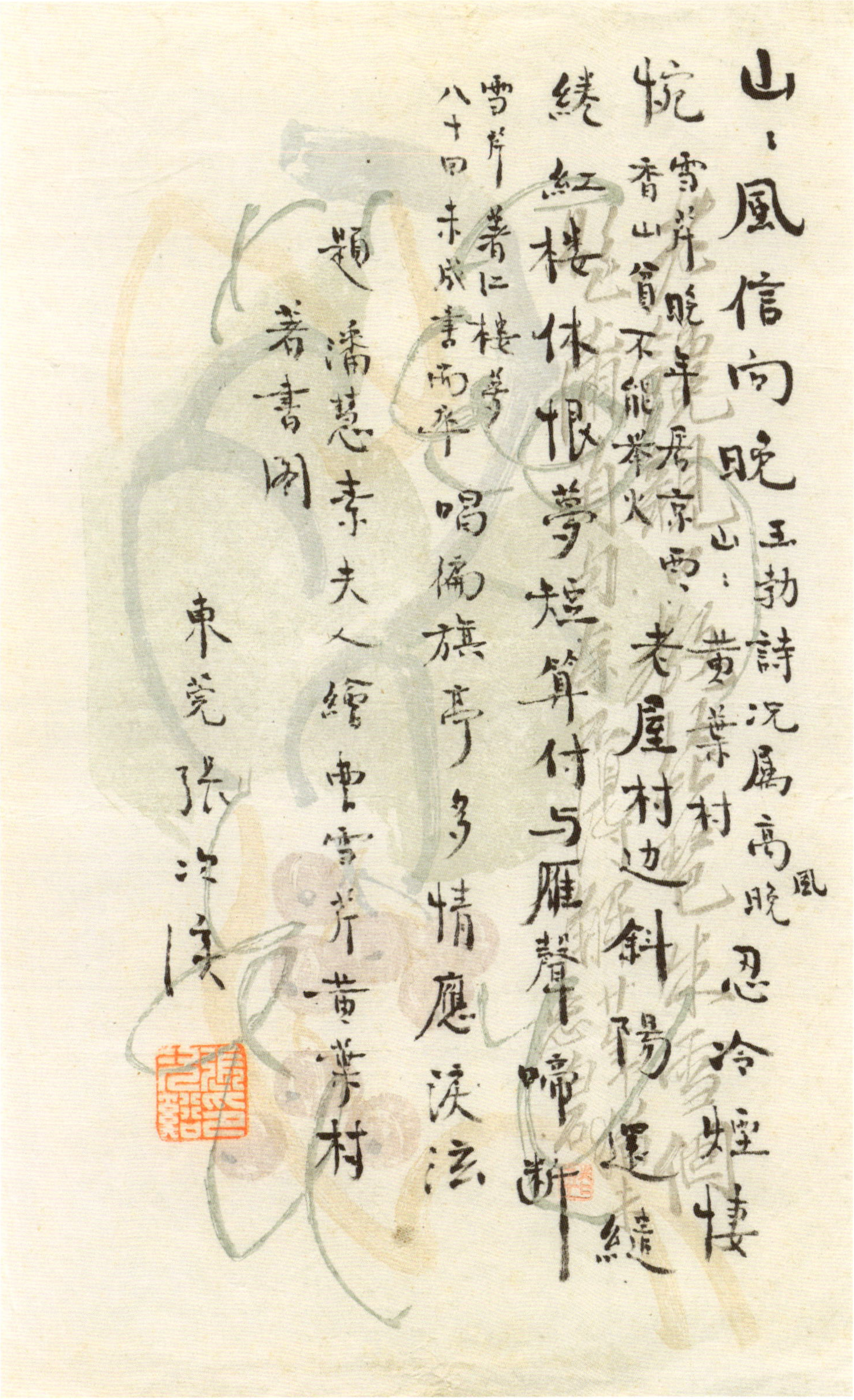
山山風信向晚 王勃詩況屬高風晚
山山黃葉村 忍冷煙棲惋
雪芹晚年居京西香山貧不能舉火
老屋村邊斜陽遲繾
繞紅樓休恨夢短算付與雁聲啼斷
雪芹著紅樓夢八十回未成書而卒
唱徧旗亭多情應淚泫
題潘慧素夫人繪曹雪芹黃葉村著書圖
東莞張次溪

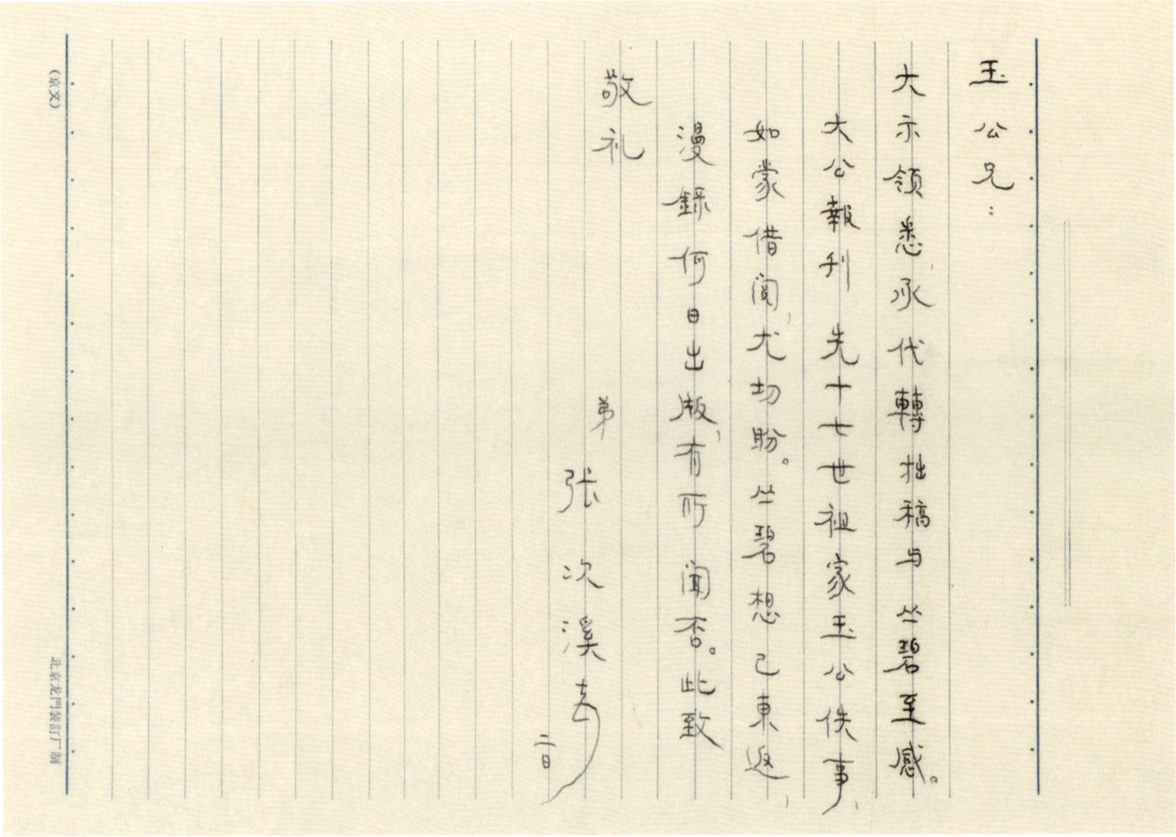

玉公兄：

大示領悉，承代轉拙稿與芸碧，至感。

大公報刊先十七世祖家玉公佚事，

如蒙借閱，尤切盼。芸碧想已東返，

漫錄何日出版，有所聞否。此致

敬礼

弟　張次溪[illegible]言

（京文）

北京龙門裝訂厂制

自

太虚图，请兄作长文介绍，仍由见远与黄波拉同志接好。

奉题白石翁红楼梦断图，次溪作，自度曲：

几片行云一角斜阳，用笔使出层楼，出画惯见。谁知老笔此风流，潇洒帽西风，多情问古巷，冷记寻游山窝。路何许，雪旗霜轮，对琉璃佛火，不胜秋。瞿昙千体，槐柯卧影，此间曾梦，虚舟红豆通辞，黄车托体当时意，与岂闲愁。百年已矣，周命看文星光，歘惊动十洲，思巨手更三毫，上类侍神写石头。

雪旗为指正白旗守废寺门也。

五言久之，遵命，转请大著，使之（先由上海友人向陈小蝶之妹夫……）

椅华一撑，俾补存之。弟昨又即赴上海，接洽访求雪翁至卷题词揣影未定，……雪翁生天之墨迹，依此香山野人，本星期内当有详细报告，届时如有所得，即走向君。兄会……为雪翁至友，并即主持葬事之人，并指出葬于香山四王府后山坡，地名地藏沟。又云雪翁原居四王府镶白旗营房，因屋久失修，无力修建，移居镶黄旗鄂比家，其地址即梅兰芳墓地西面，今尚有少数三五人家。雪翁故后，由鄂比归葬云云。所非虚谈也。将报告整理后，大家研究，真面目可露出也。（写至此）

楼四日大示，诗甚佩。匆匆，即颂

撰安

弟 次溪 上 五日夕

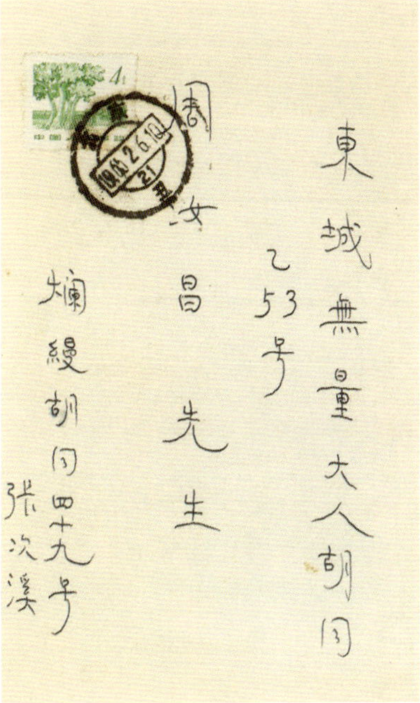

東城無量大人胡同乙53号

周汝昌先生

烂缦胡同四十九号 张次溪

吴恩裕

（一九〇九—一九七九）

遼寧西豐人。一九三三年畢業於清華大學哲學系，一九三九年在英國倫敦大學獲政治學博士學位。歷任重慶中央大學、北京大學、北京政法學院等校教授，一九七八年調中國社會科學院任研究員。著有《曹雪芹的故事》、《有關曹雪芹十種》、《考稗小記》等。

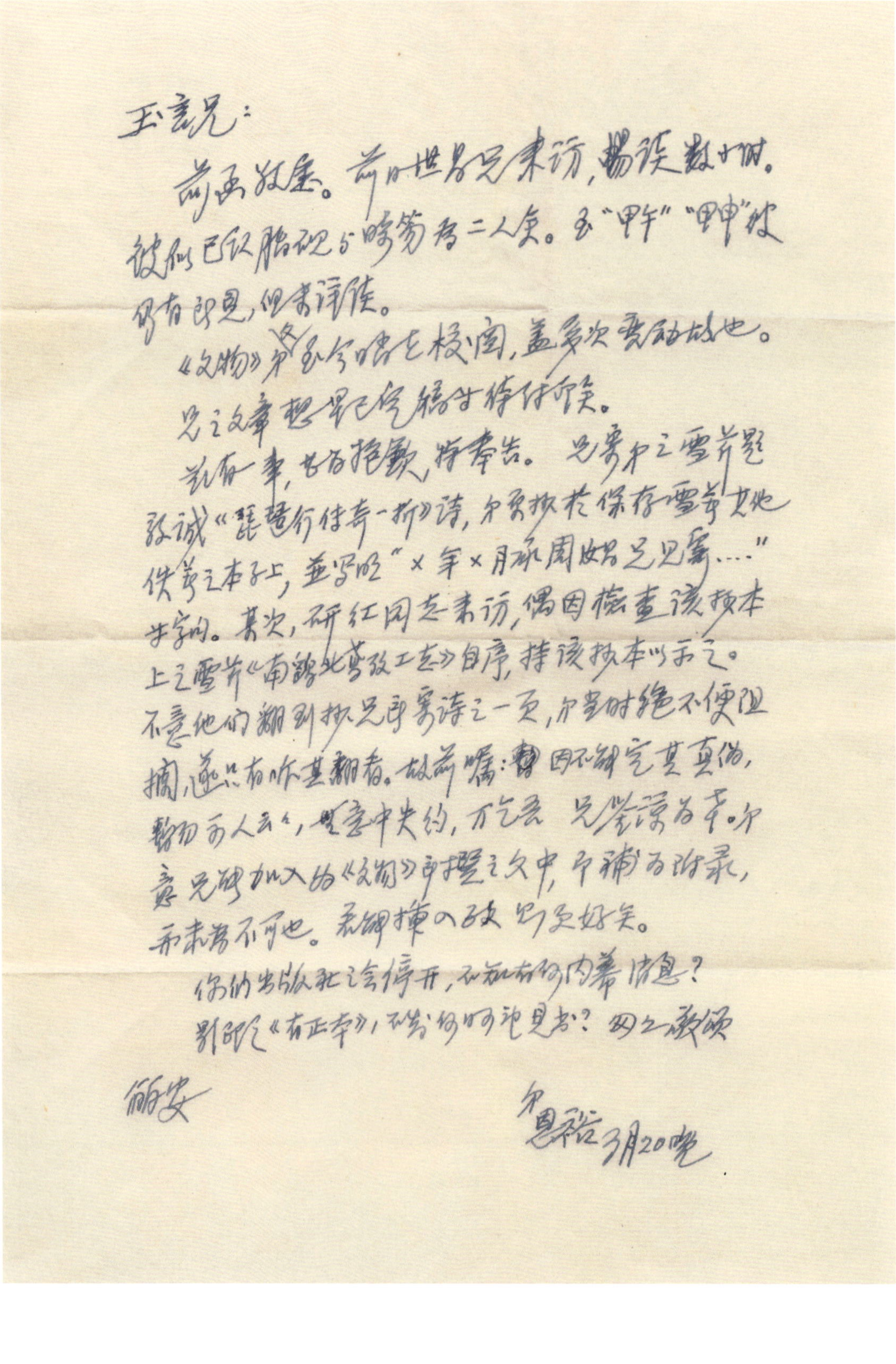

玉言兄：

前函敬悉。前日世昌兄来访，畅谈数小时。彼所已收胎砚与晓铃各二人矣。至"甲午""甲申"校勘有歧见，但未详谈。

《文物》第✕期至今尚在校阅，盖多次更动故也。

兄之文章想早已定稿并付印矣。

兹有一事，尚有挂欠，特奉告。兄寄弟之雪芹题敦诚《琵琶行传奇一折》诗，弟曾抄於保存雪芹佚著之本子上，并写明"×年×月承周汝昌兄见寄……"等字句。其次，研红同志来访，偶因检查该抄本上之雪芹《南鹞北鸢考工志》自序，持该抄本以示之。不意他们翻到抄兄所寄诗之一页，弟当时绝不便阻搁，遂只有听其翻看。故前嘱：曹因不能定其真伪，暂勿示人云云，无意中失约，万乞兄鉴谅为幸。弟意兄可加入此《文物》所撰之文中，亦补为附录，亦未为不可也。……

你们出版社之会停开，不知有何内幕消息？

影印之《有正本》，不知何时能见书？即之敬颂

俪安

弟 恩裕 3月20晚

吴恩裕（一九〇九—一九七九）

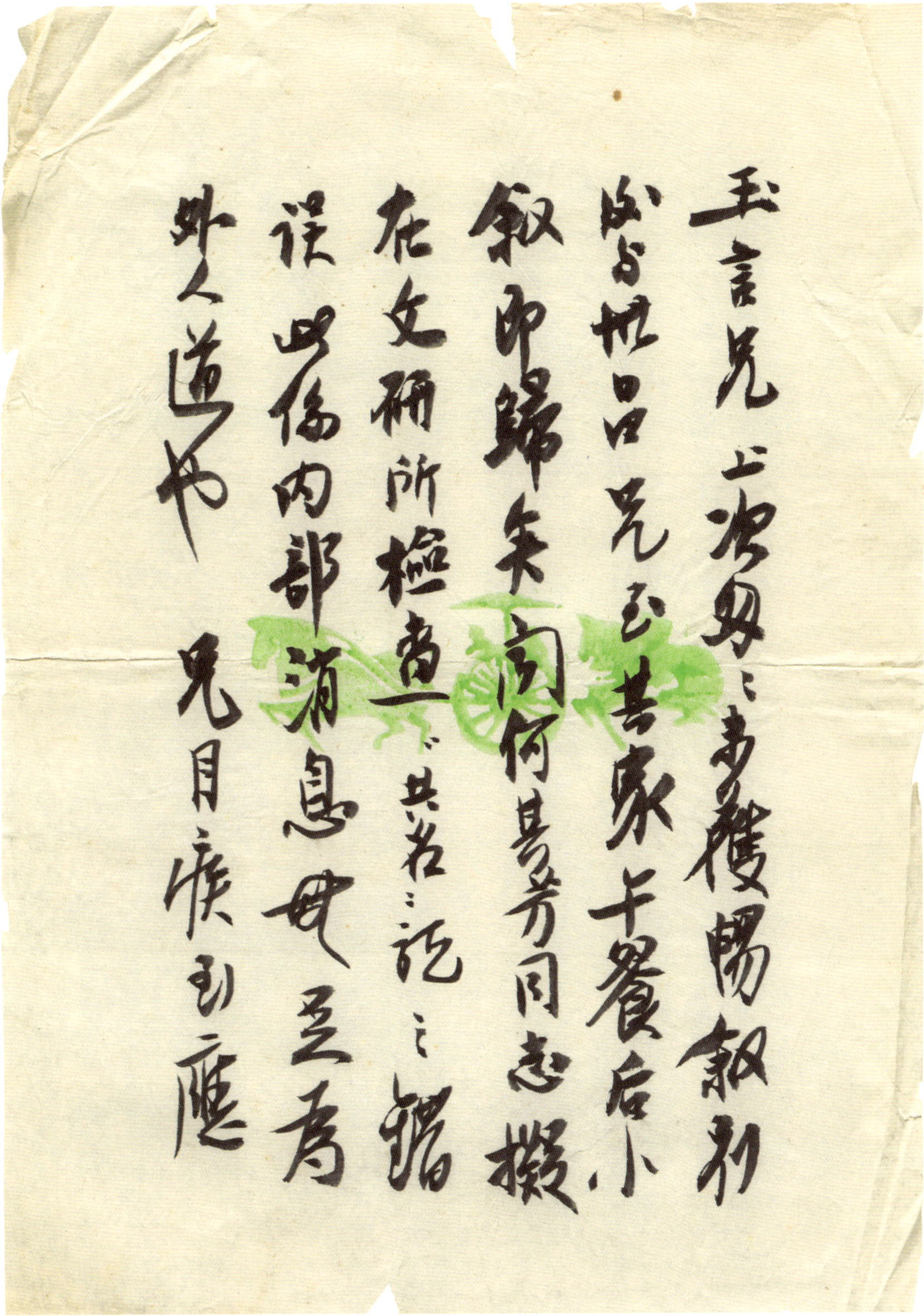
玉言兄：上次匆匆，未獲暢叙，别後与世昌兄至吾家午餐后小叙，即歸，未問何其芳同志擬在文研所檢查一〻共若〻記〻錯誤，此係內部消息，毋足為外人道也。

兄目庚到應

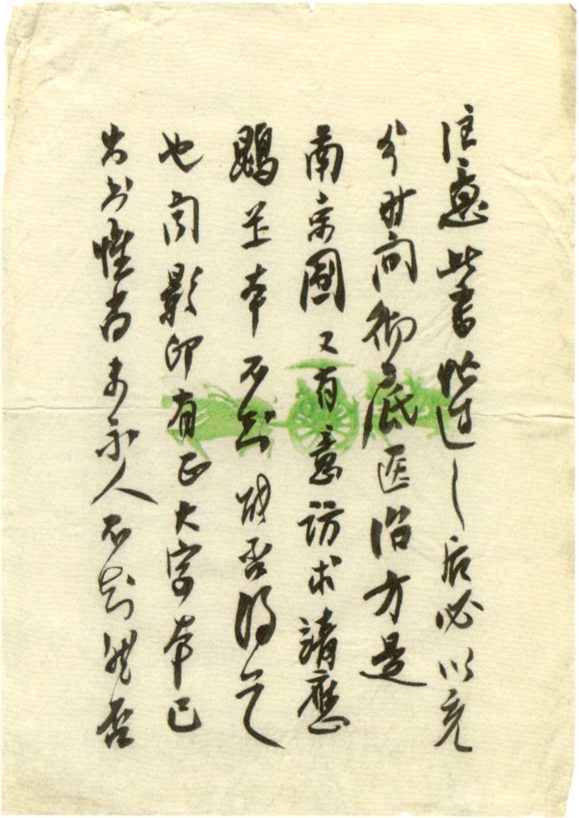

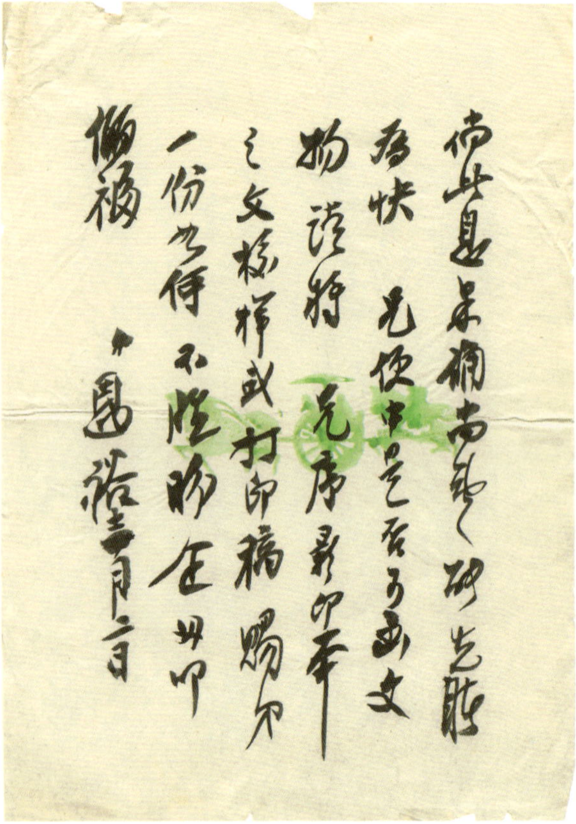

王冶秋

（一九〇九—一九八七）

安徽霍邱人。初輾轉於河北、山西、山東、四川等地中學任教，一九四〇年到馮玉祥處擔任國文教員兼秘書。新中國成立後，歷任文化部文物管理局局長、國家文物局局長等職。著有《辛亥革命前的魯迅先生》、《獄中瑣記及其他》、《琉璃廠史話》等。

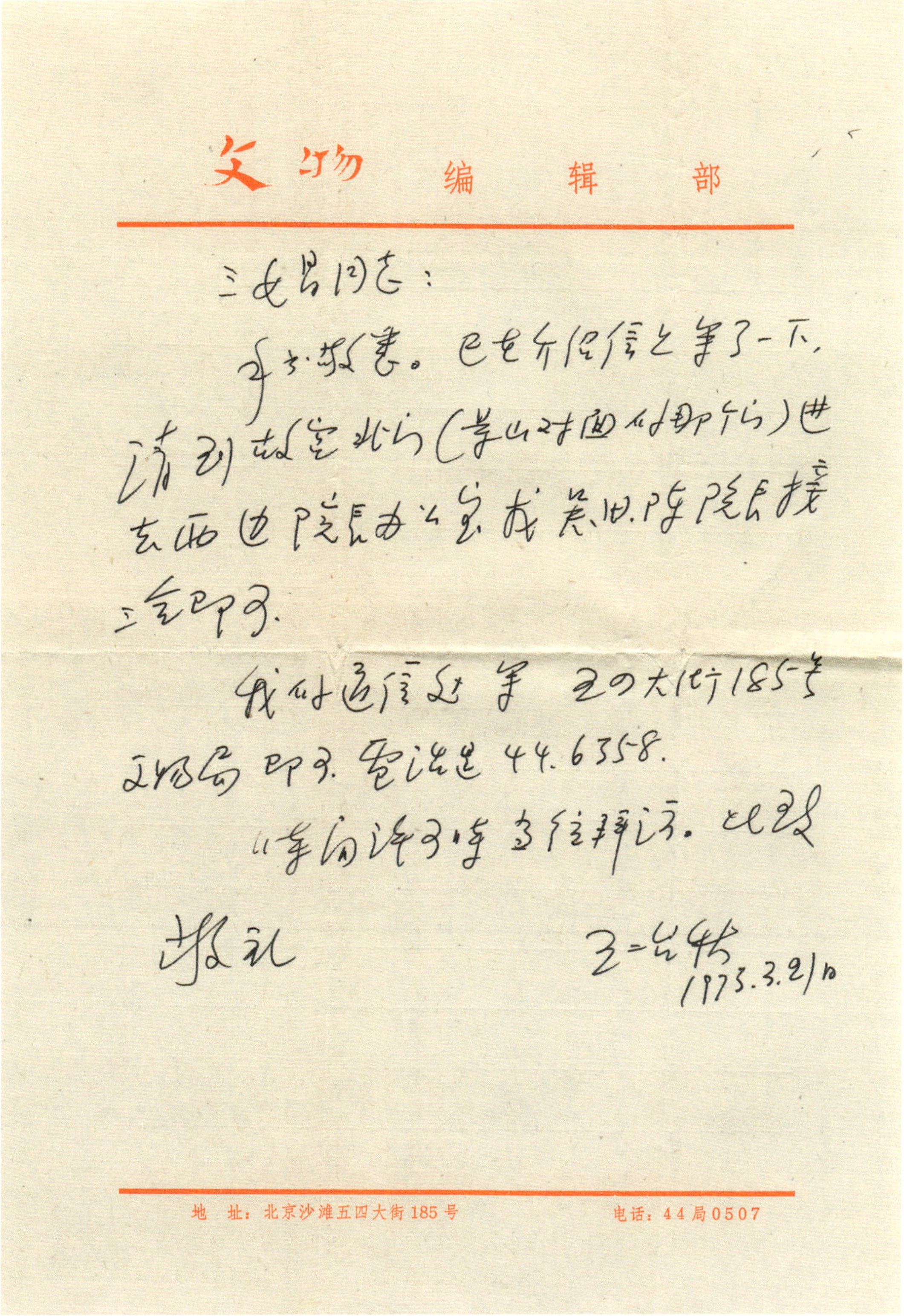

文物 编辑部

沈昌同志：

手书敬悉。已在介绍信上写了一下，请到故宫北门（景山对面的那个门）进去西边院长办公室找吴仲超院长接洽即可。

我的通信处是五四大街185号文物局即可。电话是44.6358。

以后有问题可以写信拜访。此致

敬礼

王冶秋
1973.3.21日

地　址：北京沙滩五四大街185号　　电话：44局0507

劉蕙孫

（一九〇九—一九九六）

江蘇鎮江人。原名厚滋，字佩韋。一九二九年留學日本長崎高等商業學校。一九三一年考入北京大學研究所國學門，專攻金石考古之學。先後執教於中國大學、燕京大學、輔仁大學、之江大學和福建師範大學。著有《中國文化史稿》、《劉蕙孫論學文集》等。

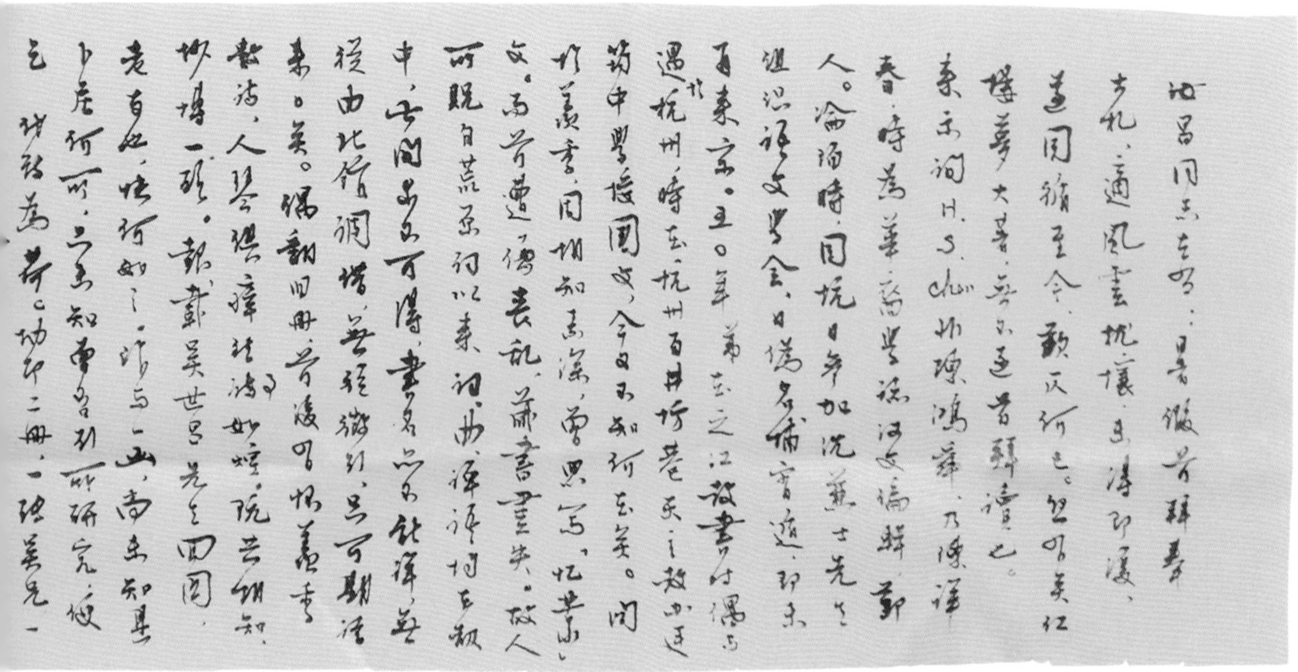

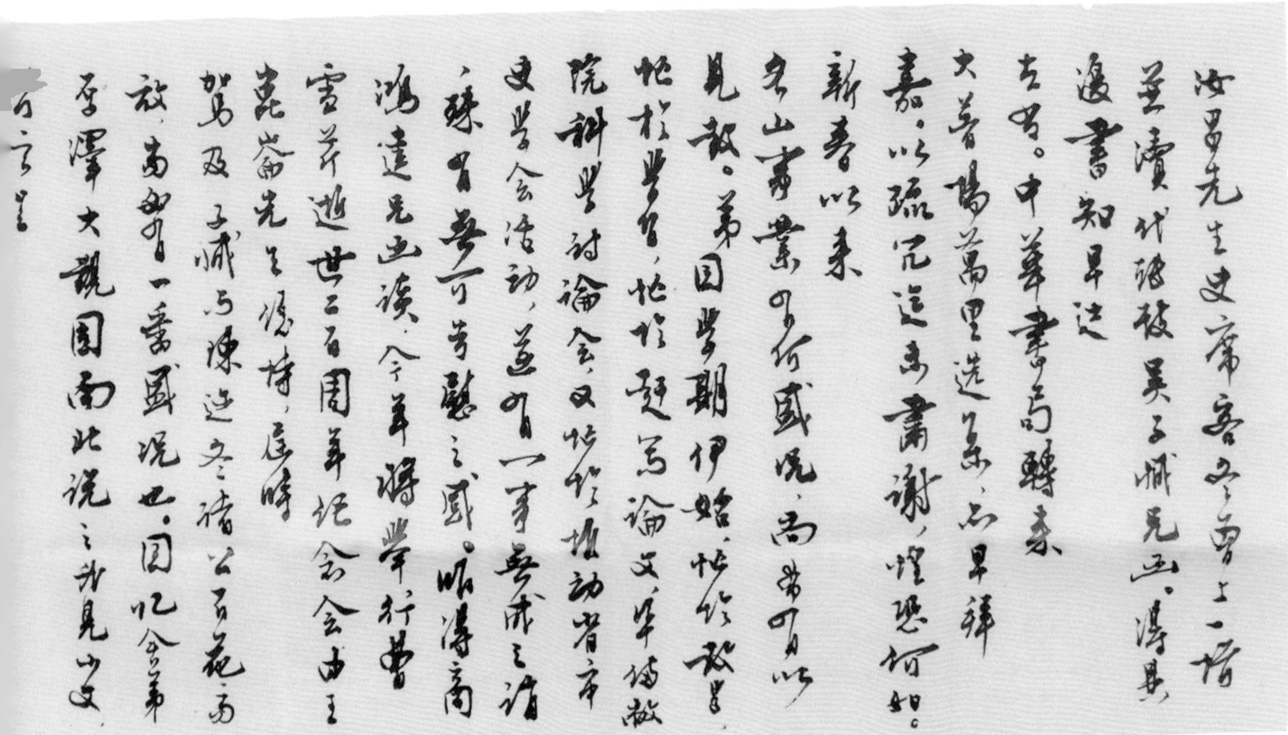

帶上寄來。寄來後尚希能与子臧兄共為一斟酌也。京門秋風緊，維珍攝，即頌
教祺

弟 劉蕙孫頓首 十六

庚辰南下寄燕京

渴衣寒驛短髭冰，殘雪霏微午出城，躑躅泥濘憐北地，岩嶤雲樹望西岑（時論倫何去從，方紛擾）。攙槍未掃天真漫，望望帝都故陵已沉，廿年河青年年紅豆節，費他心力憶詞人。

戊子居津門懷

墻河冰泮早春天，不是愁邊即酒邊，鄉聞橋南待詞客，城勝普憶老燕京。

頤和園遇蕭雲

北城遊侶總相違，白袷吟鞭三十年峰，欲問渠園田寶寺，一時無緒向春風。

史席：為培老之佛無天荒說，即已就近請給光明日報，當與諸老鳴鳳吟中之唱唱之一笑。日來西風頗緊，令人生煩，諸題尚請偶填小詞錄博方家一粲。即頌
教祺

弟 劉蕙孫頓首 三月十七日

奉題培子丙日五培酒迎春圖 調寄滿江紅

培酒迎春，滿紙是、青年情思。開綺宴、綠蟻新醅，紅梅勝雪。故眼竟對三十六，前之竹報東風遲。看無邊、酥雨潤芳菲，金搖新碧。從蘇影，勤與奮，今時節，待復手擎天，全跟無缺。丁眾同心升大年，芳人世億同棄月。笑蛙鳴、蚓唱綜雷天，寧偶然。

又，林元漢先生現在京否，尚祈示複。

張中行

（一九〇九—二〇〇六）

河北香河石莊（今屬天津）人。本名璿，字仲衡。一九三五年畢業於北京大學中文系。曾在天津南開中學、保定育德中學、北京貝滿中學等校任教。一九五一年起任職於人民教育出版社，從事中學語文教材的編輯工作。著有《詩詞讀寫叢話》、《負暄瑣話》、《順生論》等。

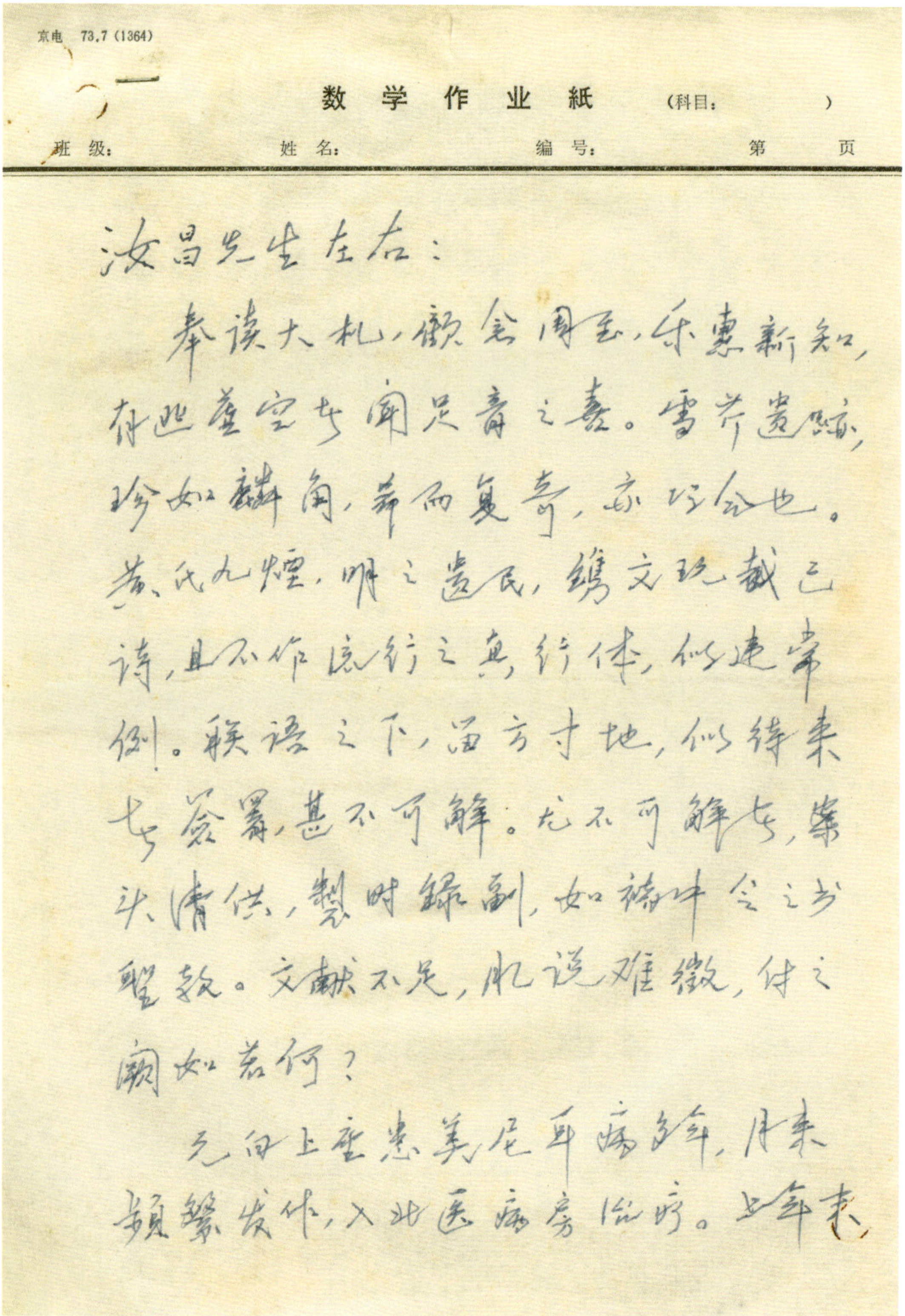

京电 73.7 (1364)

数学作业紙 （科目：　）

班级：　姓名：　编号：　第　页

汝昌先生左右：

奉读大札，领会周至，示惠新知，亦此虚室有闻足音之喜。雪芹遗踪，珍如麟角，希而复奇，亦理合也。黄氏九烟，明之遗民，录文既截正诗，且不作流行之真行体，似违常例。跋语之下，留方寸地，似待来者签署，甚不可解。尤不可解者，案头清供，制时录副，如諸叶公之好聖教。文献不足，凡说难徵，付之阙如若何？

元白上虚患美尼尔病综，月来频繁发作，入北医病房治疗。上午来

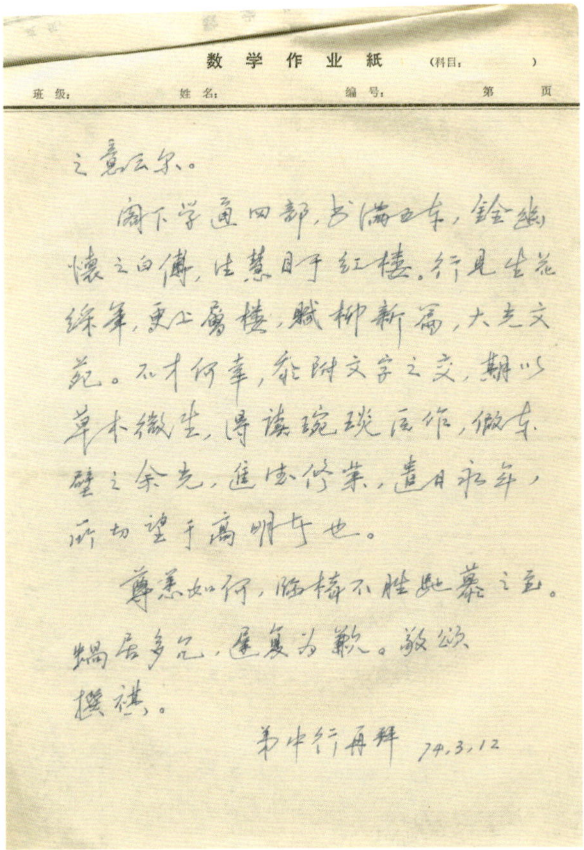

数学作业紙　（科目：　　）
班级：　姓名：　编号：　第　页

之意云尔。

阁下学通四部，书满五车，铨幽怀之白傅，注慧目于红楼。行见生花彩笔，更上层楼，赋柳新篇，大光文苑。不才何幸，获附文字之交，期以草木微生，得读琬琰巨作，借东壁之余光，进德修业，遣日永年，所切望于高明者也。

尊恙如何，临楮不胜驰慕之至。蜗居多冗，迟复为歉。敬颂

撰祺。

弟中行再拜　74.3.12

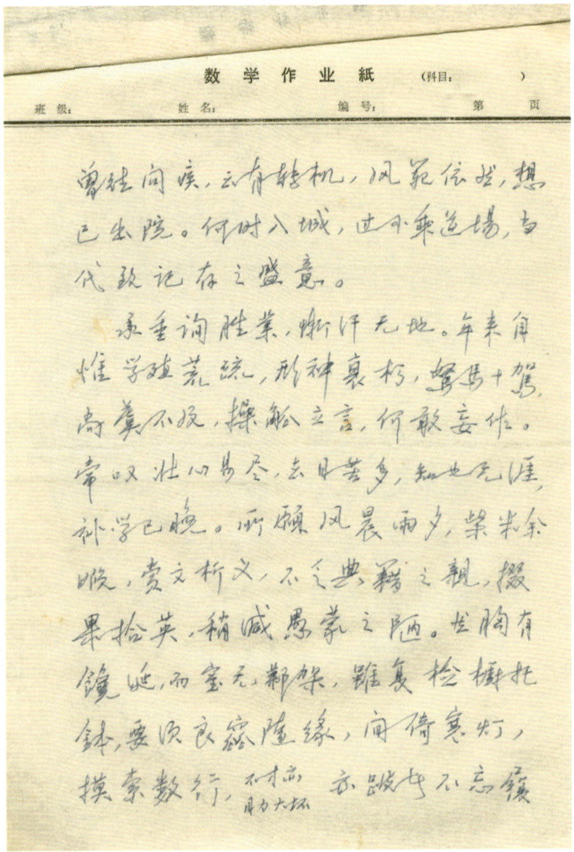

数学作业紙　（科目：　　）
班级：　姓名：　编号：　第　页

曾往问疾，云有转机，风范依然，想已出院。何时入城，过小乘道场，当代致记存之盛意。

承垂询胜业，惭汗无地。年来自惟学殖荒疏，形神衰朽，驽马十驾，高冀不及，操觚之言，何敢妄作。常叹壮心易尽，去日苦多，知也无涯，补学已晚。所愿风晨雨夕，柴米余暇，负文析义，不乏典籍之观，撷果拾英，稍减愚蒙之陋。然胸有镜燧，而室无邺架，虽复拾橥托钵，要须良窗随缘，向倚寒灯，摸索数行，不才亦目力大坏 亦跛者不忘履

味翁吾兄：

拜个晚年。

人民教育出版社

昨翻俞平老《辑评》，发见了了手拟第一纸片，记当时看法数点。其中之一为：（红楼）书用黑笔写，用朱笔批，写之砚为墨砚，批之砚则为脂砚矣。若然，则脂砚斋即批书人之室，非必一人专用。再若然，则署脂砚斋者亦未必无作者之笔也。今日见之，觉为奇想，却是破闷。叙叙，颂

俪安。

弟中行拜 二，15

建临兄已透对门否？

張中行（一九〇九—二〇〇六）

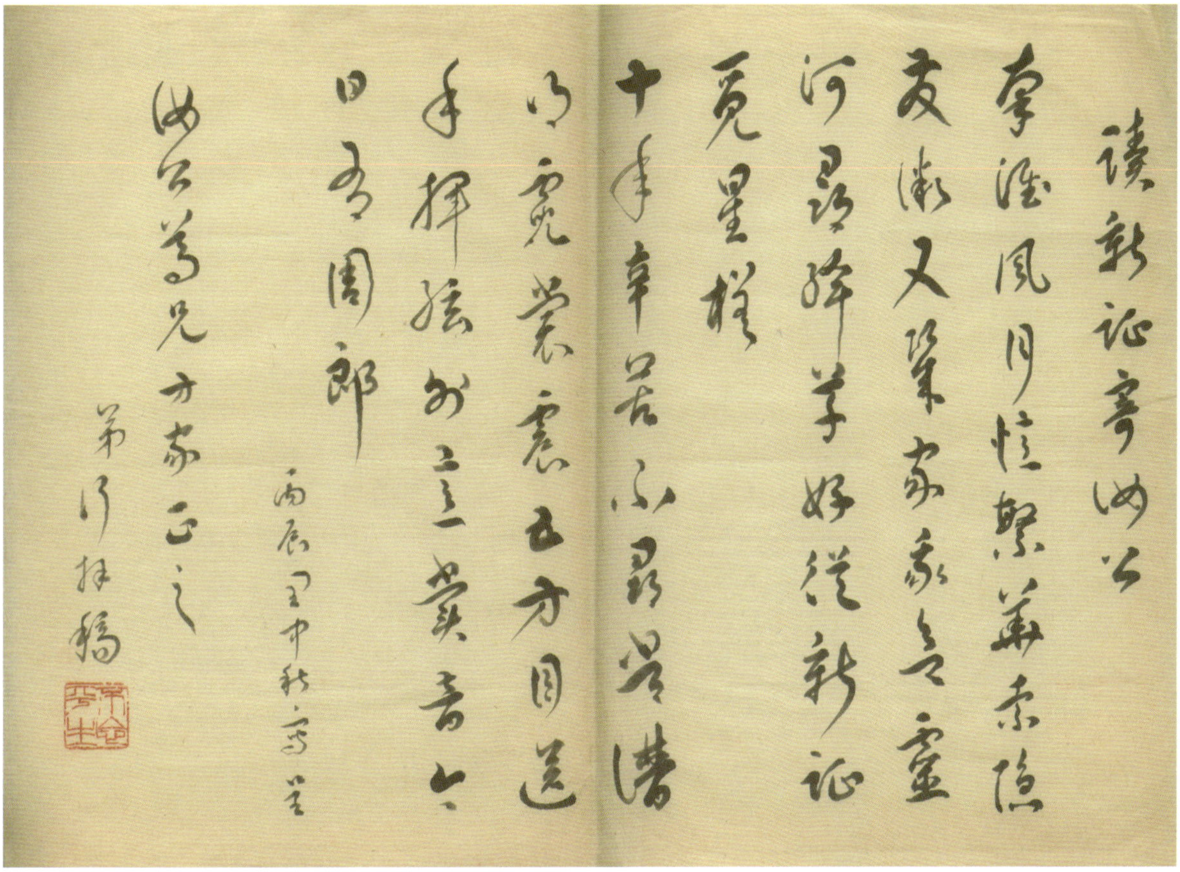
丙辰中秋
弟行拜稿

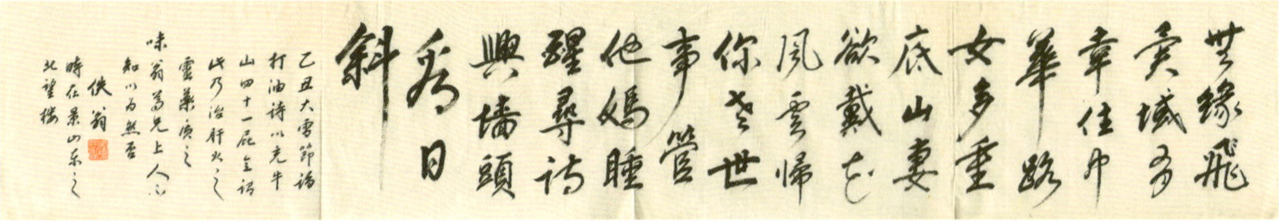

芸緣飛
黄域多
章住中
華路
女多重
底山妻
欲戴白
風雲歸
你登世
事管
他媽睡
醒尋詩
興墻頭
秀日
斜

乙丑大雪節後
打油詩以先生
山四十一屆生日
此乃治肝火之
靈藥良之
味翁爲兄上人以
知以爲然否
伏翁
時在景山東之
北望樓

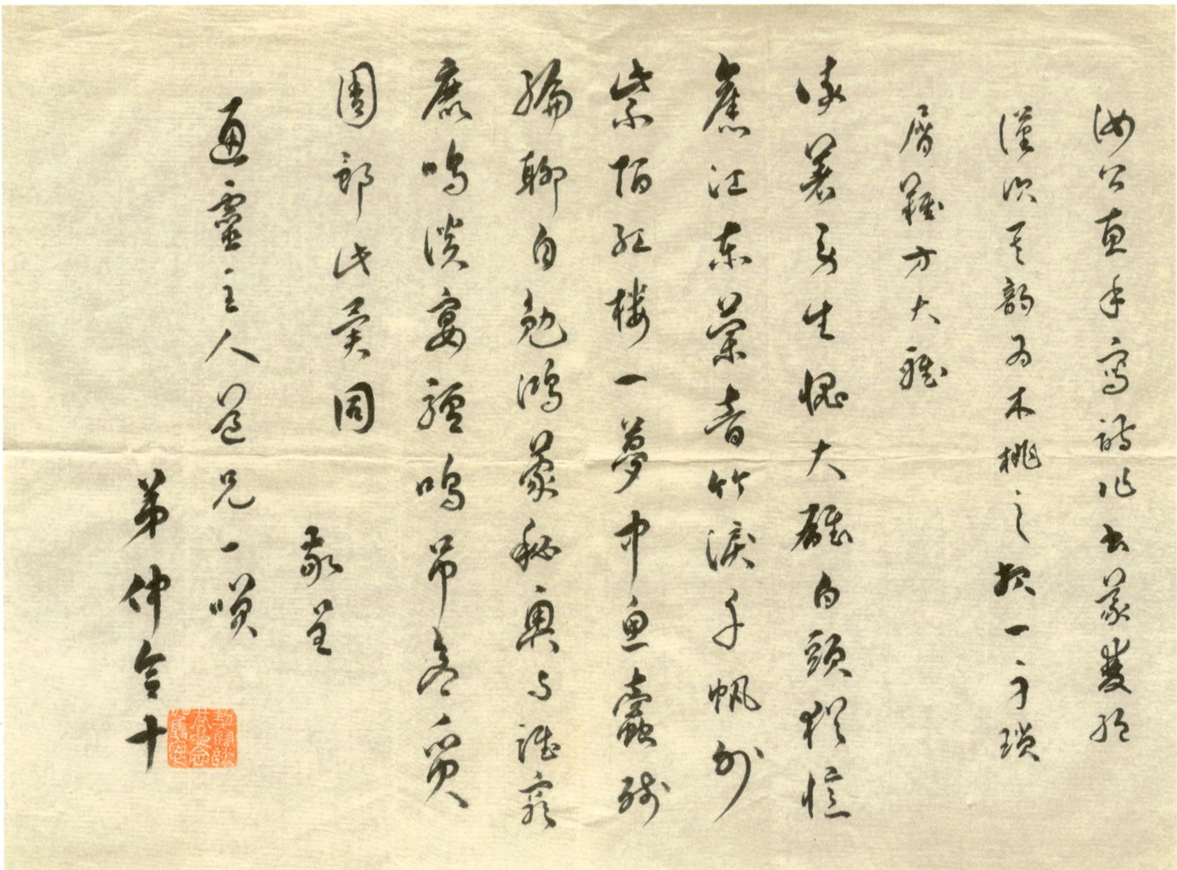

如公直手寫詩以玄蒙發於
漢次見韻爲木桃之報一首
藉鍾力大聽
詠著長生恨大聽白頭難信
寫江東蒙者竹波千帆外
紫陌狂樓一夢中盡處殘
編聊自勉鳴蒙秘典與誰窺
底嗚咽高韓鳴蒂寶貴
園郭此美同
教正
通靈主人見兄一喫
弟仲合十

張中行（一九〇九—二〇〇六）

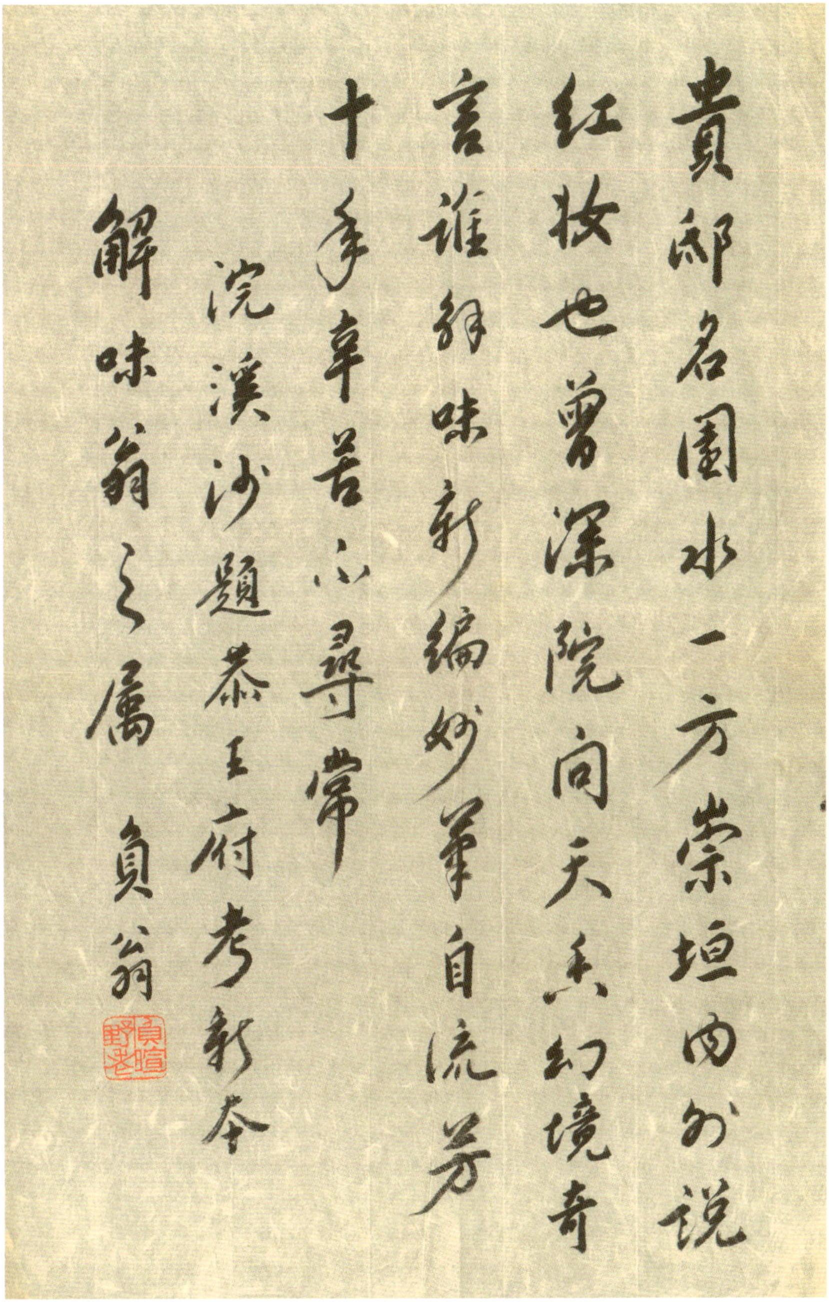
貴邸名園水一方崇垣内外説紅妝也曾深院向天香幻境奇言誰解味新編妙筆自流芳十年辛苦不尋常

浣溪沙題恭王府考新本

解味翁之屬　負翁

負暄野老

楊霽雲

（一九一〇—一九九六）

江蘇常州人。一九三二年畢業於上海持志大學。曾在復旦實驗中學、正風文學院任教。一九五〇年進入上海魯迅著作編刊社從事編輯工作，一九五二年調至人民文學出版社。編有魯迅《集外集》。

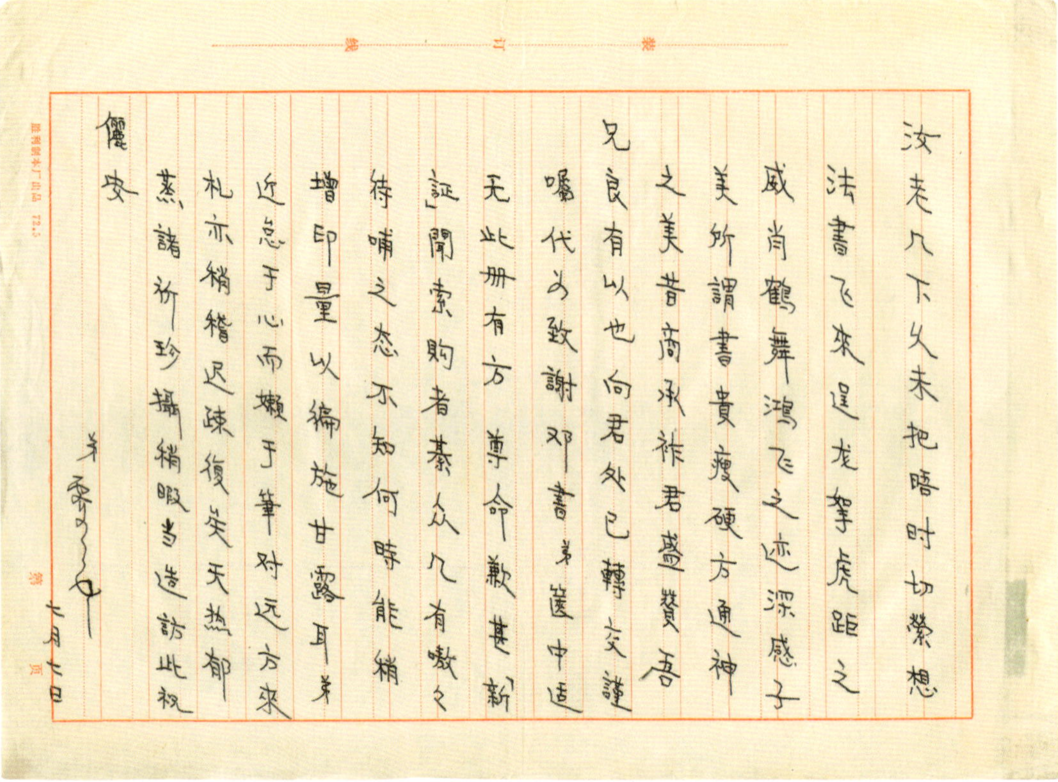

汝老几下久未把晤时切縈想
法書飞來是龙拏虎距之
威尚鶴舞鴻飞之迹深感子
美所謂書貴瘦硬方通神
之美昔商承祚君盛贊吾
兄良有以也向君处已轉交謹
囑代为致謝邓書弟篋中适
无此册有方尊命歉甚「新
証」聞索購者綦众几有嗷々
待哺之态不知何時能稍
增印量以徧施甘露耳弟
近忽于心而懶于筆对远方來
札亦稍稽迟疎復矣天热郁
蒸諸祈珍攝稍暇当造訪此祝
儷安

弟霽雲手 七月七日

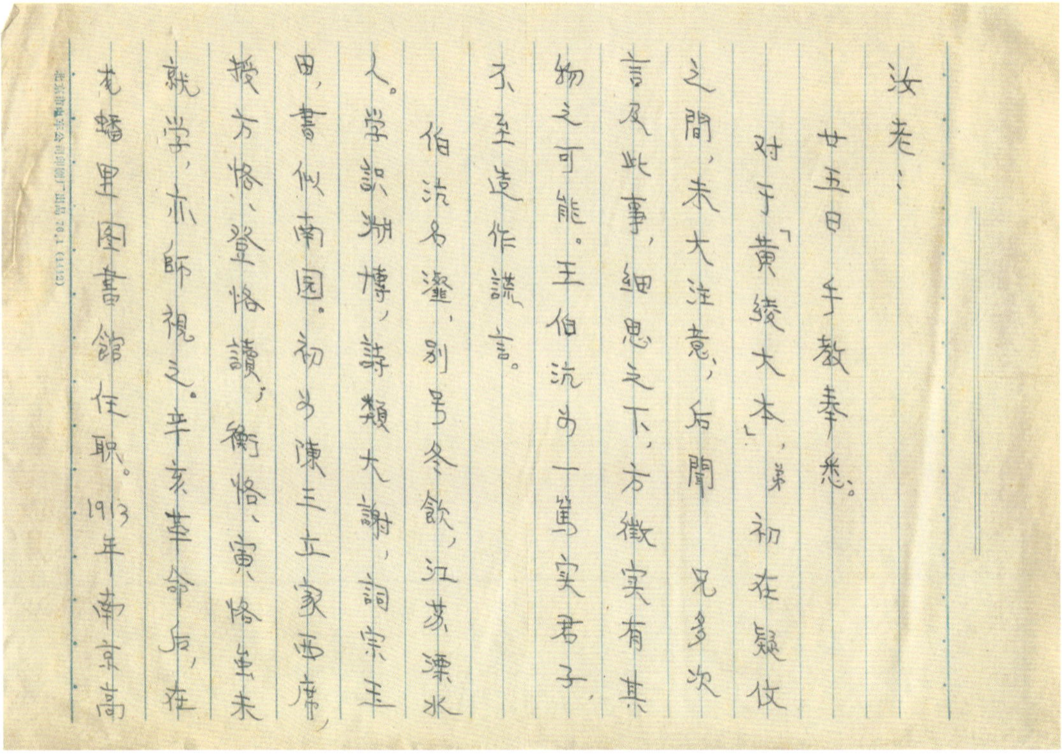

汝老：

廿五日手教奉悉。

对于「黄绫大本」，弟初在疑信之間，未大注意；后聞 兄多次言及此事，細思之下，方徵实有其物之可能。王伯沆为一篤实君子，不至造作謊言。

伯沆名瀣，别号冬飲，江苏溧水人。学識淵博，詩類大謝，詞宗王田，書似南园。初为陳三立家西席，授方恪、登恪讀，衡恪、寅恪等未就学，亦師視之。辛亥革命后，在龙蟠里图書館任职。1913年南京高等師范成立，即充国文講師。聞后患风痹，大約逝于1941年前后。陳俞兩家，既屬近親，居屋比鄰，來往密切，則王在陳家，当即可目覩此大本也。

王氏之紅樓手批本，不知今尚存天壤否？王有二子，早死，仅存一女。

兄識「回憶錄」之真实价值，極是極是。「釧影樓回憶錄」有香港版，弟尚无緣得讀。昔曾見其「釧影樓日記」及「六十年來衣服裝飾史」等，頗可瀏覽。

当今开明諸邦，競撰回忆，此实人類文明進步之一徵象。而华夏无聞者，以其特別国情也。震情弟木然視之，毫不介意。昔杞人忧天，今何可作攫地之燕民。

兄穎悟絕倫，心細于髮，此于大著中时熠灵光，可以見之。安庸悲老，「紅樓」存世一日，即「新證」隨之不灭。深盼尊体轉佳，能再修訂補充。彼「半个紅学家」又姚痞之流，直蛆虫之不若！順祝

冬安

弟 楊霽雲

十二月廿六晚

錢鍾書

（一九一〇—一九九八）

江蘇無錫人。字默存，號槐聚。一九二九年考入清華大學外文系。一九三五年赴牛津大學留學。後曾任光華大學、西南聯合大學、湖南藍田師範學院、暨南大學等校教職。一九四九年任清華大學外文系教授。後調入北京大學文學研究所。一九八二年任中國社會科學院副院長。著有《談藝録》、《管錐編》、長篇小説《圍城》、詩集《槐聚詩存》等，另有《宋詩選注》。

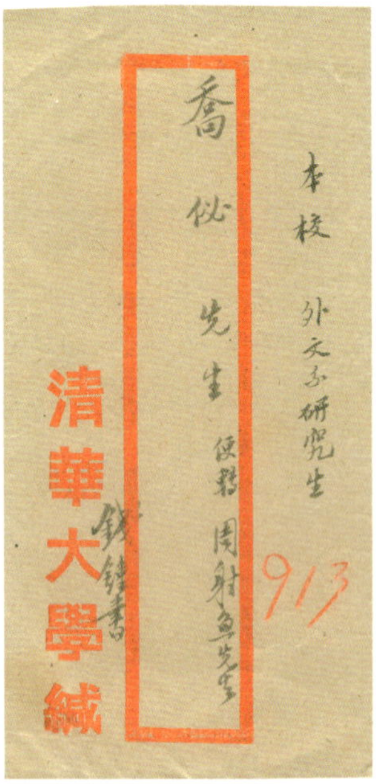

本校 外文系研究生
喬似 先生
使敬 周射魚先生
913
清華大學緘
錢鍾書

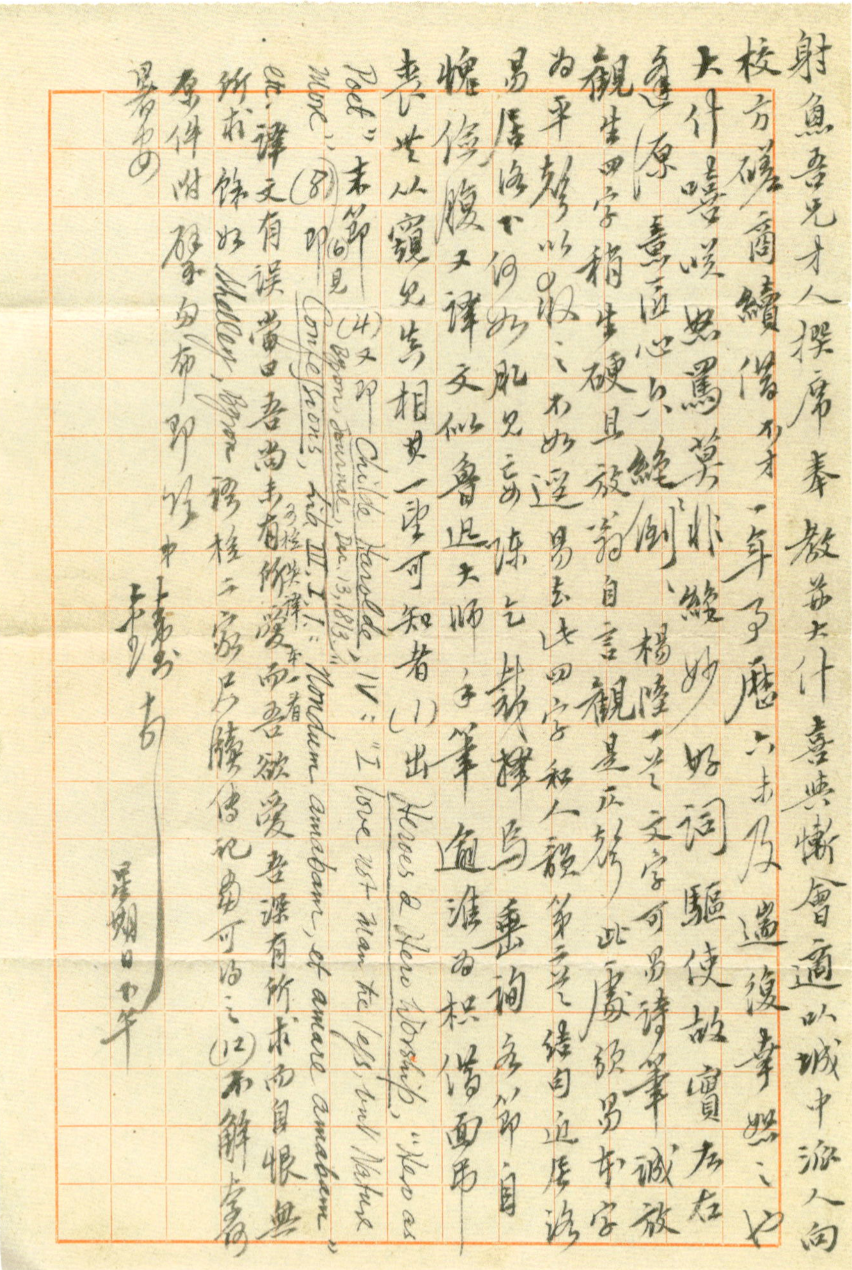

射魚吾兄才人撰席：奉教並大作，喜與慚會。適以城中游人向校方磋商續借，不才一年多歷，六未及遄復，幸照之也。大作嘻笑怒罵，莫非絕妙好詞，驅使故實，左右逢源，盡從心出，絕倒絕倒。楊陸二老文字可另請筆識放。觀生四字稍生硬，且放翁自言觀是正聲，此處須另求字為平聲以叶之，不如逕易去此四字。和人韻第六七律句逗差強易屠沽，何如？能兄亦如陳言哉，擇焉無論矣，節自慚億腹。又譯文似魯迅大師手筆，適誰為杜撰耶。甚世人窺見先生相共一望可知者。(1)出 Heroes & Hero Worship, "Hero as Poet"末節。(4)又即 Childe Harolde, IV: "I love not Man the less, but Nature more"。(6)見 Byron, Journal, Dec. 13, 1813。(8)即 Confessions, Lib III, I: "Nondum amabam, et amare amabam" etc. 譯文有誤，當曰吾尚未有所愛而吾欲愛，吾深有所求而自恨無所求。餘如 Shelley, Byron 諸種二家亦瞭然可證之。(12)不解出處。原件附繳，匆布，即頌暑安。

鍾書 星期日中午

楊向奎

（一九一〇—二〇〇〇）

河北豐潤人。字拱辰。一九三五年畢業於北京大學歷史系。曾執教於西北大學、東北大學等校。後受聘至山東大學，任中文系主任、歷史系主任、文學院院長等職，創辦並主編《文史哲》雜誌。一九五六年調中國科學院歷史研究所任研究員。著有《宗周社會與禮樂文明》等。

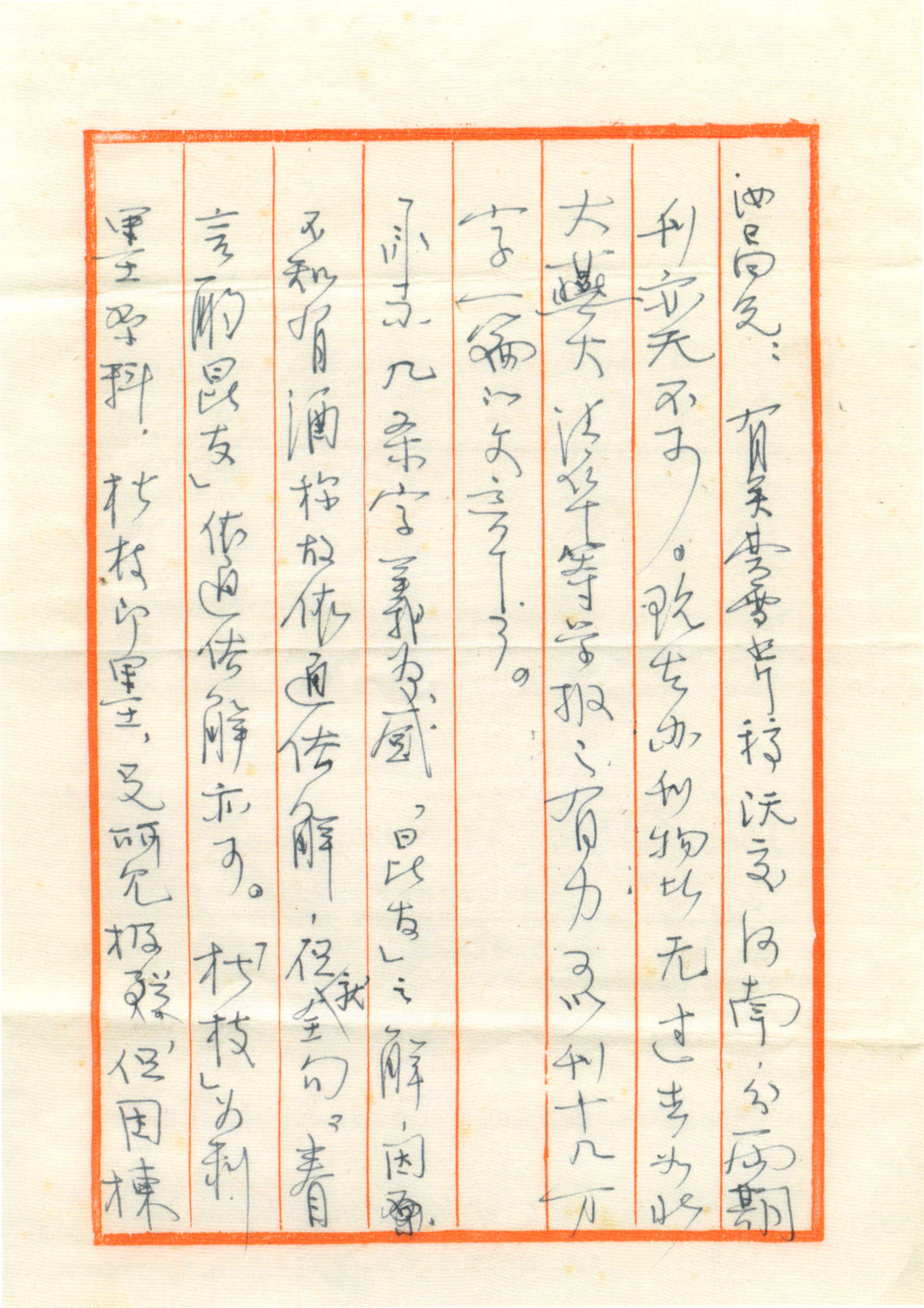

洪昌兄：賀吳無毒轉沃克河南，分函期
刊究天不予。既告知刊物比無其告於
大著大浪費等學報之賀力及刊十九萬
字一篇之文章了。
承示九條字義多感。「昆友」之解，困惑
不知。有酒稱放依通假解，從「我」全句。「春
言酌昆友」依通假解亦可。「杕杜」之刹
單字學科。杕杜即單生，更研究相殘，從因棣

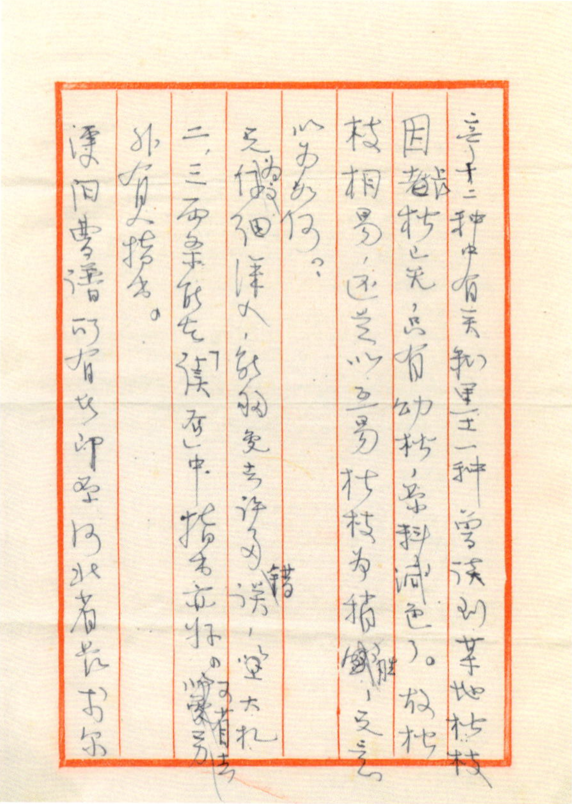

言十二种中有关红楼梦一种，曾谈到某地枕枝
因都枕上先点有幼枕，承抄词色了。故枕
枝相易，还是以互易枕枝为精胜，文意
以为如何？
之错细详之，能够免去许多错误，望大札
二、三函来能在「候府」中，指出京怀之……
外有其指出。
汉阳书谱，可有如印？要河北省旅书店……

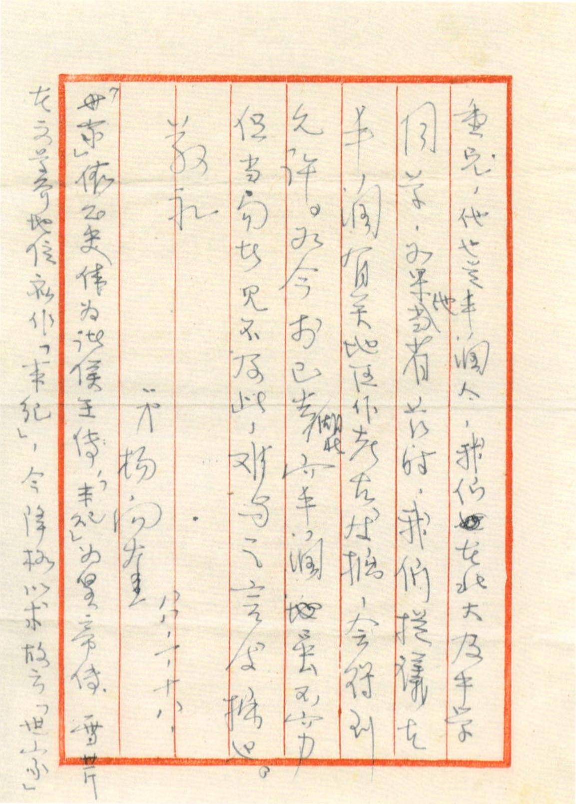

重兄：代芝芝来润人，我们也在北大及中学
同学。如果他有兴趣，我们提议在
本润有关地区作考古发掘，会得到
允许。如今我已去帮忙，在本润地区又另
作当前也究不存此，难写之，容后指正。
敬礼
弟杨向奎
六、十、十八
「世家」依正史体为诸侯王传，「本纪」如皇帝传。晋芹
在文学地位应作「本纪」，今降格以求称之「世家」

林　庚

（一九一〇—二〇〇六）

福建閩縣（今屬福州）人，生於北京。字靜希。一九二八年考入清華大學物理系，一九三〇年轉入中文系。一九三三年畢業留校任教。後歷任厦門大學、燕京大學、北京大學教授。著有《中國文學史》、《唐詩綜論》、《西遊記漫話》及新詩集《春野與窗》等。

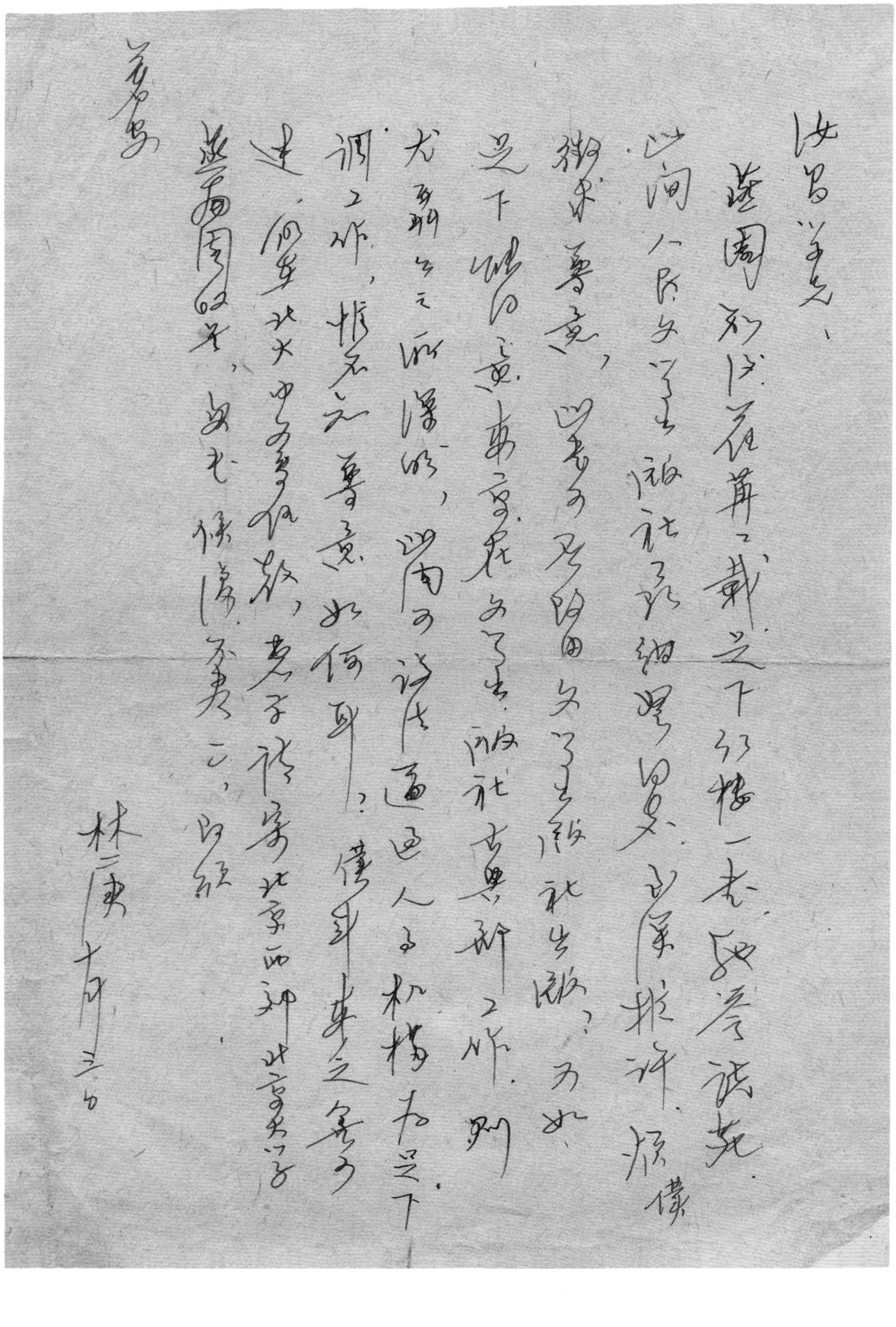

汝昌學兄：

燕園[illegible]，[illegible]足下紅樓一書，[illegible]苑。[illegible]人民文學出版社[illegible]……

……足下……

……北京西郊北京大學燕南園62號……

林庚　十月三十日

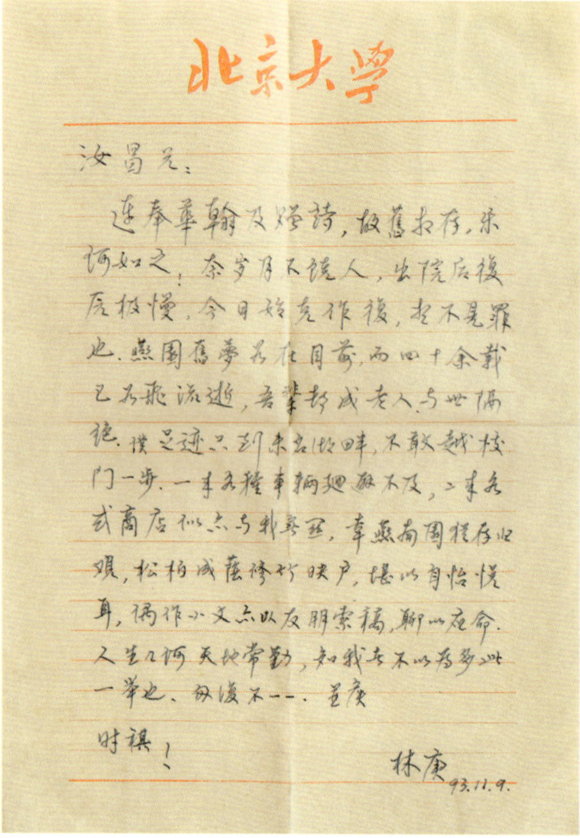

北京大學

汝昌兄：

连奉華翰及賀詩，极慰衷怀，亦何如之！奈岁月不饶人，出院后復原极慢，今日始克作複，想不見罪也。燕園舊夢尚在目前，而四十余載已若飛流逝，吾輩都成老人，与世隔绝。僕足迹只到未名湖畔，不敢越校门一步。一来各種车辆躲避不及，二来各式商店似亦与我無缘，幸燕南園猶存旧觀，松柏成蔭，修竹映户，得以自怡悦耳，偶作小文亦以友朋索稿，聊以应命。人生几何，天地常勤，知我者不以為多此一举也。匆復不一一，並候

时祺！

林庚

93.11.9.

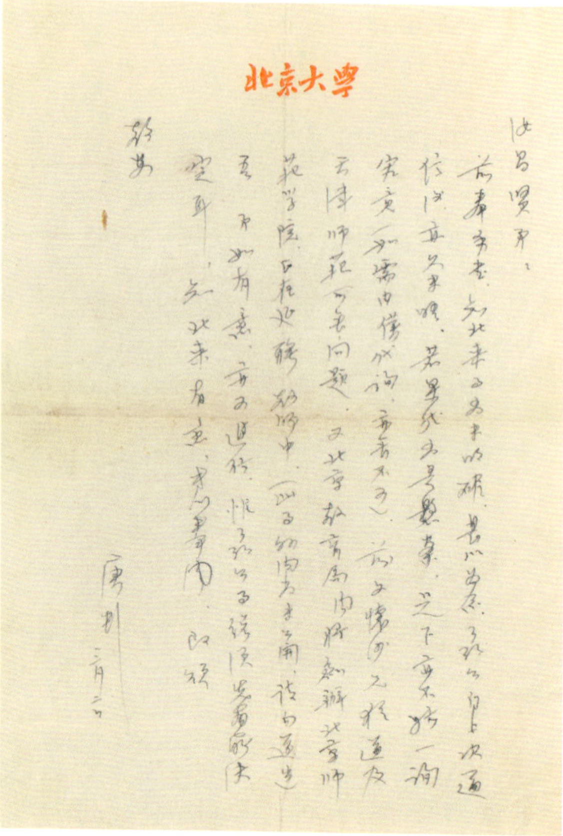

北京大學

汝昌贤弟：

前奉手書，知北来正当年的研，甚以为念。不知何日可以返通信地址如何，若果然出了[illegible]，足下亦不妨一询宋贞（如需由僕代询，亦无不可）。前天曾与之谈道及天津师范学院问题，又北京教育局内将创办北京师范学院，正在延聘教师中（四五个内容专家，请向进步）。足下如有意，亦可进行。将来能否[illegible]质，当看能否定耳。知北来有空，[illegible]再谈。此颂

教安

庚

二月二十

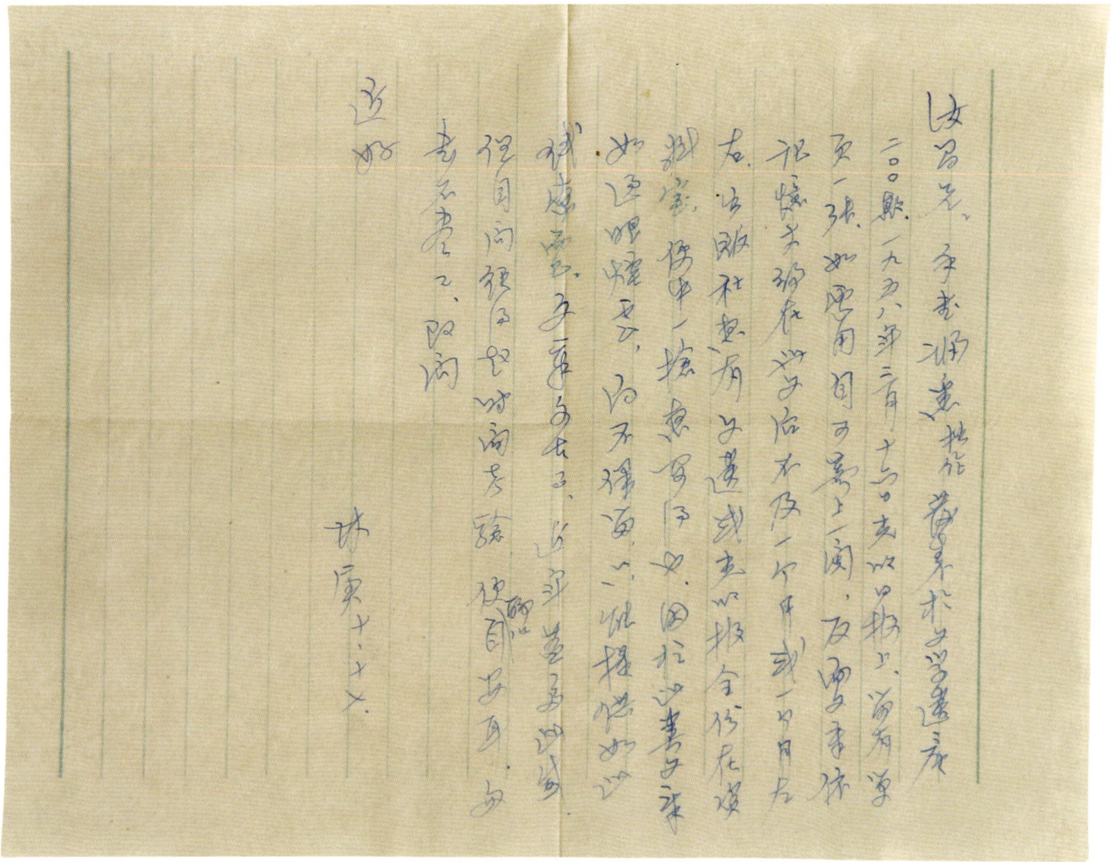

文懷沙

（一九一〇—二〇一八）

生於北京，祖籍湖南。名奫，字懷沙，號燕堂，筆名王耳、司空無忌等。新中國成立後先後任職於人民文學出版社、中國青年藝術劇院。五十年代初兼職上海棠棣出版社時，曾主持出版《紅樓夢研究》與《紅樓夢新證》。著有《魯迅舊詩新詮》、《屈原九歌今繹》等。

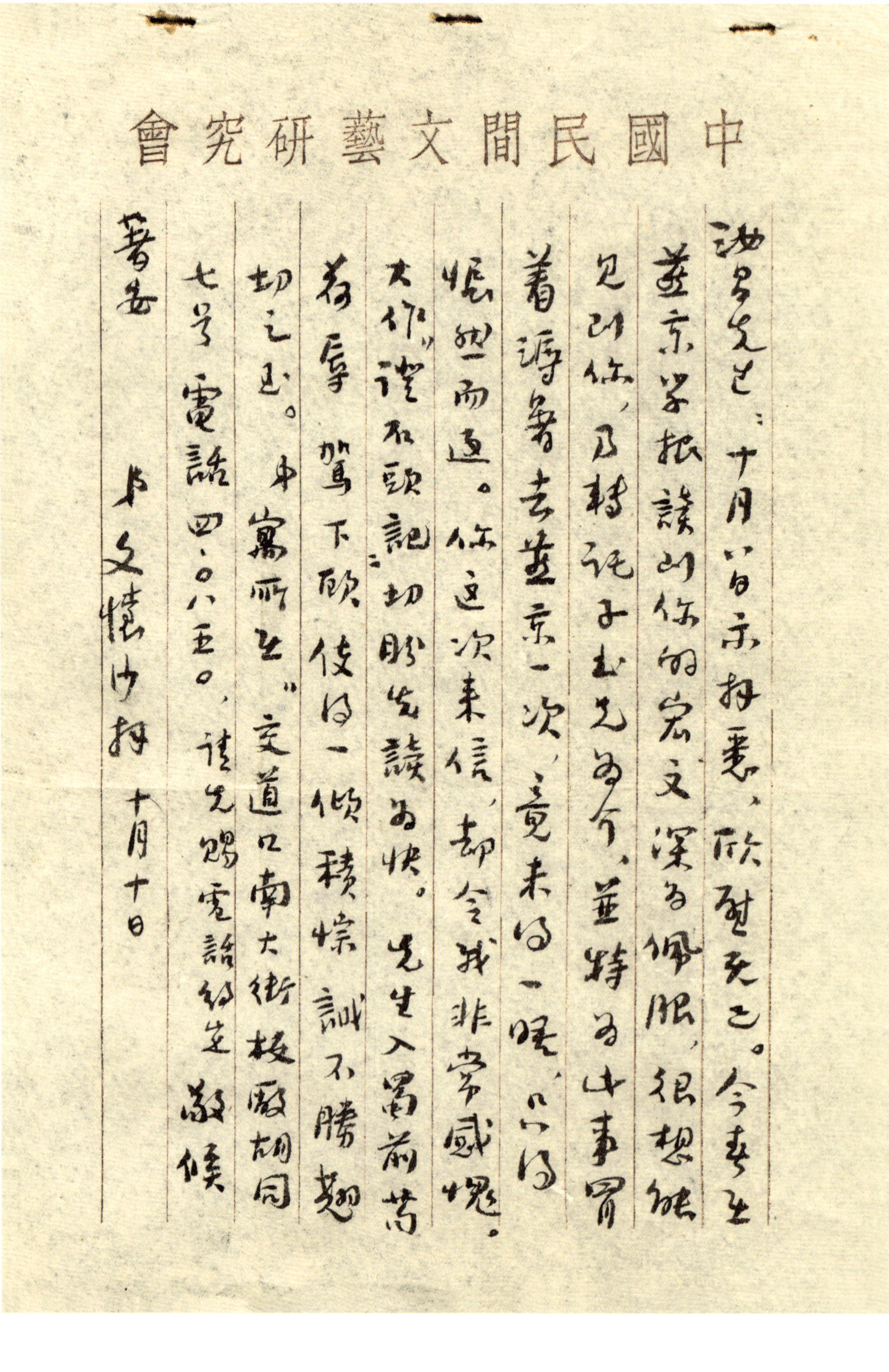

中國民間文藝研究會

汝昌先生：十月八日示拜悉，欣慰無已。今春在燕京學報讀到你的宏文，深為佩服，很想能見到你，乃轉託子書先生介，並特為此事冒着酷暑去燕京一次，竟未得一晤，只得悵然而返。你這次來信，却令我非常感愧。大作《讀石頭記》切盼先讀為快。先生入蜀前苟有暇，駕下顧，使得一傾積愫，誠不勝翹切之至。弟寓所在交道口南大街板廠胡同七號，電話四·〇八五〇。請先賜電話約定。敬候

著安

弟文懷沙拜
十月十日

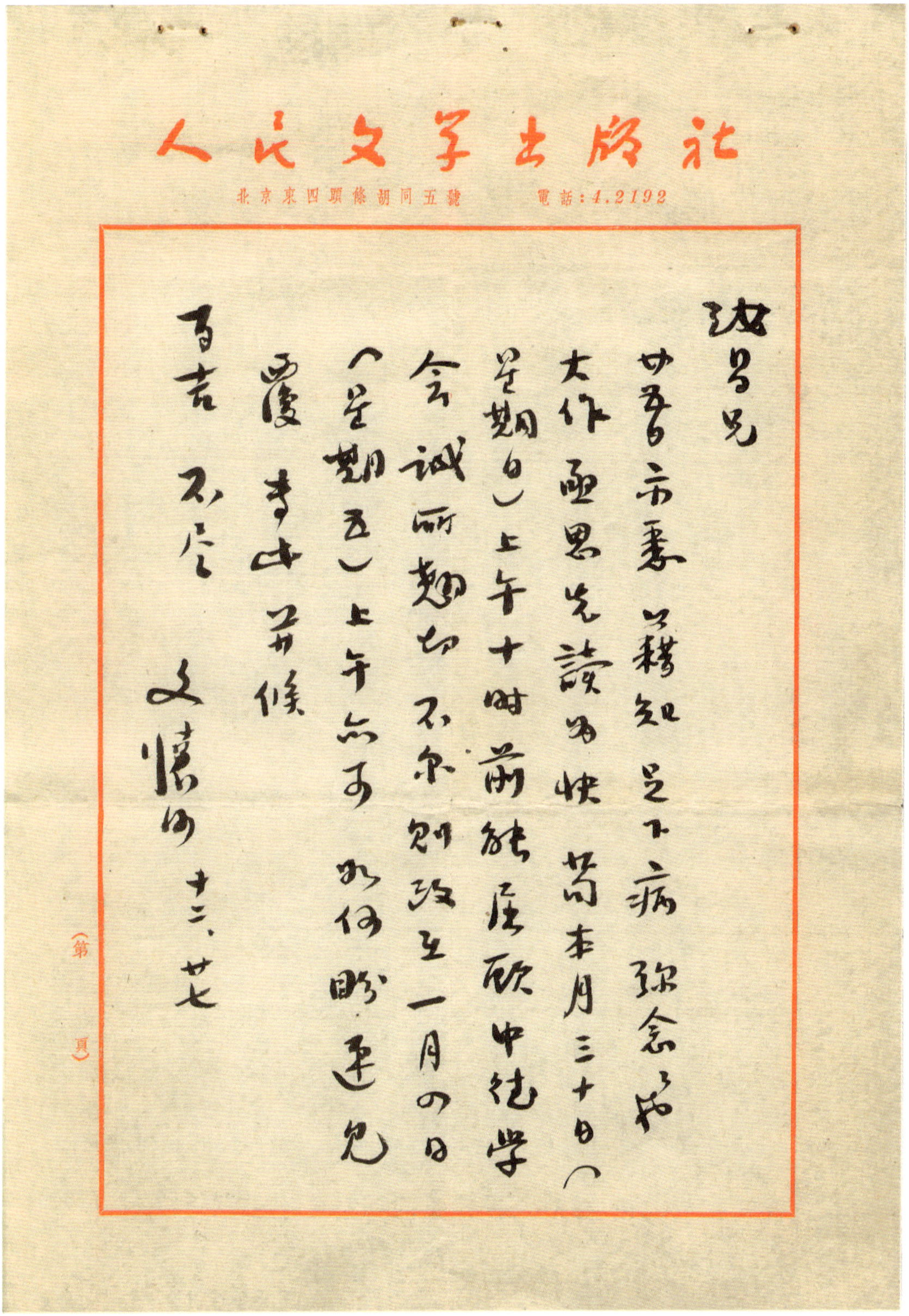
人民文学出版社
北京東四頭條胡同五號　電話：4.2192
（第　頁）

瑞昌兄：

廿五示悉，藉知足下病，殊念殊念。大作亟思先讀為快。茍本月三十日（星期日）上午十時前能屈臨中德學會談所趣，如不爾則改至一月四日（星期五）上午亦可。如何盼速見覆。專此并候

旨吉　不盡

文懷叩　十二、廿七

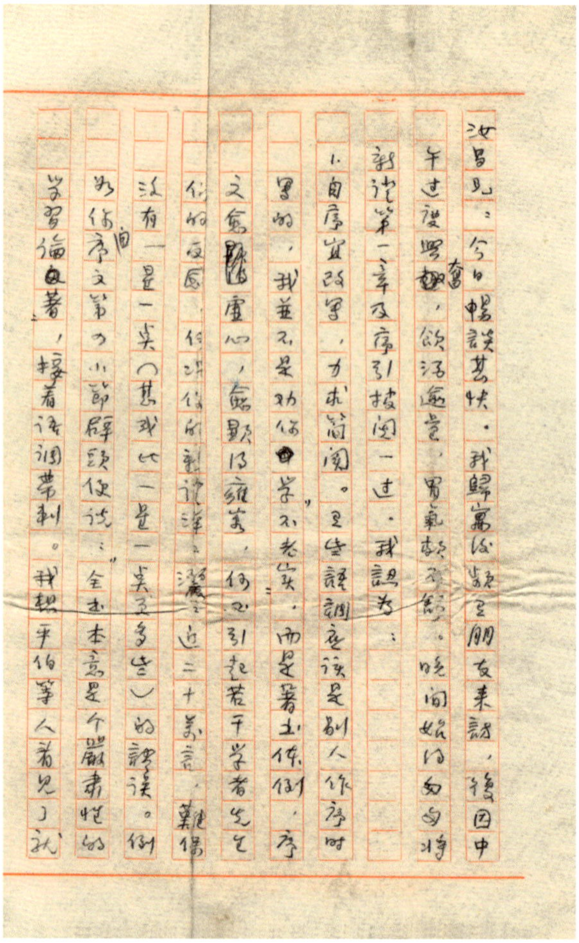

汝昌兄：今日畅谈甚快。我归寓后就有朋友来访，后因中午过度兴奋，饮酒过量，胃气较不舒。晚间始得匆匆将新证第一章及序引披阅一过。我认为：

1.自序宜改写，力求简朗。自序语调应该是别人作序时写的，我并不是劝你学"不老实"，而是著书体例，序文须虚心，须显得谦虚，何必引起若干学者先生们的反感，你说你的新证洋洋洒洒近二十万言，难保没有一是一处（甚或比一是一处更多些）的讹误。例如你自序文第四小节劈头便说："全书本意是个严肃性的学习论著"，接着语调带刺。我想平伯等人看见了就

不高兴，我们并不怕得罪人，问题看是否必要，十分重要之点原创性是也。史迁自称其著作"亦欲以究天人之际，通古今之变"，抱负不凡，这位名文疏荡的大手笔的文句中，亦只"亦欲以"三字。要求面面俱全会让人满意是不可能的，君不见元朝耘萃的金若虚曾说："史迁笔法最陋"，而岂全人不如乎？自然，太史公的地位是动摇不了的。但仔细翻阅金若虚的话也像似是有道理。话扯远了。我的意思是，自序应改写。是否说得

倘此我的序文如何？

2.文序文提出的人名亦应订对。（自然不仅序文）例如

胡適，可以不提。如不可避免需要提，亦不必用掌
的口吻，由引論中提出李辰冬，李是國民党的文化特
務，更无點其姓名，来一个"有人以为——""我曾見人說
过——"之類，使比較妥当。这是写文章的人的分清敵
我的问题，亦即立場之问题也。我想诸如此类的问题，
在整通讀全书时，随手改削，你以为如何？

3. 另外还有些是属於观点的支節问题，一个新實的獲得
，往往是一个世界观的獲得。表面上看是用詞遣句的
问题，窮詰之餘，乃知其根本为观点。例如你谈"曹
雪芹的筆法之妙，至于'造境界，傳神韻'。"你似乎不排
斥"西洋的所谓'描寫'"，容易被人误解成你不承认文学表
現方法上最重要的"所谓'形象'"。静安之所谓"境界"，渔
洋之所谓"神韵"，皆唯心派之沿用術語也。

4. 还是你的插科，我也觉不妥。你論此文体和風格时，
你說"歸功於我的文章，寫得樓多好樓了，然而如果是人
家喜为我删了潤色，变得明朗了通，好是好了，但其
奈非像我的文章何？"这种提法不好。太强调"我"，要知
道写文章是一种实践的问题，目的是要使读者群看。
我的意思並不是說高蘭輕不是混人。这问题一时說不
清，相信你能懂我的意思。

中國民間文藝研究會　25×20=500

一时想起了上面些问题。近於挑字眼，目的是予不讓别人挑，我也讓别人挑。

說实話，我很喜欢你的文章，因爱之深，也就不免求之苛也。但因自信心不够，又不敢草率於字句间作歪曲的改竄。

頭痛，多半是多喝了兩盅。现已是午夜二时了。乱七八糟，我不知道寫了些什么？奈过我最近給我你從之。不尽。并候

冬吉！

文懷沙 一月五日燈下

52

又令兄序文寫得很好。我意不妨略改數字作點綴。依我意，讀全書記，另寫一長文作序。你以為如何。直率言之，不暇作態。

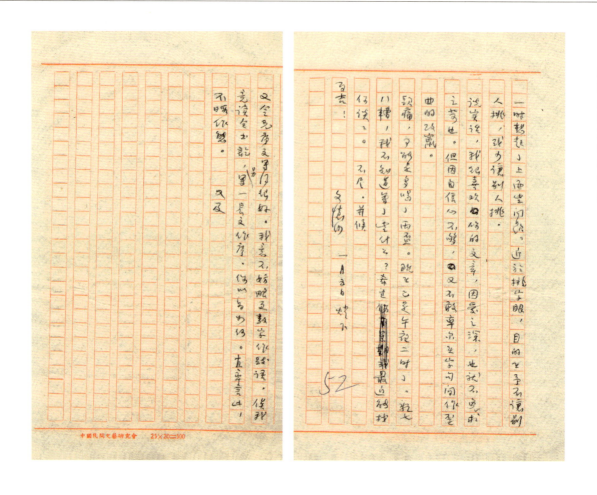

又及

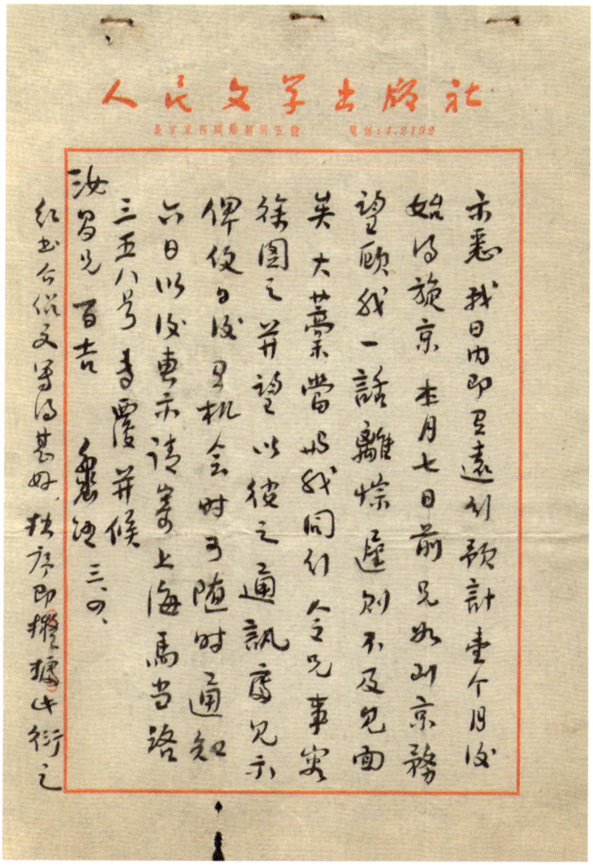
人民文学出版社
北京東四頭條胡同五號 電話：4.2192

示悉。我日内即出遠門，預計壹个月後始得旋京。本月七日前兄如到京，務望顧我一話，離愫遲則不及見面矣。大著當與我同行。令兄事實係圖之，并望以彼之通訊處見示，俾俟有後見机会时可随时通知。六日以後惠示請寄上海馬當路三五八号。專覆，并候
汝昌兄 著吉
懷沙 三、四、

红书今從文學得甚好，拙序即擬據此衍之

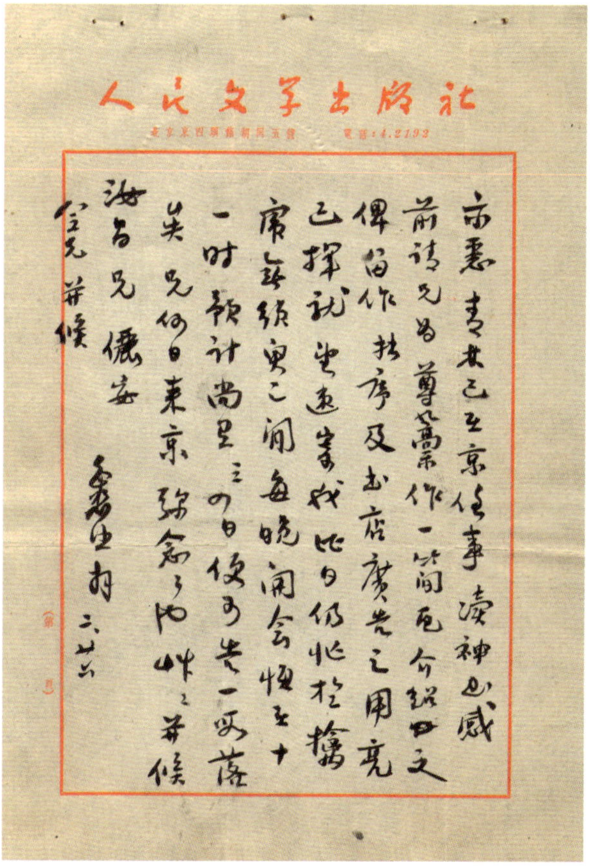
人民文学出版社
北京東四頭條胡同五號 電話：4.2192

示悉。書已至京，付事凌神為感。前請兄為尊著作一简而介紹之文，俾留作拙序及書店廣告之用，竟已擇就並速寄我。比日仍忙於撰寫，無須臾之閒，每晚開会恆至十一时，預計尚須三、四日後可告一段落矣。兄何日來京，殊念念。匆匆草此，并候
汝昌兄 儷安
令兄 並候
懷沙 二、廿六

陳夢家

（一九一一—一九六六）

浙江上虞人。一九三一年畢業於中央大學法律系，一九三四年考入燕京大學研究院研習古文字，後留校任教。歷任清華大學教授、中國科學院考古研究所研究員。著有《殷墟卜辭綜述》、《西周銅器斷代》、《漢簡綴述》等，另有新詩集《夢家詩集》、《鐵馬集》等，編有《新月詩選》。

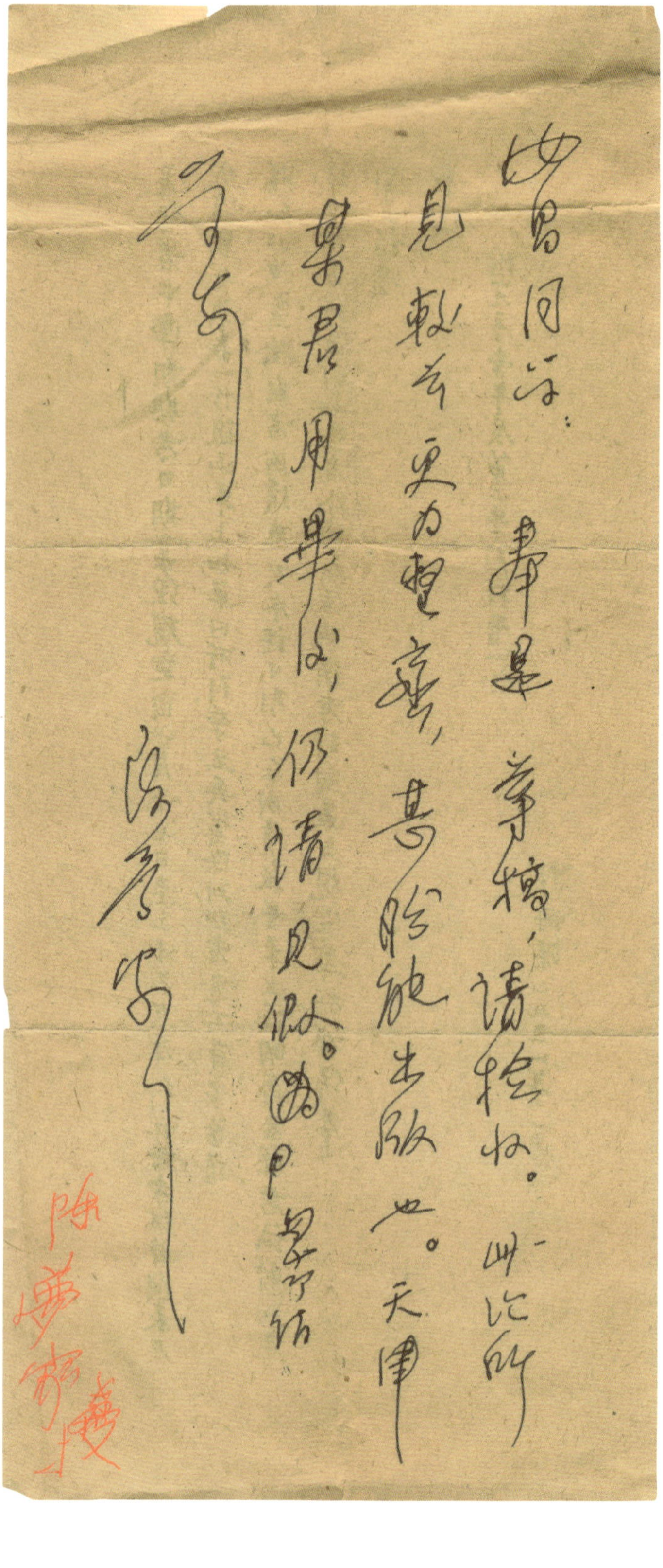

汝昌同學：
奉還 尊稿，請檢收。此所
見較舊更為謹嚴，甚盼能出版也。天津
某君用畢後，仍請見假，

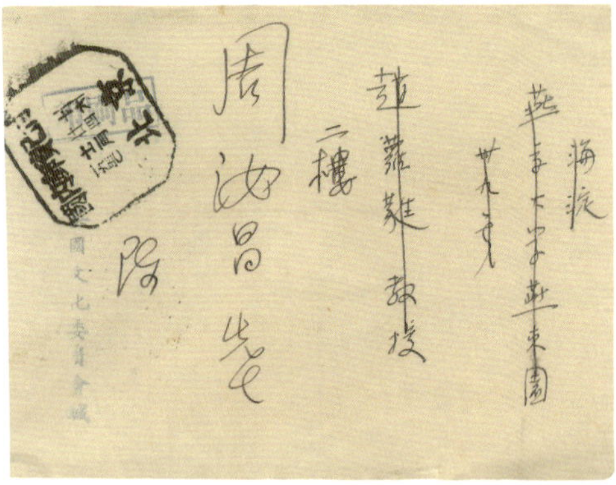

海淀
燕京大學燕東園
廿九號
趙蘿蕤教授
二樓
周汝昌先生
陳

周采泉

（一九一一—一九九九）

浙江鄞縣（今寧波）人。原名湜，筆名是水、稀翁。早年任職於上海工商界協會。一九五〇年在上海發起成立樂天詩社，後調入杭州大學圖書館從事古籍編目。浙江省文史研究館館員。編著有《杜集書録》、《柳如是雜論》等。

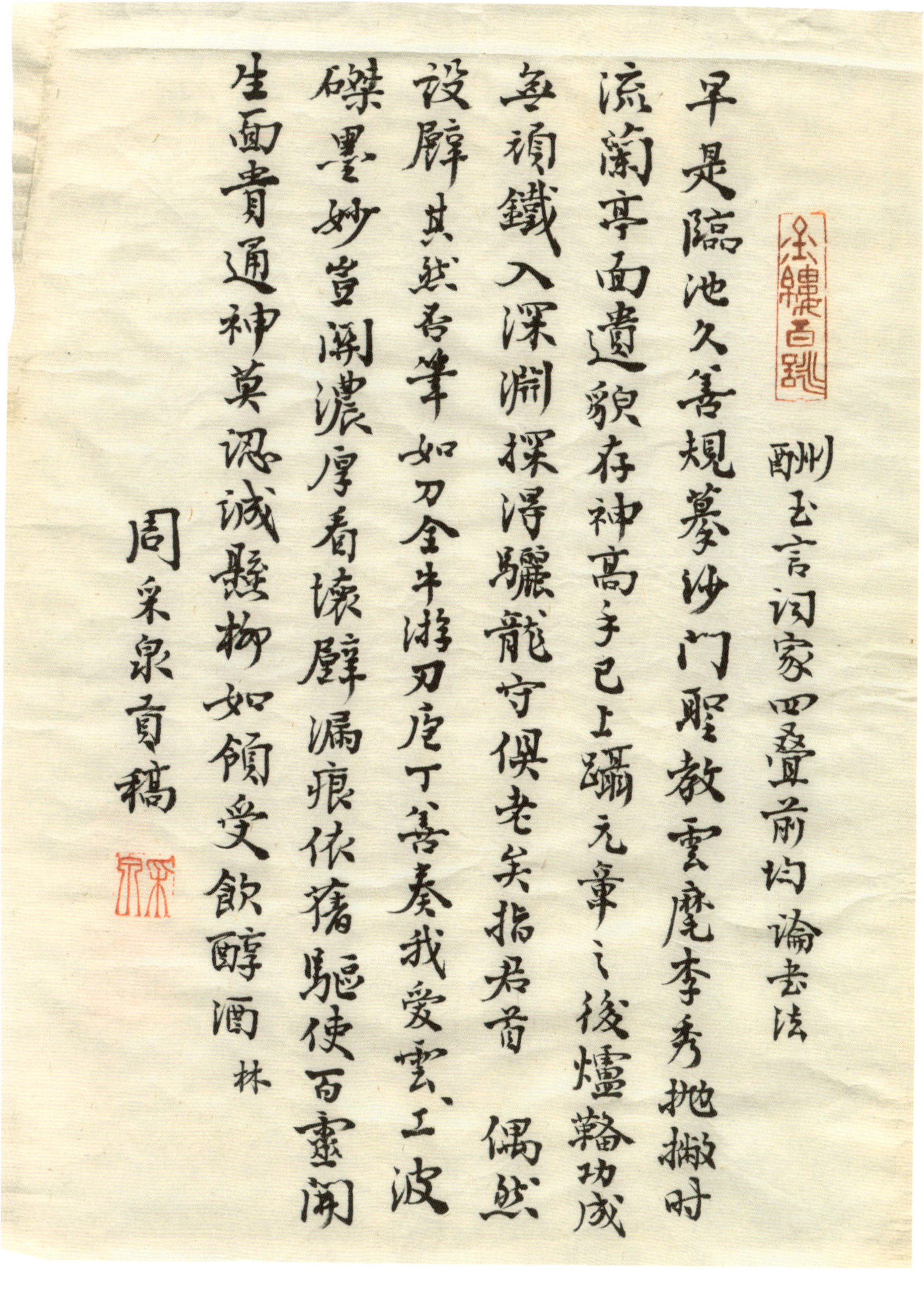
酬玉言词家四叠前均論書法
早是臨池久善規摹沙门聖教雲麾李秀抛擲时
流蘭亭面貴遺貌存神高手已上躡元章之後爐鞴功成
無須鐵入深淵探得驪龍守俱老矣指君首偶然
設辟其然否筆如刀全牛游刃庖丁善奏我愛雲工波
礫墨妙豈闌濃厚看壞壁漏痕依舊驅使百靈開
生面貴通神莫認識懸柳如領受飲醇酒林
周采泉貢稿

周振甫

（一九一一—二〇〇〇）

浙江平湖人。原名麟瑞。曾就讀於無錫國學專修學校，後到上海開明書店從事編輯工作。一九五三年任中國青年出版社編輯。一九七一年借調中華書局，參加《明史》點校工作。一九七五年正式調入中華書局。著有《詩詞例話》、《文章例話》、《文心雕龍今譯》等。

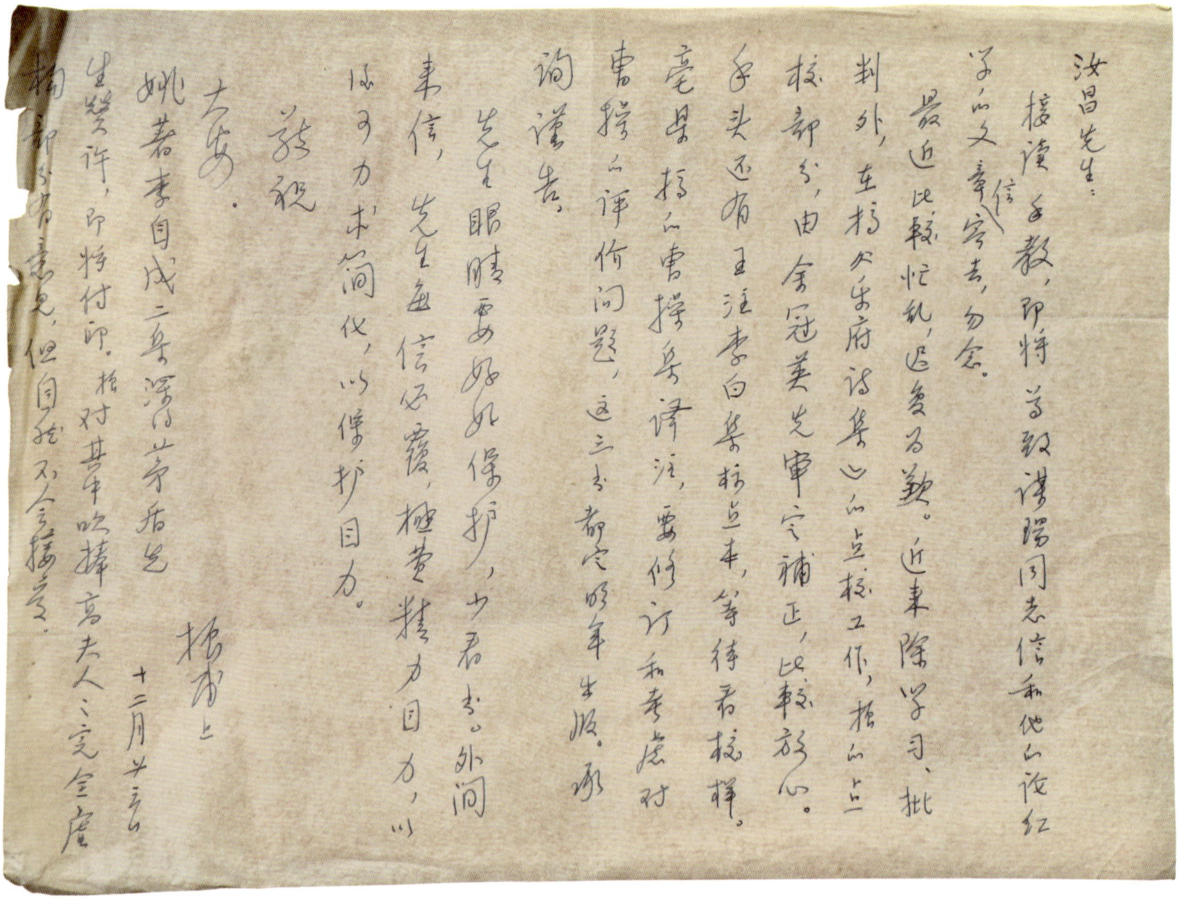

汝昌先生：

接读手教，即将蒋致诸瑞同志信和他的论红学的文章信寄去，勿念。

最近比较忙乱，迟复为歉。近来除学习、批判外，在搞《乐府诗集》的点校工作，搞的点校部分，由余冠英先生审定补正，比较放心。手头还有王注李白集校点本，等待看校样。亳县搞的曹操集译注，要修订和考虑对曹操的评价问题，这三本都定明年出版。承询谨告。

先生眼睛要好好保护，少看书。外间来信，先生无信必覆，极费精力目力，以后可力求简化，以保护目力。

敬礼

大安。

振甫上

十二月廿六日

姚著李自成二集深得茅盾先生赞许，即将付印。据对其中吹捧高夫人、完全虚构部分有意见，但自然不会接受。

季羡林

（一九一一—二〇〇九）

山東清平（今臨清）人。字希逋、齊奘。一九三四年畢業於清華大學外文系，一九四一年畢業於德國哥廷根大學，獲哲學博士學位。一九四六年回國後被聘爲北京大學教授，歷任東方語言文學系主任、副校長等職。著有《中印文化關係史論叢》等，譯有《沙恭達羅》《羅摩衍那》等，另有《大唐西域記校注》（合作）等。

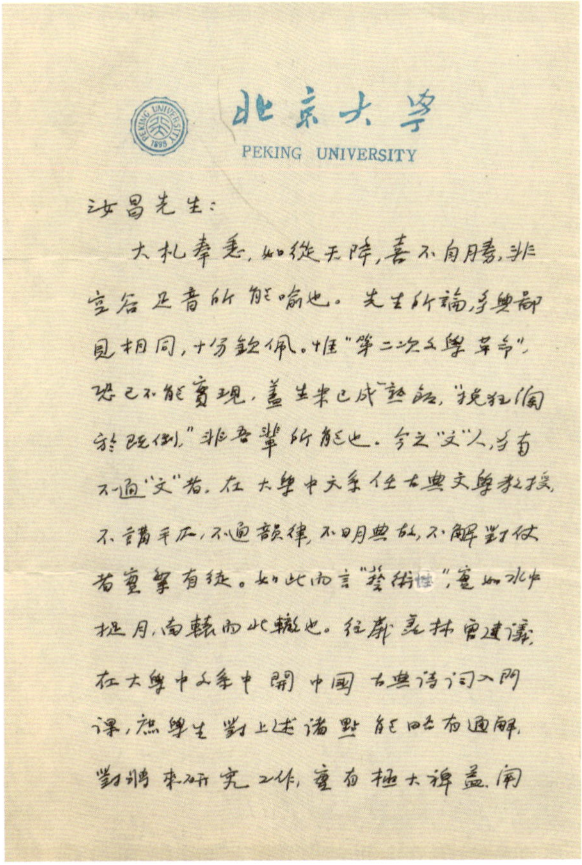
北京大學
PEKING UNIVERSITY

汝昌先生：

大札奉悉，如從天降，喜不自勝，非言語所能喻也。先生所論，多與鄙見相同，十分欽佩。惟"第二次文學革命"，恐已不能實現，蓋其事已成熟語，"挽狂瀾於既倒"，非吾輩所能也。今之"文"人，多有不通"文"者。在大學中文系任古典文學教授，不諳平仄，不通韻律，不明典故，不解對仗者實繁有徒。如此而言"藝術性"，寧如水中撈月，南轅而北轍也。往歲羨林曾建議，在大學中文系中開中國古典詩詞入門課，然學生對上述諸點能略有通解，對將來研究工作，實有極大裨益。因

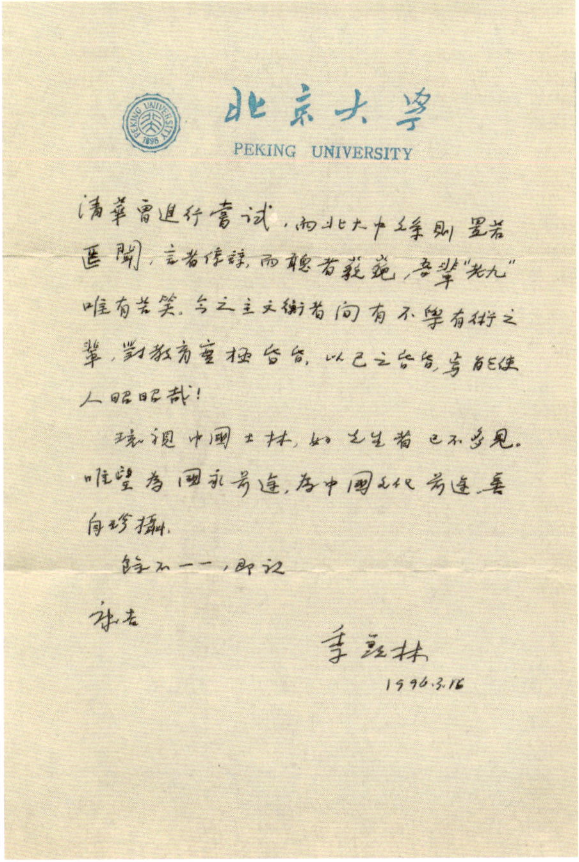
北京大學
PEKING UNIVERSITY

清華曾進行嘗試，而北大中文系則置若罔聞，言者諄諄，而聽者藐藐，吾輩"老九"唯有苦笑。今之主文衡者，向有不學有術之輩，對教育實極昏昏，以己之昏昏，焉能使人昭昭哉！

環視中國士林，如先生者已不多見。唯望為國家前途，為中國文化前途，善自珍攝。

餘不一一，即祝

康吉

季羨林

1996.3.16

徐邦達

（一九一一—二〇一二）

浙江海寧人。名旁，字邦達，又字孚尹，號李庵、蠖叟。曾任國家文物局業務秘書、北京大學歷史系考古專業講師，一九五四年轉入故宮博物院任職。國家文物鑒定委員會委員。著有《古書畫鑒定概論》、《古書畫過眼要録》等。

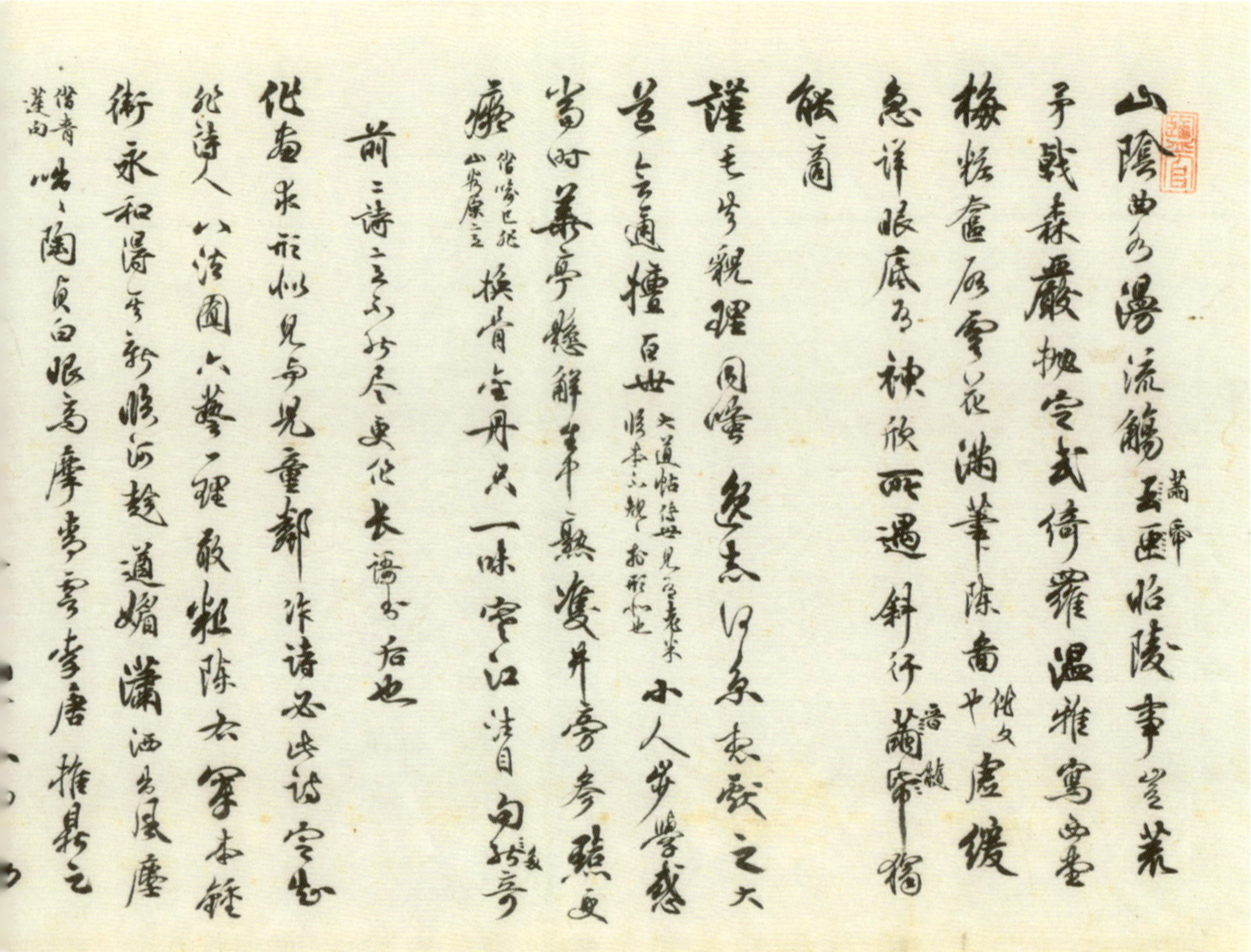

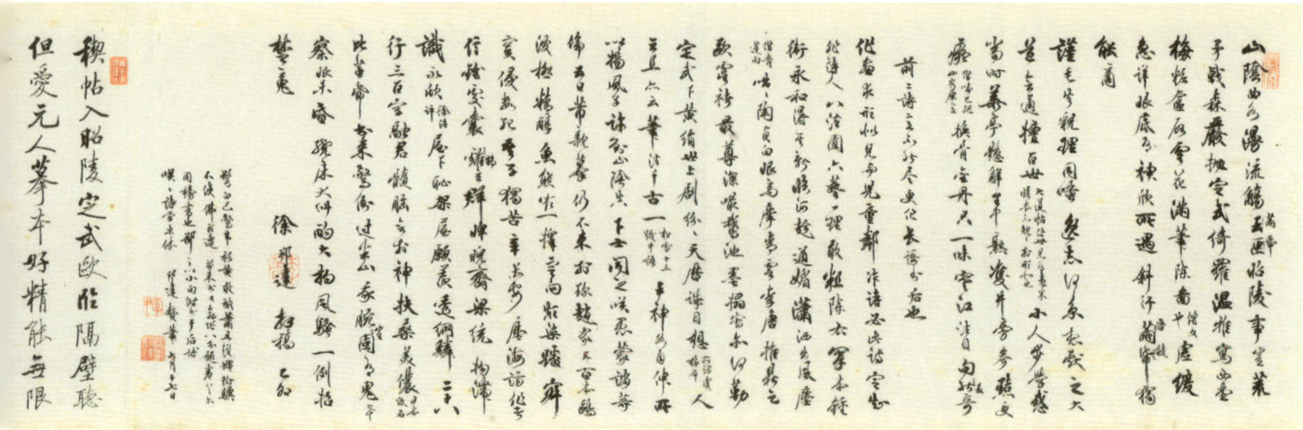

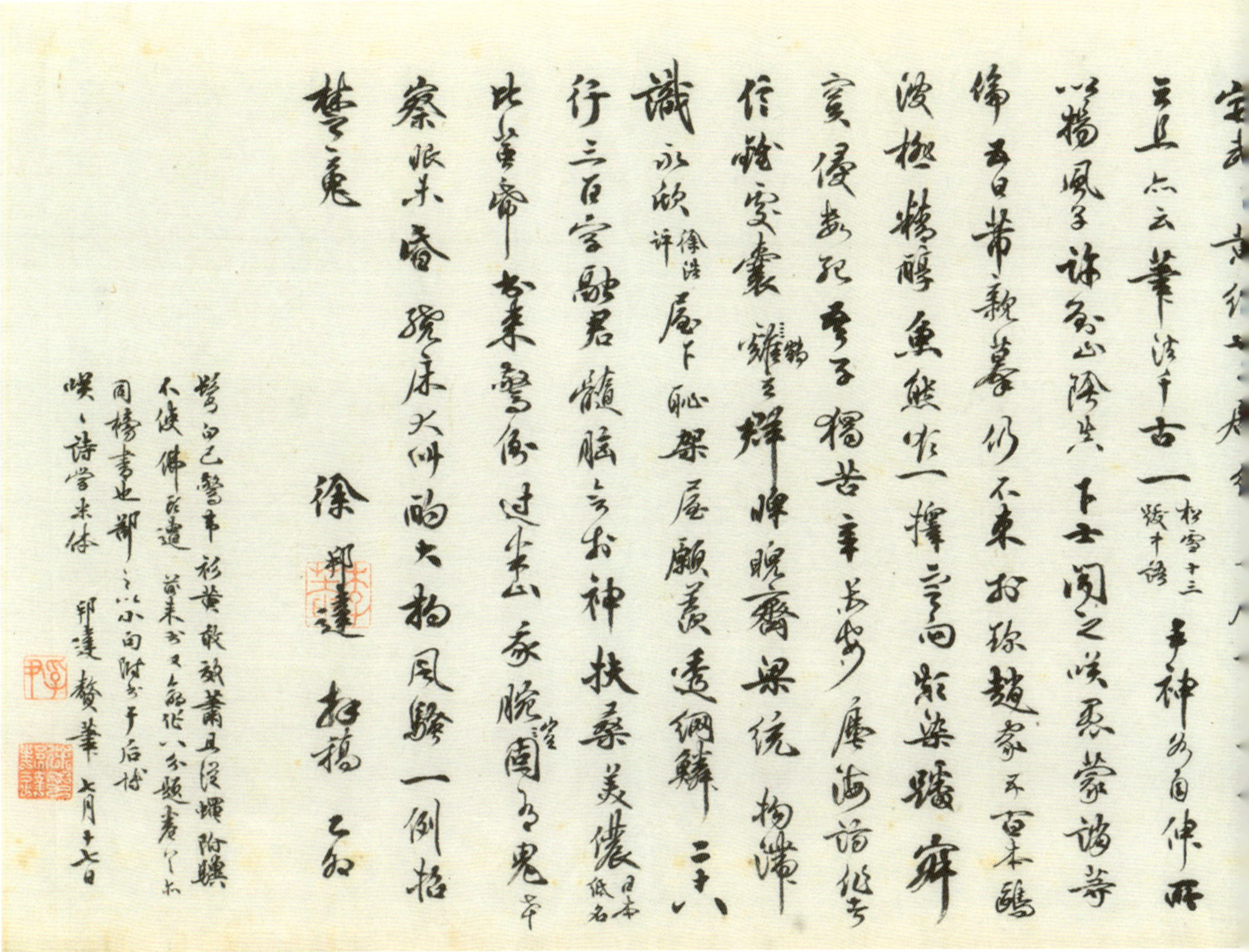

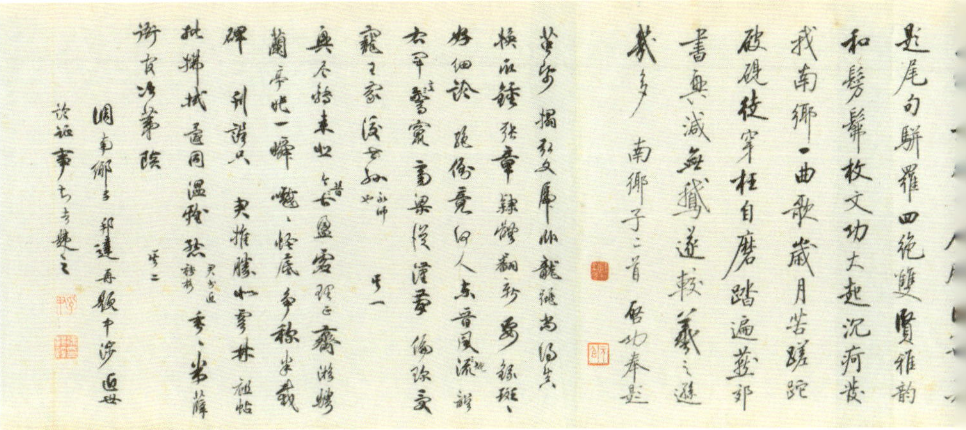

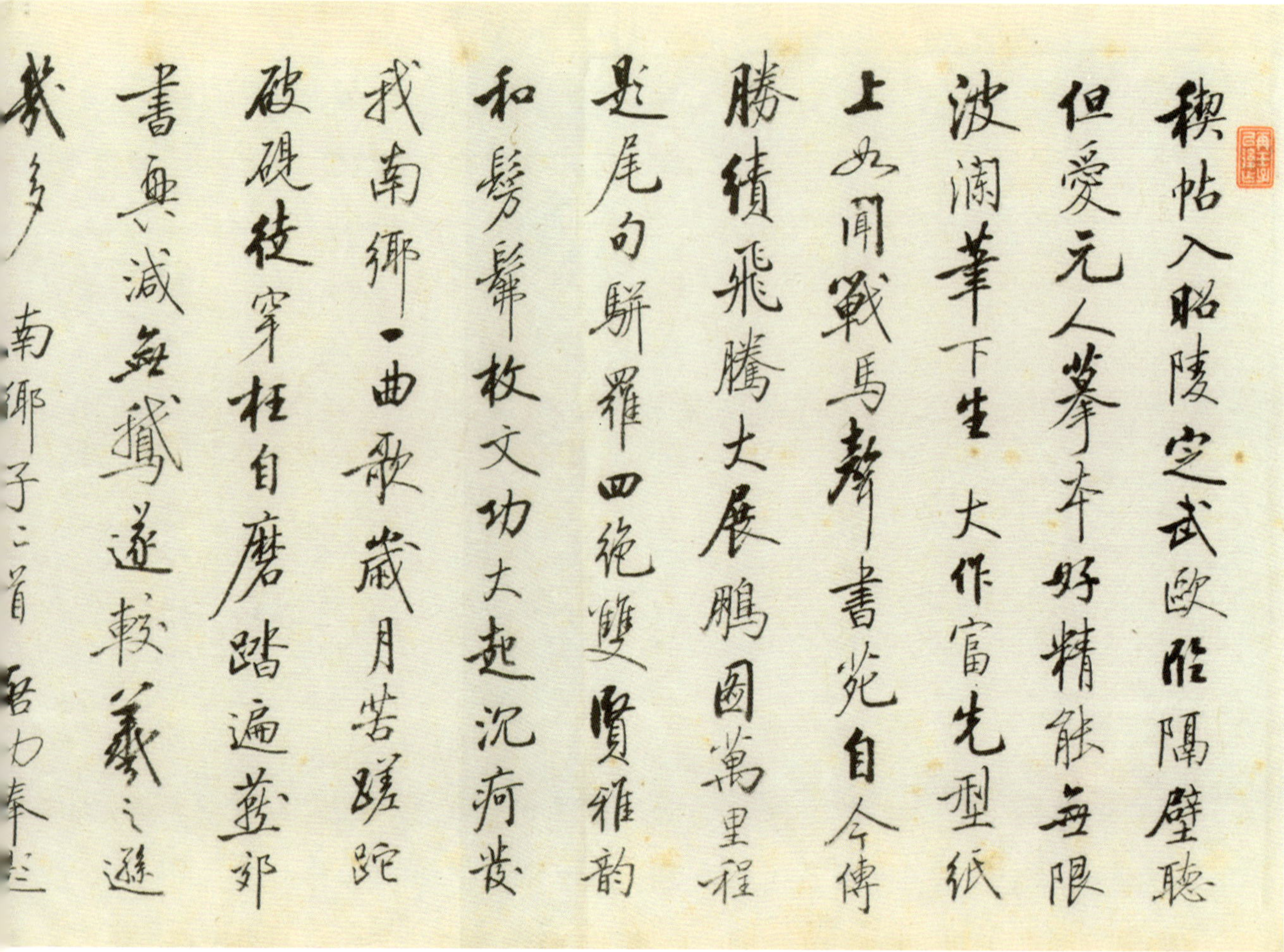

稧帖入昭陵，定武歐陽隔壁聽。
但愛元人摹本好，精能無限
波瀾筆下生。大作富先型，紙
上如聞戰馬聲。書苑自今傳
勝蹟，飛騰大展鵬圖萬里程。
題尾句，駢羅四絕。雙賢雅韻
和髣髴，枚文功大，起沉痾發。
我南鄉一曲歌，歲月苦蹉跎。
破硯徒穿柱自磨。踏遍藝郊
書無〻減，無藏遂較藝〻遜
幾多。 南鄉子二首 晉力奉上

徐邦達（一九一一—二〇一二）

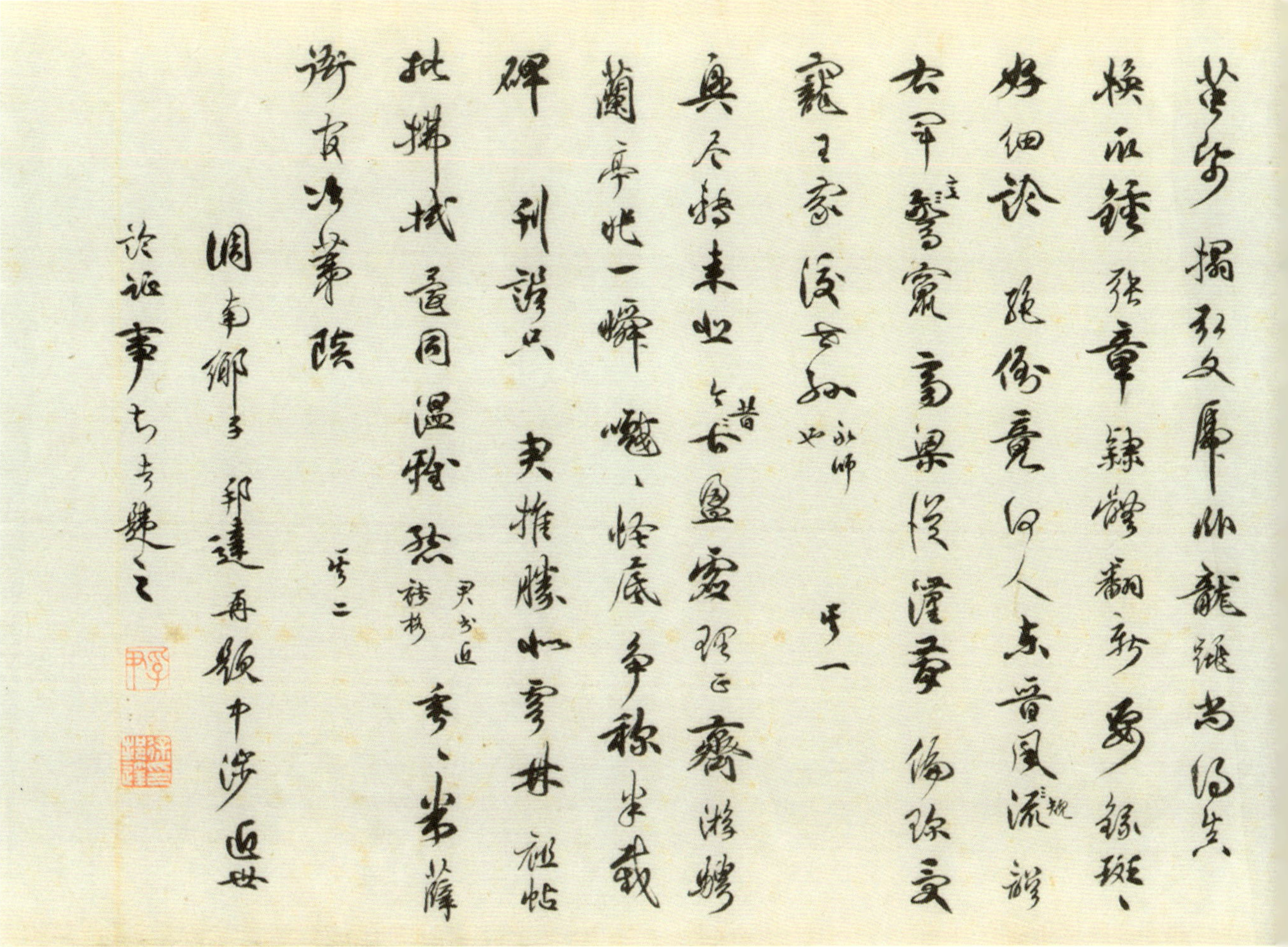

字、珠璣串聯連篇累牘施郵箋愚儒自勉文辛霎滿紙

憐因黃李後產僞鍊石穠朱照坐蒹葭倚玉謝恩慈

遠矚貼硯捫索多勞逼受君根究底其勞術滄海冠連求舊

千淘新耋浸依樣玉彥朱索麥精殿版少譜詩瀝一生嗟玉衷收

入新圖新徽好箏束風歷、紅樓豐坐誇玉珍壽眼

周賀新涼 亦句

玉言先生 重刊紅樓 新證之昭

一九六三年春暮 源 敬達并跋

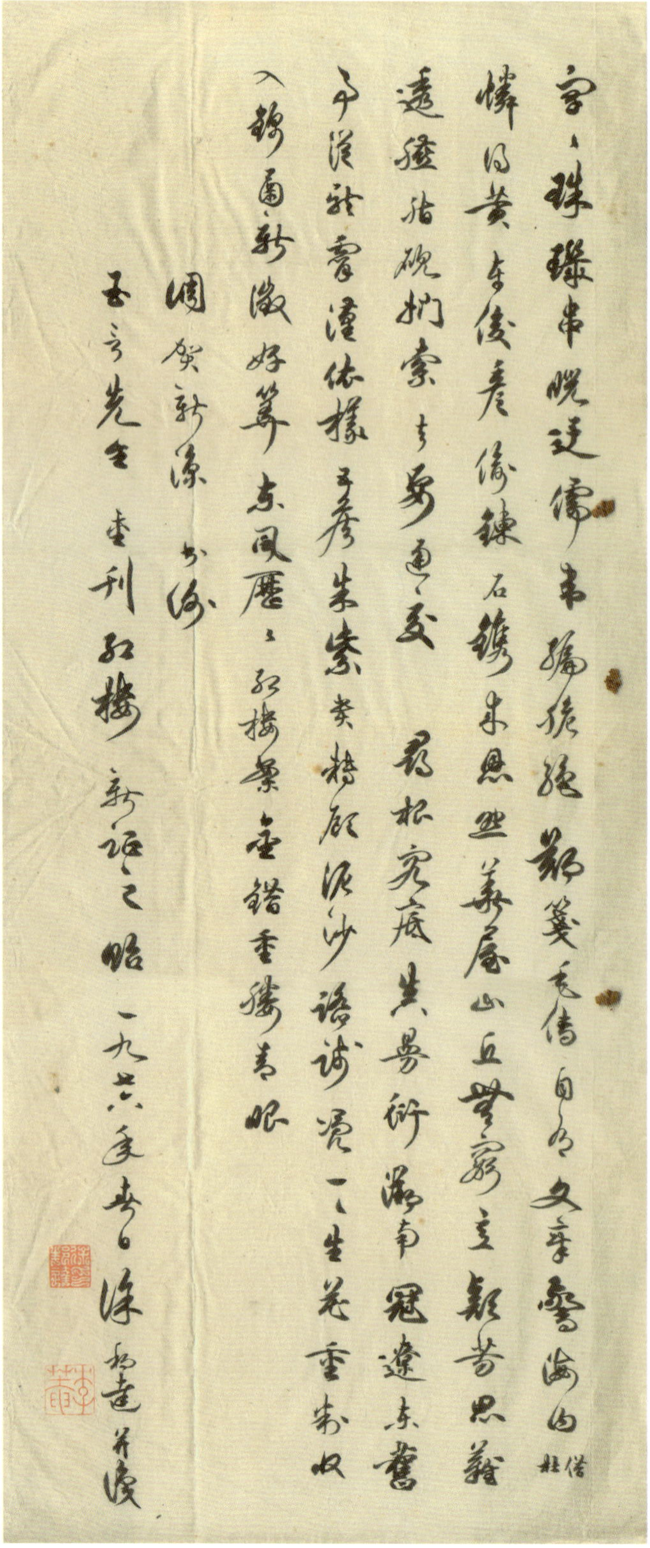

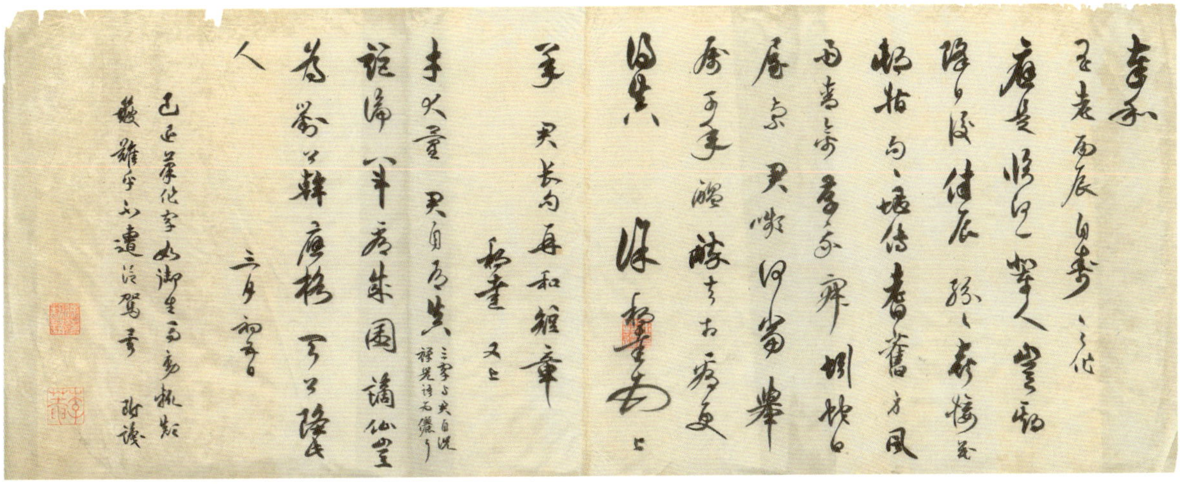

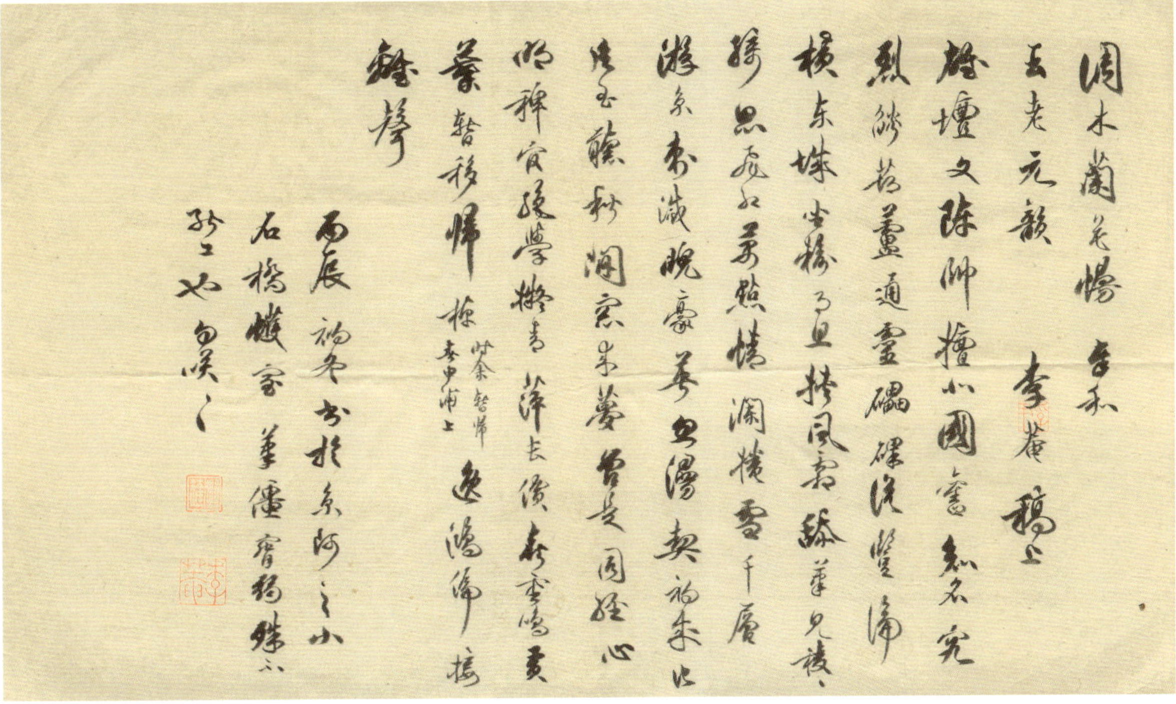

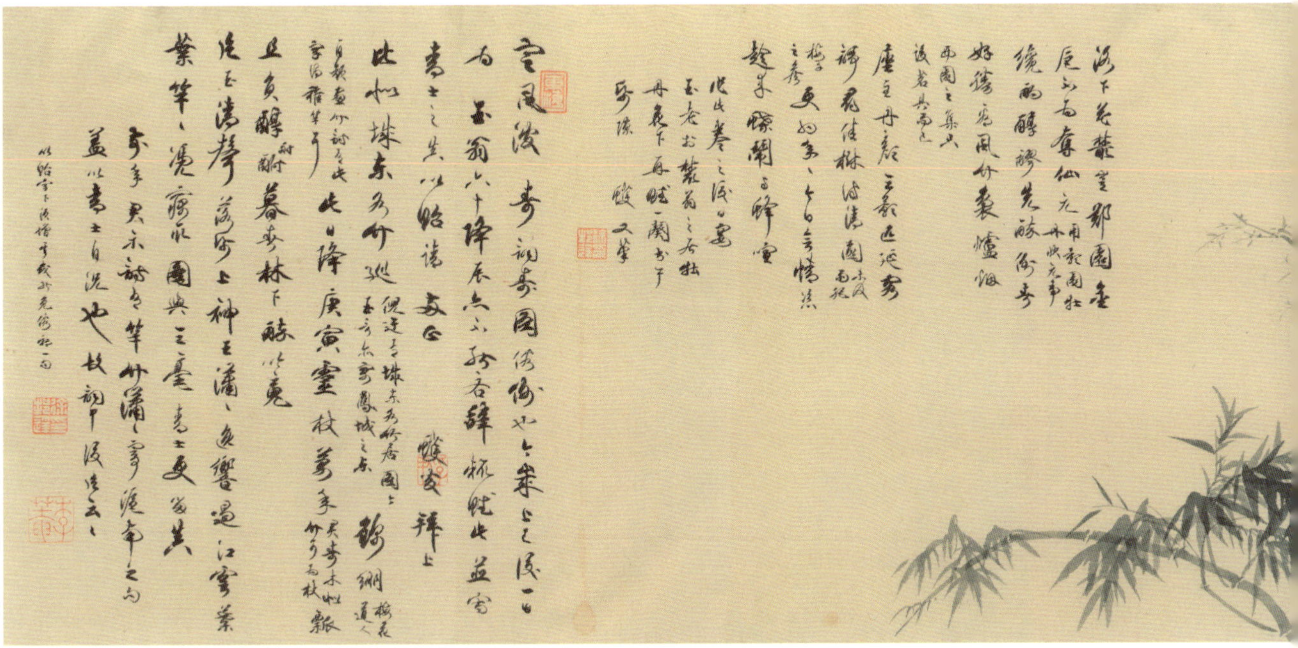

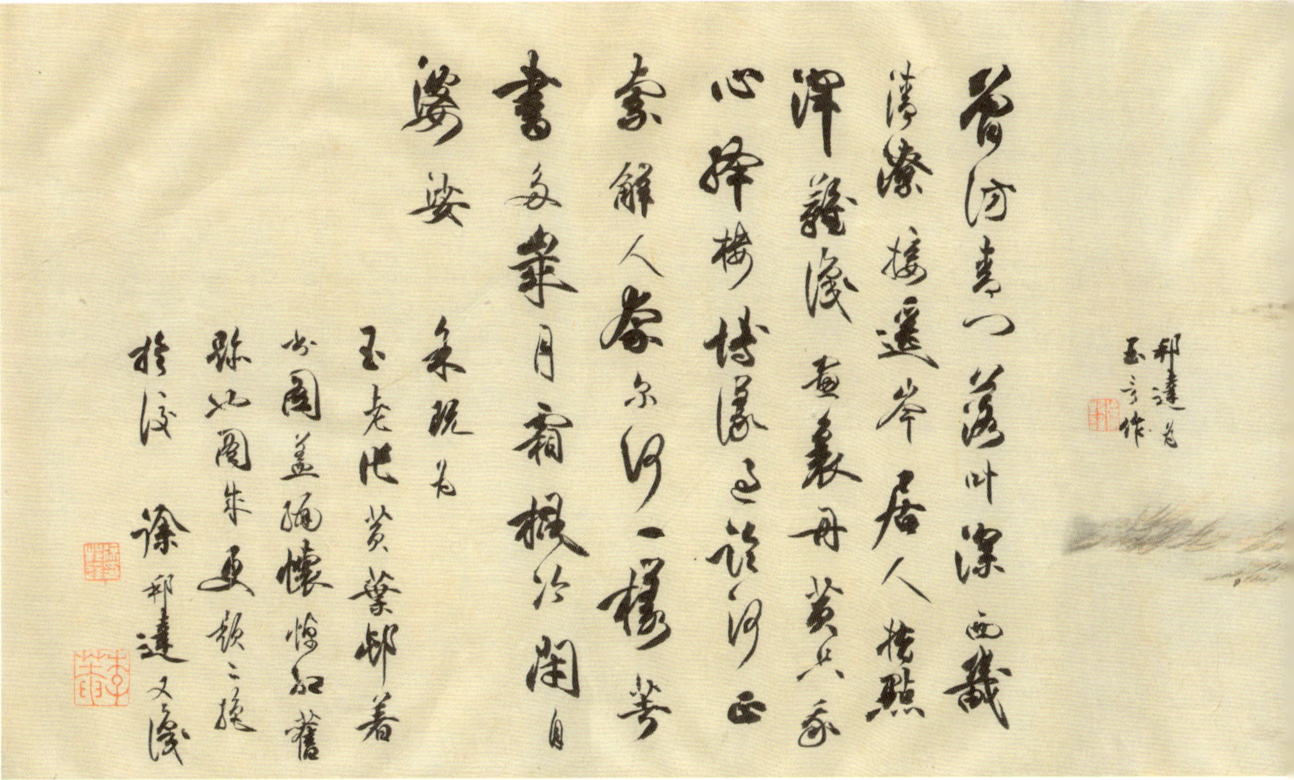

諸老句萬州集兩見風規警筆新

寄枯展星窗士秀塵依稀松岸枯

稿再逢門風江左書客睡長楊蜀托

檀樂籤秀香清沐　吉修河一笑　後濤

篁桂誇唱晚襄揚流岷憤貴好寒

筆此醉園紅袖向棒長鳴禽晚同銀橋

朱朱篛禒蕺里始後津沭

園客翁似蓋如向丁巳上巳陵日為

翁六十壽展院襲奇國老秀文北

此闕再志此老後六美翁十三寫集

乾中度十主此銀給橋旁蕺老居

蹇曰傾露與同席陪子連禊連乙乙

故園中宋沉五七

瓞笈菁沉

玉麈書三帖贈一詩得及与败典枢以易以尖字

撲溷邪老例业因說字中火毹字捶曲本主假癖

翁小筆遺之丑牘成出纯书枯畫瑞諮昌

掉伊寄詩事大癡唐季坐雨細听之用警

聲的言辟溷老敝說薰風嚴角時涂

朱亏又志人書孫花字体瘦金字枝六角詼懸事

邢達菁記　庚戊春明

花戴乎

一八○

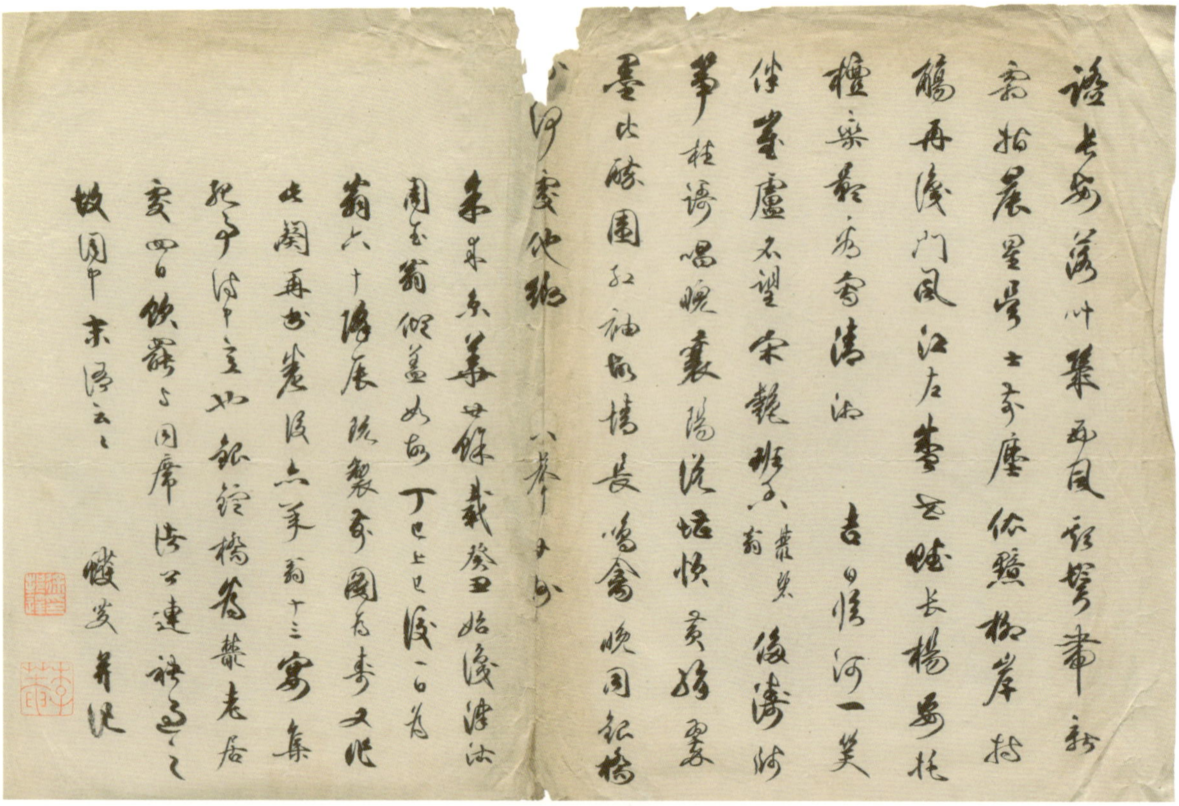

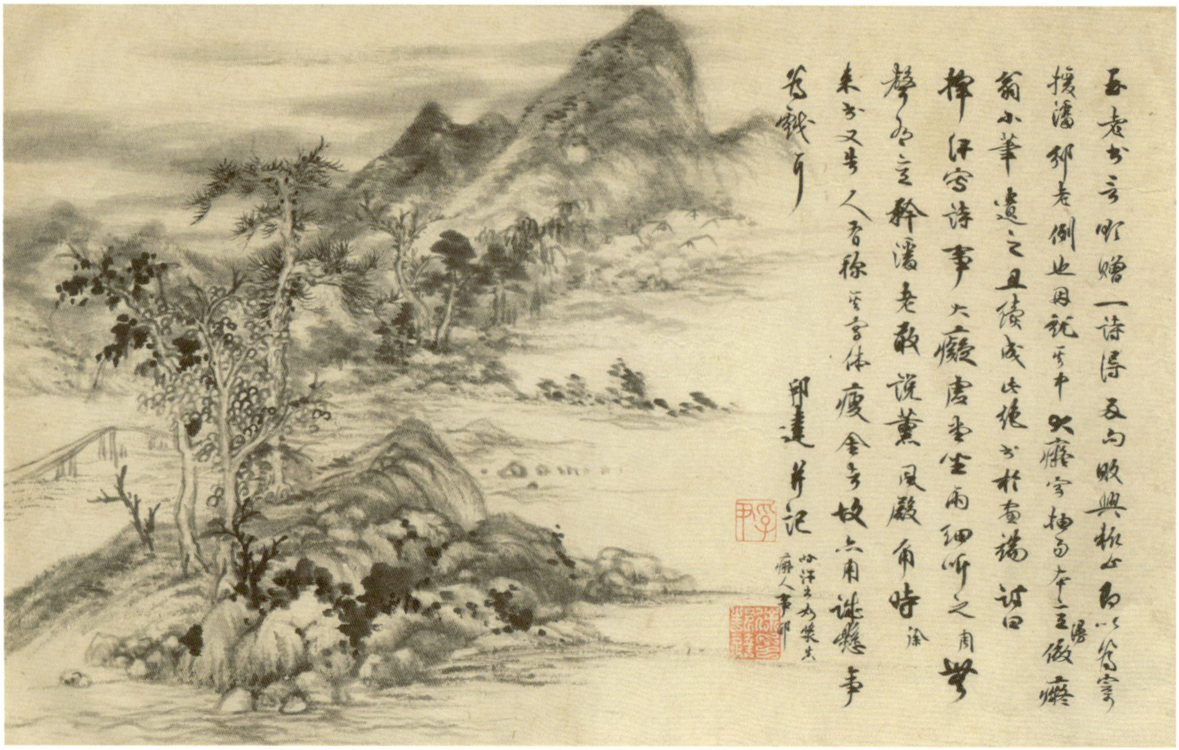

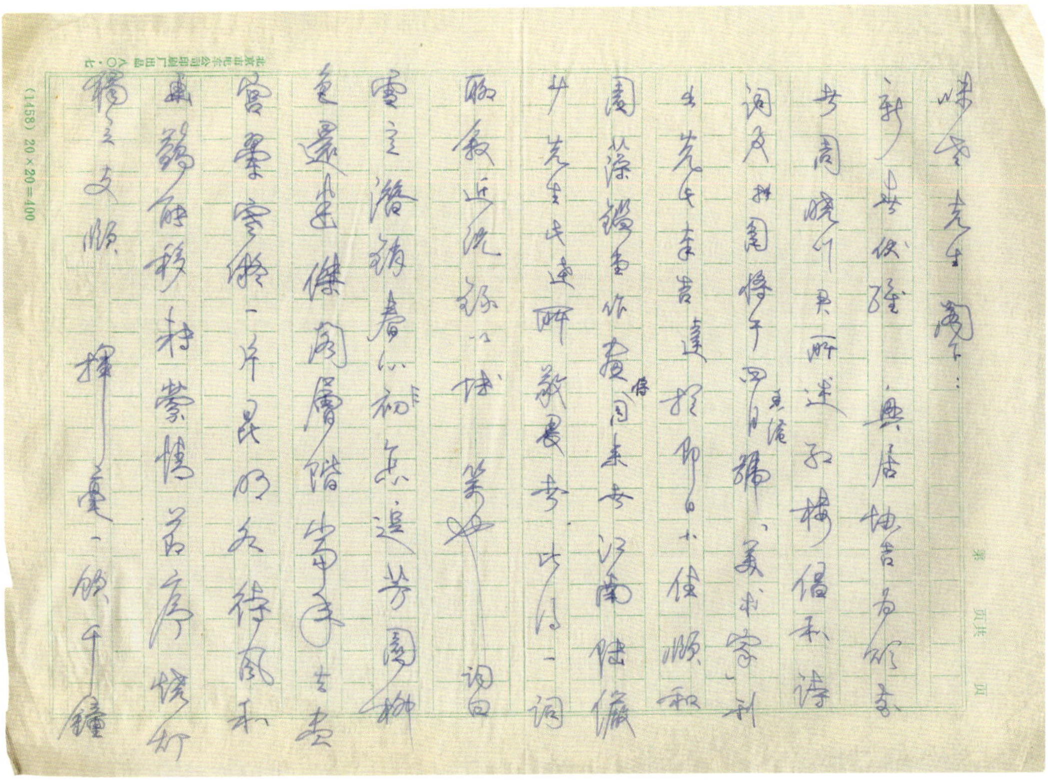

味冬先生阁下：
新正安伏维兴居佳吉为颂。承
芳园晚作见示，所述和梅倡和诗
词及拙园修千四月东滘稿、美术字刊
出，先生来书达于即日，不侍顺和
园荫鉴香作（侍）图来，安江南陆俨
少先生比达所藏最安比得一词
顾叙近况，录以博笑也。词曰：
雪之路销春心初乐，追芳园柳
色还生。保阁层阶当年去来
宫墨空余一片，最明月待风和
丽鹤能移，村萦情落，度钱行
[illegible]之文顺。 拜复一。 [illegible]钟

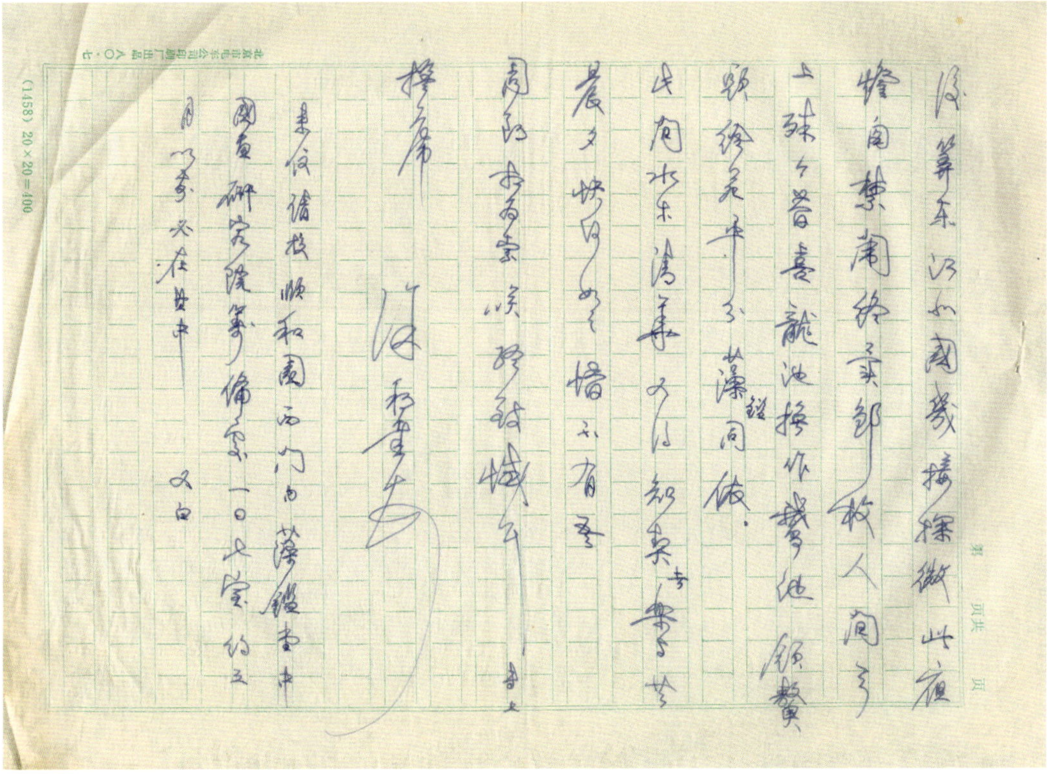

后算东江和园几楼，探微此夜
登临，白首紫闱，终欠郎，校人间事，
上殊今昔，喜龙池换作孳池，领赞
缀徐先生，不藻（錔）同依。
此间冰雪清华，又得知某专要梦
晨夕，惜不同看
周郎寿名宗侯，移铁城云 [illegible]
拜席 徐邦达
来信请投顺和园西门内蕖锦香中
国画研究院笔编室一〇七室约五
月以前必在其中。 又白

何其芳

（一九一二—一九七七）

四川萬縣（今屬重慶）人。一九三五年畢業於北京大學哲學系。新中國成立後，曾任中國科學院文學研究所研究員、所長等職。著有《預言》、《畫夢録》、《還鄉雜記》等，另與友人合著《漢園集》。

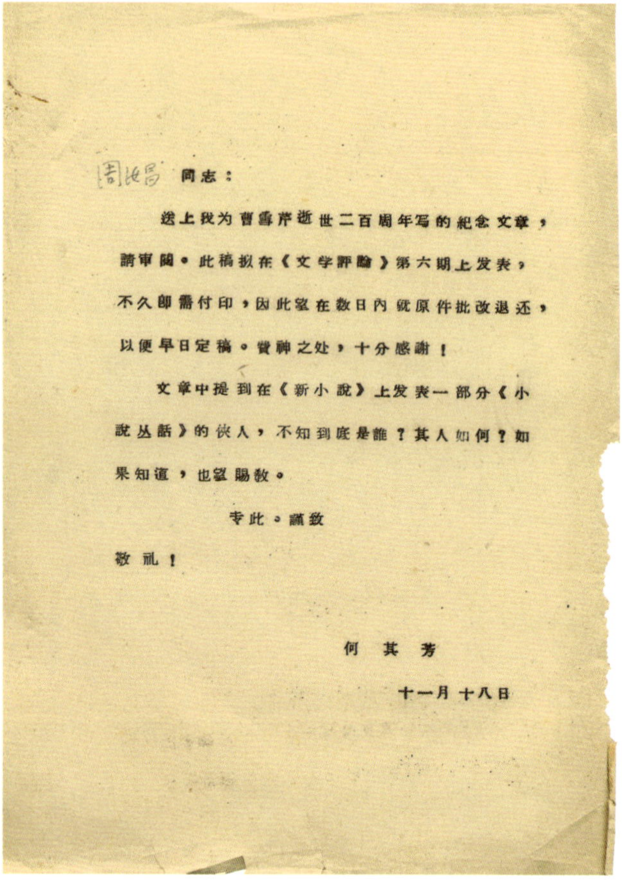

周汝昌同志：

送上我为曹雪芹逝世二百周年写的紀念文章，請審閱。此稿拟在《文学評論》第六期上发表，不久即需付印，因此望在数日內就原件批改退还，以便早日定稿。費神之处，十分感謝！

文章中提到在《新小說》上发表一部分《小說丛話》的侠人，不知到底是誰？其人如何？如果知道，也望賜教。

专此。謹致

敬禮！

何其芳

十一月十八日

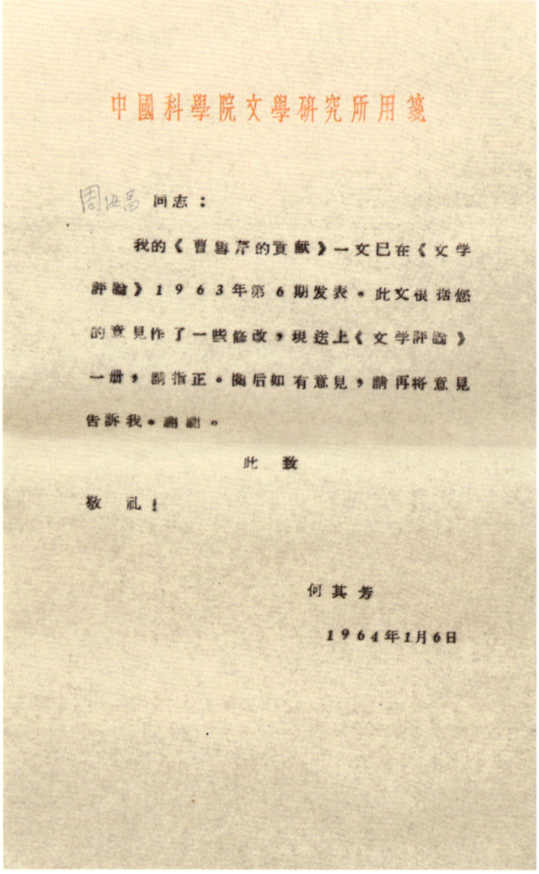

中國科學院文學研究所用箋

周汝昌同志：

我的《曹雪芹的貢献》一文已在《文学評論》1963年第6期发表。此文根据您的意見作了一些修改，現送上《文学評論》一冊，請指正。陶后如有意見，請再將意見告訴我。謝謝。

此致

敬禮！

何其芳

1964年1月6日

汝昌同志：

三月十二日寄来文稿《红楼梦手稿曹雪芹有关文物叙录一束》和信，早就收到。我现在才写回信，实在太迟了，非常抱歉！

拖迟的原因我应当说明一下：

前些时，收到文稿后，我很快就把它转给了邓绍基、世德、蔡义同志，请他们先看。由于我患眼病，记忆力异常坏，后来竟忘记了此事。世德同志催我，我才记起曾经收到过你的文稿，我派了秘书同志翻箱倒柜地找，都未找到。后来又问到世德同志，他也说没有找到。又要（提醒我，是不是交给别的同志看去了）。我就想到绍基同志，他说是在他那，他们早已经给你写了回信。再见到你的文稿和信，我才记起了全部事情。你看，这样记忆力坏，真可以发笑了。

收到文稿后，我就读了一遍。我觉得很有兴趣。这本书，有关曹雪芹的新材料发现多种，是大家都注意的。你的《叙录》考得很详尽，整个说来，也很有说服力。读时，只是对"二画像"部分，我觉得似乎说服力还不够充足。诚然，"对联与左右扇本不一定都有必然联系"，但一面是画像，一面是画像题记，两者竟贴在一起，似有些奇异。或者说两者本来很可能有关而判断它们无关，也似不妥。总之，我对这件事所知不大清楚，只有读时感觉有此一疑而已。

读了稿后又过了一些时间，又由于杂事较多，拖延到今天才写信，真是难于求谅了！差不多天天都在办公、开会、谈话，事情很多，而精力不济，常在疲乏之中。读到了关于你写出的一点意思，在我本要下决心，要把今日的情况说清楚的时候，今年日本例如此，不能说这个时候要赶着的时候，虽然也这样一点意思，都仍未能写清楚。我患了眼动脉硬化症，记忆就差了，你的来信，是不是有这意见障碍，或者记忆中断，也就不能去做。

北京市电車公司印刷厂出品 71.9（1360）

开会发言中断，可笑之事甚多。前些日子，吴恩裕同志寄文来，不好辞去，故
只能看以前旧作，亦已久未写回信。未回信除眼睛病原因外，也因为要在找不
出什么较好的引文意见。读来信知不顺下头，歉疚得很。信上说对一个字不
解释之意见也无法都地提出了。我说之"废"应之"废"，此意在于释为我废之
"废"，不必引意求深。

写至此几行，亦错落无纪了。词不达意，并见眼病之一斑矣。幸勿见罪！

专此，致

敬礼！

何其芳 ?月二十五日下午

北京市电車公司印刷厂出品 71.9（1360）

端木蕻良

（一九一二—一九九六）

遼寧昌圖人。原名曹漢文，後改名曹京平。曾就讀於清華大學，上世紀三十年代末在山西、重慶等地任教，後輾轉於香港、上海等地，編過多種副刊、雜誌。新中國成立後在北京市文聯任職。著有小說《科爾沁旗草原》、《曹雪芹》等，並有散文集、劇本多種。

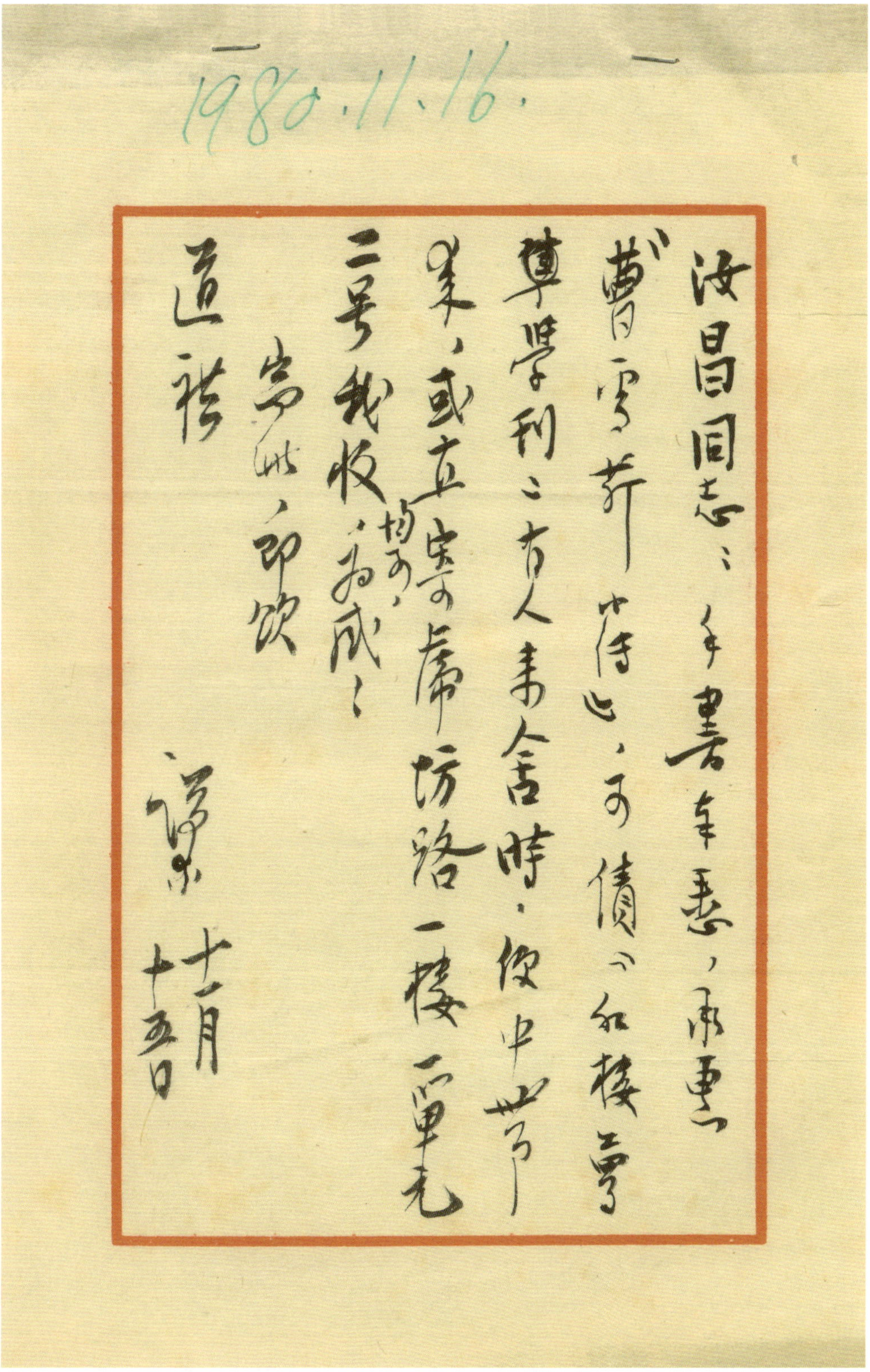
1980.11.16.

汝昌同志：手書奉悉，承惠
曹雪芹小傳已，可償紅樓夢
學刊，方有人來舍時，便中帶
來，或直寄虎坊路一樓一單元
二號，我收均可，為感！
專此，即頌
道祺
蕻良　十一月十五日

1982.4.16晨

汝昌学兄惠鉴：「影红楼」座谈会上，因你来的略迟，座位稍远，未及细谈。后因会搀扶持我之际，我告她有关保护银锭桥的建议。因为你对“什刹海”一带考证周详，特别对银锭桥说得精采。试想当年这是连接南北的唯一通道，我想：如果曹雪芹走到什刹海，也得走过这个桥。如果李西涯、纪晓岚曾走过什刹海，也得走过这个银锭桥。幸好，这个小桥还保存它的当年风貌。因为大概是我十八岁时，曾在“东不压桥”住过，那时，也像你当年住在这一带一样，常来什刹海。对当年的银锭桥还有所记忆。

②

这个桥因为太小，又没有这一段历史上的特殊价值，在交通日益的趋势下，自必然需要改造。我在七九年曾特意到这儿来过一次，我觉得像一溜胡同，烟袋斜街都还有些当年的味道，特别是烟袋斜街，改变比较小，真有点儿像苏州的巷子的味道，你如有时间，不妨去看一下。

鄙意，这一带最好能按原样保存下来，因为我行动不便，精力不足，西涯那边没有去，所以不好说了。单就这一带，我看是应该保留下来，银锭桥可以仿金鳌玉蝀桥那样，在旁边加筑一拱桥或板桥就可以把银锭

③

桥保护下来了。

当然，贤王祠的确旧址，还有建祠时的石碑，还有甚至如槐园里面的老屋和仅有的一段城墙，都仍该继续保存，但是，银锭桥因为行人日多，它已不合实况要求，因此就成为有急迫感。这仅是我个人的感觉。希望你能以你考证的根据建议把银锭桥保护起来，其它，再连续来作，如果吾兄，能抽出时间来，就有关专家的有关现存的实物，作一个总的说明，由南到北，供人参考，一方面在改造时，能加以注意，一方面也唤起旅游者的重视。我想，从间接来说，对"四化"也是大有裨益的。

④

我最近颇感不适，因手麻木加重，所以写得潦草不堪，但又想写得大些，便于你入目，所以，就会写得更乱了。

匆匆作覆，谨祝

笔健

阖府均吉！

端木蕻良 拜上 一九八二年四月十日

我的住址是在光明楼对面，一中联友谊的楼上。地址习惯上是这样的："虎坊路小白楼一楼一单元二号"有些不清楚，但已习惯了，邮递员同志，会清楚的。

又及

啓功

（一九一二—二〇〇五）

北京人。字元伯、元白。一九三三年任輔仁大學附屬中學國文教員，一九三五年任輔仁大學美術專修科助教，後歷任輔仁大學國文系講師、副教授，北京師範大學中文系教授。曾任中國書法家協會主席、國家文物鑒定委員會主任委員。一九九九年被聘爲中央文史研究館館長。著有《詩文聲律論稿》、《古代字體論稿》等，參與點校《二十四史》和《清史稿》。

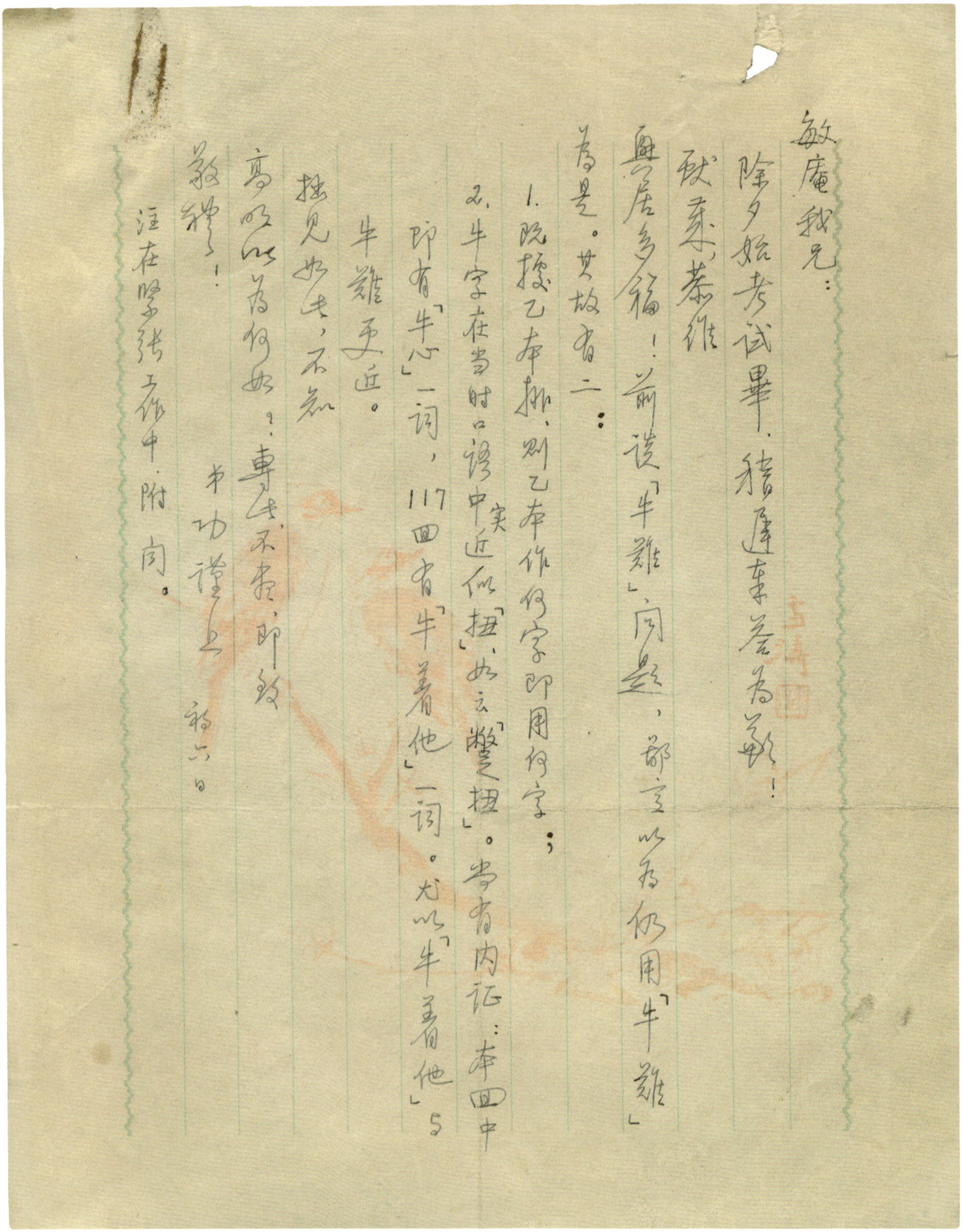
敏庵我兄：

除夕始考試畢，稽遲奉答爲歉！

新春恭維

興居多福！前談「牛難」問題，鄙意以爲仍用「牛難」爲是。其故有二：

1. 既據乙本排，則乙本作何字即用何字；

2. 牛字在當時口語中近似「扭」，如云「彆扭」。實當有內證：本回中即有「牛心」一詞，117回有「牛着他」一詞。尤以「牛着他」5牛難更近。

拙見如此，不知高明以爲何如？專此，不盡，即致

敬禮！

弟功謹上　初六日

汪在學術工作中，附問。

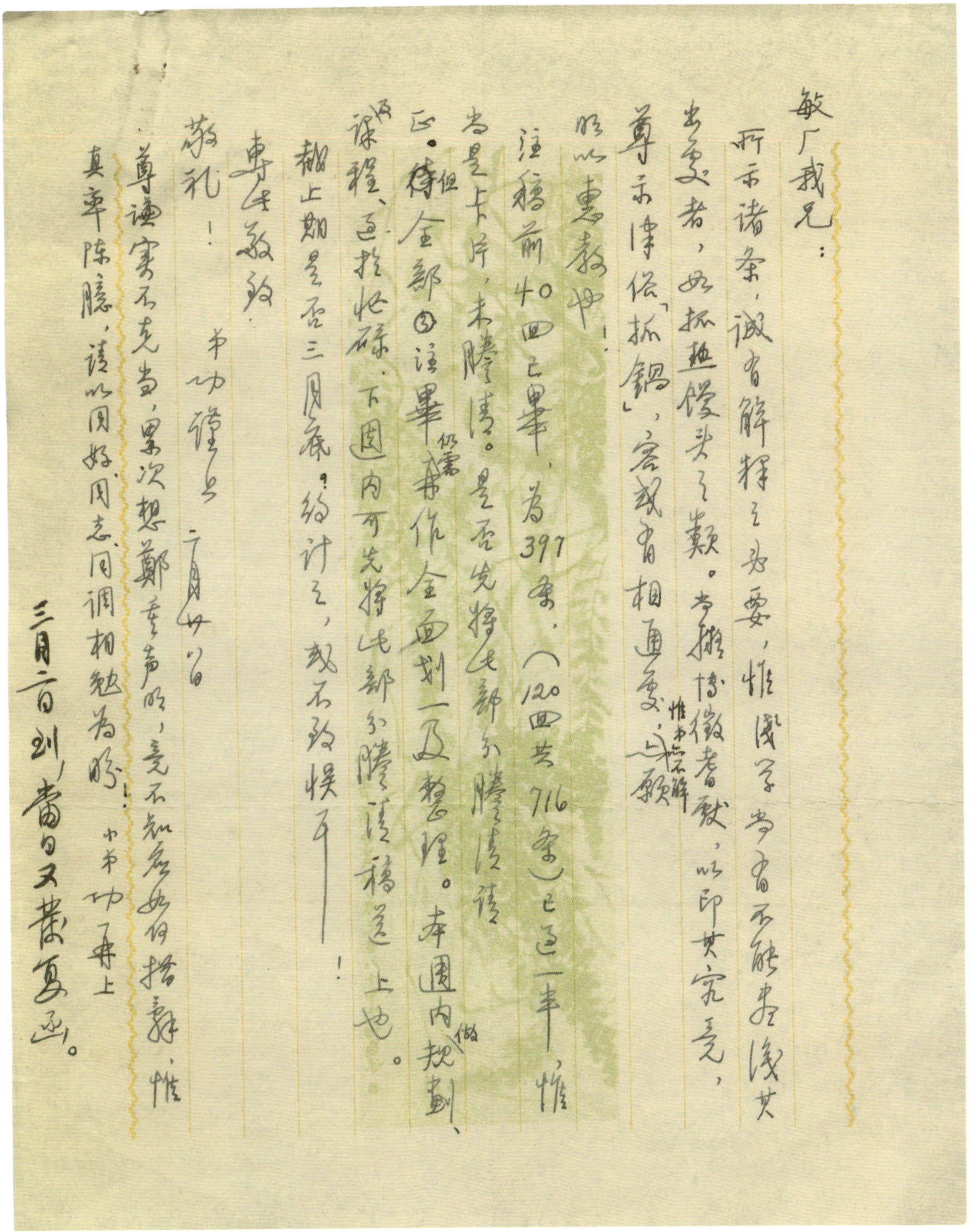

敏厂我兄：

所示诸条，诚有解释之必要，惟浅学当不能尽考其出处者，如抓髻馒头之類。当据博徵者献，以印其究竟，尊示律俗「抓鍋」，容或有相通处，惟书中不解之類，照以惠教也！

注稿前40回已毕，为397条，（120回共716条）已过一半，惟尚是卡片，未誊清。是否先将此部分誊清请正，但待全部回注毕，似需再作全面划一及整理。本周内做规划、设课程，之后收稿，下周内可先将此部分誊清稿送上也。截止期是否三月底？约计之，或不致误耳！

专此敬致

敬礼！

弟功谨上　二月廿日

尊谕实不敢当，累次想郑重声明，竟不知应如何措辞，惟真率陈臆，请以同好、同志、同调相勉为盼！　弟功再上

三月二日到，当日又发复函。

玉言我兄師表：首先話說稱謂問題，我公來稱，弟只敢以為戲之，但即此戲之，又何敢捧讀第二遍！弟望下不為例！！尤其拙荊聞之，不禁駭叫，雖云及烏，總希勿使病歸惶愧也！！條約簽字，立即生效！！程乙本之荒謬，誠如高論。此書問題，日益澄清，"天下本無事，庸人自擾之"，實堪諷可誦，益恨胡氏胡說也。故今之印本，逕刪程本之序，是治絲

愈棼也。雙鈎曹氏手跡，筆法既有誤，又乾隆人而作章草，俱大有研究餘地也。此類照未可盡遂吳公之，必自證而後有權發言耳。玉言于"祖師爺賞飯吃"之梨園行業語，所以注釋者，非僅為我以辯護，實亦為別人不致誤會，此層用意，想公當首肯也。逸少之事，自梁武與陶隱居即有辨別，宋人黃米，復斷斷於閣帖，我輩習書正好玩味米札之語，所謂"書一百碑

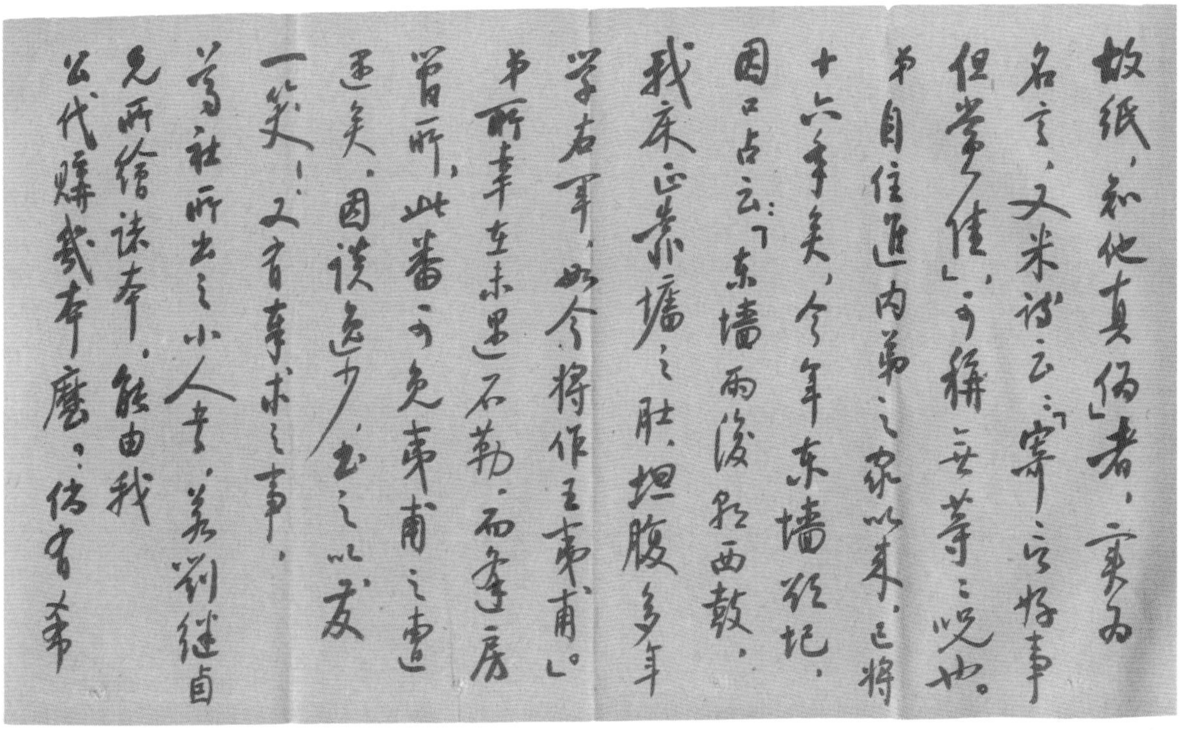
故纸，知他真伪」者，实为名言。又米诗云：「寄言好事但赏佳」，可称无等等之悦也。弟自住進内弟之家以来，已将十六年矣，今年东墙既圮，因口占云：「东墙雨后朝西倒，我床正靠墙之肚，坦腹多年学右军，如今将作王东甫。」弟所幸在未遇不测，而幸逢房管所，此番可免东甫之遭遇矣。因读逸少，书之以发一笑！！又有奉求之事，贵社所出之小人书，若刘继卣兄所绘诸本，能由我公代购几本么？倩书奉

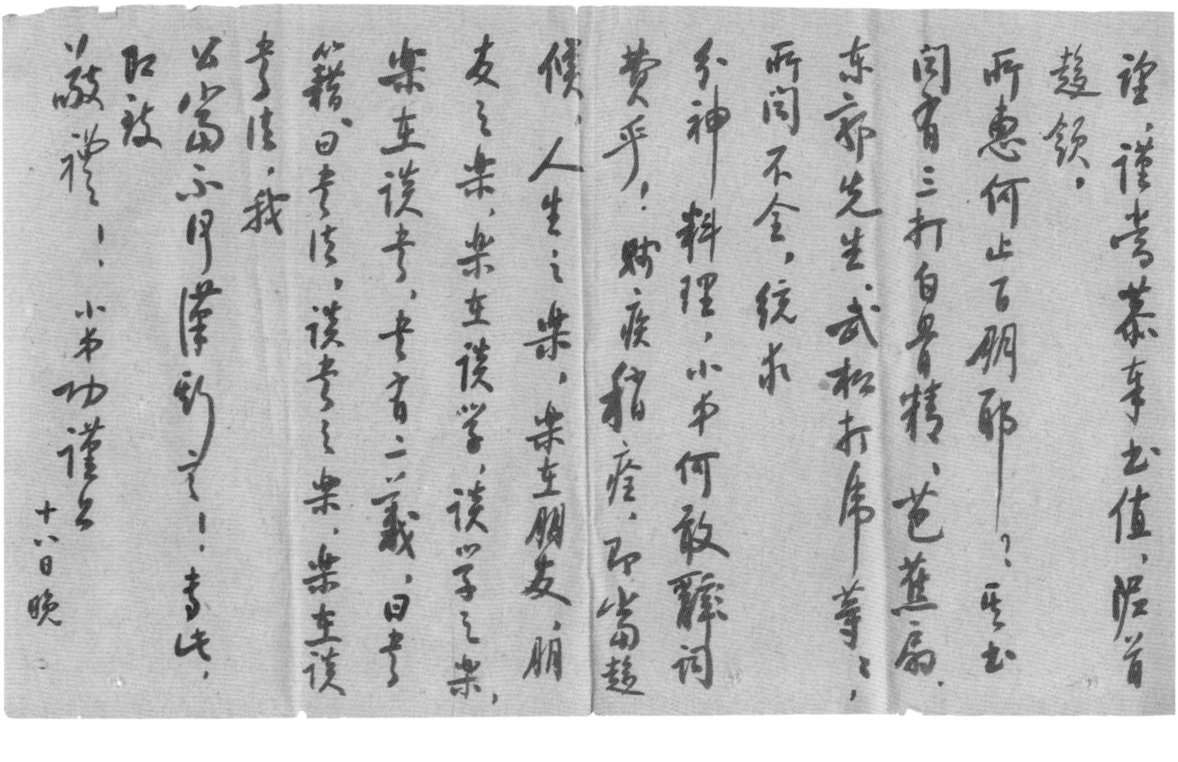
请，谨当恭奉书值，照前趋领，所惠何止百朋耶！？！ 琴书闻有三打白骨精、芭蕉扇、东郭先生、武松打虎等等，所闻不全，统求分神料理，小弟何敢辞费乎！ 贱疾稍痊，即当趋候。人生之乐，乐在朋友，朋友之乐，乐在读学，读四子之乐，乐在读书，书有二义，曰书籍，曰书法，读书之乐，乐在读书法，我公当亦同感也！！专此，即致敬礼！！ 小弟功谨上 十八日晚

第　页

玉言吾兄师表：

前获　赐札，尚未奉复，忽又旧疾发作，今晨尚未上班。梦中闻阚达行同志呼声，急起床快读，真不啻檄愈头风，今日岂不自遇矣！

大作於我只有增加见闻，实无"意见"可得贡献者，因除小砚一事甚为赏目外，其余皆不为见也。

仅就　大稿，作为读者感觉之点有数条可陈者，敬分写于下，当否，尚乞　赐教！

1.题目不大醒豁，但亦想不出办法。且文中次序是先谈曹氏遗物，后谈新见之校本，其先后与题目不同。（题中先谈书后谈人）

2.因以上问题想到此文如将新本（靖本）之叙述移前，将各件文物移后，不但与题目相合，且分量压得住，（谈书的字多）但版型已成恐移动不易矣。

3.第25页左栏第14行"靖本笔者

15×20＝300　　文物编辑部

第　页

未及目验"，其"请本"二字似宜加逗号，否则易误为"请本的写者"矣。

4."校本"二字是否可概"写本"，大文中已提出"借用泛义"之说，但究觉小有出入。大约是为符合"文物"性质，又要项俱括二字，故此处不能再着多字。弟窃谓如直说"钞本"，亦足名实相符，不知当否？

5.程氏画扇题识不见于容台别集，董氏尝云"米家多瓦屋，高(房山)家多草房"(大意)，程题又似套自董语，疑莫能明也。

匆匆写出，请 痛予涂革！计其写时距收到 大稿时，八十分钟。

此致

敬礼！

小弟功谨上

1973.3.13.

15×20=300　　文物编辑部

瀟湘館羸得詩人甲古北
傷怡如急景
希字萬行縋之一石獨洞
可騎叢帖之黑虎車未傳
悵範差彩但從說他竟刀德
茶若帖与碑
曹弄嚴昔日透實賊毫一折
萬萊若以酸鹹津小
有牛皮若以莘裙荆
唯在義陸稽前戢詳我和
唐吕給余感合好
削治怡帖一傳
横平有左右
題日一石中
無十七行十行

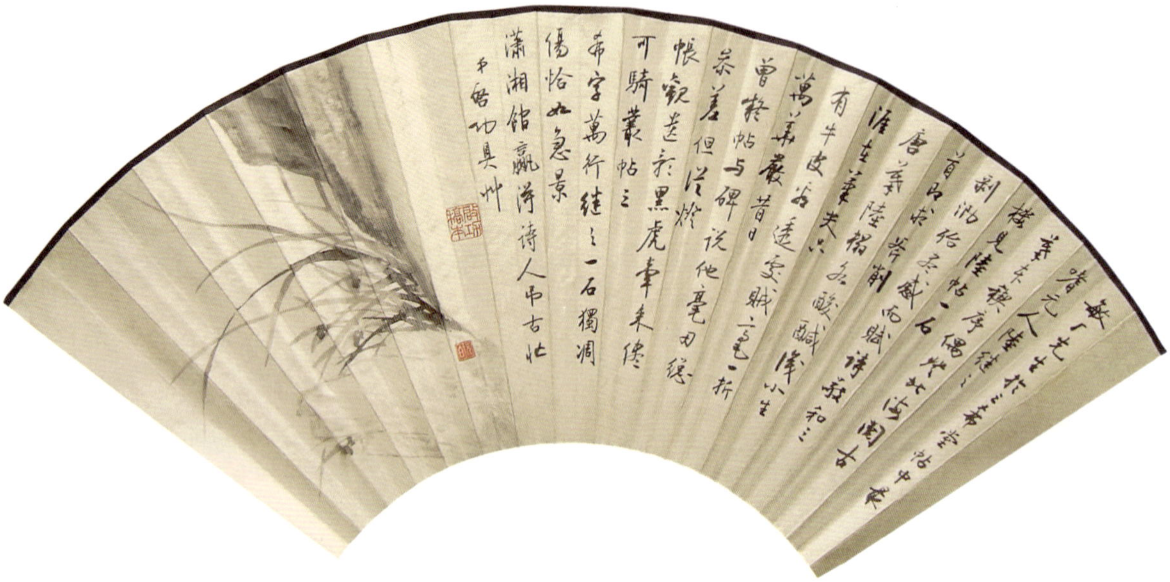

吴則虞

（一九一三—一九七七）

安徽涇縣人。字藕廎。早年曾師從章太炎，專攻文字、音韻、訓詁之學。後歷任重慶女子師範學院、西南師範學院等校教職。一九五七年調至中國科學院哲學研究所，並在北京大學、中國人民大學、中央黨校兼授文字學等課程。著有《晏子春秋集釋》、《續藏書紀事詩》等，校點《清真集》等。

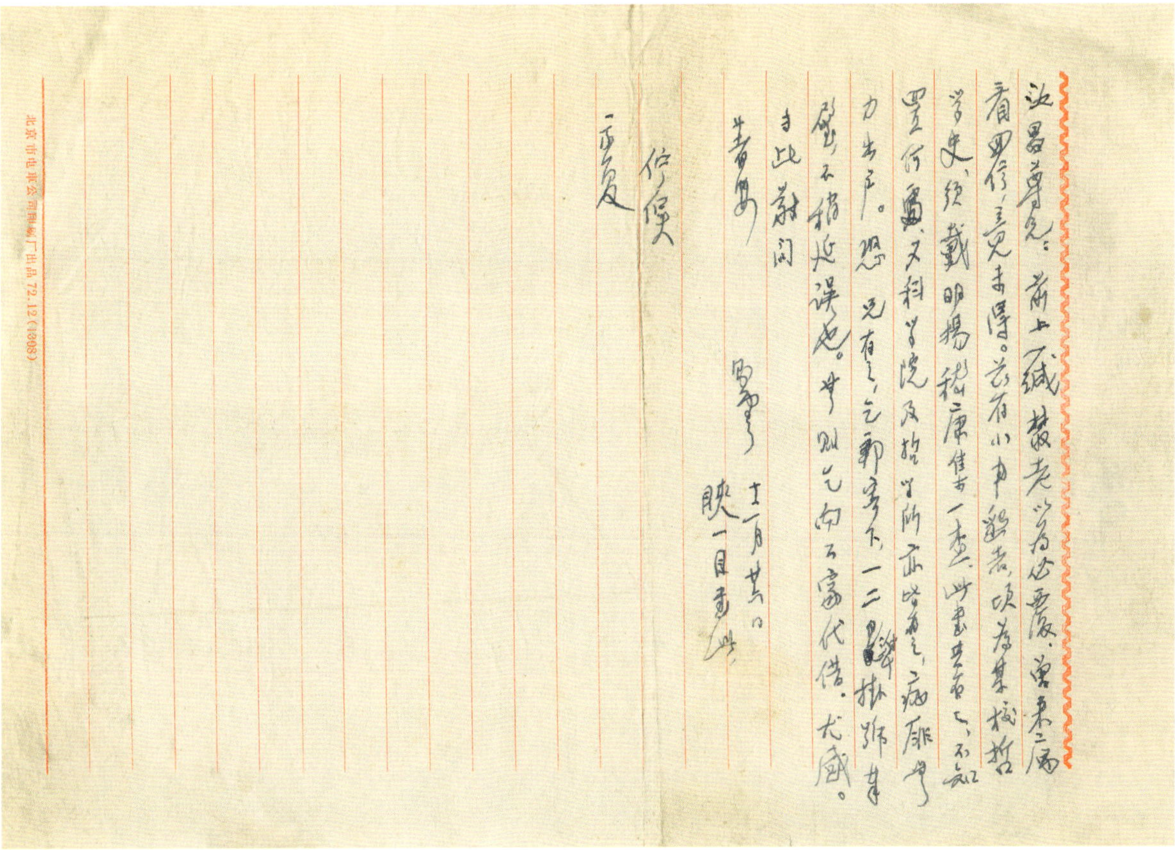
汝昌尊兄：前上[illegible]老以為必覆，曾未之屬
看過，竟未得。茲有小事懇者，頃為某校哲
學史，須載明揚雄、桓譚佳事一查，此書想有之，不知
置何處，又科學院及哲學所亦皆有之，病體無
力出戶。懇兄有之，乞即寄下，一二日讀[illegible]
繳，不稍延誤也。[illegible]代借，尤感。
手此敬問
著安
弟 十一月廿六日 [illegible]
[illegible]

北京市电车公司印刷厂出品 72.12(1808)

汝昌尊兄赐鉴：正奉读

惠稿。適我所留守组负责同志来，托买：

红楼梦二部

西游记五部

水浒一部

聊斋选二部

三国演义五部

请烦与书香楼同志一谈，预为登记，俾感拜谢。余另详

答。此致

敬礼

吴则虞拜托 四月六日

海量尊兄有道：賜椾奉誦。賈書事一再瀆勞，至為心感。已電話留守處趙君取去。其它府第諸人，曾經一過，尊件抄錄莫隨侍嫂夫人同往，並閱者例不索收據，偕往最宜也。憶弟入都時，在蜀曾參運動會，到京後嘗參加民兵訓練與檢閱，曩日之我，已一病頹唐，居然垂垂老矣，思往事，惜流年，未免生感，亦有詩二首閱，六三年經龍榆生兄代訂，近抄復寄，尚求正教，遂來孫盛出單，理屋行窮，稿存二三首而已。又謝謝豈多哉。聊因來書略寄感慨，城闉未出，遊志千里，嗟嘆

康吉

則虞 五月廿五日

汝昌尊兄：昨發一函，計先此而達。某公官邸，六三年四月份

收文件，一律送至檔案，現在是否仍依原處，則不詳。

如送檔案內，仍與郵遞無殊。除後得之人問訊外，特此奉達，

用作徒勞奔馳也。總之，送寄檔案，確屬正路，請維

荃照。敬問

康復

重　五月廿六下午七時

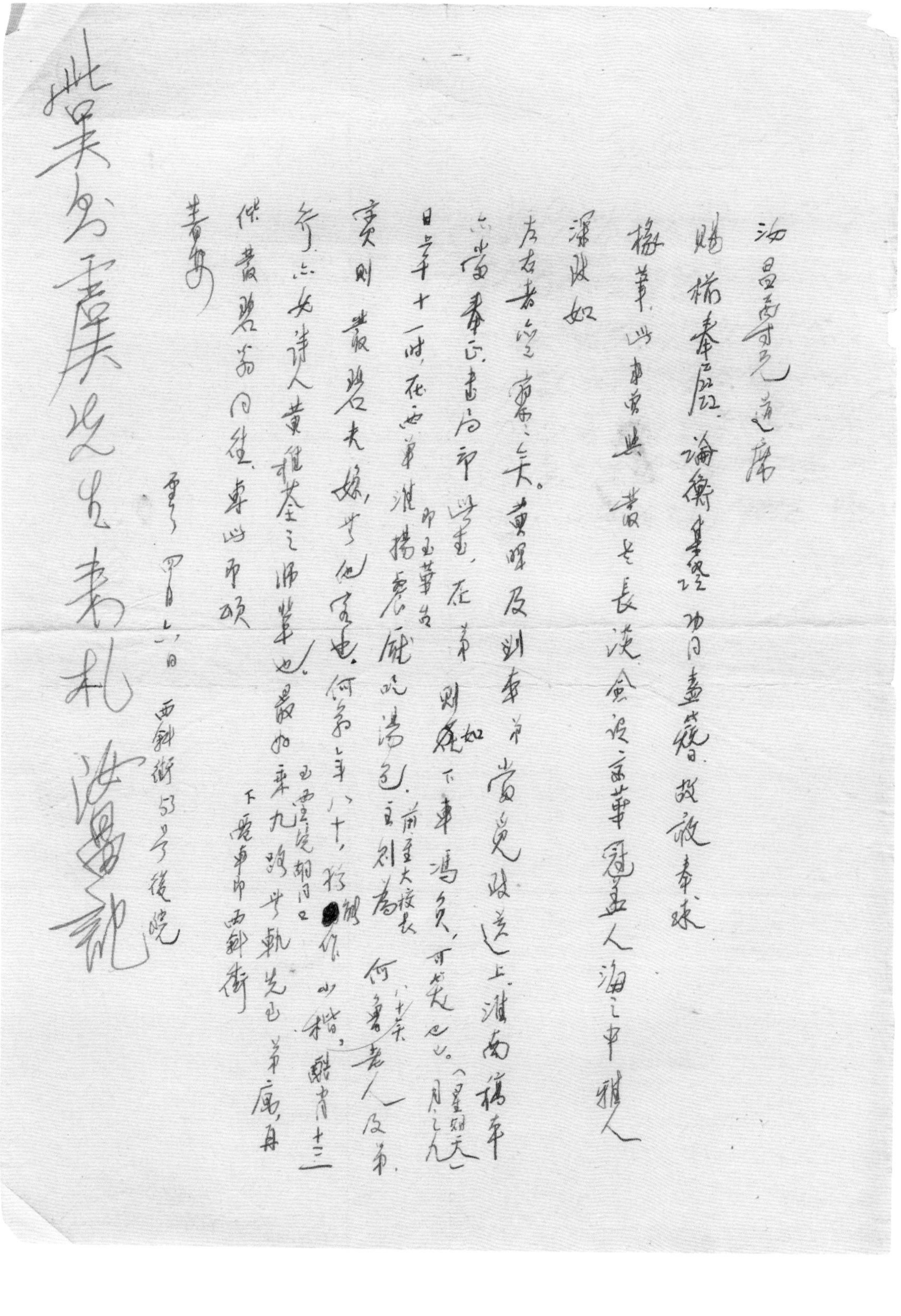
吴則虞先生書札
汝昌吾兄道席

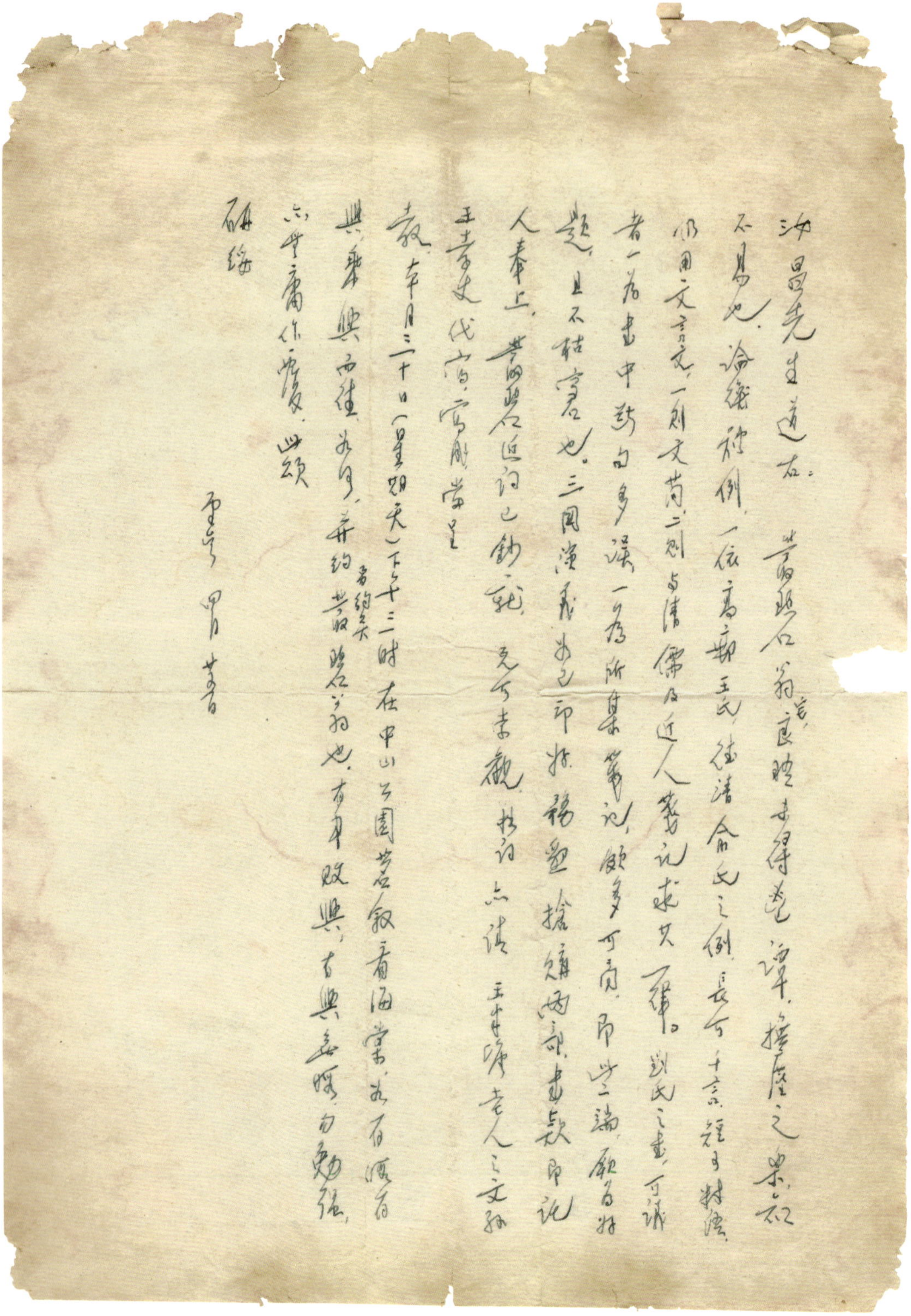
汝昌先生道右：黄海路石翁處瞻拜，得悉譯事，撰序之業亦
不易也。論繙譯例，一依高郵王氏、德清俞氏之例，長於千言，短于對語，
仍用文言文，一則文簡，二則與清儒及近人著記或相接，劉氏之書，可識
者一二，書中訛句多誤，一為所集筆記，頗多可商，即此二端，頗有難
題，且不甚容易也。三國演義出之印非稿，並擬摘錄西郊畫款即托
人奉上。黄海路石近詞已鈔就，先行奉覽，此詞亦係王伯沆老人之文孫
王孝文代寫，寫成當呈
教。本月三十日（星期天）下午十二時在中山公園古木軒看海棠，若有清閒
興，乘興而往，並約黄海路石翁也。有車路興，有興無暇，勿勉强，
亦無庸作覆。此頌
研綏

汝昌吾兄：賜椾敬悉，感悅無端。此生全在擾攘顛躓中消逝，未嘗唐宋文人之多幸也。弟家世儒修，而終身坐廢，幼少失父母之蔭，鮮兄弟姊妹之歡，中年乏室家之好，老而無子息之娛，以視兄玉樹挺生，不啻霄壤。人間萬感幽單，夢窗此語，實有會心，惜不能絕愛（?）也。詞已付鈔，約百日可畢竟，當呈奉教正。尊件並前議出行（?），收悉（?），惟兄教之。復頌

吟祺

虞叩（?）　五月廿八日

汝昌尊兄：賜函奇覽，謹答如次：

1. 脂硯余曾有多瓶，雖無大數，乎
緣而已。贈兄此墨時，須1封有盒
誤，1.2號樸闕，說明用之。每1.2紙以
上乾韌，庶混不得與他。近贈
兩料缺乏，更形寶貴。

2. 此墨以廣州出品者為上，北京次
之。有"後勤"二字者則未用。

3. 2號以廿許人代求，備為圖謀，
日時可得，都祈下囬兌解。

4. 弟近十年瑤琴與數人專力生
日書寫似，贈息未嘗，不可怨
也。 蕭

5. 北京印刷第一派者為韓周 中書
往訓我等所稱求則，其次為莊
綠陽課稿為莊則棟之文

哈門之婿，而錢杭先生高足也，精針
灸，通古醫，又通說文、史漢，且精於
書畫之道，在京有四大人中，其一，
舊居在前門恩濟三號，此人與余
有同門之雅。兄若將印章拓
拿所有作，則更半個撕寫之勞，
我且不如停金，上午九十時最
宜。請兄細心診視，必宜中兩人了，
從其參氣功不三月，百病自除矣。

6. 不必何慮，以為可也。
紅樓夢中尚趙國日記外，又見洋
門某詣稿原中，此君四年前償元
一鼓手之不可且得其序，望沒元几
照蘭坡前以是十五種內有
此書也。

7. 又有一事，兄若不知者，晚世言紅樓
者以吳世鑑為第一代，吳宓為第二代，
俞平伯為第三代，兄及世昌則晚
輩也，吳網路申詳其尺牘中。

8. 又見馬彝初石金鐘續。
56年冬余在倫綠堂見一女士十許以
中有本精繪紅樓夢出售，彥 [illegible]

吴則虞（一九一三—一九七七）

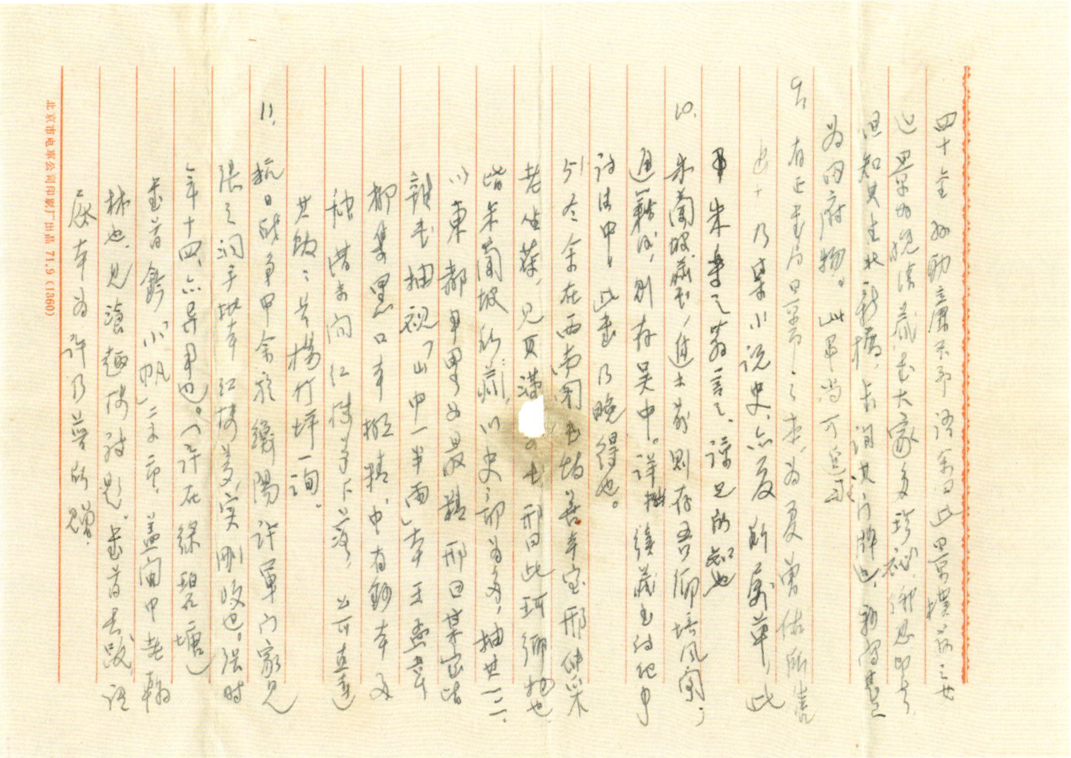

四十年前動亂，不知流落何處，此四字據前之世
正是如洗，讀藏書大家多珍祕，錄出四字，
但知是其本影橅，未詢其何時也。影寫甚
為罕有物。此本尚可見求。
後有王季烈跋，為夏曾佑所藏
也。乃某小說史，亦及此本，此
本未見之於著錄，諒是所記也。
10、米蘭城藏本，通本前則存吾鄉吳風閣；
過藏者，別存吳中。詳細續藏書記中。
讀書中，此書乃晚得也。
今夕余在西市閱書，始知某寶，那仲采
老先生，見貝葉之七。那日此本，鄉邦也
皆米蘭城所藏，以史之所為者，抽出二三，
以東都事略為最精。那日某室沾
親，未抽視，以中一半兩三本五本壺
都是黑口本，板精，中有鈔本，又
補鈔者向紅樓夢下落，此可查考
其他之善本好一詢。
11、抗日戰爭中，余於饑陽，許寶之家見
張之洞手批本紅樓夢，實則映也。張時
年十四，點是本也。（許在綠翅壇）
並有館小帆之手跡，並問中老輯
林也。見諸題跋詩，並有長跋，皆
原本為許乃普所贈。

北京市电車公司印刷厂出品 71.9 (1360)

12、日記中未道其旨夫，韻竹請細看，
今日星期日，安步未復，畫完以后未郵
寄也。即頌
著安
吴 廿二日

北京市电車公司印刷厂出品 71.9 (1360)

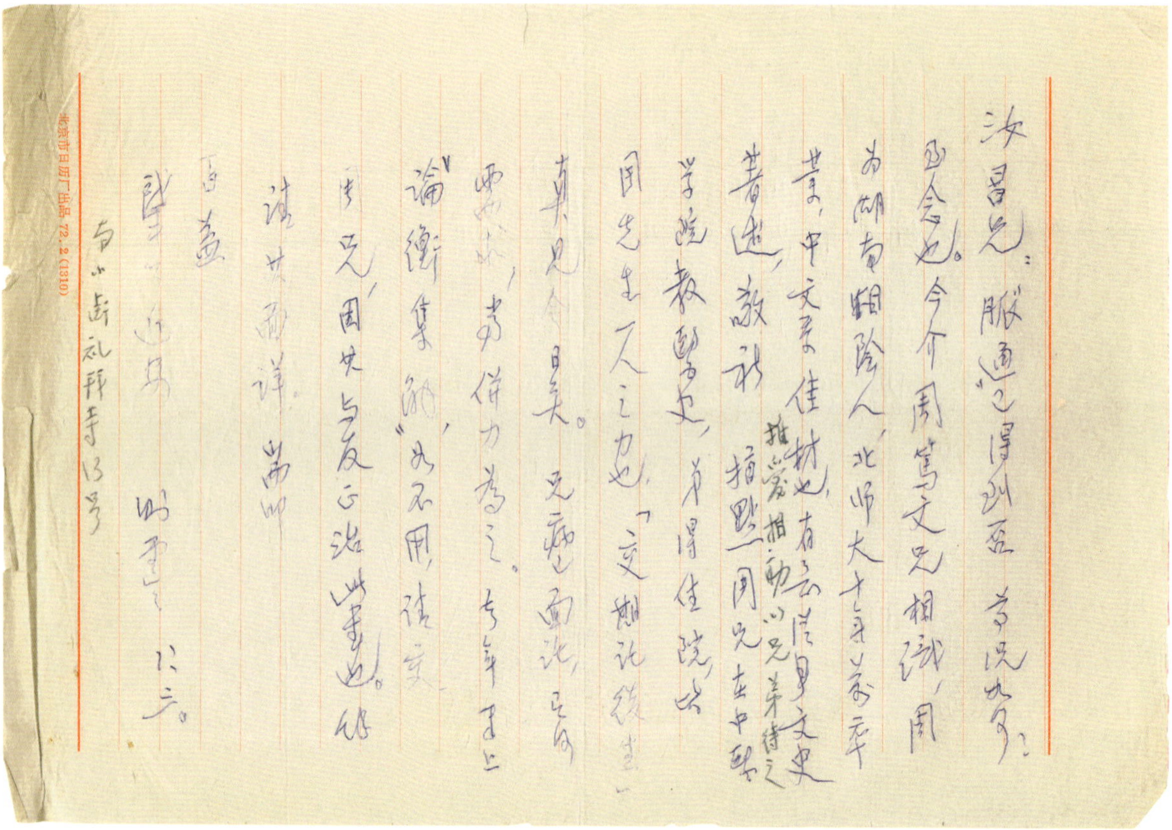
汝昌兄：賜函已得到，至為欣慰。
函念也。今介周篤文兄相識，周
為湖南湘陰人，北師大十年前畢
業，中文系佳材也，有文史
著述數種，推愛相助，以兄弟待之，指點。周兄在中
學院教學史，弟得佳識，此
周先生一人之力也。「文體論後」
其兄今是矣。兄處函說，只有
兩冊，弟拼力為之。去年寄上
《論衡集解》，如不用，請交
周兄，因其與友正治此書也。餘
請其面詳。專此
即頌
著安
弟 [illegible] 六、六。
南小街禮拜寺13號
北京市日曆廠出品 72.2(1310)

陳邇冬

（一九一三—一九九〇）

廣西桂林人。原名陳鍾瑶，號蘊庵。一九三七年畢業於廣西大學。一九四九年後曾任北京《新民報》副刊編輯、山西大學中文系教授等職。一九五四年調入人民文學出版社，兼中央美術學院、中國人民大學教授。著有《宋詞縱談》、《閒話三分》等。

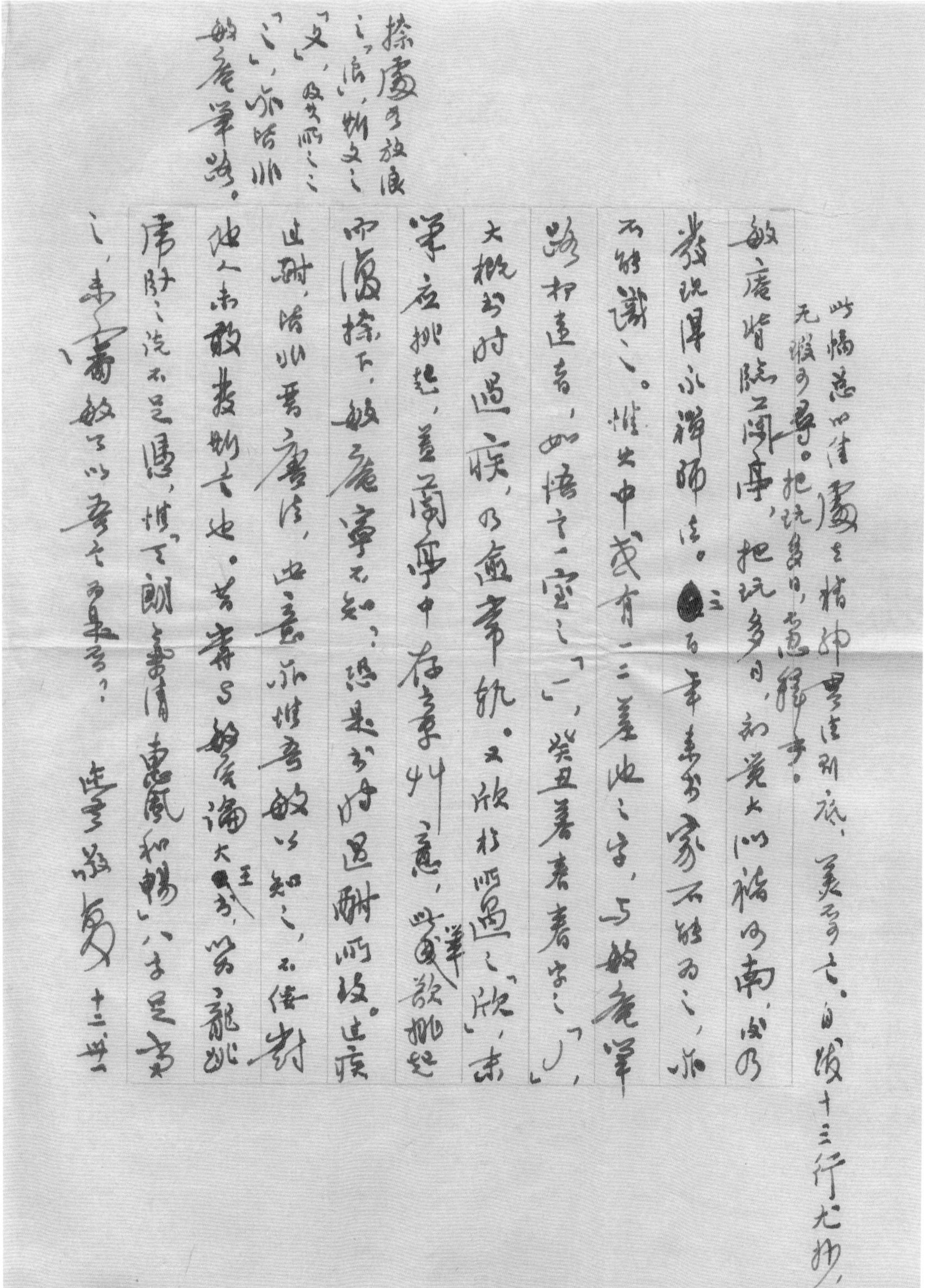
此幅意[illegible]之精神無[illegible]，美[illegible]。自跋十三行尤妙，无瑕可尋。把玩多日，意猶未盡。

敏庵所臨《蘭亭》，把玩多日，初覺大似褚河南，後乃發現得永禪師法。三百年來書家不能為之，亦不能識之。惟其中或有一二筆[illegible]之字，與敏庵筆路相違者，如「[illegible]一室」之「一」，「癸丑暮春」之「暮春」，大概於時過疾，乃違常軌。又「欣於所遇」之「欣」，末筆應挑起，蓋《蘭亭》中存章草[illegible]意，此筆欲挑起而復捺下，敏庵寧不知？恐是於時過[illegible]所致。此疾此[illegible]，皆非書法，此意亦惟吾敏以知之，不[illegible]對他人未敢發斯言也。[illegible]

[illegible]

捺處多放浪之「浪」、斯文之「文」，及其所之之「之」，亦皆非敏庵筆路。

[illegible] 十二、卅一

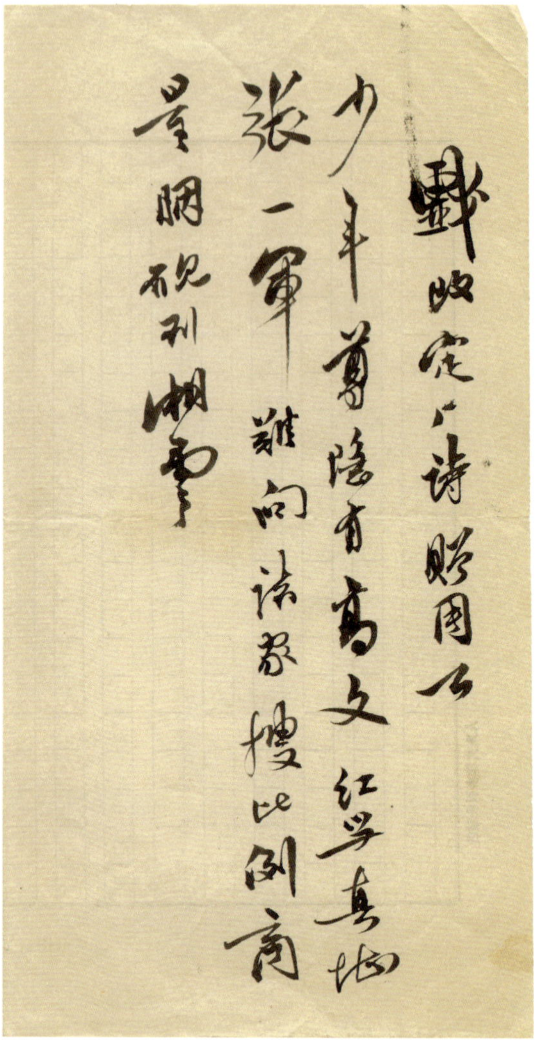
戲改定庵詩貽周公
少年尊隱有高文　紅學真堪
張一軍　雖向諸家摟比例　商
量胭硯見刊　湘雲

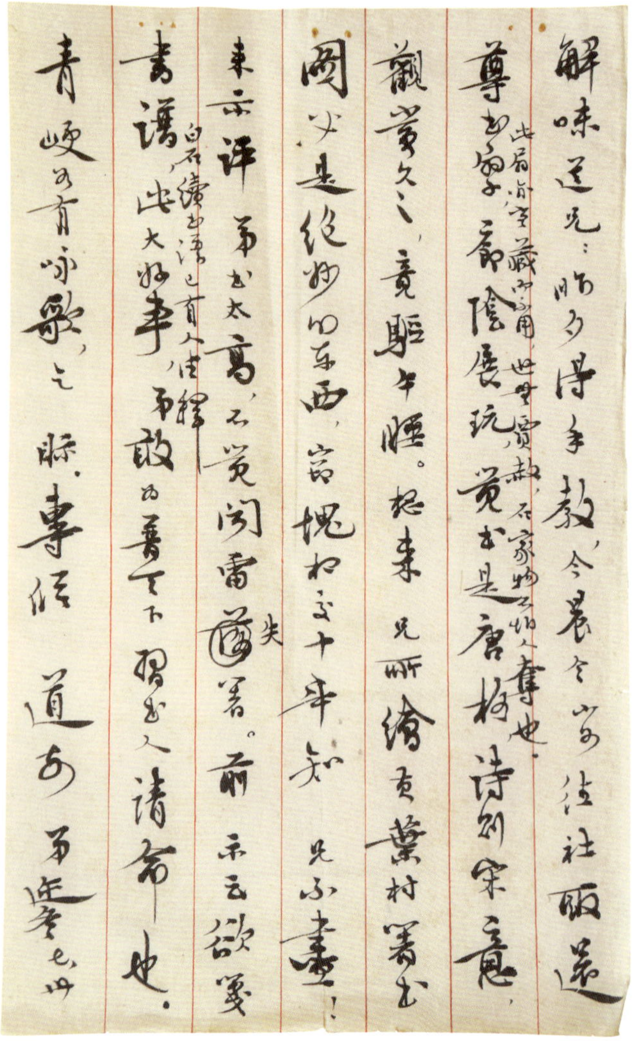
解味道兄：昨夕得手教，今晨又寄往社版遠
尊扇字（此扇前室藏而無用，也無賣意，不家物不能入奪也。）節庵長玩，覺不是唐梅詩到宋意，
觀賞久之，竟駐午睡。想來 兄所繪黃葉村著書
圖，必是絕妙的東西，當愧相交十年知 兄不盡！
來示評弟書太高，不覺聞雷失箸。前 示云欲箋
書譜，（白石續書譜已有人注釋）此大好事，弟敢為書之下，擬並入清齋也。
青峨有咏歌之 勝，專復 道安 弟延 七．卅

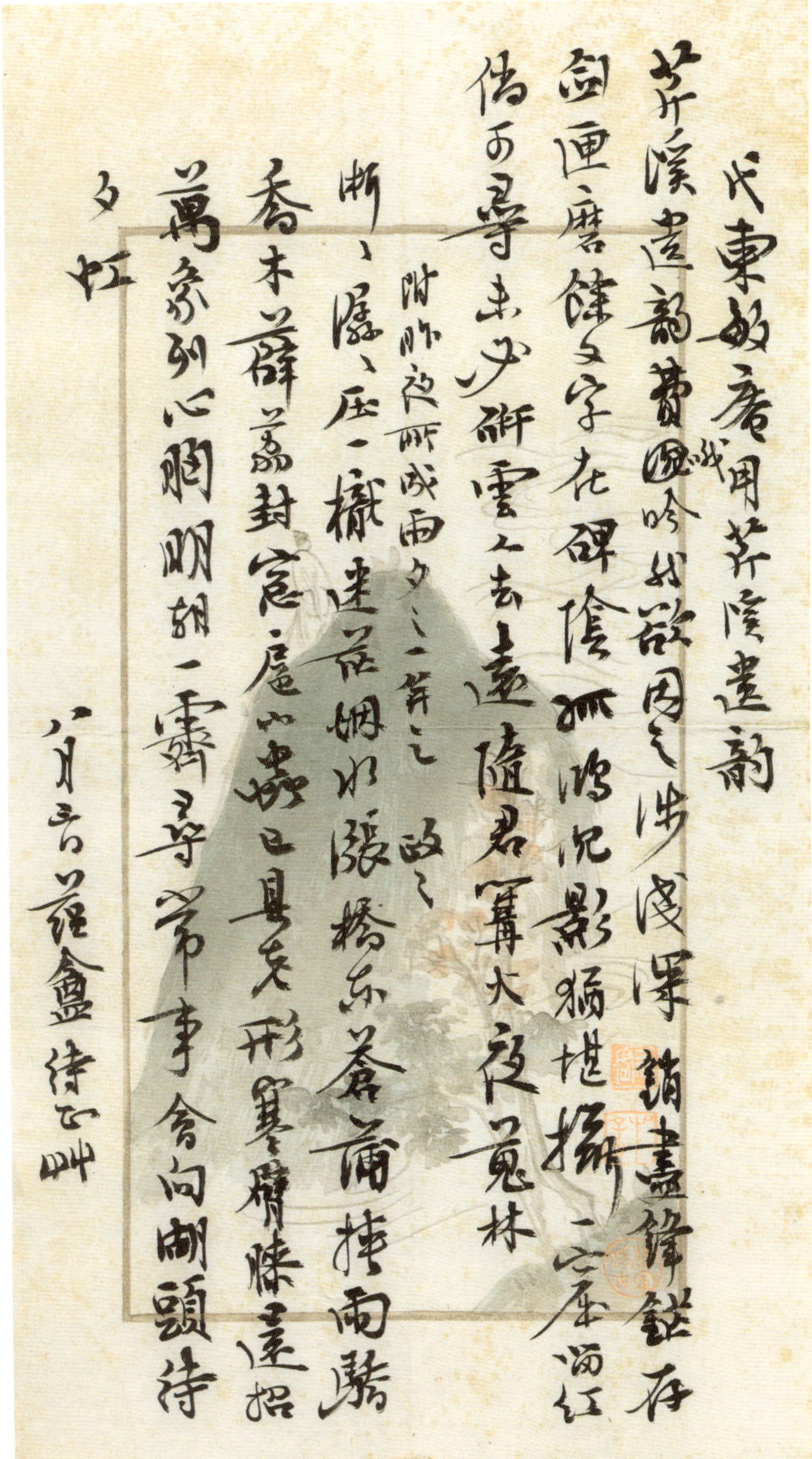

代東坡庵用芥滨遺韵

芥滨遺韵費吟哦，啟因之步淺深。銷盡鋒鋩存劍匣，磨礲文字在碑陰。孤鴻沉影猶堪擷，一二屏函紅傷可尋。未必御雲之去遠，隨君寫大夜蒐林

附昨夜所成雨夕之二首之 政之

斷斷潺潺壓一檐，迷茫烟水漲橋東。蒼蒲挂雨聲香木薜蘿封窟屋，山蟲已具無形寒蟲膝還招萬象列心胸，明明胡一霽，尋常事會向潮頭待夕虹

八月廿六日 蘿盦 待正草

周祜昌

（一九一三—一九九三）

天津人。字金言，號緝堂，亦作受白、君度等。早年就讀於南開大學，曾在天津浙江興業銀行任職員，新中國成立後在鹹水沽供銷社工作，後任南郊區商業局職工業餘中學教師。與其弟周汝昌合著《石頭記鑒真》、《紅樓夢真貌》、《石頭記會真》等。

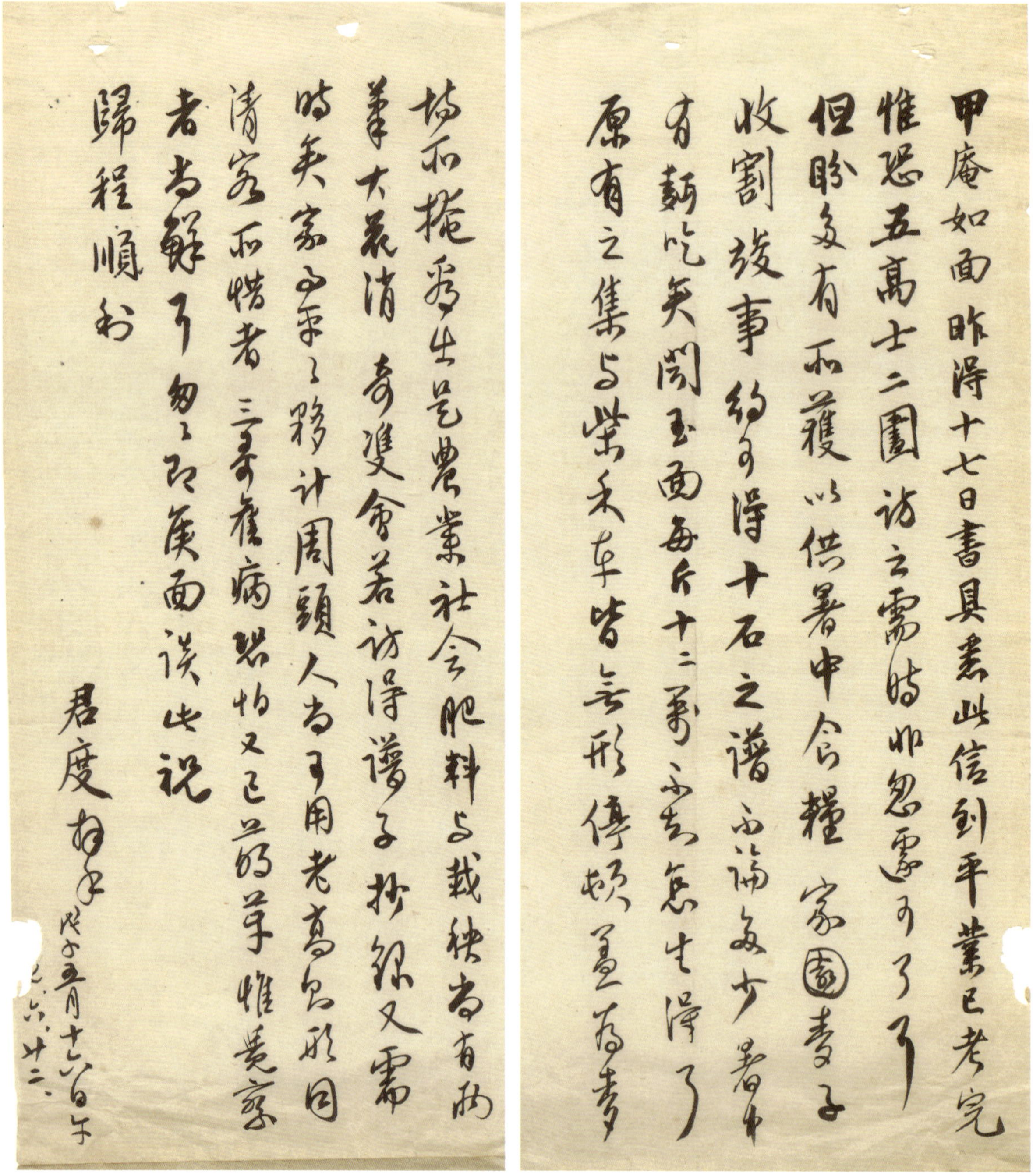

甲庵如面：昨得十七日書，具悉。此信到平，業已考完，惟恐五高士二圖訪之需時，如急需可了了。但盼多有所獲，以供暑中食糧。家園麥子收割後事，約可得十石之譜，不論多少，暑中有麩吃矣。聞玉面每斤十二萬，亦靠息生得了。原有之集與紫禾本皆無形停頓，蓋為考場所擺弄，出農業社會肥料與栽秧者有關。華大義清，奇進會若訪得譜子，抄錄又需時矣。家中事了，務計周頭人為可用老寫與所同。清客所惜者。三弟舊病恐怕又已如前，唯望家者尚解了，勿勿即候面談。此祝

歸程順利

君度拜手

陰五月十七日午

六.六.廿二

廿二日書到，慰慰。三國真是好書，此次看又將竟，略嘗滋味
寫前言，地位極重，想弟當能應付裕如也。王又娟棄版
插圖不全，令人介介。所見者是畫冊大本，與由購人物畫不全
零念之。青年流落中為買帖，兄囊中卻常有物也，一笑。
和紙腐韵不明所指，第不想即為君四月廟詞上片勝
過君似弱，不足以為大會之美。兄詩中泥墳供親眷之所兄
乃指三番言，第三句勝而自貶，缺小注以致誤解。尹默今
知乃蜀漢人名宮博士，今年來海備承擇甚渥，而為姻
姪，对蝦已過時矣。蘷龍兄以應手由生安熟，今乃鼎堂
異常，非復昔日。頃於有文攻胡風以「畫皮」為比，見天津
日報。日本寄書之改寫問題，轉交看法，由急而緩，以為
大可徐徐從長圖之，急急求功，終成不美。第當早見到此
毋待吩咐。改則舊全盤而新者立，必勞日後前功盡棄
故仍是如何充實問題，非短期所能到也。第意如何？
續探望，承為錄永瑢像，雪芹像頗踐言，相機羅致之
寄可通否？隨其自生自滅而已也。海棠季到，可納我
以到日，贈圖一通否？兄言及此，但有攝鳳鼓吹，恨筆
之不大，不力也。如何如何。社長如催稿，稍可緩之，惟之
否之。一錯不可再錯，一誤不可再誤。

射魚夏吉

乙未四月初三日　受白燈附書

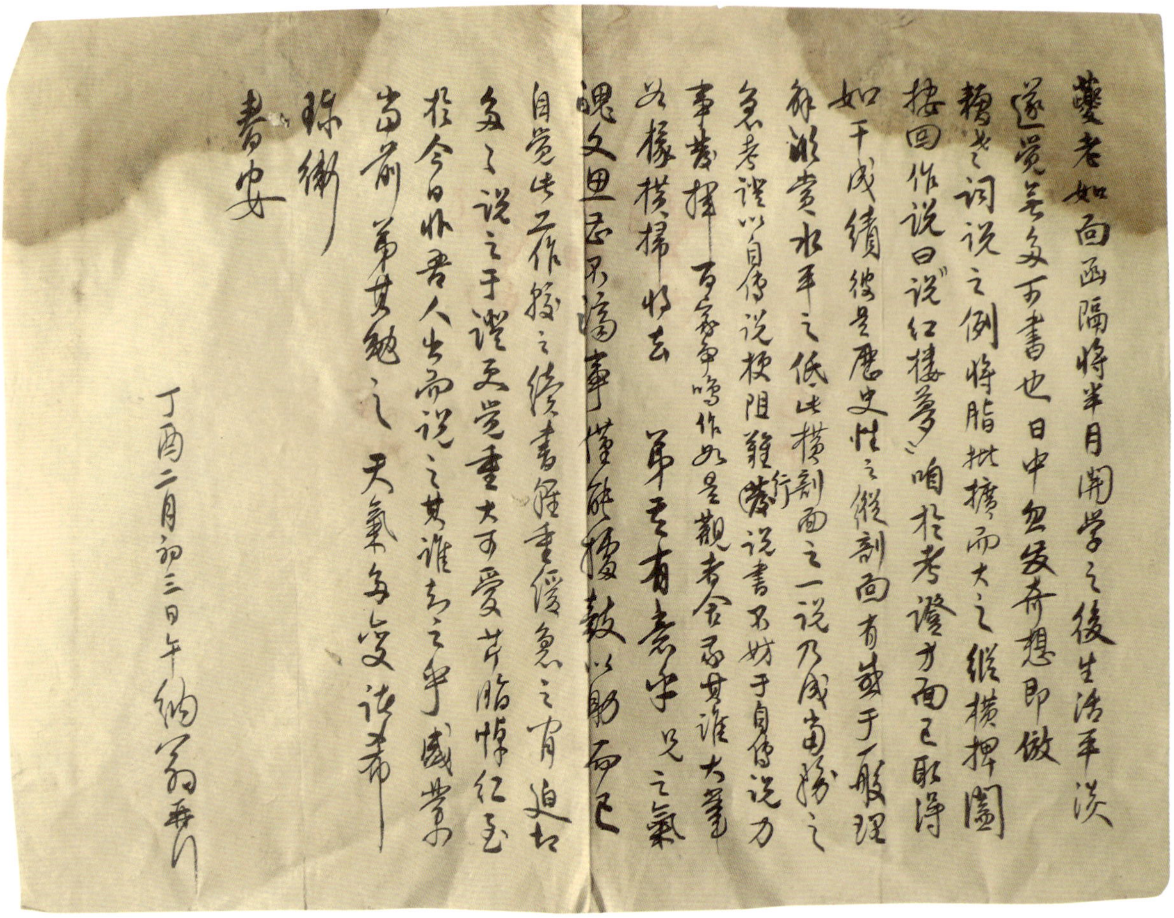
蟫老如面函隔將半月開學之後生活平淡
遂覺無多可書也日中無發奇想即做
積之詞說之例將脂批擴而大之縱橫捭闔
接回作說曰說紅樓夢之咱於考證方面已取得
如干成績從是歷史性之縱剖面有益于一般理
解欣賞水平之低此橫剖面之一說乃成為務之
急考證以自傳說便阻礙行說書不妨于自傳說力
事發揮可惜弟嗚作如是觀者舍爲其誰大筆
如椽橫掃將去　弟亦有甚學足之氣
愧文思忍不瑞事僅能擂鼓以助而已
自覺先不作發之緒書須重續急之肯迫切
多了說之于證更覺重大可愛若脂評紅玉
於今日吾人出而說之其誰去之乎盛業
當前弟其勉之　天氣多變諸希
珍衛
壽安
丁酉二月初三日午　絅翁再拜

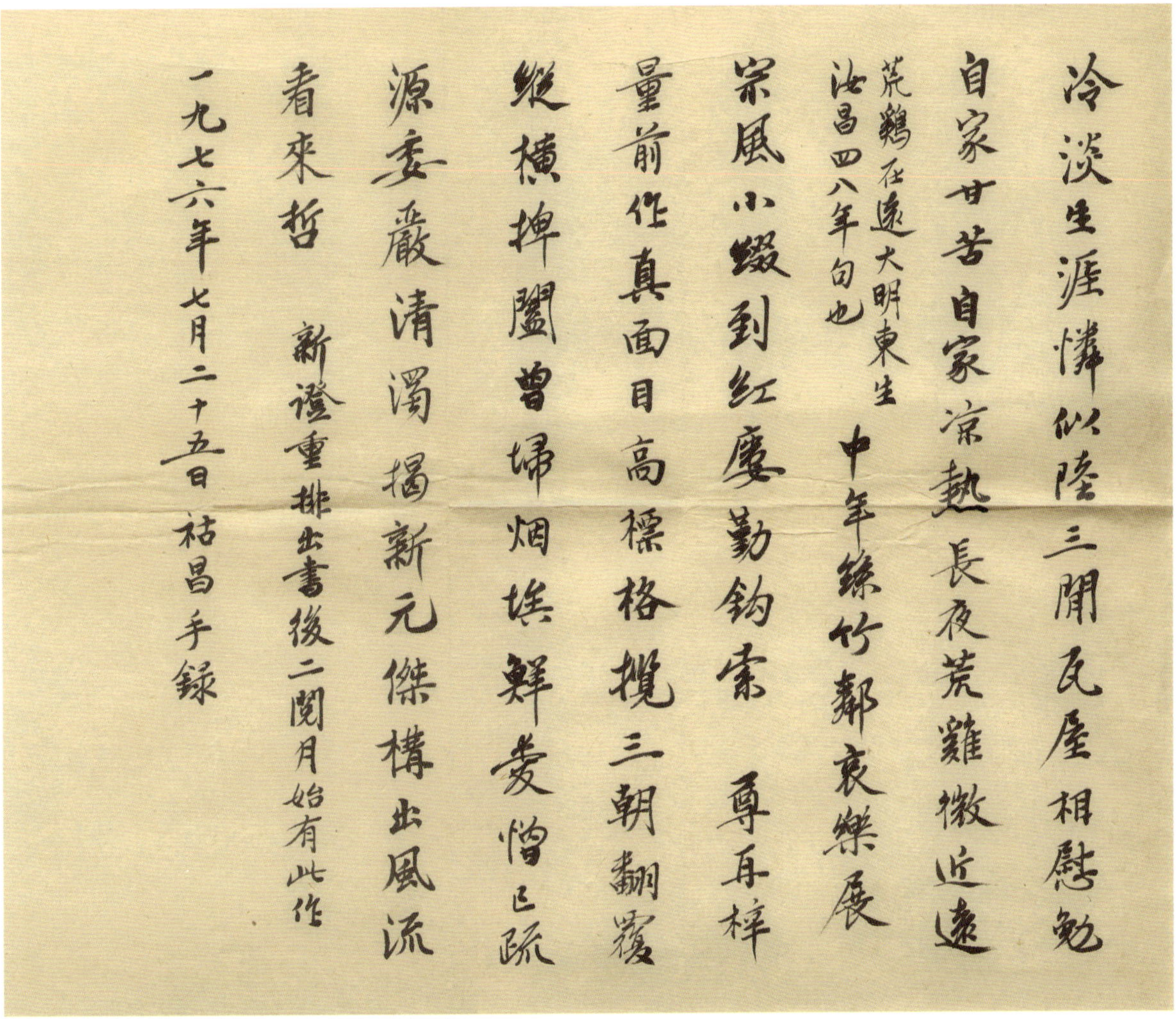

冷淡生涯憐似陸三間瓦屋相慰勉
自家甘苦自家涼熱長夜荒雞徹近遠
荒鷄在遠大明東生
汝昌四八年句也
中年絲竹鄰哀樂展
宗風小綴到紅樓勤鉤索 尊再梓
量前作真面目高標格攬三朝翻覆
縱橫捭闔曾掃烟埃鮮愛憎追踪
源委嚴清濁揭新元傑構出風流
看來哲 新證重排出書後二閱月始有此作
一九七六年七月二十五日祜昌手錄

顧學頡

（一九一三—一九九九）

湖北隨縣人。字肇倉，號卞坎，別署坎齋。曾就讀於北平師範大學，後在西北大學、西北師範學院等校任教。一九五二年調至人民文學出版社。著有《顧學頡文學論集》等，編選、校注有《元人雜劇選》、《今古奇觀》、《白居易詩選》（與周汝昌合作）等，另校點《白居易集》等。

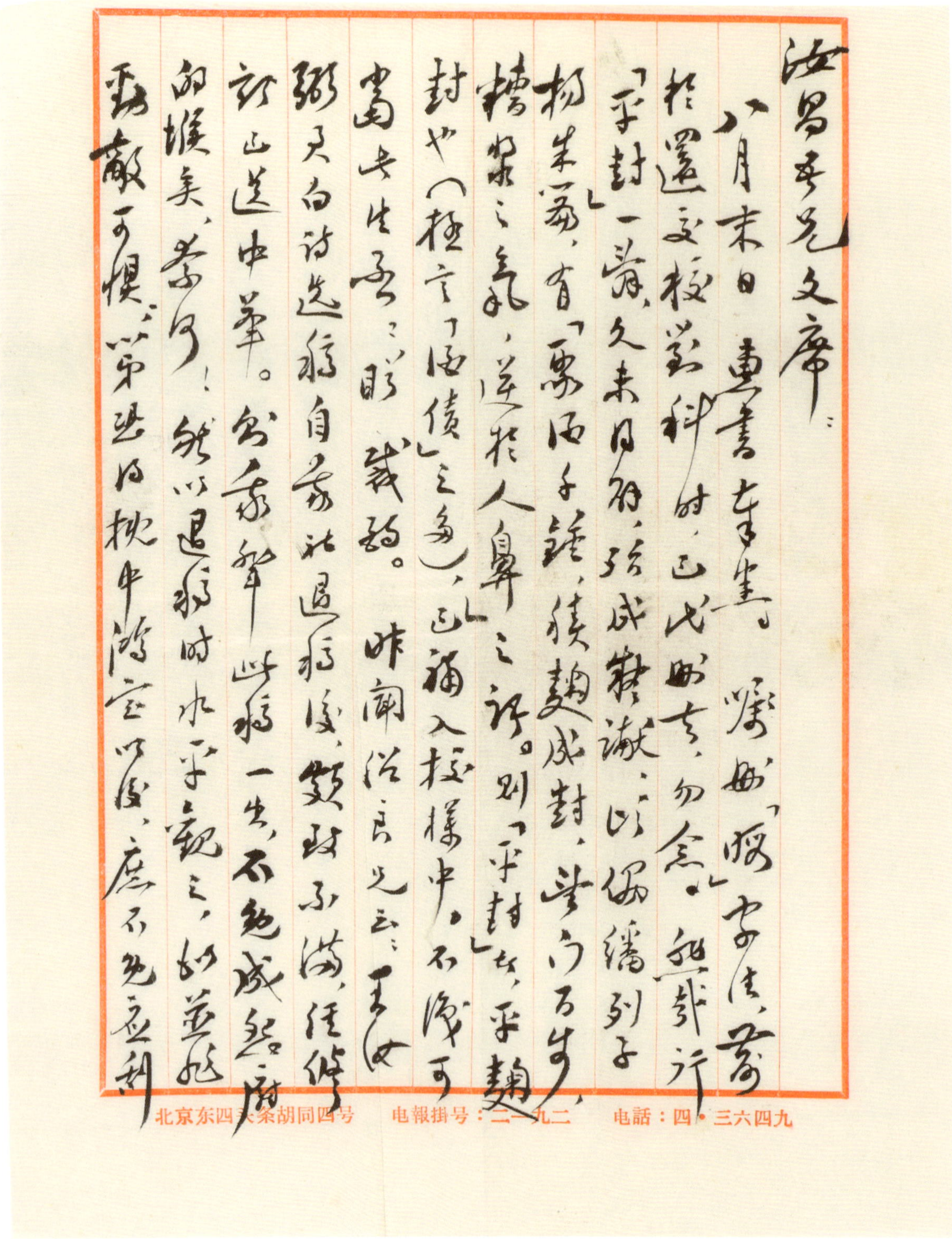
汝昌吾兄文席：

北京东四头条胡同四号　电報掛号：二一九二　电話：四·三六四九

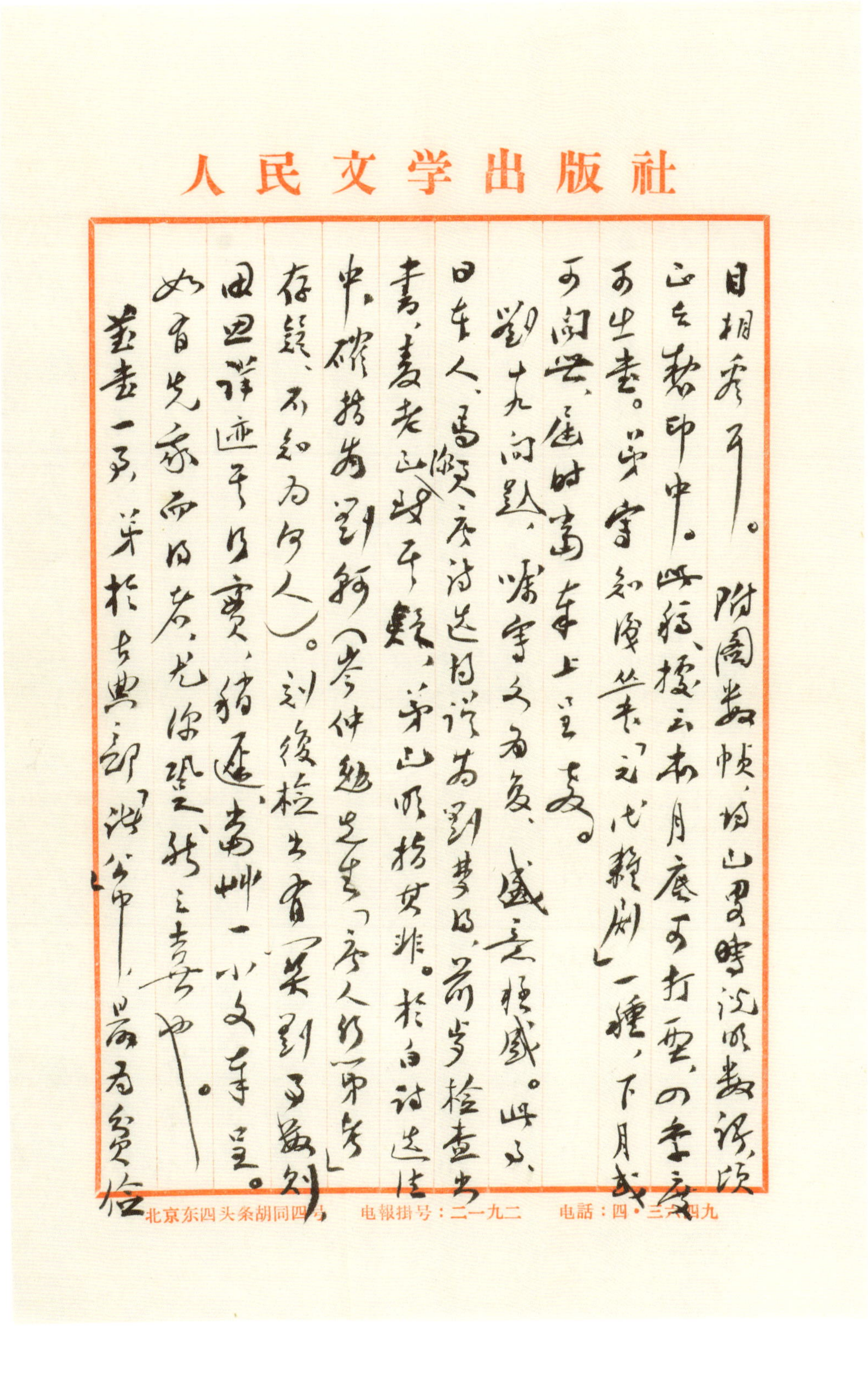

人民文学出版社

目相秀耳。附圖數幀，均出累時從版數張，決正在整印中。此種，據云本月底可打墨，四季度可出書。弟曾知後叢書「元代雜劇」一種，下月或可問世，屆時當奉上求正。

劉十九問題，囑寫文看，盛意極感。此人日本人、馮沅君（?）、唐詩選均謂為劉夢得，前歲檢查其書，壽老亦以為疑。弟亦以此指其非。於白詩選注中，確指為劉軻（岑仲勉先生「唐人行第錄」存疑，不知為何人）。到後檢出曾〔?〕劉禹錫[illegible]，因思詳述其事，猶適尚一小文奉呈。如有先察而得者，尤深望之，幸之幸也。

並盡一月，弟於古典部「[illegible]」……

北京东四头条胡同四号　电報掛号：二一九二　电話：四・三六四九

人民文学出版社

可哂。聞前月王、周二公各售出孫東笙手札，獲價近萬元，余聞親之，可云豪矣。以弟年來不遑寧處，遷居一次，即賣書一次，而賸帘之如是，使中途而殂，架上所有，豈有不可傷歎者乎？以弟恐震驚之外，往往負高人意冷耳！（以弟現寓隆福醫院對過之大佛寺西街黃米胡同正七號前院。）

匆匆一年，又是中秋，時有老友函招之聚，而時有紫悵孫自若書之思，而流光以文駭，偶送日，竟不能自強，為之奈何哉！

匆不解兩，草後正要甚帛，即向

起居佳勝。

弟 二千 頓拜 九月三日

北京东四头条胡同四号　电報掛号：二一九二　电話：四·三六四九

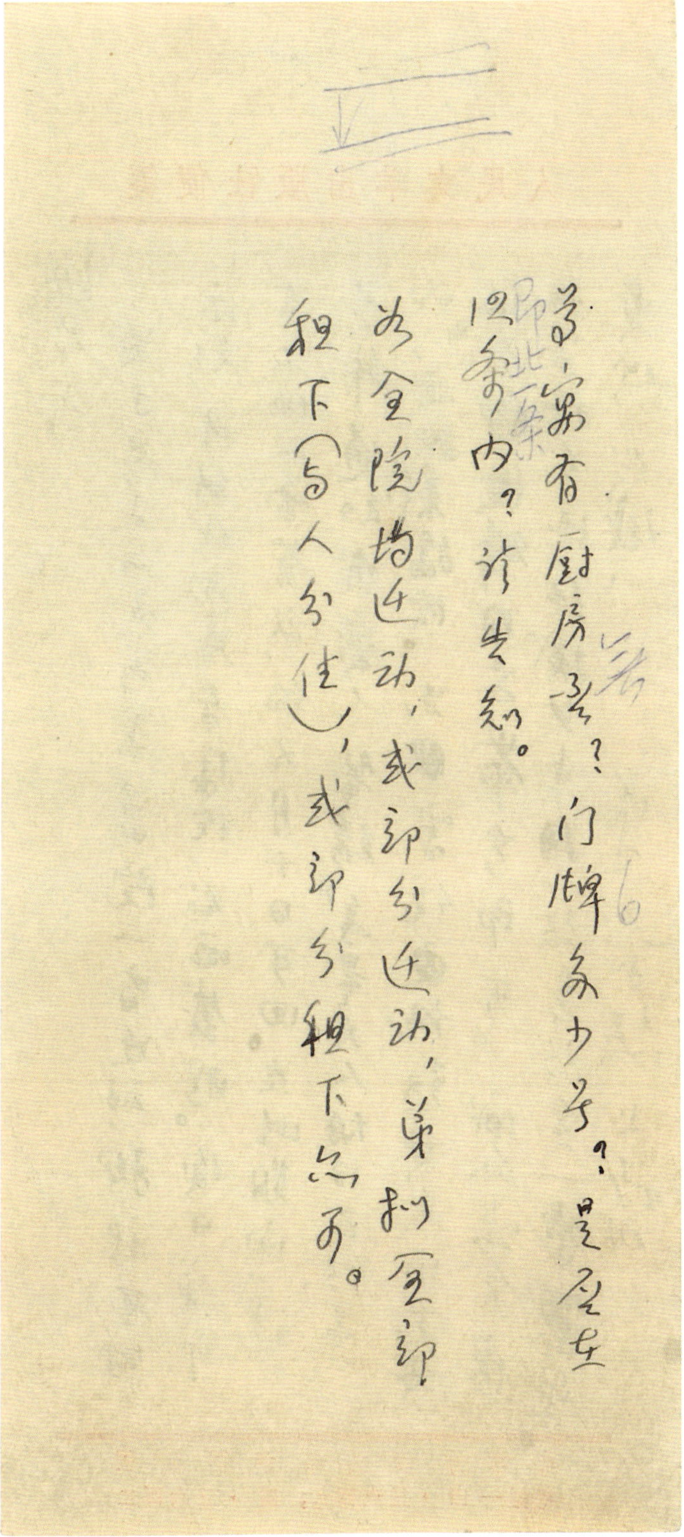

蔡家有厨房否？门牌多少号？是在左

12条内？请告知。

如全院均迁动，或部分迁动，第拟至部

租下（与人分住），或部分租下亦可。

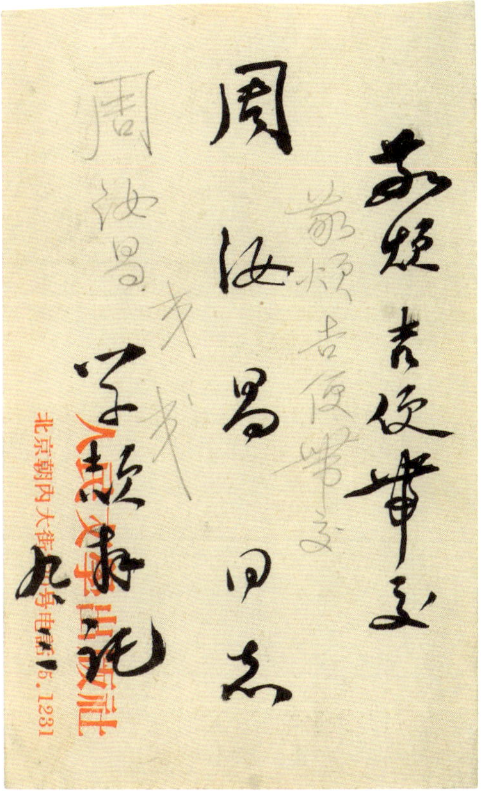

敬烦吉便带交

周汝昌同志

学颉托

人民文学出版社
北京朝内大街166号电话5.1231

王鍾翰

（一九一三—二〇〇七）

湖南東安人。一九三四年考入燕京大學歷史系，一九三八年考取燕大研究生。畢業後留校任教。一九四六年赴哈佛大學進修。一九四八年返回燕京大學任歷史系副教授，兼哈佛燕京學社引得編纂處代副主任。一九五二年調中央民族學院，後任歷史系教授。著有《清史雜考》、《清史新考》等，點校《清史列傳》等，參與點校《清史稿》。

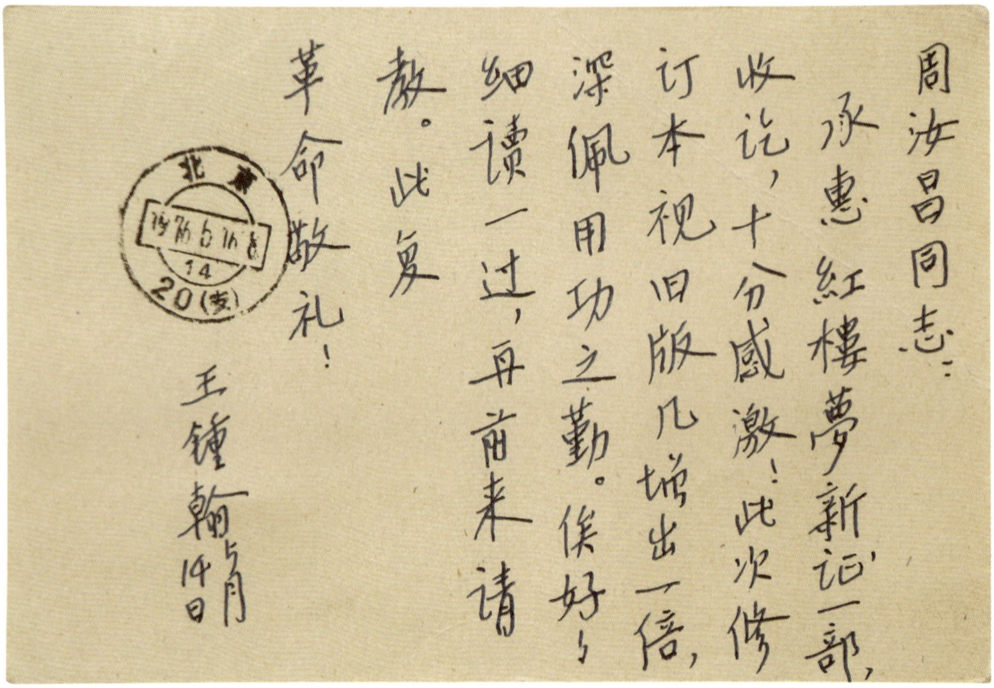
周汝昌同志：
承惠紅樓夢新证一部，收讫，十分感激！此次修订本视旧版几增出一倍，深佩用功之勤。俟好好细读一过，再面来请教。此复
革命敬礼！
王鍾翰 5月14日

北京
14
20(支)

中国人民邮政明信片

收信人地址：本市
朝内大街166号
人民文学出版社
收信人姓名：周汝昌同志
寄信人地址姓名：
本市人民路36号中华书局
王钟翰

售价叁分
中国人民邮政 2分
1—1972

第 1 页

汝昌吾兄文几：

此次唐山丰南地震，波及京津，为三百年来所罕觏，而京市影响最微，舍下大小亦均清吉。连日来伏處西郊，露宿户外，野景绝佳。日昨入城，方奉華翰，謬承嘉许，愧不敢当。回忆二十七八年前，同学燕園，又同游鄧文如师之門，不時会晤，备聆高论。以年齒言，弟固稍長，学无寸進，而兄卓有樹立，早著才名。师友之誼，詎以年论，兄列前茅，弟陪末座而已。別後我兄论著時見报刊，大作旧版新证，係从文师處借阅，今新版新证洋洋鉅製，膾炙人口。目前不特旧版洛陽纸贵，无从觅得，即新版亦已斐声海内外，不脛而走。承餽新版一部，早为戚友借去，迄未收回。所提诸点，有待商定，如新有所见，决不藏拙，仍当一一写出，呈诸大雅之前，以供采擇。

兹就来示中提出之两点，再申鄙见，作为補充：

一、所谓“騷達子”尊意以为旧日習俗特为孩提取贱名，使可易于成長，并非满人自称之词。高见極是……只因新版页11有云：“騷達子乃清代统治阶级对他们所奴役的蒙族仆婢的侮辱性称呼。……满洲贵族称蒙族为達子，漢族为蠻子”云云，似亦

原稿纸20×20＝400　　沈阳市第一印刷厂　71年7月

第 2 页

达子專指蒙族而言，則不尽然。按蒙族有達子之称，当是事實，明代《韃靼譯語》即有"韃靼俗曰達子"（見《紀录彙編》161/1a）一語可証。但即在明末，仍有"達子到門前，總兵還要錢"（見《箬籛硬画》24/44b）及"達子流賊是梳子，自家兵馬勝如篦子"（見《明清史料》乙編1/32a引天聰九年正月二十三日奏語）之謠，則達子之称同时亦指滿洲無疑。又乾隆二十年二月上諭中亦有"俗称漢人曰蠻子，漢人亦俗称滿洲曰達子。……如以称蠻為斯文之辱，則漢人之称滿洲曰達子者，亦将有罪乎？"（見《中国近世秘史》1/93引）。据此可証乾隆初年滿人亦不否認漢人于彼等之有此一称呼也。質之高明，以為然否？

二、墨尔根一词，有"善獵人"即"打牲手"（見《清文鑑》卷九畋獵类三）与"智"即"睿"（見同上卷十一聰智类）兩義。滿語中一字有兩義，或多至三四義，多有其例。如阿巴 aba：一為"畋獵"（見《清文鑑》卷九畋獵一）；二為"在何處"（見同上卷十二問荅一）。又如阿格 age：一為"皇子"（見同上卷三君一）；二為"兄"（見同上卷十人倫二）；三為"兄長"（見同上卷十老

原稿纸20×20＝400　　沈阳市第一印刷厂　71年7月

第 3 页

少一)。又如阿拉 ala：一为"平顶山"(见同上卷二地輿三)；二为"使告訴"(见同上卷十二問荅二)；三为"令樺樺皮"(见《清文彙書》)。又如伊爾哈 ilha：一为"花"(见《清文鑑》卷二花一)；二为"花"(见同上卷二三采色三)；三为"金花"(见同上卷二四冠帽二)；四为"星"(见同上卷二二衡量一)。其中"兄長"为"兄"之引申義，花、金花为花之引申義。

再者，我兄以謚号与生時美号及正式封爵不应全同，高见亦極是。生時美号与封爵号大体相同，如多尔衮与多鐸，天命末，封贝勒，以军功，多尔衮賜美号"墨尔根岱青"，多鐸賜美号"額尔克楚虎尔。崇德元年，晋親王(均见《太祖、太宗实录》)。故睿親王与豫親王之"睿"与"豫"均係封号，繙清則"睿"为"莫尔根"，"豫"为"額尔克"(见奕賡《封謚譯清》页十下)，是封号与美号相同之証。其謚号則不相同，睿親王之謚号为"忠"，全称为睿忠親王；豫親王之謚号为"德"，全称为豫德親王，即是明证。然則墨尔根譯漢为"智"，額尔克譯漢为"雄壮"，引申之則为"睿"为"豫"矣。

艸々奉复，即叩

平安

弟鍾翰上 76.8.15

原稿纸20×20＝400　　沈阳市第一印刷厂　71年7月

賀翿華

（一九一三—二〇〇八）

湖北赤壁人。畫家賀良樸之女，翻譯家冒效魯之妻。善繪山水、人物，作品曾在日本、巴黎、莫斯科等地展出。

汝昌先生赐鉴：

新年遥祝身体健康，万事如意为颂！

今年初奉到手书，获悉有关前画《红楼梦断图》画面上有二憾，兹遵命重绘一幅，予以改正。今附函奉上望查收为荷！

去年底中国《桥》杂志在上海发行英文版，该杂志有一篇访我的文章，其中有您赐我的墨宝和宗江在97年参加伟国画展开幕式的照片，这必然给该刊物增辉不小，俟书到当奉寄一本，顺阅。

春节前我仍在皖，如有变动，我随时和您联系。耑此敬叩

冬安！

贺翿华上

賀翹華（一九一三—二〇〇八）

紅樓夢斷圖
風枝露葉向疏欄
夢斷紅樓月半殘
舉火稱奇居冷巷
寺門蕭颯短檠寒
白石老人題
青衫古廟對蕭晨
歡唾離痕憶絳唇
別夜紅樓塵夢斷
一回吮筆一酸辛
叔子題
戊寅春應
周汝昌先生命繪此圖
賀翹華時年八十有六

黃苗子

（一九一三—二〇一二）

廣東香山（今中山）人。本名祖耀。早年就讀於香港華仁書院。一九三二年到上海市政府任職，兼《大衆畫報》等刊物編輯。一九三九年到香港任《國民日報》經理等職。新中國成立後，曾任政務院秘書廳秘書、《新民報》總管理處副總經理。後調入人民美術出版社。著有《貨郎集》、《畫壇師友録》、《藝林一枝：古美術文編》等。

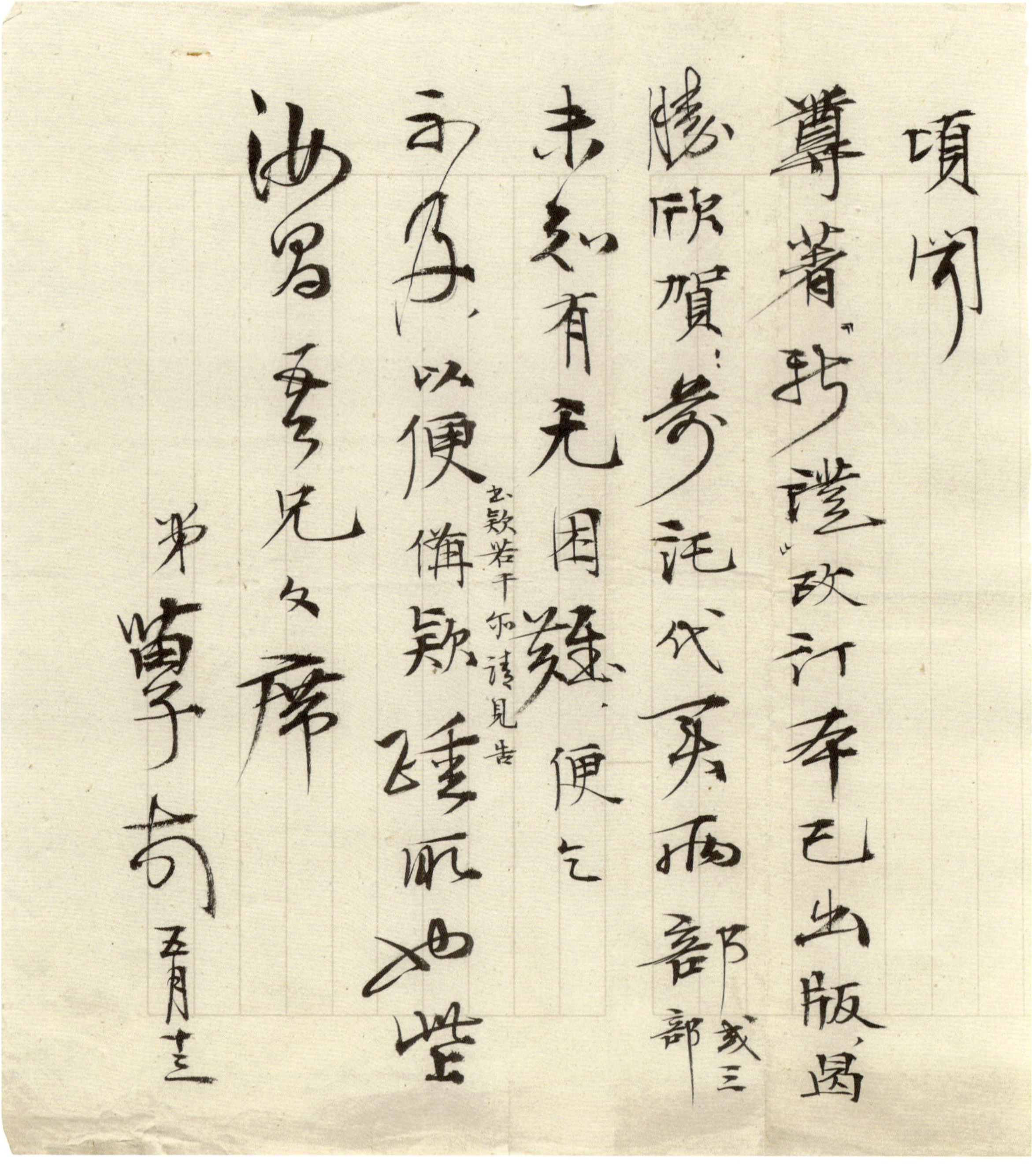
頃閱
尊著「新證」改訂本已出版，曷
勝欣賀。前託代買兩部（或三部），
未知有無困難，便乞
示知，以便備款（出款若干，亦請見告）匯奉也。此
汝昌吾兄文席
弟苗子啓
五月十三

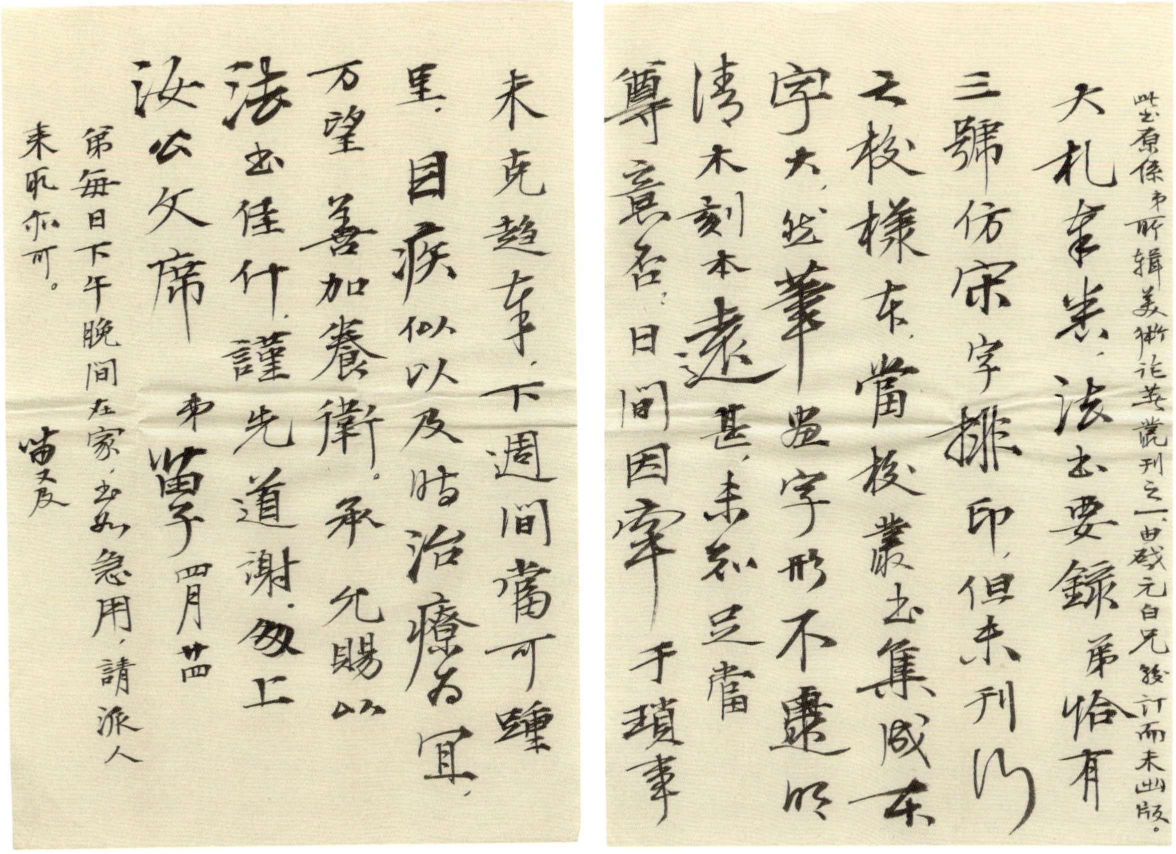

此書原係弟所輯美術論著叢刊之一，由錢元白兄設計而未出版。

大札拿悉，法書要錄弟恰有
三號仿宋字排印，但未刊行
之校樣本，當檢叢書集成本
字大，然筆畫字形不逮明
清木刻本遠甚，未知足當
尊意否？日間因冗于瑣事
未克趨奉，下週間當可踵
呈。目疾似以及時治療為宜，
万望善加養衛。承允賜以
法書佳什，謹先道謝。敬上
汝公文席　弟苗子　四月廿四

弟每日下午晚間在家，書如急用，請派人
來取亦可。
苗又及

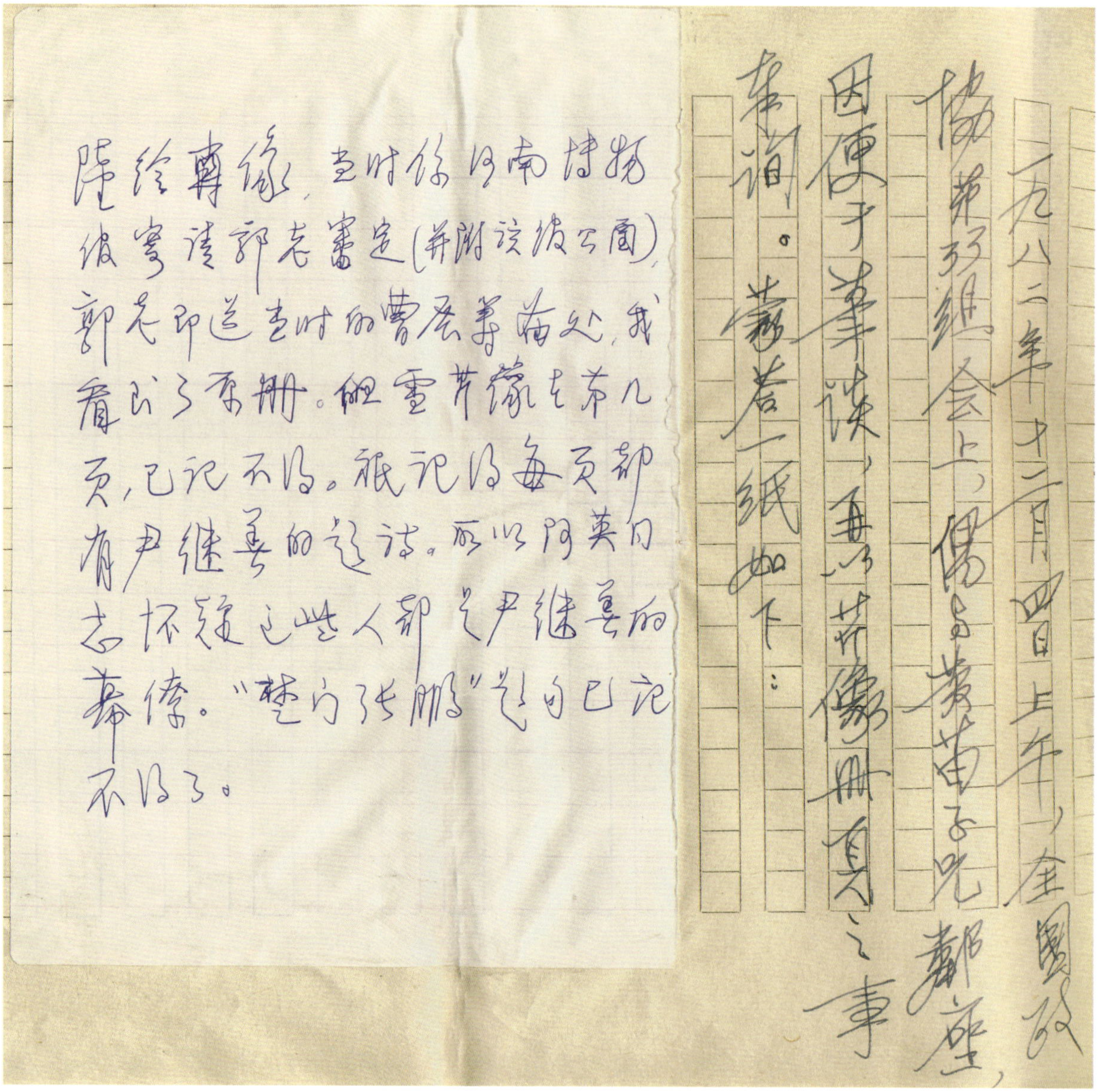
一九八二年十二月四日上午，全国政协第五组会上，偶与黄苗子兄邻座，因便于笔谈，再问苻像册真伪之事来询。蒙答一纸如下：

陆续装裱，当时经[illegible]南博物馆寄请郭老审定（并附该馆公函），郭老即送当时的[illegible]处，我看到了原册。细查苻像是第几页，已记不得。只记得每页都有尹继善的题诗。所以阿英同志怀疑这些人都是尹继善的幕僚。“楚门张鹏”题的已记不得了。

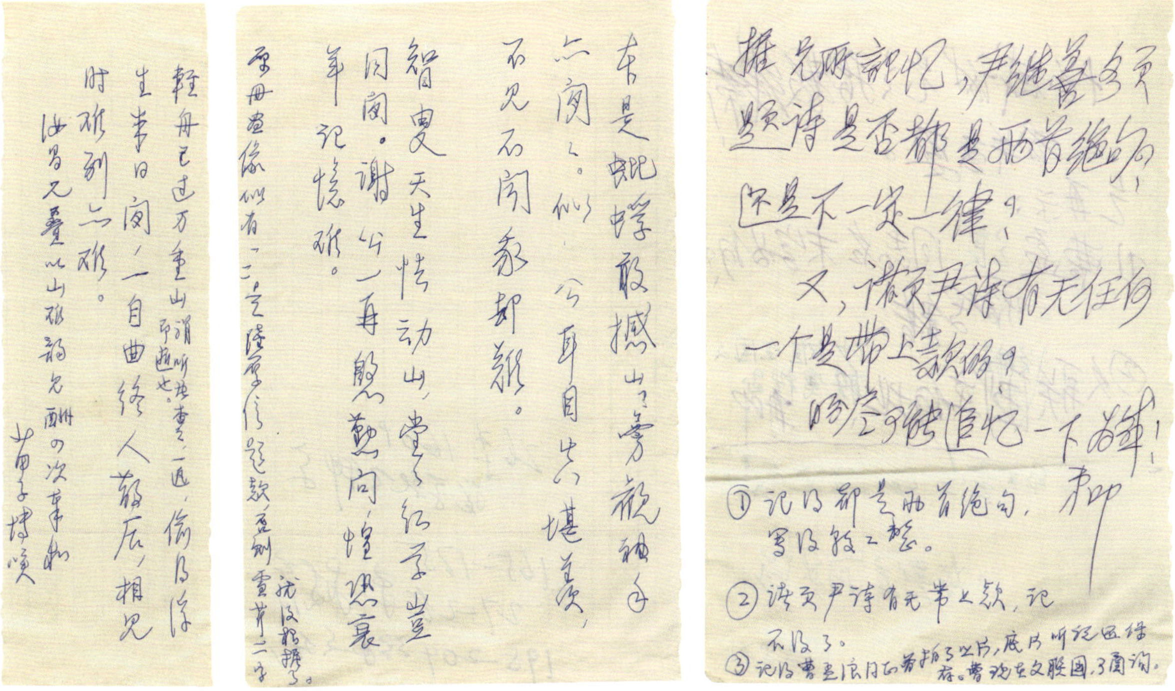

轻舟已过万重山（谓所校书已一过），偷得浮生半日闲，一自曲终人散后，相见时难别亦难。

此写兄叠以山旅韵见酬四次草和
苗子博咲

本是蚍蜉敢撼山，可劳顽□子
亦閒閒。似公耳目尚堪羡，
不见不闻象却难。
智叟天生惯动山，愚公红学岂
闲闲。谢公一再殷勤问，惶恐衰
年记忆难。
前册画像似有一二是陆厚信题款，应列画者二字
忧汉稍误了。

据兄所记忆，尹继善多领
题诗是否都是两首绝句，
还是不一定一律？
又，诸尹诗有无任何
一个是带上款的？
盼尽可能追忆一下为祷！！
柳

① 记得都是两首绝句，
写得较工整。
② 诸尹诗有无带上款，记
不得了。
③ 记得曹画像目前曾拍了照片，底片听说还保存。曾被□文联因了□□。

姚奠中

（一九一三—二〇一三）

山西稷山人。一九三五年考入無錫國學專修學校，年底轉入蘇州章太炎國學講習會讀研究生。後輾轉江蘇、四川、雲南、貴州等地高校任教。一九三九年與同門共創菿漢國學講習班。一九五一年調入山西大學任教。著有《姚奠中論文選集》、《章太炎學術年譜》等。

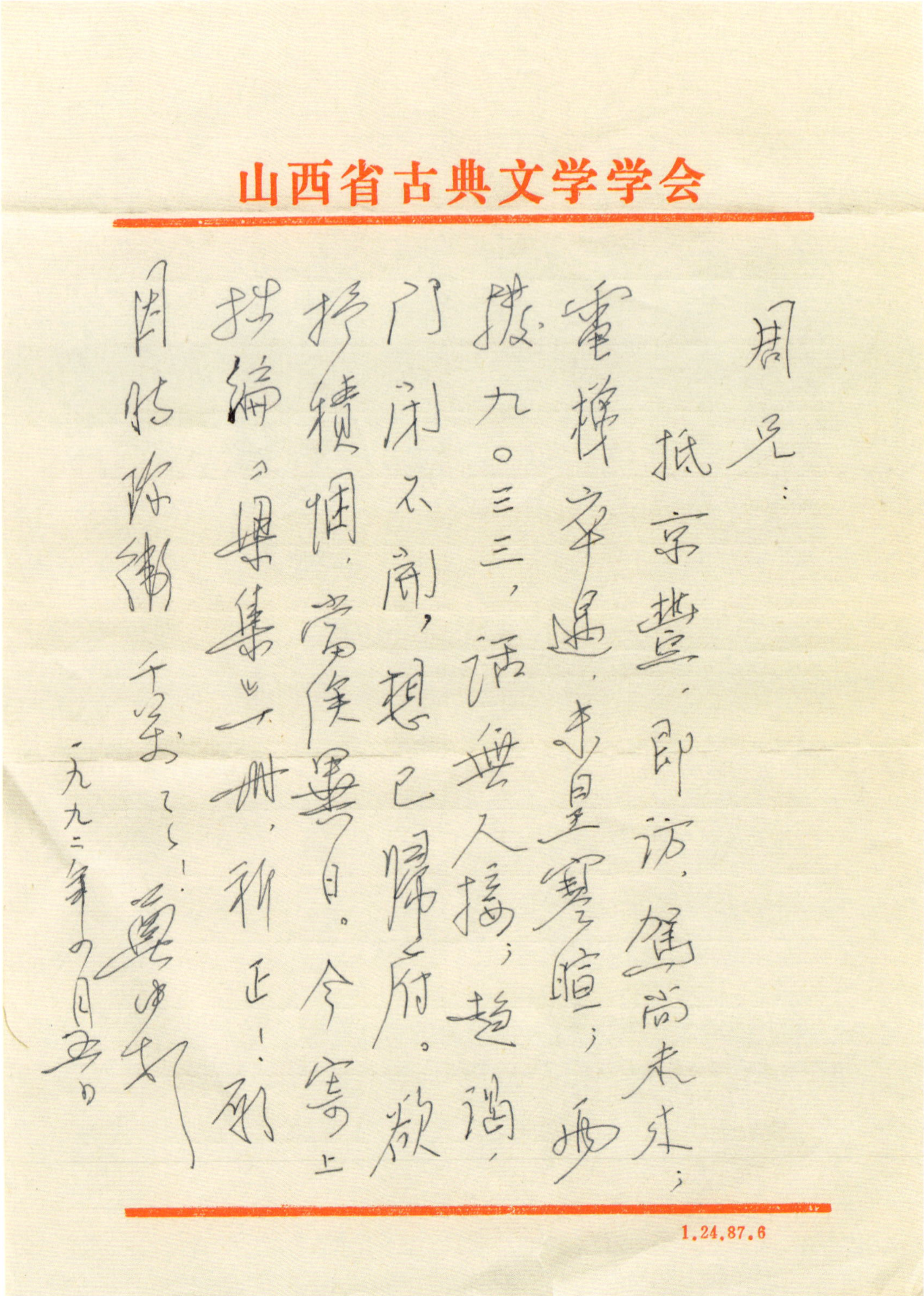
山西省古典文学学会

周兄：

抵京甚豐，即訪，值尚未來；而電撥不通，未呈寒暄；後撥九〇三三，話無人接；趙謂門閉不開，想已歸府。欲抒積悃，當俟異日。今寄上拙編《學集》一冊，祈正！順頌

周府闔家千安！

奠中

一九九二年四月五日

1.24.87.6

吴曉鈴

（一九一四—一九九五）

遼寧綏中人。一九三七年畢業於北京大學中文系。歷任北京大學、燕京大學、西南聯合大學、印度國際大學中國學院、法國巴黎大學北京漢學中心教職。一九五一年調入中國科學院語言研究所，後轉入文學研究所。著有《居京瑣記》等，校注有《西廂記》等。

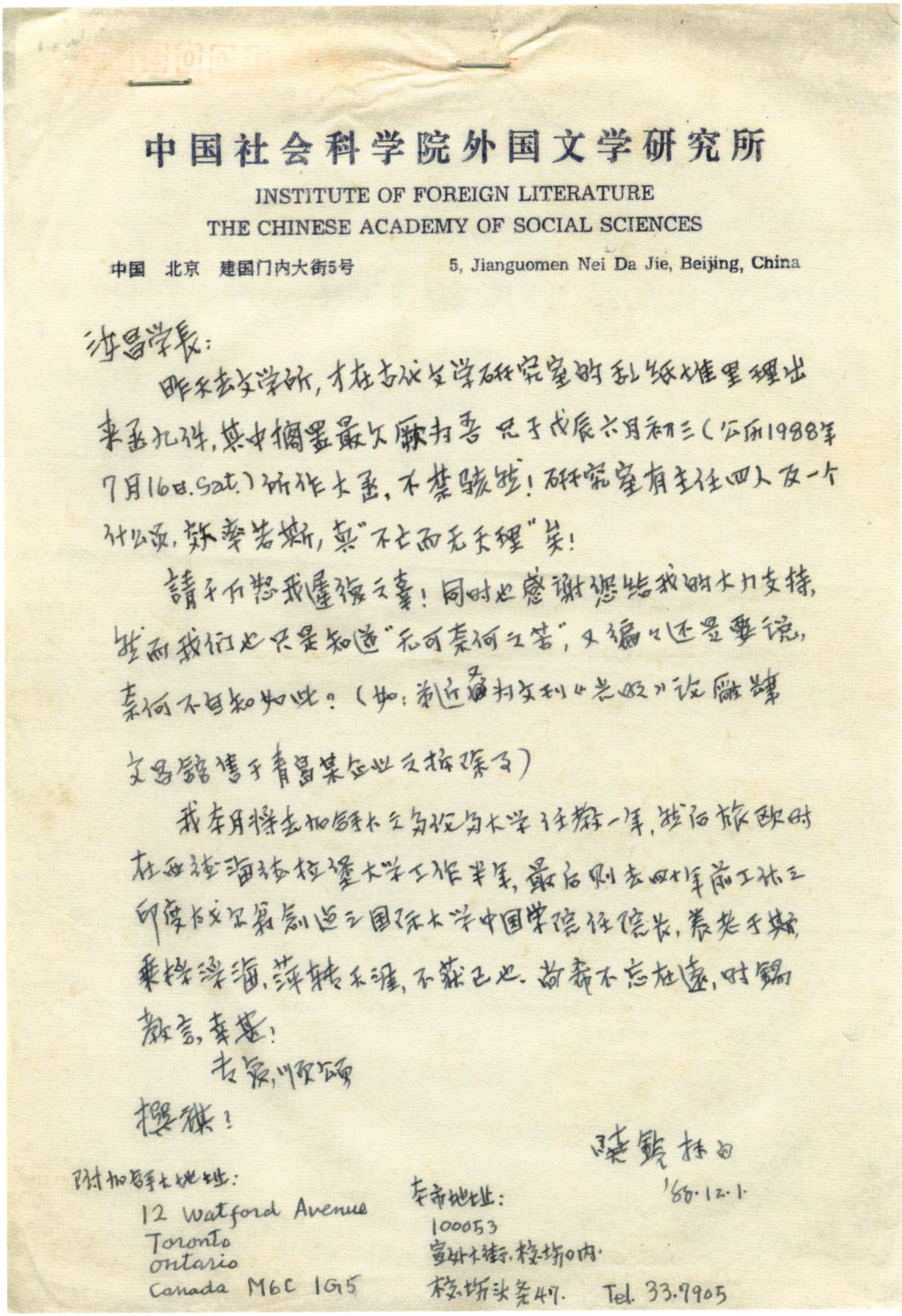

中国社会科学院外国文学研究所
INSTITUTE OF FOREIGN LITERATURE
THE CHINESE ACADEMY OF SOCIAL SCIENCES
中国　北京　建国门内大街5号　　5, Jianguomen Nei Da Jie, Beijing, China

汝昌学長：

昨天去文学所，才在古代文学研究室的乱纸堆里理出来函九件，其中搁置最久厥為者兄于戊辰六月初三（公历1988年7月16日，Sat.）所作大函，不禁駭然！研究室有主任四人及一个什么员，竟李若斯，真"不亡而无天理"矣！

請千万恕我遲復之辜！同时也感謝您給我的大力支持，然而我们也只是知道"无可奈何之苦"，又偏偏还是要说，奈何不自知如此。（如：前近又發打文利《某股》論殷墟文字著錄售于青島某企业之採集了）

我本月將去加拿大多伦多大学任教一年，然后旅欧时在西德海德堡大学工作半年，最后则去四十年前工作之印度圣地尼克坦国际大学中国学院任院长，養老于斯。乘桴浮海，萍转天涯，不獲已也。尚希不忘在遠，时錫教言，幸甚！

专復，顺颂

撰祺！

曉鈴 拜白

'88.12.1.

附加拿大地址：
12 Watford Avenue
Toronto
Ontario
Canada M6C 1G5

本市地址：
100053
宣武大街，校场口内，
校场头条47.　Tel. 33.7905

汝昌学兄：

久未晤面，想近况嘉吉！

吴雪今日电告：有友人自外地发现有关《红楼梦》的新材料，他说和您素识，嘱我告诉您，希望您和他约一个时间到他那儿去看看。

他住1000[illegible] 木樨地24号楼3门26号，电话是36（304？）7096。

颂

撰安！

晓铃拜白

1993.3.22.

汝昌学长：

大著《〈红楼梦〉与中华文化》拜收，至感！

当年燕大及北大同窗方师铎兄（我俩均是在一九三三年入大学的，他于一九三四年自燕大转北大，我则于一九三五年转北大。师铎治文字声韵之学，一九三七年去滇，受中研院补助至西双版纳研究傣族语言，抗战胜利后随魏建功先生去台湾推行国语，后任东海大学中国语文学系主任、语言研究所所长及教授外国人学习汉语中心主任，现已退休。）下月上旬抵京，我将与之晤面，拟即将兄之近作《石头记会真》交他携往台湾，嘱与其姊丈宋诒譽（台北·天一出版社社长）商榷出版事宜。

知关锦注，故特奉闻。

匆匆，不尽言。

颂

撰祺！

晓铃拜白

一九八九·十一·十八·

朱家溍

（一九一四—二〇〇三）

浙江蕭山人，生於北京。字季黄。一九四一年畢業於輔仁大學國文系。初在重慶供職於糧食部儲備司，一九四三年借調故宫博物院重慶院部。一九四六年任北平故宫博物院編纂。新中國成立後繼續在故宫工作。一九八八年被聘爲中央文史研究館館員。著有《故宫退食録》等，主編《國寶》、《歷代著録法書目》、《明清家具》等。

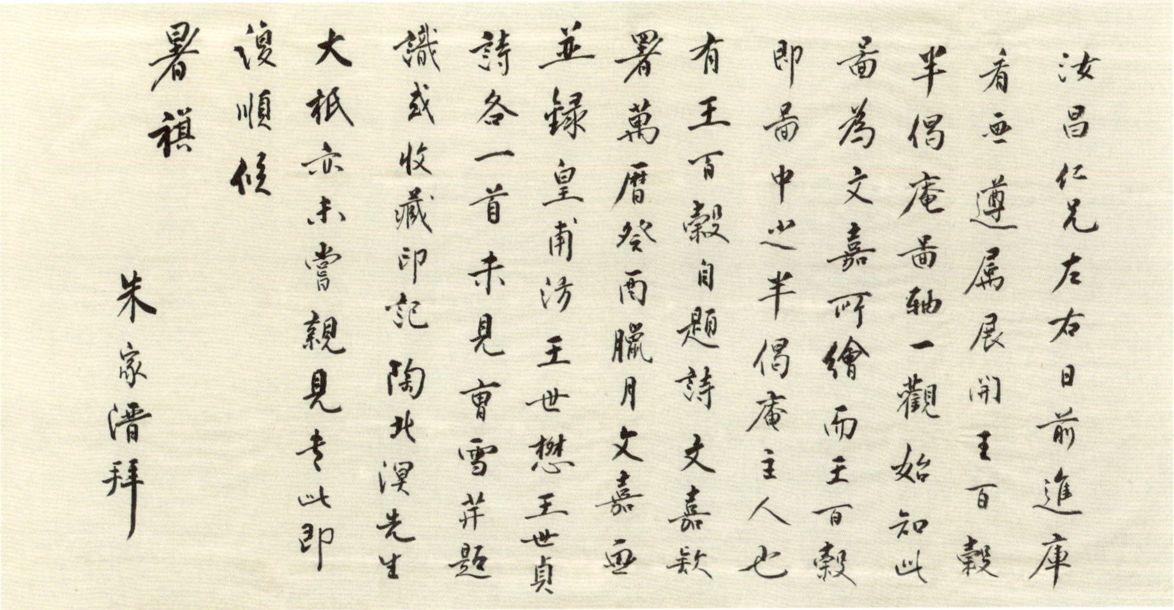

汝昌仁兄左右：日前進庫看畫，遵屬展閲王百穀半偈庵畫軸一觀，始知此畫爲文嘉所繪，而王百穀即畫中之半偈庵主人也。有王百穀自題詩，文嘉款署萬曆癸酉臘月文嘉畫，並録皇甫汸、王世懋、王世貞詩各一首，未見有雪莊題識或收藏印記。陶北溟先生大概亦未嘗親見者。此即復，順候暑祺。

朱家溍拜

陳凡

（一九一五—一九九七）

廣東三水人。字百庸，筆名周爲、南鄙人、徐克弱、皮以存、百劍堂主等。一九三九年任桂林國際新聞社記者，一九四一年進入《大公報》，輾轉工作於桂林、柳州、廣州等地，後赴香港，曾任香港《大公報》副總編輯。著有《往日集》、《一个記者的經歷》、《燈邊雜筆》、《壯歲集》等。

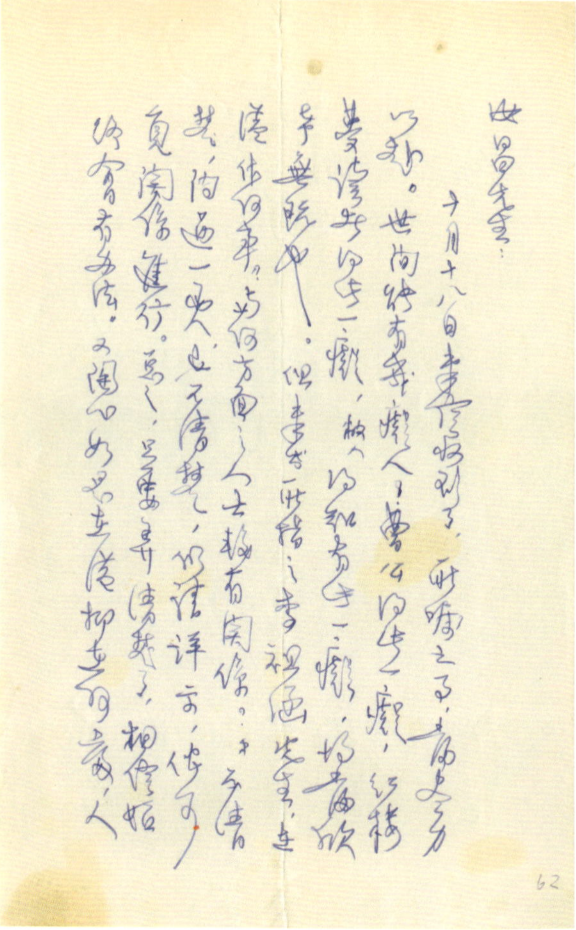
世昌先生：
十月十八日來信收到了，

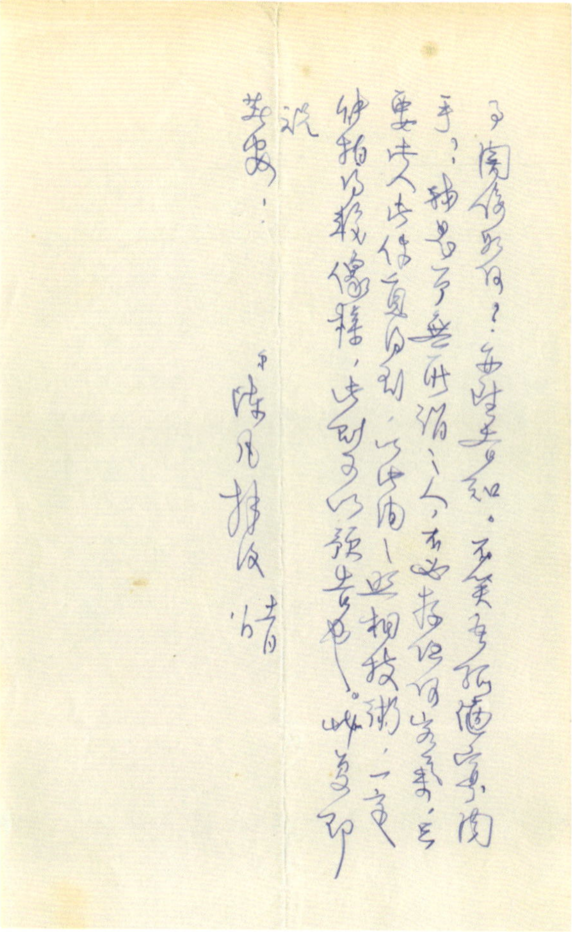
弟 陳凡 拜復

陳凡（一九一五—一九九七）

汝昌兄：

所寄李田意、杜世杰文，索隱派謬說竟（寄，請勿念。）

十月三日信收到，甚快快！！大作三稿，已寄，請即勤撰稿，援兵不來，使人死矣！快，快，快來！「悼紫苗」篇倘有多寫，均可即為發排單行本，先賀出版！

因兄目力差，來稿可不用方格稿紙，字寫大小整齊無所謂，我們要估計一下排紙字數之。拜托拜托。匆匆即頌

新年好！

弟　陳凡　十二月廿日

聞俞平伯老先生中風癱瘓，今能寫否？見面時，請代問候。

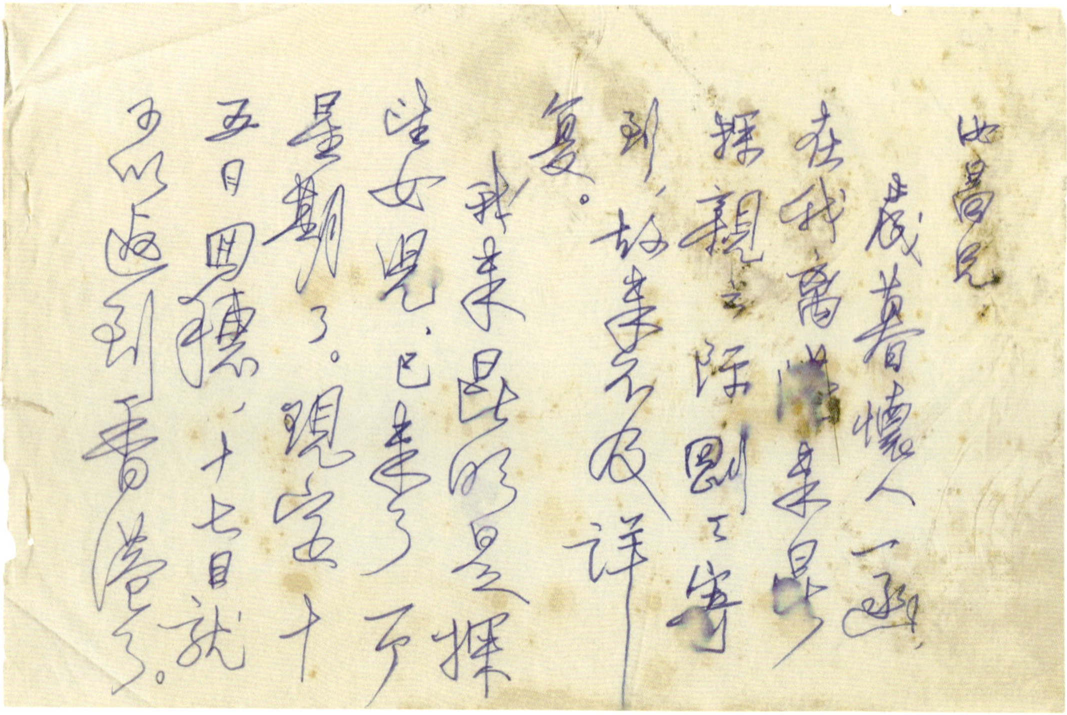

汝昌兄：

歲暮懷人一函，在我離港來京時探親之際剛已寄到，故未及詳復。

我來是明是探望女兒，已來了一個星期了。現定十五日回穗，十七日就可以返到香港了。

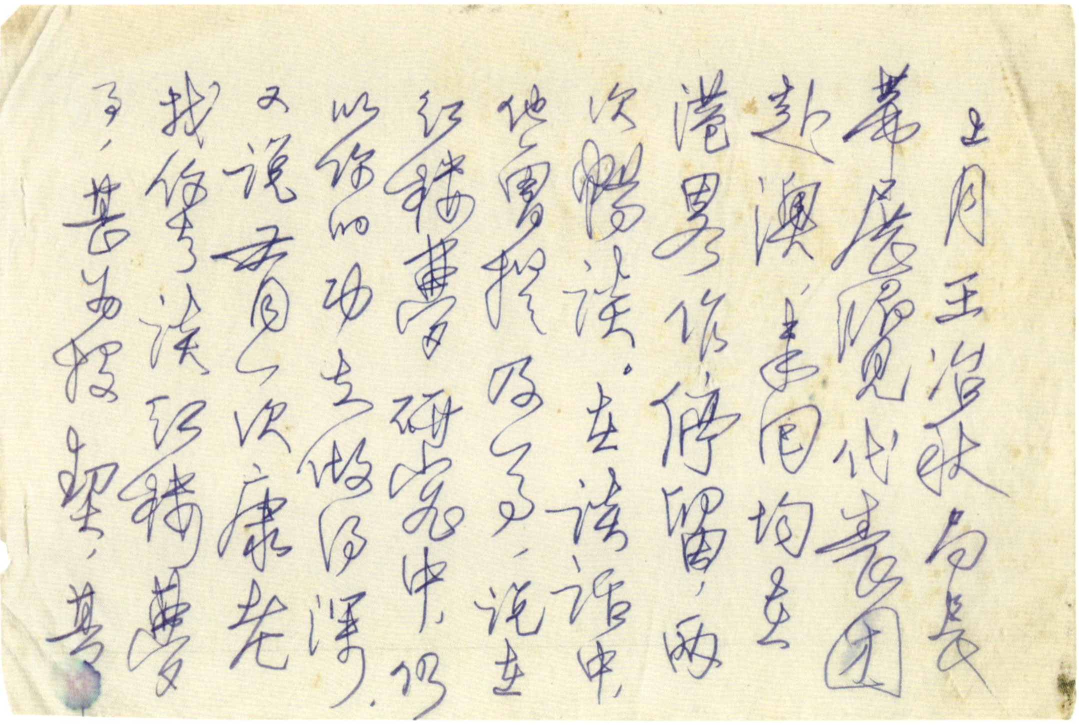

上月王冶秋局長率展覽代表團赴澳，來回均在港畧作停留，兩次暢談。在談話中，他曾提及了，說在紅樓夢研究中，仍以你的功力最深。又說看見一次康老找你去談紅樓夢了，甚為推重。其

陳　凡（一九一五—一九九七）

接到一些什麼問題，甚麼可以，請你寫些文章，交大公報發表。可惜是你的眼力目前已相當不好，這是缺乏概念。望你千萬保重，眼睛是我們做文字工作的人的要害地帶，將來並保任不可，故必須嚴

加注意。《紅樓夢新證》的封面字，是哪人寫的，我很喜歡，如方便，請他為我報《藝林》周刊寫一個版頭，大概寫一寸大小就可以。你自己也同樣給我們寫一下。我這周刊的版頭字，是每期不同的，

陈垣、叶恭绰、沈
尹默、章士钊等
人，以前都写过，现
在仍在用。故请你
也替我们写个来。
我今年一定要
来一次北京，何时来，
这次回去后就可以
大致决定了。到有
空时，再给你写信。
祝好！
弟 陈凡 二月六日
并问祜昌先生好

我是六十以后学画，
等到画得有
像样时，当给你
画一张。
又及

陳　凡（一九一五—一九九七）

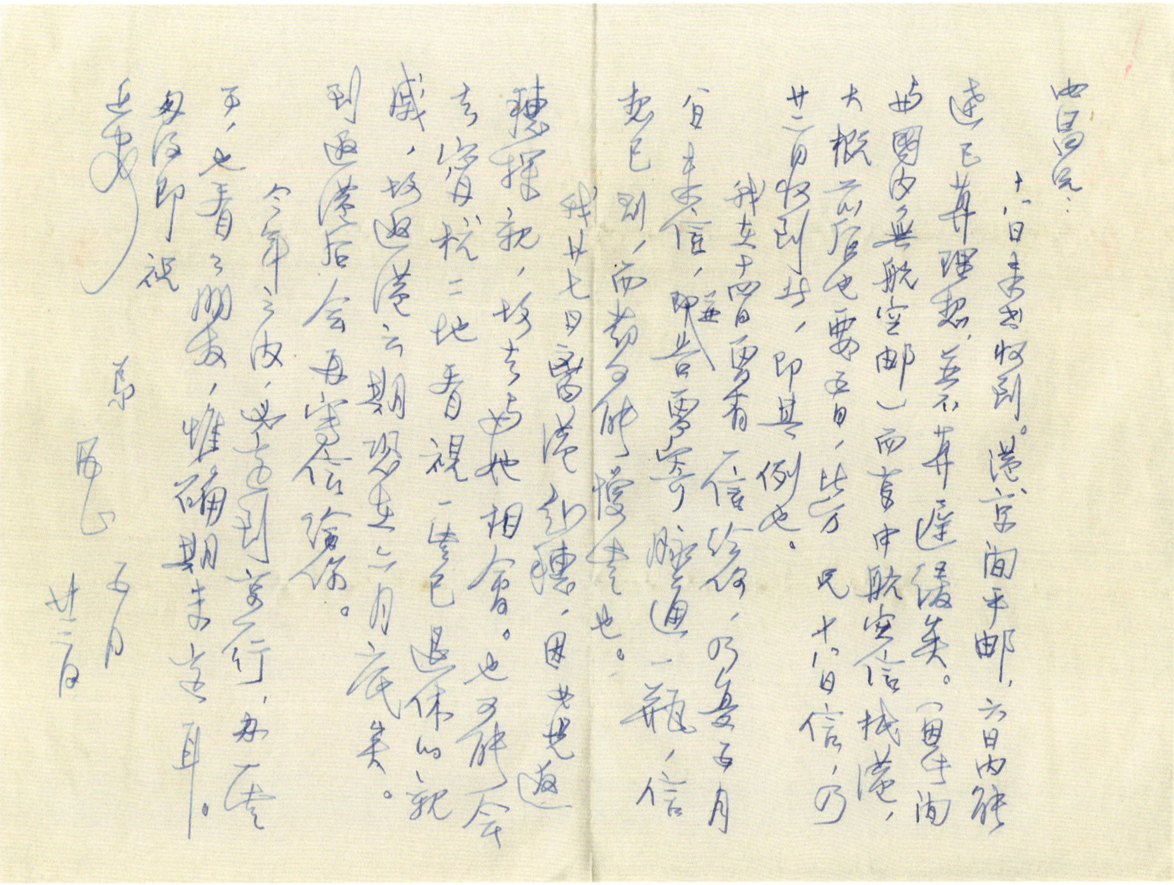

也魯兄：

十八日來書收到。港、京兩平郵，六日內能達，已算理想，並不算遲緩矣。（因京港兩地間並無航空郵）而自中航寄信抵港，大概亦須也要五日，比方兄十八日信，仍廿二日收到也，即其例也。

我去十四日曾寄一信給你，仍是五月自來信，即無要寄，照道一箱，信想已到，而我多餘憶念也。

我廿七日離港往廣州，因我也返穗探親，你去的地相會。也可能會去寧杭二地看視一些你的親戚，你返港之期恐是六月底矣。到返港後會再寫信給你。

今年之內，我當到京一行，如屆天下，也看看朋友，惟確期未定耳。

專此即祝

近安

弟　陳凡　五月廿二日

潜昌兄：

寄赠《诗集》一册，已由友人从广州带来，到手之后，已看完初集。我对郭诗之发生兴趣，完全由于你在"畅彰里"选集上的推许，因以前未见过，故特一读。此书你必珍爱，故决于读毕之后寄还，不过时间可能要在旧历年之后耳。

余嘉锡的《四库提要辨证》，已买到，不必为我再劳神了。

至于陶明濬的《诗说杂记》，则是因看了郭绍虞先生的《沧浪诗话校释》所引述而知道有此书的。另据一粟《红楼梦书录》（增订本）136页，《红楼梦》刻本条下称，著者陶明濬，字悒庵，沈阳满洲蓝旗人。不知是否即为一人也？

《诗说杂记》及《说剑堂诗集》（粤人潘飞声著）不必多去找，如中国书店，顺便问问好了。买到后也不必寄，因不能出口，能够保存就好了。

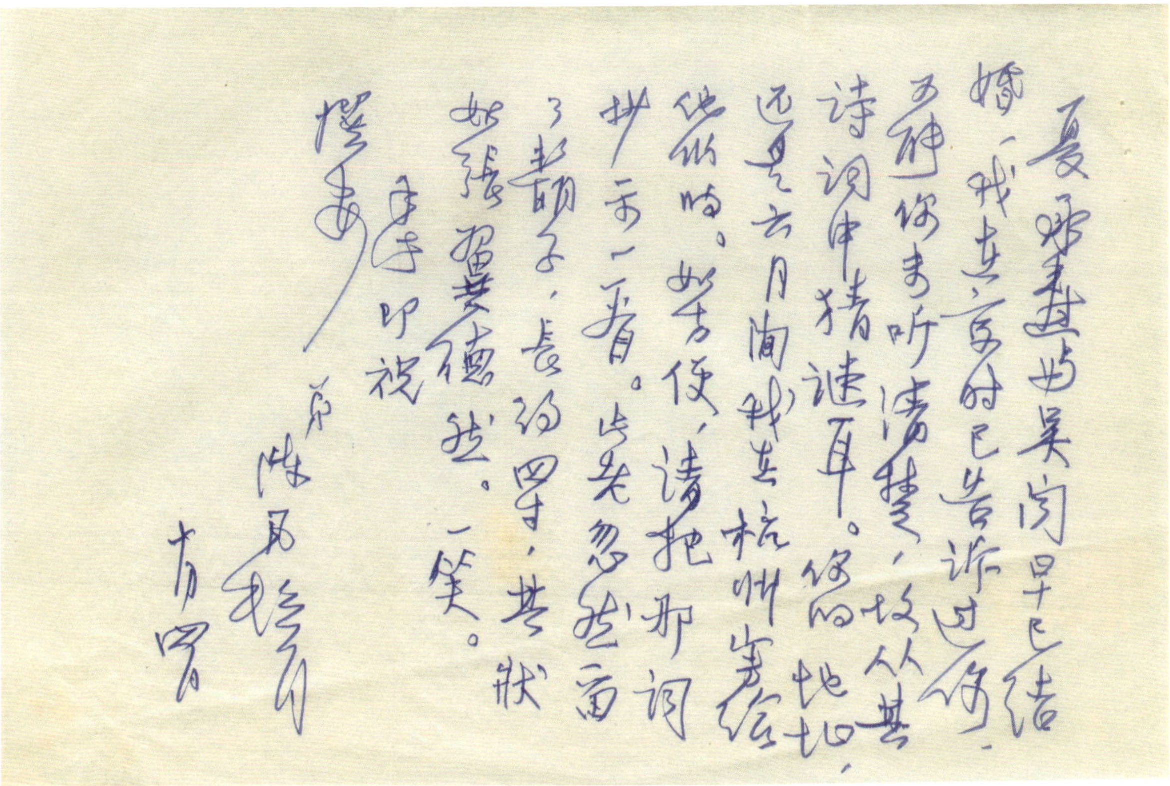

夏承焘也与吴闻早已结婚，我在京时已告诉过你。大概你未听清楚，故从其诗词中猜谜耳。你的地址，还是六月间我在杭州写给你的吗。如方便，请把那词抄示一看。此老忽然留了胡子，长得罢，其状如张翼德然。一笑。

手此，即祝

撰安

弟 陈凡 拜

十月四日

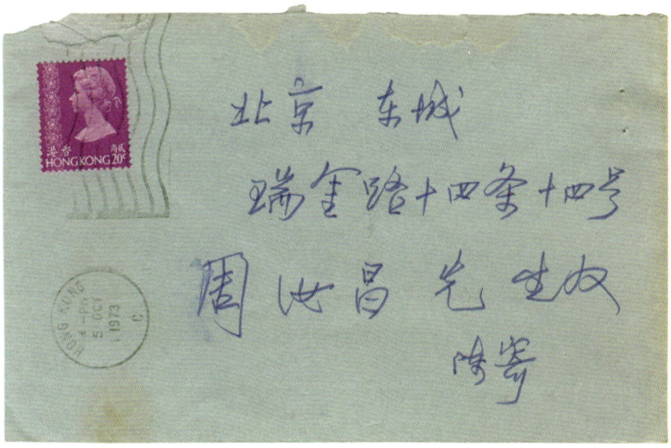

北京 东城

端金路十四条十四号

周汝昌先生收

陈寄

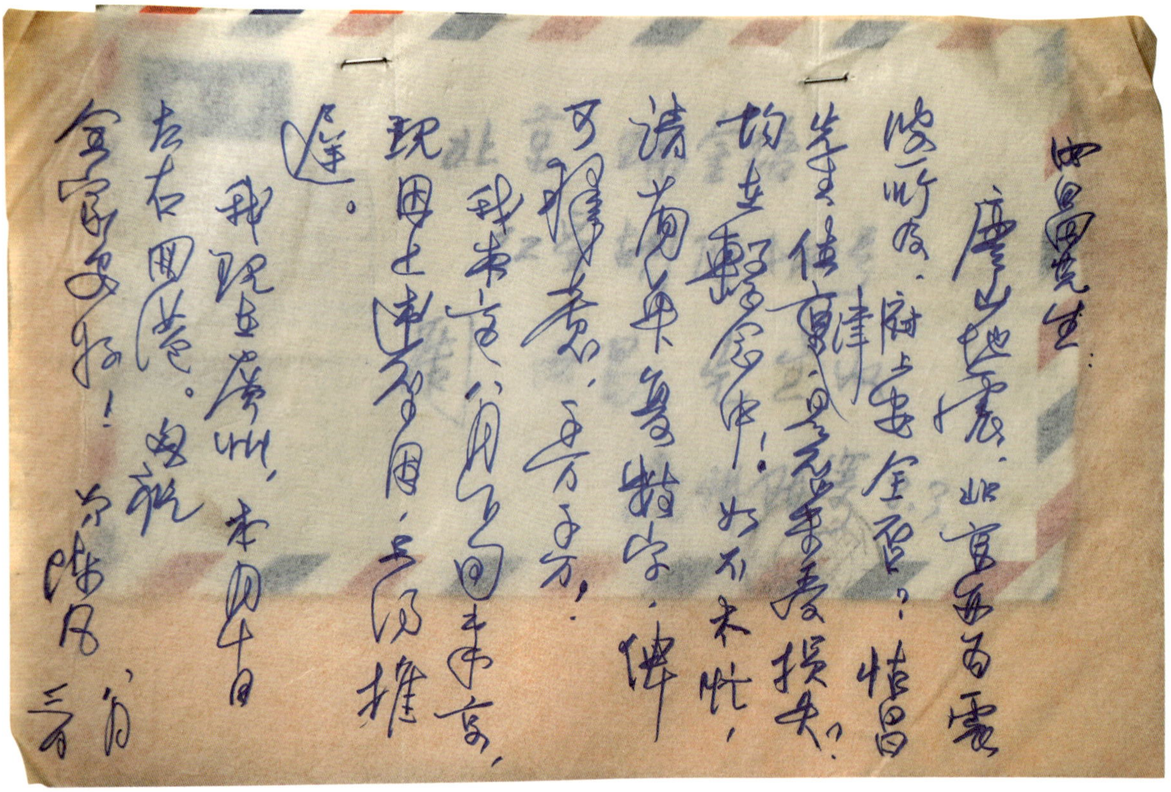
汝昌先生：

唐山地震，北京亦有震波所及，府上安全否？祜昌先生住天津，是否受損失？均在懸念中！如不太忙，請簡单复我數字，俾可釋慮。千万千万！

我本定八月五日来京，現因地震關係，只得推遲。

我現在廣州，本月十日左右回港。此祝

全家安好！

弟陳凡 八月三日

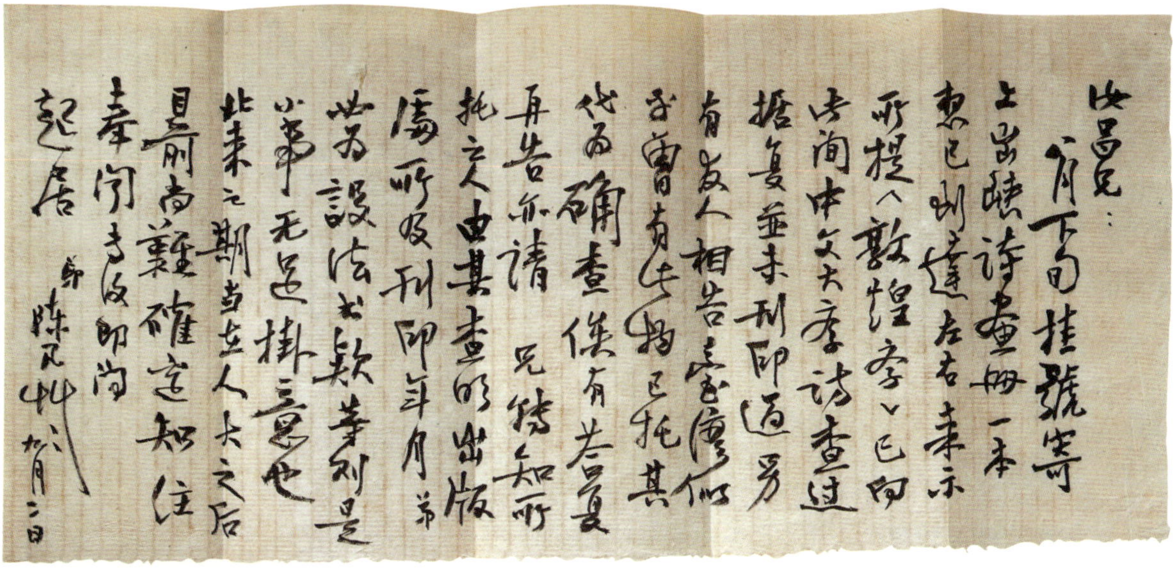

世昌兄：
八月下旬挂號寄
上出牘詩畫冊一本，
惠已收到。遵左右來示
所提《敦煌學》，已向
港間中文大學詢查過，
據云並未刊印過。另
有友人相告，臺灣似
亦曾有此物，已托其
代為確查，俟有着落
再告你。請　兄轉知所
托之人，由其查明出版
處所及刊印年月，弟
當設法。書款等則是
小事，無足掛意也。
北來之期當在人大之后，
目前尚難確定，知注，
奉聞。手此即問
起居。　弟陳凡拜　九月二日

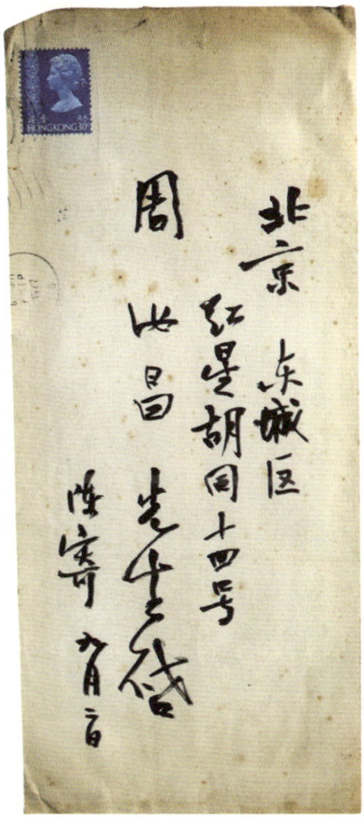

北京
東城區
紅星胡同十四號
周世昌先生啓
陳寄　九月二日

方行

（一九一五—二〇〇〇）

江蘇常州人。筆名文操。曾就讀於上海滬江大學社會科學講習所。長期從事地下工作。新中國成立後，曾任上海市人民檢察署副檢察長、上海市文化局副局長、上海市文物保管委員會副主任等職。編有《譚嗣同全集》（合編）、《譚嗣同真蹟》等。

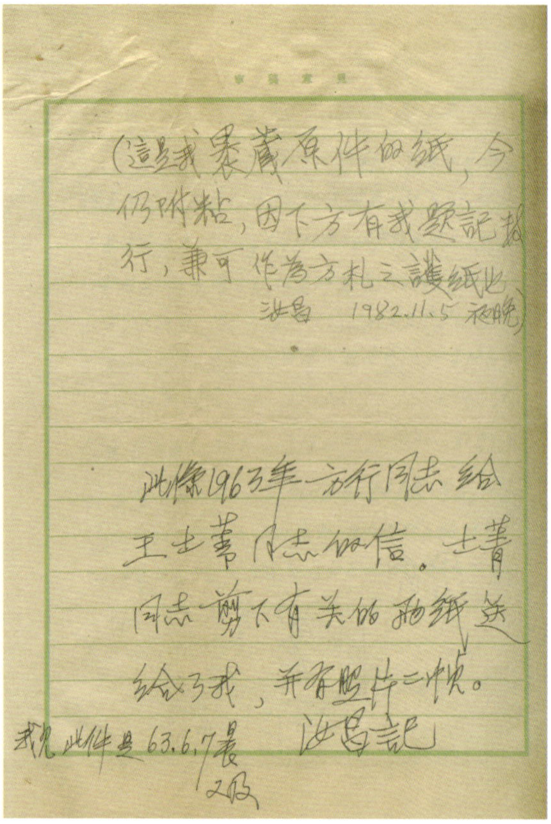
（這是我裝藏原件的紙，今仍附粘，因下方有我題記數行，兼可作為方札之護紙也。汝昌 1982.11.5 夜晚）

此係1963年方行同志給王士菁同志的信。士菁同志剪下有关的部分送给了我，并有照片二帧。汝昌記

我見此件是63.6.7晨 又及

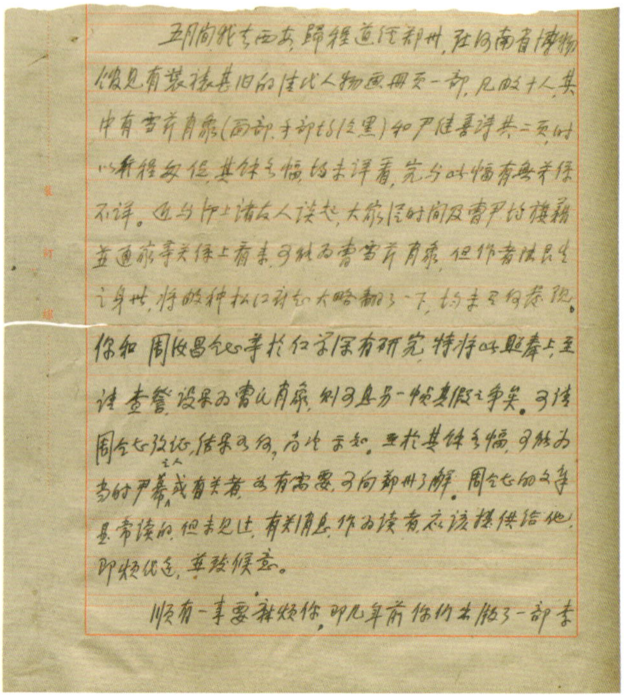
五月間我去西安，歸程道經鄭州，在河南省博物館見有裝裱甚舊的清代人物畫冊頁一部，凡畫十人，其中有雪芹肖像（面部、手部均已變黑）和尹繼善詩共二頁，此以前經如何，其餘各幅均未詳看，究竟此幅有無关係不詳。近与沪上諸友人談起，大家从时间及曹尹的旗籍並通家等关係上看来，可能為曹雪芹肖像，但作者陸厚信之身世，将畫神松江府志大略翻了一下，均未可得考證。你和周汝昌同志等於红学深有研究，特将此照奉上，至請查證，設果為曹氏肖像，則可息另一幅真假之争矣。可請周同志致函，結果如何，尚乞示知。至於其餘各幅，可能為當时尹幕之人或有关者，如有需要，可向鄭州了解。周同志的文章是常读的，但未见过，有关情况作為读者应该提供给他，即烦代达，並致候意。

順有一事要麻烦你，即几年前你们出版了一部李

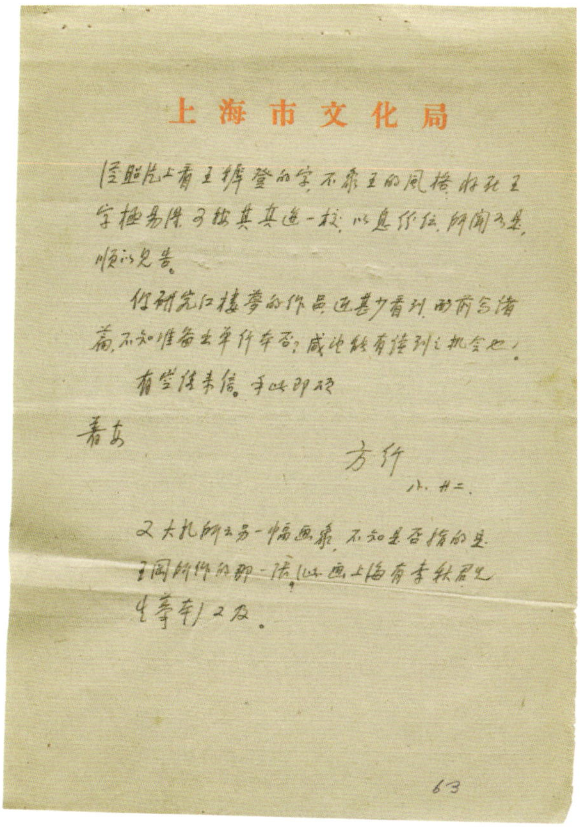

上海市文化局

从照片上看王特登的字，不象王的风格，好在王字极易得，可按其真迹一校，以息疑念，所闻如是，顺以见告。

你研究红楼梦的作品近甚少看到，前所写诸篇，不知准备出单行本否？盛望能有读到之机会也。

有空候来信。手此即颂

著安

方行 八.廿二.

又大札所云另一幅画像，不知是否指的王冈所作的那一张？似此画上海有李秋君先生摹本之故。

63

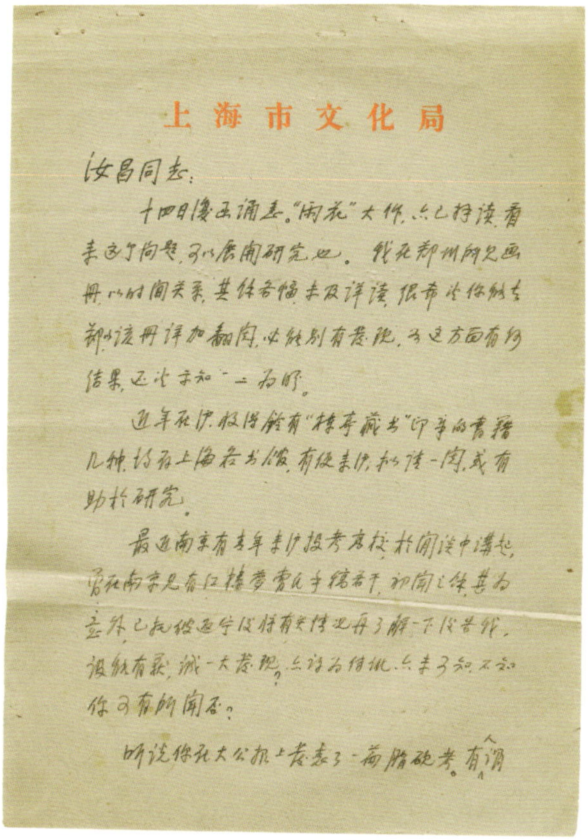

上海市文化局

汝昌同志：

十四日复函诵悉。"雨花"大作，亦已拜读，看来这个问题，可以展开研究也。我在郑州所见画册，以时间关系，其余各幅未及详读，很希望你能去郑将该册详加翻阅，必能别有发现。不知这方面有何结果，还望示知一二为盼。

近年在沪收得铭有"楝亭藏书"印章的书籍几种，均存上海图书馆，有便来沪，不妨一阅，或有助于研究。

最近南京有青年来沪投考学校，于闲谈中谈起，曾在南京见有红楼梦曹氏手稿若干，初闻之余甚为意外，已托他返宁设法有关情况再了解一下以资核证，设能有获，诚一大发现，亦许为伪托，亦未可知。不知你可有所闻否？

听说你在大公报上发表了一篇脂砚考，有谓

南京方面，日前已有信来，据云事为多年前所闻，时有曹姓二人争讼，自称为雪芹后人，家中藏有手稿云云。因事隔多年，曹姓之地址一时难以查到，陈陵秦等字者亦早忘怀。要是能找到此人地址，究为事实抑讹传，即可了然，故现时仍属未知数也。既见此云云，当再托人访问，如有所获，容当续告。

前月於香港大公报上见此像已发表，你可看到否？不知是谁写的。

匆此奉复，即颂

撰安

方行

十.廿三.

63

汝昌同志：

五日来信及九月廿一日天津晚报所刊大作均收到。以迟未覆，俗务纷繁，深以未能即覆为歉！

前寄照片，是我於五月间在郑州河南省博物馆所见的一本册页上拍下来的，当时河南省文化局陈局长等均在座，绝非单张之对照片。现寄来者既为单页，则全部册页必仍在该馆，要是你有机会去郑，定可看到全貌，自问对此记忆无误。

该像上题写明雪芹，而另页尹诗为赠俞姓者，如俞的字或号为雪芹，则像为俞姓无疑，否则当属另人。至於像上的雪芹是否即曹雪芹，尚可进一步展开研究。惜陆厚信之历史此处难以查到，北京通人多而资料富，如能有所发现，定有助於此项公案之判明。吴世昌、吴恩裕、俞平伯诸先生不知持何看法，如便希示知一二，幸甚！

上海市文化局

世昌同志：

前承来信久未奉复，歉歉！

最近有燕铭部长述及，承告河南的那部册页已全部调京，不知可见到否？可能就全书一翻，必能有更多的线索可供研究也。又闻北京近于曹氏后人处发现了两部家谱，一部已见，世系及雪芹父辈者均无误，独无雪芹之名。另一部已知着落，但尚未取到，据估计这一部上是会有雪芹的名字的，闻两者均为抄本。要是你尚未见到，可能王昆仑同志已见到，不妨向伊一询也。

匆复即颂

近好

方行

十一月卅日

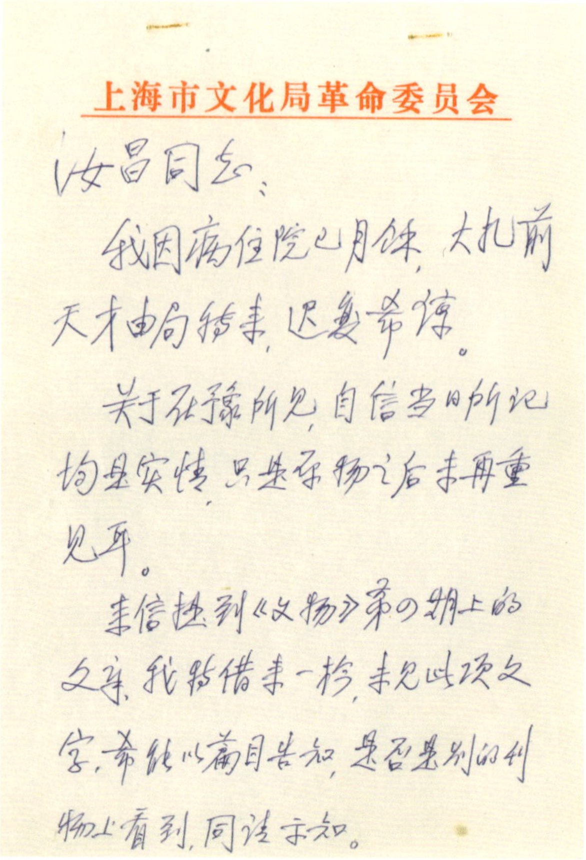

上海市文化局革命委员会

汝昌同志：

我因病住院已月余，大札前天才由局转来，迟复希谅。

关于在豫所见，自信当日所记均是实情，只是原物以后未再重见耳。

来信提到《文物》第四期上的文章，我将借来一检，未见此项文字，希能以篇目告知，是否是别的刊物上看到，同请示知。

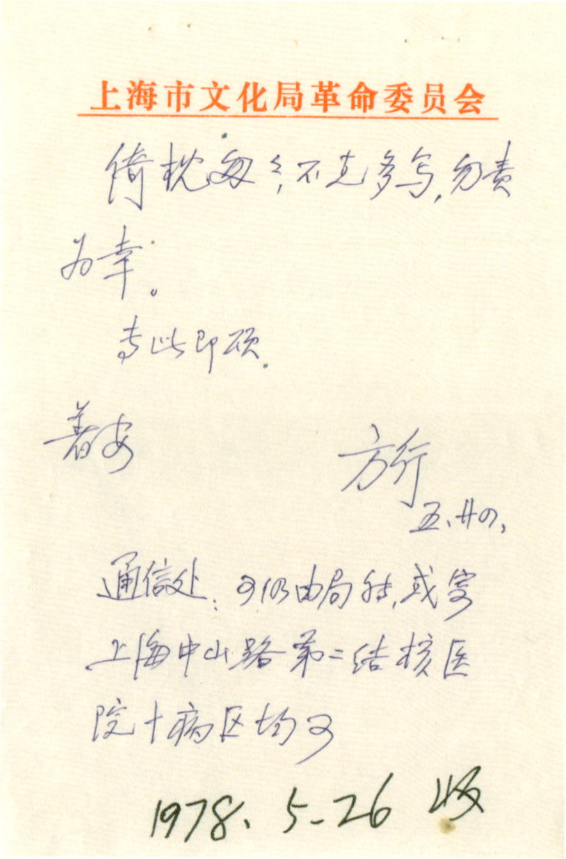

上海市文化局革命委员会

倚枕匆匆，不克多写，勿责为幸。

专此即颂

著安

方行 五.廿四.

通信处：可仍由局转，或寄上海中山路第二结核医院十病区均可

1978.5.26 收

嚴文井

（一九一五—二〇〇五）

湖北武漢人。原名文錦。一九三八年赴延安入抗日軍政大學學習，曾在魯迅藝術學院任教。新中國成立後，歷任中國作家協會黨組副書記、《人民文學》主編、人民文學出版社社長等職。創作以童話和寓言爲主，亦有雜感、散文等。

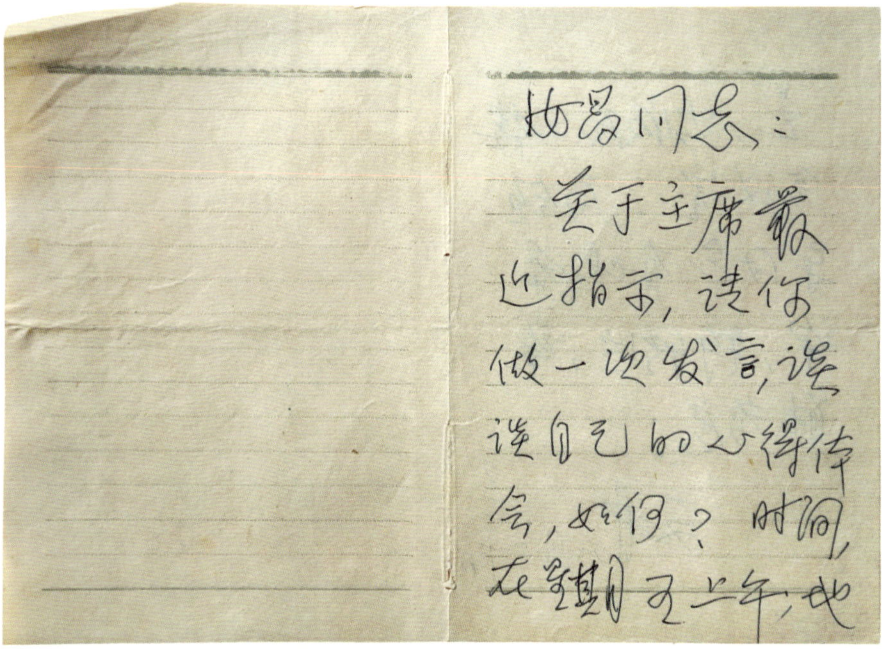

始昌同志：

关于主席最近指示，请你做一次发言，谈谈自己的心得体会，如何？时间，在星期五上午，地

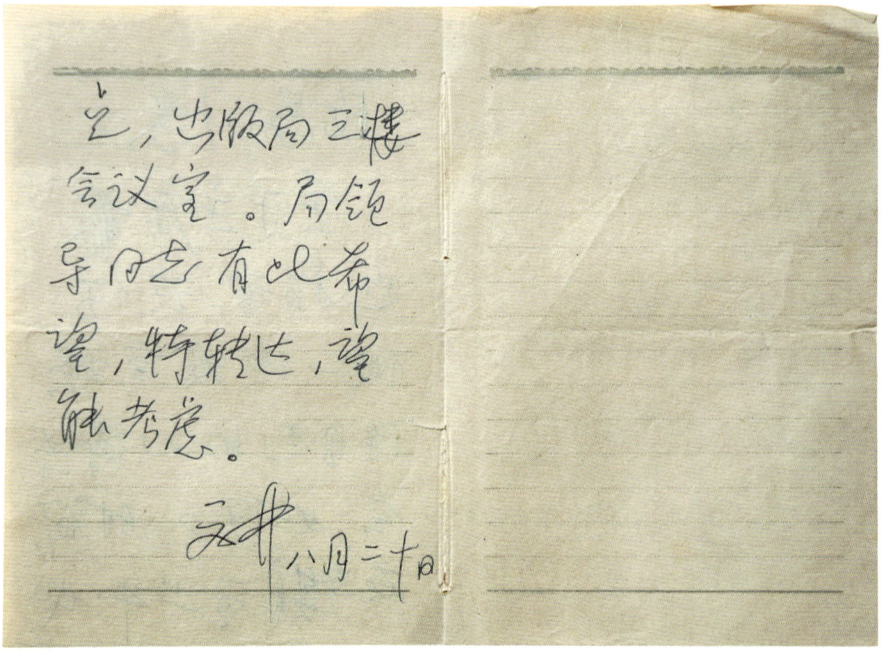

点，出版局三楼会议室。局领导同志有此希望，特转达，望能考虑。

文井 八月二十日

楊憲益

（一九一五—二〇〇九）

安徽泗縣人，生於天津。少時在家習傳統典籍，後就讀於英國教會所辦天津新學書院。一九四〇年畢業於牛津大學莫頓學院，回國後從事教學和翻譯工作。曾任英文版《中國文學》主編，中國社會科學院外國文學研究所研究員。譯有《紅樓夢》（合譯）、《羅蘭之歌》等，著有《零墨新箋》、《譯餘偶拾》、《漏船載酒憶當年》等。

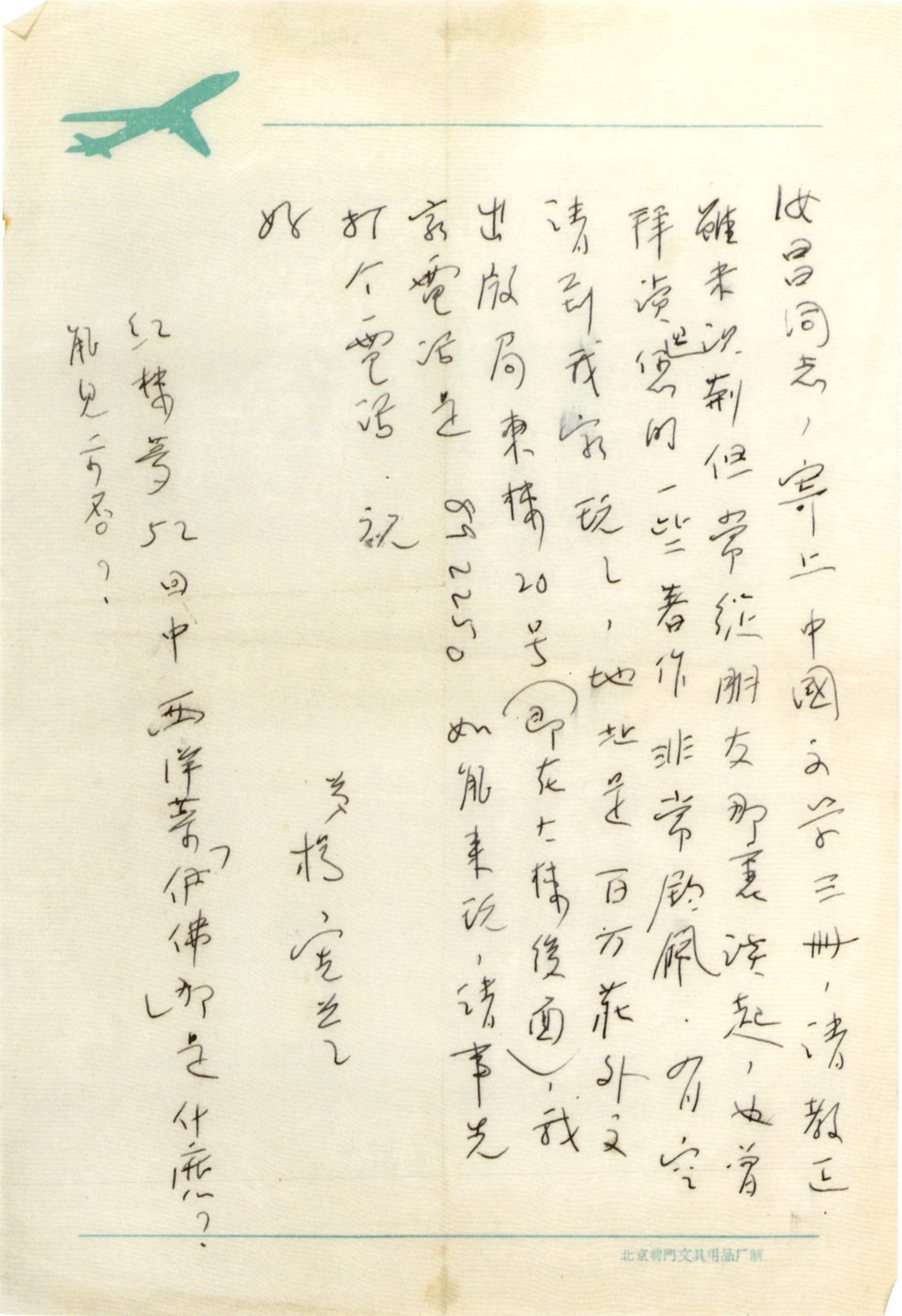
汝昌同志，寄上中國文學三冊，請教正。雖未識荊，但常從朋友那裏談起，也常拜讀您的一些著作，非常欽佩。有空請到我家玩玩，地址是百万莊外文出版局東樓20号（即花大樓後面），我家電話是892250，如能來玩，請事先打個電話。祝

好

楊憲益

紅樓夢52回中「西洋葯伊佛哪」是什麼？能見示否？

北京前門文具用品厂制

朱南銑

（一九一六—一九七〇）

江蘇無錫人。一九三六年考入清華大學哲學系，一九四三年畢業於清華研究院。曾在上海《僑聲報》、美聯社做翻譯工作。一九四九年進入上海三聯書店（後併入人民出版社）任編輯。著有《中國象棋史叢考》，與周紹良合作編著《紅樓夢書録》、《古典文學研究資料彙編·紅樓夢卷》等，點校《永憲録》。

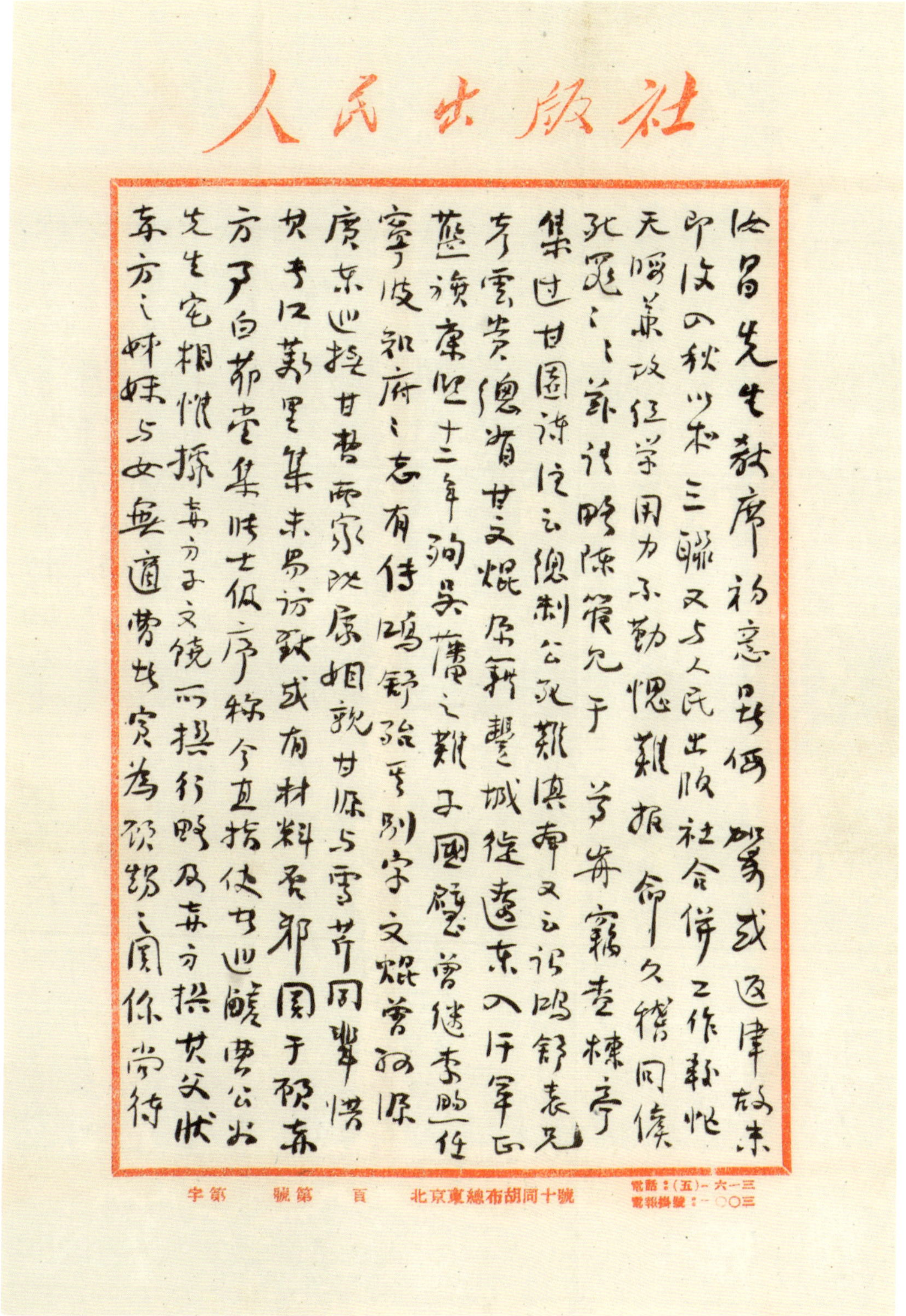
人民出版社

冶省先生教席：前惠書件，嫁我返津，故未
即復。此秋北京三聯又與人民出版社合併，工作較忙，
天暇兼攻經學，用力不勤，愧難報命。久稽問候，
孔罪孔罪。承詢晴隱兄于等幷窮查楝亭
集，過甘園詩注云：總制公死，辭漢南文云：謁鳴鈞表兄
孝雲，貴總省甘文焜原籍豐城，徙遼東，入汗軍正
藍旗，康熙十二年殉吳藩之難，子國璧，曾繼李煦任
寧波知府，又志有傳。鳴鈞殆其別字，文焜曾孫，原
廣東巡撫甘士調，兩家以原姻就，甘原與雪芹同輩，惜
其著江鄰里集未易訪致，或有材料。吾鄉園于顧赤
方白茅堂集，時士似序稱，今直指使者巡鹺曹公，如
先生宅相，惟據赤方子文鏡所撰行略，及赤方撰其父狀，
赤方之姊妹與女無適曹姓者，為顧曹之關係尚待

字第　號第　頁　北京東總布胡同十號　電話：(五)一六一三　電報掛號：一〇〇三

人民出版社

汝昌吾兄：嘗疑曹寅伯仲名七丈游七處，殘後豈無墳墓文字，苟能有計劃搜索康雍乾三朝別集，則雪芹家世庶幾一網打盡（周黎庵吳鈞氏近今毫無集点抱此見）收穫，斷感絕望矣。至于八旗著作，僕撰永忠年譜，雖列乾隆三十三年葉弔雪芹一題以來，詳許向為憾。按此人欲知最早得讀紅樓夢者，乃嗜尔藉宜敦誠稱之，然似乎在發現宗譜求之，而永瑢生卒年并敦敏亦臣燕京有宗譜，閣下便中幸一檢示。曹寅說箋真蹟至少存二件，一即最近山東文物管理會展覽之明抄唐歌詩殘卷題記，一即明代名人尺牘所收小柬，末署寅中正佛裳謹命使捧上東山先生著弟寅頓首。弟訂出康熙四十年初任巡鹽屆

字第　號第　頁　北京東總布胡同十號　電話：（五）一六一三　電報掛號：…○三

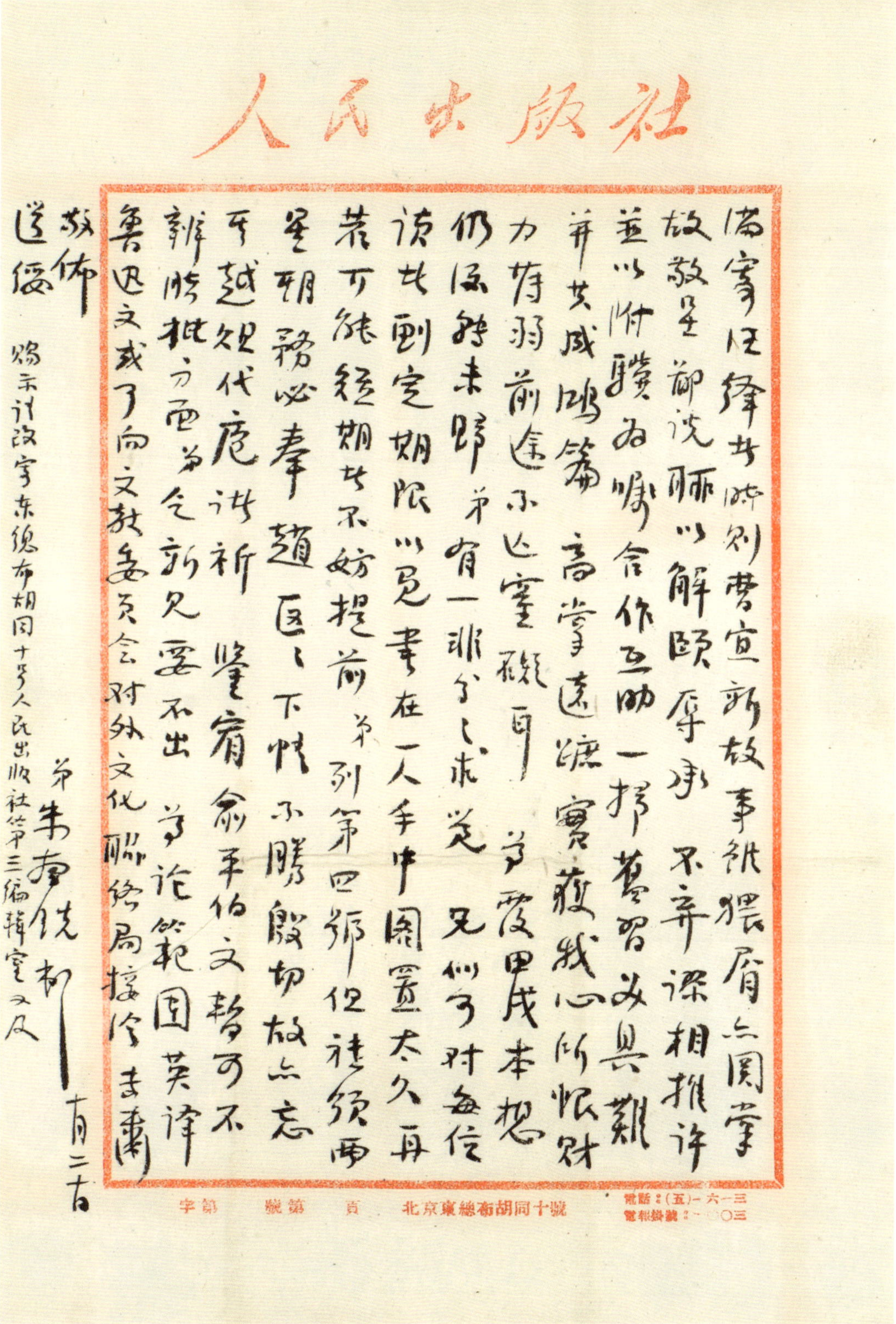

人民出版社

滿寧任鐸共所列書宜新故事紙猥屑亦關掌
故敬呈鄭說聊以解頤厚承不棄深相推許
並以附驥為囑含作互助一掃舊習益具熱
并共成鳴篇高掌遠蹠寔獲我心所悵才
力薄弱前途亦正塞礙耳弟愛田氏本想
仍係歸未歸弟有一非分之求望兄似可對每位
該書到定期限以免書在一人手中閣置太久再
恭可能縮期者不妨提前弟列第四郵但請須兩
星期務必奉趙區區下忱不勝殷切故亦忘
乎越俎代庖謹祈鑒宥俞平伯文教可不
辦將批示寄給弟令新見要不出弟論於範圍英譯
魯迅文或了向文教委員會對外文化聯絡局接洽手蘭

敬佈
道候

弟朱南銑頓首 月二日

賜示請改寄東總布胡同十号人民出版社第三編輯室 又及

北京東總布胡同十號 頁 第 號 第 字
電話：(五)三一六一 電報掛號：三〇〇二

生活·讀書·新知三聯書店

第　字　第　號　第　頁

汝昌先生有道：月前暢叙，辱承俯相
容納
高誼永佩。楝亭集十五卷本經在北京圖書館借
觀一過，亦無收穫。如曹寅早歲有悼亡之作，又稱頗
有方外賓氏，而文鈔中提及賜田居寶坻西，蓋京
畿八旗圈給地，殆即烏進孝黑山村所指。
卓見以為如何？棗窗閑筆另本附戊子（一九四八）成府
文如居士跋，不知是否出
足下手筆？又
尊云懋香齋（？）本上收舊批，寄隨未欲尚贊一言
教之。人民文學近載俞平伯校三十回的紅樓夢，似是
有新意。

一九　年　月　日

地址：上海南京東路一六六號　電話：一九四六〇　電報掛號：五〇一〇五〇

朱南銑（一九一六—一九七〇）

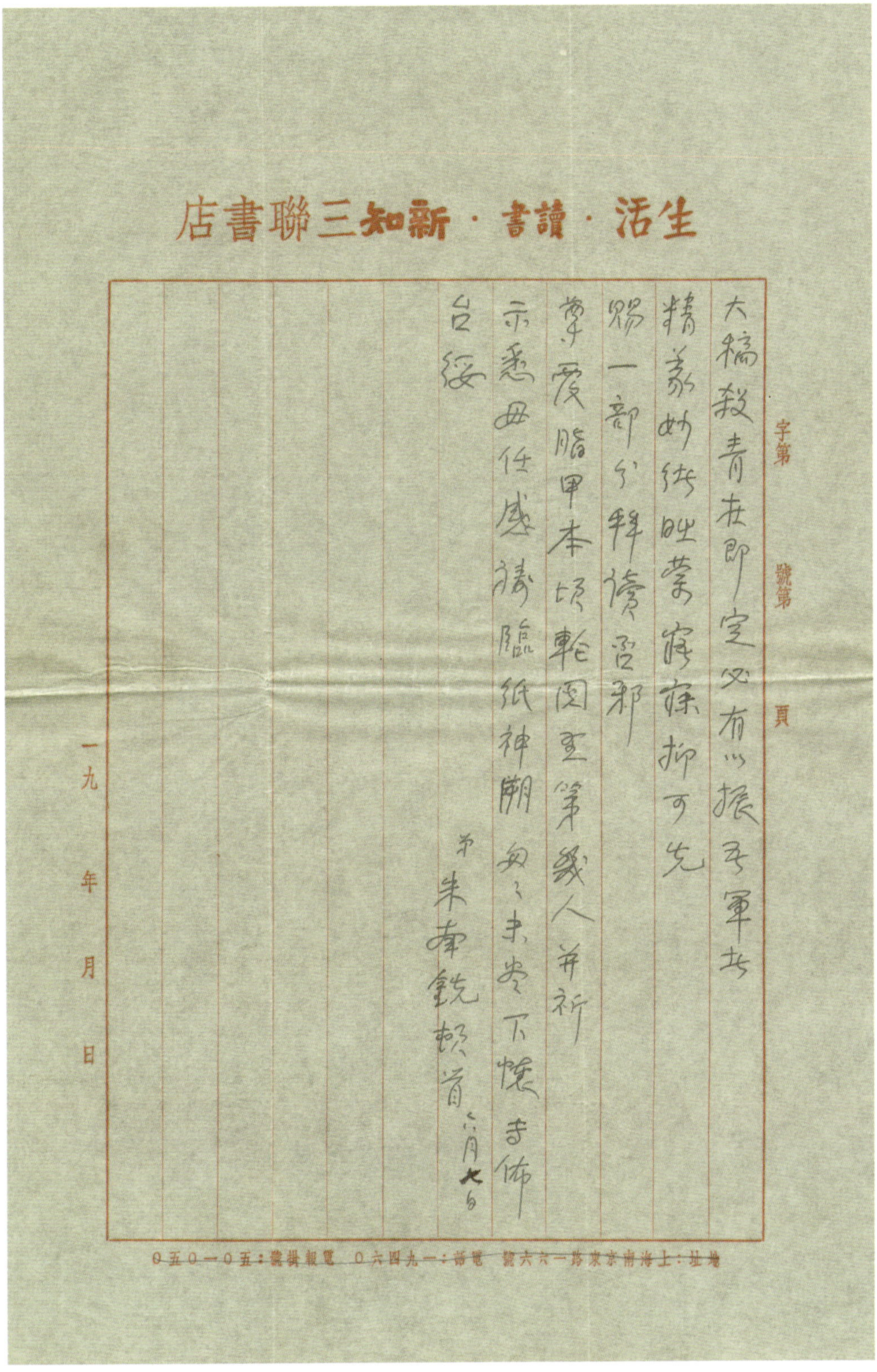
生活·讀書·新知三聯書店

大稿殺青在即定必有以振吾軍也
精義妙緒吐棄寢森抑可先
賜一部分拜讀否耶
尊處脂甲本頃輪閱至第幾人并祈
示悉毋任感禱臨紙神馳匆匆未盡下懷專佈
台綏
弟 朱南銑頓首 六月七日

一九　年　月　日

字第　號第　頁

地址：上海南京東路一六六號　電話：一九四六〇　電報掛號：五〇一〇五〇

袁水拍

（一九一六—一九八二）

江蘇吴縣（今蘇州）人。原名光楣，筆名馬凡陀。上海滬江大學肄業，在上海做過銀行職員，後於重慶、香港等地做編輯。新中國成立後，曾任《人民日報》文藝部主任、中宣部文藝處處長等職。著有《馬凡陀的山歌》等。

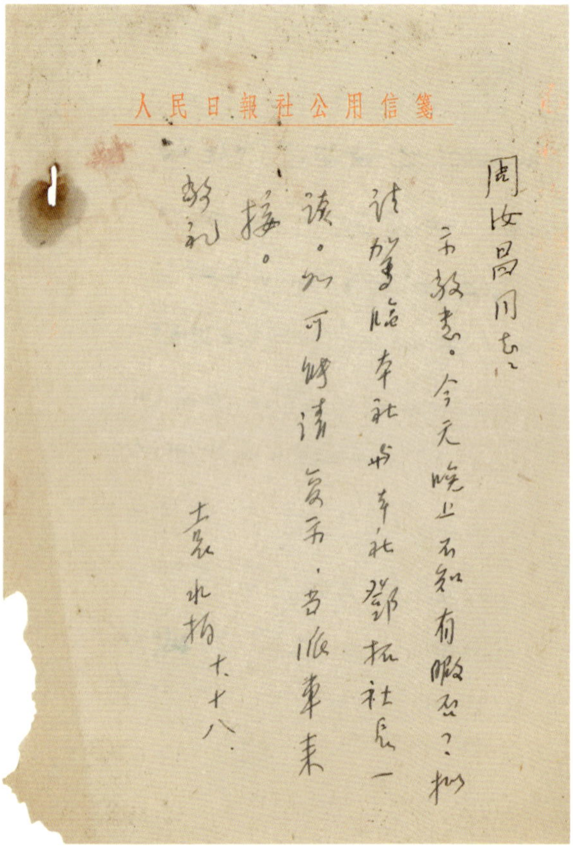
人民日報社公用信箋

周汝昌同志：

來教悉。今天晚上不知有暇否？擬請駕臨本社與本社鄧拓社長一談。如可能請覆示，當派車來接。

敬禮

袁水拍 十.十八

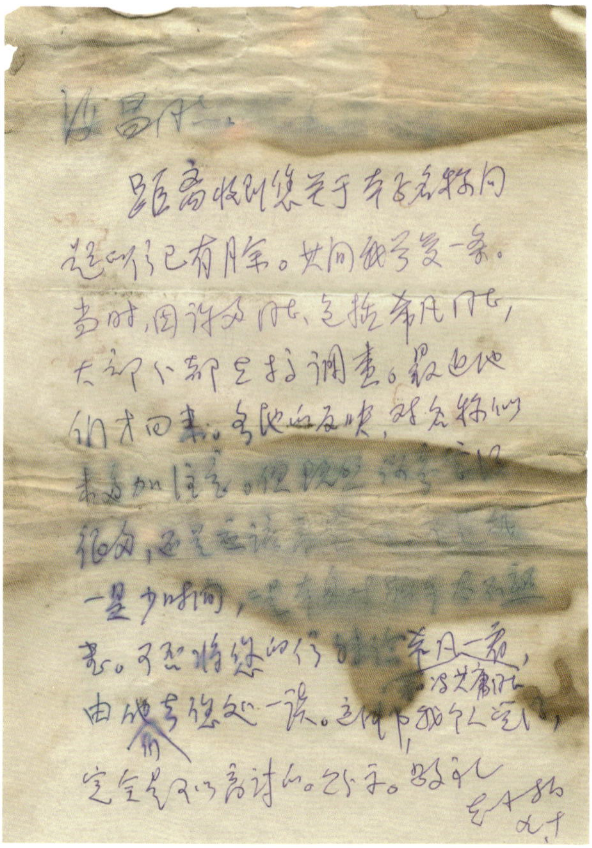
汝昌同志：

距离收到您关于李子名称问题的信已有月余。其间[illegible]一条。当时，因许多同志，包括[illegible]同志，大部分都出去调查。最近他们才回来。[illegible]对名称似未多加注意。[illegible]一是少时间，[illegible]意。可否将您的信[illegible]由他（俞）与您见一谈。这件事我个人完全[illegible]的资格。敬礼

袁水拍 九.十

周策縱

（一九一六—二〇〇七）

湖南祁陽（今祁東）人。一九四二年畢業於中央大學，一九四八年赴美國密歇根大學留學。先後任哈佛大學研究員、威斯康辛大學教授。著有《紅樓夢案》、《五四運動史：現代中國的知識革命》等。

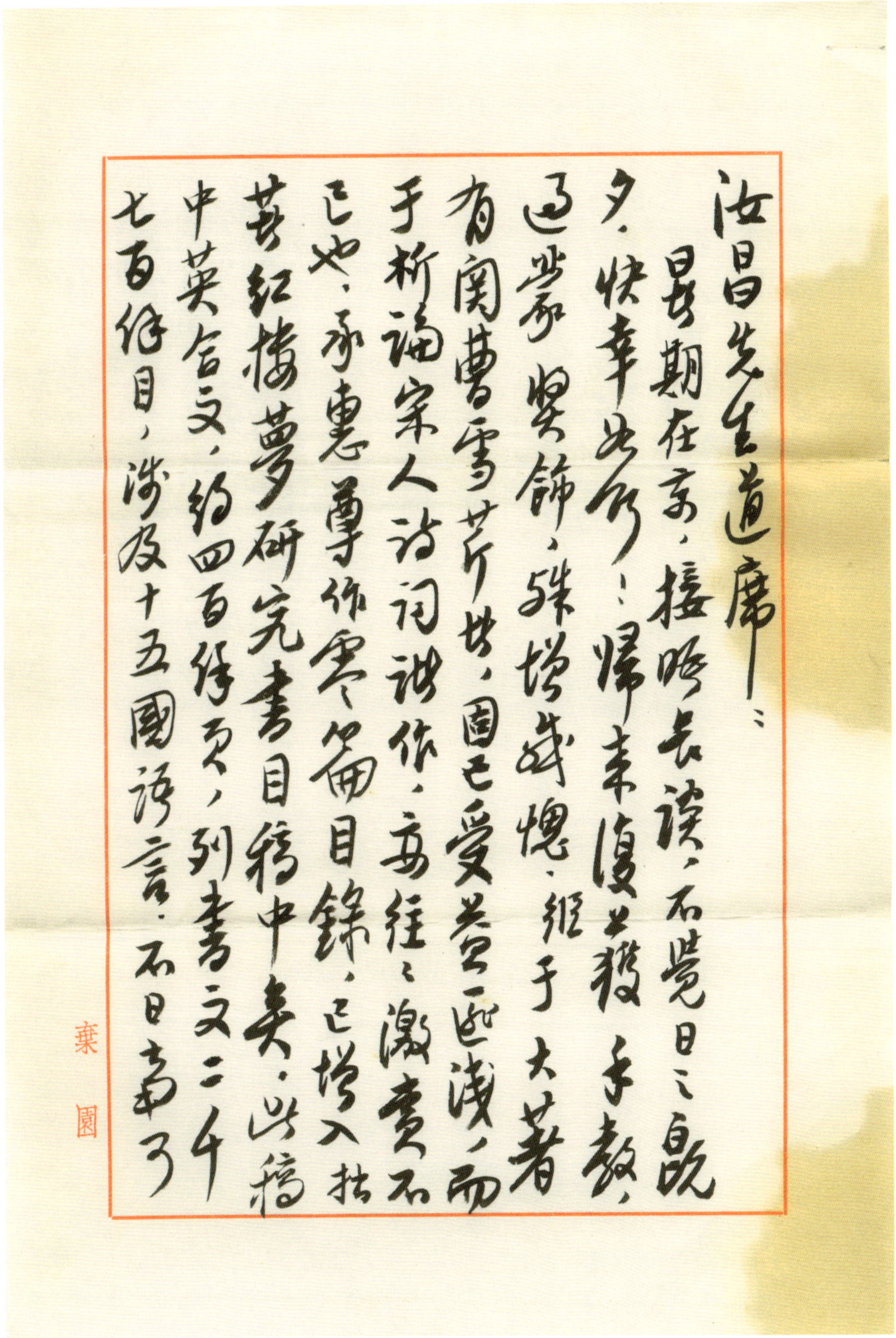
汝昌先生道席：

星期在京，接晤長談，不覺日之既夕，快幸如何！歸來復拜手教，過蒙譽飾，殊增慚愧。縱于大著有關曹雪芹者，固已受益匪淺；而于析論宋人詩詞諸作，亦往往激賞不已也。承惠尊作零篇目錄，已增入拙著紅樓夢研究書目稿中矣。此稿中英合文，約四百餘頁，列書文二千七百餘目，涉及十五國語言。不日當可

棄園

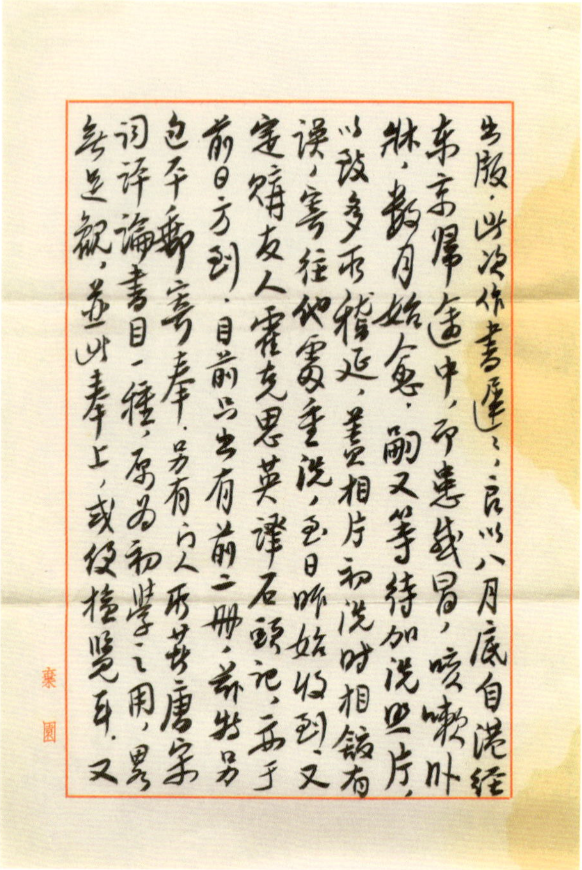

出版。此次作書遲遲，良以八月底自港經東京歸途中，即患感冒，咳嗽外狀，數月始愈，嗣又等待加洗照片，以致多所稽延。蓋相片初洗時相館有誤，寄往紐約重洗，至日昨始收到。又英籍友人霍克思英譯石頭記，為乎前日方到，目前只出有前二冊，亦特另包平郵寄奉。另有六人所著唐宋詞評論書目一種，原為初學之用，略無足觀，並此奉上，或供檢覽耳。又

棄園

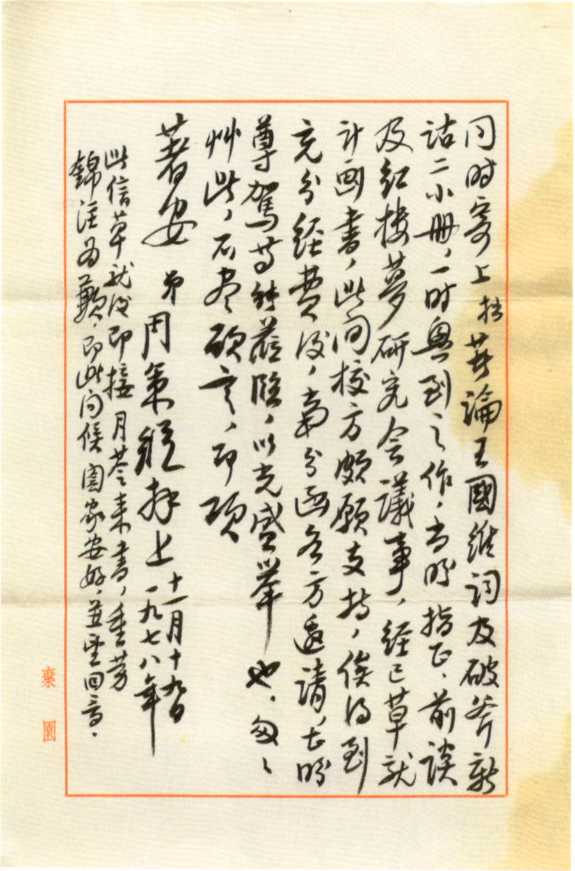

同時寄上拙著論王國維詞及破答新詁二小冊，一時興到之作，乞明指正。前談及紅樓夢研究會議事，經已草就計劃書，此間校方頗願支持，俟得到充分經費後，當分函各方邀請，乞明尊駕等能蒞臨，以光盛舉也。匆匆艸此，不盡欲言，即頌

著安

弟周策縱拜上　十一月十七日　一九七八年

此信草就後即接月前來書，香芬錦注為謝，即此問候閤家安好，並望回音。

棄園

周策縱（一九一六—二〇〇七）

此稿寄出後之次日，即另寄該刊一稿，改正「周星」倒置之筆誤，並改「竟忘」為「未注意」三字，蓋覺前語似嫌不遜。乃過港時編者告我，云誤將初寄之稿付印，亦怪事也！

汝昌先生法正

明報月刊第一五一期（一九七八年七月，香港）

題曹雪芹筆山小影

高山流水詩千首
明月清風酒一船
冷醉孤情留筆底
恰從媧石證因緣

何蒙夫先生以所藏曹雪芹筆山影片寄贈，即用所鐫原句足成一絕奉酬。按周汝昌先生在其增訂本紅樓夢新證文物雜考中指出，此筆山底所刊之聯實係明九煙道人黃星周之詩句：高山流水詩千軸，明月清風酒一船。惟軸字筆山中易作首字，因謂軸船爲對仗甚爲工致，首字應屬誤記云云。又據林東海先生言，唐人牟融寫意二首詩中亦有高山流水琴三弄，明月清風酒一杯之句。然周林二君竟忘（未注意）紅樓夢第三十八回怡紅公子賈寶玉詠種菊詩中實有冷吟秋色詩千首，醉酹寒香酒一杯一聯，正用首字。可見雪芹確以此字爲當，或已用成習。且此亦可爲何所藏筆山係雪芹原物之一確證也。

周策縱

戊午春日于陌地生之棄園

題曹雪芹筆山小影

周策縱

「高山流水詩千首，
明月清風酒一船。」
冷醉孤情留筆底，
恰從媧石證因緣。

何蒙夫先生以所藏曹雪芹筆山影片寄贈，即用所鐫原句，足成一絕奉酬。按周汝昌先生在其增訂本紅樓夢新證「文物雜考」中指出，此筆山底所刊之聯，實係明九煙道人黃星周之詩句：「高山流水詩千軸，明月清風酒一船。」惟軸字筆山中易作首字。因謂：「軸、船爲對仗，甚爲工致。首字應屬誤記」云云。又據林東海先生言：唐人牟融「寫意二首」詩中亦有「高山流水琴三弄，明月清風酒一杯」之句。然周、林二君竟忘（未注意）紅樓夢第三十八回「怡紅公子」賈寶玉詠「種菊」詩中實有：「冷吟秋色詩千首，醉酹寒香酒一杯」一聯，正用首字。可見雪芹確以此字爲當，或已用成習。且此亦可爲何藏筆山係雪芹原物之一確證也。

——一九七八年春寫于陌地生之棄園。

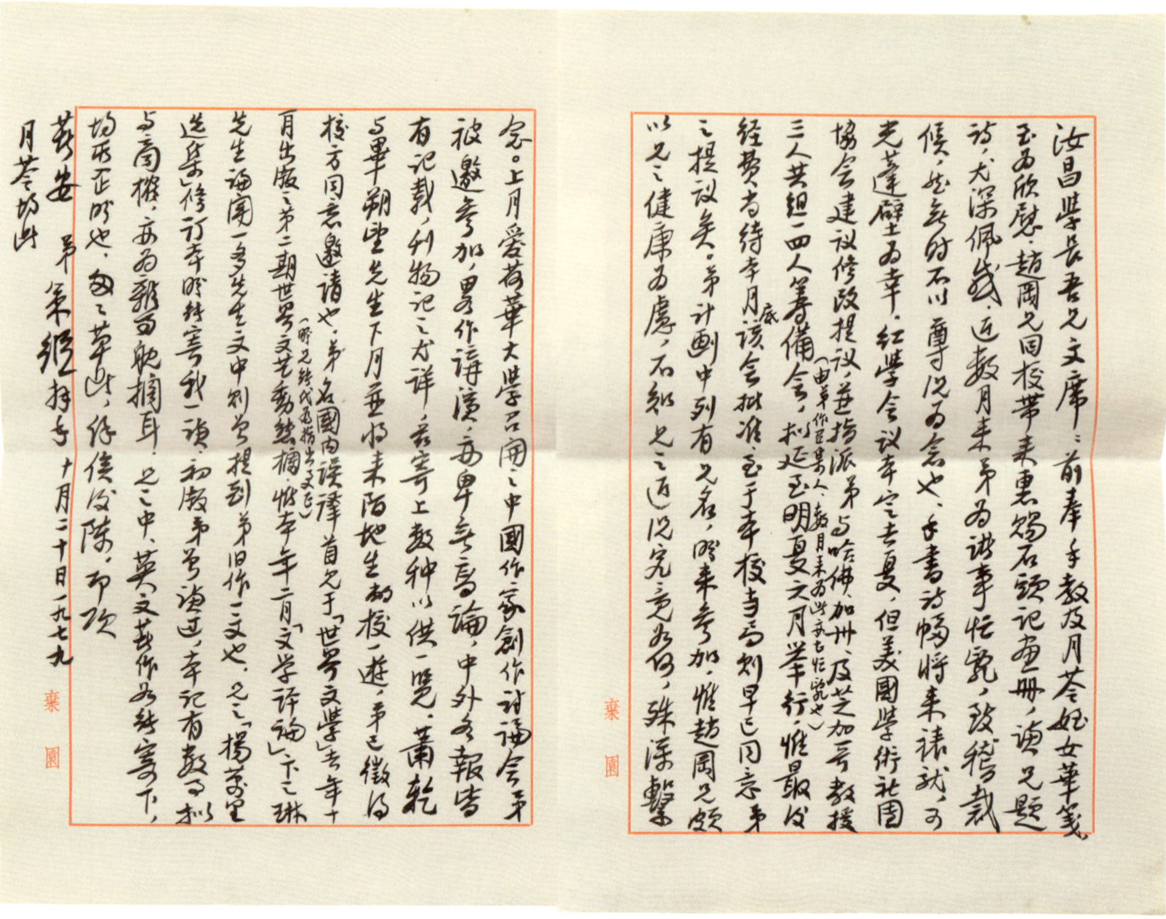

汝昌學長吾兄文席：前奉手教及月苓姪女華箋，至為欣慰。趙岡兄回校帶來惠寄石頭記畫冊，讀兄題詩，尤深佩感。近數月來弟為諸事忙亂，致稽裁候，然無時不以尊況為念也。兄書詩暢將來請試，可先達璧為幸。紅學會議本定去夏，但美國學術社團協會建議修改提議，並指派弟與哈佛、加州、及芝加哥教授三人共組一四人籌備會（由弟作召集人，數月來即為此事忙亂也），擬延至明夏六月舉行，惟最後經費尚待本月底該會批准，至于本校當局則早已同意弟之提議矣。弟計劃中列有兄名，盼來參加，惟趙岡兄頗以兄之健康為慮，不知兄之近況究竟如何，殊深繫

棄園

念。上月愛荷華大學召開之中國作家創作討論會，弟被邀參加，曾作講演，亦曾參與討論，中外各報皆有記載，紅樓記之尤詳，茲寄上數種以供一覽。蕭乾與畢朔望先生下月亦將來陌地生本校一遊，弟已徵得校方同意邀請也。弟在國內譯首見于「世界文學」去年十月出版之第二期（聞之錢氏為指出之文也）世界文藝動態摘，惟本年十二月「文學評論」下之琳先生論文一文先生文中則曾提到弟舊作之文也。兄之「揭芹望遠集」修訂本則待寄我一讀，初版弟曾讀過，本記有數字擬與商榷，亦為新發現摘耳。兄之中、英文著作如能寄下，均所企盼也。匆匆草此，餘俟後陳，即頌

著安

弟 策縱 拜手 十月二十日 一九七九

月苓均此

棄園

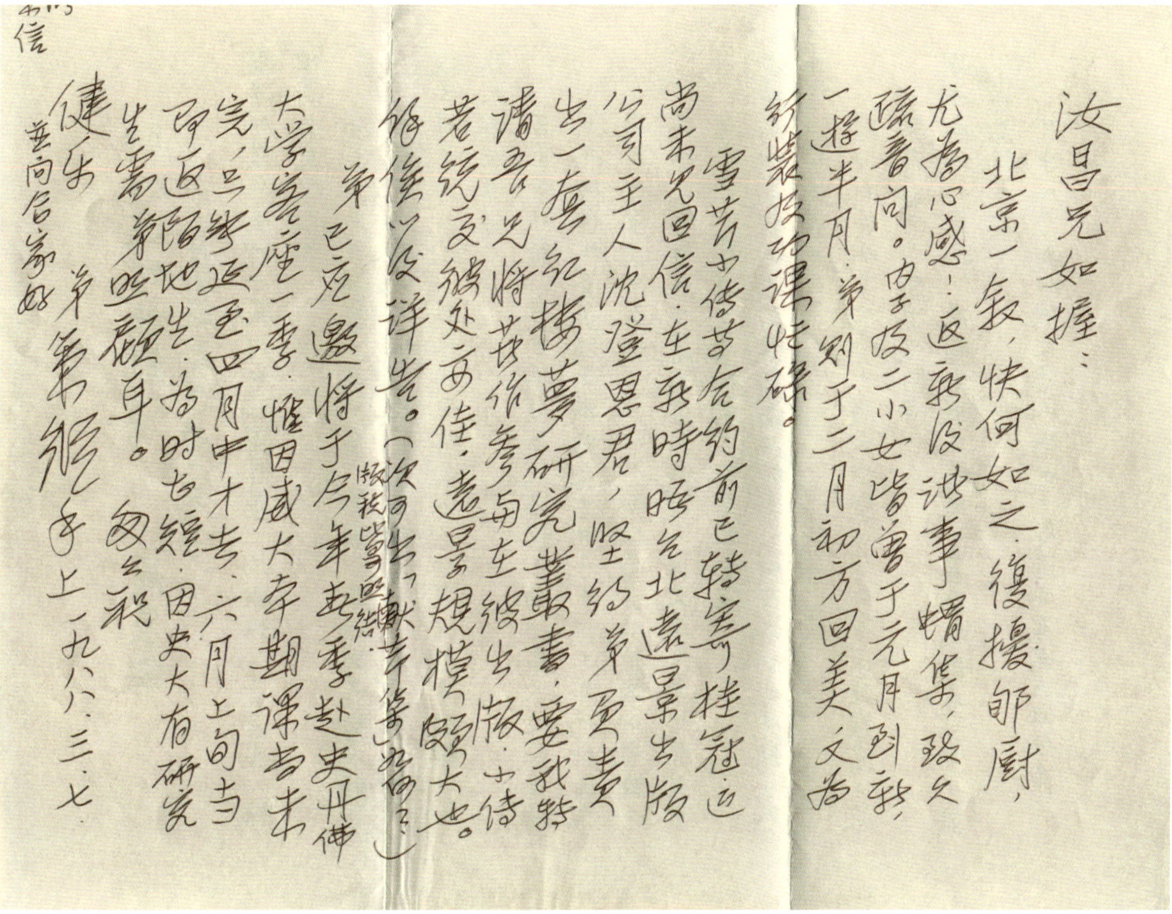
汝昌兄如握：

北京一叙，快何如之，復擾郇厨，尤為心感。返新後諸事蝟集，致久疏音問。李皮二小女皆曾于元月到新，一游半月，弟則于二月初方回美，又為行裝及功課忙碌。

雪芹小傳等合約前已轉寄桂冠，迄尚未見回信。在新時晤台北遠景出版公司主人沈登恩君，堅約弟主編出一套紅樓夢研究叢書，要我特請吾兄將著作多多在彼出版。小傳若能交彼處亦佳，遠景規模頗大也。餘俟以後詳告。（汝可出一獻芹集，如何？擬我皆嘗照結。）

弟已應邀將于今年春季赴史丹佛大學客座一季，惟因威大本期課未完，只能延至四月中才去，六月上旬當即返陌地生。為時甚短，因史大有研究生需弟照顧耳。匆匆 祝

健康

並向合家好

弟 策縱 手上 一九八八、三、七

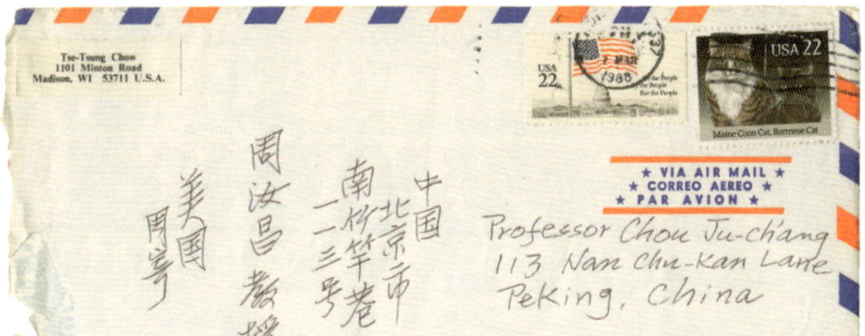
Tse-Tsung Chow
1101 Minton Road
Madison, WI 53711 U.S.A.
VIA AIR MAIL
CORREO AEREO
PAR AVION
中国
北京市
南竹竿巷
一一三号
周汝昌教授
美国
周寄
Professor Chou Ju-ch'ang
113 Nan Chu-Kan Lane
Peking, China

外一章：

聞道

上士聞道趕任務，中士聞道湊熱鬧，下士聞道大笑之，
不笑不足以為道。我是老九本下士，聞此只好笑一笑。
（老子第四十一章：「上士聞道，勤而行之；中士聞
道，若存若亡；下士聞道大笑之，不笑不足以為道。」）

汝昌兄：

久未通候，時以近況為念。弟春季又在史丹福大學客座一個春天，本學期仍返威大。上月又曾去加拿大多倫多大學講演，內子則去參加美、加醫學研究會議。台灣遠景擬出紅學叢書，欲將兄之曹傳及獻芹集列入，由弟出名編輯，但迄尚未完成。並欲請兄担任為顧問，想兄不致推辭也。弟對紅學研究（以及其他研究）均力求各有創見，蓋以為如此方能有進益，非謂弟之所見皆是也。此意兄當能諒之，他人則恐未必耳。天寒，盼善自珍攝。新歲將屆，即祝

年禧

弟策縱上 一九八八、一二、一五

嫂夫人及月苓、倫苓等均此

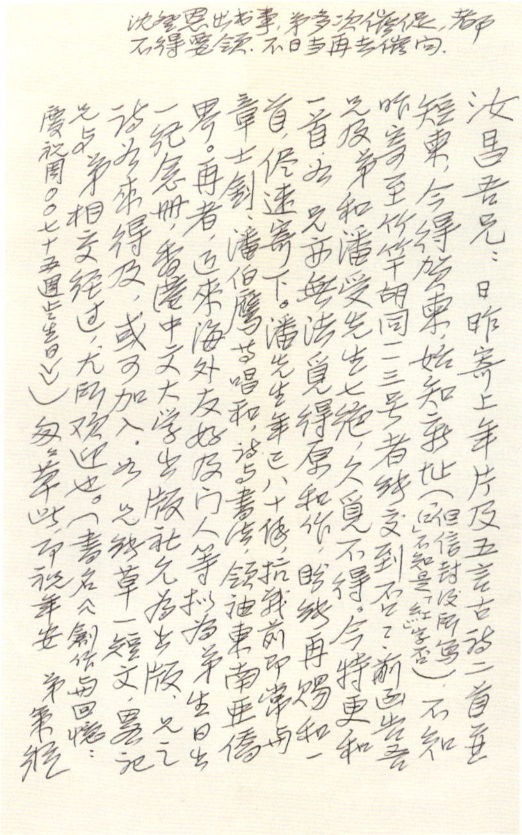

沈燮元兄书事，弟多次催促，都不得要领，不日当再去催问。

汝昌吾兄：日昨寄上年片及五言古诗二首并短柬，今得旅柬，始知新址（但信封没所写）（以不知是"红学"否），不知昨寄至竹竿胡同一二三号者能交到否？。前函告吾兄及弟和潘受先生七绝，久觅不得，今特更和一首，以兄亦无法觅得原和作，盼能再赐和一首，促速寄下。潘先生年已八十余，抗战前即常与章士钊、潘伯鹰等唱和，诗与书法，领袖东南亚侨界。再者，近来海外友好及门人等拟为弟生日出一纪念册，香港中文大学出版社允为出版，兄之诗如来得及，或可加入。如兄能草一短文，略记兄与弟相交经过，尤所欢迎也。（书名《创作与回忆：庆祝周○○七十五周岁生日》）匆匆草此，即祝年安

弟策纵

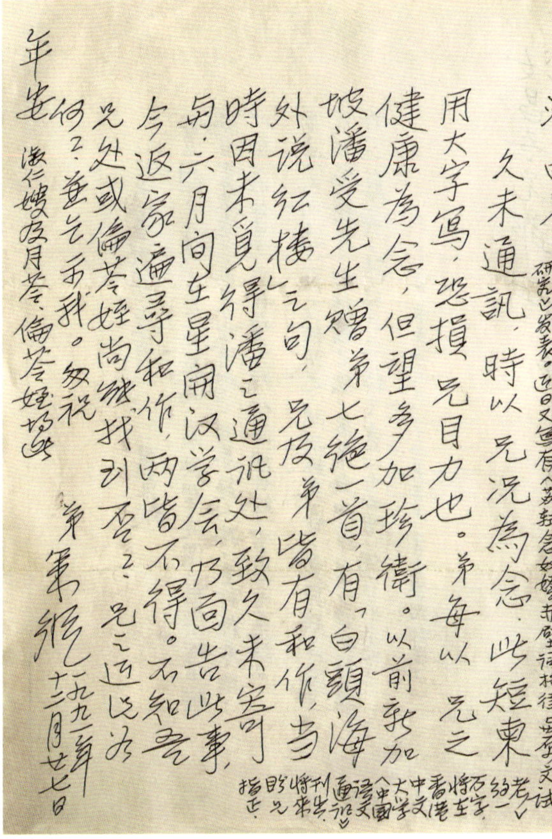

汝昌兄：

久未通讯，时以兄况为念，此短柬用大字写，恐损兄目力也。弟每以兄之健康为念，但望多加珍卫。以前新加坡潘受先生赠弟七绝一首，有「白头海外说红楼」之句，兄及弟皆有和作，当时因未觅得潘之通讯处，致久未寄与。六月向在星开汉学会，乃面告此事，今返家遍寻和作，两皆不得。不知吾兄处或伦苓侄尚能找到否？兄之近况如何？并告示我。匆祝

年安

淑仁嫂及月苓、伦苓侄均此

弟策纵 一九九一年十二月廿七日

我六月间曾应台北中央研究院之邀，去访问二十天，该演讲词之一篇「道与世」已发表在该院〈中国文哲通讯〉。又草有〈庄子养生主原义〉一文，约二万字，将在该院〈文哲研究〉发表。近日又写有〈苏轼念奴娇赤壁词格律与学文试考〉，约一万字，将在香港中文大学〈中国文学通讯〉刊出，将来盼兄指正。

鄭子瑜

（一九一六—二〇〇八）

福建漳州人，新加坡籍。曾任南洋學會理事、《南洋學報》主編，日本早稻田大學、大東文化大學教授，香港中文大學高級研究員。著有《中國修辭學史稿》、《詩論與詩紀》等，編有《達夫詩詞集》等，另合作編校《黄遵憲與日本友人筆談遺稿》。

香港中文大學

汝昌教授道席：

接奉手教，辱承瑕眷，壽之殷意，感激何可言。

先生其說爲補隱集，并附箋釋有關論辯文章，並承

此札，當爲全部教訂者，更令人有景仰之心

自述釋及其他問題之新論，確見極有意義之作。

惜尚無暇細讀，恐難膺此重任。將來若以先生爲主，

再邀二同好合力爲之，先生當能大力謄寫。尊近正撰

寫《唐宋八大家古文修辭疏略》之研究，另我另有

一書題詩法，雜文錢以等試，恐仍在數年之後也。

謹此佈意，并頌

新禧

弟 鄭子瑜 拜上

二月四日

香港新界沙田　電話：〇—六三五二一壹一
電報掛號　六三三一
專用電報訊號　五〇三〇一　CUHK HX

2

THE CHINESE UNIVERSITY OF HONG KONG 香港中文大學

SHATIN · NT · HONG KONG · TEL.: 609 6000 609 7000 TELEGRAM 電報掛號：SINOVERSITY TELEX 電訊掛號：50301 CUHK HX FAX 圖文傳真：(852) 603 5544 香港新界沙田 · 電話：六〇九 六〇〇〇 六〇九 七〇〇〇

中國文化研究所 INSTITUTE OF CHINESE STUDIES

電話 TEL. 609 7394
圖文傳真 FAX 603 5149

迭奉道長本月廿四日手書，拜悉。(一)兄

目疾艱，如今尤為所苦，常閒入浴，以未舉手於

從前每日之，當心不甘，遂致患者之表部，甚至以爐

灰畫插其之左眼，目不能失明，惟視力衰退，幸

左眼完好如初，只以有能讀書寫作，堪以告慰。(二)

大函謂舊日所收到信件，每收到一封即當夫

一函；惟實際上自收到(數年前)兄心之一函之後，至容臟

擬(始)先之第二函，其間未曾接到兄任何函件。

為公名，家翰學之出版，社未照其所用(名)筆字遇，(當時)(今見)

其函詢兄收到與否，(確在)未得回音，韓函謂

兄求一冊而不可得，可見其家兄之函與兄等其

之函，雙方皆未收到。又(晚年)作家出版社出版其之墨

緣，承允將大函刻於卷前，原函製版刻出，出版

社未函謂當(兄)函地址退回，其書函出去，以兄之

新址，請其補寄，不知已收到否？今日(三)兄博

學而名甚大，不容其之未學淺識，願兄會

再拙著唐宋八大家古文修辭偶識，學界反之好評，亦未得見。

二

THE CHINESE UNIVERSITY OF HONG KONG 香港中文大學

SHATIN · NT · HONG KONG · TEL.: 609 6000 / 609 7000
TELEGRAM 電報掛號：SINOVERSITY
TELEX 電訊掛號：50301 CUHK HX
FAX 圖文傳眞：(852) 603 5544
香港新界沙田 · 電話：六〇九 六〇〇〇 / 六〇九 七〇〇〇

中國文化研究所
INSTITUTE OF CHINESE STUDIES
電話 TEL. 609 7394
圖文傳眞 FAX 603 5149

作研究工作之學者，對於實有莫大之鼓舞作用。
虞思邈之來此講學與共同研治工作者，至今未
能為觀，而未手若寒，亦不適於先生之久居。之
以為可先從進行，而一面進行，但先生亦曾有若
干時日之相知，始能發動。即以先生所擬三項
中之第一項，即好好整理共同校訂，然而
可先由先生校訂，再由先生補充，最後由定稿先審
定。至於二三兩項，則定全部需用整理一地可
可以完成編纂，再請附著紀念論文集，先下次再商，
留圖良晤，亦同談為何發動研究工作。（四）先生來談
大作詩詞書畫，何以能上為指責誤字之處，想
必是先生說記他人之書而未出也。（五）請先生所提
之共研究與著述之出版能得之速來完成，亦
請從此互相勉勵，保重身體，即使三年之內不能
完成，三年之後，書香亦回歸，亦能整理發表之
也。（六）在人之聯繫中斷多年，除彼此個人
外，而相知之由，除精神之外，實由於先生之所談，彼此之
以為先生不會不之出而先生不會先之出也。然境遇不許可相
聚，致令人求心而慚於執筆，實為最大之原因。敬頌 葉嘉瑩 九四、六、十七

THE CHINESE UNIVERSITY OF HONG KONG 香港中文大學

SHATIN · NT · HONG KONG · TEL.: 609 6000 609 7000
TELEGRAM 電報掛號：SINOVERSITY
TELEX 電訊掛號：50301 CUHK HX
FAX 圖文傳真：(852) 603 5544
香港新界沙田 · 電話：六〇九 六〇〇〇 六〇九 七〇〇〇

中國文化研究所
INSTITUTE OF CHINESE STUDIES
電話 TEL. 609 7394
圖文傳真 FAX 603 5149

選堂我兄道席：弟自星洲返，接上海來函，得兄
手示，知前寄上之文稿，今先後收到，甚喜。無[illegible]
弟近因[illegible]之[illegible]，乃多[illegible]出版社寄來之[illegible]
四五[illegible]之[illegible]知也。[illegible]
所記憶，力[illegible]，弟[illegible]先生[illegible]
[illegible]之一道，便請[illegible]，因杭州大學
教授[illegible]
道長[illegible]
[illegible]
[illegible]
[illegible]精力[illegible]
[illegible]難也。[illegible]
[illegible]
謹[illegible]
時祺

弟 鄭子瑜 拜上 九四.二.廿七.

吴聞

（一九一七—一九八八）

浙江樂清人。又名無聞。畢業於無錫國學專修學校。曾任上海《文匯報》駐北京記者。注《瞿髯論詞絶句》、《夏承燾詞集》、《天風閣詩集》、《天風閣詞集》等，參與注釋《金元明清詞選》，與夏承燾合作《姜白石詞校注》，另編有《夏承燾教授紀念集》。

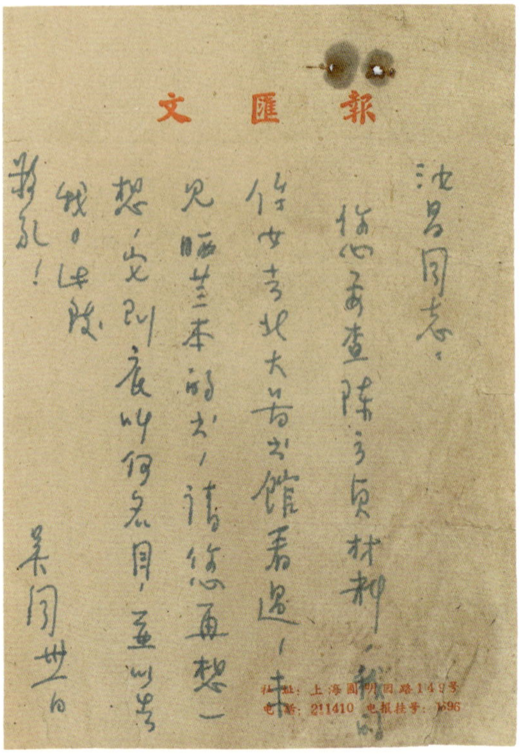
文匯報

汝昌同志：

您要查陳方貞材料，我的侄女去北大圖書館看過，未見曬藍本的書，請您再想一想，究竟以何名目，並以告我。此致

敬禮！

吴聞 廿日

社址：上海圓明園路149号 电話：211410 电报挂号：1696

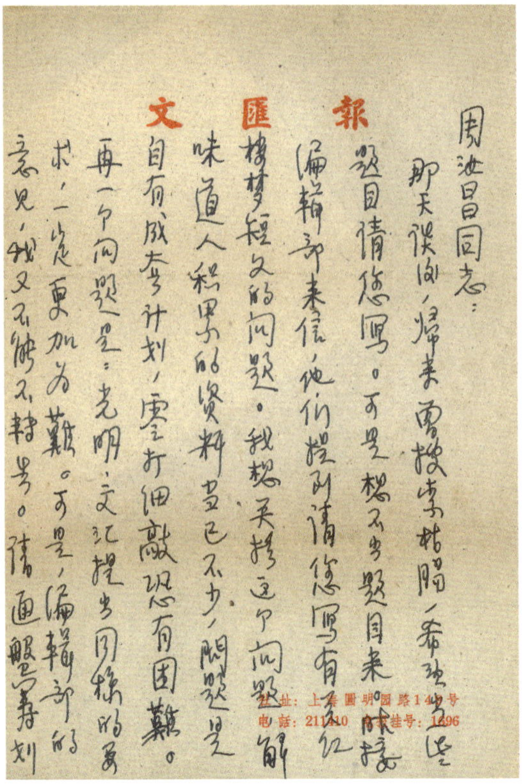
文匯報

周汝昌同志：

那天候问，歸来曾接李枯瞻，希望您出些題目請您寫。可是想不出題目来。昨接編輯部来信，他們提到請您寫有关紅樓夢短文的问題。我想关於這个问題，解味道人积累的资料当已不少，问題是自有成套计划，要打细敲恐有困難。再一个问題是：光明、文汇提出同样的要求，一定更加为難。可是，编辑部的意见，我又不能不转告。請通盤筹划

社址：上海圓明園路149号 电話：211410 电报挂号：1696

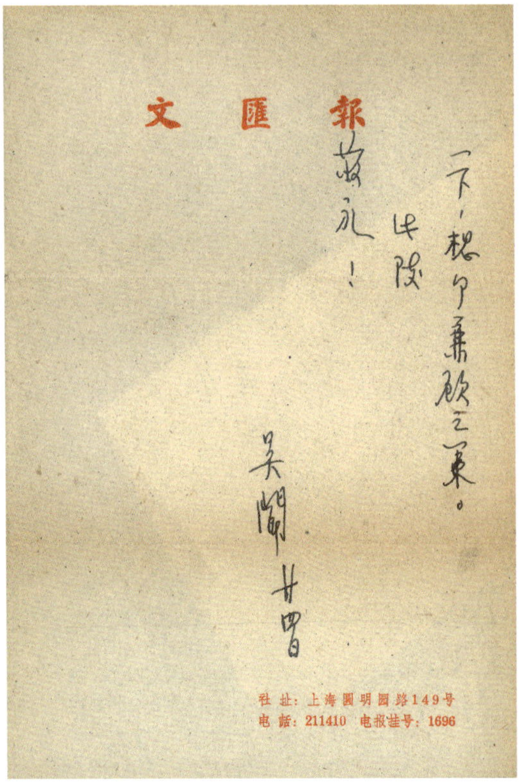
文匯報

一下，想个兼顾之策。此致

敬禮！

吴聞 廿四

社址：上海圓明園路149号 电話：211410 电报挂号：1696

寇夢碧

（一九一七—一九九〇）

天津人。名家瑞，字泰逢。早年曾任天津崇化學會講師，後執教於天津教育學院。天津市文史研究館館員。著有《夕秀詞》、《六合小溷雜詩》等。

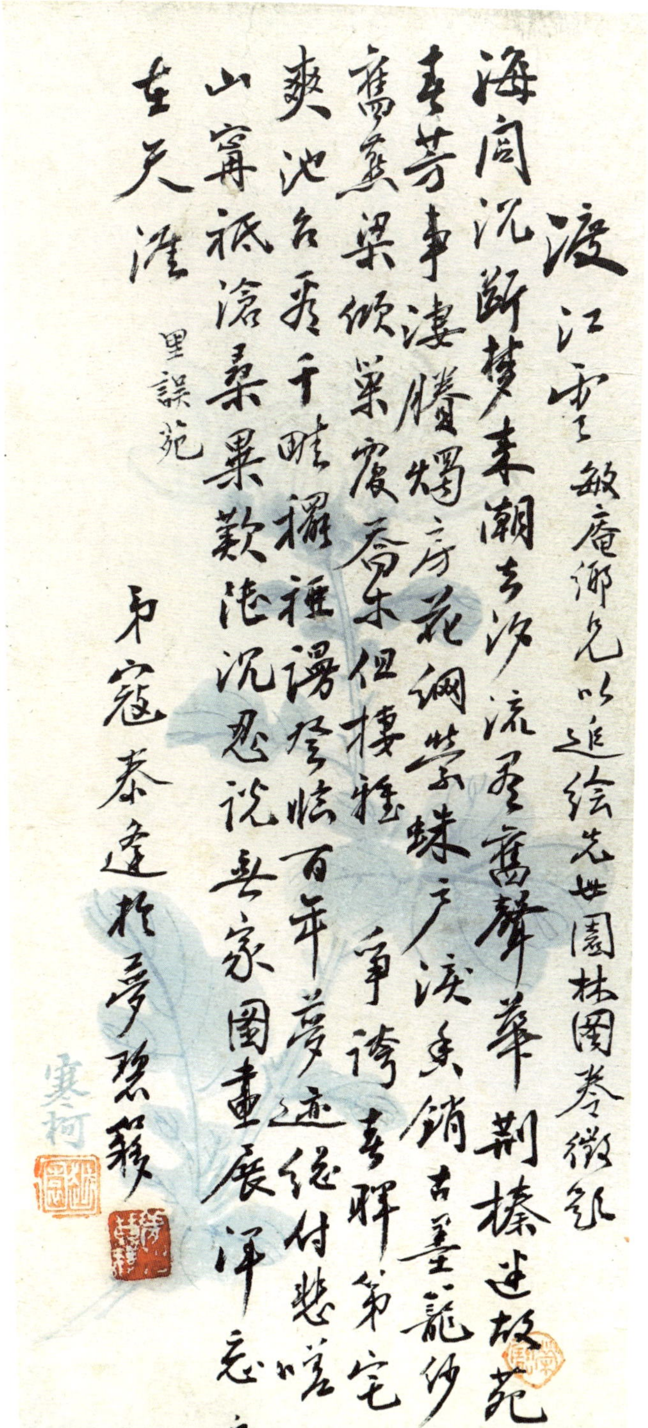

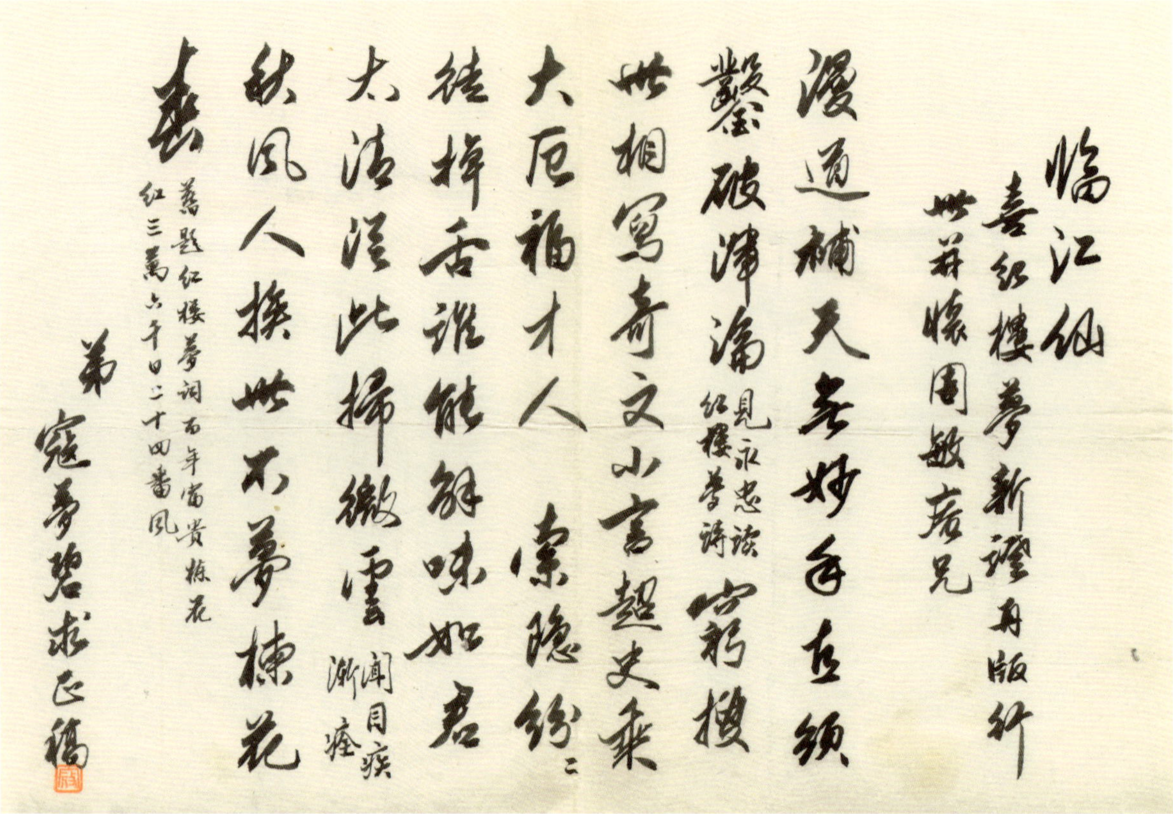
臨江仙

喜紅樓夢新證再版行世并懷周敏庵兄

漫道補天無妙手，直須鑿破渾淪（見永忠讀紅樓夢詩）。窮形摸世相，寫奇文。小言超史乘，大匠福才人。索隱紛紛徒掉舌，誰能解味如君。太清淫此掃微雲（謂同疾漸瘥）。秋風人換世，不夢楝花春。

舊題紅樓夢詞：百年富貴楝花紅，三萬六千日，二十四番風。

弟 寇夢碧求正稿

周紹良

（一九一七—二〇〇五）

安徽建德（今東至）人，生於天津。早年在家塾讀書，一九三六年至北京大學旁聽文史課程。一九五四年調入人民文學出版社。曾任中國佛教協會副會長兼秘書長、中國佛教文化研究所所長、國家文物鑒定委員會委員等職。著有《唐傳奇箋證》、《清代名墨談叢》等，編有《敦煌變文彙録》等，另主編《唐代墓誌彙編》。

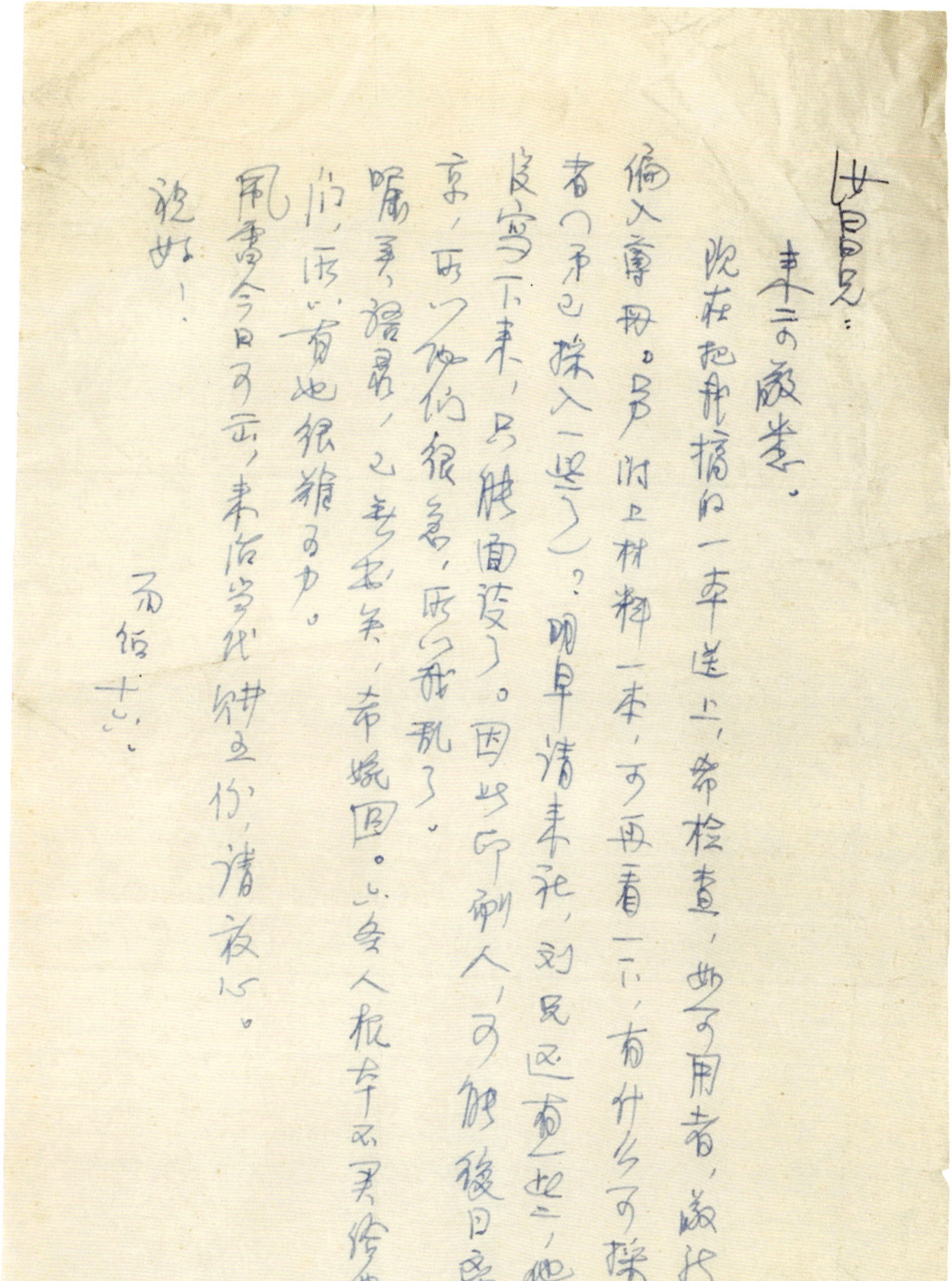

世昌兄：

来二函敬悉。

现在把我稿的一本送上，希检查，如可用者，敢於编入专册。另附上材料一本，可再看一下，有什么可採者（不已採入一些了）？明早请来玩，刘兄还有些二，他良写下来，只能面谈了。因此印刷人，可能後日离京，所以他们很急，所以我乱了。嘱事，储最，已无愿矣，希娱回。此条人根本不愿给他们，所以有些很难了办。风雪今日可云，来後当代購支付，请放心。

祝好！

弟绍　十六

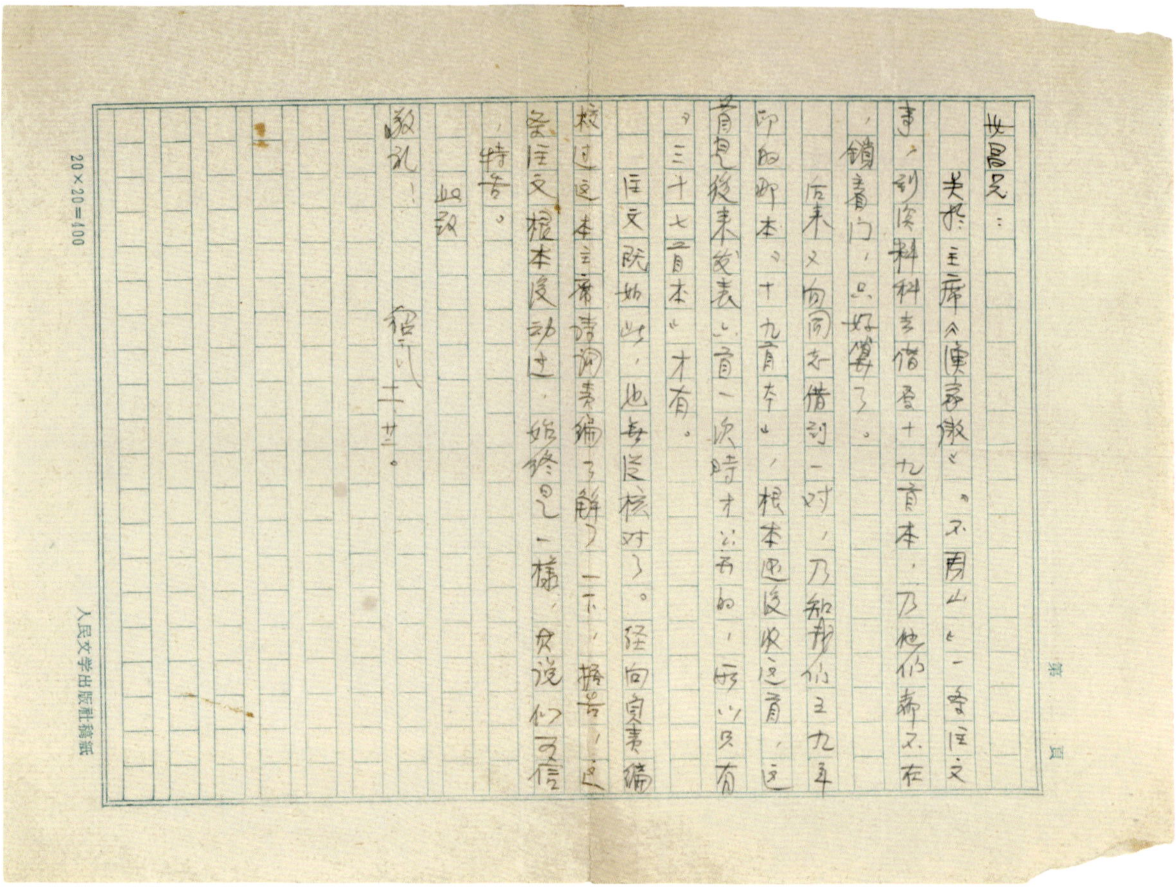

汝昌兄：

关于主席《渔家傲》"不周山"一首注文事，到资料科去借过十九首本，乃他们都不在，锁着门，只好算了。

后来又向同志借到一对，乃知我们五九年印的那本"十九首本"，根本没有收这首，这首是后来发表"十首"一次时才公开的，所以只有"三十七首本"才有。

注文既如此，也无从核对了。经向负责编校过这本主席诗词责编了解了一下，据言，这条注文根本没动过，始终是一样，我说你可信，特告。

此致

敬礼！

绍良　十一·廿二。

周紹良（一九一七—二〇〇五）

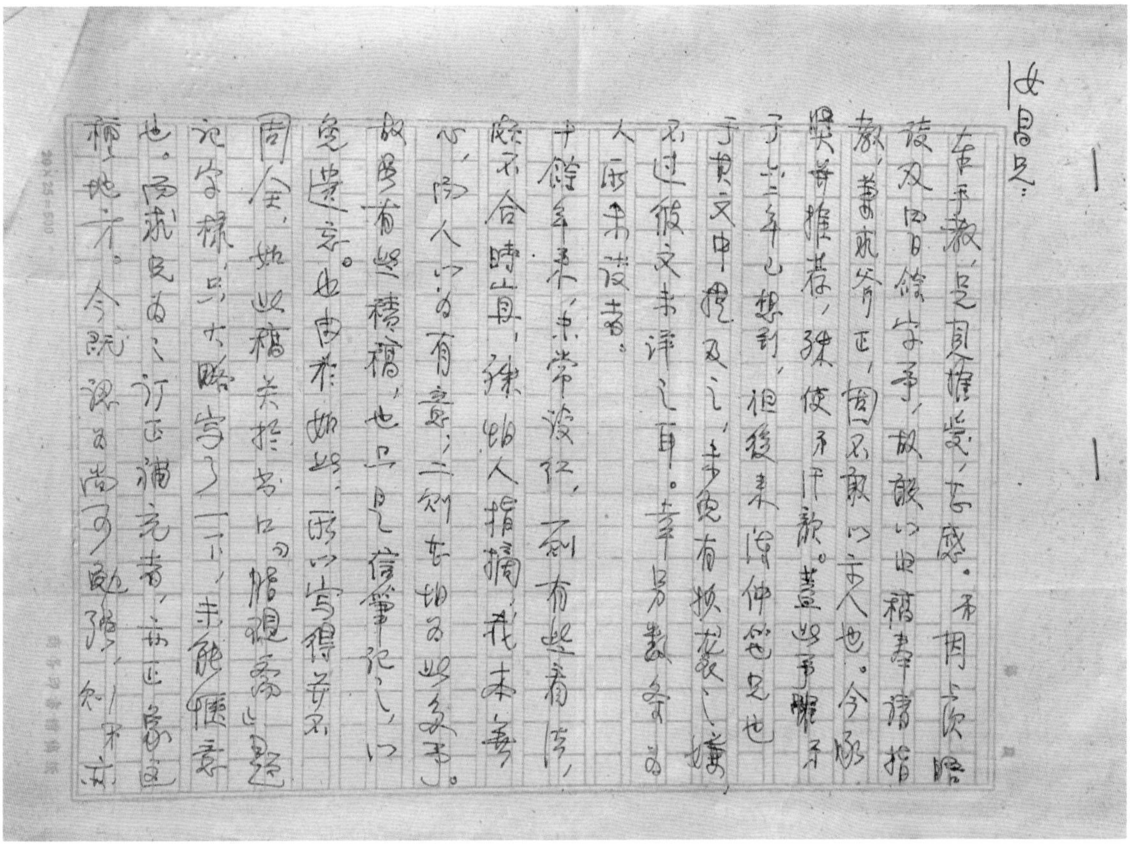

安昌兄：

奉手教，足見推愛，至感。弟周紹良談及四月餘字事，故敢以此稿奉請指教，蒙兄斧正，因不敢以示人也。今承獎並推薦，殊使弟汗顏。豈此弟[illegible]不于上年已想到，但從未得伸說足也于貴文中提及之，未免有揄揚之嫌，不過做文未評之耳。幸另數字為人所未談者。

十餘年來，未常談[illegible]，而有些看法，既不合時宜，殊望人指摘，我本[illegible]心，前人所有意，二則也想多些多事。故多有些積稿，也只是信筆記之，以免遺忘。也由於如此，所以寫得並不周全，如此稿關於[illegible]記字様，只大略寫了一下，未能暢意也。兩承見[illegible]之，訂正補充者，亦正為這種地方。今既謂為尚可勉強，則不[illegible]

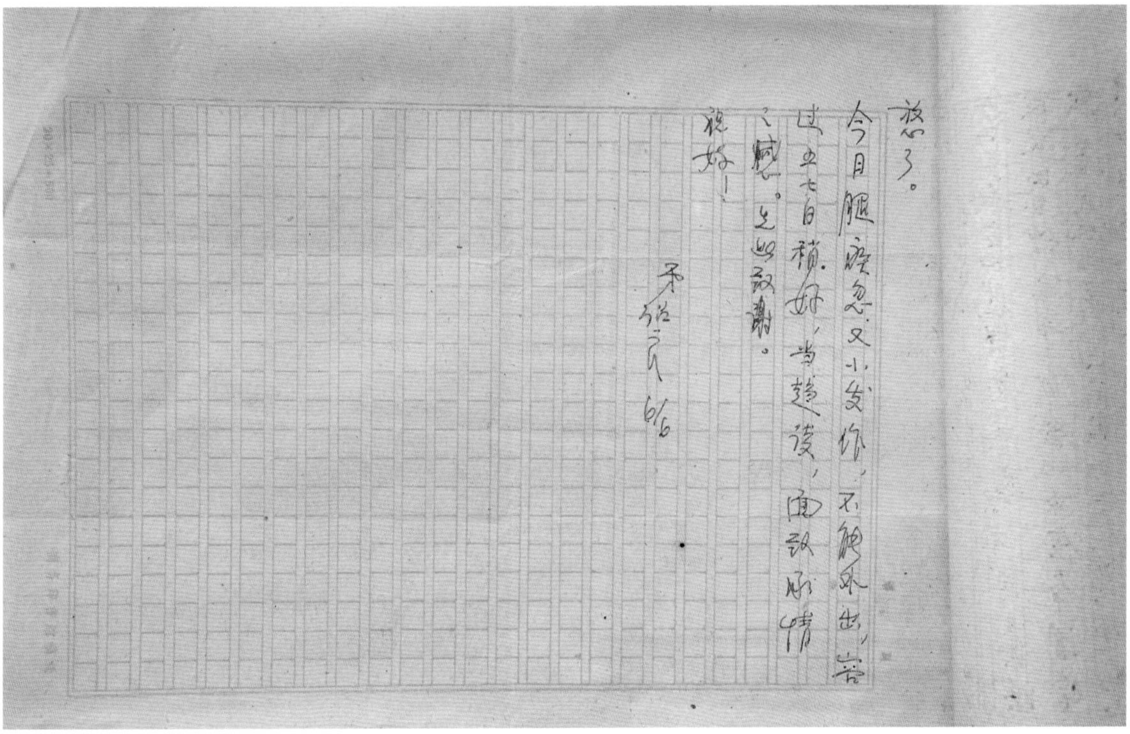

悠了。

今日腿疾忽又小發作，不能外出，容過幾日積好，當趨談，面致感情之感。先此致謝。

晚好！

弟紹良 6/6

柳存仁

（一九一七—二〇〇九）

山東臨清人，寄籍廣東南海（今屬廣州），生於北京。字雨生。一九三九年畢業於北京大學中文系（一九三七年至一九三九年借讀於上海光華大學）。上世紀四十年代曾在上海淪陷區從事文學活動，主辦《風雨談》雜誌。後轉向學術研究，一九五七年獲倫敦大學哲學博士學位。曾任澳大利亞國立大學教授，亞洲研究學院院長。著有《西星集》、《懷鄉記》、《人物譚》、《和風堂文集》、《道家與道術——和風堂文集續編》、《大都》等。

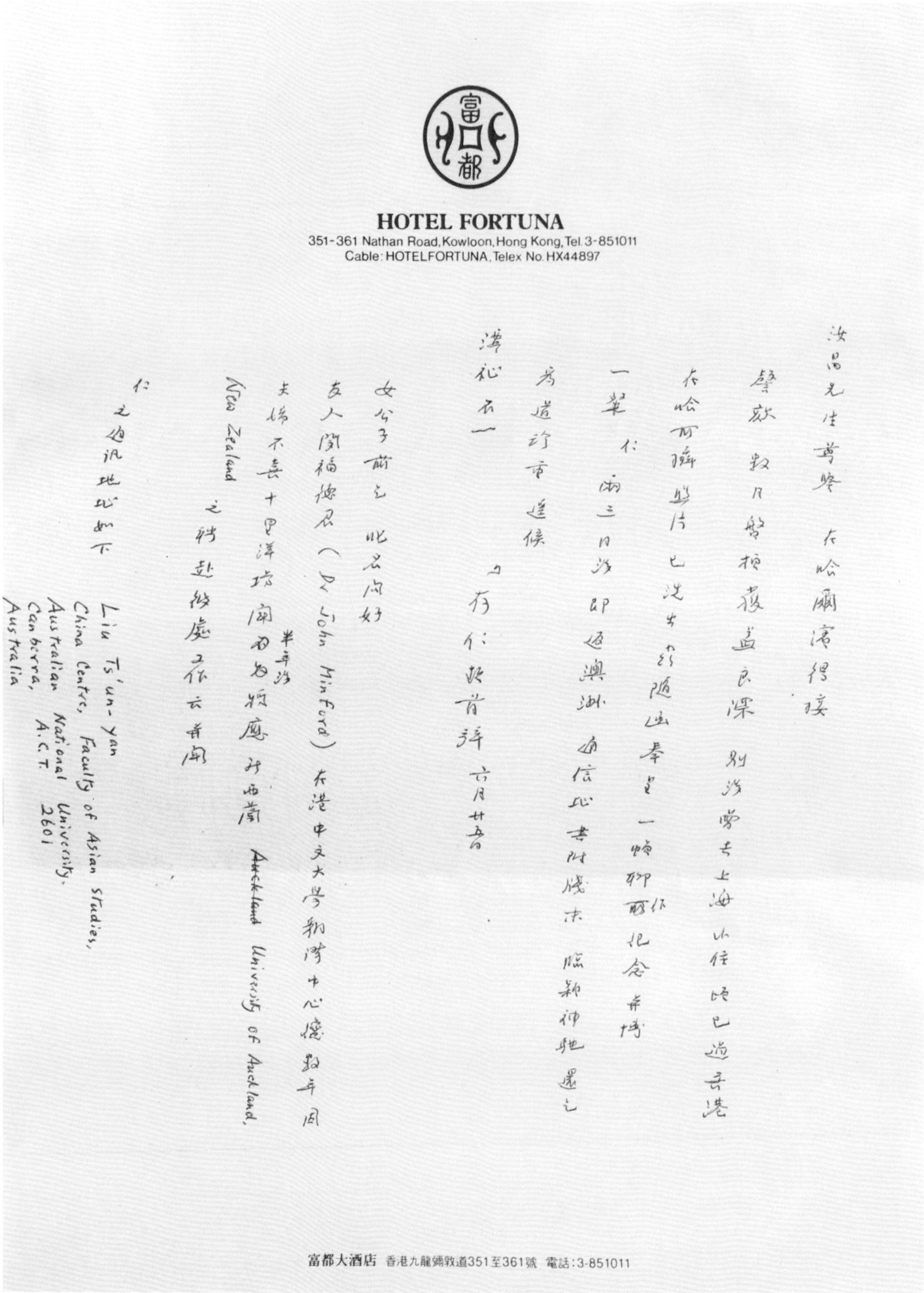

富都

HOTEL FORTUNA

351-361 Nathan Road, Kowloon, Hong Kong, Tel. 3-851011

Cable: HOTELFORTUNA, Telex No. HX44897

汝昌先生尊鑒：在哈爾濱得接

謦欬，數月盤桓，獲益良深。別後嘗去上海小住，昨已過香港。

在哈所攝照片已洗出，茲隨函奉呈一幀，聊留作紀念，奉博

一粲。仁兩三日後即返澳洲，通信地址附後。未臨穎神馳，還乞

為道珍重。遙候

撰祉。　存仁頓首拜　六月廿五日

女公子前乞代為問好。

友人閔福德君（Dr John Minford）在港中文大學翻譯中心任數年，因

夫婦不喜十里洋場，鬧了半年後將應新西蘭 ~~Auckland~~ University of Auckland,

New Zealand 之聘赴彼處工作云。並聞。

仁之通訊地址如下：

Liu Ts'un-yan

China Centre, Faculty of Asian Studies,

Australian National University,

Canberra, A.C.T. 2601

Australia

富都大酒店　香港九龍彌敦道351至361號　電話：3-851011

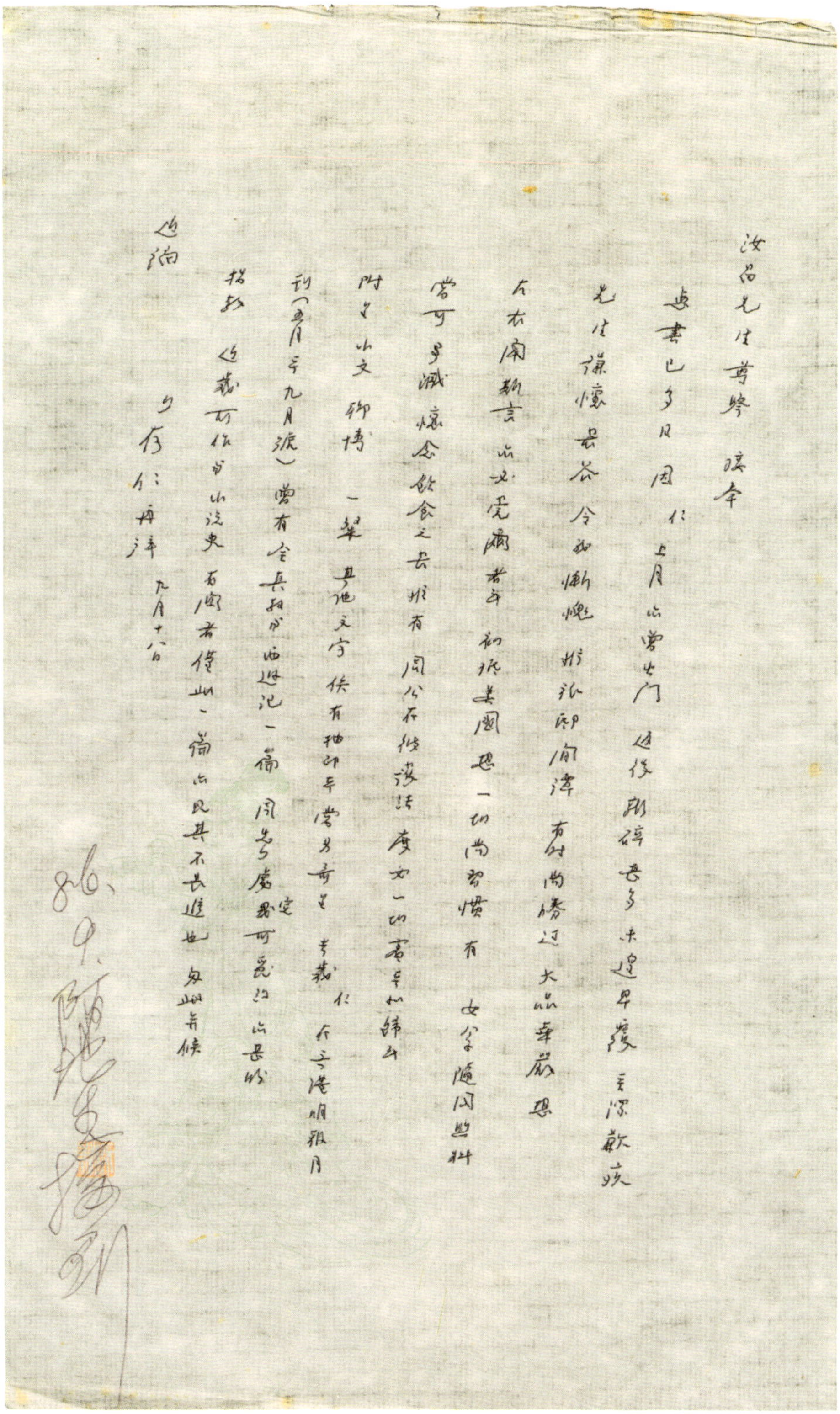

汝昌先生尊鉴：暌余
惠书已多日，因仁上月出游出门，返后则积压甚多，未遑早复，至深歉疚。
先生谦怀若谷，令如惭愧，昨于张印甫处获尚能过大作，幸甚。恐
古本闲翻言出之先生者耶？初抵其国，恐一切尚习惯，有女公子随同照料，
当可多减怀念，饮食之去，此有周公不倦谈话，庶如一切寓乎如归也。
附上小文《卿博》一架，其他文字俟有抽印本当另寄呈。去岁仁在香港明报月
刊（五月至九月号）曾有介其所为《西游记》一篇，闻为广泛定可览，出其所
指教。近岁所作为小说史有关者仅此一篇，亦见其不长进也。匆此并候
近祺
弟存仁再拜 九月十八日

86.9.

陳從周

（一九一八—二〇〇〇）

浙江紹興人，生於杭州。原名郁文，晚號梓翁。早年就讀於之江大學，後任教於蘇州美術專科學校、聖約翰大學、之江大學。一九五二年始任教於同濟大學建築系。編著有《徐志摩年譜》、《蘇州園林》、《揚州園林》、《園林談叢》等。

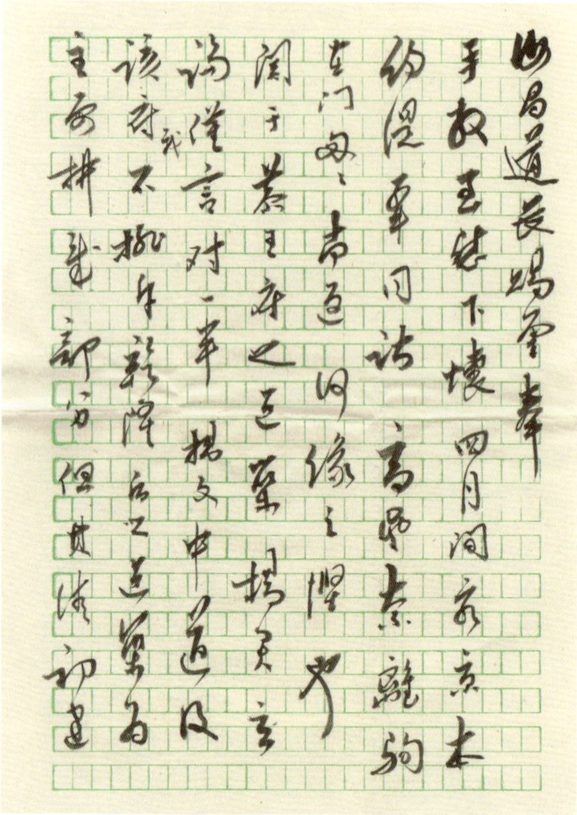

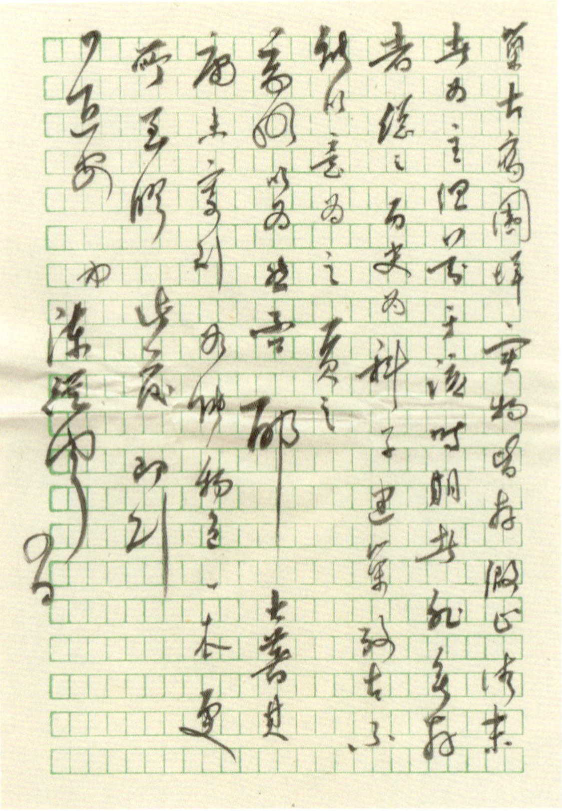

金啟孮

（一九一八—二〇〇四）

北京人。一九三九年考入北京大學中文系，後赴日留學。曾在多所中學任教，一九五八年調入內蒙古大學從事蒙古學、女真學、滿學研究工作。一九八二年主持籌建遼寧省民族研究所，任所長。編著有《女真語言文字研究》（合著）、《女真文辭典》、《清代蒙古史札記》、《金啟孮談北京的滿族》等，另有《明善堂文集校箋》、《顧太清集校箋》。

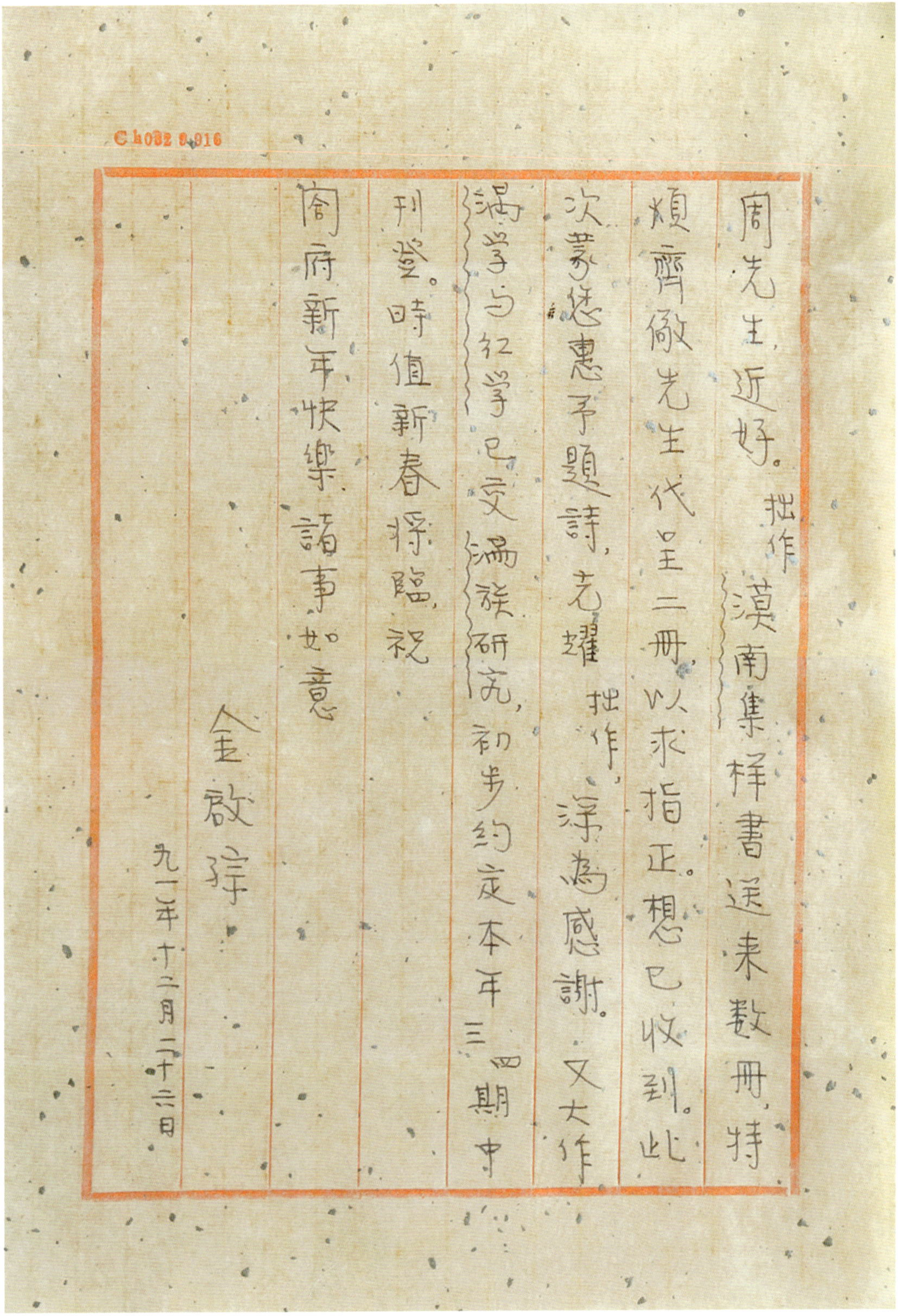

周先生：近好。拙作《漠南集》梓書送來數冊，特煩齊敬先生代呈二冊，以求指正。想已收到。此次蒙您惠予題詩，光耀拙作，深為感謝。又大作《滿學與紅學》已交《滿族研究》，初步約定本年三四期中刊登。時值新春將臨，祝

闔府新年快樂，諸事如意

金啟孮

九一年十二月二十二日

汝昌先生：近好。月初一会快何如之。

因我自府上归家，長途跋涉，下车后即暈倒，致入院診治，至今仍未痊愈，故来信近一二日才看到，不意您竟如此之忙也。已来两封之多。

所詢問題，分复如下：

《红楼梦影》出太清夫人一人手筆，云槎外史是号，西湖散人乃假託。因太清閨友多浙人。此乃晚年之作。光绪二年初刊行。

外三營，乃外火器营、健鋭营、圓明園三处营房之总称。太清夫人未归前家住健鋭营内。

关于《红楼梦》係以榮王府为背景之说，来自外三营，余母乃外火世家，

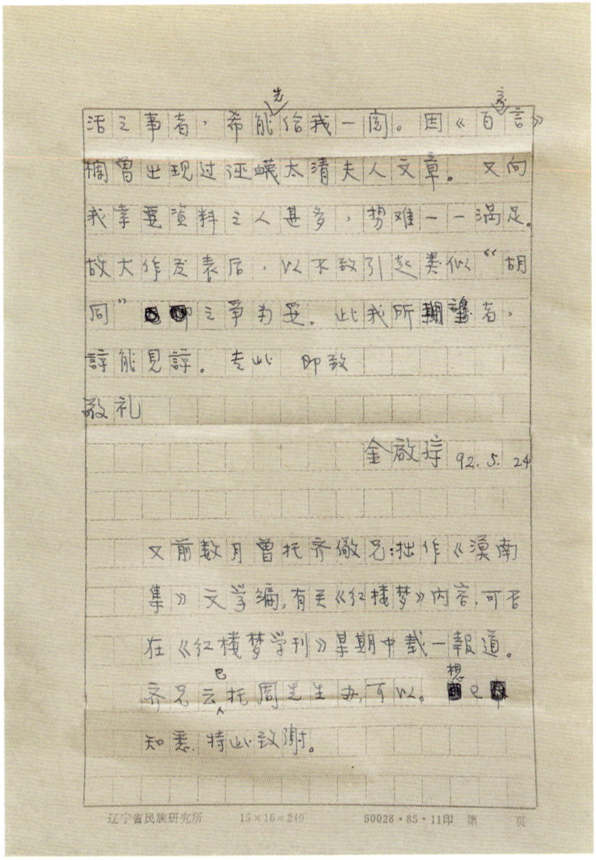

活之事者，希能先给我一阅。因《百言》栏曾出现过泾峨太清夫人文章。又向我索要资料之人甚多，势难一一满足。故大作发表后，以免致引起类似"胡周"之争为妥。此我所期望者，请能见谅。专此 即致

敬礼

金啟孮 92.5.24

又前数月曾托齐敬兄：拙作《漠南集》文学编，有关《红楼梦》内容，可否在《红楼梦学刊》某期中载一报道。齐兄云已托周先生办，可以。想周已知悉。特此致谢。

辽宁省民族研究所 15×16=240 50028·85·11印 第 页

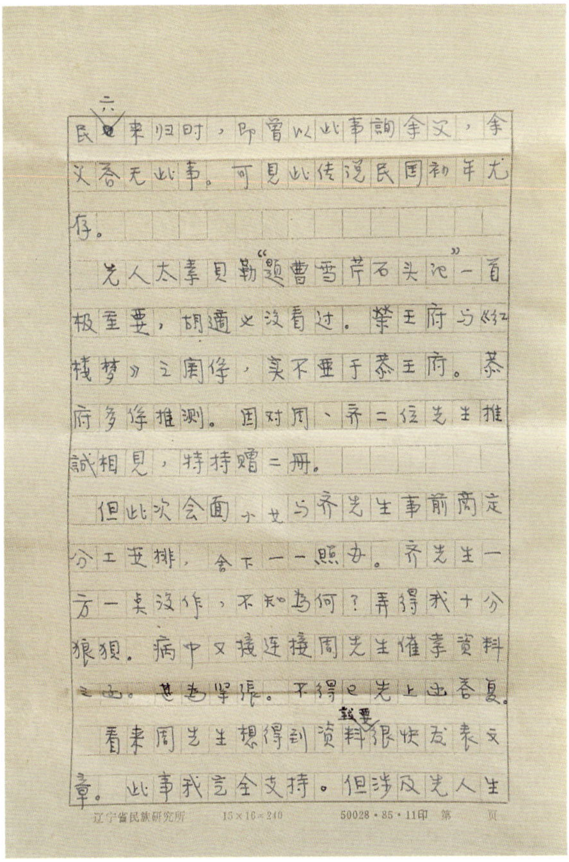

民六来归时，即曾以此事询余父，余父答无此事。可见此传说民国初年尤存。

先人太素贝勒"题曹雪芹石头记"一首极重要，胡适也没看过。荣王府与《红楼梦》之关系，实不亚于恭王府。恭府多系推测。因对周、齐二位先生推诚相见，特持赠二册。

但此次会面小女与齐先生事前商定分工安排，舍下一一照办。齐先生一方一点没作，不知为何？弄得我十分狼狈。病中又接连接周先生催索资料之函。甚为紧张。不得已先上函答复。

看来周先生想得到资料越要很快发表文章。此事我完全支持。但涉及先人生

辽宁省民族研究所 15×16=240 50028·85·11印 第 页

王士菁

（一九一八—二〇一六）

江蘇沭陽人。原名葛秉曙。一九四三年畢業於西南聯合大學中文系。曾任魯迅著作編刊社主任、人民文學出版社副總編輯、魯迅博物館館長等職。著有《魯迅傳》、《唐代文學史略》等。

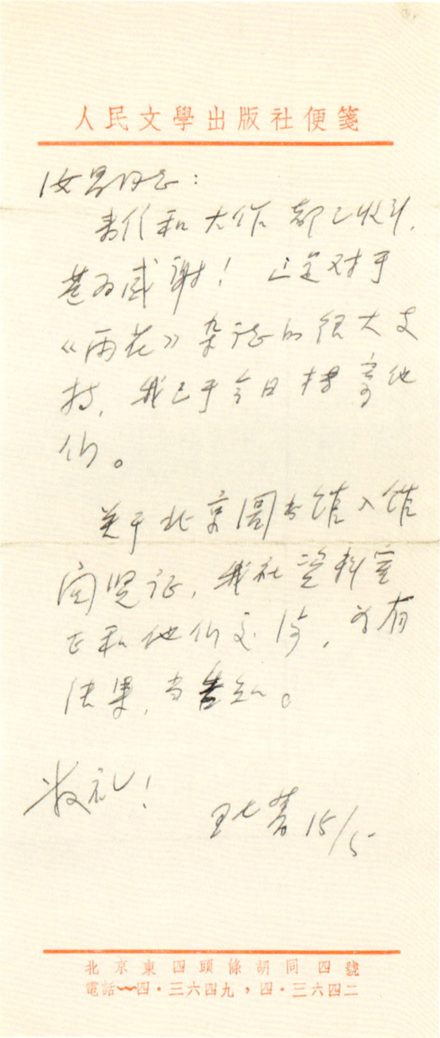

人民文學出版社便箋

汝昌同志：

書件和大作都已收到，甚為感謝！這是對于《雨花》雜誌的很大支持，我已于今日轉寄他們。

關于北京圖書館入借閱問題，我社資料室正和他們交涉，如有結果，當奉知。

敬禮！

王士菁 15/5

北京東四頭條胡同四號
電話~~四·三六四九，四·三六四二

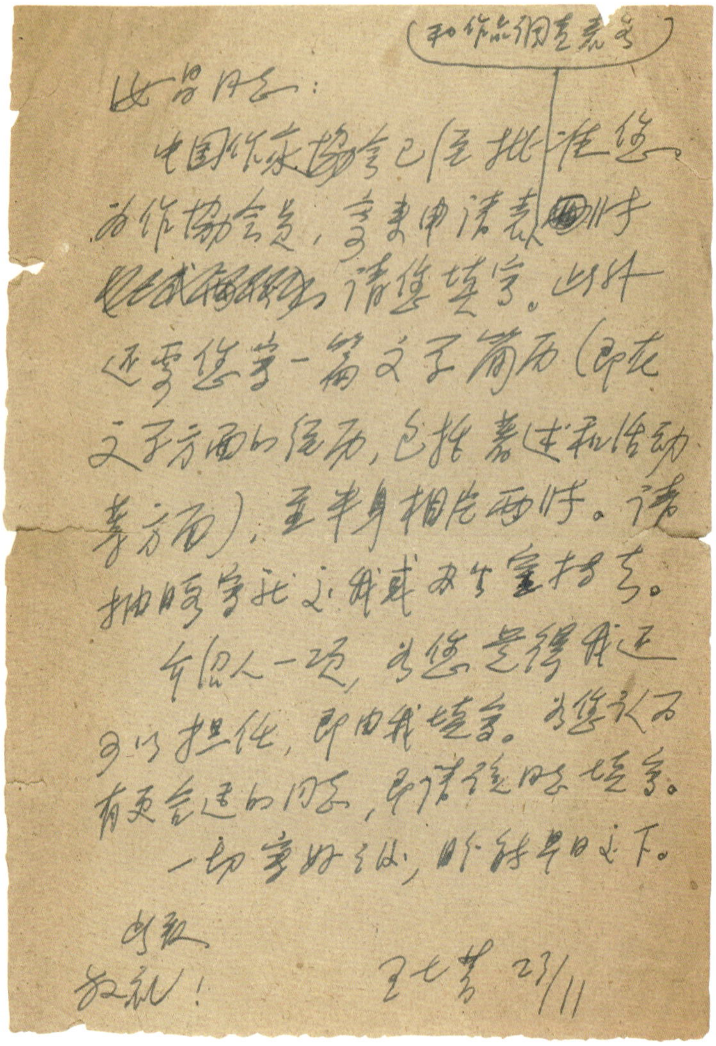

（和作品調查表寄）

汝昌同志：

中國作家協會已經批准您為作協會員，會員申請表兩件，請您填寫。此外還要您寫一篇文學簡歷（即在文學方面的經歷，包括著述和活動等方面），半身相片兩張。請抽暇寫好，並盡快寄來。

介紹人一項，如您覺得我還可以擔任，即由我填寫。如您認為有更合適的同志，可請他們填寫。

一切事好後，盼能早日寄下。

此致

敬禮！

王士菁 23/11

孫正剛

（一九一九—一九八〇）

天津人。名錚，字正剛，號晉齋。燕京大學國文系畢業。曾任教於天津師範學院、天津教育學院。著有《詞學新探》等。

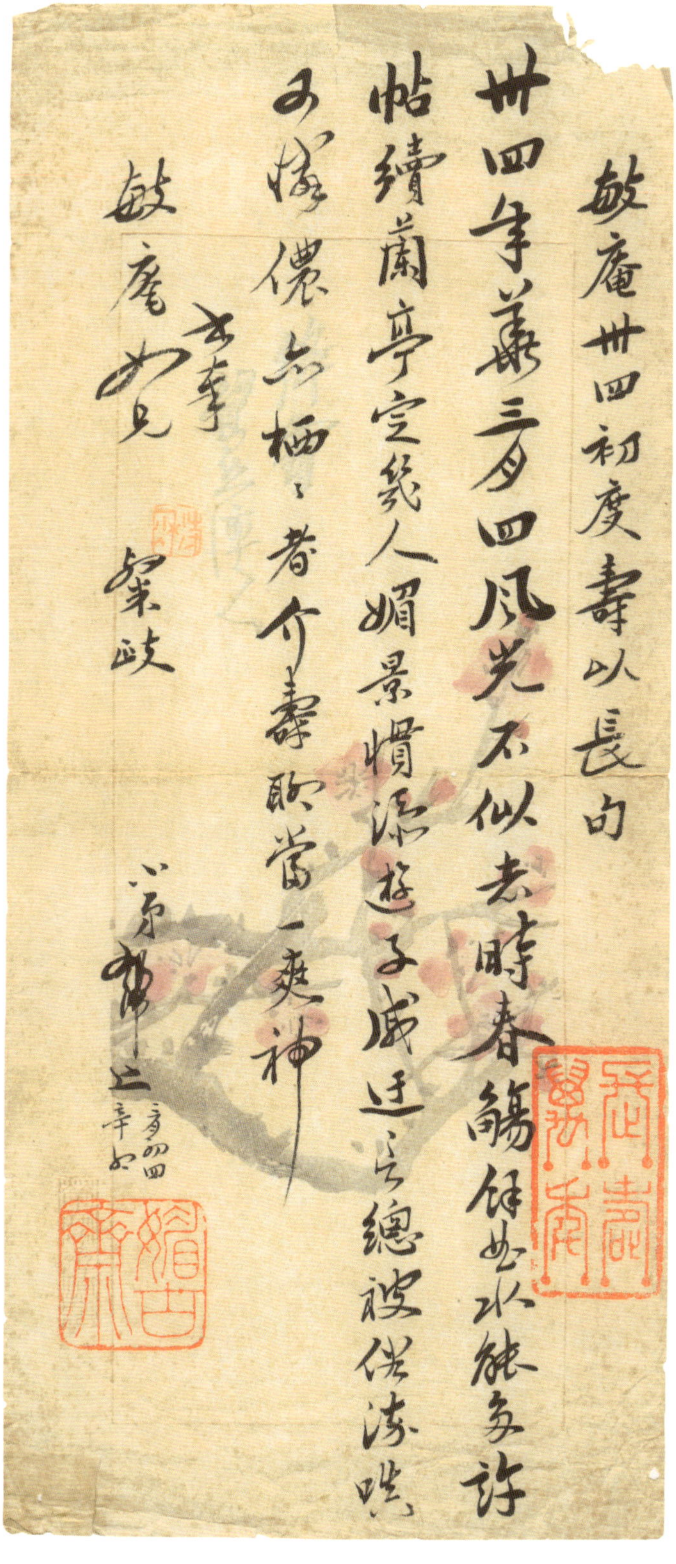

敏庵卅四初度壽以長句

卅四年華三月四，風光不似去時春。觴飲如水能多許，帖續蘭亭定幾人。媚景慣添遊子感，迂〻總被俗濤嗤。可憐儂亦栖〻者，介壽聊當一爽神。

敏庵如兄 大年粲政

小弟錚上

三月四日 辛卯

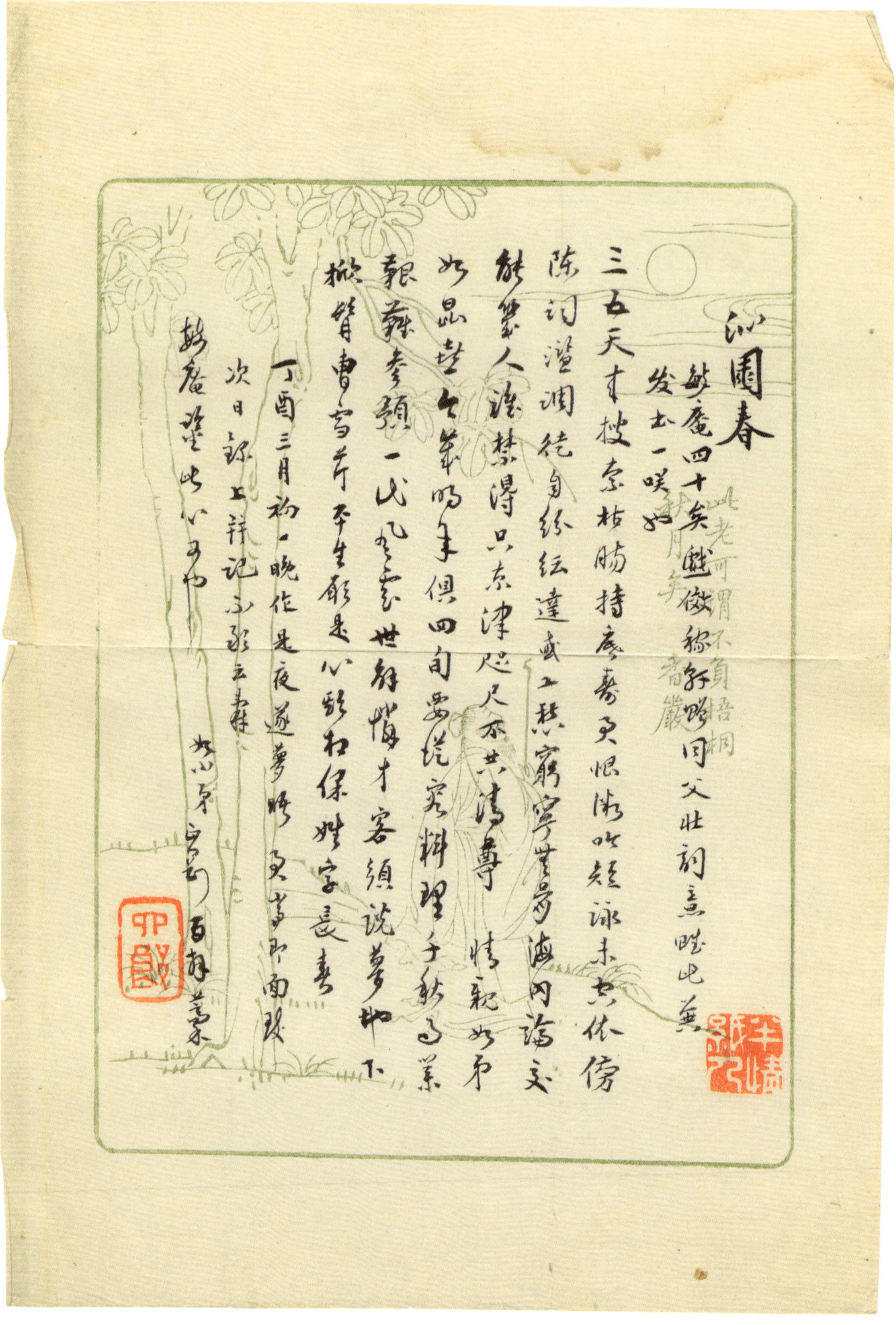

沁園春
鼓庵四十矣，戲傚稼軒賦同父壯詞意贈此兼發古一咲也
此老可謂不負梧桐

三五天才，披京桔肪，持度壽更恨淋，吹短詠未共依傍
陳詞澄澗，徒自縱紅，達武工愁窮寥，業房海內論交
能幾人，誰禁得只京津咫尺，不共清尊。情親如弟
如昆，慚七筆明年俱四旬。要從究料理千秋篇業
艱難參領，一代風雲。世俗悔才，客須說夢，地下
撫髯曹雪芹，平生願是，心齋和保姓字長春。
丁酉三月初一晚作，是夜遂夢曉又書即面[illegible]
次日錄上詳記亦錄云[illegible]
鼓庵鑒此心可也
北京自記 百[illegible]草

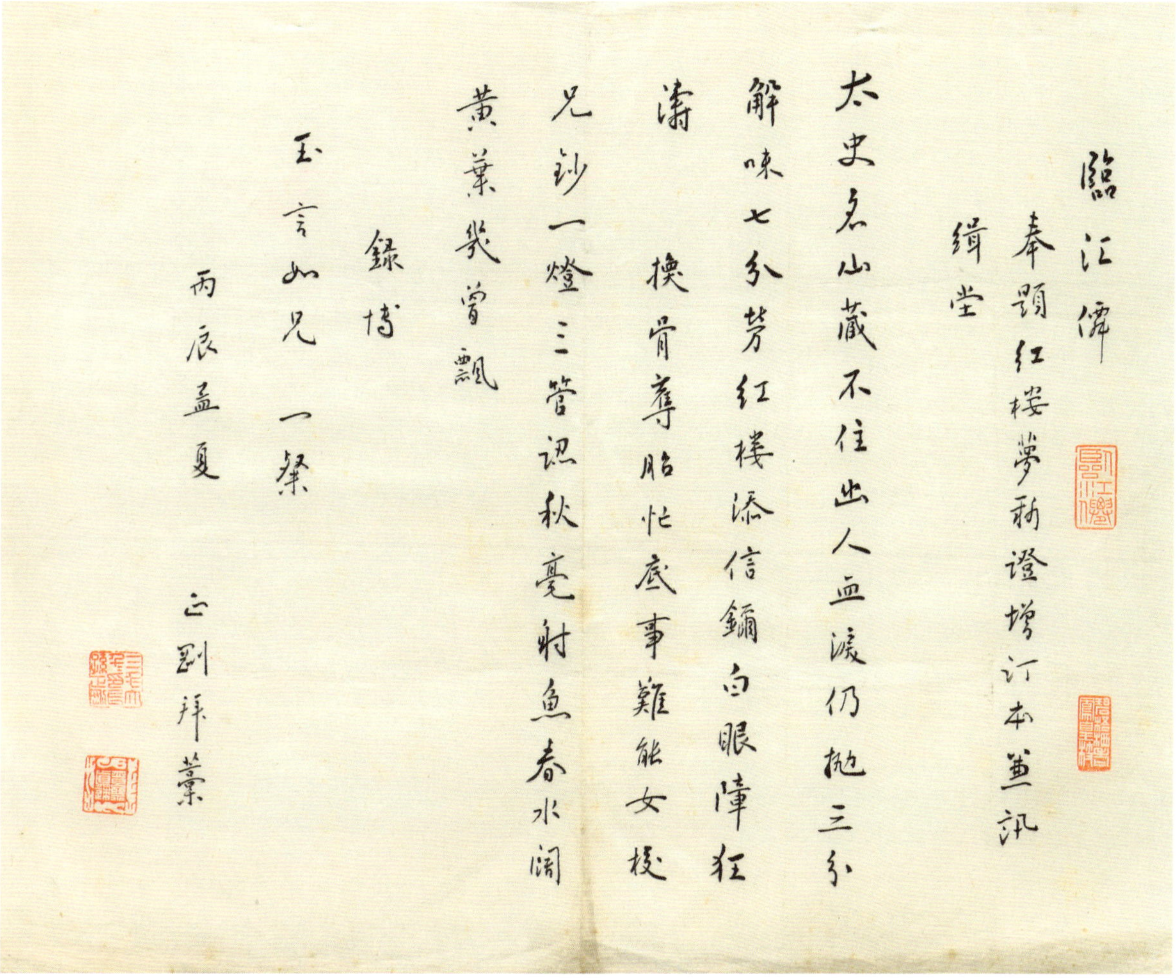

臨江僊

奉題紅樓夢新證增訂本並訊

緝堂

太史名山藏不住，出人血淚仍拋。三分

解味七分芳，紅樓添信鋪，白眼障狂

濤。換骨奪胎忙底事，難能女校

兄鈔。一燈三管認秋毫。射魚春水闊，

黃葉幾曾飄。

錄博

玉言如兄 一粲

丙辰孟夏

正剛拜藁

程曦

（一九一九—一九九七）

河北文安勝芳鎮（今屬霸州）人。字仲炎。一九四八年畢業於燕京大學國文系。曾在中研院史語所北平圖書史料整理處和嶺南大學任職，爲陳寅恪助手。一九五一年任教於香港大學，一九五九年赴英國，歷任倫敦大學、劍橋大學、馬來亞大學教職，後爲愛荷華大學教授。著有《靈潮軒雜劇三種》、《靈潮軒詩草》、《程曦韻文集》、《木扉藏畫考評》等。

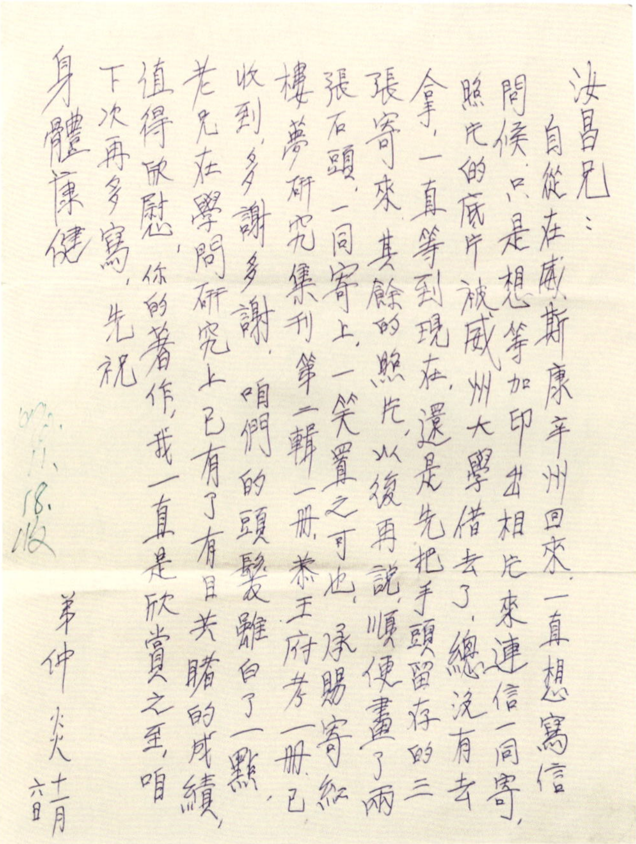

汝昌兄：

自從在威斯康辛州回來，一直想寫信問候，只是想等加印出相片來連信一同寄，照片的底片被威州大學借去了，總沒有去拿，一直等到現在，還是先把手頭留存的三張寄來，其餘的照片以後再說，順便畫了兩張石頭，一同寄上，一笑置之可也。承賜寄紅樓夢研究集刊第一輯一冊，恭王府考一冊，已收到，多謝多謝。咱們的頭髮雖白了一點，老兄在學問研究上已有了有目共睹的成績，值得欣慰，你的著作，我一直是欣賞之至。咱下次再多寫，先祝

身體康健

弟仲炎 十一月六日

80.11.18.收

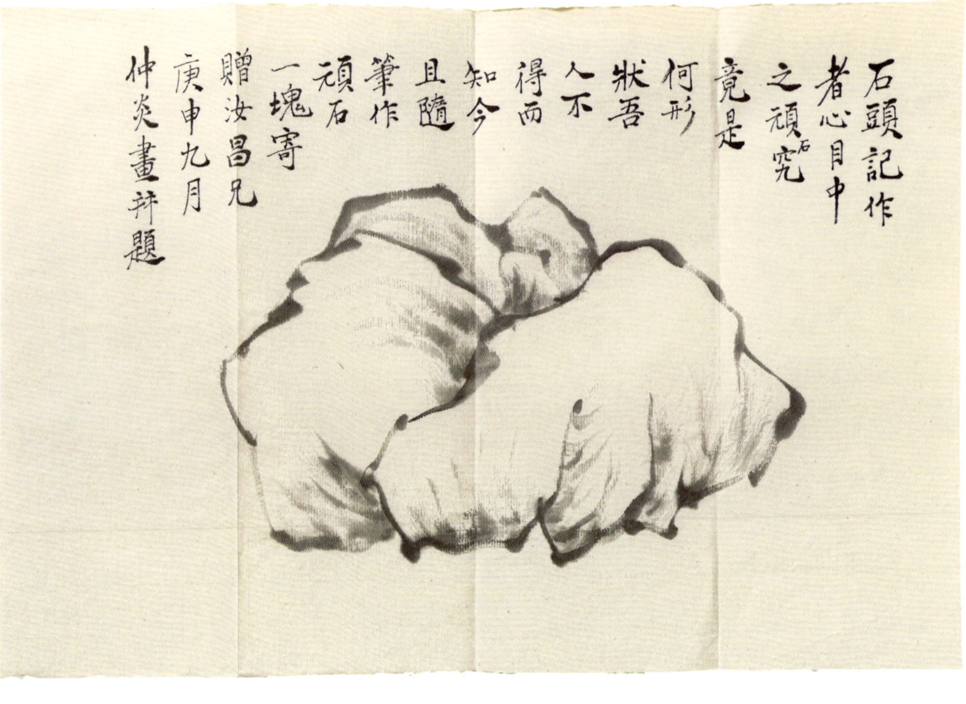
石頭記作者心目中之頑石究竟是何形狀吾人不得而知今且隨筆作頑石一塊寄
贈汝昌兄
庚申九月
仲炎畫并題

潘際坰

（一九一九—二〇〇〇）

江蘇淮安人。筆名唐瓊。一九四三年畢業於浙江大學數學系。長期從事新聞工作。歷任《大公報》編輯、香港《大公報》駐北京記者、商務印書館編輯、香港《大公報》編輯部副主任。著有《朝鮮戰地散記》、《京華小記》、《娱情集》、《快意集》、《唐瓊隨筆》等。

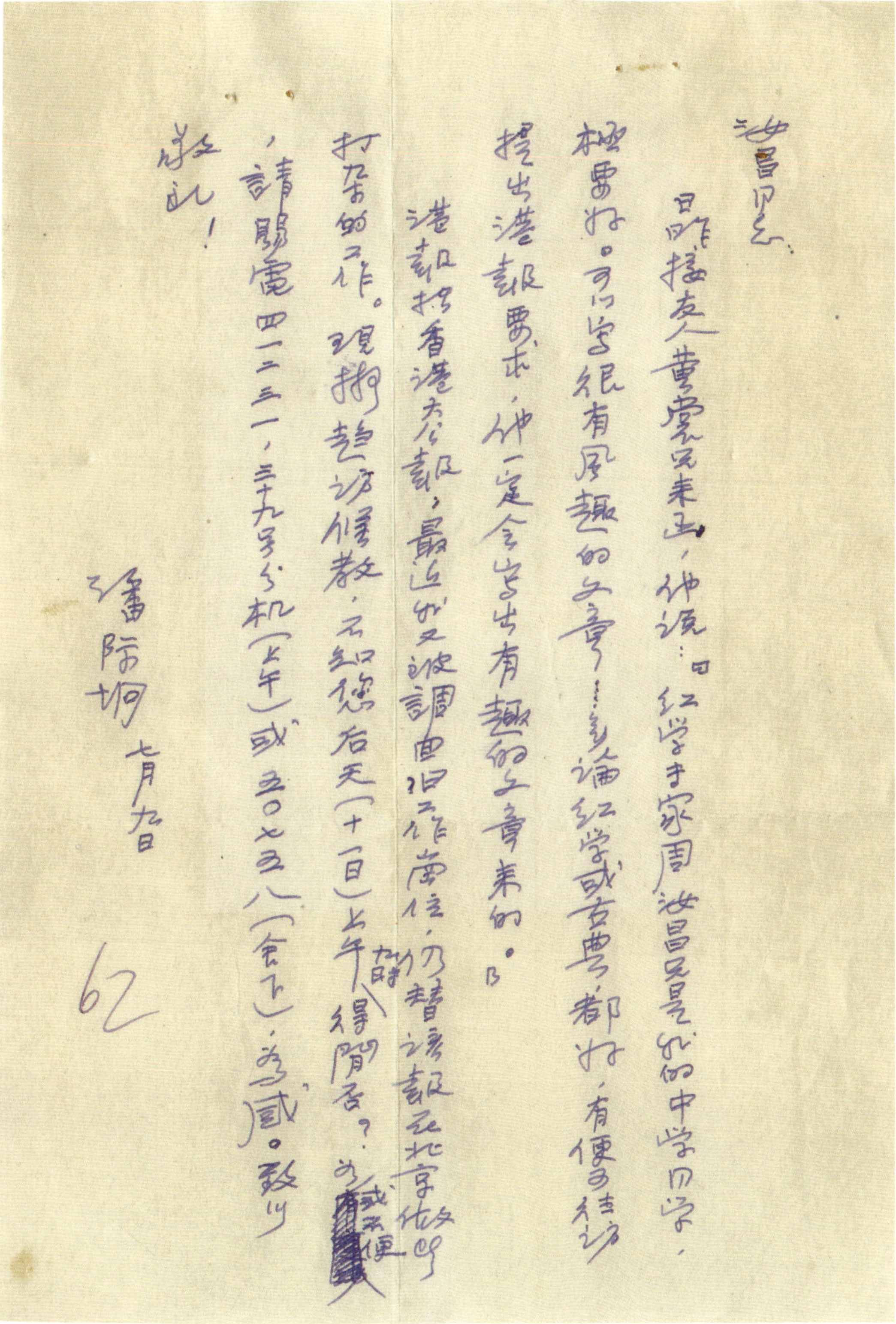

汝昌兄：

昨接友人黄裳兄来函，他说："红学专家周汝昌兄是我的中学同学，极要好。可以写很有风趣的文章……论红学或古典，都好，有便可往访，提出港报要求，他一定会写出有趣的文章来的。"

港报指香港大公报，最近我又被调由旧工作岗位，乃替该报在北京做些打杂的工作。现拟趋访候教，不知您后天（十一日）上午得閒否？或不便，请赐电四一二三一，三十九号分机（上午）或五〇七五八（午下），为感。致以

敬礼！

潘际坰 七月九日

62

汝昌兄：久未晤教，為念。

報載香港正在放映紅樓夢影片（上海越劇演員徐玉蘭、王文娟主演），不知兄譚紅錄可否續寫二兩篇？弟意世界日報副刊每周僅刊出一次，[redacted]另一副刊大公園則每日見報，既多讀者面[redacted]較廣，此次專稿如能談飲食服飾等等趣味性較強則更佳，署筆名無妨。

我兄如有興趣寫一些北京掌故的文章，亦表歡迎。

近日弟較忙，稍暇當來請教。此請

撰安！

弟 嘐桐上 十一月二十日

62

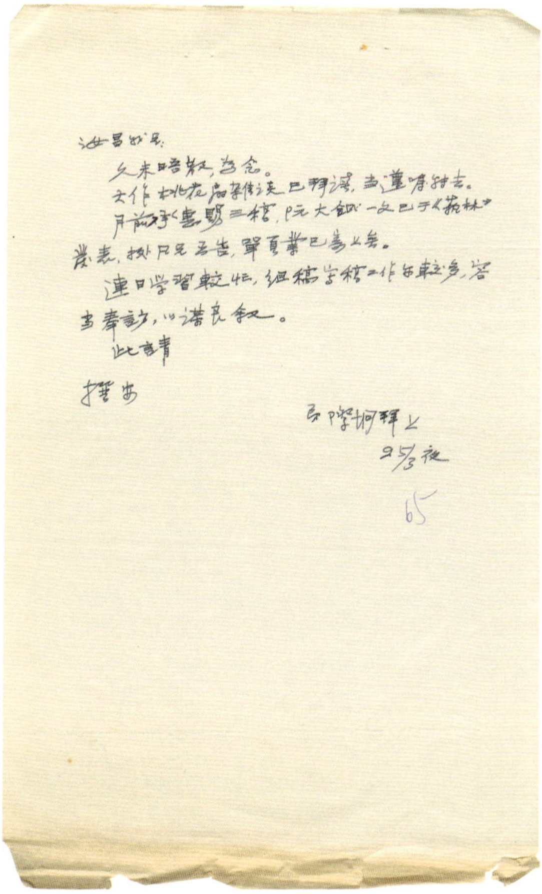

汝昌吾兄：

久未晤教，為念。

大作桃花扇雜談已拜讀，當遵囑辦去。

月前承惠賜二稿，阮大鋮一文已于《藝林》發表，擬兄函告，稿費業已寄上矣。

連日學習較忙，組稿寫稿工作亦較多，容當奉訪，以[illegible]良叙。

此致

撰安

弟潘際坰拜上

25/3夜

65

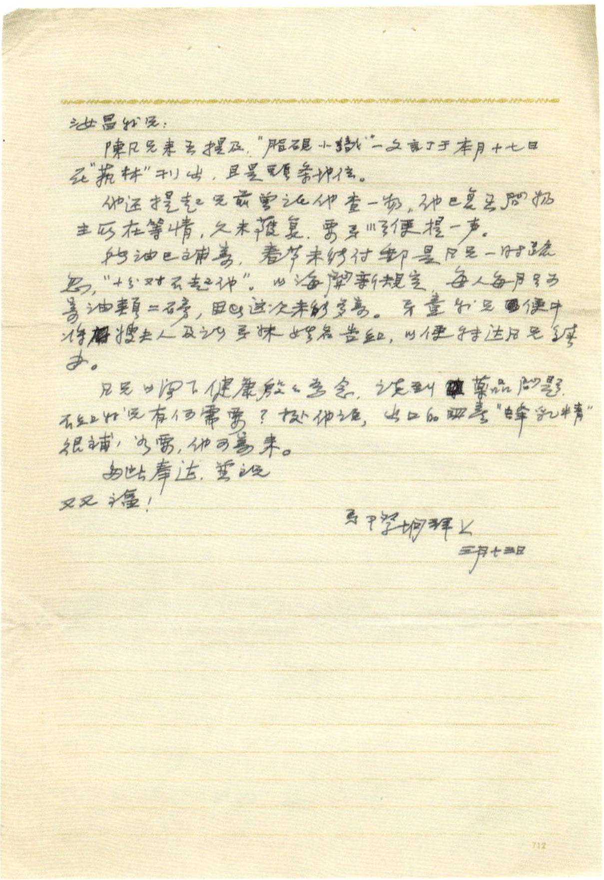

汝昌我兄：

陳兄來函提及"脂硯小識"一文已于本月十七日在"藝林"刊出，且是頭条排位。

他還提起兄前曾托他查一[illegible]，他已[illegible]主所在等情，久未複[illegible]，要我順便提一聲。

[illegible]油已[illegible]，春节未[illegible]郵[illegible]，"[illegible]"。[illegible]新規定，每人每月[illegible]油[illegible]二磅，因此這次未[illegible]。[illegible]以便[illegible]。

兄兄[illegible]健康殊以為念，談到[illegible]藥品問題，[illegible]有何需要？[illegible]"蜂乳精"很補，如需，他可寄來。

匆此奉達，並祝

雙禧！

弟潘際坰拜上

三月七日

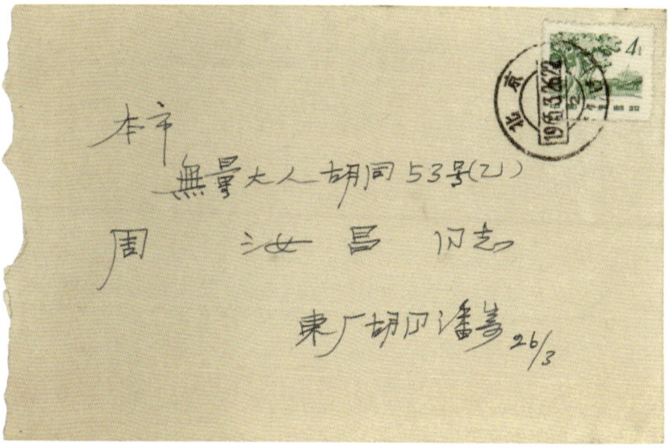

本市

無量大人胡同53號（乙）

周汝昌同志

東廠胡同潘寄 26/3

大公報
TA KUNG PAO
342. HENNESSY ROAD, HONG KONG
香港軒尼詩道三四二號
TELEPHONE 728211

汝昌兄：

小文二篇，以代近況，並奉一粲。

炯 六月卅日，香港

嫂夫人近日在京，并聞。

27 JUN 1980

京華小記

周汝昌側影

唐 瓊

威斯康星的盛會已經結束，紅學家周汝昌等三位大概就要回到北京了吧。

說來好像有些緣分，我的紅學知識接近於零，卻在這裏認識一些老一輩紅學家。按年齒序，是俞（平伯），吳（世昌），吳（恩裕，不久前故世）和周。

最早相識的是俞，而二十多年來交往較多的則是周。

他是一個瘦弱的書生型人物。耳朵重聽，視網膜脫離也沒有完全治好，我從沒見過如此弱不禁風的男性。

他多年來一直住在无量大人胡同人民文學出版社宿舍。只搬過一次家，從第三排房屋搬到第二排，北房換為南房。室內陳設樸素，但不凌亂，好像散發着某種特殊氣息。

我有時破門而入，正逢他沉思，那模樣就像古代哲人似的，看到我就在他身旁，他這才驚醒過來，「嫣」然一笑。是的，這位老夫子型的笑，很誠摯，很美。「噢，××兄，你來了，咱們聊聊。」隨即遞給我一支並非高級的香煙。我總是回答，我也有，牌子跟你的一樣。他一看，又笑了。

他喜歡喝茶，茶葉倒是上乘的。他對熱水壺裏開水的溫度很關注。

我們坐下來談什麼呢？《紅樓夢》不能談。我們有個心照不宣的約定，不談這個，彼此都無損失。偶爾破例，倒也有趣。

雪芹好像是位剛離去、茶猶溫的常客。他那麼敬佩與摯愛曹雪芹，使我懷疑他的每個細胞裏，都藏着這位偉大作家的形象。

於是，我們總是談曹雪芹和《紅樓夢》以外的事情。談雙方共同的好友黃裳，談國家大事，文學藝術。信口開河，百無禁忌。

他的夫人有時也走出來，於是又轉換話題，談子女、户口或柴米油鹽。這時他就飲茶吸煙，沉默不語了。

夫妻之間禮貌方面的忍讓，確實有個限度；到時候，他就扭轉危局，拍拍我的手或肩膀，急於把打斷的話頭拉回去。

「別人去五七幹校，都能指望他回來，唯獨汝昌，他啊，又聾又瞎，身體又那麼壞，我根本没指望他能回來！」她笑着補充這幾句走了。汝昌兄還是微微一笑，不動聲色，有趣。（上）

28 JUN 1980

京華小記

周汝昌側影

唐 瓊

那年，七五年吧，新版《紅樓夢新證》校樣送來了。這時，也正是他視力最壞的時刻，可能有失明之虞。

看到出版社送來厚厚一大疊校樣堆在桌上，我很為他發愁。全書八十萬字。

「汝昌兄，我幫你當個校對如何？這工作我大概可以勝任吧？怎麼，不放心？我盡量認真的校。……」他聽了只是微笑和婉拒，我無可奈何。

他把在天津的女兒叫了來，做助手。但我知道，他自己和許多認真的學者一樣，是準備以失明甚至以更大的犧牲，投入這項工作的。一個嚴肅的學者，正是在這種關鍵時刻，表現了常人所不及處。

我的古典文學基礎極差，然而由於一個偶然因素，我倆常常找到話題。

他說，有一個時期他專門搜集清代這樣一批學者的著作——没有什麼功名但是在學術上有其成就的學者。他隨口舉了幾個人，我插話說，其中一個道光年間的，就是我的高祖，他聽了又驚又喜。不久，我把無意中在琉璃廠買到的《養一齋詞話》送給他，他更加高興。

「四農先生還有《養一齋文集》和《詩話》。他的《紅樓夢題詞》十二絕，在嘉慶道光年間有代表性，我已經收入了。」（參閱《紅樓夢新證》一〇九〇—一〇九五頁。——筆者）他說完又是微微一笑。

《新證》出書後，他送我一本簽名本，可惜我這方面知識太少，辜負了他的盛意。

我特別感到興趣的是，老一輩紅學家又並非紅學家而已。俞是五四以來很重要的散文家，名教授，對詞有深刻研究，近著有《唐宋詞選釋》。吳（世昌）早年在燕京讀書時即嶄然露頭角，學生的著作而刊於《燕京學報》，他與已故史學家張蔭麟同屬破例人物。他擔任牛津教授十餘年。在這之前，在國內既當過中文系主任又當過外文系主任。他對詞也有深刻的研究。吳（恩裕）對國家法下過一番功夫，是英國留學生。較年輕的紅學家馮其庸，在威斯康星盛會宣讀論文極受重視，願藉此機會表示祝賀。（下）

黃　裳

（一九一九—二〇一二）

山東益都（今青州）人，生於河北井陘。本名容鼎昌。一九四〇年考入上海交通大學，一九四三年春轉至重慶交通大學。曾擔任美軍譯員。抗戰勝利後任《文匯報》記者、編輯。後曾在軍委總政文工團、中央電影局上海劇本創作所任編劇，一九五六年重回《文匯報》。著有《錦帆集》、《榆下説書》、《珠還記幸》、《來燕榭書跋》等。

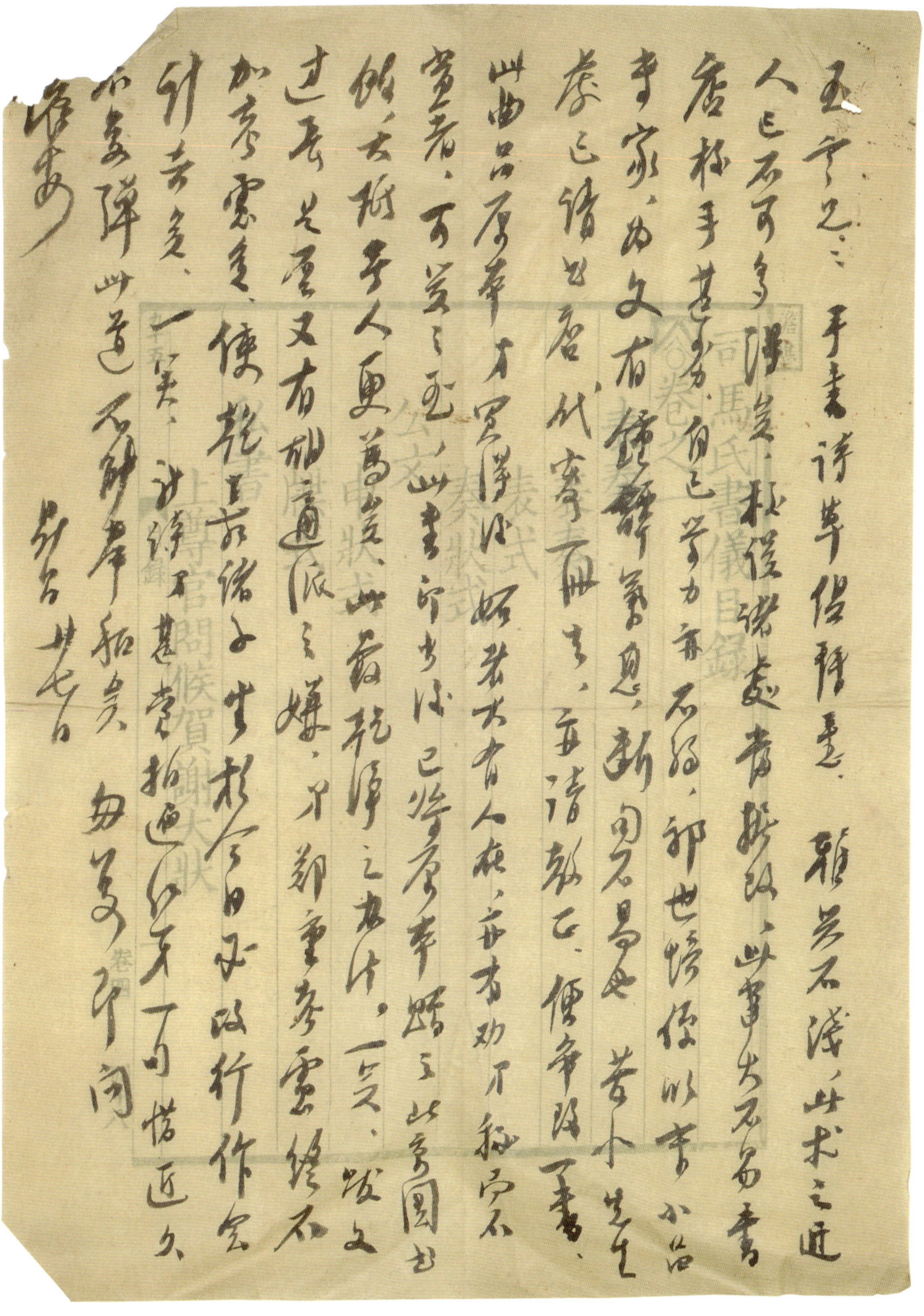

玉言兄兄：今日自鄉下歸，奉得讀
手札，情同昨封。少飲微醺，故以此作復，亦可
見其激於情懷也。往歲得書，紙言近來華亦
今別以 佳勝，見示擬作何文章，李某叫數
此事為求一本錢，蓋不要李某也，賣某早收到項，
不之尚在也。惜之未作一段，西此書中存此
一段，常因為可惜也。賣某十年來只見有此談
待此可近來整本因不可見，尚可札此事亦
直法也，親之，幾書所以他種嗜好，日日有此現
之書時時有所增益，無此乃不能作此筆的一字
甚哉，經年不見一種 好書，皆道亦書矣，此
汝昌 八月

61.7.15

黄　裳（一九一九—二〇一二）

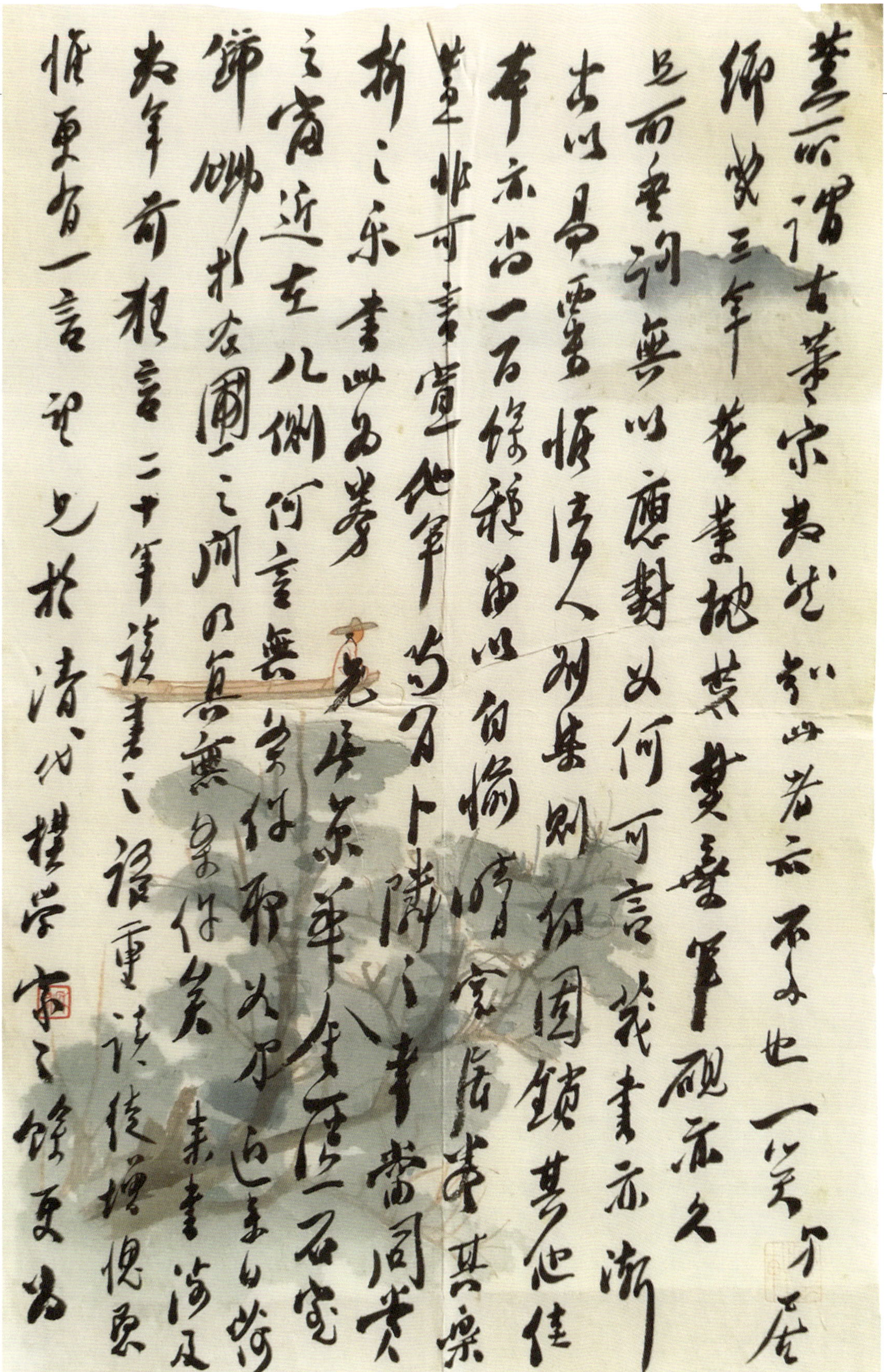

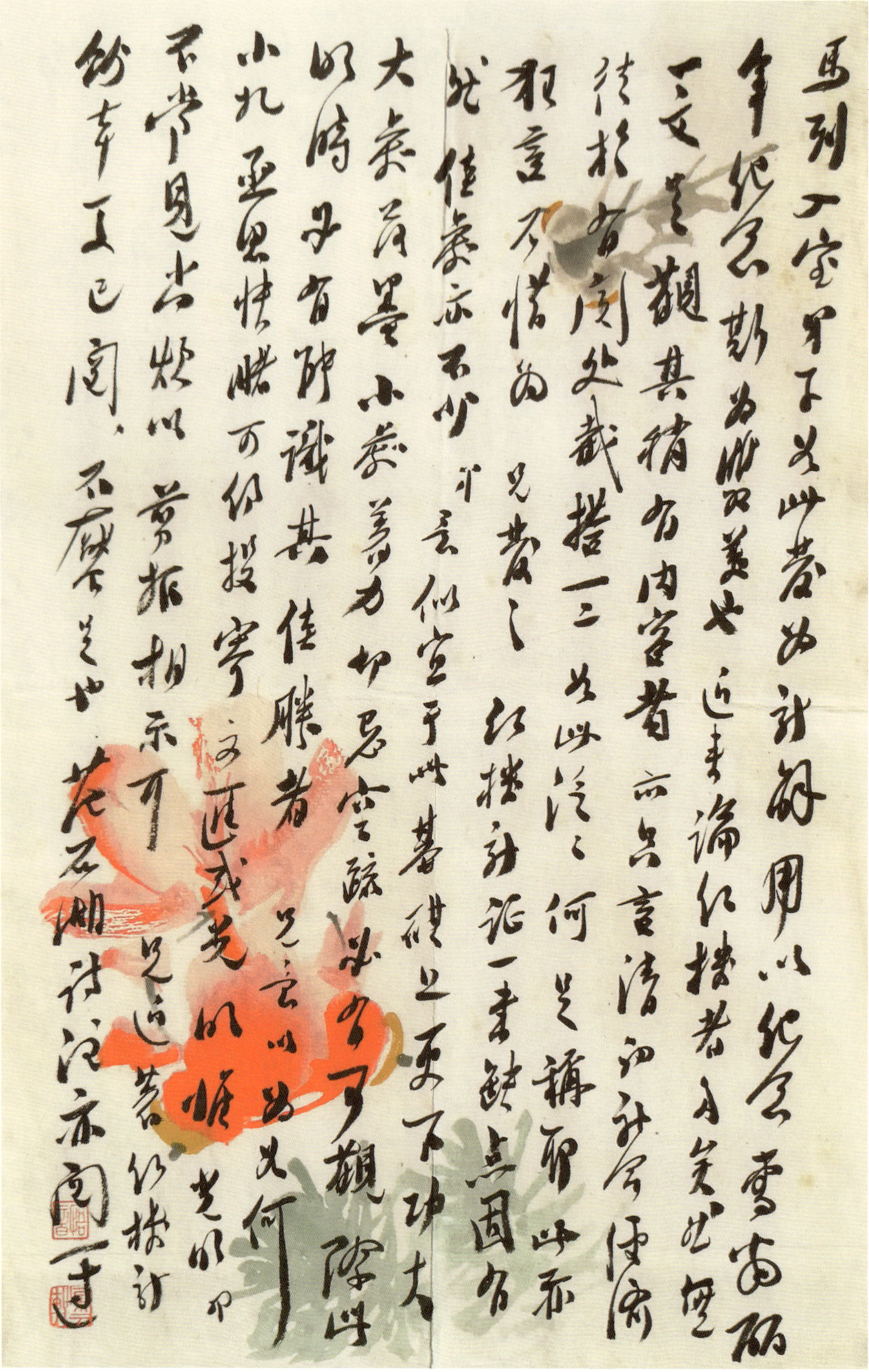

馬列丁寧君下出此書為計劃用以紀念曹雪芹
年紀念斷為難得美也　近來論紅樓者日多然世
之文章翻其精為內容者亦只言清初社會情俗
從於[illegible]創作處載搭一二　兄此從之何足稱耶此亦
雅意不惜為　兄費之　紅樓新論一書鉤其因為
此佳意亦不少　不言似宜于此書[illegible]之更下功夫
大氣象筆墨小處盡力切忌空疏然可觀學此
時手頭所識其佳勝者
小九恐思性情皆可以投寄之匯成　兄言以為如何
不常見出於以萬推相示可　兄以為紅樓詩
紛拿下了已閱　不[illegible]之也　[illegible]詩[illegible]亦閱一過

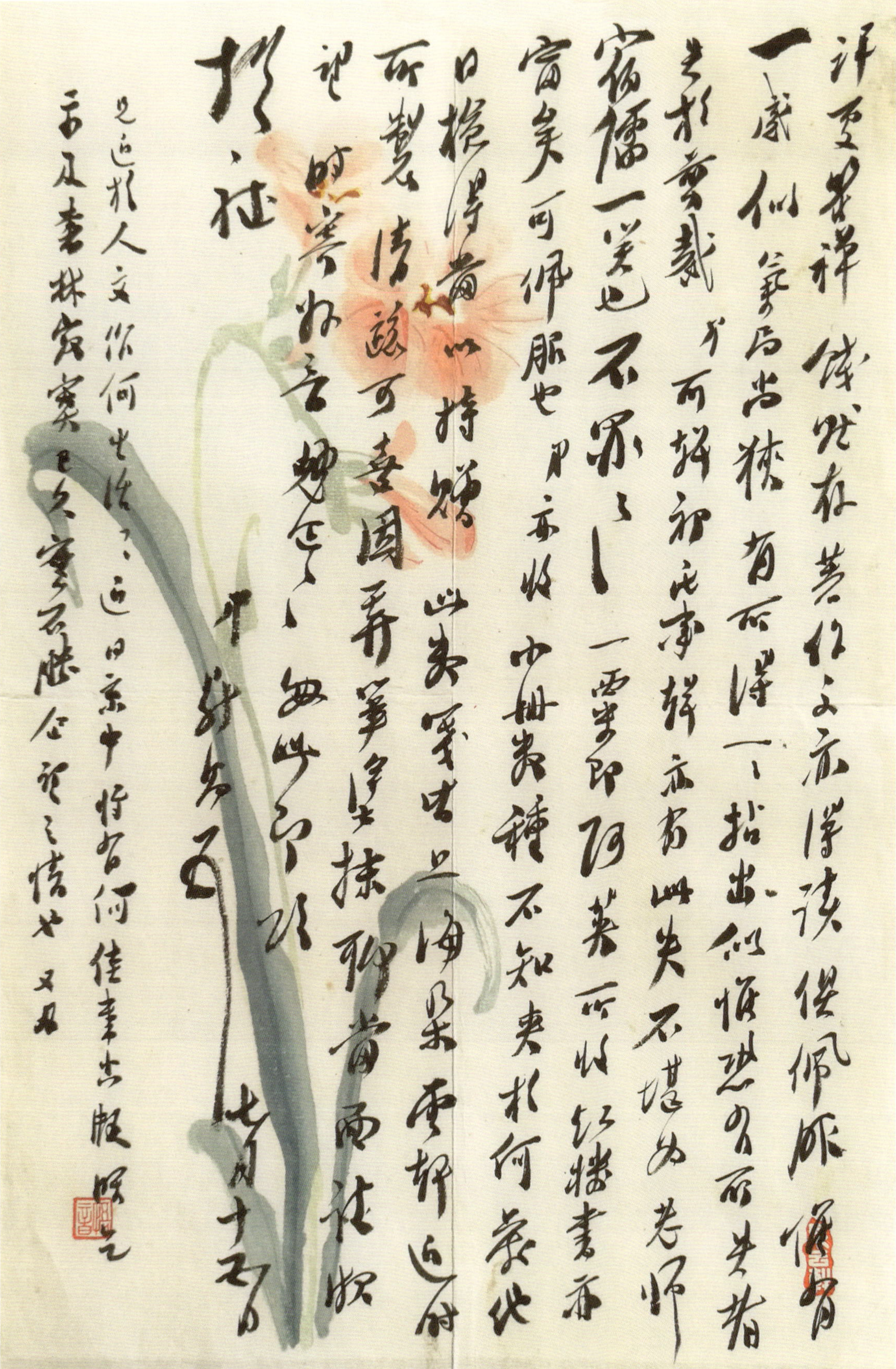

讀花韻庵主人所譔紅樓夢詩共六首

花間字韻當談禪　痴女騃牛未了緣　一自紅樓傳艷曲　不教四夢擅臨川

木石無情偏有情　淚珠錯落可憐生　獨憐窗外紅鸚鵡　恩怨喋喋說不明

一縷情絲繞碧闌　葬花人恐看花殘　憑伊鍊石天能補　難得天邊措手難

舊譜傳鈔事太繁　芟除枝葉付梨園　蔦蘿編綴殊坊本　牋宗西廂董解元

刪就世快歎奇書　三百零初盡不如　待到定場重却頑　玉人何處覓瓊瑤

甜酸一曲管絃催　魂礧誰教借酒杯　萬事到頭都是夢　熟真要假任人猜

右六詩見吳縣李補桐花嶼讀畫樓詩鈔卷八，書刻於道光丙午，流播於世少。傳者李子仙嶼黃堯圃乃兒女親家，亦能畫善詩者。前咏六絕

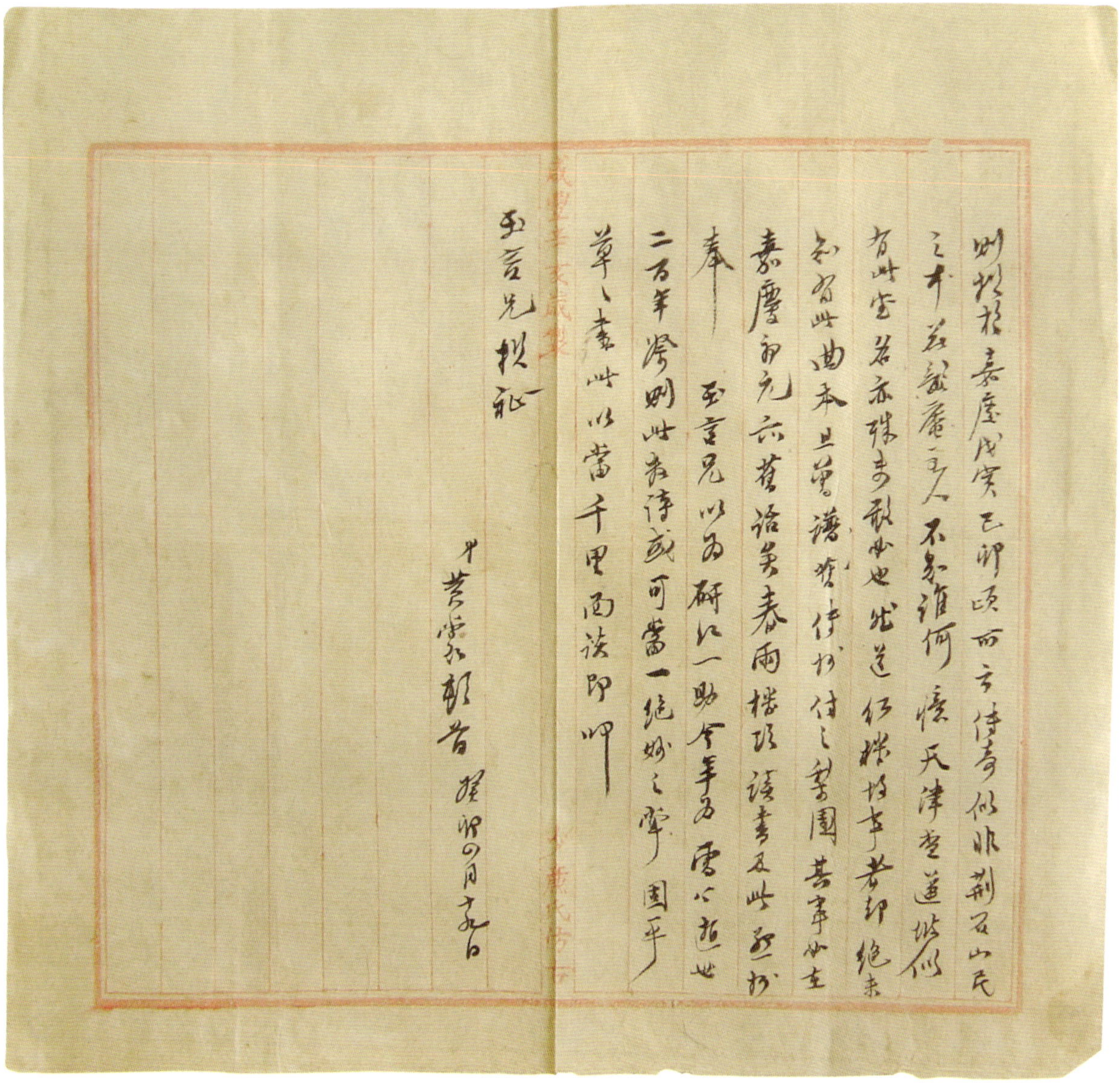

此抄於嘉慶戊寅己卯頃，所言侍寄似非荊石山民之才，蓋鐵庵主人，不知誰何。憶天津查蓮坡似有此室名，亦殊可疑也。然道紅樓故事，皆即絕未知有此曲本，且曾譜於付之梨園，其事必在嘉慶初元，亦舊語矣。春雨樓頭讀書及此，敢以奉

玉言兄以為斷代一助。今年為雪芹逝世二百年，然則此本詩或可當一絕妙之掌故乎。草草書此，以當千里面談，即叩

玉言兄撰祉

弟黃裳頓首　癸卯四月十五日

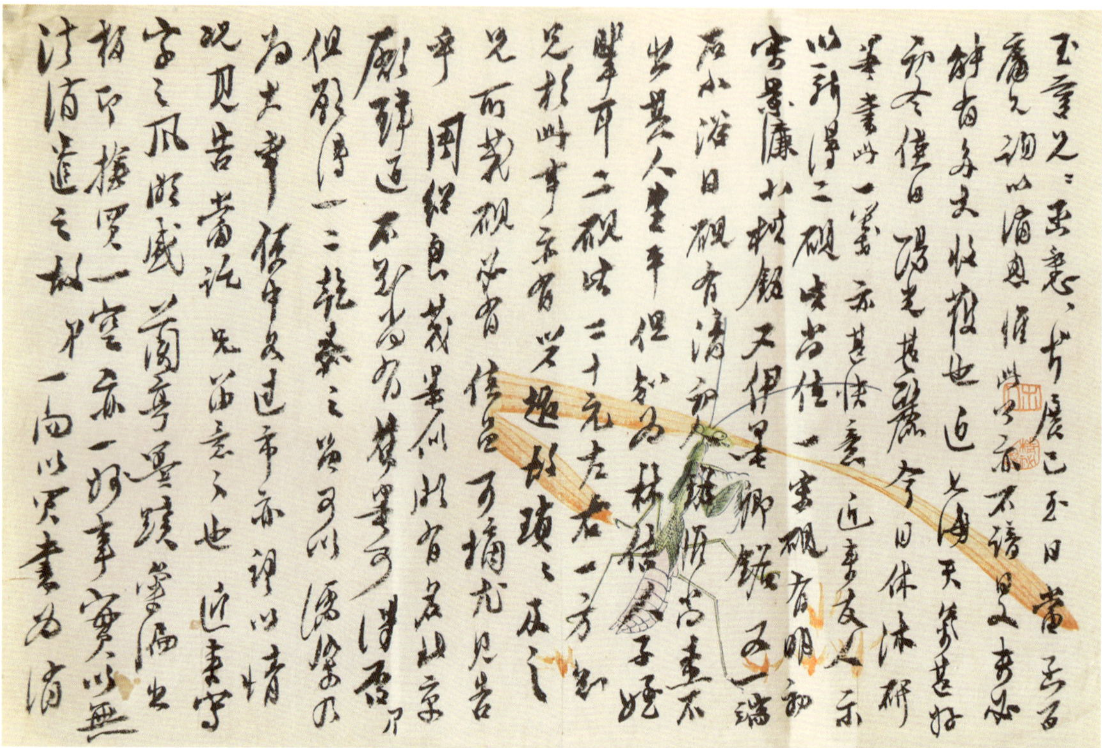

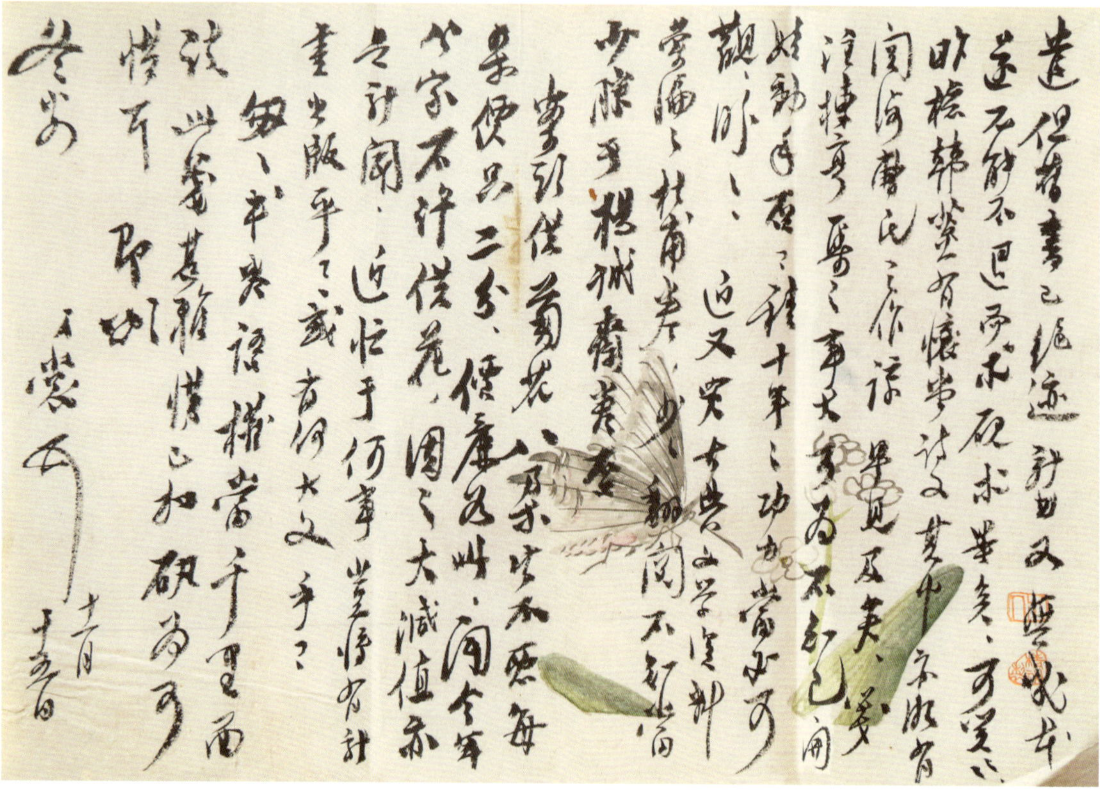

黄　裳（一九一九—二〇一二）

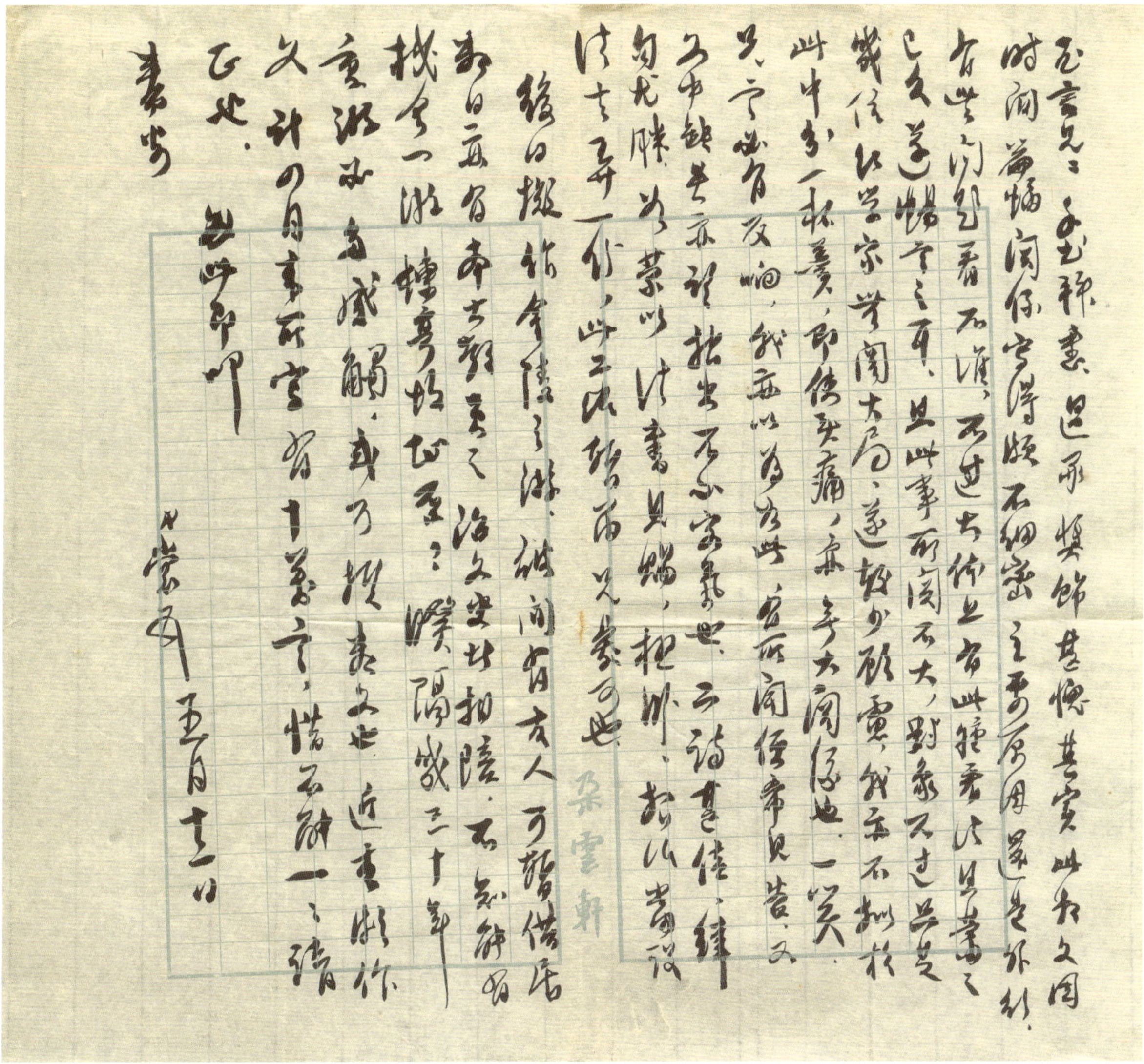
孟言兄：手书拜悉，过承奖饰，甚愧甚愧。其实此书文同
时间匆促，间作字得损，不细密，主要原因是外行。
古书之刻印看不清，不过古人作书亦如此耳。其书之
已久矣，遂懒之耳。且此事所关不大，对象不过只是
我们从学宗党阁大局，遂较少分量，我亦不拟于
此中分一杯羹，即使头痛，亦无多大关系也。一笑。
又，不必有反响，我亦以为如此，当所闻经常见者。又
又年终来京打听不必客气也。之诗甚佳，肆
句尤胜，如此景以后书其端，把那，揭以书法
法去年一行，此二次结尾以为可也。
后日拟作金陵之游，趁间有友人可暂借居
数日，无旧书可读矣，访友如出相陪，不知能否
找个一游，楼亭好似当之，惜阳城三十年
重游，可为感触，或可撰来文也。近来排作
文，计四月来所写约十万言，情不能一一读
正也。
匆此即叩
春安
黄裳　五月十二日
朵雲軒

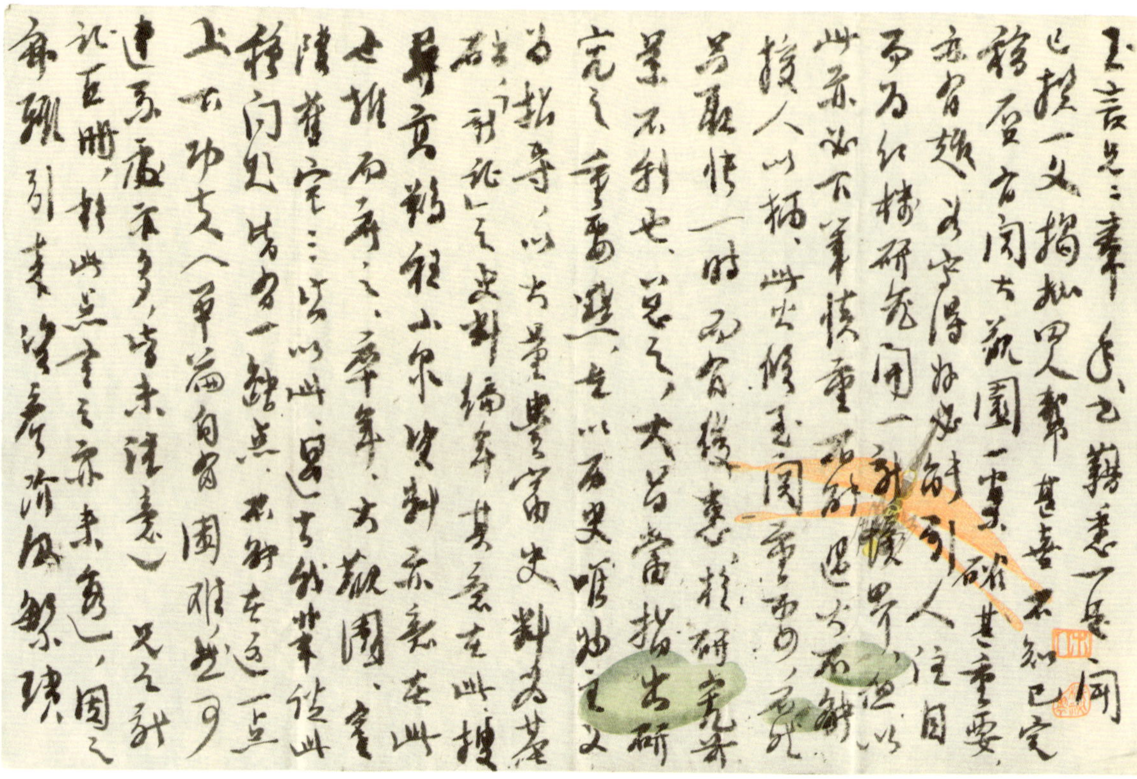

玉言兄：二書俱悉，已轉丁君。聞
已撰一文，猶擬兄人幫甚善，不知已完
稿否？古聞古籍園一事，石刻甚重要，
亦有趣。兄宜得好好解釋，引人注目，
而為紅樓研究開一新境界，但以
此亦必下筆慎重，否則遇有不解
據人以輔，此必須慎重之。而的，然
為最情一時而有微意於研究者
業不利也。總之，大可當指出研
究之重要點。至以為只唯物之又
為指導，以古董興富史料為基
礎，亦新說之史料編年，其意在此。按
尊意能取小說資料，亦意在此
也。推而廣之，乃年年，古觀園，實
讀舊宅三次以此，是遠古錢業往此
種問題皆有一觀點，然後在遠一點
上，古印文（單篇自有圓滿無可
建議處不多，皆未詳盡）。兄之新
說在冊，於此點當之亦未盡意，因之
希望引來論者大師繁瑣

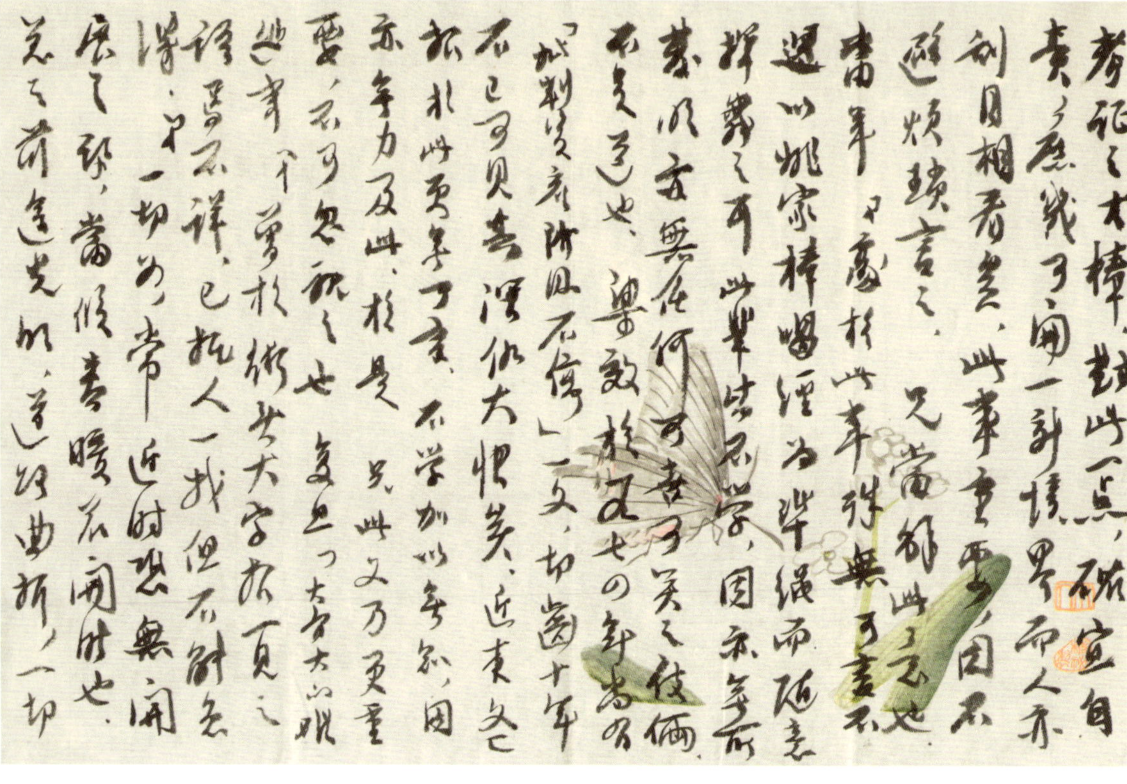

考證之大樓，對此一點，確宜自
責，乃慮幾可開一新境界，而人亦
刮目相看矣。此事重要，因不
避煩瑣言之。兄當將此意也
告年日處於此年發與可言否
還以姚家樁帽經為畢編而隨意
揮舞之，有此等怪學，因亦無所
裨以於無何可言者矣之佳倆
不足道也。曾數於文七之年前
「城判淺說隨風不停」一文，切齒十年
不已，可見其濟佛大惧矣。近來文已
於北此有寫了書，不學加以糾，因
亦無力及此。於是 另此文乃更重
要，否可忽視之也。 復出一古方大小眼
此事（下節於術無大字於頁之
稿）君不詳，已托人一找，但不能急
得。 一切如常，近時恐無閑
原文，當從書院看閒時也。
總之前途光明，前途曲折，一切

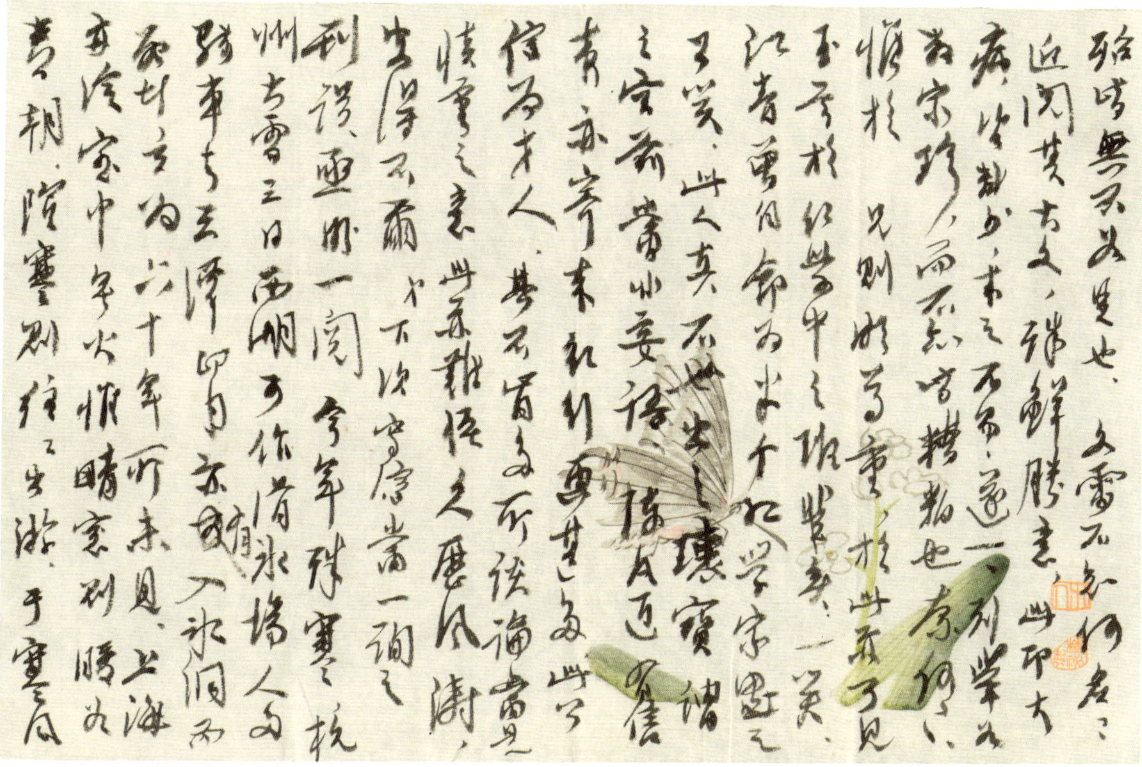

殆皆無只是也。文雷不知何名之
近閱黃[illegible]古文，殊鮮勝意，此印大
為[illegible]，未之不爾，遂一例學為
宋[illegible]，而不知皆糟粕也，奈何奈何。
悵悵。　兄則以為第一，於此殊可見
[illegible]於[illegible]此中之[illegible]者，一笑。
江青[illegible]為[illegible]學宋畫之
可笑。此人真不世出之瑰寶，諸
之官[illegible]嘗以妾語[illegible]寫信
者亦寄來[illegible]其已多，此可
信為才人，惜不肯多所議論，當是
性情之來，此亦難得之[illegible]，
[illegible]得不爾。　[illegible]不次寄信當一詢之
到[illegible]西湖一閱。　今年殊寒，杭
州去雪三日，西湖可作滑冰場，人多
踏車去[illegible]，[illegible]亦有入冰洞而
[illegible]為六十年所未見。上海
亦冷，家中無火，惟晴窗則勝也。
[illegible]報，陰寒則待之出遊，于寒風

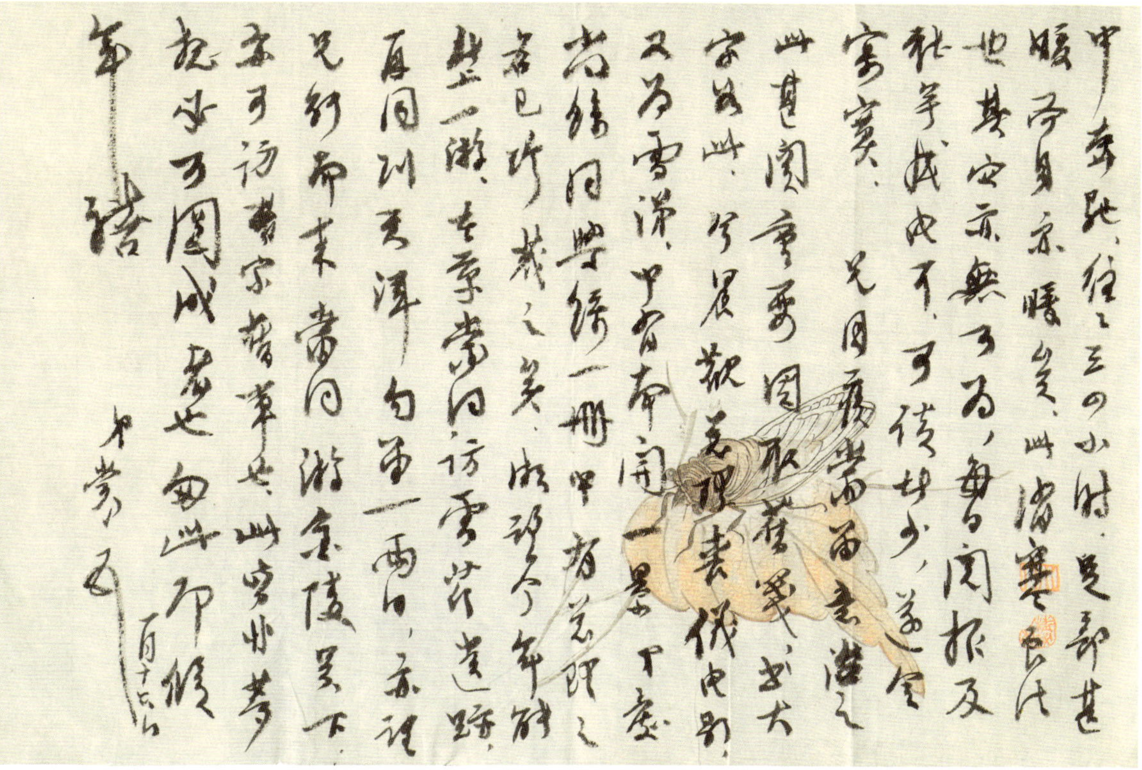

中來此，往返三四小時，是郭甚
暖，今身亦暖矣。此[illegible]
也。[illegible]亦無可為，每日閱報及
[illegible]，可讀者少，奈何
寂寞。　兄日[illegible]
此[illegible]閱[illegible]圖取[illegible]
家[illegible]此。　[illegible]
又為雪[illegible]，中有[illegible]一[illegible]下[illegible]
[illegible]一冊[illegible]
[illegible]已[illegible]之矣。[illegible]今年[illegible]
[illegible]一游，去年嘗同訪雪[illegible]遺跡，
[illegible]同到天津[illegible]一兩日，亦[illegible]
兄[illegible]來嘗同游金陵[illegible]下。
[illegible]訪黃宗[illegible]
[illegible]不同成[illegible]也[illegible]此印[illegible]
年譜
　　　　　　　　　　　弟　黃裳上
　　　　　　　　　　　[illegible]十六日

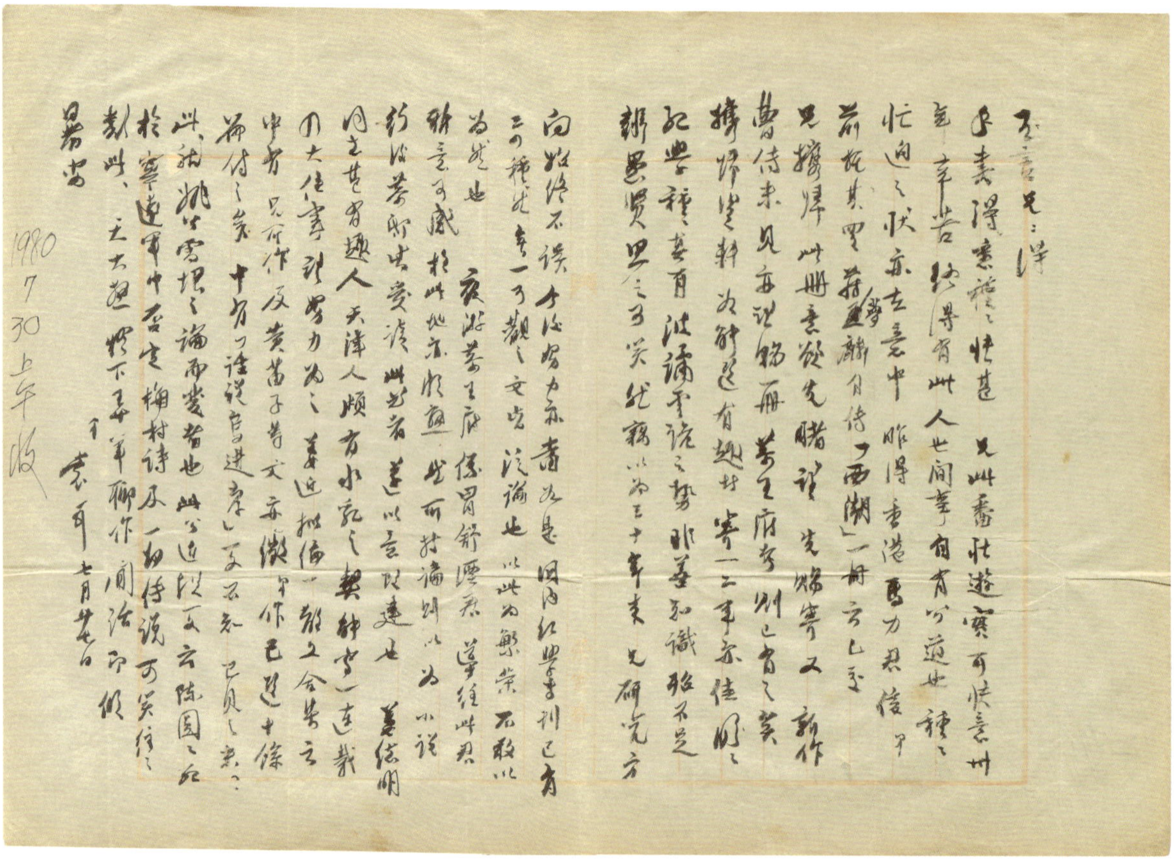

玉言兄：得
手書，得悉種種，快甚。兄此番赴遊美，可快意卅
年，昔此得有此人也，閒筆自有可道也。種種
忙迫之狀，亦在意中。昨得香港羅力君信，早
前托其買蔣彝所作「西湖」一冊，云已寄
兄，據得此冊，意從先睹，誼先睹寄又新作
曹侍未見，每從報刊，恭王府考則已有之矣，
轉得紫軒，次韻選有趣，此等一二事亦佳，頗
紀此種，甚有談論之勢，非學知識殊不足
觀，思憶昔之可笑。此稿以為五十年來兄研究方
向始終不誤，予以學力，亦甚為是。國內紅學季刊已有
二四種，此事一可觀之文字，談論也。以此為繫崇，不敢以
為然也。　夜游恭王府，保胃舒遷君，華經此君
新意可感，於此地亦收藏，此所村論則以為小說
可以恭邸出處，讀此者甚以言距遠也。葉德明
同志甚有趣人，天津人，頗有小說之契，辭章一連載
乃大作寄記，學力為之。葉近撰傳一部，又合黃苗子
中有，只有作及黃苗子等文，要徵中作已選十餘
篇付之矣。中有一談說高進，寫之可不知，已見之矣。
此，就姚雪垠之論而發者也。此公近讀友云陸園之紅
於寧遠中，否定楊村詩及一切傳說，可笑得之
對此，之大題，將下草草聊作，聊治印頌
暑安
弟　裳　再　七月廿七日

1980 7 30 上午收

唐德剛

（一九二〇—二〇〇九）

安徽肥西人。一九四三年畢業於中央大學歷史系，一九四八年赴美入哥倫比亞大學學習，獲博士學位。先後在哥倫比亞大學、紐約州立大學執教。著有《李宗仁回憶録》、《胡適雜憶》、《晚清七十年》等。

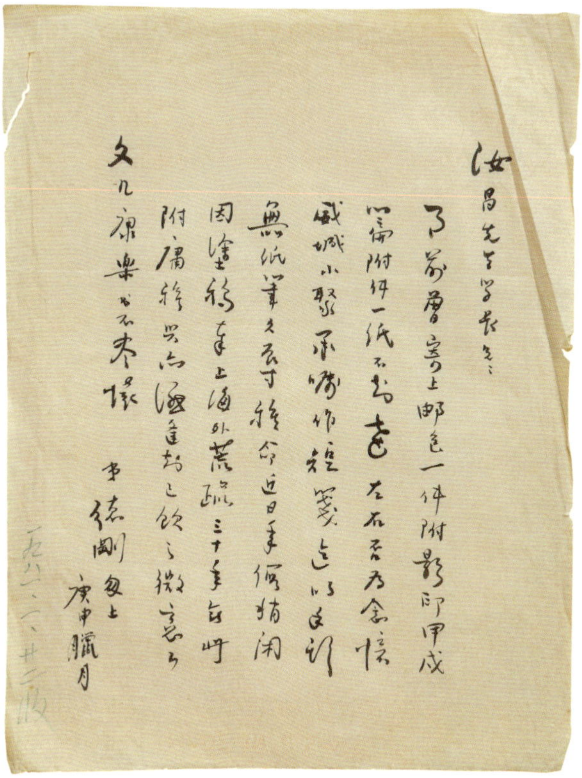

汝昌先生吾兄：

乃蒙曾寄上郵包一件，附影印甲戌[illegible]附件一紙，不勝[illegible]戚城小聚，承[illegible]無紙筆[illegible]上海外荒疏三十年[illegible]

文兒康樂[illegible]

弟 德剛 敬上

庚申臘月

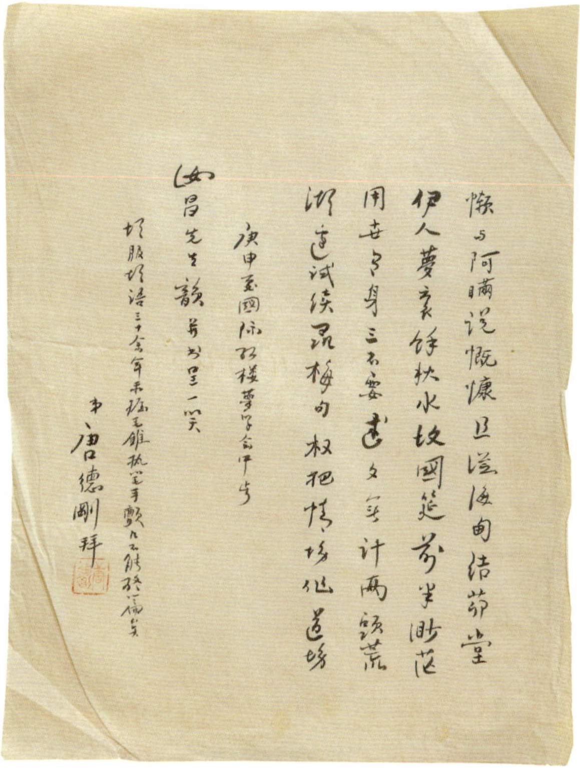

懷與阿瞞說慨慷，且從海角結芹堂。伊人夢裏餘秋水，故國筵前半晚花。周甲身三不要，書文無計兩頭荒。湖邊試續殘梅句，權把情場作道場。

庚申在國際紅樓夢學會中作

汝昌先生 [illegible]

弟 唐德剛 拜

86.10.30 收見
味記

THE CITY COLLEGE
OF
THE CITY UNIVERSITY OF NEW YORK
NEW YORK, N. Y. 10031

(212) 690-

DEPARTMENT OF ASIAN STUDIES

汝老：手示久稽复为歉。索「杂忆」拙著。弟手边亦无存书，近续领再送吧。谨奉上「胡公自传」乞正。台湾文坛为此书〔文星〕闹得太大，乞公作主也。纽约近有「文协」组织，弟被误举作纪纲者。何时高驾东来，当在花果山上大会欢迎也。吴惠民已结婚，近在纽约，嫁一百万富翁也。

弟廿六日飞台北，转港赴北京并闻。

时安

德刚

AN EQUAL OPPORTUNITY EMPLOYER

穆欣

（一九二〇—二〇一〇）

河南扶溝人。原名杜蓬萊。一九三六年考入河南省立百泉鄉村師範學校。長期從事新聞宣傳工作。一九五七年調光明日報社，歷任副總編輯、總編輯。後曾任中國外文局副局長，兼人民畫報社社長、總編輯。著有《穆欣通訊選》等。

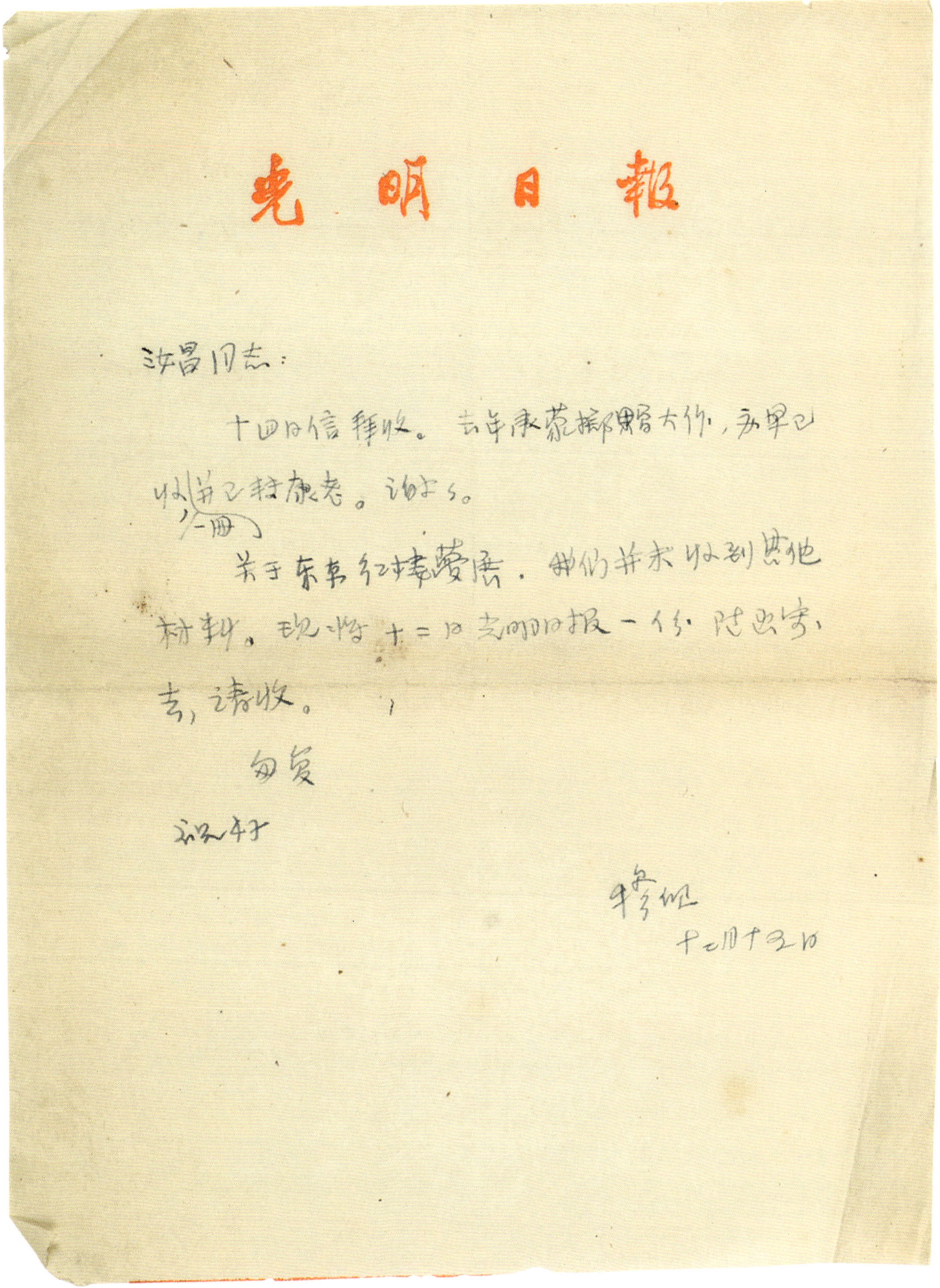

光明日報

汝昌同志：

十四日信拜收。去年承蒙掷赠大作，前早已收（一册），并已转康老。谢谢。

关于东书红楼梦稿，我们并未收到其他材料。现将十二日光明日报一份随函寄去，请收。

匆复

敬礼

穆欣

十一月十五日

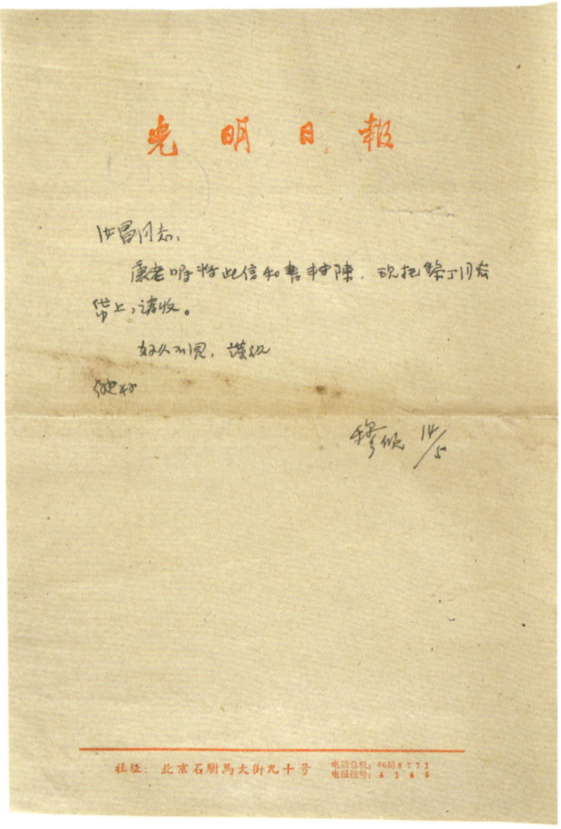

光明日報

汝昌同志：

康老嘱将此信和书转陈，现托徐丁同志带上，请收。

好久不见，谨祝

健好

穆欣 14/5

社址：北京石駙馬大街九十号　电話总机：66局8771　电报挂号：4145

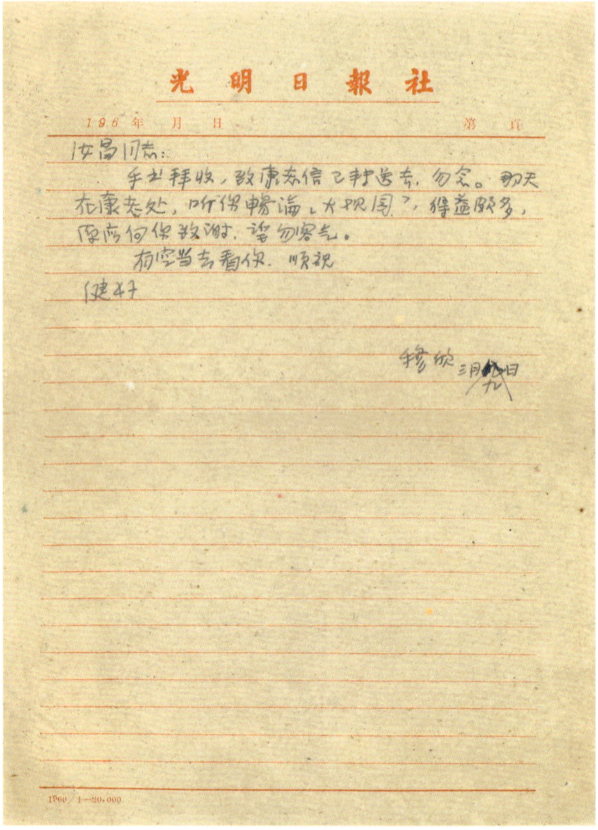

光明日報社

196　年　月　日　　第　頁

汝昌同志：

手书拜收，致康老信已转送去，勿念。那天在康老处，听你畅论《大观园》，得益颇多，原应向你致谢，请勿客气。

有空当去看你。顺祝

健好

穆欣 三月廿九日

1960/1—20,000

凌道新

（一九二二—一九七四）

江蘇鎮江人，生於遼寧。一九四六年畢業於燕京大學新聞系。曾任教於華西協合大學外文系。一九五二年調至西南師範學院，先後任教於外語系和歷史系。其遺作已輯爲《又向流雲閱古今——凌道新詩札日記存稿》行世。

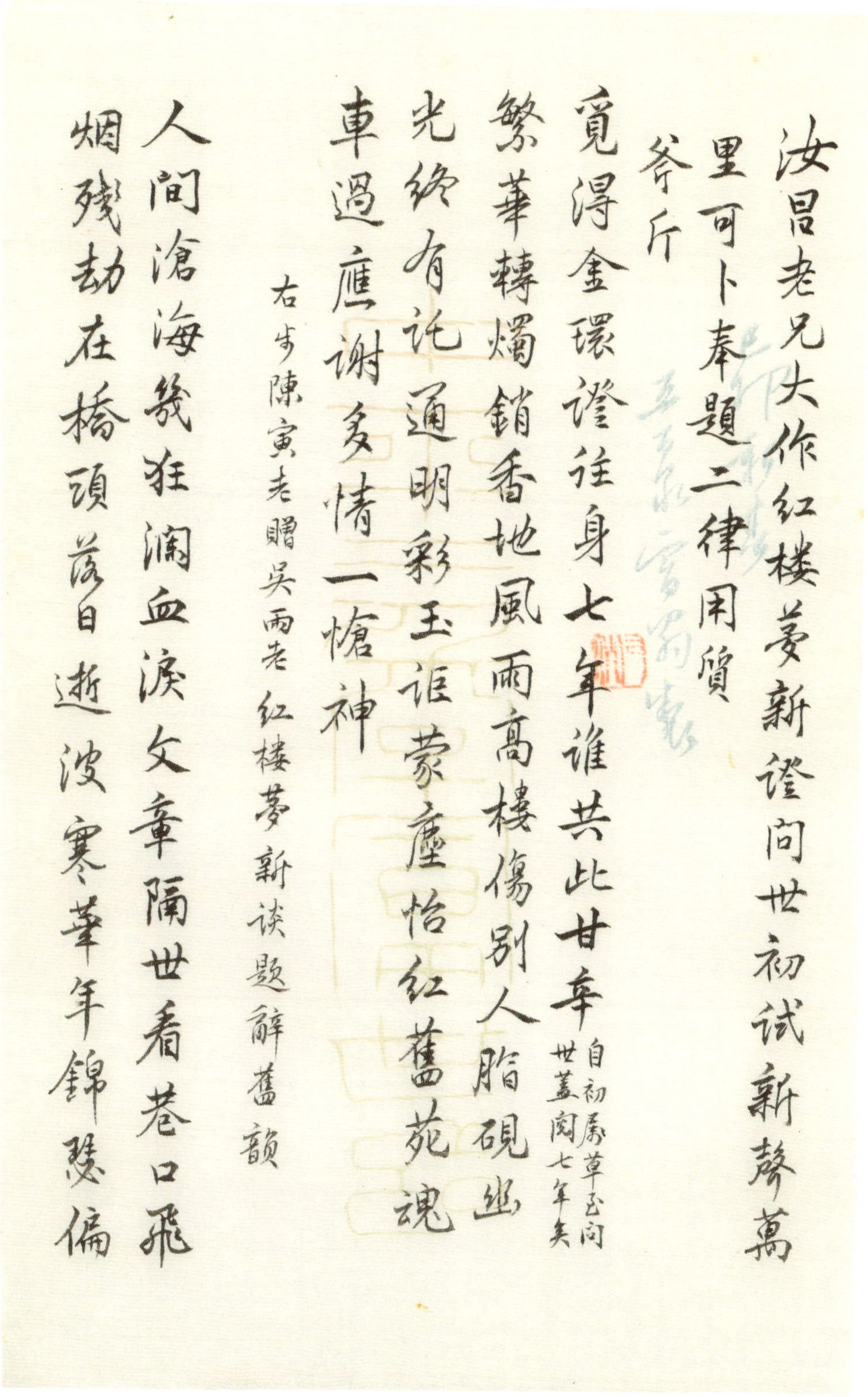

汝昌老兄大作紅樓夢新證問世初試新聲萬里可卜奉題二律用質斧斤

覓得金環證往身七年誰共此甘辛（自初属草至問世蓋閱七年矣）繁華轉燭銷香地風雨高樓傷別人脂硯幽光終有託通明彩玉詎蒙塵怡紅舊苑魂車過應謝多情一愴神

右步陳寅老贈吳雨老紅樓夢新談題辭舊韻

人間滄海幾狂瀾血淚文章隔世看巷口飛烟殘劫在橋頭落日逝波寒華年錦瑟偏

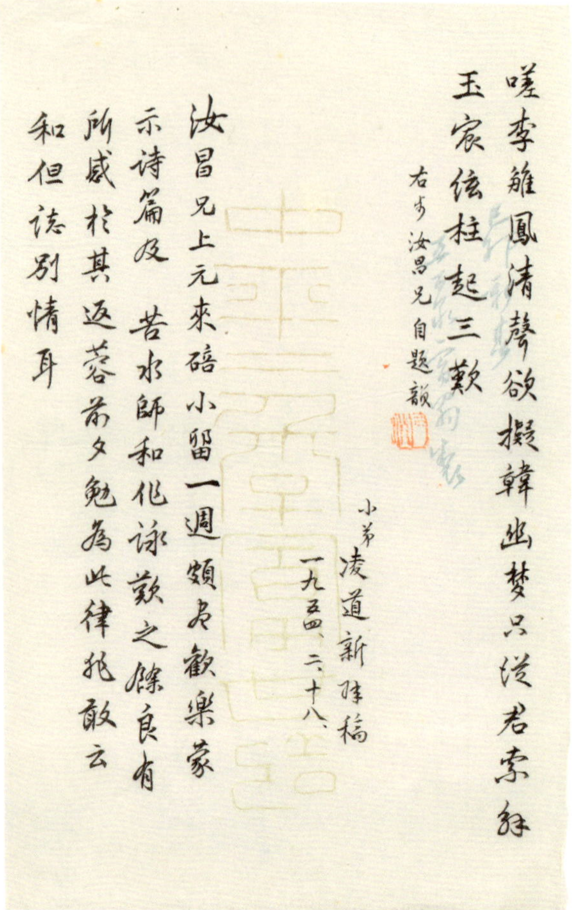
嗟李雛鳳清聲欲擬韓幽梦只從君索解
玉宸弦柱起三歎
右步汝昌兄自題韻

汝昌兄上元來碚小留一週頗盡歡樂蒙
示诗篇及 苦水師和作詠歎之餘良有
所感於其返蓉前夕勉為此律非敢云
和但誌別情耳

小弟凌道新拜稿
一九五四、二、十八、

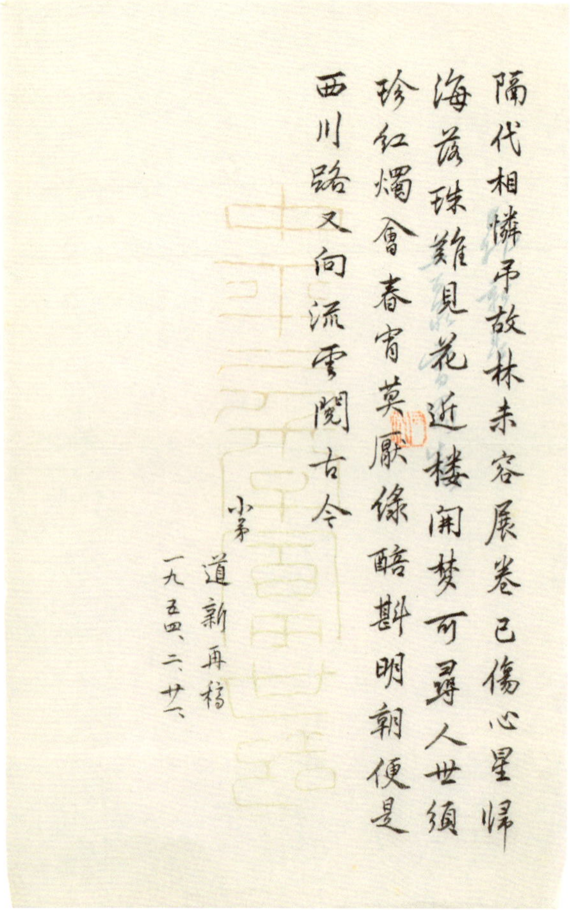
隔代相憐弔故林未容展卷已傷心星歸
海底珠難見花近樓開夢可尋人世須
珍紅燭會春宵莫厭綠醅斟明朝便是
西川路又向流雲閱古今

小弟道新再稿
一九五四、二、廿六、

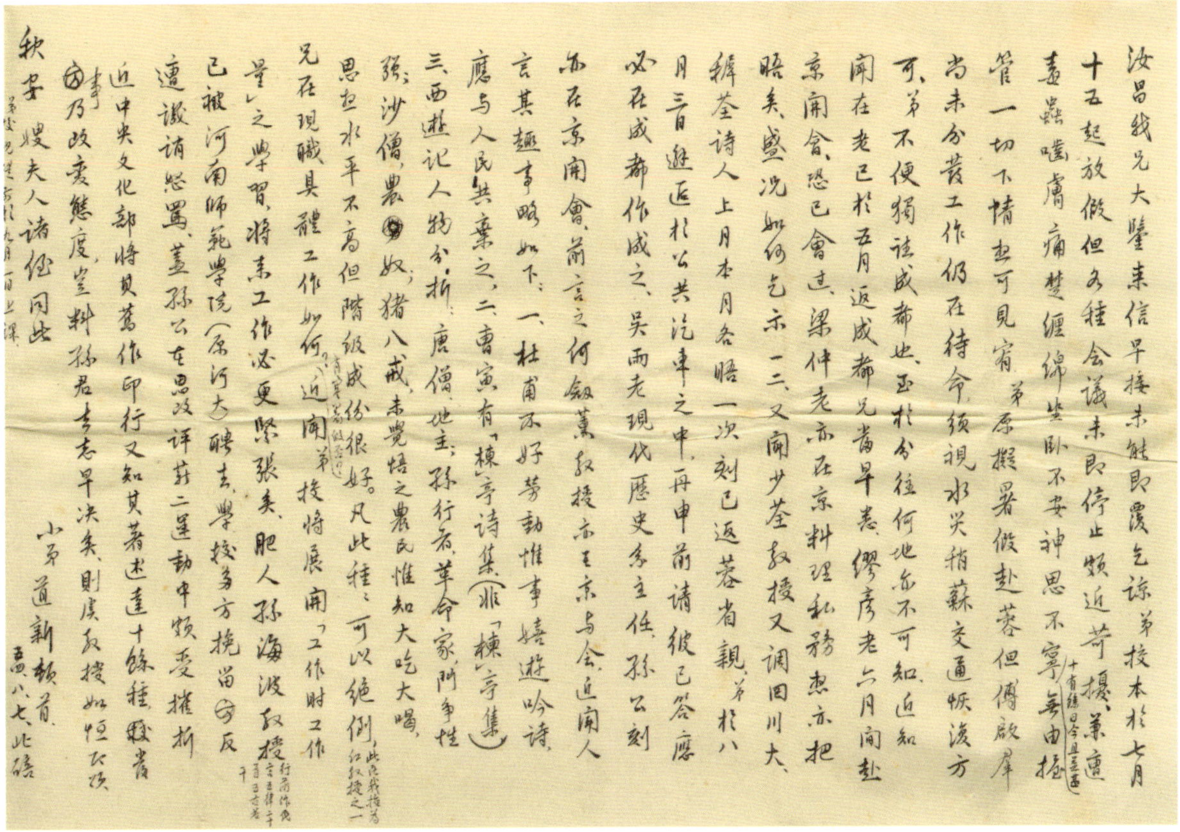

汝昌我兄大鑒：来信早接，未能即覆，乞諒。弟校本於七月
十五起放假，但各種会議未即停止，頗近苛擾。兼遭
毒蟲嚙膚，痛楚纏綿，坐卧不安，神思不寧（十有餘日今且未已），無由握
管。一切下情，想可見宥。弟原擬暑假赴蓉，但傳啟庠
尚未分發工作，仍在待命，須視水災稍蘇交通恢復方
可，弟不便獨往成都也。至於分往何地，亦不可知。近知
聞在老已於五月返成都，兄當早悉。繆彥老六月間赴
京開會，恐已會過。梁仲老亦在京料理私務，想亦把
晤矣。盛况如何，乞示一二。又聞少荃教授又調回川大，
緝荃詩人上月本月各晤一次，刻已返蓉省親。弟於八
月三日邂逅於公共汽車之中，再申前請，彼已答應
必在成都作成之。吳雨老現代歷史系主任，孫公刻
亦在京開會。前言之何叙薰教授亦至京与会，近聞人
言其趣事略如下：一、杜甫不好勞動，惟事嬉遊吟詩，
應与人民共棄之；二、曹寅有「楝亭詩集」（非「楝亭集」）；
三、西遊記人物分析：唐僧，地主；孫行者，革命家，鬥爭性
强；沙僧，農奴；猪八戒，未覺悟之農民，惟知大吃大喝，
思想水平不高，但階級成份很好（有寫駡似否？）。凡此種種，可以絕倒（此乃我挽為紅教授之一）。
兄在現職具體工作如何？近聞弟校將展開「工作時工作
量」之學習，將來工作必更緊張矣。肥人孫海波教授（行前作先容，主律二十首，已去者）
已被河南師範學院（原河大）聘去，學校多方挽留，反
遭譏誚怒罵，蓋孫公在思改評薪二運動中頗受摧折。
近中央文化部將其舊作印行，又知其著述達十餘種，殊眚
（事）乃改變態度，豈料孫君去志早決矣，則虞教授如恒亡咦。
秋安。嫂夫人諸位同此。（弟定兄近况何如？九月一日上課）

小弟道新頓首。五六、八、七，北碚

黃宗江

（一九二一—二〇一〇）

浙江瑞安人。一九三八年考入燕京大學外文系。早年做過話劇演員，後從事編劇工作。一九五八年調入八一電影製片廠。著有《大團圓》、《賣藝人家》等，合作編劇《柳堡的故事》、《海魂》、《秋瑾》等。

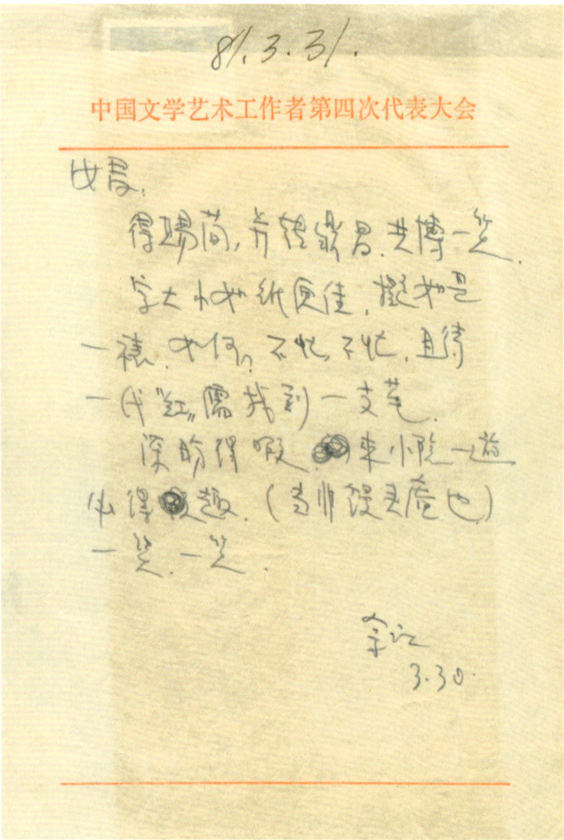
81.3.31.
中国文学艺术工作者第四次代表大会
汝昌：
宗江
3.30

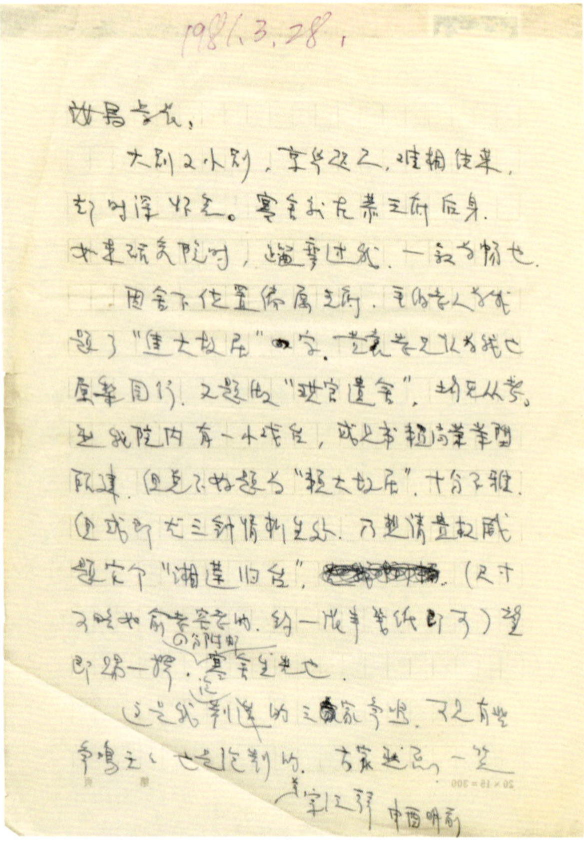
1981.3.28.
汝昌吾兄，
宗江拜

夏志清

（一九二一—二〇一三）

江蘇吴縣（今蘇州）人。一九四二年畢業於上海滬江大學英文系。一九四六年任北京大學助教，次年赴美留學，後獲耶魯大學博士學位。上世紀六十年代後長期執教於哥倫比亞大學。著有《中國現代小說史》、《中國古典小說》、《雞窗集》等。

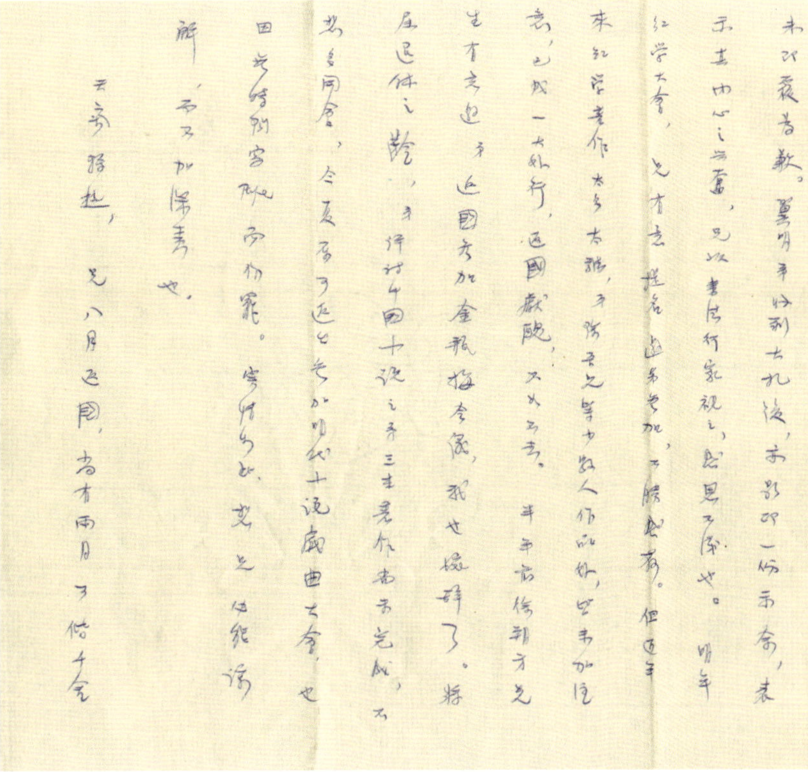

世昌吾兄大鑒：

四月廿二日大函早已拜悉，那時正[illegible]清津平，極形忙碌，未能覆，甚歉。[illegible]後，未影印一份示弟，表示去中心之無意，兄以書信行家視之，恐是不宜也。明年紅學大會，兄有意提名邀弟參加，不勝感荷。但近年來紅學著作太多太雜，弟除吾兄之等少數人作品外，皆未加注意，已成一大外行，返國獻醜，大可不去。[illegible]生有意邀弟返國參加金瓶梅會議，我也婉辭了。將屆退休之齡，弟[illegible]四十歲之前三本著作尚未完成，不想多開會，今夏[illegible]參加明代小說戲曲大會，也因[illegible]而作罷。[illegible]也[illegible]解，而不加深責也。

[illegible]掃興，兄八月返國，尚有兩月可偕千金

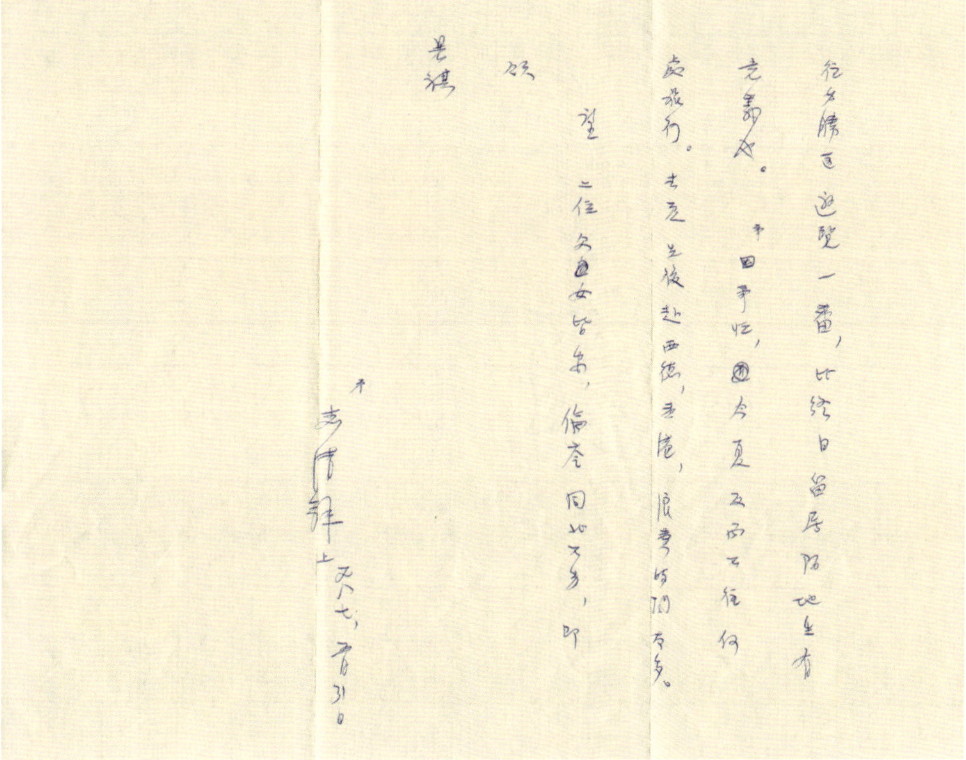

往各勝區遊覽一番，比終日留居陌地生有意思多了。弟四年忙，因今夏不再去任何處旅行。去年先後赴西德、香港，浪費時間太多。望二位及[illegible]女皆安，[illegible]同心之多，即頌

暑祺

弟志清拜上 八七，[illegible]月31日

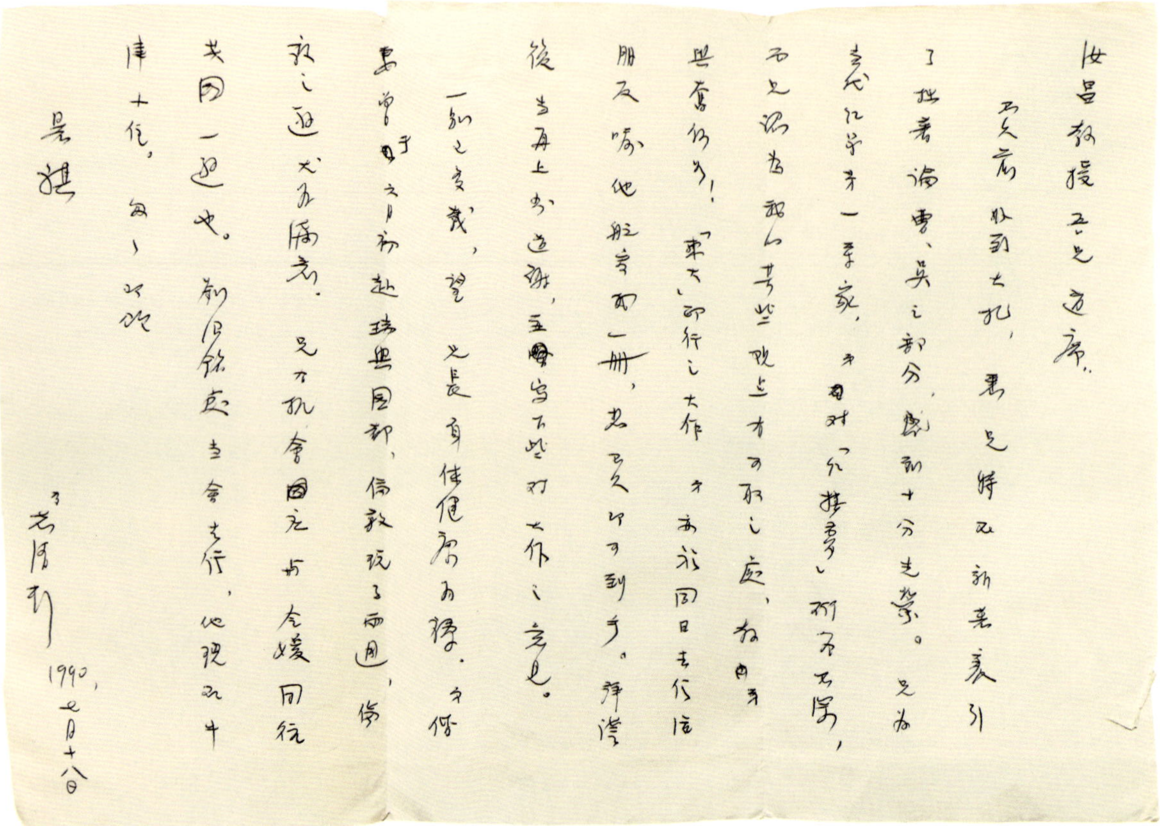

汝昌教授吾兄道席：

五月底收到大札，君兄詩及新著表引了拙著論曹、吳之部分，感謝十分[illegible]。兄為當代紅學第一專家，弟自對「紅樓夢」所知不多，而兄認為我的某些觀點尚有可取之處，想由弟興奮何如！「[illegible]」即行之大作，弟亦於同日去信朋友處，他說寄回一冊，想不久即可到手。拜讀後當再上書道謝，並當寫下些對大作之意見。一別之交哉，望兄長自保健康為禱。今夏弟曾于七月初赴瑞典開會，[illegible]了兩週，後秋之[illegible]。兄方[illegible]會同元[illegible]令媛同往共同一遊也。[illegible]依然去會去行，他現在[illegible]十位，匆匆以此

是祺

弟 [illegible]

1990，七月十八日

2/4/2006

汝昌吾兄：

去秋收到兄郵寄來的新著《定是紅樓夢裏人》，非常高興。80年代末期兄來哥大多天，弟曾邀兄在我辦公室裏講紅學，房間雖小，却坐滿了學生，津津有味的聽兄演講。此情此景至今難忘。那時全程作陪，甚即是為《定是紅樓…人》寫編後記的倫玲女士。兄返加州後還寄墨寶真跡給弟，保藏至今，但弟退休以後，曾患心臟病住院一月，之後因衰病困倦風風，与兄失掉了聯絡。細看兄評張愛玲論紅學的大著，讓我想起了不少往事。我当年雖寫过一大章紅樓，載The Classic Chinese Novel，對版本問題只略加研究，因自己興趣不在這方面，只能算是外行。即使想寫篇文章捧捧《紅樓夢魘》，也不可能寫出一篇像樣的文章來。愛玲雖是紅作家，認真討論其《夢魘》的文章可說一篇也沒有，連宋淇兄也沒有寫過一篇。吾兄以《夢裏人》可惜愛玲無福讀到，否則她必以最敬佩的態度致函道謝，認定兄也是她的生平知己也。

去年十月，周安迪來訪，贈弟一冊《紅樓夢掀語偏全》這部重要的專著，兄特為之寫序。寫《四大奇書》之後，我以為周兄改走路線從多到方面的研

2

完了，想不到他在查閱各種木刻本、抄本，録下了如此多的批語。一時不會去查證紅學，倘要使這本書一時不了能去細讀，但《批語偏全》也是部必備的紅学参考书。

吾兄既定居加州，不常回國作演講了。三位令嫒是否都在身边，可以常見面。弟患有心臟病，但别方面健康情形还好，看起来不像一个老人。兄著述不斷，而且落筆甚快，表示体健而腦子靈活也。我即将85歲（實足年齡），吾兄恐已比弟年長兩三歲，望自知保養，

狗年納福！

弟志清拜上

管　樺

（一九二二—二〇〇二）

河北豐潤人。原名鮑化普。一九四〇年入華北聯合大學文學系學習。先後在冀東軍區政治部尖兵劇社、魯迅藝術學院、中央樂團等單位從事文藝創作。曾任北京市文聯主席、中國作家協會北京分會主席。著有短篇小說《小英雄雨來》等。

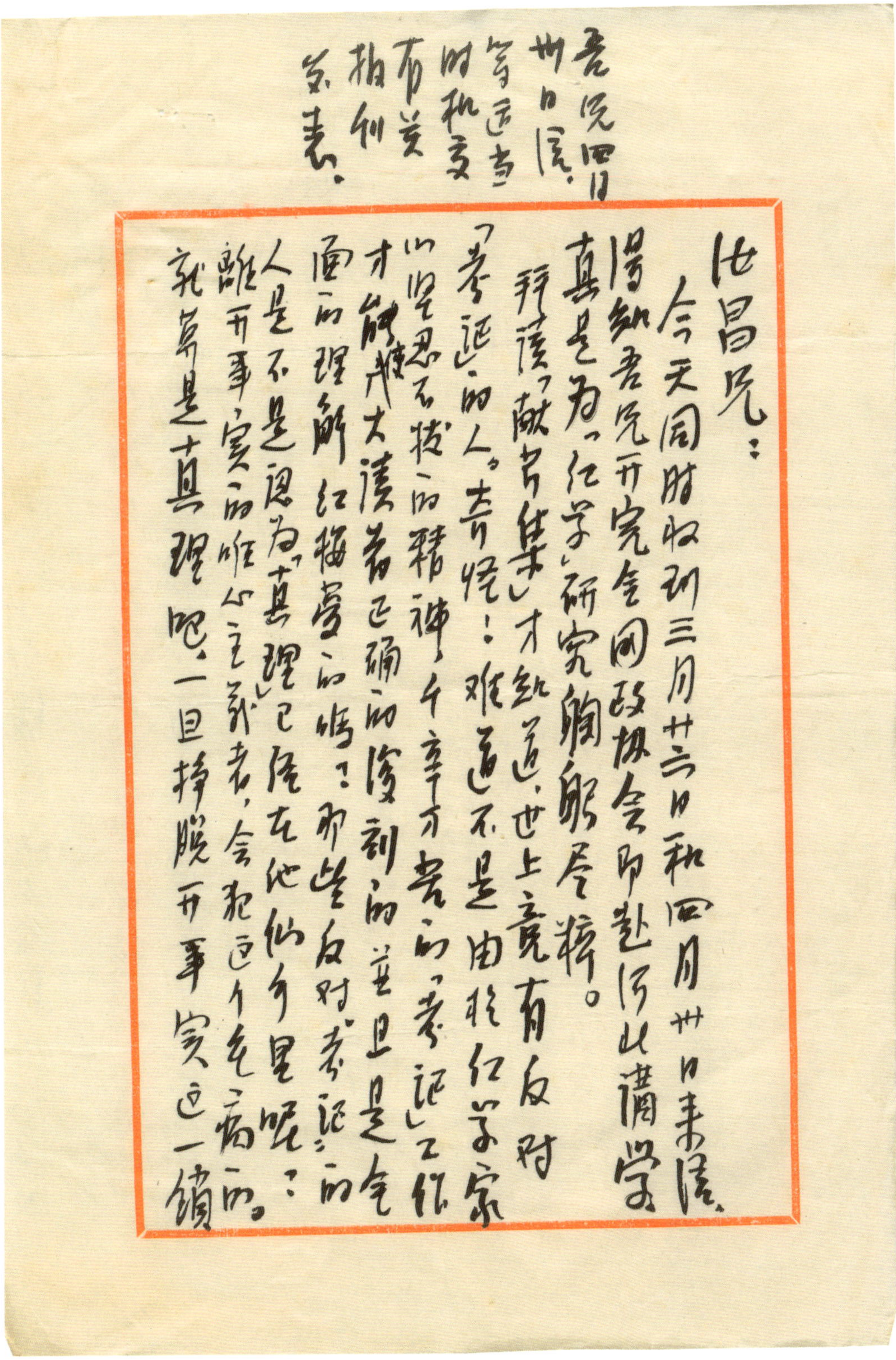

世昌兄：

今天同时收到三月廿六日和四月廿日来信，得知吾兄开完全国政协会即赴河北讲学，真是为"红学"研究鞠躬尽瘁。

拜读"献芹集"才知道，世上竟有反对"考证"的人，奇怪！难道不是由于红学家以坚忍不拔的精神，千辛万苦的"考证"工作，才能使"广大读者正确的深刻的并且是全面的理解红楼梦"的吗？那些反对考证的人是不是认为"真理"已经在他们手里呢？离开事实的唯心主义者，会犯这个毛病的。就算是"真理"吧，一旦挣脱开事实这一锁

吾兄四月廿日信，等过些时我交有关报刊发表。

今天已是五月八号了，孩子忘了给我寄出。我亦自己跑邮局一趟了。

续，索性起来，也会盲目的陷进荒谬的泥坑。

读"关红楼记"知外国朋友正在探讨曹雪芹的哲学思想。小弟非常关心这个问题。但对这方面文章，不是接触得太少，而是没有半点接触。一无所知。甚至写的是国际红学会的报道，不可能介绍出那些论文。不知那些论文（有关哲学思想的）在国内印出不出？

去年开的问题，看样子政协是不会出面的了。我想若先问同此者有关系，可否用何以者有关部门出面？他们约者先去时，小弟那里随大家同志跟随做"陪客"和"陪荷"。因为私人去，很多事难办，问题也不好解决。

紧握手

管桦 五月一日。

史樹青

（一九二二—二〇〇七）

河北樂亭人。一九四五年畢業於輔仁大學國文系，一九四七年畢業於同校文科研究所。後入北平歷史博物館工作。曾任中國歷史博物館研究員、國家文物鑒定委員會副主任、中國收藏家協會會長等職。一九九六年被聘爲北京市文史研究館館員。著有《長沙仰天湖出土楚簡研究》、《鑒古一得》等。

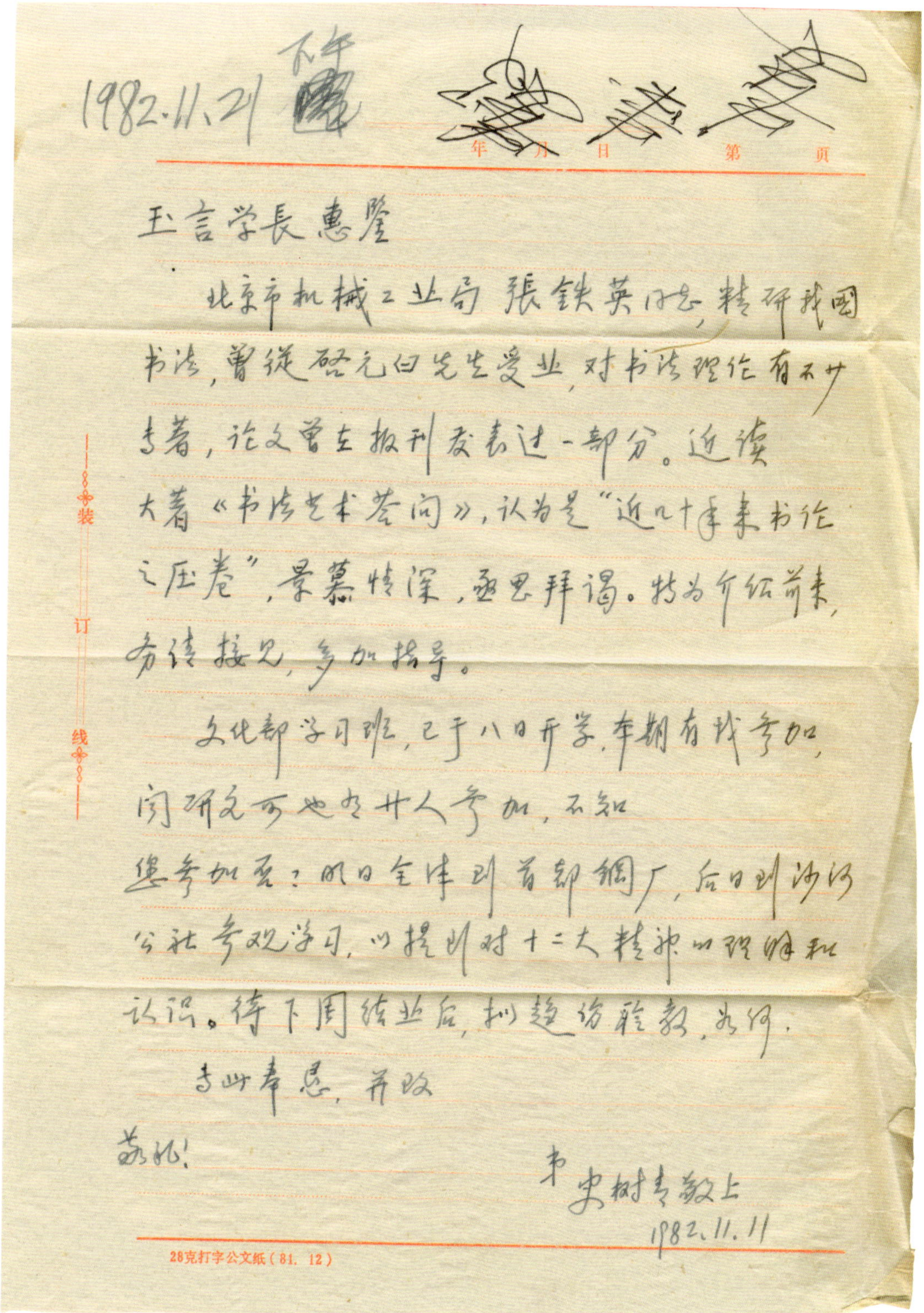

1982.11.21 下午　　年　月　日　第　页

玉言学長惠鑒：

北京市机械工业局張鉄英同志，精研我国书法，曾從啓元白先生受业，对书法理论有不少专着，论文曾在报刊发表过一部分。近读大著《书法艺术答问》，认为是"近几十年来书论之压卷"，景慕情深，亟思拜谒。特为介绍前来，务请接见，多加指导。

文化部学习班，已于八日开学，本期有我参加，国研究所也有廿人参加，不知您参加否？明日全体到首都钢厂，后日到沙河公社参观学习，以提高对十二大精神的理解和认识。待下周结业后，趋谒请教，为荷。

专此奉恳，并致

敬礼！

弟 史樹青敬上

1982.11.11

28克打字公文纸（81. 12）

舒蕪

（一九二二—二〇〇九）

安徽桐城人。原名方管，學名方珪德。早年曾在多所大中小學校任教。新中國成立後，歷任人民文學出版社編輯、中國社會科學雜誌社編審。著有《回歸五四》、《周作人的是非功過》、《紅樓説夢》等。

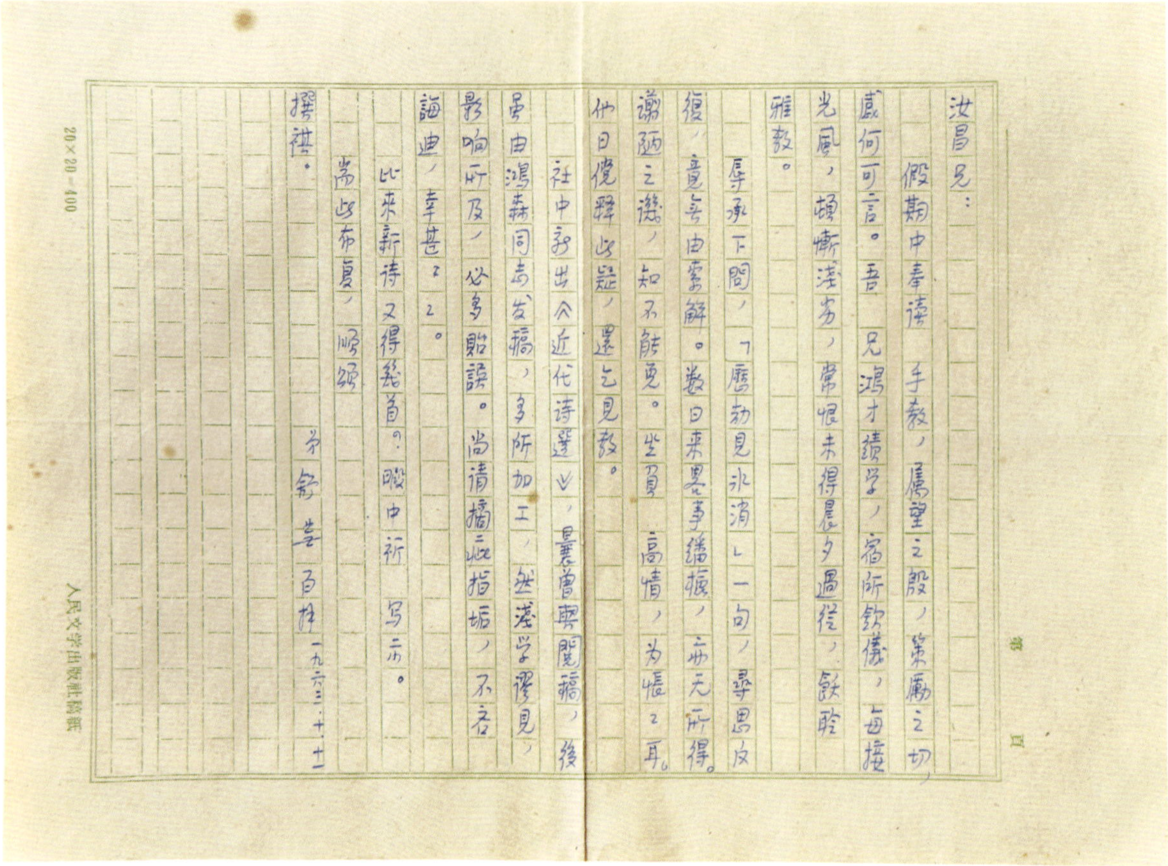
汝昌兄：

假期中奉讀手教，屬望之殷，策勵之切，感何可言。吾兄鴻才績学，宿所欽儀，每接光風，頓慚淺劣，常恨未得晨夕過從，飫聆雅教。

辱承下問，「應劫見冰消」一句，尋思反復，竟無由索解。數日來畧事繙檢，亦無所得。謭陋之識，知不能免。坐負高情，为悵悵耳。他日覺釋此疑，還乞見教。

社中新出《近代詩選》，曩曾與閲稿，後是由鴻森同志發稿，多所加工，然淺学謬見，影响所及，必多貽誤。尚請摘疵指垢，不吝誨迪，幸甚幸甚。

比來新詩又得幾首？暇中祈寫示。

匆此布復，順頌

撰祺。

弟舒蕪百拜 一九六三．十．十一

舒蕪（一九二二—二〇〇九）

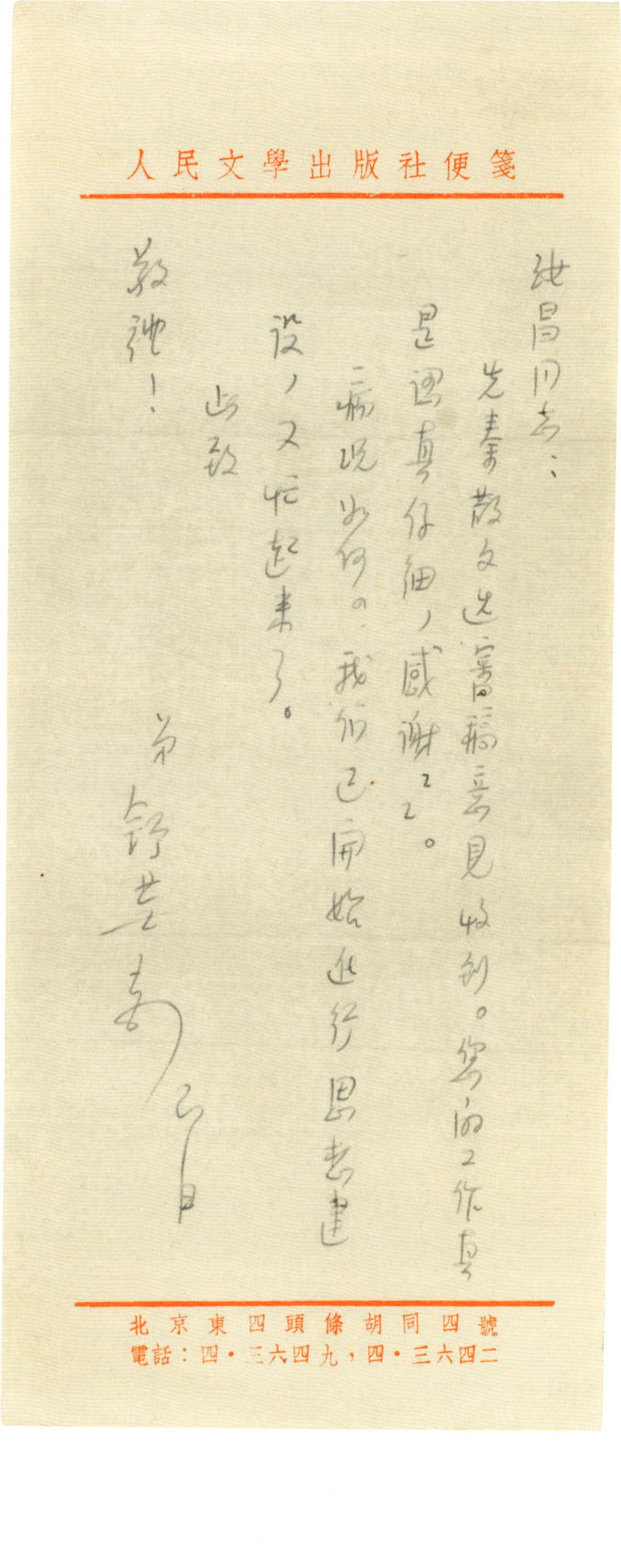
人民文學出版社便箋

純昌同志：

先秦散文選審稿意見收到。您的工作真是認真仔細，感謝感謝。二編現出付。我們正開始進行思想建設，又忙起來了。

此致

敬禮！

弟 舒蕪 上

日

北京東四頭條胡同四號

電話：四・三六四九，四・三六四二

吴小如

（一九二二—二〇一四）

安徽涇縣人。原名同寶，筆名少若等。一九四九年畢業於北京大學中文系。先後在津沽大學、燕京大學、北京大學等校任教。一九九二年被聘爲中央文史研究館館員。著有《古文精讀舉隅》、《京劇老生流派綜説》、《古典詩詞札叢》等。

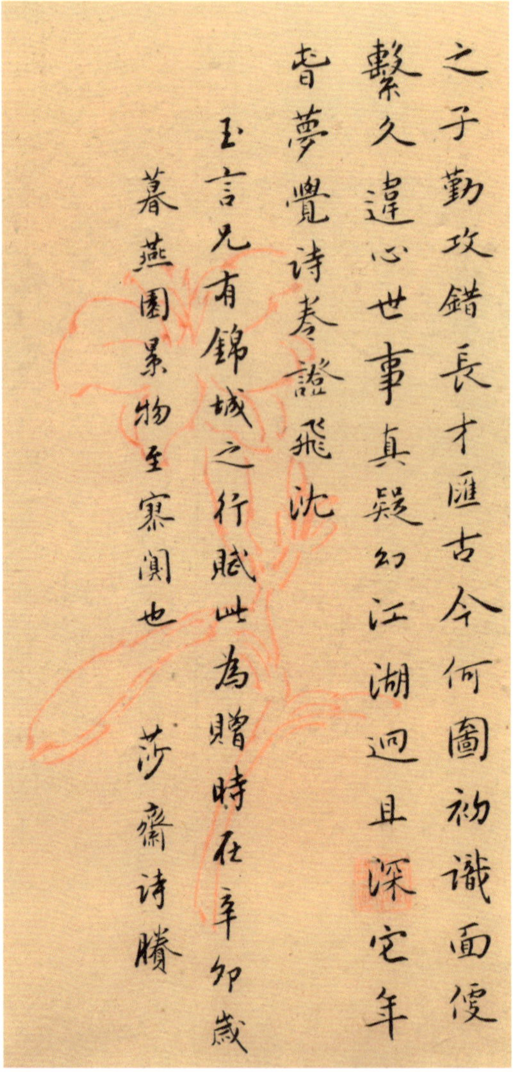
之子勤攻錯，長才匯古今。何圖初識面，便繫久違心。世事真疑幻，江湖迥且深。宅年音夢覺，詩卷證飛沈。
玉言兄有錦城之行，賦此爲贈，時在辛卯歲暮，燕園景物至寒閑也。
莎齋詩賸

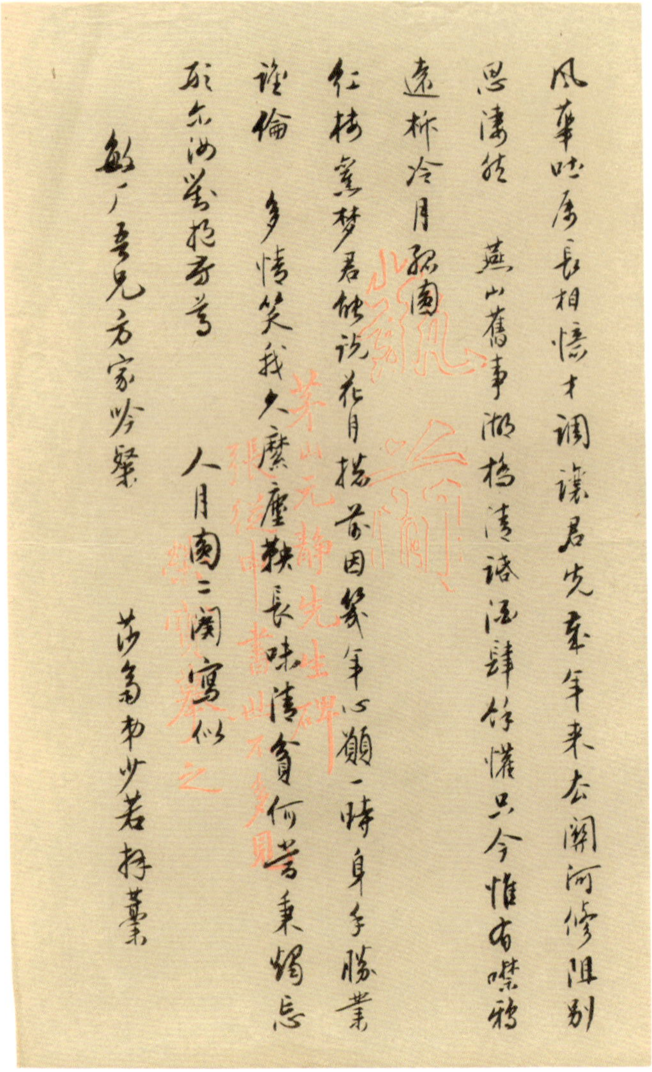
風華吐屬長相憶，才調謙居先。柰年來去闌河修阻，別思淒然。燕山舊事，湖樓清話，漫肆飲燒，只今惟有噤聲遠柝，冷月驚園。
紅樓舊夢君能說，花月擅芳因。幾年心獨，一時身手，勝業誰倫。多情笑我，太疏慵長，味清貧。何當秉燭，忘形亦渺，營於吾焉。
人月圓二闋寫似
敏厂吾兄方家吟鑒
莎齋弟少若拜稿

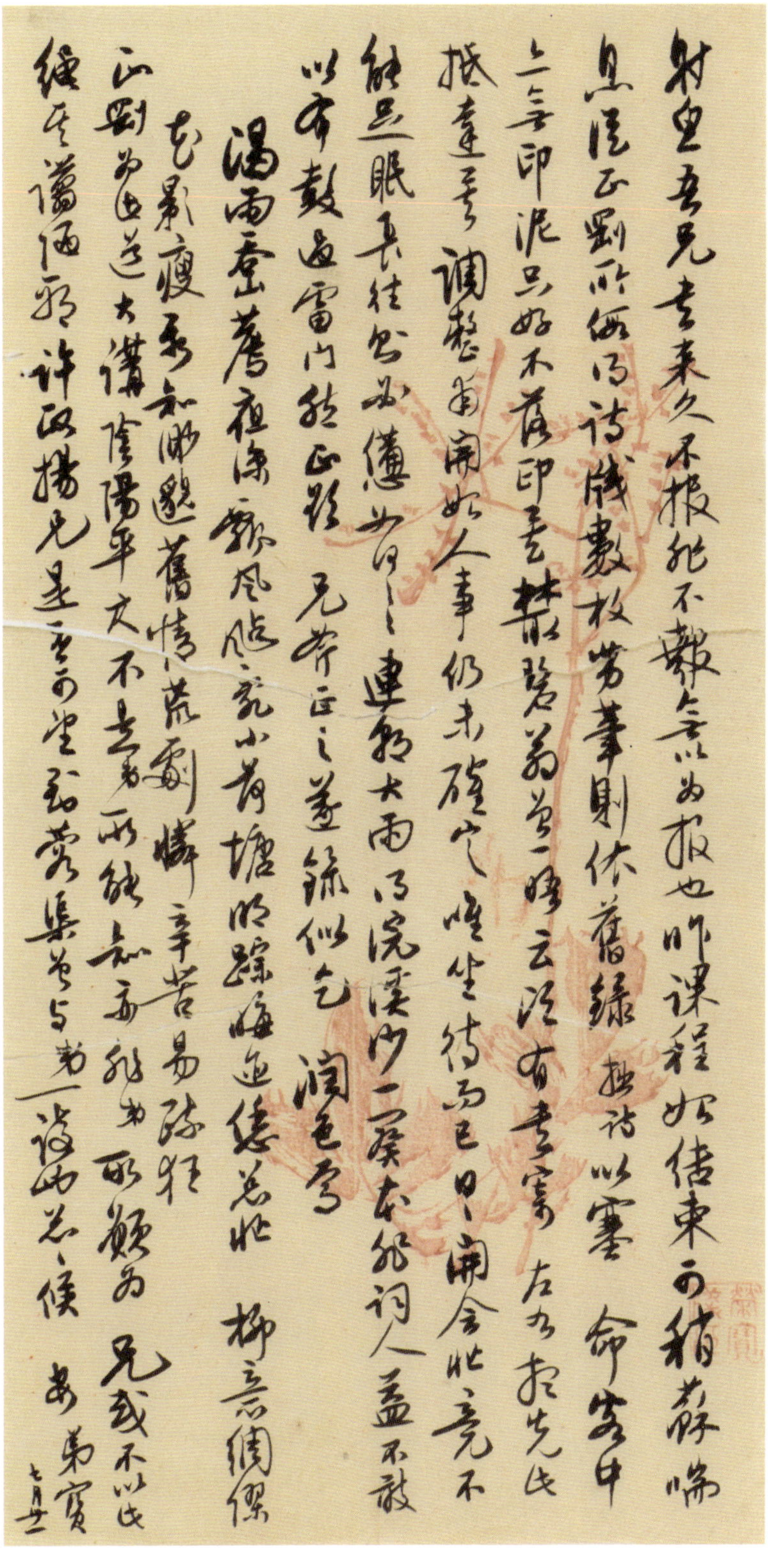

射虫吾兄：书来久不报，能不歉然，以为报也。昨课程如结束，可稍苏喘息。陆正刚所仿行诗笺数枚，劳兄华则依旧录拙诗以塞命。寄中之全印泥只好不盖印矣。赘言一时云往有书寄右九报先氏抵达否？调整开始，人事仍未确定，唯坐待而已。日来开会忙，竟不能正眠，长往出么德。昨日连朝大雨，闷坐深巷一筹莫展，能词人益不敢以布鼓过雷门，然正能兄有以正之，兹录似乞润色焉。

渴雨登楼看夜凉，飘风临处况小荷塘，明踪海边悠悠北。柳亭惆怅花影瘦来知那遂，旧情荒剩怜，辛苦易疏狂。

正刻为出送大谱，阴阳平仄不去为所能知，为所愿为。兄或不以氏继尽蒲词稿。许政扬兄是否可望为我荣集见与弟一读为荷。即候

安

弟寳

七月廿二

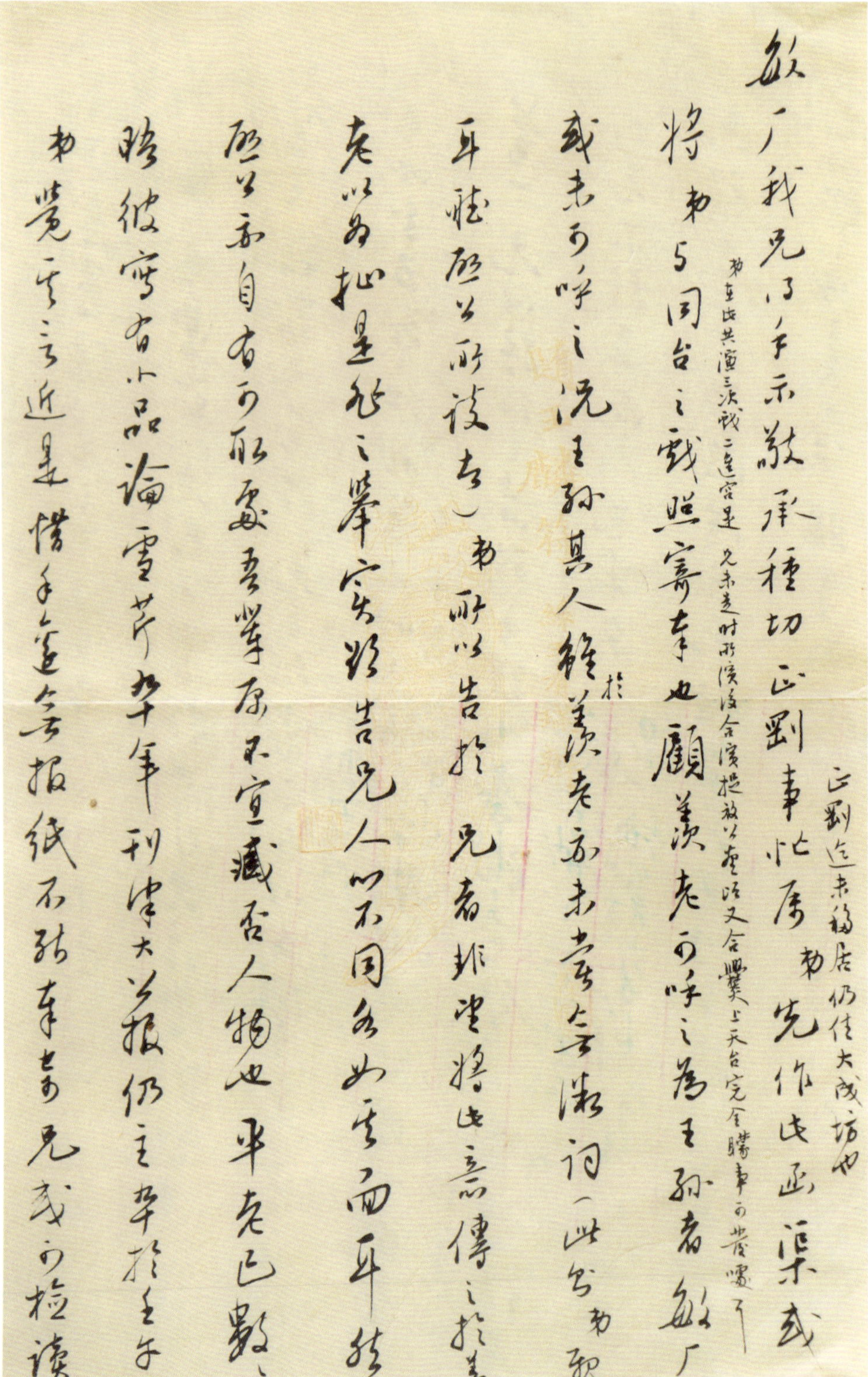
敏庵我兄：得手示，敬承種切。正剛事忙，屬弟先作此函，渠或（正剛近來移居，仍住大成坊也）
將弟與同台之戲照寄奉也。（弟在此共演三次，戲之近空是兄未走時所演，後合演捉放，以查汝文合璧上天台，完全勝事，可發噱耳）顧羨季老可呼之為王孫者，敏庵
或未可呼之，況王孫其人，雖於羨季老亦未嘗無微詞（此公弟頗識
耳。原公所談者）弟所以告於兄者，非惟將此意傳之於羨
老，以為拙是能之峯，實將告兄人以不同，而如是而再能
原公亦自有可取處，王孫原不宜藏否人物也。羨老已數數
稱彼寫有小品論雪芹卒年，刊津大公報，仍主其卒於壬午，
弟覺其言近是。惜手邊無報紙，不能奉寄兄，或可檢讀

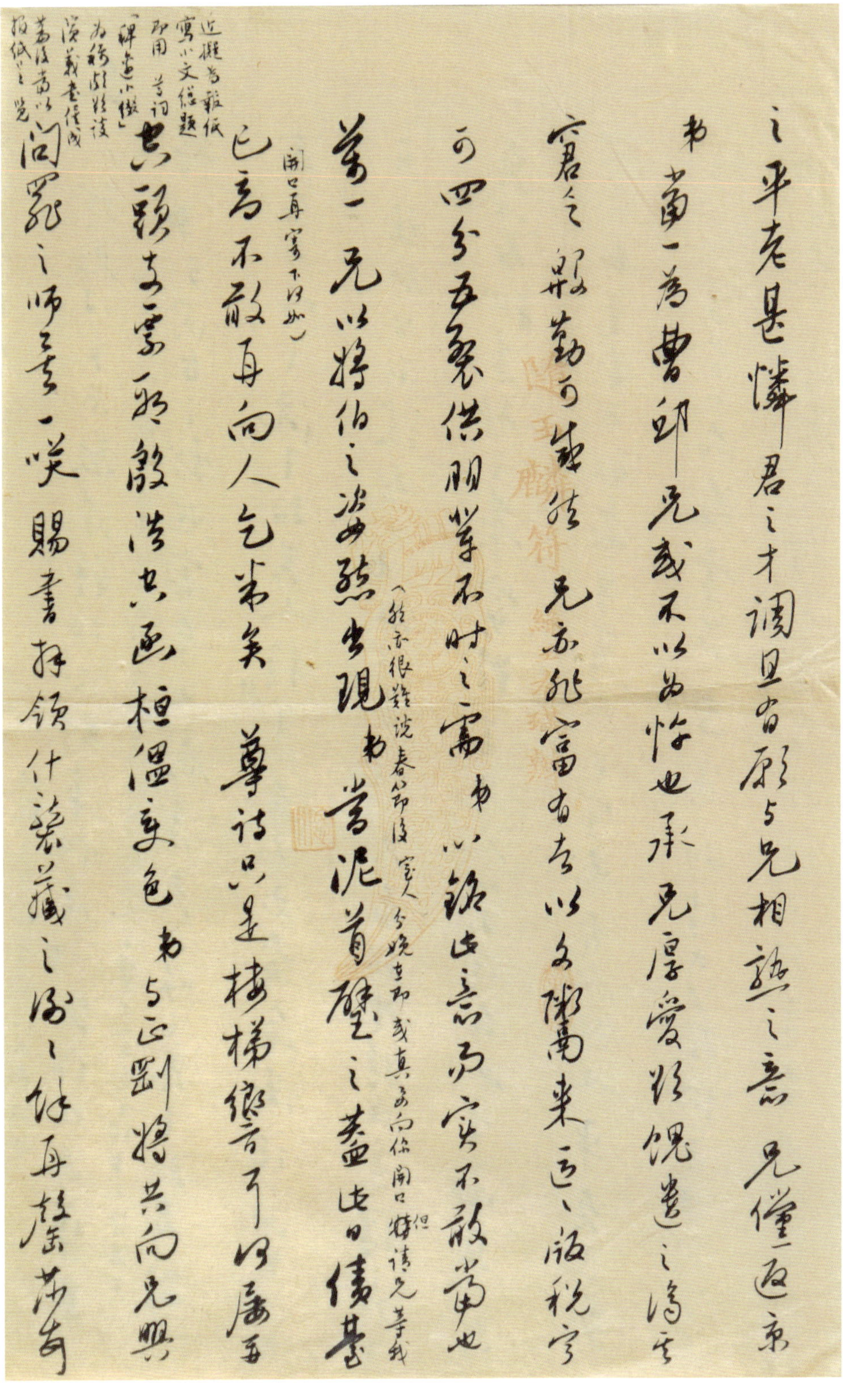

之平老甚憐君之才調，且曾願與兄相識之意。兄僅一返京

弟當一為曹郎，兄或不以為忤也。承兄厚愛，將隗遇之鴻雲

宮君之殷勤可感矣。兄亦能富有者，以文賜寄來，這一般稅官

可四分五裂，供朋輩不時之需，弟以錢此意亦實不敢當也。

弟一兄以將伯之姿態出現，弟當泥首歷之，益此日債甚（錢亦很難說，春節後寫人今晚去印，或真要向你開口，但請兄等我）

已為不敢再向人乞米矣。尊詩只是樓梯響，可以屬再（開口再寫不得也）

其題未寫，我敢浩其畫，棟溫來色，弟與正劉將共向兄與

間羅之師云奇一喚。賜書拜領，什襲藏之，俟之錄再整蘇奇

近擬為雜誌寫小文，信題即用尊詞「釋雲遊小傲」為標題，簡讀寄一冊，希按紙之覧

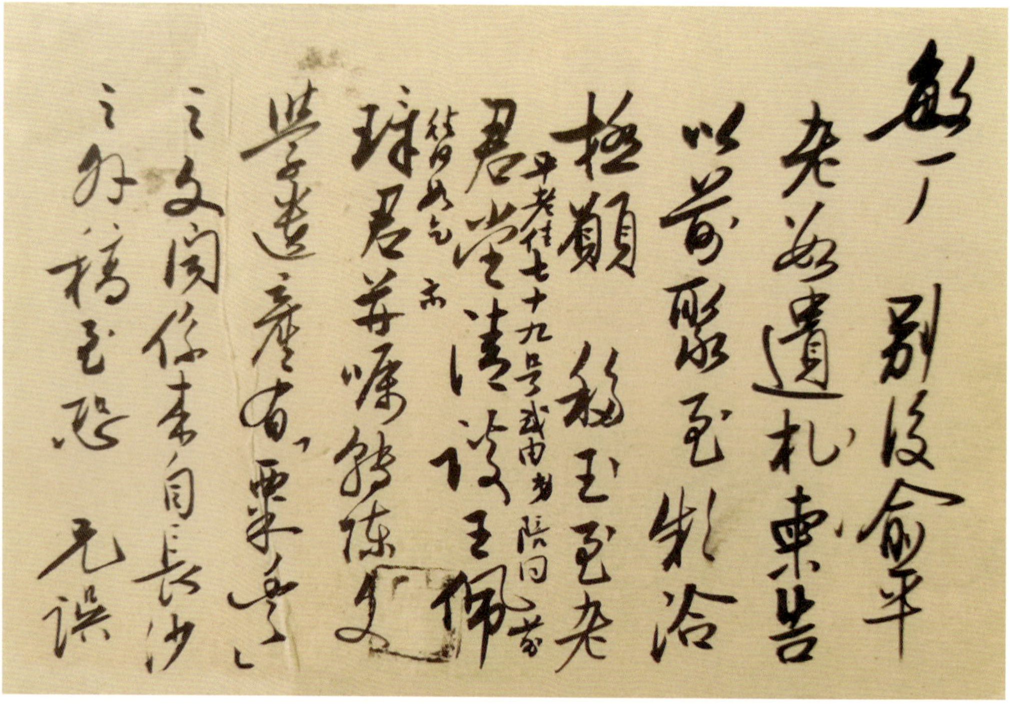

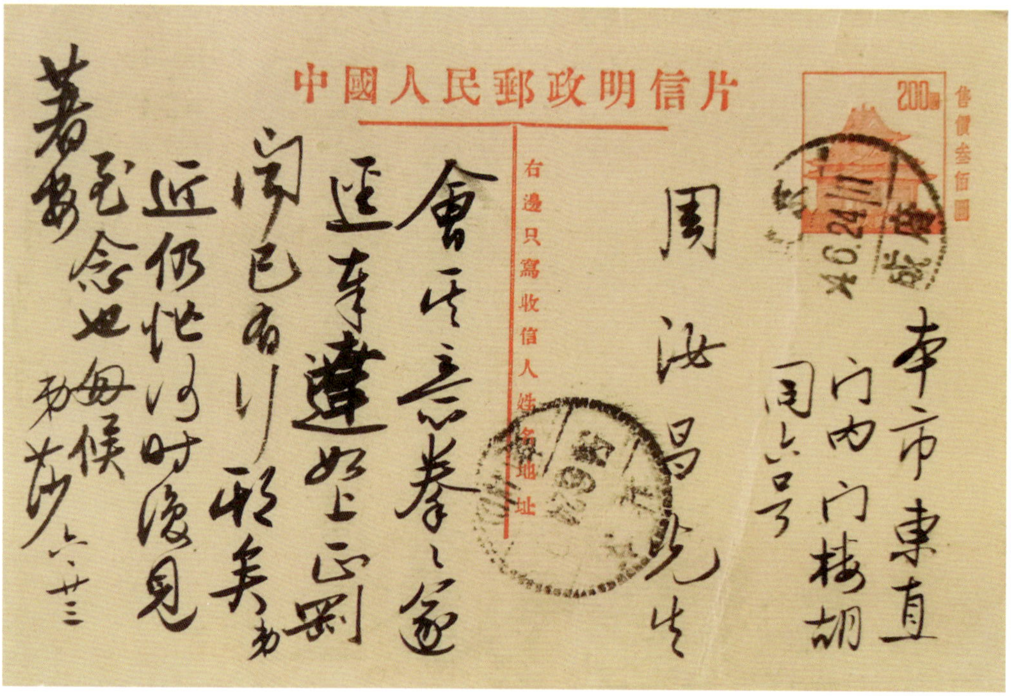
中國人民郵政明信片
200圓
售價叁佰圓
右邊只寫收信人姓名地址
本市東直门内门楼胡同六号
周汝昌先生

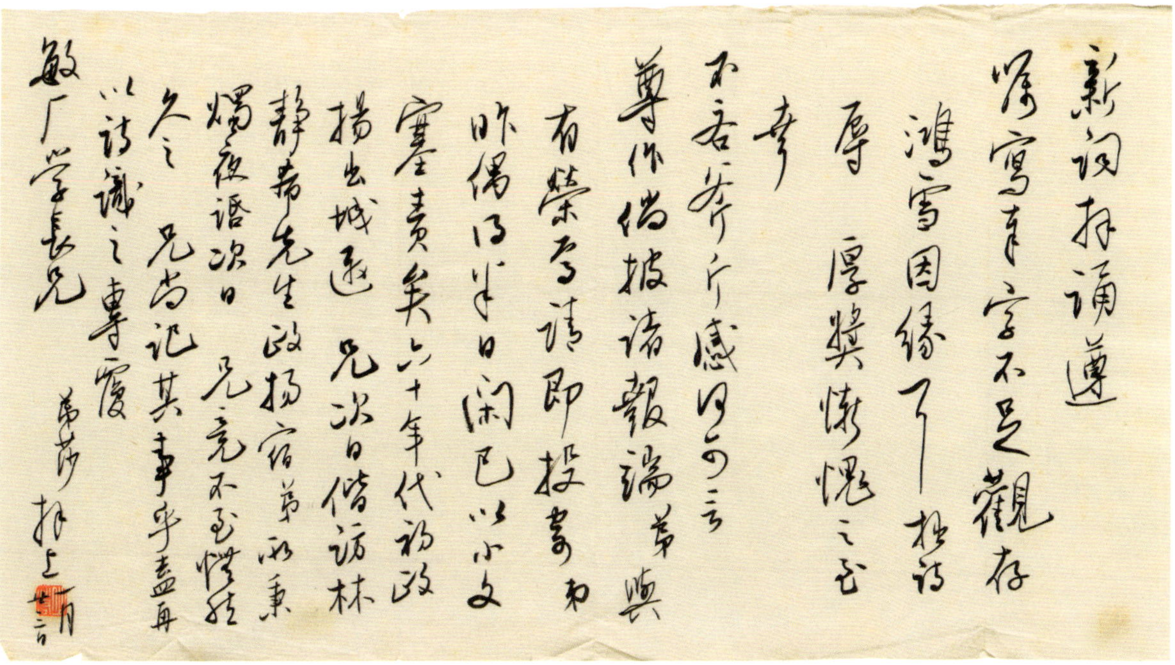
新詞拜誦遵
囑寫幸字不足觀存
鴻雪因緣耳　拙詩
辱　厚獎慚愧之至
幸
不吝斧斤感何如之
尊作備披諸報端　弟與
有榮焉請即投书　和
昨偶得半日閑已以小文
塞責矣六十年代初政
携出城遊　兄次日偕訪林
靜希先生政協宿　弟秉
燭夜語次日　兄竟不記憶往
久之　兄尚記其事乎盍再
以詩識之專覆
敏厂學長兄　弟少若拜上　一月廿二日

李慎之

（一九二三—二〇〇三）

江蘇無錫人。原名李中。一九四五年畢業於燕京大學經濟系。一九四九年起在新華社國際部任編輯組組長、副主任。一九八〇年調中國社會科學院，歷任美國研究所所長、副院長。著有《風雨蒼黄五十年》等。

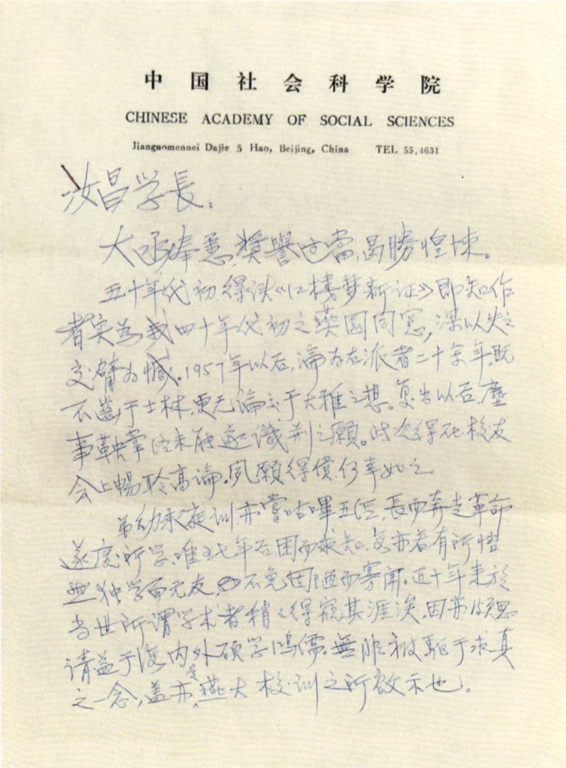

中国社会科学院
CHINESE ACADEMY OF SOCIAL SCIENCES
Jianguomennei Dajie 5 Hao, Beijing, China TEL 55.4631

汝昌学長：

大函奉悉，奬譽过當，愈增惶悚。

五十年代初得讀《紅樓夢新證》，即知作者実為我四十年代初之燕園同窓，深以失之交臂為憾。1957年以后，淪為右派者二十多年，既不齒于士林，更无論于大雅之想。复出以后，塵事鞅掌，從未能遂識荆之願。此次得在校友会上暢聆高论，夙願得償，何幸如之。

弟幼承庭訓，亦嘗咕嗶五經，長而奔走革命，遂廢所学。唯五七年后困而求知，交亦若有所悟，無独学而无友，不免固陋而寡聞。近十年来於当世所謂学术者稍稍得窺其涯涘，因常得遊請益于海内外碩学鴻儒，無非被驅于求真之一念，盖亦受燕大校訓之所啟示也。

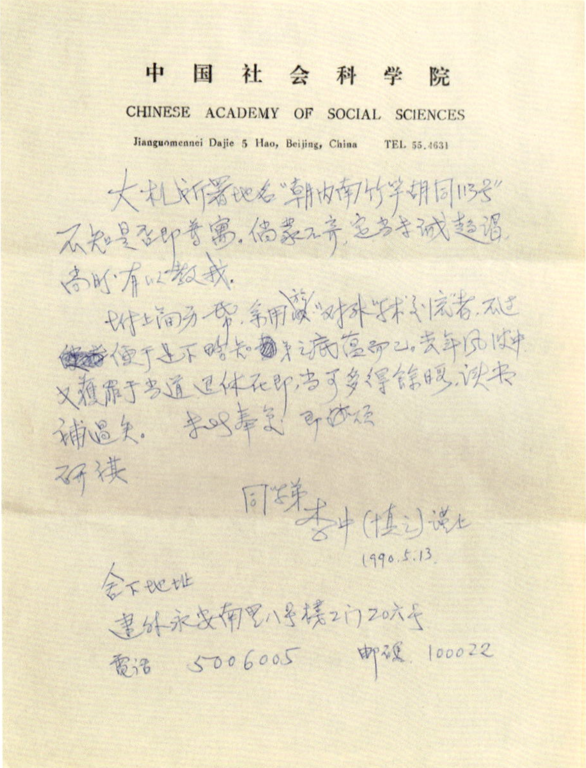

中国社会科学院
CHINESE ACADEMY OF SOCIAL SCIENCES
Jianguomennei Dajie 5 Hao, Beijing, China TEL 55.4631

大札所署地名"朝内南竹竿胡同113号"不知是否即尊寓。倘蒙不弃，它日当专诚趋謁，尚盼有以教我。

附上論文一篇，系用談"對外學術交流"者，不过便于足下略知弟之底蕴而已。去年已從中文獲罪于当道，退休在即，当可多得餘暇，讀書補過矣。专此奉复，即頌

研祺

同学弟李中（慎之）謹上
1990.5.13

舍下地址
建外永安南里八号楼2门206号
電话 5006005 郵碼 100022

趙國璋

（一九二三—二〇〇四）

河南新鄭人。一九五一年畢業於復旦大學中文系。先後執教於東吳大學、江蘇師範學院、南京師範大學等校。曾任南京師範大學圖書館館長等職。合編有《文獻學大辭典》等。

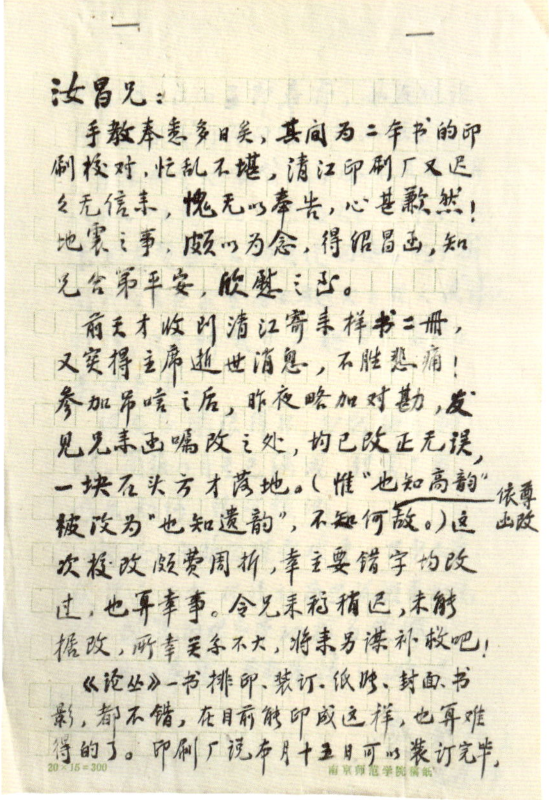

汝昌兄：

手教奉悉多日矣，其间为二本书的印刷校对，忙乱不堪，清江印刷厂又迟迟无信来，愧无以奉告，心甚歉然！地震之事，颇以为念，得绍昌函，知兄合第平安，欣慰之至。

前天才收到清江寄来样书二册，又突得主席逝世消息，不胜悲痛！参加吊唁之后，昨夜略加对勘，发见兄来函嘱改之处，均已改正无误，一块石头方才落地。（惟“也知高韵”（依尊函改）被改为“也知遗韵”，不知何故。）这次校改颇费周折，幸主要错字均改过，也算幸事。令兄来稿稍迟，未能据改，所幸关系不大，将来另谋补救吧！

《论丛》一书排印、装订、纸张、封面、书影，都不错，在目前能印成这样，也算难得的了。印刷厂说本月十五日可以装订完毕，

20×15=300　南京师范学院稿纸

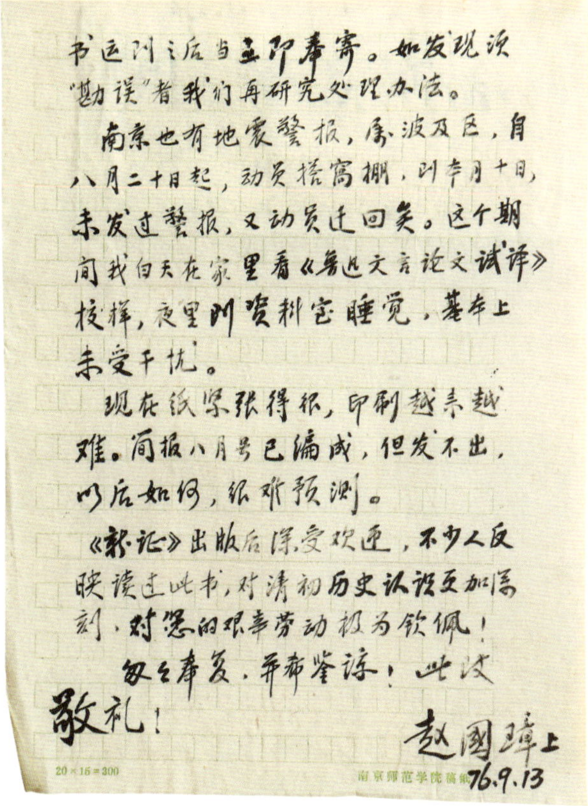

书运到之后当立即奉寄。如发现须“勘误”者我们再研究处理办法。

南京也有地震警报，余波及此，自八月二十日起，动员搭窝棚，到本月十日，未发过警报，又动员迁回矣。这个期间我白天在家里看《鲁迅文言论文试译》校样，夜里到资料室睡觉，基本上未受干扰。

现在纸张紧张得很，印刷越来越难。简报八月号已编成，但发不出，以后如何，很难预测。

《新证》出版后深受欢迎，不少人反映读过此书，对清初历史认识更加深刻，对您的艰辛劳动极为钦佩！

匆匆奉复，并希鉴谅！此致

敬礼！

赵国璋上

76.9.13

20×15=300　南京师范学院稿纸

范用

（一九二三—二〇一〇）

江蘇鎮江人。原名范鶴鏞。一九三八年開始從事出版工作，曾任人民出版社副總編輯、副社長，兼三聯書店總經理。參與創辦《新華文摘》、《讀書》，策劃出版《傅雷家書》、《隨想録》等。著有《我愛穆源》、《泥土　腳印》、《葉雨書衣》等，編有《買書瑣記》、《文人飲食譚》、《存牘輯覽》等。

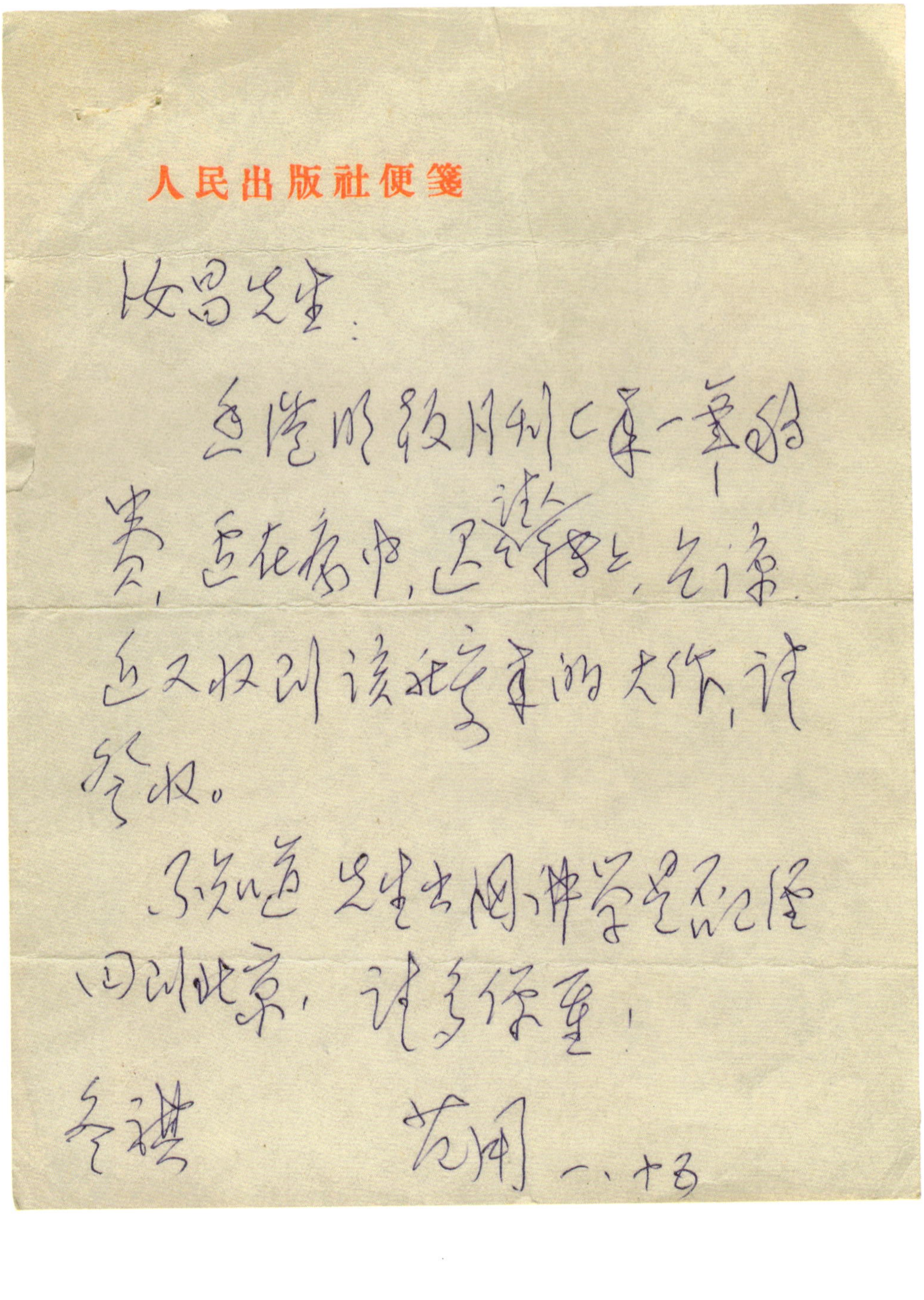
人民出版社便箋

汝昌先生：

香港明報月刊已交一筆稿費，還在處中，已請人轉上，乞諒。近又收到該社寄來的大作，請簽收。

不知道先生出國講學是否記得回到北京，請多保重！

冬祺

范用　一、十五

鄧雲鄉

（一九二四—一九九九）

山西靈丘人。一名雲驤。一九四七年畢業於北京大學中文系。一九五六年始任教於上海動力學校（後改名爲上海電力學院）。著有《燕京鄉土記》、《紅樓風俗譚》、《文化古城舊事》、《水流雲在書話》等。

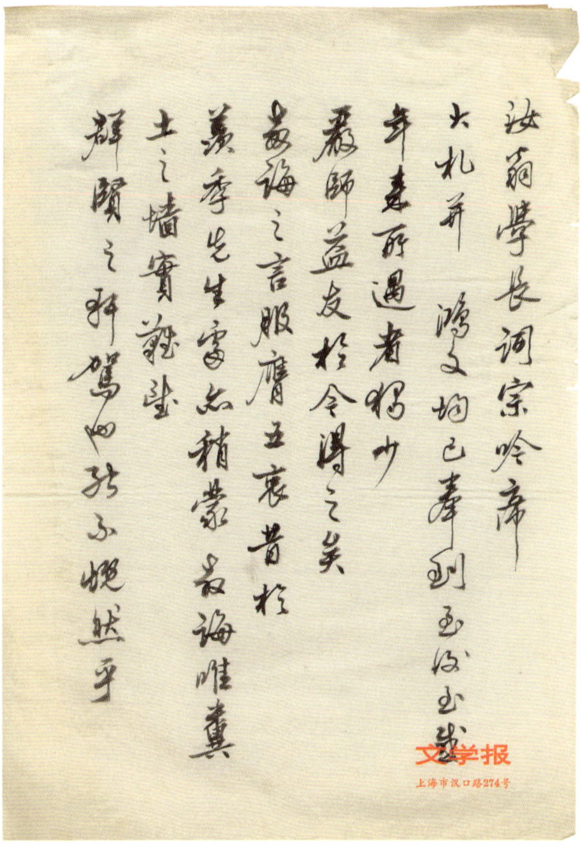

汝菊學長詞宗吟席：大札并鴻文均已奉到，至以爲感。年來所遇者獨少嚴師益友，於今得之矣。教誨之言服膺至衷。昔於黄季先生處亦稍蒙教誨，唯冀土之墻實難望。

文学报
上海市汉口路274号

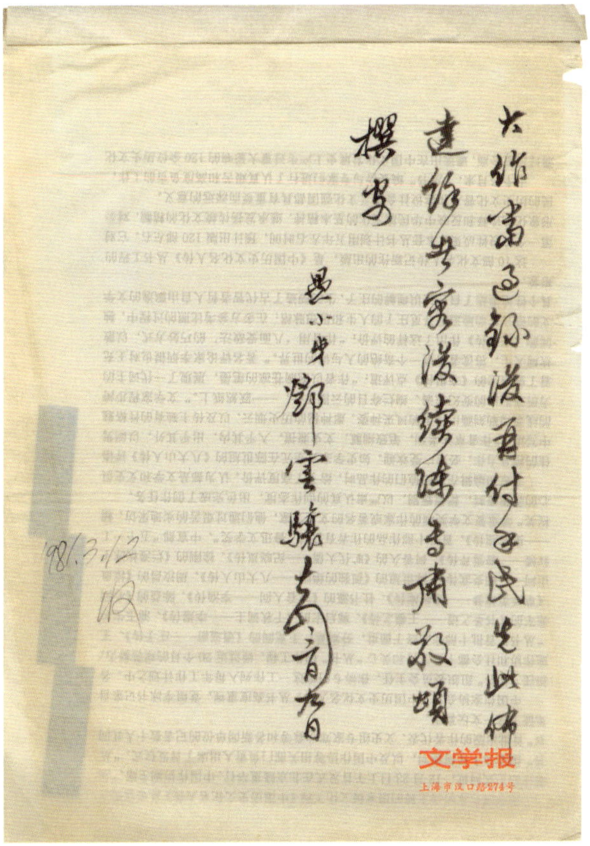

大作當已錄，後再付手民。先此佈達，餘容後續陳。專此敬頌撰安。愚小弟鄧雲驤頓首

1981.3.12 收

文学报
上海市汉口路274号

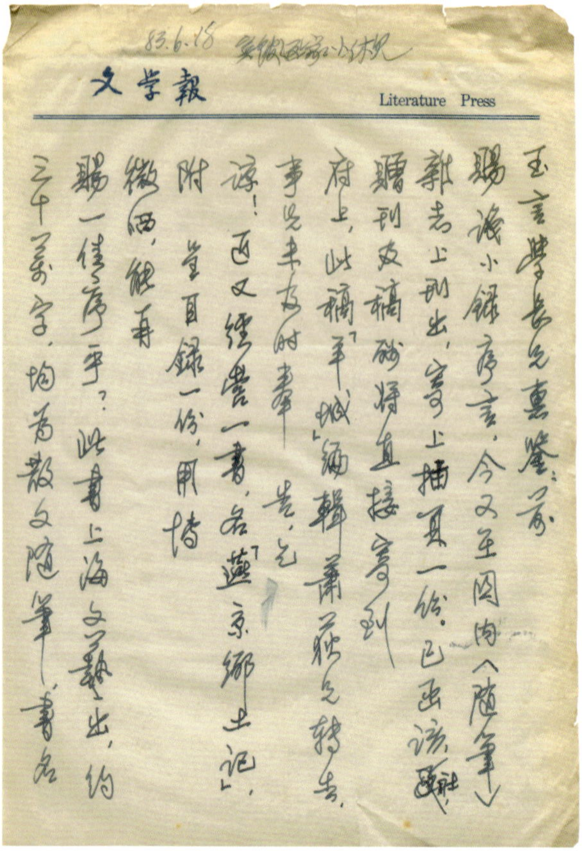

83.6.18

文学報 Literature Press

玉言學長兄惠鑒：前
賜海小錄序言，今又在國內〈隨筆〉
雜志上刊出，寄上插頁一份。已函詢該社
贈刊及稿酬將直接寄到
府上，此稿「羊城」編輯蕭荻兄轉去，
事先未及函奉 告，乞
諒！近又纂書一書，名「燕京鄉土記」，
附 呈目錄一份，用備
徵酌，能再
賜一佳序乎？此書上海文藝出，約
三十萬字，均為散文隨筆，書名

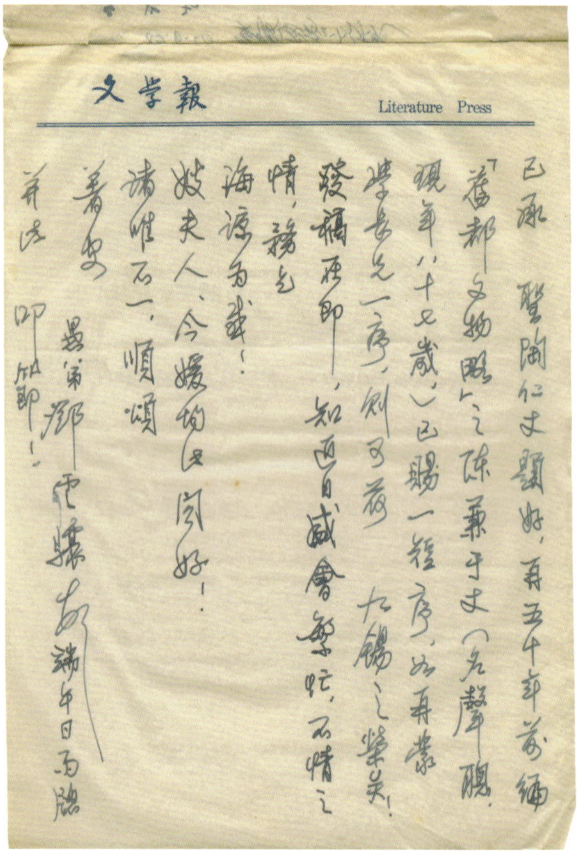

文学報 Literature Press

已承
聖陶仁丈題好，再五十年前編
「舊都文物略」之陳兼于丈（名聲聰，
現年八十七歲）已賜一短序，如再蒙
學長兄一序，則可稱九錫之榮矣！
發稿在即，知道自感會繁忙，不情之
情，務乞
海涵為感！
嫂夫人、令嬡均此問好！
請恕不一，順頌
著安
愚弟鄧雲鄉 敬上 端午日雨窗
弟法
即知即！

鄧雲鄉（一九二四—一九九九）

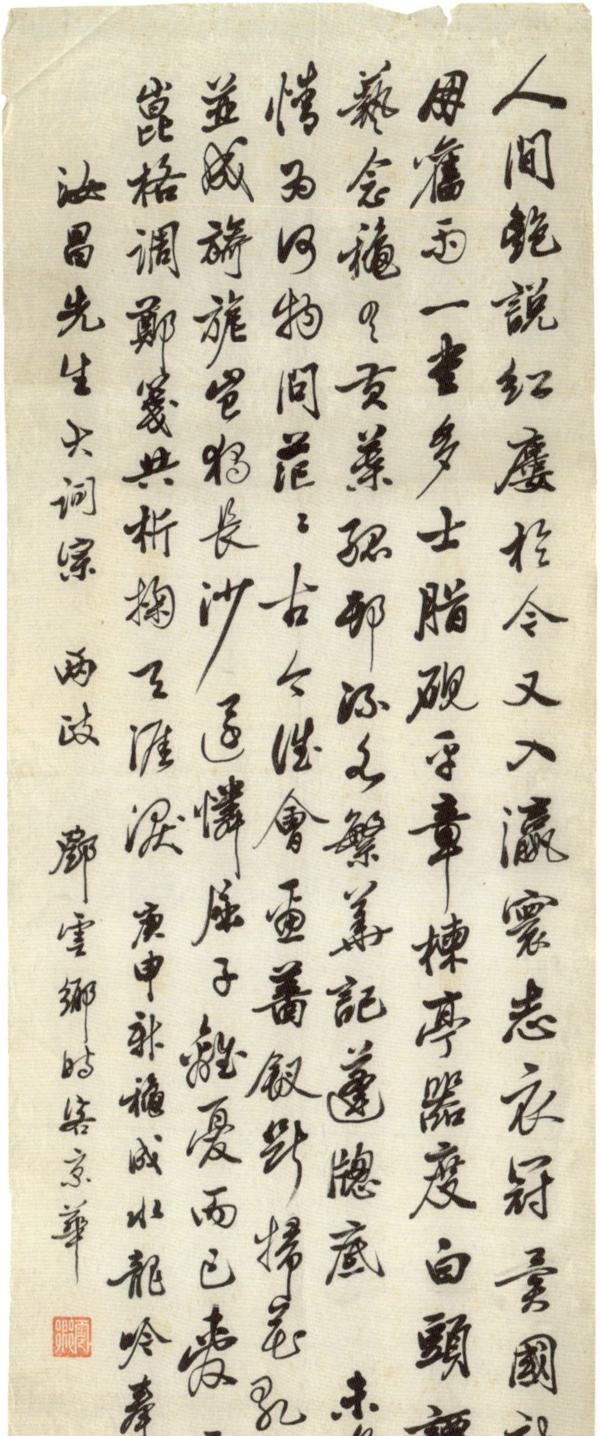
人間艷説紅樓，於今又入瀛寰志。衣冠異國，新
朋舊雨，一堂多士。脂硯平章，楝亭器度，白頭譚
藝。念穐〻黃葉，孤邨深〻，繁華記，蓮總底，未泯
情爲何物，問蒼〻、古今誰會。重番敘對，掃花乳冷，
並成旖旎。留獨長沙，遙憐康子，離憂而已。愛西
崑格調，鄭箋共析，揚王淮深。庚申秋穐成水龍吟奉
汝昌先生大詞宗兩政
鄧雲鄉時客京華

卞孝萱

（一九二四—二〇〇九）

江蘇揚州人。早年做過銀行職員。曾在中國科學院近代史所協助修訂、校勘《中國通史簡編》和《柳文指要》。一九七六年調揚州師範學院任教，後爲南京大學教授。著有《劉禹錫年譜》、《唐代文史論叢》、《現代國學大師學記》等，合編有《辛亥人物碑傳集》、《民國人物碑傳集》，另有《冬青老人口述》。

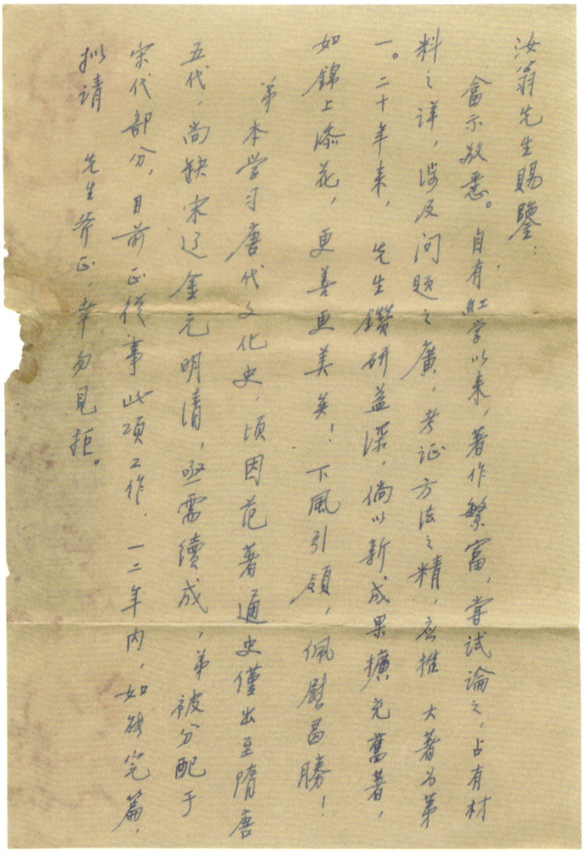
汝翁先生賜鑒：

龠示敬悉。自有紅学以来，著作繁富，嘗試論之，占有材料之详，涉及问题之廣，考证方法之精，应推 大著为第一。二十年来，先生鑽研益深，倘以新成果擴充舊著，如錦上添花，更善更美矣！下風引領，佩慰曷勝！

弟本学习唐代文化史，頃因范著通史僅出至隋唐五代，尚缺宋辽金元明清，亟需續成，弟被分配于宋代部分，目前正從事此項工作，一二年内，如能完篇，拟請 先生斧正，幸勿見拒。

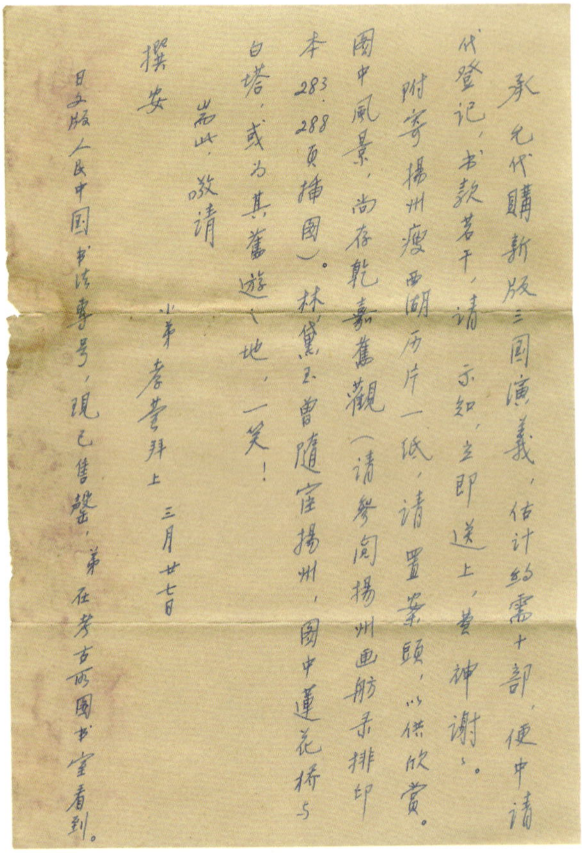
承允代購新版三國演義，估计約需十部，便中請代登记，书款若干，请示知，立即送上，並神谢谢。

附寄揚州瘦西湖历片一纸，請置案頭，以供欣賞。图中風景，尚存乾嘉舊觀（請參阅揚州画舫录排印本283、288頁插图）。林黛玉曾隨宦揚州，图中蓮花桥与白塔，或為其舊遊之地，一笑！

耑此，敬請

撰安

小弟 孝萱拜上 三月廿七日

日文版人民中国书法專号，現已售罄，弟在考古所图书室看到。

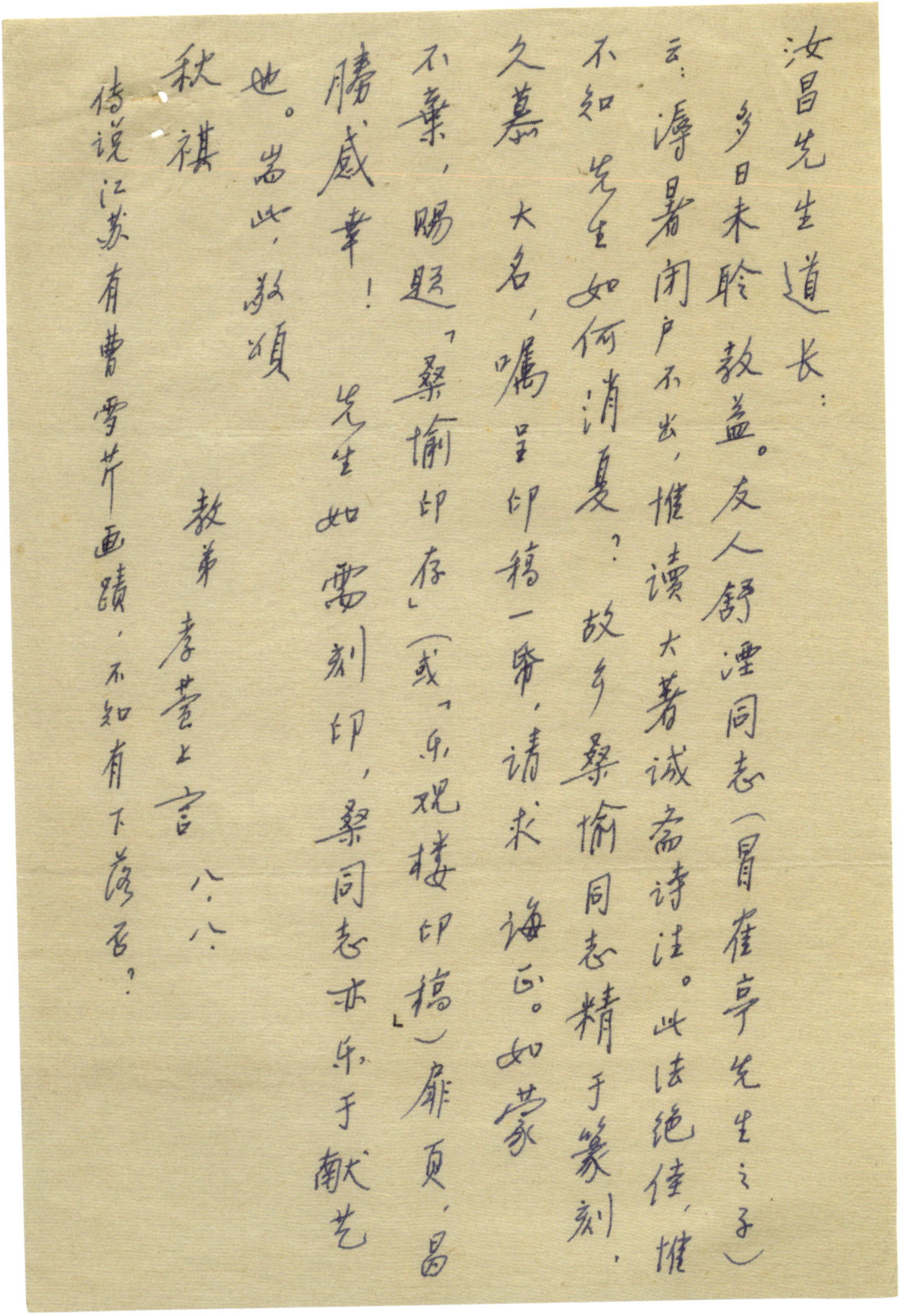

汝昌先生道长：

多日未聆教益。友人舒湮同志（冒鹤亭先生之子）云：溽暑闭户不出，惟讀大著诚斋诗注。此法绝佳，惟不知先生如何消夏？故乡桑榆同志精于篆刻，久慕大名，囑呈印稿一册，请求诲正。如蒙不弃，赐题「桑榆印存」（或「乐观楼印稿」）扉页，曷勝感幸！先生如需刻印，桑同志亦乐于献艺也。专此，敬頌

秋祺

教弟孝萱上言 八、八

传说江苏有曹雪芹画蹟，不知有下落否？

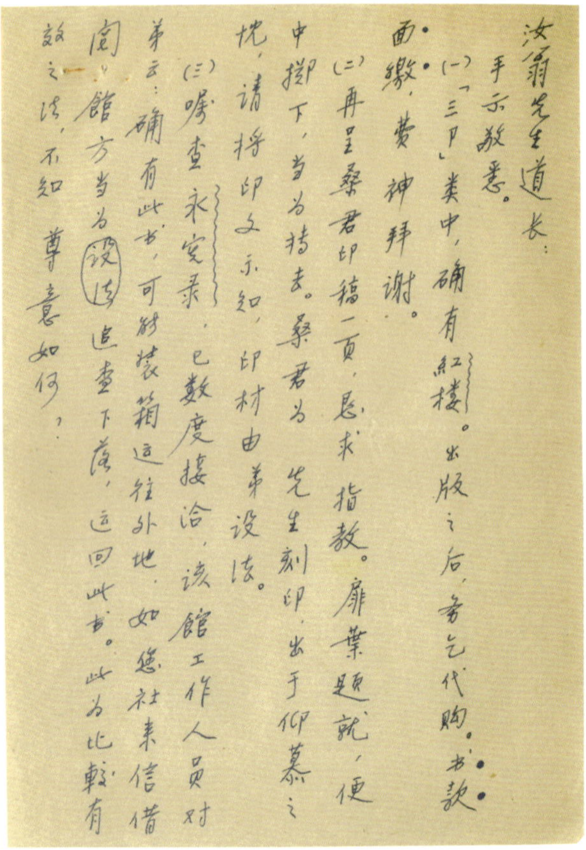

汝翁先生道长：

手示敬悉。

(一)「三P」类中，确有紅樓。出版之后，务乞代购。书款面缴，费神拜谢。

(二)再呈桑君印稿一页，恳求指教。扉叶题就，便中掷下，当为转去。桑君为先生刻印，出于仰慕之忱，请将印文示知，印材由弟设法。

(三)嘱查永宪录，已数度接洽，該館工作人员对弟云：确有此书，可能装箱运往外地。如您社来信借阅，館方当为設法追查下落，运回此书。此为比较有效之法，不知尊意如何？

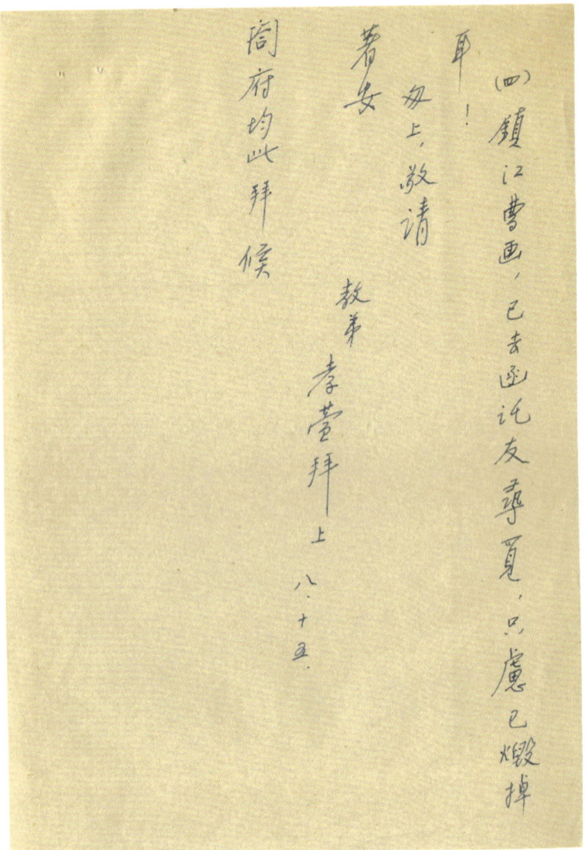

(四)鎮江曹画，已去函托友寻觅，只虑已燬掉耳！

匆上，敬请

著安

教弟 孝萱拜上 八、十五

阖府均此拜候

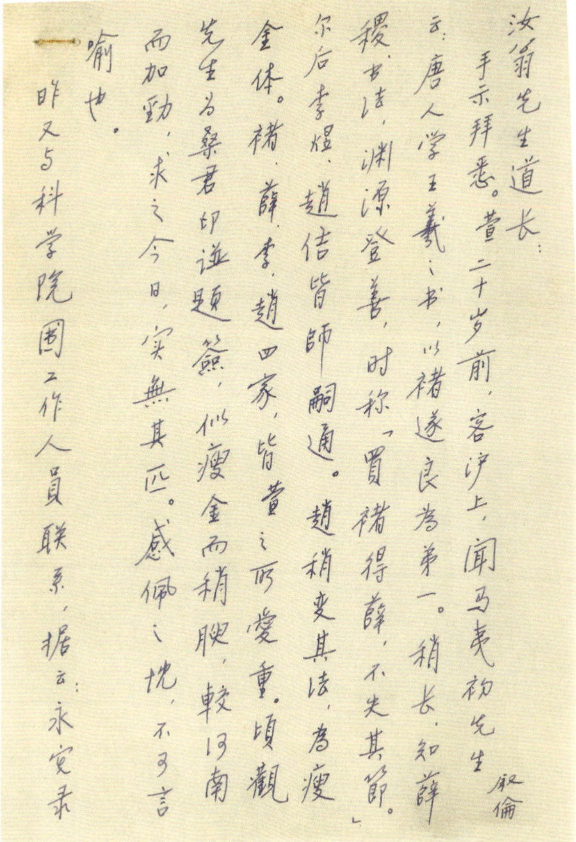

汝昌先生道长：

手示拜悉。萱二十岁前，客沪上，闻马夷初先生（叙倫）云：唐人学王羲之书，以褚遂良为第一。稍长，知薛稷书法，渊源登善，时称「买褚得薛，不失其節。」尔后李煜、赵佶皆師嗣通。赵稍变其法，为瘦金体。褚、薛、李、赵四家，皆萱之所爱重。顷觀先生为桑君所題簽，似瘦金而稍腴，較河南而加勁，求之今日，实無其匹。感佩之忱，不可言喻也。

昨又与科学院图工作人员联系，据云：永宝录

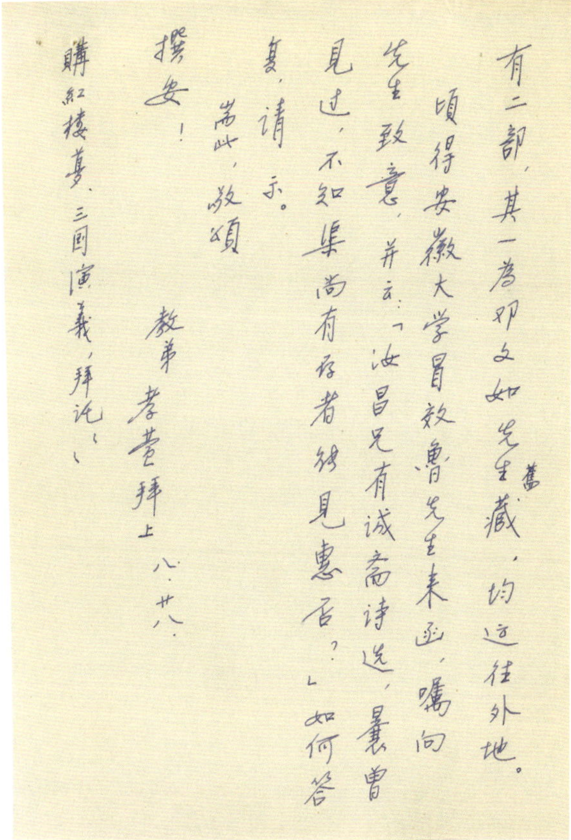

有二部，其一为邓文如先生舊藏，均运往外地。

頃得安徽大学冒效鲁先生来函，嘱向先生致意，并云：「汝昌兄有诚斋诗选，曩曾見过，不知集尚有存者能見惠否？」如何答复，请示。

耑此，敬頌

撰安！

教弟 孝萱拜上 八、廿八。

購紅楼夢、三国演義，拜託拜託

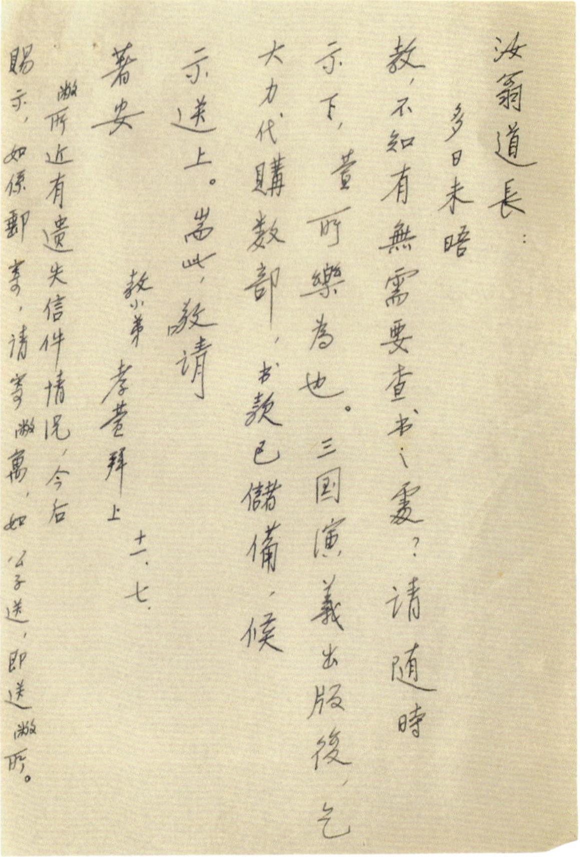

汝翁道長：
多日未晤
教，不知有無需要查书、处？请随时
示下，当可樂為也。三国演義出版後，乞
大力代購数部，书款已備，候
示送上。専此，敬請
著安
教小弟 孝萱拜上 十二、七.
敝所近有遗失信件情况，今后
賜示，如係郵寄，請寄敝寓，如公子送，即送敝所。

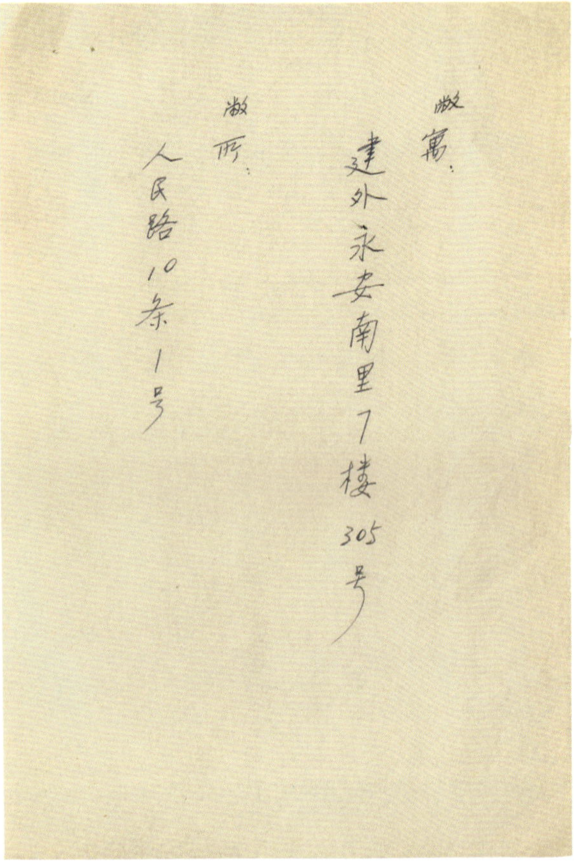

敝寓：
建外永安南里7楼305号

敝所：
人民路10条1号

卞孝萱（一九二四—二〇〇九）

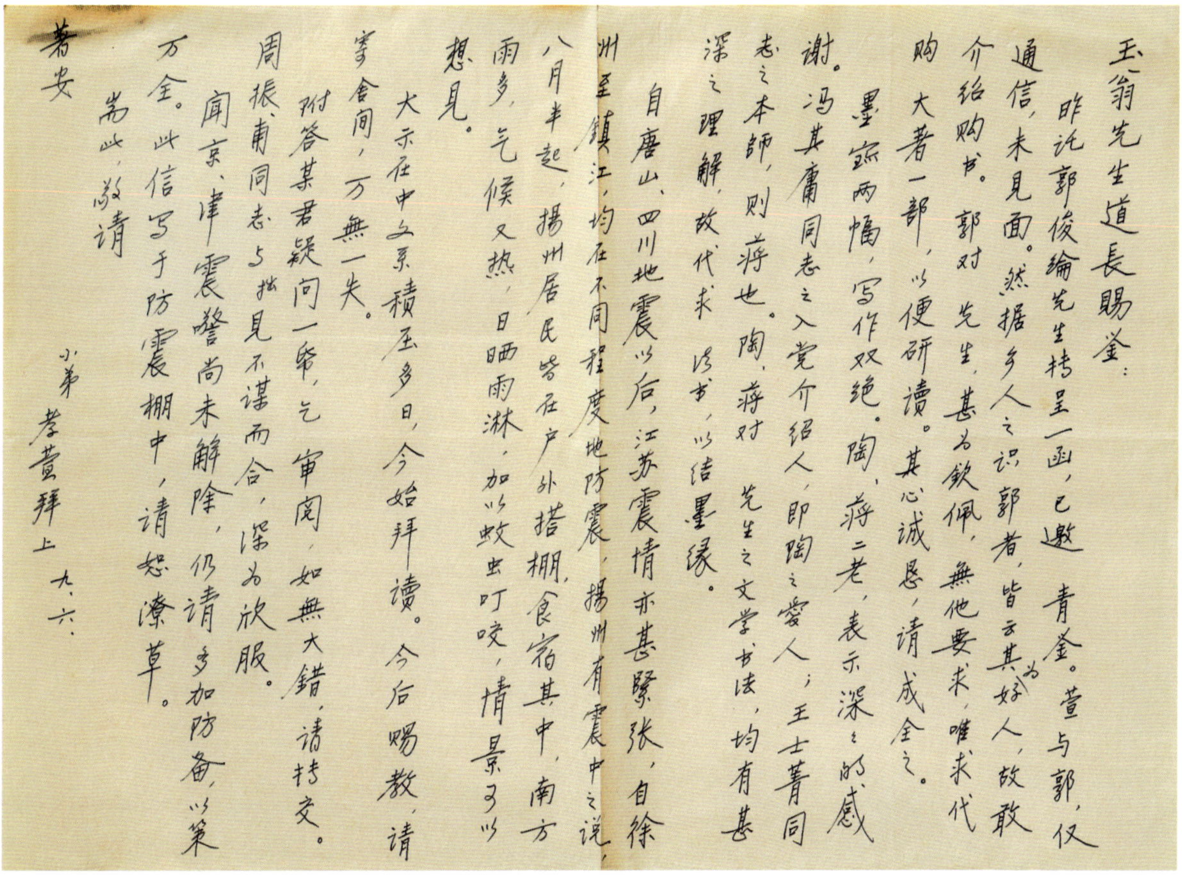

玉翁先生道長賜鑒：

昨託郭俊綸先生持呈一函，已邀青鑒。萱与郭，仅通信，未見面。然据多人之识郭者，皆云其为好人，故敢介绍购书。郭对先生，甚为欽佩，無他要求，唯求代购大著一部，以便研讀。其心诚恳，请成全之。

墨寶两幅，写作双绝。陶、蒋二老，表示深深的感謝。冯其庸同志之入党介绍人，即陶之愛人；王士菁同志之本師，则蒋也。陶、蒋对先生之文学书法，均有甚深之理解，故代求法书，以结墨缘。

自唐山、四川地震以后，江苏震情亦甚緊张，自徐州至镇江，均在不同程度地防震，揚州有震中之说，八月半起，揚州居民皆在户外搭棚，食宿其中。南方雨多，气候又热，日晒雨淋，加以蚊虫叮咬，情景可以想見。

大示在中文系積压多日，今始拜讀。今后赐教，请寄舍间，万無一失。

附答某君疑问一紙，乞審閲。如無大錯，请转交。

周振甫同志与拙見不谋而合，深为欣服。

闻京、津震警尚未解除，仍请多加防备，以策万全。此信写于防震棚中，请恕潦草。

耑此，敬请

著安

小弟 孝萱拜上 九、六

許政揚

（一九二五—一九六六）

浙江海寧人。字照蘊。一九四五年考入光華大學國文系，次年轉入燕京大學國文系。一九五〇年就讀於燕京大學研究院，一九五二年畢業。後任教於南開大學中文系。著有《許政揚文存》，另校注《喻世明言》等。

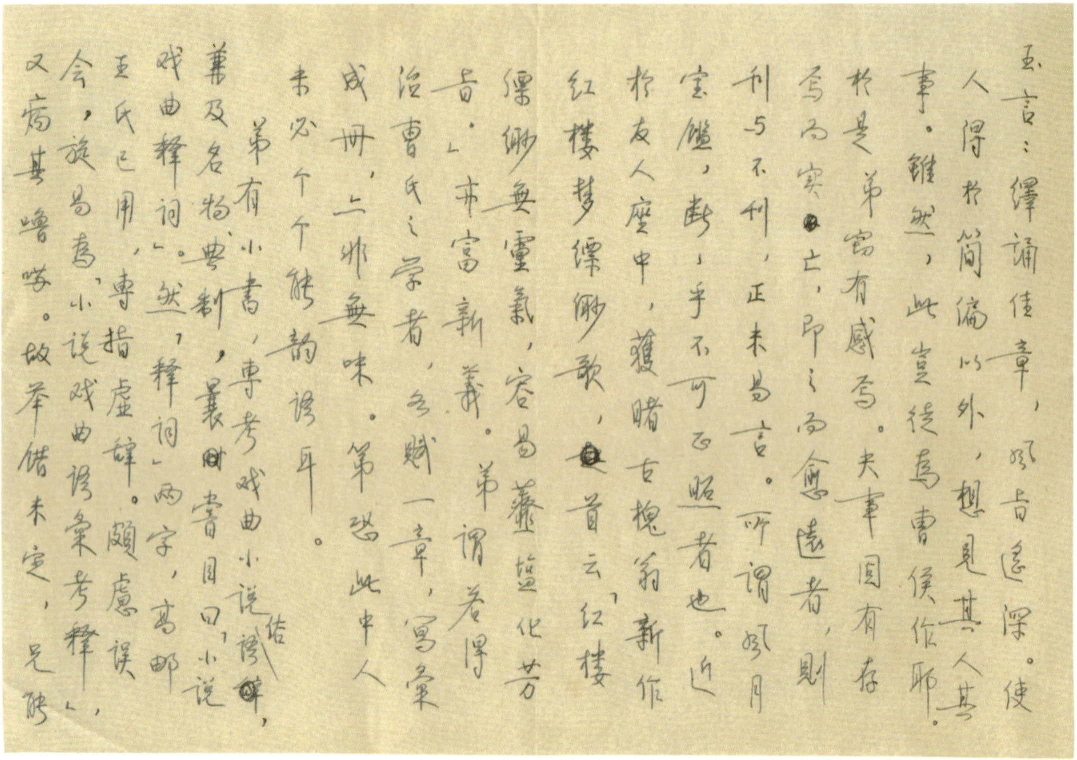
玉言：擇誦佳章，取旨遙深。使人得於簡編以外，想見其人其事。雖然，此豈徒為書僕作耶。於是弟竊有感焉。夫事固有存焉而實亡，即之而愈遠者，則刊與不刊，正未易言。所謂風月寶鑑，斷乎不可以照者也。近於友人座中，獲睹古槐翁新作紅樓夢縹緲歌，首云「紅樓縹緲無靈氣，容易蠶叢化芳草」。亦富新義。弟謂若得治曹氏之學者，各賦一章，寫彙成冊，亦非無味。第恐此中人未必个个能韻語耳。

弟有小書，專考戲曲小說詞語，兼及名物典制，最初嘗自曰「小說戲曲釋詞」。然「釋詞」兩字，高郵王氏已用，專指虛辭。頗慮誤会，旋易為「小說戲曲語彙考釋」，又病其嚕嗦。故本猶未定，兄能

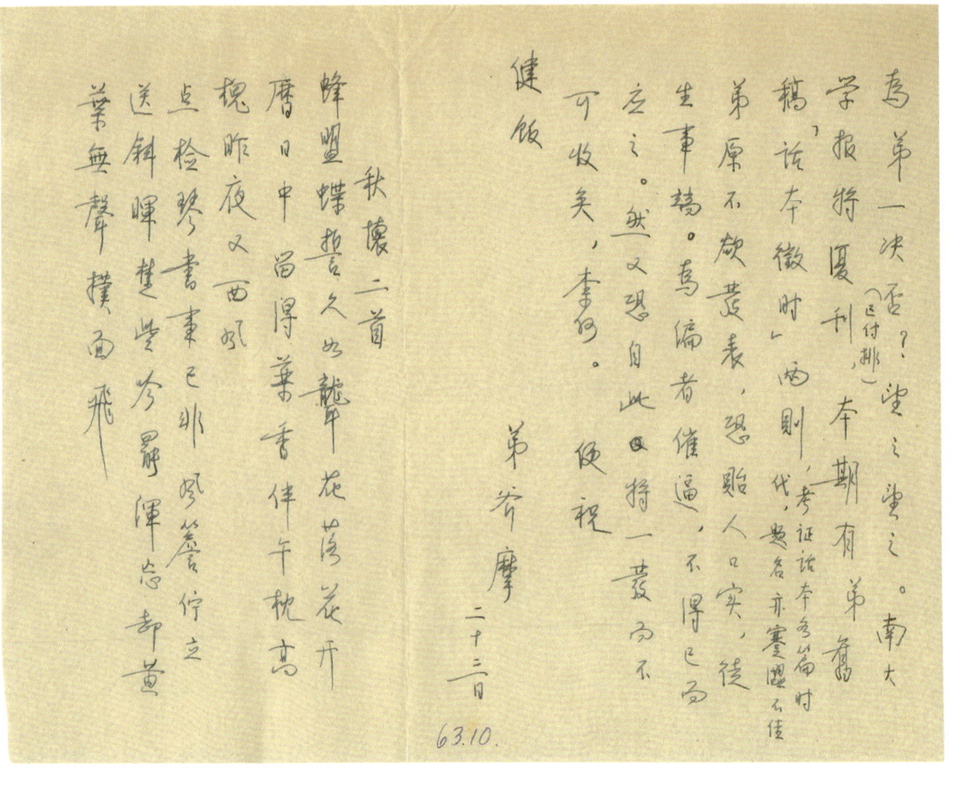
為弟一決否？望之望之。南大學報將復刊（已付排），本期有弟舊稿「話本徵時」兩則，考證話本多篇時代，題名亦蹇澀不佳。弟原不欲發表，恐貽人口實，徒生事端。為編者催逼，不得已而應之。然又恐自此將一發而不可收矣，奈何。便祝

健飯

弟芥摩 二十三日

63.10.

秋懷二首

蜂盟蝶誓久如聾，花落花开曆日中。留得葉香伴午枕，高槐昨夜又西風。

点檢琴書事已非，風簷佇立送斜暉。楚些吟罷渾忘卻，黃葉無聲撲面飛。

玉言：举示诠释二字，简而能该，俗不伤雅，不亢不卑，亦故亦新，其妙处殆不可以一二语仿佛。此弟朝夕求之而不获者，得兄容易指出之，恍如醍醐灌顶，豁然开悟，真快事也。嗟嗟，安得每有小规画，一一能就吾兄商略倾倒哉！话本征时首期已发稿，不及追改矣。两书皆往岁所蓄材料，未尝比辑，弃置箧衍。今为学报编者逼勒，不得已而潦应之。指谬贻讥，可以逆睹，然而不遑恤矣。弟于南开，本无多感情，在学报发表文字，尤非所愿。徒然而又不敢开罪于人，此所以身不由己也。退既不得，罢复不能，前诗「留得華书」，其亦自骗己。昨见人文所出董西厢，编者序称「据鞍兀兀」，「兀兀」或作「冗冗」，两不可通，故改为「究究」，想都是形近致误」云。其自作聪明乃如此。不知此编者果为何人。前示贵处有花大成专家，想吾兄亦常听此等妙论耳。即颂

撰安

弟 许政扬 十一、二

63

味兄：奉書展讀，病室生春。楔帖不能背臨，可知寢饋極熟。想見揮筆回頭，躊躇滿志，書時意氣，迥非尋常。如此佳筆，還棄可惜，莫若付弟，時刻對玩，聊當楷模，何如？又，舍弟獲讀兄詞，甚喜且感，復申前請，千祈勿吝。蘭亭弟向所觀，如唐水本等，皆石本，且賈人索價，頗非措大能办。至勾填本，書畫則絶未經眼。乍睹眼為之明，神為之清，不啻金篦刮目，重醐灌頂。張好好詩，憶是伯駒先生物，曩在燕京展出，幸一寓目。初不知曾有翻印也。見示新印諸本，為之垂涎三尺，病榻與世隔絶，竟寡聞至於此極。失之交臂，良堪歎惜。書去圖滬上請試覓。弟不能字劃，每觀兄書，不勝臨淵之羨。候病軀小平，擬發憤三年。右軍書、兄書宜撰為專論，未可但作隨筆。氏說部，既已專擅矣，今復有此著，藝苑好事，將被一人占斷。令人羨殺妒殺，書成必先借讀。弟思今代世說之作，其人不特須閱見廣博，必善於行文。微兄，其誰能任？牽涉多，勢所必然。能略者略之，應避者避之。可先疏録，徐徐審定。蓋本垂後之文，不為今人而作，刊布少晚，固無害也。弟於先世舊聞，亦知之甚鮮，承告夢影録，俟返校當覓一閱。

順頌

开爐之吉

弟斉古

十四日

65

王學仲

（一九二五—二〇一三）

山東滕縣（今滕州）人。字黽子，號夜泊，晚號黽翁。先後就讀於京華美術專科學校、國立北平藝專、中央美術學院。一九五三年起在天津大學任教。曾任中國書法家協會副主席、天津市書法家協會主席。著有《書法舉要》、《墨海四記》等，另有《王學仲書法選》等。

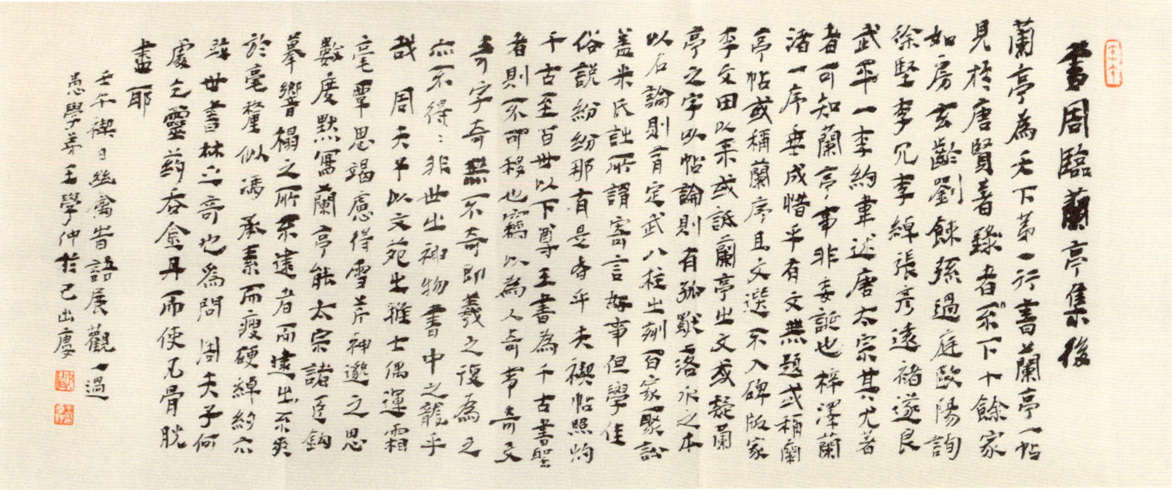

張牧石

（一九二八—二〇一一）

天津人。原名洪濤，字介盦，號邱園，別署月樓外史、月城吟客，室名繭夢廬。一九四九年畢業於天津法商學院法律系，長期從事教育工作。師從壽石工學習詩詞、篆刻。著有《篆刻經緯》、《張牧石詩詞集》，另有《張牧石印譜》等。

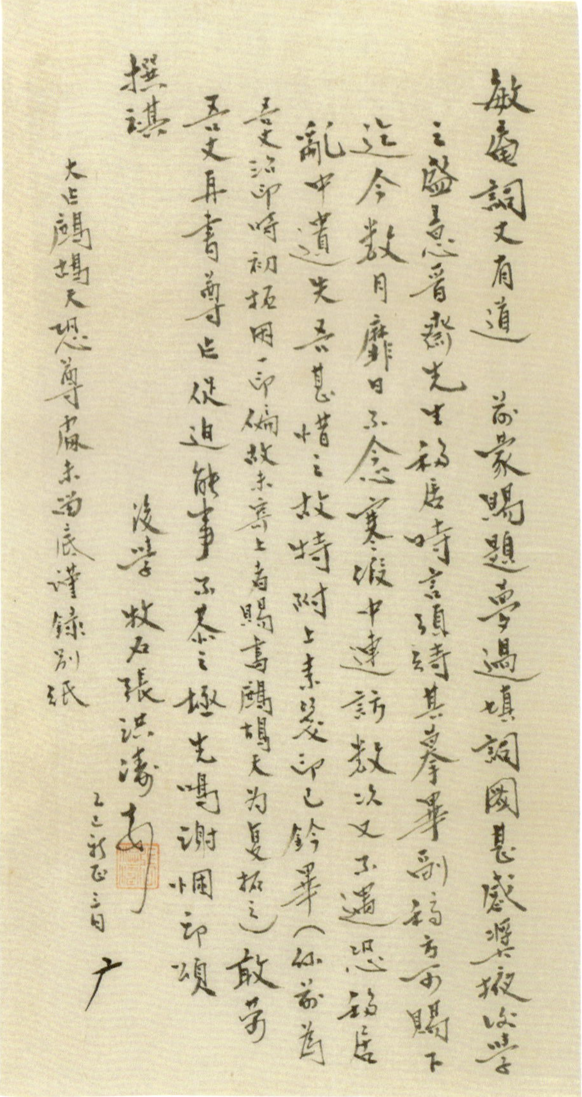

敏庵詞丈有道：前蒙賜題《夢過填詞圖》，甚感獎掖後學之盛意也。晉齋先生病居時言須請其摹寫畢，副稿亦可賜下。近今數月，靡日不念，寒假中連訪數次，又不遇，恐病居亂中遺失，甚惜惜之，故特附上素箋，即乞鈐畢（如前為吾丈治印時，初拓兩印偏斜，故未寄上，前賜書《鷓鴣天》為夏枝巢之）。敢希吾丈再書尊句，從追能事，不恭之極，先鳴謝悃，即頌撰祺。

後學牧石張洪濤再拜

乙巳新正三日

大作《鷓鴣天》，懇尊處未留底，謹錄別紙。

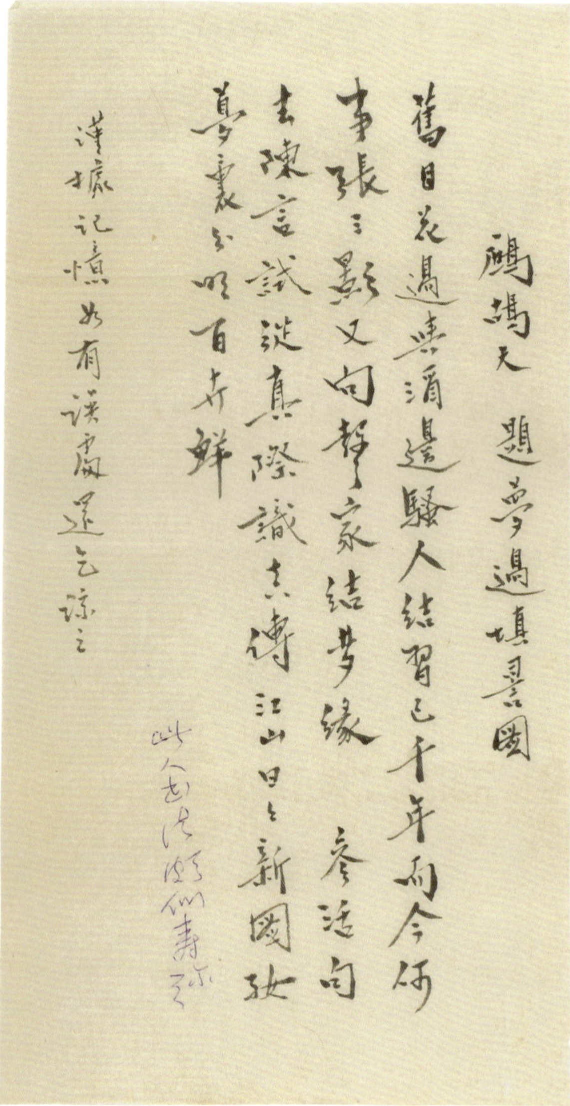

鷓鴣天 題夢過填詞圖

舊日花邊與酒邊，騷人結習已千年。而今何事張三影，又向詞家結夢緣。　參活句，去陳言，試從真際識真傳。江山日日新圖改，夢囊[illegible]吸百卉鮮。

洪濤記憶如有誤處，還乞諒之。

此人書法頗似壽石工

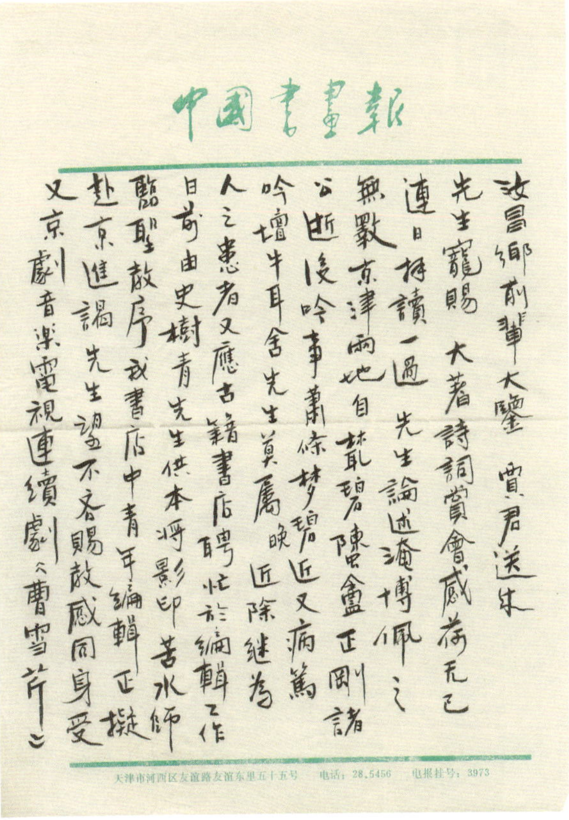
中國書畫報

汝昌鄉前輩大鑒：賈君送來
先生寵賜大著詩詞賞會，感荷无已。
連日拜讀一過，先生論述淹博，佩之
無數。京津兩地自叢碧、陳盦、正剛諸
公逝後，吟事蕭條，梦碧近又病篤，
吟壇牛耳舍先生莫屬。晚近除繼為
人之患者又應古籍書店聘，忙於編輯工作。
日前由史樹青先生供本，將影印苦水師
臨聖教序，我書店中青年編輯正擬
赴京進謁先生，望不吝賜教，感同身受。
又京劇音樂電視連續劇《曹雪芹》

天津市河西区友谊路友谊东里五十五号　电话：28.5456　电报挂号：3973

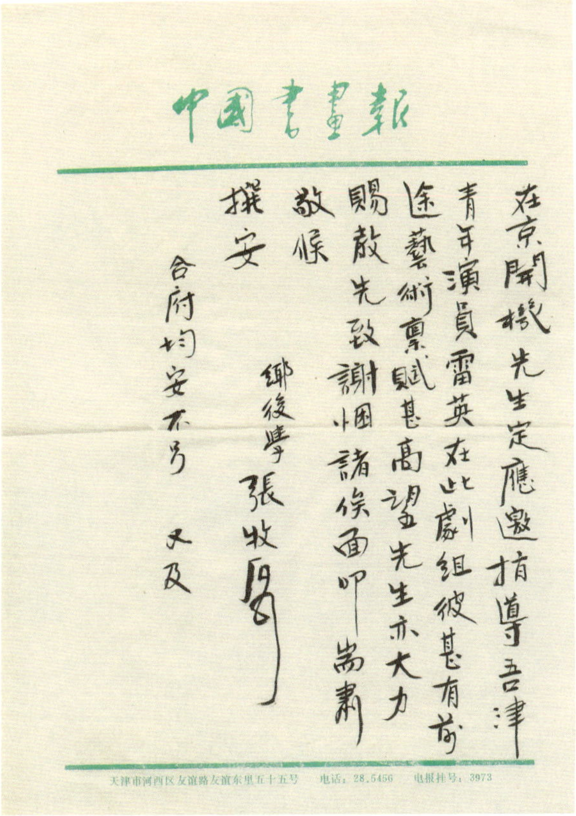
中國書畫報

在京開機，先生定應邀指導。吾津
青年演員雷英在此劇組，彼甚有前
途，藝術稟賦甚高，望先生亦大力
賜教。先致謝悃，諸俟面叩。耑肅
敬候
撰安
鄉後學 張牧石
合府均安不另 又及

天津市河西区友谊路友谊东里五十五号　电话：28.5456　电报挂号：3973

陳毓羆

（一九三〇—二〇一〇）

湖北武漢人。一九五一年畢業於北京大學中文系。先在蘭州大學任教，一九五五年赴莫斯科大學留學，回國後調入中國科學院文學研究所。後爲中國社會科學院文學研究所研究員。著有《紅樓夢論叢》（合著）、《紅樓、西遊及浮生六記論集》等。

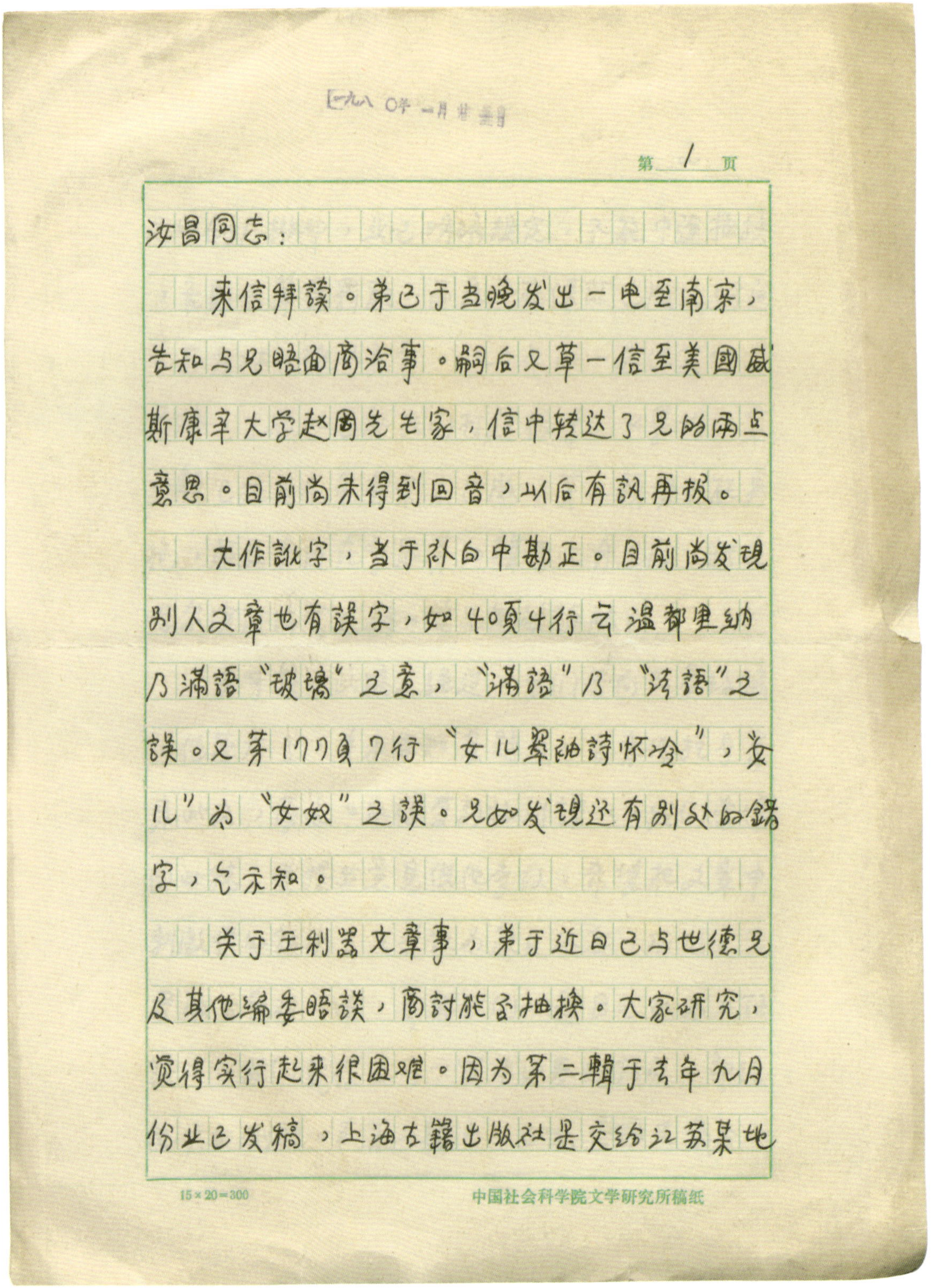
〔一九八〇年一月廿三日〕

第 1 页

汝昌同志：

来信拜读。弟已于当晚发出一电至南京，告知与兄晤面商洽事。嗣后又草一信至美国威斯康辛大学赵冈先生家，信中转达了兄的两点意思。目前尚未得到回音，以后有讯再报。

大作讹字，当于补白中勘正。目前尚发现别人文章也有误字，如40页4行云温都里纳乃满语"玻璃"之意，"满语"乃"法语"之误。又第177页7行"女儿翠袖诗怀冷"，"女儿"为"女奴"之误。兄如发现还有别处的错字，乞示知。

关于王利器文章事，弟于近日已与世德兄及其他编委晤谈，商讨能否抽换。大家研究，觉得实行起来很困难。因为第二辑于去年九月份业已发稿，上海古籍出版社是交给江苏某地

15×20=300　中国社会科学院文学研究所稿纸

之印刷厂排印，业已明确规定，不能中途抽换，否则不單要罰款，而且不能保証出版之时间，厂方对此概不負責。八〇年此一办法实行尤严格，出版社已和我们打过招呼。《集刊》第一輯已拖延半年有余才出版，第二輯势不能再拖，而且目前在争取第四輯于七月出版，赶在哈尔濱討論会之前。望兄能够諒解。

茲可談々此稿之经过。我们曾向王君约稿，他答应了，并未告知其題目。后来他挂号寄来此文，原名《红楼梦新证纠謬》。我们曾退回此稿，并提出意見供他参考，希望把文章中刺激性的話删去，并认为題目不妥，应改。王君改后重抄一遍，寄给我们，題目已改为《証誤》。我们覺得还有一些不必要的語句，即给他大加删除。在第二輯中，此文是排在最后一

第 3 页

栏内，地位并不突出。此栏之第一篇为上海郭若愚先生写的《红楼梦与文物考古——什物工艺编》，系一長文。如此之安排，蓋亦考虑到影响也。第二辑中还有几篇商榷性質的文章，其中之一为《棠村小序說質疑》，为杭州一同志所写，系与吴世昌先生商榷。发表这些文章，目的是为了"百花齐放，百家争鸣"，不是針对某个同志。兄阅过此文后，可針对之而写一辨駁，我们必定從快发表。

王君此文，系对兄《新証》中之若干材料提出意見，并非专门針对兄书之大标题，兄所闻言恐必有誤。以弟观之，兄之《新証》材料丰富，为红学中之奠基著作，久已脍炙人口，即在国外，亦为专家学者所公認。其中即使有少許材料有不够准确或欠妥之处，固无伤日月

15×20=300　中国社会科学院文学研究所稿纸

之明也。

第四辑发稿在即，兄手头如有存稿，可径寄弟舍。长短不拘，两万字以内尤佳。兄是否能把《红海微澜录》继续写下去？希望能在二月三日前掷下最好。

王震与兄有憾，弟实不知，只觉其文章原稿有些火气。他日当向兄了解。

赴美事，望彼此多通声气，互相照应。兄之意见甚好，实先获我心。近日偶赴王府井外文书店（离新华书店很近），見新出一册《英語会話常用語》，外文局编译办公室出，供从事外事工作及出国人员参考。内容虽浅，然有不少詞彙。惟字迹甚小，不知兄需此参考否？价四角二分。兄如需要，可叫令爱赴外文书店购買。 即祝

撰安！

弟 毓罴

80.1.23.

15×20

中国社会科学院文学研究所稿纸

一九八〇年一月廿五日

徐無聞

（一九三一—一九九三）

四川成都人。本名永年，字嘉齡，後因耳疾失聰，遂號無聞。一九五四年畢業於四川大學中文系，後爲西南師範大學中文系教授。著有《徐無聞論文集》等，主編《甲金篆隸大字典》、《秦漢魏晉篆隸字形表》等，另有《徐無聞書法集》、《徐無聞印存》等。

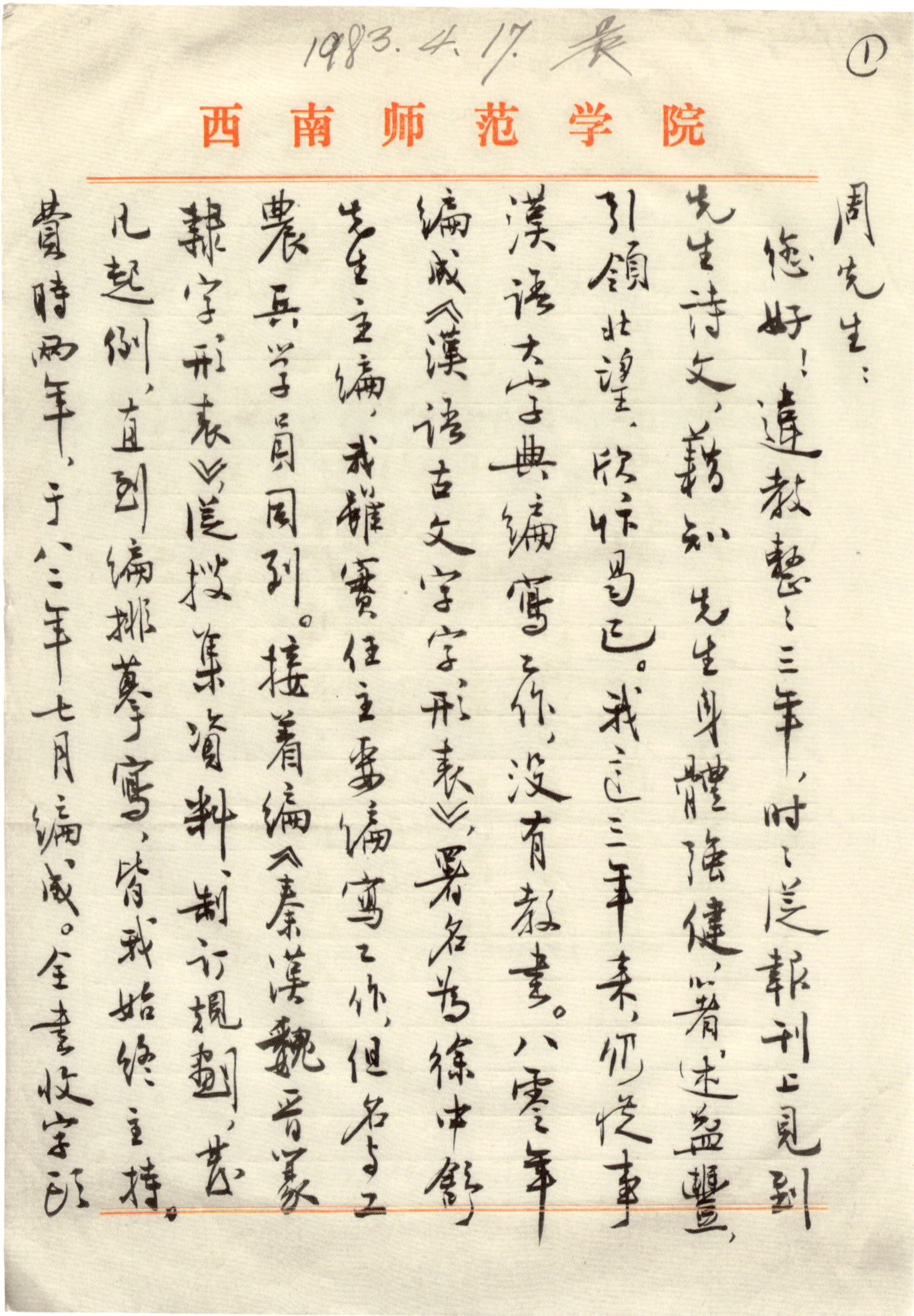

1983.4.17

①

西南师范学院

周先生：

您好！違教忽忽三年，时时從報刊上見到先生诗文，藉知先生身體强健，著述益豐，引領北望，欣忭何已。我這三年來，仍從事漢語大字典編寫工作，沒有教書。八零年編成《漢語古文字字形表》，署名為徐中舒先生主編，我雖實任主要編寫工作，但名与工農兵学員同列。接着編《秦漢魏晉篆隸字形表》，從搜集資料、制訂規劃，甚凡起例，直到編排摹寫，皆我始終主持。費時兩年，于八二年七月編成。全書收字頭

(2)

西南师范学院

五千三百餘个，形體二萬伍千多个，取材以竹簡帛書和碑刻為主，旁及銅器璽印磚瓦等，過半以資料是前人同類字形書沒有用過的。每个字形皆附文句，并對通假字、經典異文都一一注明。付印清稿為十六冊一千五百頁。但出版社仍不承認事實，要署徐中舒主編，西師方教院長令我拒絕交稿。經過大半年各方面同志仗義執言，最近出版社才明確承認我為主編。另外，我在教研室組織了東坡選集工作，要無明兄亦參加，计选文一百首，詩二百六十餘首，詞五十餘首，已交出版社，

(2)

西南师范学院

但何时出来，未可预计。我写了一篇序文（另一先教师署名在前），俟印出后即请先生指教。三四年来，我以主要精力都投于这三部集體编著中，为人作嫁，名利两虚，还得不断地受许多闲气，真是何苦乃尔。因知一心为公，实是迂腐之极，虽行「古」之道，实不同于今之人也。近年来，在集體编书之外，也写了为数不多而不成器的文字。去前年为鲍渌饮手校白石道人歌曲写跋文一篇，并作校勘记，并附录張、陸、朱本旁谱，此书现在影印中，俟出时当奉呈也。今年

徐無聞（一九三一—一九九三）

西南师范学院

春間草成《褚遂良事迹系年》和《褚遂良書法試論》兩稿。稿成不數日，便赴蘇州參加全國篆刻評審會，在會暇逛書店買得大著《書法藝術叢問》，窮一夜之力快讀一遍，真是夫子言之，于我心有戚戚焉。私心甚喜在諸稿中論及筆法時，竟與先生高論多有合處。今將拙稿復印本另郵奉呈先生，不客氣地批評指正，至盼至感！大著《叢問》、《觀齋小冊》，皆為巨著，妙理名言，絡繹奔會。論筆法、論蘭亭等

西南师范学院

範、兄書卓絶，可謂一洗草書古風為害毒氣，除了論篆書小部分外，全書所論，我皆完全贊成，不僅贊成，實是衷心佩服。至於何時再得追陪杖履，從容請教也。先生近著甚盼見示一二，用代面聆教言。總因眼花，不能恭楷作書，幸乞恕宥。謹此奉陳，即叩

尊安

學生 永年 敬上

四月十二日

好事者督促奉和康覽，拙刻呈先生哂之。總年忙無暇，一年中刻不滿十石

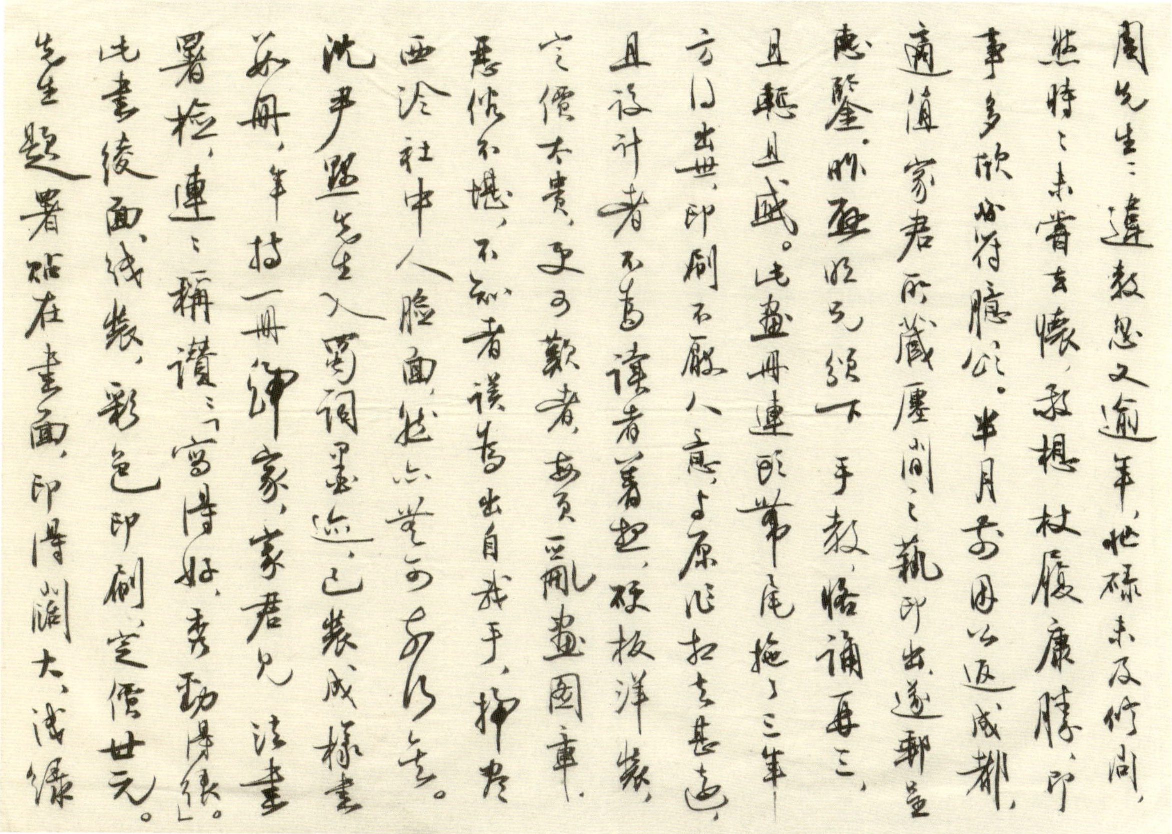

周先生：違教忽又逾年，忙碌未及修問，
然時時未嘗去懷。敬想杖履康勝，即
事多欣，如符臆頌。半月前因公返成都，
適值家君所藏歷劫之藝所出，遂郵呈
惠鑒。昨奉昭兄頒下手教，捧誦再三，
且聽且感。此畫冊連所第尾拖了三年，
方得出世，印刷不能人意，與原作相去甚遠，
且設計者不為讀者著想，硬放洋裝，
定價太貴，更可歎者，無頁無亂畫圖章，
愚俗不堪，不知者誤為出自我手，抑甚
西泠社中人臉面，然亦無可奈何。
沈尹默先生入蜀詞墨迹，已裝成橫卷
兩冊，每持一冊歸家，家君兄請畫
署檢，連連稱讚：「寫得好，秀勁得很」。
此畫綾面，線裝，彩色印刷，定價廿元。
先生題署貼在畫面，印得小闊大，淺綠

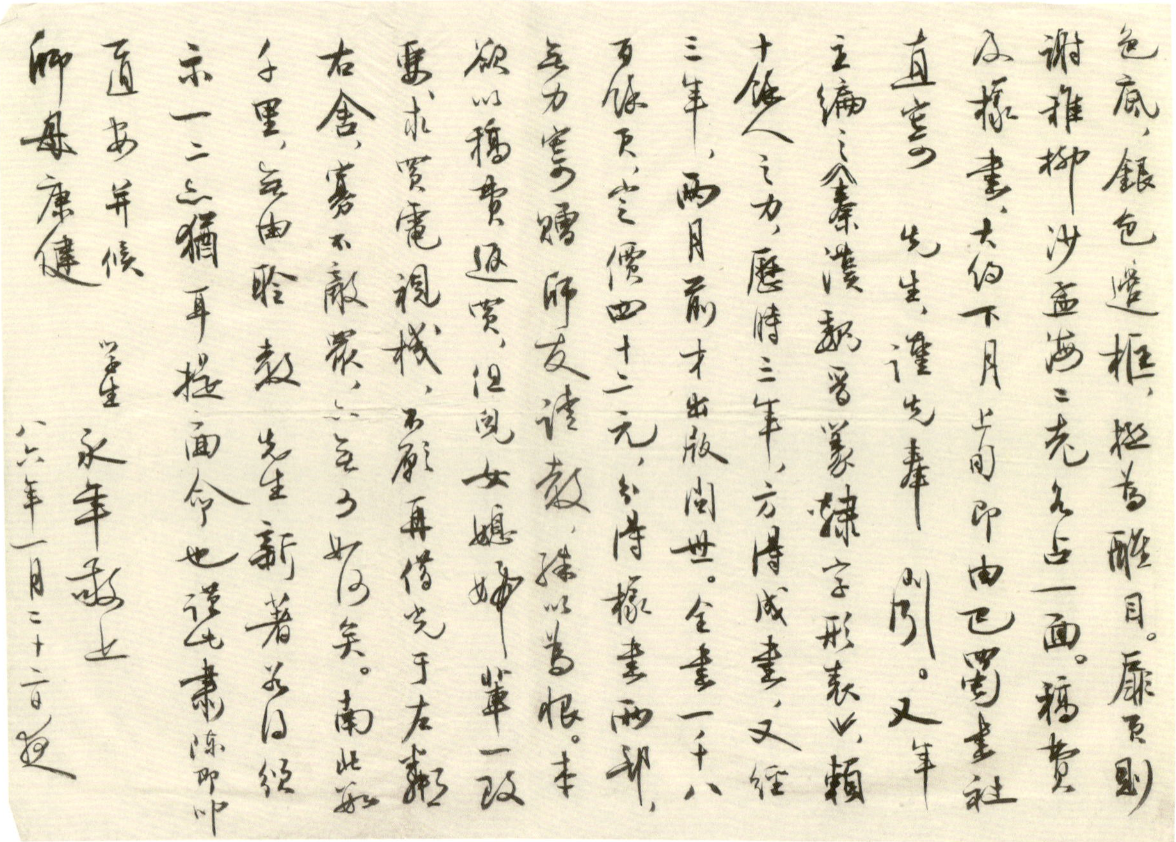

色底，銀色邊框，極為醒目。扉頁劉
謝稚柳沙孟海二先生題一面。稿費
及樣書，大約下月上旬即由巴蜀書社
直寄 先生，謹先奉聞。又年
主編之《秦漢魏晉篆隸字形表》，賴
十餘人之力，歷時三年，方得成書，又經
三年，兩月前才出版問世。全書一千八
百餘頁，定價四十二元，分得樣書兩部，
無力寄贈師友請教，殊以為恨。本
欲以稿費返買，但聞女媳婦輩一致
要求買電視機，不能再借光于右鄰
右舍，實不敢違，亦無可如何矣。南北暌
千里，無由聆教 先生新著若何，能
示一二，亦猶耳提面命也。謹此肅陳，即叩
道安并候
師母康健

晚 永年敬上
八六年一月二十二日夜

參考釋文

張元濟（一八六七—一九五九）

汝昌先生清鑒：

敬覆者，前數日友人吴湖帆君轉到本年十月十日手教，垂詢涵芬樓所藏購自懷甯曹氏抄本傳奇是否保全，尤拳拳於曹楝亭先生所作《續琵琶記》，逸情雅致，殊深嚮往。抄本傳奇幸於兵亂時先期移出，未遭劫火，《續琵琶記》亦獲保全。當乞敝館經理諸君從書庫檢出，並將《續琵琶記》抄稿二册送到敝處。弟不幸於四年前染有癈疾，所謂半身不遂，終日卧床，僅右手尚能握管作書，然亦劣不成字矣，一舉一動均須假手於人。書經送到，略一展閱，見前後底面若干頁霉爛甚重，幾成紙灰，稍一觸手，便即飛散，欲檢與盧氏所識參校而有所不敢。以後如欲保存計，惟有精裱或橅寫一分，然非得極靜細而有耐性之人未敢付託，否則欲保存之而適以速其毁滅也。再承示曹雪芹先生小説中亦曾道及，未知見於何書，倘蒙指示，曷勝感幸。肅覆，順頌

文祉

弟張元濟謹上　一九五三年十一月廿二日

汪鸞翔（一八七一—一九六二）

蘆荻青青水一涯，群魚圉圉樂相偕。潮來不用旋强弩，失笑錢唐萬箭排。右題射魚沽。

簌簌藤陰覆水涼，游人疑入輞川莊。竹垞亦有斜街屋，不敵鷗鄉味更長。右題藤陰書屋。

朱實纍纍處士家，墻腰籬角掛疏花。朝來更愛西山爽，一抹秋雲樹不遮。右題爽秋園。

柳陌菱塘暮靄餘，漁洋詩寫釣人居。秋光未若農郙好，蘆白楓丹畫不如。右題楓紅蘆白郙。

小景四幅爲敏庵仁兄娱親作。辛卯長夏公嚴汪鸞翔並記於重借山廬，時年八十又一。

惜餘歡

西山矗矗，正相見甚歡，把卷同讀。驀聽唱驪歌，又征騎相蹴。萬點蜀山，一鞭殘照，望此去、問君平簾卜。臨邛市畔，萬里橋西，幾多游目。　文翁自來化蜀。況舊學商量，新智薰育。莫吝浣花箋，寫斜行盈幅。岷嶺西來，大江東下，遞新語、免羲之悵觸。火雲千里，到得益州，涼颸應肅。

送敏庵仁兄入蜀執教，即請正拍。

辛卯秋八月公嚴汪鸞翔倚聲，時年八十又一

夏仁虎（一八七四—一九六三）

買陂塘　敏庵以沽上故園六景徵題，因憶二十年前，余營南枝巢既成，羈旅未歸，家山已破，遂有憶南枝圖之作，空桑三宿，正同此情。既而思之，世界一大逆旅，吾輩皆爲過客，眷戀塵榻，得非甚愚？爰成此解，兼廣敏庵之意云。

好家居、水西近處，買鄰真合千萬。元寶阿瑛同好客，北道主人重見。游賞遍。記當日、詩壇酒陣偕歌扇。滄桑幾變。怕藤榭春風，豆坑秋雨，難問舊時燕。　南枝夢、曾付新題畫卷。如今雲逝煙散。匆匆過客憐吾輩，逆旅偶然適（平）館。君不見。秋草外、宫車出後斜陽滿。不須淒戀。似牧仲西陂，九煙將就，樓閣半空現。（宋牧仲屬石谷圖西陂六景，黄九煙作《將就園記》，皆臆造也。）

敏庵社兄正拍。

枝巢倚聲

尉遲杯　用清真四聲韻送周敏厂入蜀

巫夔路。正客子、目斷啼猿樹。遥知劍閣秋深，愁絶淋鈴聽處。征帆片片，望一抹、江峰隔煙浦。寫生平、萬里胸襟，少年游句携去。　衰遲社結庚寅，偕英俊、吟箋酒琖歡聚。此日文翁匆匆别，愁對鏡、山雞自舞。誰相慰、秋燈雨夕，但苔砌、疏蛩約共語。想新來、萬里橋邊，唱酬應有儔侶。

枝巢録上

敏厂兄正。

齊如山（一八七五—一九六二）

汝昌先生台鑒：

示敬悉。《販馬記》一劇原爲整本長戲，三十年前曾見過目録，約爲二十餘折，至每折之名目及何處見過均不復記憶。鄙人搜求此本已三十年，至今未得，現所存留者只「探監」、「寫狀」、「三拉」、「團圓」四折。因此數折中有桂枝得與其父弟聚會等情節，後又起名爲「奇雙會」。此戲非崑腔，故崑弋班向無此戲，如韓世昌等乃近幾年由皮簧班脚色傳授者，他們雖然宣傳早已能演，但是瞎説，因非崑曲，故向無曲譜。拙見此乃陝南一種小調，故其情節住址都是陝南的故事，至辭句則各種本子亦大同小異，各脚私有之辭句與《戲典》、《戲考》中所印之本亦相差無幾，可以説是一樣。（《戲典》中之文字與陳德林、梅蘭芳諸君所演者無異，至一二句一二字則有人各不同之處。）既有坊刻者，便無須再由各脚家尋覓矣。一年以前代南京國立編譯館購得清宫戲本若干種，曾記似有此戲帶工尺之本子，然亦記不清矣。假如有之，亦係昇平署命皮簧班場面現譜者，爲時亦不過光緒年間，不足資爲考證，且該劇腔調極爲簡單，全劇不過幾個腔，因其係地方劇之小調也。後戲界又呼其爲帶過門之崑腔，蓋鄙之也。此覆，即頌

撰祺

齊如山敬上　五月十九日

《販馬記》戲詞腔調均不見怎樣了不的，惟排演的太好。

先生得暇可請來舍一談否？惟須預示，恐相左，徒勞往返也。

舍下電話五、〇四一二。

陶洙（一八七八—一九六一）

陶心如（號）名洙，又號憶園，字畫上，江蘇武進人。平生喜金石書畫，金石中尤愛泉幣，有考據書要整理，但民國十一年後即止。因連殤一子一女，官亦不做，以後專門刻書。我家本藏書［書］舊家，我的大兄，二兄蘭泉又名涉園，他藏書最多，平中有名，又好刊書。我幫他刻書，凡有大部之書，無不經我手，《唐石經》、《宋會要》、《晚晴簃》、《清儒學案》、《蜀文》，都是大部，都有限期，至多十八個月。

廿二年春在上海蔣穀孫家看見壁上有一幅條幅，畫心二尺餘長，記得畫的曹雪芹行樂圖，結構情形尚在腦中，如下圖。

上方有李葆恂題字，全文不能記得，其中有云（曾在陶齋案頭見《紅樓夢》原稿本，今不知何往）……及廿三年間見徐藏《石頭記》本，至廿四年夏四月到上海去向蔣索看該畫，蔣云並無此畫，甚奇，或者在他處所見，記不清。

我因爲明明看見畫，然無其事，實在可怪，見人時時流露於口頭。忽有李祖□云此圖在我家，但係手卷，且並未出過門，而我從來亦没到他家去。次日去看，圖之畫法［法］如我所見直幅相同，如下。

後有兩個同時人的題句，名字忘了矣。再後有葉恭綽題跋一大段，乃本索引【隱】之舊説，無價直。此卷若回滬尚有抄來。

徐本，十一卷至廿八卷，有硃筆夾注，又有眉批。胡適之見

過，有長跋。第〇四有夾批。我有半部舊鈔，與徐本相同，內雜□□回，但亦係後來鈔補。

《紅樓夢》照片八册帶上，請查收。原本無從購起，則此照片亦屬可貴也。尊録甲戌本弟擬借一閲，便中請交叢碧先生帶來尤禱（不過一星期）。餘面罄，即頌

汝昌先生台安

弟陶心如頓首　三月十一

張伯駒先生親自送來。

楓紅蘆白邨圖　辛卯六月朔爲敏庵先生作，陶心如，時年七十又四。

荻花楓葉晚蒼蒼，遼鶴歸來澥已桑。七十二沽何處覓，夕陽紅遍水西莊。君坦題。

蘆白楓紅水國遥，泥沽豆䰙遠通橋。魚鹽市冷估帆去，只有斜陽送海潮。叢碧。

荒渠野水荻花秋，丁字沽邊憶舊游。不使漁洋專勝賞，半江紅樹小揚州。元白題句。

關賡麟（一八八〇—一九六二）

海濱獨秀，見顧曲世家，心日詞學。郊墅幾番春，及群彦行樂。聯席傳箋，步廊讀畫，鎮長憶、賦故王池閣。月泉吟侶，忍因遠游，霎時抛卻。　離觴未須作惡。但巴水候寒，渝城居索。緘札慰相思，遲（仄）分付青雀。江山文藻，風塵書劍，料歸日、挾等身佳作。甚時重見，西窗故人，翦燈清酌。

惜餘歡，依《歷代詩餘》一百四字體賦贈敏庵社長兄入蜀都講之行，即希正拍，時辛卯仲秋。

南海關賡麟未定稿

葉恭綽（一八八一—一九六八）

前談未盡爲惜，近想體中康勝。再讀大文，益爲興起，今日能深研及此者極稀，暇時尚擬續面一罄所懷也。《楝亭夜話圖》遂已易錢矣。附上拙著序跋二册乞教。此上

汝昌先生

綽　三月廿一

黄潔塵（一八八一—？）

敏庵仁弟同道大鑒：

頃讀我弟十一月廿日來函，敬悉一切。承囑代查《楝亭全集》一節，敝館現有一部，係康熙五十一年刻本，共訂十四册，內計楝亭詩鈔八卷、文鈔一卷、詞鈔一卷、詩別集四卷、詞鈔別集一卷，未悉胡適之所見即是此集否。敝館創自前清末年，公園內有自己館址，因廿六年日寇進占公園，敝館遷出公園以外賃地辦公，廿八年因避洪災又遷於鼓樓東現在館址，轉瞬十年。館內圖書多係當年故物，幸未喪失，其中頗有孤本善本，爲他處不易得見者。現在教育當局有將敝館善本書籍運交北平國立圖書館保存之動議，敝館正在著手查點之際。《楝亭全集》亦在入選之列，將來如果運到北平，一樣開放，我弟自可就近閲覽，便利多多矣。

夢碧久未集會，兄又卧病月餘，最近開會係在中秋節後，兄適在病中，未得到場，計與寇兄不晤者將數月矣。

我弟復校續讀，將來學業自必竿頭進步，英年碩學，出應社會，前途自然不可限量，視兄之衰朽殘年毫無能力者霄壤有別矣，愧對之至！草此奉覆。順頌

學祺。尚希

時惠好音

愚小兄黃潔塵拜啓　十一月二十三日

戴亮吉（一八八三—一九七五）

奉到寄示《藝林》，獲讀尊著《雪芹小像辨》，旁徵博引，論斷精確，直以清代樸學大家治經精神，搜集許多資料，始行著筆，令人無懈可擊，意欲截留寶存（篇中尚有幾位作者是我久別友人，亦覺可喜），不知尚有餘葉否？如無，即移録璧趙。再前在叢碧處借閲《紅樓夢新證》（書名或有誤），云是尊撰，未及終卷即被索回，尚記據曹家當日親戚印證書中史、王、薛諸親俱有關係，見解異常精闢，曾閲書肆尋購未得，想鄴架應有藏本，可稛借否？

耑肅

汝昌先生侍史

弟戴亮吉頓首　三月十四日

胡　適（一八九一—一九六二）

汝昌先生：

在《民國日報·圖書》副刊裏得讀大作《曹雪芹生卒年》，我很高興。《懋齋詩鈔》的發見，是先生的大貢獻。先生推定《東皋集》的編年次序，我很贊同。《紅樓夢》的史料添了六首詩，最可慶幸。先生推測雪芹大概死在癸未除夕，我很同意。敦誠的甲申輓詩，得敦敏弔詩互證，大概没有大疑問了。

關于雪芹的年歲，我現在還不願改動。第一，請先生不要忘了敦誠、敦敏是宗室，而曹家是八旗包衣，是奴才，故他們稱「芹圃」，稱「曹君」，已是很客氣了。第二，最要緊的是雪芹若生的太晚，就趕不上親見曹家繁華的時代了。先生説是嗎？

匆匆問好。

胡適　卅六，十二，七

匆匆往南邊去了，這信没有郵寄，今天才寄上。

卅七，一，十八

汝昌先生：

謝謝你的長信。那天你要趕車回去，我很明白。你的身體不強健，我一見便知。你千萬不要多心，覺得你留下了不好的印象。《紅樓夢》的研究，我當然很關切，所以去年我很注意你發表的《懋齋詩鈔》的材料。

我對于你最近的提議——「集本校勘」——認爲是最重要而應該做的。但這是笨重的工作，故二十多年來無人敢做。你若肯做此事，我可以給你一切可能的便利與援助。

有正書局本有兩種：一是民國前的大字本，一是民國後重寫付石印的小字本。你若没有見到大字本，我可以借給你。戚蓼生是乾隆三十四年三甲第廿三名進士，正是曹雪芹的同時人；他的小序可以表示他真能賞識這部小説的藝術價值，故他的本子應該是一部精鈔精校的同時本子。（怕的是他是太高明的通人，不免有校改的地方！）前不多時，我偶翻房兆楹、杜聯喆（都是燕大出身）增校的《清朝進士題名録》，忽然發現戚蓼生的姓名，並且是浙江德清人，我大高興，因爲這個小發現可以抬高「戚本」的歷史價值。（我當初萬不料戚蓼生是官名，榜名。）

可惜徐星署的八十回本，現已不知下落了。徐君是王克敏的親戚，當年也是王克敏轉借給我的。聽説，有一部八十回本在一兩年前曾向藏書家兜售，現不知流入誰家。將來或可以出現。

我的「程甲」、「程乙」兩本，其中「程甲」最近于原本，故須參校。

我的「脂硯」本，誠如你所説，只是一個粗粗開採過的寶藏，還有許多没有提出討論過的材料。你的繼續研究，我當然歡迎。《四松堂集》現已尋出，也等候你來看。

最後，我勸你暫時把你的「年表」擱起。專力去做一件事，固然要緊；撇開一切成見，以「虛心」做出發點，也很重要。你説是嗎？

暑熱中當勉力休息，不要太用功。

胡適　卅七，七，廿

汝昌先生：

你的長文收到了。你的見解，我大致贊同。但我不勸你發表這樣隨便寫的長文。材料是大部分可用的，但作文必須多用一番剪裁之功。今日紙貴，排工貴，無地可印這樣長的文字。你的古文工夫太淺，切不可寫文言文。你應當努力寫白話文，力求潔淨，力避拖沓，文章才可以有進步。（此文中如駁俞平伯一段可全删。俞文並未發表，不必駁他。）

此文且存我家，等你回來再面談。我的評語，你不必生氣，更不可失望。

祝你好。

胡適之　卅七，八，七

吴曉鈴先生説，徐藏八十回本，聽説索價奇高！我們此時不可太捧此本了。

汝昌先生：

八月初收到你的長文，曾寫一短信，但未寄出。後來學校多事，我就把你的長文擱下了。現在學校快開學了，我又要到南方去半個月，十六日起飛。我想起這許久没給你去信，必定勞你懸望。所以我寫這短信，並將前信附寄。前信太嚴刻，故本不願寄出。請你看了不要生氣。

我今天花了幾個鐘頭，想替你改削這篇長文，但頗感覺不容易。我想，此文若删去四分之三，或五分之四，當可成一篇可讀的小品考據文字。

全篇之中，只有「異文之可貴」一章可存，餘章皆不必存。故我主張你此文主題可以改爲「脂硯齋乾隆甲戌重評石頭記的特別勝處」，即以「異文之可貴」一章爲主文，而將其餘各章中可用的例子（如「赤瑕」）都挑出搬入此章。

其實你自己也明白這一點，故第（五）章開首説，「以上所論，雖題目不同，但亦不外異文二字。」

尊文暫存我家。我大概在十月初可回來，那時請你來取此文，並看《四松堂集》。此時你若有信，可寄南京，中央研究院轉。

祝你好。

胡適　卅七，九，十二夜

古人説，「做詩容易改詩難。」作文必須痛改痛删，切不可隨便寫。

汝昌先生：

你的信來晚了一天！我昨天寄了一信到你家裏去了。

我在那信上勸你把那篇長跋删成一篇簡明的文字，題作「脂硯齋甲戌評本紅樓夢的特別勝處」，内容專舉我没有舉過的「異文」。我不詳述了，我盼望你不久可以收到我的信。

我讀你信上説的你們弟兄費了整整兩個月的工夫，鈔完了這個脂硯甲戌本，使這個天地間僅存的殘本有個第二本，我真覺得十分高興！這是一件大功勞！將來你把這副本給我看時，我一定要寫一篇題記。這個副本當然是你們兄弟的藏書。我自己的那一部原本，將來也是要歸公家收藏的。

《論學近著》，給你們兄弟們翻舊了，我聽了也感覺高興。我日內走了，請你等我回來再來取《四松堂集》。

故宮內有曹寅父子上康熙帝的密摺甚多；十多年前，曾在故宮出版的《文獻叢編》裏陸續發表此項密摺幾十通。你要寫曹家「家世」，當翻讀這些重要史料。《故宮週刊》上好像曾有文字論這些密摺與《紅樓夢》內容的關係，似是李玄伯先生寫的。我記不清了。燕大當有《文獻叢編》與《故宮週刊》吧？

曹寅家有一女嫁與一位蒙古王，亦見于密摺中，所謂「元妃」，大概指此。

你説的北静王或是永瑢，我看不確。我猜想北静王至多不過是影射敦誠、敦敏二公而已。

尤侗集子裏有關于曹寅的文字。

胡適　卅七，九，十三夜

汝昌先生：

謝謝你的長信。

《四松堂集》，又你的長文，今早都託孫楷第（子書）教授帶給你了。

子書先生是中國小説史的權威，我很盼望你時常親近他，他也很留心《紅樓夢》的掌故。

故宮裏曹寅、李煦的密摺，都絶對無法借出，只可等將來你每日進去抄讀了。

劉銓福是北京有名的藏書家。葉昌熾的《藏書紀事詩》有專詠他的詩，其注語可供參考。

你有好弟兄，最可欣羡。你下次寫信給你令兄時，請代我致意。

脂本的原本與過録本，都可以請子書先生看看。他若高興題一篇跋，一定比平伯先生的跋更有價值。

胡適　卅七，十，廿四夜

陸志韋（一八九四—一九七〇）

汝昌學弟：

哈燕社今晨已決定給予我弟奬學金（約一百五十美金），此外如有急需，請隨時來面談。

九月五日　陸志韋

燕京大學證明　公曆一九五一年八月拾日

周汝昌係本校中國文學系研究生，並在外國語文系任兼任教員，授翻譯課程，特此證明。

校長　陸志韋

吴宓（一八九四—一九七八）

汝昌先生：

賜詩及《紅樓夢新證》一部，均奉到，拜領，欣感無任。恒於道新仁弟處得悉雅況，曷勝神馳。寒假切盼來渝碚一游，藉獲暢叙，並資切磋，兹不贅叙。賜詩甚爲光寵，和詩祈稍假時日，定必作出，來時請帶錦册，當題寫於上。未奉頒賜以前，已讀《紅樓夢新證》一過，考證精詳，用力勤劬，歎觀止矣。佩甚，佩甚。宓不能考據，僅於1939撰英文一篇，1942譯爲《石頭記評贊》，登《旅行雜誌》十六卷十一期（1942年十一月），自亦無存。近蒙周輔成君以所存剪寄，今呈教（他日祈帶還）。此外有1945在成都燕京大學之講稿，論寶、黛、晴、襲、鵑、妙、鳳、探各人之文若干篇，曾登成都小雜誌，容檢出後續呈，但皆用《紅樓夢》講人生哲學，是評論道德，而無補於本書之研究也。其他所知有關《紅樓夢》之時人文字，容後面談。惟王季真應作王際真，其人與宓相識，濟南農家子，清華1923級校友，一向居美國，僅1929夏回國，在京與宓晤談二三次，當時宓曾在《大公報·文副》中，介紹其人與其書。……宓《詩集》蒙賜讀，甚感，若京中故妻處尚有存，（容函詢託）必當另以一部奉贈。屢承索寅恪兄與宓抗戰期中之詩，容後時時鈔上，久遲爲罪。茲寄上（一）《五十生日詩》奉贈，祈留存。（二）《夢覺》等詩四頁，係在成都燕京時所印，只此一份，故望帶還。諸詩皆思想改造以前之作，幸恕其愚妄，而勿罪焉。書不盡意，即頌

文安

弟吳宓頓首　1953十二月二日

《譚藝録》承示，與《餘生隨筆》有關，又與宓《詩集》中如卷十三17頁亦有關，特默存博學，非宓所可及耳。

奉贈　留存

五十生日詩　吳宓

民國三十二年（一九四三年）八月二十日，即陰歷癸未年七月二十日，爲予五十歲生日。即事述懷，綜括詳切，成詩凡十四章。時在昆明。

（一）

五十始欲滿，往事盡知非。理明行多誤，情真境恒違。破家難成愛，助友反招譏。賢父傷飢宦，慈姑念補衣。鹽車身已老，龍戰世安歸。箴時文字滅，設教心力微。攘臂怯馮婦，餘光思下幃。悼紅書未就，夢想化鶴飛。

（二）

樓室矮且斜，蟄居書可讀。窗低案無光，細字傷昏目。四時寒熱均，青衫本儒服。入市求三餐，尚能適口腹。媛彥講談親，士夫勢利蹙。老來愛自然，率性伍麋鹿。曳杖步湖郊，雨過山林沐。內心有真樂，莫怪吾行獨。

（三）

有才難自用，出處每旁皇。在己謀何拙，爲人計則長。想像頗圓滿，推理極精詳。施事恒枘鑿，與世動參商。坐厄群小間，鬱鬱氣不揚。藏山業未就，歡樂亦少嘗。勞勞役朝夕，瑣屑案牘忙。萬古一生盡，醒枕淚淋浪。

（四）

筋力日就衰，心靈翻開霽。尚友千古賢，渺冥神常契。老來見道真，至理非虛滯。書中事與人，一一窺實際。窮經傷蠹研，讀史輕獺祭。入聖由凡情，言仁取近例。所悲文教亡，陳編人莫諦。淺薄習美風，功利靡全世。

（五）

治生吾不能，亦復恥言貧。一身原易活，重責皆爲人。億萬經吏手，收支簿紛陳。什一入馬腹，馱挽力苦辛。脂膏競銷鑠，大地毀戰塵。物價日騰貴，每食計盈均。餘閒讀且思，未兼職與薪。外傷軀體羸，內葆情性真。

（六）

平生愛海倫，臨老益眷戀。世裏音書絶，夢中神影現。憐伊多苦悲，孀居成獨善。孤舟汎橫流，群魔舞赤縣。歡會今無時，未死思一面。吾情永付君，堅誠石莫轉。相抱痛哭別，安心歸佛殿。即此命亦慳，空有淚如霰。

（七）

賦性少貪瞋，所患惟愛癡。夙昔久追尋，美麗寓靈奇。歷劫貧病老，乃深感厭離。刺耳惡魔詈，盈目鳩盤姿。艱苦訴米鹽，瑣屑計銖絲。安知恩合義，但濟婪與私。污瀆無仙花，沙場堆腐屍。嗚呼時世異，九淵望天墀。

（八）
戀愛與義務，雙途齊努力。自求本末貫，人怪言行直。公私若小大，黽勉盡吾職。事畜未能贍，勞作不遑息。理想非空談，情志忌虛飾。薄物細故間，聖德日滋殖。晨夕看雲樂，深宵聞笛惻。徒博狂狷名，誰知中正極。

（九）
街衢何所見，污穢且煩囂。倚勢欺良懦，貪利競錐刀。鞭馬僕御狠，射鳥兒童驕。矮圓道州婢，無夫一生勞。更聞徵役苦，兵飢將侈豪。改革壞紀綱，喪亂失節操。連盟自卻敵，後顧多煎熬。均富立民德，佐政思稷皋。

（十）
寰宇鬬方酣，戰國略可擬。齊晉已中衰，吳越新崛起。合縱摧一强，秦亡期當竢。舉世用鞅法，誰復存儒揆。學術惟利兵，思論益俶詭。好貨貪欲盈，尚功仁義鄙。白穆即孟荀，人文立教旨。繼往足開來，後賢應仰止。

（十一）
文學吾所業，痛見國無文。字體極醜怪，音義更淆紛。託托徵征誤，妄以云爲雲。士習趨苟簡，世亂遂泯棼。方言與夷語，窮末途益分。創作矜白話，不讀書可焚。句調摹西法，經史棄前聞。國脈從此斬，民德何由薰。

（十二）
廿載未成書，說部期傳後。情事幻假真，因緣述新舊。舍己恒爲人，蹉跎功莫就。餘生能幾日，忍更旁馳驟。良友愛國心，强偕作獅吼。善生盲俗醫，曙光昏冥透。再拜終辭卻，誰知吾懷疚。頽唐任世譏，衰庸難自宥。

（十三）
生盡即爲死，死至生無餘。譬如綫裏錠，取用日減舒。修短固前定，無知樂容與。羞囊孰揮霍，戒行少安居。七年一轉變，我生同驛車。嘗感五十六，大夢將醒蘧。古賢樹立早，即此多慚余。在途宜奮勉，臨別毋趦趄。

（十四）
緬懷賢聖跡，及今知天命。宇宙轉輪劫，不改真如性。至道智難窺，篤信須誠敬。世師孔柏先，教宗佛耶正。報施各有宜，我未識究竟。薪盡火能傳，溪流入海鏡。功畢可長息，途窮焉足病。西山晚霞明，美景資歡慶。

白屋文學院籌備會印贈

雨老賜鑒：

晚廿二日下午登車，次晨安抵錦里。在碚數日之聚，幸會無已，感激厚意，尤難去懷。囑交諸同學等款拾萬圓，俱於當日辦到，附上林義芳收條一紙，乞察入。川大開課在即，不及詳叙契闊，容再脩候。專上，祗頌

教綏不莊

晚汝昌再拜　五四、二、廿五

附收條壹紙。

宓收存。

1954三月一日宓讀。附函、地圖（北京）二幅，已面交孫培良兄矣。江家駿、孫永慶（林義芳之夫）君，各已有函來，其款皆收到矣。

題陳慎言所作虛無夫人小説連載上海時報，時在一九三六年一月。　吳宓

太虛幻境紅樓夢，烏有先生海上花。（《海上花》，清末小說名。所謂虛無夫人，時居上海，其書所寫，即宓懺情詩本事，連登二旬後，以故輟止，未成書。）我寫我情情自美，人言人事事終差。巨

靈天外伸魔掌，錦字機中織亂麻。家國如斯説不得，（陳慎言君所撰小説名《如此家庭》，又一書名《説不得》。登載一九二五至二六年北平《晨報》。）芙蓉誄罷賦懷沙。

附録　紅樓夢新談題辭 一九一九年春，時同在美國哈佛大學。宓註。　陳寅恪

等是閻浮夢裏身，夢中談夢［倍夢］倍酸辛。青天碧海能留命，赤縣黄車（虞初號黄車使者）更有人。世外文章歸自媚，燈前啼笑已成塵。春宵絮語知何意，付與勞生一愴神。

新紅樓夢曲之七　吴宓

【世難容】氣質美如蘭，才華馥比仙。（昔當一九三四年春，在清華園古月堂宴叙，同人以《石頭記》中人物方今之人。劉文典教授（叔雅，合肥）口誦此二句曰：宓應比檻外人妙玉。此乃本曲所託始，否則宓何敢自比妙玉，更何敢掠用此二句之原文乎？）天生成孤癖人皆罕。你道是唯物論腥羶，白話文俗厭，卻不知行真人愈妒，守禮世同嫌。可歎這危邦末造人將老，（此曲乃宓一九三九年初春在昆明作。解放前十年。）辜負了名園（清華園）麗景春色闌。到頭來，依舊是風塵碌碌（此四字用《石頭記》開卷自叙「今風塵碌碌，一事無成」，蓋傷宓著作《人生哲學》及長篇小説之未成也）違心願。只贏得、花落無果空枝戀，又何須、高人名士歎無緣。（此言宓立志奮發，而終局如此，天下後世類似宓或不如宓者，更不當自輒悲歎其蹉跎不遇矣。）

郭斌龢君評云：此曲感懷身世，幽約怨悱之致，可與汪容甫自序及弔馬守真文相伯仲。宓按：實不敢當，改竄字句，掠美而已。

平襟亞（一八九四—一九八〇）

汝昌先生：

接到一月廿日賜書，深感欣幸。亞曾經披讀大著《新證》一書，覺得旁證博引，內容十分豐富，又非常寶貴，足饜普遍讀者之欲望，確爲考覈《紅樓》一書最最精博的宏著，亞不勝欽佩之至。

惟前此由棠棣寄呈「勘誤表」一紙，乃我友何心同志（即陸澹庵先生）所校出者，囑亞轉交棠棣，亞交給徐企堂兄時，未加説明，兹特向先生聲明之。何心同志亦精於考證學問，最近將多年著成之《水滸研究》稿本交與棠棣出版，現已由棠棣付印中。亞請先生暇時與何心同志通訊爲荷。並候

時綏

襟亞敬禮　二月八日緘

何心同志通信址：上海溧陽路一二一九號

鄭逸梅（一八九五—一九九二）

汝昌先生：

慕名已久，末由識荆。頃偶檢尊作《戚蓼生考》，旁證博引，甚爲詳贍，欽佩，欽佩。但尚漏遺王昶所輯之《湖海詩傳》，兹録之如下：

戚蓼生

字念切，德清人。乾隆三十四年進士，官至福建按察使。有《竺湖春墅詩鈔》。

馬底驛

凄絶黔安地，經行得未聞。語音三户别，晴雨一山分。陡壁騰樵婦，荒鑪坐戍軍。還看溪澗畔，虎跡映斜曛。

姑供一得之見，以博一粲。耑此，敬頌

箸祺

鄭逸梅率白　三月三日

通訊處：上海長壽路養和邨一號。

汝昌先生史席：

不通音問，晌已易季。近維箸述宏富，興居安善，爲無量頌。聞尊撰《紅樓夢新證》重訂本出版，内容甚爲豐贍，弟頗思購得一部，藉以拜讀爲快，奈此間無從購取，能否拜託台從代爲設法。書值三元有餘，祈見告確數，弟當以書款並寄費匯上。不情之請，惶悚，惶悚。耑此，敬頌

夏綏

弟鄭逸梅再拜　十五日

上海長壽路160弄1號

沈雁冰（一八九六—一九八一）

汝昌同志：

大函及附件均悉，謝謝您對我的「關於曹雪芹」報告草稿所提的意見。有些意見很好，我已採取。有些意見，例如您認爲吴世昌先生解釋「霑」字取義並推定其生年不可遵作定論等等，則鄙見以爲吴説仍不妨姑存，因爲我的報告本文及附注自謂都很客觀，諸説凡可取者在附注中都帶便提及。（完全站不住的，自然不提。）對俞之輯評及校本亦然。校本取捨，我亦謂俞校有未盡妥處，提到校字記，非完全肯定之也，因其爲客觀存在也。您自述《新證》寫作經過，謂與胡適之考證有别，誠然誠然。報告本文草稿及附注未爲剖析，是我之疏忽。現在已在本文「至於比類事跡……」云云一段修改爲「至於一方面已認識到《紅樓夢》之反封建的重大意義，另一方面卻又比類事跡，欲從《紅樓夢》中勾稽曹雪芹年譜，則又未免作繭自縛，進退失據」，又在附注第六條，「最晚者……新證」之下加數十字，正面説明《新證》不同於前此之「考證派」。又「新新紅學」一詞，現亦改爲「考證派紅學」，指胡適一派，與「索隱派」對舉。

外國研究《紅樓夢》及譯本，現擬增添日本，至於朝鮮所演《紅樓夢》實即根據我國越劇之《紅樓夢》。報告本文對於解放後改編《紅樓夢》爲地方戲等等活動，都不提及，故亦不擬提到朝鮮了。匆匆奉覆，順頌

健康

沈雁冰　二月四日

關於高鶚，我以爲暫時還不能推翻他。但既有新説，亦應並存，所以加了一個注。影印乾隆抄本，可以假定爲高鶚補書時所用的一個稿本，正猶我們寫作，初稿倩人謄清，然後再加删改，似不能據此抄本即否定高之補作權也。

茲訂於十月三十一日（星期日）下午三〔時〕，在東四頭條四號第六樓中國文聯大會議室舉行中國文學藝術界聯合會主席團及中國作家協〔會〕主席團聯席（擴大）會議。會議内容爲：關於開展《紅樓夢》研究工作上反對資産階級唯心〔論〕的傾向以及《文藝報》在處理這一討論中的錯誤態度等問題。務請準備意見，準時出席爲荷。此致

周汝昌同志

郭沫若
茅盾
周揚　十月二十九日

周汝昌同志：

訂於本月二十二日（星期五）下午三時在四川飯店座談曹雪芹卒年問題。屆時請出席。

敬禮！

茅盾　三月二十日

顧隨（一八九七—一九六〇）

玉言有書來問近況賦五絶句報之

萬方一概更何之，如此衰軀好下幃。怕讀稼軒長短句，老懷無緒自傷悲。

一帶青山結暮陰，寒煙衰草倍蕭森。經年不過城西路，何限淒涼病鶴心。

知我惟餘二三子，時時書札問何如。坐看白日堂堂去，獨抱冬心到歲除。

寒風捲地撲高枝，吾廬岌岌尚可支。我有一言君信否，謀生最好是吟詩。

抱得朱弦未肯彈，一天霜月滿闌干。憐君獨向寒窗底，卻注蟲魚至夜闌。

三月以來久未作書，忙耳，病耳，懶耳，無他故也。又目力亦至不濟，燈下作此等字已覺費事，衰殘如此，如何可説。

苦水　卅一年小除夕

來書所問未能一一作答，諒之。又自秋徂冬，得古今體詩凡三十餘章，而五七言古居其半，苦不得寫寄耳。苦水又白。

兩書均由校中轉交收到。意者兄或來舊京就學，當可面談。又病軀不耐久坐，故遲遲未覆，諒之，諒之。

大作詞稿及筆記均妥爲保存，勿念。春來課事益忙，累於生計，無可如何。間一爲詩，久不作詞矣。《鷓鴣天》一章尚是去年之作也：

不是消魂是斷魂。漫流雙淚説離分。更無巫峽堪行雨，始信蕭郎是路人。　情脈脈，憶真真。危闌幾度凭殘曛。可憐望斷高城外，只有西山倚莫雲。

比來輔大有十一小時課，中大有四小時，又女青年會開一補習班二小時，身心交疲，爲人爲己，兩無好處，如何可説。

玉言兄

苦水

玉言兄史席：

前得手書並《水調歌頭》、《鶯啼序》各一章，尚未覆，頃又奉來札，敬悉壹是。連日仍忙，輔大四年級生已開始畢業考試，日內須閱卷及看論文，恐暇時益少也。腰膂又時時作楚。昨得家六吉弟書云，教書生涯等於討飯，然更有人欲討飯而不得云云。念元代有九儒十丐之説，蓋讀書人之與討飯相去不過一間由來已久，不禁失笑。兄論《讀詞偶得》與余見多合。余與平伯先生有同學之誼，又相識已久，然總覺彼此不能融洽，「吾友之一」云云者，乃是沈啓無之言，而非苦水之言也。《鶯啼序》極見工力，然澀調大篇，除走南宋一路外更無他途，韻文一唱三歎之美遂不復可尋，苦水平生未敢輕試者，以是故耳。若就詞論詞，大作可謂完璧。《水調歌頭》結二語悠然不盡，深得宕字訣，惜「莫非來時」四字於律不合，須另擬耳。前寄拙詞二章，俱不佳。《鷓鴣天》結句誠如尊評，俟心情稍平靜當改作。「未藉」之「未」字或當改「不」字，然「不」字犯複，又「未」字語氣音節上俱較和調，故終用之。（胸中有書可，作詞時卻不可賣弄他。胸中書來奔赴腕下可，若搜尋他卻又不可。苦水《鷓鴣天》結句是搜尋來地，所以不佳。）假中赴津之行恐終難現實，多病之軀飲食起居俱需人照料，又每值伏日常常生病，五年以來年年如此，内子亦亟泥余行也。生活費恐仍當舉債耳。草草，此頌

吟祺

顧隨再拜　五月廿六日燈下

近來覺得作詞人須多讀唐人詩，不知兄亦同此感想否？

玉言吾兄：

手書兩通又大作《賀新涼》與七古一章均拜讀，慵未即覆者，非以忙，乃以天氣。雨多濕重，腰背時時作楚，遂懶於伏案執筆耳。今日陰雨，竟日潮涼，有如新秋，而筋骨酸痛，坐立皆無所可，卧床偃息不復欲起。向夕雨止，即如復活，燈下獨坐，乃作此書，然中懷鬱結，恐亦未能盡所欲言也。平日愛讀嵇叔夜《絶交書》，尤喜其「直性狹中，多所不堪」二語，以爲殆不啻爲苦水寫照。來書有云，「詩人不窮便非真的」，讀之不禁失笑。百無聊賴之中得玉言此語，不但解嘲，亦足自慰。然竊謂天地之大，窮人甚多，而詩人則極少。常人之窮，苦其身家而已；惟詩人則能言之，故遂易爲世人所知耳，豈其窮竟有加乎他人之上者哉？苦水有室家之累，平素自奉又稍優，此際遂有似乎窮耳，較之古昔詩人之窮者，固已有間矣，豈得謂之爲真窮乎？比來不曾爲辭章，日臨歐書作壹百餘字而已。草草，俟再函。此頌

暑祺

苦水再拜　七月廿七日

玉言道兄英鑒：

秋風轉寒，至不可耐，日來雖較爲晴暖，而時時有俗事牽帥，心情仍不能平和，使人終日怏怏，如何，如何。雙十節日所作書至今尚未寄奉，職是之故，諒之，諒之。鄭因百就任滬暨南大學副教授，上周啓程赴津，海道南下。方今是處才難，如玉言者真不可不有以自處也。此頌

吟祺

苦水拜手　十月十五日

長句近體二首，另紙寫奉。

水邊有青楊數株偶散步其下覺心緒如潮也

青楊聲急報秋深，何處荒邨有杵砧。不惜城頭餘落日，可堪天際結層陰。半生學道成笑柄，十載食荼懷苦心。白雁霜前猶未至，江頭日夜起龍吟。

長句戲爲俳體　雙十節後一日作

庭前風樹已騷然，况是黄楊厄閏年。拙作寒衣俱未得，山妻老我兩無眠。破書支架眼終飽，弱女非男心自寬。隔室劇憐聞笑語，今朝結隊上西山。（小女三人是日隨學校旅行至香山。）

玉言兄吟政。

苦水寫奉

射魚邨人於《紅樓夢新證》出板之後曾有七詩見寄述堂悉數和之而村人復爲長句四韻題七詩後因再和作

已教城市替山林，許子千秋萬古心。青鳥不從雲外至，紅樓只合夢中尋。卅年閲世花經眼，十五當罏酒漫斟。遥想望江樓下路，垂垂一樹古猶今。

射魚邨人元唱

小綴（魯迅先生《唐宋傳奇集》後著《稗邊小綴》，今採其語）

何干箸作林，致書毁譽尚關心。夢真那與癡人説，數契當從大匠尋。懷抱陰晴花獨見，生平啼笑酒重斟。爲容已得南威論，未用無窮待古今。

一九五三年十二月廿五日述堂録

適間作函時不獨無和作之意，亦且不自知其和作果在何時。作函既竟，困坐無俚，玉言元唱適在案頭，諷誦之下，如有靈感，援毫伸紙，竟爾成篇，隨手録出，附函寄蜀。函中自云疲甚，今乃自忘其疲。玉言於此試下一語。同日鐙下，愛人來告飯中，草草記此。

木蘭花慢　得命新六月廿三日書，歡喜感歎，得未曾有，不可無詞以紀之也。

石頭非寶玉，便大觀，亦虛名。甚撲朔迷離，燕嬌鶯姹，鬟亂釵横。西城試尋舊址，尚朱樓碧瓦映觚稜。煊赫奴才家世，虺隤没落階層。　燕京人海有人英。辛苦箸書成。等慧地論文，龍門作史，高密箋經。分明去天尺五，聽巨人褒語夏雷鳴。下士從教大笑，笑聲一似蠅聲。

昨午得書，便思以詞紀之，而情緒激昂，思想不能集中，未敢率爾孤負佳題。下午睡起茗飲後，拈管伸紙，只得斷句，仍未成篇。今晨五時醒來，擁被默吟，竟爾譜就，起來録出，殊難愜心。逐漸修改，迄於午時，乃若可觀。兹録呈吟政，想不至蹙頞攢眉耳。原稿一並附上，令命新見之，如睹老馬不任馳驅，但形竭蹶也。五四年六月二十有七日，糟堂。

陳兼與（一八九七—一九八七）

汝昌先生大鑒：

久企音塵，忽奉函教，欣慰無似。拙稿介紹劉大紳「空傳」四詩，只是在多年以前（約四十年前）筆記本中檢得，當時抄下，未記來自何處（當係報紙所載），甚至劉大紳仕履亦不能詳，復得其孫來書，始知大紳乃劉鐵雲之子，固名家也。其孫之書，後亦登於《團結報》（内容略有補充，可向該報索閲）。來源僅如此，故無原跡可以複印，亦無流傳、收藏之可言。承問，據實相告。耑覆，祇頌

撰祺

陳兼與敬啓　六月二日

康　生（一八九八—一九七五）

周汝昌同志：

我剛由外地回京，今晚始讀來函，未能早復，歉甚！

很願一談，擬星期六（三月三日）上午九時派人去接您，不知有暇否？

近安！

康生　三月一日晚

周汝昌先生：

惠書收到，夏衍同志託轉贈《納蘭容若手簡》二册，特送上。《楝亭夜話圖》，似有人與我談過，惟不記現存何處。容問過王治秋同志後再告。

已讀過致燕銘信，卓見甚是。恭王府石刻，兩游未見，當託人調查清楚。

多日未見，身體好嗎？謹祝

康健！

康生　五月十三日

周汝昌先生：

來函收到，最近忙于外賓之接待，未能即復前函，請諒！

查到曹氏老墳及族譜，聞之可喜，我前不知此事。

致檔案局信，已轉給該局長曾三同志。據曾三同志電話中説，檔案館雖遠在西郊，但他們在故宫清史館還有一部工作人員和檔案材料，也可以從西郊調材料到故宫清史館看，等他看到信時再同您聯繫。

最近郭沫若、陳叔通、張奚若、李富春、李先念、楊尚昆諸公及陳毅元帥都去看了恭王府，大家都很有興趣。據張奚老説，過去梁思成教授及林徽音女士（已故）對恭王府之建築曾作過研究。游園時粵劇名演員紅線女持一團扇（上畫錢塘江大橋）請郭老題，郭老題詩一首曰：一日清閒結雅游，百年餘夢覓紅樓。樓前尚有湘妃竹，扇上錢塘天外流。再談吧！

近安！

康生　六二年七月三日

張伯駒（一八九八—一九八二）

揚州慢　獲杜牧之贈張好好詩墨跡爲賦，索敏厂同和

秋碧傳真，戲鴻留影，黛螺寫出温柔。喜珊瑚網得，算築屋難酬。問誰識、人間艷跡，外孫黄絹，佳話千秋。等天涯遲暮，琵琶溢浦江頭。　盛元選曲，記當時、詩酒狂游。想落魄江湖，三生薄倖，一段風流。我亦五陵年少，如今是、夢醒青樓。奈腰纏輸盡，空思騎鶴揚州。

叢碧

門前春水長魚蝦。帆影夕陽斜。故家堂構遺基在，尚百年、喬木棲鴉。寂寞詩書事業，沉淪漁釣生涯。　只今地變並人遐。舊夢溯蒹葭。名園天下關興廢，算只餘、海浪淘沙。不見當時緑野，也成明日黄花。

調寄風入松，敏庵詞家同社屬題。

辛卯暮春　張伯駒

敏厂兄文几：

久未函候，入春到夏多城居，心緒殊草草而又窘乏。家務糾纏現可結束，園子擬售出或分割。自吾兄去後，正剛日不暇給，便少過往之人，而就近可言者，亦只正剛耳。郊居便覺乏趣，近詞亦少作，半年來才三四闋，稊園社課亦只應酬，無稱意之作。不知在蜀授課外作何消遣，一家作客，能無牢愁，付之吟詠，則知工部之詩非偶然也。兄作《叢碧詞》跋，枝巢翁意似爲逾分，難免受者有慚色，而觀者有閒言，再選印時仍須印兄跋，能稍加改易否？詞三四闋録請正。即請

旅安

弟叢碧頓首　閏五廿五日

蝶戀花　壬辰元日

往事迷離如過絮。好景黄昏，猶戀斜陽暮。不管雨欺風也妒。看花直到花飛去。　一醉懵騰醒後悟。便有聰明，早被多情誤。對鏡才知儂是汝。舊時年少歸何處。

南樓令　壬辰立春

凍解池開天。東風去又還。掩銀屏、猶有餘寒。芳草無情愁不了，先青到，畫樓前。　春便没些閒。今年好去年。只難能、轉變衰顔。怕見花開人更老，鶯啼處，倚闌干。

臨江雪【仙】　立春後雪

蠟淚滴殘鳳燭，爐香熏上貂裘。重簾放下月垂鈎。衾寒知雪意，酒暖覺春愁。　紫氣曈曨日曉，翠華葱蒨煙浮。西山晴霽一登〔樓〕。琉璃裝世界，金粉飾神州。

玉樓春　元夜

金吾衙外香塵繞。玉照堂前歌管鬧。簾開燈上月初來，柳暖梅寒

春正好。　清光從未嫌人老。歡樂不教成懊惱。今年才見一回圓，已爲良宵拚醉倒。

琵琶仙　題君坦畫墨桃花扇子和原韻

腸斷天涯，乍驚見、滿眼愁紅凝碧。簾外雙燕歸來，東風換消息。前夢渺、劉郎再至，可還似、去年顔色。半倚斜陽，無言有恨，誰解心跡。　幾番是、流水光陰，又啼鴂、聲中過寒食。燈舫舊時秋扇，送繁華如瞥。輸卻了、江山一局，剩血痕、點點猶熱。對影身世相憐，忍教輕擲。

定風波　摩訶池

瓊户風來送暗凉。玉肌不耐薄羅裳。菡萏夜開香淡遠。清淺。碧波無浪睡鴛鴦。　故國月明空似水。垂淚。可憐憔悴促行裝。蜀魄聲聲聞馬上。惆悵。舊携手處忍思量。

叢碧

敏庵兄正。

絲藕縈心，硯冰滴淚，脂紅寫盡酸辛。可憐兒女此天真。生死誤、多情種子，身世似、亡國詞人。江南夢，楝花落處，已是殘春。　千年哀史，曲終不見，絃斷猶聞。有庾郎才筆，獨爲傳神。辭絶妙、還猜幼婦，文捭闔、更起新軍。看壇坫、聲華藉甚，鷹隼出風塵。(庾郎一作掃眉，以敏庵所居近枇杷門巷故也。)

瀟湘夜雨，題敏厂兄著《紅樓夢新證》。

甲午二月　叢碧

人月圓　乙未中秋寄敏厂、正剛兩弟

三年三度中秋夜，同賞有三人。太行山影，昆明水氣，直到清尊。　月圓易缺，人生難聚，忽自離群。舊時舊地，不堪回首，北雁南雲。

今歲移居李廣橋，窗臨後海，門對西山，中秋夜因念及與敏厂、正剛展春園賞月舊事，情景猶在，而咫尺相隔不啻天涯，人生聚散真如夢寐，因寄此詞當柬。

乙未中秋後　叢碧

敏庵詞家

敏庵兄：

知兄過京入蜀，未得一晤，悵惘若失。希常通詢勿懶爲盼。《惜餘歡》、《人月圓》兩詞，弟無稿，望寄抄。專請

旅安

弟叢碧拜　三月初三日

今日脩禊，無一人，回憶去年之盛，感也如何。獨坐寫此信，方微雨，此情可知。

斜陽衰草暮雲昏。黄葉舊時邨。東風一晌繁華事，忍回頭、紫陌紅塵。硯水滴殘心血，胭脂研盡酸辛。　落花如霰總無痕。知己幾釵鬟。是真是幻都疑夢，借後身、來説前身。剩有未乾眼淚，癡迷多少情人。

風入松，題《黄葉邨著書圖》。

叢碧

玉言弟台：

《春游瑣談》第二集已付印，第三集擬提前於六七月間付印。稿希能早賜，即祈捉筆賜寄爲荷。專此，即頌

春祺

叢碧頓首　三、十一

敏庵弟台：

一別將匝月，光陰真不候人。《春游瑣談》第二集五月即印好，大稿亦在內。第三集擬提前收稿，於六月前收齊付印。無論軼聞、故事、風俗、游覽、金石、書畫、考證、説部，希弟任寫二則，《紅樓》更好，早爲賜下爲荷。專此，即請

撰安

叢碧頓首　三、三十

玉言弟台：

稿收到，甚佳。第二集六月可印出，現稿録在三集，十一月前可印出，能再寫一則更好。《瑣談》初不過偶爲之，乃外間頗多願讀者，尤以上海方面索者爲多，故中國書店出書即要去也。以寫者少，則此地無硃砂，紅土即爲貴矣。尤望爲四集多預寫一些稿，從容寫之可也。草此，即請

撰祺

碧頓首　四、卅

敏厂弟台：

《春游瑣談》三集已付印，四集在寫稿，八月付〔印〕，請弟再寫一則賜下爲荷。四集印好後是否再續，看大家意思再定。二集已印好，書交到後當即寄上一本也。如要，並祈示知。七月中或能回京一行，到時當相訪。草此，即請

夏祺

叢碧頓首　六、十四

玉言弟：

兩奉大示，惲公孚先生寓西單口袋胡同十八號，昨曾晤之，已代先容，可直與通函。富藏書而又豁達者，尚不知其人，遇友當代詢。《瑣談》四集稿，希九月半前草一則寄長春爲荷。對《瑣談》稿，尊見甚是，當取捨宜嚴也。明日即回長，匆此，即問

撰祺

碧拜　八月卅日

敏庵弟台：

《春游瑣談》待集齊於下月半付印，内只差尊稿，望即隨寫一則賜下爲荷。專此，即請

秋祺

叢碧頓首　九、廿四

正剛亦寄來一稿，爲《摹夏枝巢讀清真集册子》。

玉言詞家：

手札奉悉，次兄情況，俟稍裕時當有以助之，惟近況不復當年，亦只能稍事點綴耳。匆復，即請

撰安

《瑣談》三集即印好，四集擬俟年初付印，夏曆年後可印出，共一函，即擬暫停矣。並聞。

叢碧頓首　十一、十二

玉言弟台：

十七日函奉悉。《瑣談》四集、續刊五集擬暫停。三集中如公孚之《神使鬼差》、慧遠之《京官輀夫》、伯弓之《常熟訪鶴》均已見他筆記，舊燕、勞人文亦冗長乏味，爲短文亦須自有邱壑，如四合院之房舍即索然矣。柳硯在行篋，臘盡携回供賞。脂硯之事不知原由蜀人戴亮吉介紹者，未知據誰所云，詳情如何希示知，並再詢戴君也。《黄葉村著書圖》容促繪手終交卷不誤。草復，即請

冬祺

叢碧頓首　廿二日

敏庵弟台：

《春游瑣談》六集稿已齊，專待尊稿即行付鈔印，祈即賜下。又，于思泊寫曹雪芹故居稿中間二字，以余看即是因王百穀與馬湘蘭之事，連帶談到《紅樓夢》，中間二字實費而無謂，不須更問彼矣。此公雖甚熟，然頗有官氣，文字實不高，故現見面亦不多也。草此，即請

撰祺

碧拜　十一、廿二

玉言弟台：

來示未復，因定今日去訪，乃大風寒冷，竟未敢出門，遇星期日無風當再往。章士釗先生《柳文指要》，經晤其秘書王益知君，請詢賜給，《柳》章先生曾自買百部，均已贈完無存。曾賜我一部，爲十月二十七日，俟星期日去時帶去一覽。《春游詞》爲六六年春送去，油印本，磁青皮，較《叢碧詞》本爲小，前有老弟題詞。□各詞友均無存本，只有老弟處一孤本矣，能找出最好，餘俟星期日晤談。即問

冬祺

賜糧票，謝謝。

碧拜　廿八

敏厂弟台：

前來書云柳文絃子一事，將原函轉於章孤桐之秘書王益知兄，彼云《柳文指要》中未載入，詢向何叢書查，《柳文指要》將再印，擬載入。祈函示爲荷。即頌

春祺

碧拜　元夕

玉言詞家：

前函交潘素發後，置皮包内三日始發出，致誤。仍于本星期日（十日）上午十一時請移步敝居午餐一談。潘素新學得炸肉，罰其爲做菜，或尤勝涮羊肉。聞郭沫若有駁章孤桐論《蘭亭》一文，章論當在《柳文指要》中，請携來，欲與弟台一談《蘭亭》真僞問題。楊柳枝殊有意致，餘面罄。即頌

冬祺

碧拜　十二、六、星三

憶前游勺水米家園，遭逢話燕京。算書城學海，春風桃李，有夢如醒。回首金湯無恙，朝市换公卿。似到山窮處，柳暗花明。

周甲添籌忽屆，看上頭雪滿，縐面池凝。寫紅樓血淚，幻影問平生。任長教、耳聾目瞶，但石堅、玉粹總相仍。交期論、在形骸外，心酒同傾。

調寄八聲甘州，丁巳暮春祝玉言詞家六十壽。

中州張伯駒，時年八十

潘　素（一九一五—一九九二）

黄葉邨著書圖

癸卯夏日，潘素

夏承燾（一九〇〇—一九八六）

汝昌先生：

頃自莫干山返杭，得讀《文學遺産》評《姜詞箋校》大作，迴環數過，惟有感荷。先生博學精思，曩讀論《紅樓》大著，即

甚佩仰。覆瓿小書，乃承賜覽，並荷不惜目力，仔細詰辨，銘篆無似。承教各條，當一一改正，惟卷中此等謬誤必定甚多，尊文限于報紙篇幅，但能「試舉一二」，甚盼不靳一一開示（事忙天熱，不敢過多勞神，請札示概要）。尊文舉及白石繫年，想小作《唐宋詞人年譜》亦承賜鑒，並祈盡舉誤處見教。瑣瑣襞積之學，賢者不爲，今日能看肯看者亦甚少，幸鑒其嚶求嚮往之誠，不我遐棄。前于吴聞女士處讀大製數首，斲輪老手，定多新作，尊著有印成者，並祈惠示一二。如承賜復，請寄杭州杭州大學，並開示高居詳址。匆匆鳴謝，敬承

著安　不一一

夏承燾上　八月卅日

吴聞女士仍在北京《文匯報》否？請示及。

請閲後面。

尊文論箋注應推陳出新，鄙意甚贊同。近日寫《陳龍川詞發微》一小稿，擬依教改寫，惟具體方式尚難擬定，甚盼指示一一。

龍川每一詞成，輒自詫曰：「平生經濟之懷，甚在是矣。」葉水心爲龍川墓誌，謂同甫好爲微言，多不易解，此其一也。燾細讀同甫全集，其詞確有與《中興論》、《上孝宗書》諸政論相通者，因名小書爲「發微」，此名妥否？請教！

汝翁尊右：

今吾兄來，携到所賜《紅樓夢》新著，捧持滿握，如承百朋，感荷，感荷。病中不能旬日畢業，俟讀過當再求益。專此先謝，幸恕其荒率。敬承

著安

承燾吴聞同敂　即日

今日同讀尊著後記，津津有味。五月八日。

俞平伯（一九〇〇—一九九〇）

汝昌先生：

手教欣誦。前者刊出拙作，頗傷繁冗，乃承獎飾逾恒，甚爲愧荷！《紅樓》一書，浩瀚繁複，雖治此有年，仍不免望洋之歎，知者必不以斯言爲河漢也。尚另有一篇，談文學所所藏之所謂「蘭墅稿本」，已投寄上海中華，聞將於《文史論叢》第五期上刊出。此刊可有抽印本，届時自當以一册呈正。因係談版本，恐知賞者更稀耳。匆覆不盡，即候

著祺

弟俞平伯　十一、二八

汝昌先生賜鑒：

承惠贈新著《曹雪芹》一書，詳贍活潑而不枝蔓，深入顯出，引人入勝，洵爲近來治《紅樓夢》之佳構，無任佩荷！其中論點弟所同意者亦居太半也。匆復謝，候

著安

弟俞平伯頓首　三月六日

汝昌先生：

論「夢稿」一文甚不完備，草草寫就，乃荷來札獎飾有加，良愧良愧！高氏續書只憑《船山詩注》一證，依近來陸續發見各情況，其非高氏之筆或然性較大，惠書云云，竊有同感。若程乙本之凡劣，尤爲顯明，自胡適享其敝帚而影響至今，亦可惜也。平曾有一想法：程乙本流傳矣，脂本亦稍稍流傳矣，而刻本之祖若程甲者迄無一可據之定本，於學者誠爲匪便。甲與乙每相混，

不易辨識。今友朋中多有藏此殘簡者；文學所曾入藏一部，觀書品甚佳，卻未曾核對。若能彙萃諸家所有，經仔細審定而影印之，或亦紀念作者之一事，而津逮來學尤非淺尠。雖竊懷此意，迄未曾言之，質諸高明，以爲如何？若論甲戌本之年代，鄙意底本是一事，過録（即今本）又是一事，所附批語又是一事，不宜混淆。如雙行注固與底本相連，若夾批眉批等則無時不可轉抄、加批，以之推定底本及今本之年代甚難。此問題非可驟決者。其間文字（例如第一回）有出己、庚兩本之外者，別是一格；不能設想雪芹晚年有此改筆，亦不爲後來各本所依，當爲早年之筆無疑。吳藏己酉序本昔借來匆匆一讀，旋即還之。其時弟適傷臂，倩人録出如干條，極不多。以其不甚佳，恐屬妄改，未採入校本中。今承詢及，爰録前抄者十二條奉上，庶嘗鼎一臠，聊佐清談。前寫「隨筆」，紕繆良多，悔其少作，舊稿亦已零落，致未克檢呈，爲歉。五四年作家協會編印《紅樓夢參考資料》之三，即其全稿，或可在圖書館中覓得歟。匆復，候

著祺

弟俞平伯頓首　七月二十六日

「談紅樓夢稿」更正

1. 402頁倒五行「五條」改爲「四條」。
2. 403頁B之五全節删去。
3. 410頁七行「各舉一例」改爲「舉例如下」。
4. 410頁倒三行（四七一頁）的下面，增補如下：

又第七十八回六頁下《芙蓉誄》「苟非其人，惡乃濫乎其位」。「其位」二字庚、晉、甲俱無，有正本有之。「其位」對上「其人」而言。若無此二字，只作「惡乃濫乎」，文義不完。校本失從戚（校字記六七二頁），當改正。

5. 411頁二行「兩個例」改爲「兩類三例」。
6. 415頁表格第四行「戚庚『一着錯』」，「戚」字删去。在「一回顧」下添：「戚本缺此一段」。
7. 404頁一行「第十回」當作「第十七回」。

孟志蓀（一九〇一—一九七八）

祜昌、汝昌賢棣：

承貺法書並賢昆季新作，反覆吟誦，四十年前舊事恍如再現，望風懷想，不勝依依！用轆轤體率賦三絶句，聊以將意，淟涊不文，當邀雅亮。清人有「慣遲作答喜書來」之句，所言實獲我心。相距匪遥，甚盼時錫好音，匡我不逮。匆復，即頌

撰祺！

孟志蓀拜復　七八年四月十一日

敬賦三絶句，奉懷祜昌、汝昌賢昆季，蘄郢正！

是真情種是詩人，寢饋紅樓見性真。香草美人渾有託，風流文采繼靈均。

白傅琵琶俏入神，是真情種是詩人。香山樂府周郎顧，楮墨今看二妙新。

法書瘦硬能通神，老杜平章信不泯。片玉新詞傳墨妙，是真情種是詩人。

孟志蓀未是草　七八年四月

謝國楨（一九〇一—一九八二）

汝昌先生：

我自春初，即作閩南之游，經厦門、福州各地，今始歸來，案頭獲睹來書，藉悉一一。尊體想已康復，爲念。旅途在《光明

日報》曾見大文，然未能細讀，未知能見寄一份以當快讀否？容俟有暇，定當趨晤，我每日下午均在家也。復致

敬禮

謝國楨上

汝昌先生大鑒：

楨春夏之際，時間半作南游，訪書講學亦有所益。國慶後，始返北京。本擬趨謁，適接惠函，藉悉道履清勝，爲頌爲慰。拙著《明清筆記談叢》實不足掛齒。明清筆記資料匯編，已將編整完畢，尚希指正。楨近來多在家中工作，俟日内稍暇，當策杖造廬，恭候起居也。報尚屢見大文，亦欣快覩。此致

敬禮

弟謝國楨上　十月廿二日

汝昌先生：

頃接惠函，備承藻飾，汗愧無似。楨已腸胃之疾復發，正在家居養疴，倘荷見過，茗椀談心，藉獲教益，不勝佇盼之至。楨高燒甫退，半月之内，當不到所工作也。復致

敬禮

謝國楨上　十一月十一日

汝昌先生著席：

久未通候，近想起居佳勝，爲頌爲慰。楨以喪偶之悽，南來已經多日。大暑中讀尊著《紅樓夢新證》，不僅對於紅學得有啓發，即於清代史事亦獲新識，坐讀盈晷，頗覺清風徐徐，炎熱頓消，使余知投充滿洲與漢軍旗人之區別，高鶚續書爲歪曲雪芹著書意志之隱衷，如獲發蒙。但謂賈母對於賈政、賈赦有所隔膜，子輩在前，孫行爲之不快，此舊社會家庭束縛之習俗，楨在幼時，已司空見慣，不肖子弟背其家長無所不爲，而父輩則以孔孟之道律人，而已則可以納妾荒淫，近人小説如《家》、及《春》、《秋》固已暴露無遺矣。未知尊意以爲然否？對於尊著中之資料問題，更進而請益者，約有數端：

1.拙藏有金埴《不下帶編》，拙著中並涉及「康熙刻版」之事，想先生業已見之，至《春堂行笈編》，楨尚未見及，仍望示及。

2.由尊著而知朱竹垞與曹子清之關係，因之想到楨收有揚州詩局本之《全唐詩》，有竹垞老人對於每家詩人題識殆遍，縱未必其手筆，然確爲康雍間人之字跡。又楨藏有《楝亭十二種》單行本，係開化紙印，未知欲目驗否？

3.楨尚藏有永忠所書團扇面及行樂圖畫，或公業已見及。

4.納蘭容若既與曹氏有關係，其弟睽叙著有《隙光亭雜識》，清康熙間刻本，院館及南開大學均有藏本。楨尚藏有《飲水詩詞集》，清康熙間張見陽刻本，有其序，爲飲水詞之最早刻本。尚有納蘭容若選《清代絶句鈔》，選有子清絶句，未知欲寓目否？

以手間無書，僅憑記憶瑣記於此，以供參考。楨椎魯無文，惟喜搜集野史謏聞，人捨我取，儼然成聚，秋間北返，倘不我棄，尚請公鑒別，以供同好。燈火炎蒸逼人，書此心情頓爽，藉博一笑。此致

敬禮

謝國楨　八、三、燈下

聞孝萱南旋，當移面候之。

聞宥（一九〇一—一九八五）

汝昌吾兄：

兩奉五月三十一日、六月八日兩書，謹悉一是。此間外文系奉邀任教事，連日與當事者熟商，已決于明夏奉請，此時即作爲

預約。(此間大一英文，有人擔任，邀兄來此，當任本系課程，不至以此相煩也。)以功虧一簣，未免可惜；而同時明夏惠臨，則一切待遇名義等皆可比較合理也。(至於一期見摒云云，則實是兄之過慮。此間外文系師資缺乏，企盼甚殷，决無是理也。)鄙見若此，未識尊意以爲何如？*Studia* X尚未付印，(因擬在京印，而友人離京未歸，尚待小小商酌。)尊譯尚未熟讀，將來如有所見，當再奉陳。(胡子霖之譯名，現係原書如此，只得不改。)Harry Simon君係Walter Simon之子，亦在School of Oriental Studies任講師，留此一年，屢擬來京，未得機會，去秋八月已歸國矣。當時渠以譯稿示弟，弟以事冗，未能細斠。先生現有所見，請爲一文與之商榷何如？(亦可載*SS X*。)*Studia* VII有陶潛《閒情賦》譯本，未識曾見之否？如未見，當以一册奉寄也。專此覆陳，順頌

文祺

弟聞宥敬啓　一九五一年六月十七日

敏庵吾兄：

前奉惠覆，昨又收到由書局轉來大著。厚誼無任感謝。

大著過於宏博，一時尚無暇細讀，但翻到P32見有三軸誥命登在《輔仁學誌》上之説，弟記得Wolfgang Franke曾在*Monumenta Serica* VII有一篇關於封誥之文，附有數圖，但似乎不是燕大之物。先生所引之説大約即由此傳訛。

又大著考訂蛟川大某山民爲姚燮，甚爲精確。弟舊藏姚氏白描人物四幅（似未遺失，但目下一時未檢得）似亦正自署爲大某山民，稍遲檢得後當以奉告也。先此覆謝，順頌

儷祺

弟聞宥　十二月三十日

汝昌吾兄：

闊别近二十年，思如山積。近讀《文物》1973年2期大著，如晤風采，深慰下懷。

大著23頁引及「煦堂」一名，憶《愙齋集古録》中屢提「延煦堂部郎」(第八册作名「暄」，第十一册又作「煊」)，不知即此人否？此人大約係在嘉道以後，或與批語時代不符。手頭無書，未遑稽考，姑爲老友妄言之耳。

僕現在此間研究室工作，寓所仍爲「民族學院家屬宿舍和平樓207號」，與吴文藻、謝冰心兩君望衡對宇。最近以疝氣大發，不良於行，正在家中工作。吾兄何時得暇，倘能枉顧，欣幸何如！尊寓所在，亦請賜告爲幸。匆匆，即頌

儷祺！

聞宥手上　一九七三、六、十九

内人屢憶曾於十餘年前晤嫂夫人於途次。不見已久，思念良殷，囑爲致候。

汝昌吾兄：

日昨得惠覆，恍如把晤，歡喜無量。

上海友人來書，言尊著《紅樓夢新證》正待重印，目下所忙，想在增訂。憶吴世昌兄曾著*On the Red Chamber Dream: a Critical Study of Two Annotated Manuscript of XVIIIth Century* (Oxford. 1961)一書，傳誦海外，其中即有援引尊著之處。(原書未見，閲BSOAS上所載F. D. Hanan所作書評始知之。見該刊VOL.XXIV Pt3〔1961〕PP.603–5。)吴兄似住乾麵胡同，與尊寓近在咫尺。兩昌兩賢，紅學兩傑，不知曾晤見否？

敝寓較僻，下車後尚須走二十多分鐘，不敢勞賢伉儷之駕。容俟秋涼，賤軀稍健，再圖進城奉訪也。溽暑侵人，諸維珍攝。

匆頌
儷祺不備

弟宥上言　六月三十日

吴兄原號子臧，渠回國以來，迄未晤見，不知尚沿用否？吾兄表字，老耄竟已遺忘，便中務請賜告，以便稱呼，幸甚幸甚。

黄君坦（一九〇二—一九八六）

展春園裏看花人，側帽風情白髮新。三十年來成一世，華胥合署葛天民。

芳草填詞韓玉汝，藝林拔幟段文昌。周春何幸傳脂研，夢覺紅樓翰藻香。

首二句余去歲效叢碧嵌字格聯語戲贈敏兄者，今復綴入短章以存紀念。

小市盤飧且舉杯，九衢鉦鼓鬧如雷。長安一雨來新舊，得向婪春醉幾回。

平頭花甲倏成翁，銀髩參差五客同。八十老身隨祝嘏，河清留待兩龍鍾。

是日座客徐李厂、耿鑑亭、朱季黄、潘素，年俱逾六十，張叢碧及余忝届八旬，周曉川則小友耳。

丁巳立夏前一日李厂、曉川招集同人聚飲市樓，爲敏厂詞家六旬稱觴，因呈小詩作千春頌。

辛巢黄甦宇拜祝並記

商承祚（一九〇二—一九九一）

汝昌同志：

日昨由舍下轉來五月手書，上月曾由家中檢寄若干抽印本來，今如囑付郵，請爲指正。

《蘭亭叙》帖爲千餘年迄未解决的真僞問題，郭老連文章一起否定，無乃過分！拙文僅從資料中鈎稽出一些個人看法，主觀臆測及成見之處甚至極其錯誤，希提出不客氣意見，以便改正。又代爲徵求一些讀過此文的批評，則尤爲感謝不盡。我出差至武昌幾近兩月，月内即將返穗矣。耑復，即頌
時祺！

商承祚上　五月十八於武昌

汝昌同志：

月之十四、十七先後奉讀十一、十三兩札。論書風生，實多啓發，復爲之提供不少補充資料，爲之既忻且感！尊謂宜增入六朝古寫本與《蘭亭》有關之字對照取證，此言是極！前屬稿之初，也作過如是想，乃以所見不廣，又以催稿甚，只好將想到的材料取用，今此一提，堅我信念，明眼人看問題自不同凡響也。以字論字，不外取直證捨旁證，取類例捨非類，免無謂之糾纏。這樣一來，不僅看出書法發展規律，而羲之承先啓後這一條綫路也較爲清楚，不應割斷歷史貽人以口實。至附入智永書，乃擇其行書中與《蘭亭》同者以駁郭云和尚僞《蘭亭》找見證人，此雖旁證，非主流，我認爲還是有用的。不過今傳智永兩體千文，日人藏本無署名，是否可靠？刻石以陝本爲佳，惜非墨跡，隔霧看花，又不願採用，取材殊不易，未知高明何以教我？

玄之作「𤣥」，亦見漢《張遷碑》「弦」字所從。晉承漢人結體又得一左證。

《喪亂帖》三十年前即見影本，即異常欣賞，認爲世傳右軍書之冠，邇來酷愛之，百讀不厭。玩其用筆，毫勢扭叠振盪而下，少有順筆，横劃亦復取逆上之勢，這種用筆方法，羲之逝後已成《廣陵散》矣。徵明雖極力心摹手追，未能得其萬一。子昂書，我

於學書之年即鄙其媚俗無一點骨氣，及長始知其品德使然也。《姨母帖》比之《喪亂帖》，信有五十與百步之差，以還算出自好手所臨摹，其中尚間有逆筆存焉，絶非唐以後能爲，我仍是愛好的。

世多崇「定武」，而公則抑，因手中無可參考，日後再論。

尊謂隸書筆意是去漢人八分之挑踢法，而取其方筆。我亦曾想過，然而北碑亦多使用方筆，又當何説？再四維思，認爲隸書筆意不甚妥當，且偏於抽象。羲之《青李來禽帖》中的「盛」字鈎筆有隸勢，永和十三年霍君墓壁題記有些字在某一筆亦如此，若從總體看則又有别，特别是右軍行書，更難領會隸書筆意所在，再三考慮還是甩脱這一種看法，用從總體看有無隸書筆意作爲定義。郭、李就是想用隸書筆意及時代爲之來否定羲之不能寫如《蘭亭序》之類的行書，亦否定了真書，而真書必如「二爨」之體而後可者，直癡人説夢耳。右軍並精於章草，我意其早、中年行書可能多具章草筆勢，近晚遂擺脱而創新，獨具面貌，此其所以能也，自是隸筆、隸意不復存在。當否？尚希明鑒。

拙文改動數處：1.前言重寫；2.書寫工具筆的方面採用尊説，整段改换；3.卅頁末段插入批評李文田以唯心論和形而上學來推論羲之書法割斷歷史的錯誤思想；4.卅五頁桑世昌段移第二段之後（變成今之二段），酌用尊説臨水、臨流的意見緊接桑説。此外，仍有小部分删改移易之處，不縷述。在改動時，於字裏行間，有的意見提得較爲尖鋭，不似舊文之温和，亦以在這次文化大革命，認識有所提高，以往有些話不敢説，怕得罪了人，尤其對郭老，這膽小慎微，今思之是不對的，人家有錯該提出批評，亦可提出反批評，批評得對的接受改正，才符合毛澤東思想，不應顧慮重重也。因是，拙文改就抄呈時，錯誤和不當之處，爲之盡量批評指正，以我的修養（修養有階級性，所云之修養爲革命修養，非劉修之「修養」也，一笑），從哪方面説都很差，非依靠階級兄弟幫助不可。旁觀者清，當局者迷，其斯之謂與？

當前較爲困難爲實材補充問題，不少材料没在手頭，很難下筆，擬候再行補入，以免影響這次修改的抄正時間。

想到哪裏寫到哪裏，既不類次，又不成文，祈諒。敬候

著祺！

商承祚謹上　十、二十五

承詢章文，第二行首字苦思不得其意，看所書之行款當是圖形章，篆文結體並非古法，似乎爲三幾十年作品，如鈐以示，或能約知其年份也。

汝昌同志：

四日奉讀去月卅一日手教，至今倏將兩周了。這次來示，在知無不言的熱忱幫助下，使我更加興奮，何止三復籀誦。所云「越加大膽」，我認爲還是個開端。來日遇有提出問題不對之處，望即時指出糾正，以君之優，補我之短，做到新交若舊識之諍，幸甚幸甚！

惠書指出，要高舉毛澤東偉大紅旗，等等，非常正確。在改稿時，已朝這方向去做，但做得不够，還要百倍努力，以毛澤東思想這條紅綫貫穿到底。以事論事雖不可少，乃是支流，主流則在前者。李文田的謬論，曾作了批判，即所示和不正確的東西作鬥爭，不計個人利害者，令我更有勇氣。

文内擬增加關於《蘭亭叙》帖本子的問題一節。最近在所藏書帖中發現一本宋克藏的《定武肥本》（有正印），自題數數，又新版《書道全集》亦有一本（只印出半部），確實書、刻俱差。《書道》收者筆劃痈腫如蘇書，更不像話。近世對「定武」種種跡象，何以如此吹奉，至摹寫本則詡「神龍」乎。我又認爲，所謂

某某人摹實不可信，唐太宗命摹搨之本，可能皆有署名，還有檢校人名（見桑世昌《蘭亭考》卷五），在封建社會對君命的一種負責態度。賜本一出，轉相遞摹，決不敢將原摹手寫入是可以肯定不疑的。代遠年堙，哪知出自何人原搨，則後云云，皆出自臆測。

我在此節，擬提出定本、神本、陳本來個筆法比較，附帶批判下趙子昂的流毒（不可能全面），當否？請示！

疊刻本與傳摹本在筆勢上距離日遠，信如所云。從有些鋒鋩到沒了鋒鋩，從方筆變爲略方筆，從略具方筆變成了圓筆這一系列過程，拓墨亦有絶大關係，如統歸罪刻手，是不公平的，必須分擔。因此，不如著紙落紙之直覺易見其跡也。乃世人不明刻本有種種原因存在，臨寫時照貓畫虎，唯恐其不似刻跡，特別寫王楷，圓碌碌如鱔魚段，令人作三日嘔。

尊論謂對羲之要破除神聖思想，和書法不能超越的觀念，可謂實獲我心。在文化大革命的大字報與大標語中，乃深有感覺，因有的小將從未拿過毛筆，從未臨過什麼帖，更説不上是無百日功，等等，而能寫出各式各樣的書體，且氣勢磅礴，咄咄逼人，令我們這些所謂「十年寒窗」寫字的人，退避三舍，原因何在？不外框框條條太多，信仰不少，没個闖勁，哪能自辟蹊逕，走出自己的道路呢？將來這些小將們，在執筆揮灑，在毛澤東思想的指引下，破舊創新，産生不只一個王羲之，可以斷言。

唐前筆多方，從墨書可以看出，爾後强調筆筆中鋒，鋩鋩全無，方筆不等於使用偏鋒，李文田、趙之謙之流的北碑體，簡直是刷字自欺欺人，何得半筆北魏風度。魏晉筆有方有圓，爲自然形成，而其圓勢之内涵方勢，筆澀而不滑，韻在其中，可意會不可言傳，亦非抽象之言，如能在墨跡中仔細讀之才有體會。唐四大家以後，此意盡矣。過去對寫字我每有這樣一種想法，在過程中是：生——熟——生……，不斷地循環，即其書成，如不能達到生的地步，就算失敗，所得不過一個「工」字。刻木章工人，年年刻，月月刻，日日刻，時時刻，必然熟練而工，所以，工之一字，只要不斷寫作，任何人都能做到，能使人規矩，不能使人巧，意在斯乎！目前我對此更有深刻的體會，但是自己不能做到。

您對我文的修改補充，關懷備切，鼓勵至再，何敢自暴自棄，必當努力爲之。不過，將來能否不違疋意，固難言也。

拉雜陳詞，不復銓次，聊代面談，希毋吝教！耑復，即候

撰祺！

商承祚謹陳　十一、十六夜

馮雪峰（一九〇三—一九七六）

紺弩同志請轉

汝昌同志：

許多人都不知道「紅學」是什麼一回事，也不知道「新紅學」是什麼一回事。前幾天和紺弩同志談起，覺得如果把胡適以前的所謂「紅學」的大概情況和胡適、俞平伯等的所謂「新紅學」的情況與實質，寫一篇簡要的文章，則對于讀者將有幫助。我和《文藝報》的一些編輯同志又覺得，這篇文章最好由您來寫，因爲您在這方面是最熟悉的。我十分迫切地希望您能幫助我們，請您考慮寫這樣一篇文章好麼？我這裏「辭不盡意」，在這幾天内我再來看您。現在先請紺弩同志把我們的希望轉告您。致

敬禮！

馮雪峰　十一□

聶紺弩（一九〇三—一九八六）

汝昌先生：

信收到，寫得太客氣，不敢當。

關於大著《新證》移到我社出版事，不過有此動念，並無必行之意。我們覺得這部書解決了一些問題，如果作一些必要的修改，應該把它的學術地位提高，向讀書界較大量推行，幫助讀者對《紅樓》乃至對古典小說有更多的理解，從古典文學得到更多的啓發。移到我社出版，就比較能收到這樣一些效果。其間並無和私營出版者爭利或不利於私營出版者之意。我們知道，一本書只要能出版，只要賣三五千册，就連本帶利都賺回去了。私營出版社，無發行機構，工作人員少，編輯過程簡單，紙壞……所以成本輕，利潤厚。用不着您替它擔心什麼的。現在私營出版社都在要求公私合營或聯營，棠棣已和另外五家聯營了，進一步就是公私合營，再進一步，出版家就都變成國家幹部——生活方面比較優裕一些的幹部，這樣的情況，是和您所顧慮的有些出入的。而且您如果作一些必要的修改，總須一些時間，在我社出版之前，足够棠棣的原版賣一陣子。但這些都只是說您的顧慮沒有什麼必要，並非說非移到我社出版不可。您如果認爲不必給我們，無論什麼理由或不說什麼理由，我們也不敢勉强的。

敬禮！

聶紺弩上　十二、六日

周汝昌同志：

小説組同志目前工作稍閒，請考慮作下列數事：

一、搜集近來發表的關于小説的論文，編成一書。

二、搜集五四以來的同樣論文，編成一書。

三、把《兒女英雄》、《老殘》、《三寶》、《三俠五義》等分看一遍，提出意見。

四、把馮雪峰同志談《水滸》文章讀一次，準備業〔務〕學習發言。

如何細分，組内自己討論。

紺弩

用某君見贈韻弁《天亮了》以贈汝昌詩兄

老至羞談高與荆，他人串戲我觀燈。封神有傳龍鬚虎（一手一足蓋半人也），水滸無名天酒星。死所知乎春水皺，生還遂了泰山輕。此書十幾年前著，不得其平劍尚鳴。

紺弩

汝昌同志：

今天我請你吃晚飯。

紺弩

鍾敬文（一九〇三—二〇〇二）

汝昌同志：

西山之行，得獲把晤，歡快之情，决不下於所謂曹氏故居之瞻仰。近來秋爽，尊體想佳勝也。日前因工作需要，披讀了《紅樓夢新證》，不但甚佩用力之勤，對尊著文體亦頗有所理解。爲篤文同志所迫誘，訪問故居之作，勉强成稿，兹另鈔奉，不值得行家一笑也。如能抛磚引玉，則喜出望外矣。草草，順祝康樂。

敬文　十月廿三日

繆　鉞（一九〇四—一九九五）

踏莎行

夢起猶疑，窗明欲曙。層陰黯淡還如許。籬邊叢緑漸凋殘，人間何地無霜露。　憂與生俱，歡隨水注。悽悽難覓安排處。寒鴉羡爾獨翛然，飛鳴自向雲中去。

鷓鴣天

鉛槧相親枉費才。惟將無益遺生涯。境如池草春還變，心似霜花冷不開。　增悵惘，轉低徊。層波一逝不重來。人間多少窮途慟，豈獨回車事可哀。

水調歌頭

圓月向人好，天地爲誰開。幾看一笑相語，今夕兩無猜。我欲乘風仙去，化作月華如練，流影入君懷。一點分明水，終古不塵埃。　人間事，歡未畢，又生哀。不知天上花發，蝴蝶可常來。此夜庭前芳跡，若使明朝重到，恐已長青苔。翠袖倚闌處，修竹尚須栽。

汝昌先生兩正。

一九五三年十二月繆鉞寫於成都四川大學錚園

汝昌先生惠贈大箸《紅樓夢新證》奉題二律即乞教正

平生喜讀石頭記，廿載常深索隱思。幾見解人逢阮裕，還從自傳證微之。雍乾朝局何翻覆，曹李交親耐盛衰。史事鈎稽多創獲，把君新著可忘飢。

公子才華早絕倫，更從桑海歷艱辛。能知貴勢原污濁，善寫胸懷見本真。脂硯閒評多痛語，瀟湘情話悵前塵。掃除翳障歸真賞，應發光輝萬古新。

繆鉞初稿　一九五四年二月

人生離別亦常事，相契如君世所難。蜀驛江船勞遠道，斷紅新緑又春殘。讀書如水能尋脈，（黄山谷稱陳后山讀書如禹治水知天下之脈絡。）談藝從今恐寡歡。珍重紅樓研討業，佇看天際振高翰。

奉送汝昌先生赴北京

繆鉞呈稿　一九五四年五月

汝昌先生購得顧二娘翔鳳硯奉題一絕

荒肆搜尋硯一方，昂頭俊眼鳳如翔。人間絕藝多零落，誰識前朝顧二娘。

游草堂寺杜工部祠

休沐尋春到草堂，拾遺陳跡久微茫。蕭疏古木侵雲上，迤邐江流繞寺長。能爲生民歌病苦，應同皎日共輝光。漫興異代蕭條感，國勢而今邁盛唐。

汝昌先生教正。　繆鉞呈稿　一九五六年九月

汝昌先生史席：

惠函及見懷新詩均奉悉，大詩清疏雅健，深情綿邈，三復誦讀，佩慰無已。兹奉和三首，寫呈惠正，久廢吟詠，機軸生疏，殊愧無當於高明也。專此，敬頌

著祉

弟鉞啓

故人千里題新句，鸞鳳清霄自不群。無恙月明生海上，天涯此際最思君。

春風錦里記談詩，秋屋京華又一時。廿載流光如逝水，相逢珍重話襟期。

雪芹遺事久湮沈，名著紅樓見苦心。論世知人千載業，勞君精力一生勤。

汝昌先生寄詩見懷，奉和三首，即乞郢正。　繆鉞呈稿

汝昌先生史席：

去年接奉手書並大詩，因目疾寫字困難，故遲未奉覆，近惟興居佳勝爲慰。

數月前，人民文學出版社寄來新出版書數册，並有五四以後至解放時《紅樓夢》論文目録，並希望提供補充資料。吴雨僧兄之弟子周錫光君來寓，見此目録，言其中所收吴先生論《紅樓夢》文章不完備。日前周君送來吴先生所作論《紅樓夢》文章目録一紙，兹附函奉上，請轉交人民文學出版社古典文學編輯部，以供參考。

吾兄邇來目疾調養漸愈否？甚念。弟目翳較去年夏間在京時又稍加重。試用一種草藥，亦無效。

專此，敬頌

著祉，並祝

闔第安吉

弟繆鉞啓　八月八日

汝昌先生史席：

未通書問，已逾一年，北望京華，時切馳念。日前接奉惠簡及賜寄新出版之《紅樓夢新證》（增訂本）二册，至深感謝。自解放初大著初次問世之後，二十餘年來，吾兄復搜採訪求，覃研考索，對原著陸續删改補訂，成此八十萬言之巨著，用力精勤，極堪欽佩。

弟近來目翳加重，讀書困難，但奉到尊著，喜悦無已，用放大鏡照看，久而忘倦，受益實多。僅就「史事稽年」而論，於廣博叢脞之資料中，勤搜精選，細心排比，所録史事及文件，足以闡明《紅樓夢》撰寫時代之政治歷史背景，曹氏家世盛衰及其與清皇族錯綜複雜之關係，從而能深刻瞭解曹雪芹一生之現實感受及其超卓之思想見解之所以形成；又選録當時有關之典制、習尚、學軌、文風各方面資料，亦有助於認識雪芹書中所寫一事一物，隻言片語，看似尋常，實含深意，大抵皆深刻反映當時現實而又有强烈之針對性，非同泛設。《紅樓夢》爲一部偉大的政治歷史小説，得此而益明矣。至於探索脂評之隱微，推論《紅樓》之佚稿，揭發高鶚之竄改，斥責續書之誣妄，尤徵卓識，如撥雲霧而見青天。吾兄真不愧爲雪芹後世之子雲也。

邇來吾兄目疾治療情況如何，較前輕減否？念念。弟目翳又加重，視物更模糊，寫字困難，因讀尊著後，極爲欣喜敬佩，故努力作此長札，字跡疏拙，大小不匀，尚乞鑒諒。專此奉覆，

敬頌

著祺，並祝

合第均吉

弟鉞啓　五月廿六日

汝昌先生史席：

五月中奉到惠贈尊著《紅樓夢新證》增訂本二册，讀後曾作一長函，於五月廿六日掛號寄上，以致敬佩感謝之意，諒早蒙玄覽。

七月廿九日早收聽廣播，知唐山、豐南一帶發生强烈地震，波及北京、天津，不知吾兄全家人當時曾受驚否？至深懸繫。

弟近來精神尚好，惟目病增重，但又尚不宜施行手術，心中悶苦，惟有耐心等待。

專此慰問，即頌

著祉，並祝

闔第安吉

弟繆鉞啓　八月一日

汝昌先生史席：

捧讀惠書，情詞斐亹，經地震後，闔第安吉，深慰遠懷。五月中拙函，粗陳讀尊著後欽佩之感，因目疾增劇，難於多寫，殊未盡意，乃蒙不棄，擬付裝裱，慚感交集。上次作書時，本擬附一短詩，醞釀未就，故爾擱置。今蒙盛意示及，遂補成七律一首，另紙寫録，附函呈正，久不作詩，機軸生澀，恐未必有當於高明也。

川西近亦有地震之警，惟預測，震中不在成都，諒無大礙。

專此奉覆，敬頌

著祉

弟繆鉞啓　八月十四日

廿載交親未易忘，燕山錦水遠相望。索居病目傷孤陋，新證紅樓發耿光。高鶚續書真妄作，脂評精語足參詳。三朝史事勤稽考，（清康、雍、乾三朝史事，與曹雪芹家世及《紅樓夢》内容有關涉者，君書中搜考精博。）賞析何時共舉觴。

汝昌先生惠贈大著《紅樓夢新證》增訂本，賦此志謝，兼以述懷，敬乞教正。

繆鉞呈稿　一九七六年八月於成都

汝昌先生史席：

去年八月中旬曾上一函，並附題《紅樓夢新證》奉懷詩一首，諒早蒙玄覽。倏忽又逾一載，遥惟興居佳勝，定符頌私。半年前，天津師院寄來學報一册，内有尊撰批判「半個紅學家」一文，義峻詞嚴，拜讀甚佩。邇來目疾稍輕減否，有何新著，念念。

近一年中，弟身體尚可，惟目翳增劇，殊多不便。五月中，人民文學出版社杜、戴兩位同志來蓉，商談約稿事。弟言，眼病嚴重，愧不能撰寫新書，惟舊稿可供採用。目前社中來函，言拙著《杜牧傳》定於今年内出版（寄來清樣已校畢寄還），《杜牧年譜》（補訂本）將於明年出版。待出版後，當寄奉教正。近作小詩二首，另紙録呈郢正。專此，敬頌

撰安

弟繆鉞啓　十月二日

題於美詞稿

能從舊體發新思，此是人間絶妙辭。格調不論南北宋，芙蓉出水即清姿。

卅年風格變真純，寫出神州面貌新。漱玉才情多局限，積薪何必遜前人。

汝昌先生諟正。

繆鉞呈稿　一九七七年十月

汝昌先生史席：

日前齊儆同志來寓，道及左右殷勤相念之意，至深感慰。去年弟目翳增劇，幾同盲人。今年一月間赴醫院治療，右眼施行手術，視力較前略有好轉（左目翳障如故），配眼鏡後可勉强作字，但仍昏花吃力，且歷時稍多即覺酸痛。兹勉寫此札以慰懸繫，字跡疏拙，殊增慚悚。先生邇來著述斐然，譽滿中外，遠赴美國參與紅學盛會，遠道聞之，極爲歡忭。弟近來一切情況均詳告齊君，託其面述。臨穎北望，不盡依依。敬頌

撰祺，並祝

潭第百福

弟繆鉞啓　八月九日

巴　金（一九〇四—二〇〇五）

汝昌同志：

來信收到。李佷民同志也來過了。關於《紅樓夢》我所知有

限，無話可說。十幾歲的時候我喜歡翻看它。我最後一次讀《紅樓》是一九二七年一月在開往馬賽的法國郵船上，已經是五十年前的事情了。《紅樓夢》是一部偉大的文學作品，是一部反封建的小說。它不是曹雪芹的自傳。但是這部小説裏有作者自傳的成分。我相信書中那些人物大都是作者所熟習的，他所愛過或者恨過的；那些場面大都是作者根據自己過去的見聞或親身的經歷寫出來的。曹雪芹要不是在那種環境裏生活過，他就不可能寫出這樣一部小説來。對這一點，我根據自己的創作經驗，深有體會。此外我就談不出什麼了。

匆覆。祝

好！

巴金　十二月十七日

趙萬里（一九〇五—一九八〇）

汝昌先生：

久未通訊，近想已安返校中矣。茲附上胡先生一函，請察及。此函曾寄燕大，因無法投遞退回，遲至今日始克寄奉，殊爲歉歉。假中如有新著，乞不吝寄示爲幸。王夔君是否燕大哲學系同學？便乞告知。匆匆，即頌

近安

弟趙萬里再拜　三月一日

汝昌先生：

頃奉惠書，敬悉敬悉。天津圖書館藏書，係整箱原封寄存，敝處無權開箱，所囑一節，無由應命，至深歉仄。惟曹寅《楝亭集》，敝館善本乙庫亦有一帙，如需參考，請枉駕館中善本閱覽室一觀。星期日停止開放（上午九至十二時，下午二至五時）。如弟不在館，請向該室劉君接洽爲荷。敝館一仍舊貫，希釋念。匆頌

著安不一

弟萬里再拜　三月十一日

汝昌先生：

前蒙惠稿，感幸奚似。茲已刊出，附呈單頁一份，稿費壹百萬元，請哂收賜據爲荷。適之、平伯兩先生處亦各寄單頁一份，且看反應如何。匆上，即頌

著祺

弟萬里再拜　五月卅一日

如有續稿，亟盼寄示，以便刊登也。又及。

君度：來書皆見，稍暇即專覆。雁黼頓首，卅七、六、六。

齊燕銘（一九〇七—一九七八）

汝昌同志：

北京市文化局調查曹雪芹家墓葬的報告一份送你一閱。這份材料提到你上次的建議（對海淀三旗應加考察的問題），因此他們也可能同你聯繫過了。

北京市這件工作做得很認真，望你多給他們提供一些資料的綫索。事情最後總可以弄得更清楚一點。

敬禮！

齊燕銘　八月十日

此爲一九六二年信札。味記。

牟潤孫（一九〇八—一九八八）

汝昌仁兄先生賜鑒：

今吾兄轉到尊選石湖詩，拜讀引言、箋注，極爲欽服。足徵

先生於范詩所用之史事及語言均研極精微，迥乎有異於世之談文學史者。潤孫初讀首次印本，即以此語告之今吾兄，爲言傾倒之忱。兹再誦改本，益覺我兄識解之非凡。居今日而能明注詩學者有幾人！不明歷史，不諳典章制度，不知風俗語言，徒論文學藝術欣賞，則其於傳統文學所能欣賞爲何，蓋可知矣。潤孫衰老日深，欲撰述者皆有願莫遂。惟盼來年腿力稍健，能晉京開會，當趨前拜候也。耑此敬謝，即頌

撰安不一

弟牟潤孫頓首　十月十二日

吴組緗（一九〇八—一九九四）

汝昌先生大鑒：

得接十日惠書，敬已奉讀。拙作淺陋不文，聊申喜慰之忱，辱蒙報以瓊章，不勝受寵若驚，甚感甚感！望投報刊發表，以宣傳此一盛事之意義，必爲讀者所歡迎也。專此布悃，並祝旅途愉快，工作勝利！藉頌

撰安！

吴組緗頓首　八〇年五月十五日

張次溪（一九〇九—一九六八）

同周汝昌高飛兩兄游北海　次溪

廣寒宮裏霓裳呈，百萬勞民血汗成。彈指繁〔華〕如迅電，金源霸業一塵輕。

大都奠基張瓊宴，酒罍猶存戛玉音。釋氏微開仁慧眼，虬枝高撐幾重陰。

蒼龍飛去蜕還存，鋪影寒湫護紫閽。寄語園工休砍伐，花神戀闕爲招魂。

陶然亭即目

連朝細雨黯層雲，春色三分已二分。無賴封姨難解妒，落花鋪遍美人墳。

花神廟下碧桃

廢寺已無僧可守，小桃猶帶二分寒。東風吹拂江亭柳，飛絮辭枝花事闌。

袁督師故宅

左安門裏督師宅，劍影征袍已化塵。月冷潭荒餘野水，依稀猶照舊城闉。

小詩録呈汝昌、高飛兩兄吟正。

弟張次溪呈　一九六二、四、廿五日

山山風信向晚。（王勃詩：「況屬高風晚，山山黄葉村【飛】。」）忍冷煙悽惋。（雪芹晚年居京西香山，貧不能舉火。）老屋村邊，斜陽還繾綣。　紅樓休恨夢短。算付與、雁聲啼斷。（雪芹著《紅樓夢》八十回，未成書而卒。）唱遍旗亭，多情應淚泫。

題潘慧素夫人繪曹雪芹黄葉村著書圖

東莞張次溪

玉公兄：

大示領悉，承代轉拙稿與叢碧，至感。《大公報》刊先十七世祖家玉公佚事，如蒙借閱，尤切盼。叢碧想已東返，漫録何日出版，有所聞否？此致

敬禮

弟張次溪頓首　二日

奉題白石翁紅樓夢斷圖爲次溪作自度曲

幾片行雲，一角斜陽，丹翬便出層樓。蟲魚慣見，誰知老筆此風

流。滿帽西風，多情問古，巷冷記尋游。沙窩路何許，雪旌霜鑰，對琉璃佛火不勝秋。　瞿曇示倦，槐柯卧影，此間曾繫虛舟。紅豆通辭，黄車託體，當時意興豈閒愁。廼年已新周命，看文星光焰，驚動十洲。思巨手，更三毫上頰，傳神寫石頭。

「雪旌」句指正白旗守廣渠門也。

玉言兄：

遵命敬録大著，便乞椽筆一揮，俾彙裱存念。弟昨夕即馳函上海接洽訪求雪翁全卷題詞攝影事，深盼雪翁在天之靈，能默佑也。（先由上海友人向陳小蝶之妹先容，再由波拉向香江進行。）香山鄉人，本星期以内，當有詳細報告，届時如有所得，即走向吾兄會【彙】報。鄉人談高蘭墅之父鄂比爲雪翁至友，亦即主持葬事之人，並指出葬於香山四王府後山坡，地名地藏溝。又云雪翁原居四王府鑲白旗營房，因屋久失修，無力修建，後移居鑲黄旗鄂比（畫家）家，其地址即梅蘭芳墓地之南面，今尚有少數三五人家。雪翁故後，由鄂比歸葬云云，似非虛語，俟黄波拉同志將報告整理後，大家研究，面目自可露出也。寫至此，接四日大函，暨題硯詩，至佩。匆匆，即頌

撰安

弟次溪頓首　五日夕

太虛圖，請兄作長文介紹，仍由兄交與黄波拉同志較好。

吴恩裕（一九〇九—一九七九）

玉言兄：

前函敬悉。前日世昌兄來訪，暢談數小時。彼似已認脂硯與畸笏爲二人矣。至「甲午」、「甲申」，彼仍有所見，但未詳談。

《文物》弟文至今日尚在校閲，蓋多次變動故也。兄之文章想早已完稿等待付印矣。

茲有一事，甚爲抱歉，特奉告。兄寄弟之雪芹題敦誠《琵琶行傳奇一折》詩，弟原抄於保存雪芹其他佚著之本子上，並寫明「×年×月承周汝昌兄見寄……」等字句。某次，研紅同志來訪，偶因檢查該抄本上之雪芹《南鷂北鳶考工志》自序，持該抄本以示之。不意他們翻到抄兄所寄詩之一頁，弟當時絶不便阻攔，遂只有聽其翻看。故前囑：因不能定其真僞，暫勿示人云云，無意中失約，萬乞吾兄鑒諒爲幸。弟意兄能加入爲《文物》所撰之文中，即補爲附録，亦未爲不可也。若能插入正文則更好矣。

你們出版社之會停開，不知有何内幕消息？

影印之《有正本》，不知何日可望見書？匆匆，敬頌

儷安

弟恩裕　三月二十晚

玉言兄：

上次匆匆，未獲暢叙。别後與世昌兄至其家午餐後小叙即歸矣。聞何其芳同志擬在文研所檢查「共名」説之錯誤。此係内部消息，無足爲外人道也。兄目疾至應注意，此番忙過之後必以充分時間徹底醫治方是。南京圖又有意訪求靖應鯤藏本，不知能否得之也。聞影印有正大字本已出書，惟尚未示人，不知然否。倘此息果確，尚望能先睹爲快。兄便中是否可函《文物》，請將兄序影印本之文校樣或打印稿賜弟一份如何，不勝盼企。匆叩

儷福

恩裕　十二月二日

王冶秋（一九〇九—一九八七）

汝昌同志：

手書敬悉。已在介紹信上寫了一下，請到故宫北門（景山對面的那個門）進去西邊院長辦公室找吴、田、陳院長接洽即可。

我的通信處寫五四大街185號文物局即可。電話是44.6358

時間許可時當往拜訪。此致

敬禮

王治秋　一九七三、三、二十一日

劉蕙孫（一九〇九—一九九六）

汝昌同志左右：

暑假前拜奉大札，適風雲擾攘，未得即復，遂因循至今，歉仄何已。然有關《紅樓夢》大著，無不逐首拜讀也。

來示詢H.S. Chen非陳鴻舜，乃陳祥春，時爲《華裔學志》漢文編輯，鄞人。淪陷時，因抗日參加沈兼士先生組織語文學會，日僞名捕宵遁，即未再來京。五〇年，弟在之江教書時偶與遇於杭州，時在杭州百井坊巷天主教辦廷筠中學授國文，今又不知何在矣。

關於羨季，因相知素深，曾思寫「憶苦水」文，而前遭喪亂，藏書盡失，故人所貺自《荒原詞》以來詞、曲、禪語，均在劫中。此間求不可得，書名亦不能詳，無從由北館調借，無從徵引，只可期諸來日矣。偶翻舊册，前後有懷羨季數詩，人琴俱瘁，往事如煙，既共相知，抄博一歎。

報載吴世昌先生回國，老友也，快何如之。昨與一函，尚未知其卜居何所，亦未知曾否到所研究，便乞代致爲荷。抽印二册，一轉吴兄，一乞教政。

又舍弟厚澤來函言，戲作《紅樓夢中大觀園南北説之我見》尚未寄來，寄來後尚希能與子臧兄共爲一斧正之。京間秋風，諸維珍衛，此致

敬禮

弟劉蕙孫百拜　十、十

庚辰南至寄荒原

褐裘寒驛短髭冰，殘雪霏微午出城。躑躅泥濘猶北地，岧嶢雲樹望西岑（時淪陷，同在燕京授課）。欃槍未掃天真墮，望帝聲枯陸已沉。何事年年紅豆節，苦拋心力作詞人！

戊子居津有懷

墻河冰泮早春天，不是愁邊即酒邊。響閘橋南訪詞客，披箋苦憶老荒原。

頤和園遇羨季

北城游侣偶相逢，白袷吟鞭立午峰。欲問梁園舊賓客，一時無語向春風。

汝昌先生史席：

客冬曾上一箋，並瀆代轉致吴子臧兄函，得其復書，知早達左右。中華書局轉來大著《楊萬里選集》，亦早拜嘉，以疏冗迄未肅謝，惶恐何如。

新春以來，名山事業有何盛況，尚希有以見教。弟因學期伊始，忙於教學，忙於學習，忙於趕寫論文，準備敝院科學討論會，又忙於推動省市史學會活動，遂有一事無成之誚，殊有無可告慰之感。昨得商鴻逵兄函談，今年將舉行曹雪芹逝世二百周年紀念會，由王崑崙先生總持，届時駕及子臧與陳邇冬諸公百花齊放，當必有一番盛况也。因憶舍弟厚澤《大觀園南北説之我見》小文，前言呈政，尚置篋所，檢閲大致同於尊説，而與子臧逕庭，特轉呈史席，爲指正之。倘無大荒謬，即乞就近轉給《光明日報》，容具備鸞鳴鳳噦中之蚓唱，一笑。日來西風披猖，令人不懌，借題發揮，偶填小詞，録博大雅一粲。耑致

敬禮

弟劉蕙孫百拜　三月十七日

奉題林子白同志桔酒迎春圖　調寄滿江紅

桔酒迎春，滿紙是、吉祥消息。開綺宴，緑螘新醅，紅梅勝雪。放眼堯封三十六，聲聲竹報東風捷。看無邊、酥雨潤芳畬，摇新碧。　貧與困，從兹别。勤與奮，今時節。待隻手擎天，金甌無缺。萬衆同心開太平，勞人廿億團圞月。笑蛙鳴、蚓唱噪西天，寒螿泣。

又林元漢先生現在我系，當相識也。

張中行（一九〇九—二〇〇六）

汝昌先生左右：

奉讀大札，顧念周至，樂惠新知，有逃虚空者聞足音之喜。雪芹遺跡，珍如麟角，希而復奇，亦巧合也。黄氏九煙，明之遺民，鐫文玩，截己詩，且不作流行之真行體，似違常例。聯語之下，留方寸地，似待來者簽署，甚不可解。尤不可解者，案頭清供，製時録副，如褚中令之書《聖教》。文獻不足，臆説難徵，付之闕如若何？

元白上座患美尼耳病多年，月來頻繁發作，入北醫病房治療。上年末，曾往問疾，云有轉機，風範依然，想已出院。何時入城，過小乘道場，當代致記存之盛意。

承垂詢勝業，慚汗無地。年來自惟學殖荒疏，形神衰朽，駑馬十駕，尚虞不及，操觚立言，何敢妄作。常歎壯心易盡，去日苦多，知也無涯，補學已晚。所願風晨雨夕，柴米餘暇，賞文析義，不乏典籍之親，掇果拾英，稍減愚蒙之陋。然胸有饞涎，而室無鄴架，雖復檢櫥托缽，要須良窳隨緣，間倚寒燈，摸索數行，（不才亦日力大壞。）亦跛者不忘履之意云爾。

閣下學通四部，書滿五車，銓幽懷之白傅，注慧目於紅樓。行見生花綵筆，更上層樓，賦柳新篇，大光文苑。不才何幸，忝附文字之交，期以草木微生，得讀琬琰巨作，假東壁之餘光，進德修業，遣日永年，所切望於高明者也。

尊恙如何，臨楮不勝馳慕之至。蝸居多冗，遲復爲歉。敬頌

撰祺

弟中行再拜　七四，三，十二

味翁尊兄：

拜個晚年。

昨翻俞平老《輯評》，發見七二年拙筆一紙片，記當時看法數點。其中之一爲：（《紅樓》）書用黑筆寫，用朱筆批，寫之硯爲墨硯，批之硯則爲脂硯矣。若然，則脂硯齋即批書人之意，非必一人專用。再若然，則署脂硯齋者亦未必無作者之筆也。今日見之，覺爲一奇想，抄呈破悶。匆匆，頌

儷安

弟中行拜　二，十五

建臨世兄已返對門否？

讀《新證》寄汝公

秦淮風月憶繁華，索隱發微又幾家。我欲靈河尋絳草，好從新證覓星槎。

十年辛苦不尋常，譜得霓裳震五方。目送手揮弦外意，賞音今日有周郎。

丙辰閏中秋寫呈汝公尊兄方家正之。

弟行拜稿

無緣飛異域，有幸住中華。路女多重庋，山妻欲戴花。風雲歸你

老，世事管他媽。睡醒尋詩興，墻頭看日斜。

乙丑大雪節，謅打油詩以充牛山四十一屁，意謂此乃治肝火之靈藥，質之味翁尊兄上人，不知以爲然否。

佚翁　時在景山東之北望樓

汝公惠手寫詩作書義雙絶謹次其韻爲木桃之報一身瑣屑難方大雅

率著勞生愧大雅，白頭猶憶舊江東。蘭音竹淚千帆外，紫陌紅樓一夢中。魚蠹殘編聊自勉，鴻蒙秘奥與誰窮。鹿鳴談宴驢鳴弔，欲質周郎此異同。

敬呈靈通主人道兄一笑。

弟仲合十

貴邸名園水一方。崇垣内外説紅妝。也曾深院問天香。　幻境奇言誰解味，新編妙筆自流芳。十年辛苦不尋常。

浣溪沙，題《恭王府考》新本，解味翁之屬。

負翁

楊霽雲（一九一〇—一九九六）

汝老几下：

久未把晤，時切縈想。法書飛來，逞龍挐虎距之威，肖鶴舞鴻飛之跡，深感子美所謂「書貴瘦硬方通神」之美，昔商承祚君盛贊吾兄，良有以也。向君處已轉交，謹囑代爲致謝。鄧書，弟篋中適無此册，有方尊命，歉甚。《新證》聞索購者綦衆，幾有嗷嗷待哺之態，不知何時能稍增印量以遍施甘露耳。弟近怠於心而懶於筆，對遠方來札亦稍稽遲疏復矣。天熱鬱蒸，諸祈珍攝。稍暇當造訪。此祝

儷安

弟霽雲頓首　七月七日

汝老：

廿五日手教奉悉。

對於「黄綾大本」，弟初在疑信之間，未大注意，後聞兄多次言及此事，細思之下，方徵實有其物之可能。王伯沆爲一篤實君子，不至造作謊言。

伯沆名瀣，别號冬飲，江蘇溧水人。學識淵博，詩類大謝，詞宗玉田，書似南園。初爲陳三立家西席，授方恪、登恪讀；衡恪、寅恪雖未就學，亦師視之。辛亥革命後，在龍蟠里圖書館任職。一九一三年南京高等師範成立，即充國文講師。聞後患風痹，大約逝於一九四一年前後。陳俞兩家，既屬近親，居屋比鄰，來往密切，則王在陳家，當即可目睹此大本也。

王氏之《紅樓》手批本，不知今尚存天壤否？王有二子，早死，僅存一女。

兄談《回憶録》之真實價值，極是極是。《釧影樓回憶録》爲香港版，弟尚無緣得讀。昔曾見其《釧影樓日記》及《六十年來衣服裝飾史》等，頗可瀏覽。

當今開明諸邦，競撰回憶，此實人類文明進步之一徵象。而華夏無聞者，以其特别國情也。

震情弟木然視之，毫不介意。昔杞人憂天，今何可作懼地之燕民。

兄穎悟絶倫，心細於髮，此於大著中時爍靈光，可以見之。毋庸悲老，《紅樓》存世一日，即《新證》隨之不滅。深盼尊體轉健，能再修訂補充。彼「半個紅學家」及姚痞之流，直蛆蟲之不若！順祝

冬安

弟楊霽雲頓首　十一月廿六晚

錢鍾書（一九一〇—一九九八）

射魚吾兄才人撰席：

奉教並大什，喜與愜會。適以城中派人向校方磋商續借不才一年事，歷六未及遄復，幸恕之也。大什嘻笑怒罵，莫非絶妙好詞，驅使故實，左右逢源，意匠心兵，絶倒絶倒。「楊陸」一首，「文字」可易「詩筆」。「誠放觀生」四字稍生硬，且放翁自言「觀」是仄聲，此處須易本字爲平聲以救之，不如逕易去此四字。「和人韻」第二首結句「近居洛」易「居洛下」何如？臆見妄陳，乞裁擇焉。垂詢各節，自愧儉腹，又譯文似魯迅大師手筆，逾淮爲枳，借面弔喪，無從窺見真相。其一望可知者：（1）出 *Heroes & Hero Worship*, “Hero as Poet” 末節。（4）又即 *Childe Harolde*, IV: “I love not man the less, but Nature more.”（6）見 Byron, *Journal*, Dec.13, 1813.（8）即 *Confessions*, Lib. III, I, 1: “Nondum amabam, et amare amabam” etc. 譯文有誤，當曰「吾尚未有所愛而吾欲愛，吾深有所求而自恨無所求」（可檢英譯本一看）。餘如 Shelley, Byron 語，檢二家尺牘、傳記當可得之。（12）不解，奈何。原件附璧。匆布，即頌

暑安

弟錢鍾書頓首　星期日下午

楊向奎（一九一〇—二〇〇〇）

汝昌兄：

有關曹雪芹稿既交河南，分兩期刊亦無不可。現在辦刊物者無過去如北大、燕大、清華等學報之有力，可以刊十幾萬字一篇的文章了。

承示幾條字義爲感。「昆友」之解，因不知有酒稱故作通俗解，但就全句「眷言酌昆友」，依通俗解亦可。「松枝」爲製墨原料，松枝即墨，兄所見極是，但因《楝亭十二種》中有關製墨一種，曾談到某地松枝，因長松已無，只有幼松，原料減色了。故松枝相易，還是以互易松枝爲稍勝，兄意以爲如何？

兄爲文仔細深入，能够免去許多錯誤，大札二、三兩條能在「讀後」中指出亦好，可省去另外有人指出。

浭陽曹譜所有者即原河北省長李爾重兄，他也是豐潤人，我們在北大及中學同學，如果他當省長時，我們提議在豐潤有關地區作考古發掘，會得到允許。如今李已去湖北，而豐潤雖不窮，但當局者見不及此，難與之言發掘也。

敬禮

弟楊向奎　八八，一，十八

「世家」依正史體爲諸侯王傳，「本紀」爲皇帝傳，雪芹在文學界地位應作「本紀」，今降格以求，故云「世家」。

林　庚（一九一〇—二〇〇六）

汝昌學兄：

燕園別後，荏苒二載，足下「紅樓」一書，馳譽説苑，此間人民文學出版社聶紺弩同志至深推許，煩僕徵求尊意，此書可否改由文學出版社出版？又如足下能同意來京在文學出版社古典部工作，則尤聶公之所深盼，此間可設法通過人事機構爲足下調工作，惟不知尊意如何耳？僕年來乏善可述，仍在北大中文系任教，惠示請寄北京西郊北京大學燕南園62號。匆書，候復。不盡一一，即頌

著安

林庚　十月三日

汝昌賢弟：

前奉手書，知北來事尚未明確，甚以爲念。聶公自上次通信後，亦久未晤，若果然尚是懸案，足下亦不妨一詢究竟。（如需由僕代詢，亦無不可。）前文懷沙兄猶道及天津師範可無問題，又北京教育局内將創辦北京師範學院，正在延聘教師中，（此事外間尚未公開，請勿道出。）吾弟如有意，亦可進行，惟聶公事總須先有所決定耳。知北來有意，專以奉聞。即頌

教安

庚頓首　三月二日

汝昌兄：

連奉華翰及贈詩，故舊相存，樂何如之！奈歲月不饒人，出院後復原極慢，今日始克作復，想不見罪也。燕園舊夢，如在目前，而四十餘載已如飛流逝，吾輩都成老人，與世隔絶。僕足跡只到未名湖畔，不敢越校門一步，一來各種車輛回避不及，二來各式商店似亦與我無關，幸燕南園猶存舊觀，松柏成蔭，修竹映户，堪以自怡悦耳，偶作小文，亦以友朋索稿，聊以應命。人生幾何，天地常勤，知我者不以爲多此一舉也。匆復不一一，並候

時祺！

林庚　九三、十一、九

汝昌兄：

手書誦悉，拙作發表於《文學遺産》二〇〇期，一九五八年三月十六日《光明日報》上，留有單頁一張，如需用，自可寄上一閲。反面文章依記憶大約在此文後不及一個月或一個月左右。出版社想有《文遺》或《光明報》全份在資料室，便中一檢想可得也。因於此類文章如過眼煙雲，向不保留，只能提供如此綫索而已。文章千古事，近年益多此感，但自問經得起時間考驗，便聊以自安耳。匆書不盡一一，即問

近好

林庚　十、十七

文懷沙（一九一〇—二〇一八）

汝昌先生：

十月八日示拜悉，欣慰無已。今春在《燕京學報》讀到你的宏文，深爲佩服，很想能見到你，乃轉託子書兄爲介，並特爲此事冒着溽暑去燕京一次，竟未得一晤，只得悵然而返。你這次來信，卻令我非常感愧，大作《證石頭記》切盼先讀爲快。先生入蜀前苟荷辱駕下顧，使得一傾積悰，誠不勝翹切之至。弟寓所在交道口南大街板廠胡同七號，電話四·〇八五〇。請先賜電話約定。敬候

著安

弟文懷沙拜　十月十日

汝昌兄：

廿五日示悉。藉知足下病，彌念念也。大作亟思先讀爲快，苟本月三十日（星期日）上午十時前能屈顧中德學會，誠所翹切，不爾則改在一月四日（星期五）上午亦可。如何？盼速見覆。專此，並候

百吉　不盡

文懷沙　十二、廿七

汝昌兄：

今日暢談甚快。我歸寓後頻有朋友來訪，復因中午過度興奮，

飲酒逾量，胃氣頗不舒。晚間始得匆匆將《新證》第一章及序引披閱一過。我認爲：

1.自序宜改寫，力求簡閡【賅】。有些語調應該是別人作序時寫的，我並不是勸你學「不老實」，而是著書體例，序文愈虛心，愈顯得雍容，何必引起若干學者先生們的反感。何況你的《新證》洋洋灑灑近二十萬言，難保没有一星一點（甚或比一星一點更多些）的謬誤。例如你自序文第四小節辟頭便説：「全書本意是個嚴肅性的學習論著」，接着語調帶刺。我想平伯等人看見了就不高興，我們並不怕得罪人，問題看有無必要，此之謂原則性是也。史遷自稱其著作「亦欲以究天人之際，通古今之變」，抱負不凡，不要忘了這位爲文疏蕩的大手筆的文句中，亦冠以「亦欲以」三字。要求完全讓人滿意是不可能的，君不見元朝輕薄的金若虛曾説「史遷筆法最陋，開卷令人不樂」乎？自然，太史公的地位是動摇不了的。但仔細翻閲金若虛的話，也像似有些道理。話拉遠了。我的意思是，自序應改寫。有些話歸併到我的序文裏如何？

2.又序文提到的人名亦應酌斟。（自然不僅序文。）例如胡適，可以不提。如不可避免處要提，亦不必用尊崇的口吻。引論中提到李辰冬，李是國民黨的文化特務，更應略其姓名，來一個「有人以爲——」或「曾有人説過——」之類便比較妥當些。這是寫文章的人的「分清敵我」的問題，亦即「立場」之謂也。我想諸如此類的問題，應趁通讀全書時，隨手改削，你以爲如何？

3.另外還有些是屬於觀點的支節問題，一個辭彙的獲得，往往是一個世界觀的獲得。表面上看是用辭遣句的問題，窮詰之餘，乃知其根本爲觀點。例如你談曹雪芹的筆法之妙，在予【於】「造境界，傳神韻」。你似乎在排斥「西洋的所謂『描寫』」，容易被人誤解成你在否定文學表現方法上最主要的所謂「形象」。靜安之所謂「境界」，漁洋之所謂「神韻」，皆唯心派之沿用術語也。

4.還有你的插科，我也覺不妥。你論到文體和風格時，你説：「譬如我的文章，寫得糟是够糟了，然而如果有人美意爲我刪乙潤色，變得朗朗可誦，好是好了，但其奈非復我的文章何？」這種提法不好。太强調「我」，要知道寫文章是一種實踐的問題，目的是要給讀者群看。我的意思並不是説高蘭墅不是混人。這問題一時談不清，相信你能懂我的意思。

一時想起了上面些問題。近於挑字眼，目的在予【於】不讓別人挑，或少讓別人挑。

説實話，我很喜歡你的文章，因愛之深，也就不免求之苛也。但因自信心不够，又不敢率爾在字句間作歪曲的改竄。

頭痛，可能是多喝了兩盃。現在已是午夜二時了。亂七八糟，我不知道寫了些什麽。希望最近能找你談談。不盡，並候百吉！

文懷沙　一月五日燈下

又令兄序文寫得很好。我意不妨略更數字作跋語，俟我竟讀全書訖，另寫一長文作序，你以爲如何？直率言此，不暇作態。又及。

示悉。青林已在京任事，瀆神至感。前請兄爲尊藁作一簡厄【扼】介紹文，俾留作拙序及書店廣告之用，亮已揮就，望速寄我。比日仍忙於擒虎，無須臾之閒。每晚開會，恒在十一時，預計尚有三四日便可告一段落矣。兄何日來京，彌念念也。草草，並候

汝昌兄儷安

令兄並候

文懷沙拜　二、廿六

示悉。我日内即有遠行，預計壹個月後始得旋京。本月七日

前兄如到京，務望顧我一話離悰，遲則不及見面矣。大羹當與我同行，令兄事容徐圖之，並望以彼之通訊處見示，俾便日後有機會時可隨時通知。六日以後惠示請寄上海馬當路三五八號。專覆，並候

汝昌兄百吉

文懷沙　三、四

紅書介紹文寫得甚好，拙序即擬據此衍之。

陳夢家（一九一一—一九六六）

汝昌同學：

奉還尊稿，請檢收。此次所見較前更爲整齊，甚盼能出版也。天津某君用畢後，仍請見假。匆此，即請

學安

陳夢家拜

周采泉（一九一一—一九九九）

酬玉言詞家四疊前均　論書法

早是臨池久。善規摹、沙門聖教，雲麾李秀。抛撇時流蘭亭面，遺貌存神高手。已上躡、元章之後。爐鞴功成無頑鐵，入深淵、探得驪龍守。俱老矣，指君首。　偶然設譬其然否。筆如刀、全牛游刃，庖丁善奏。我愛雲林工波磔，墨妙豈關濃厚。看壞壁、漏痕依舊。驅使百靈開生面，貴通神、莫認誠懸柳。如領受，飲醇酒。

周采泉貢稿

周振甫（一九一一—二〇〇〇）

汝昌先生：

接讀手教，即將尊致謀瑒同志信和他的論紅學的文章信寄去，勿念。

最近比較忙亂，遲復爲歉。近來除學習、批判外，在搞《樂府詩集》的點校工作，振的點校部分，由余冠英先審定補正，比較放心。手頭還有王注《李白集》標點本，等待看校樣。亳縣搞的《曹操集譯注》，要修訂和考慮對曹操的評價問題，這三書都定明年出版。承詢謹告。

先生眼睛要好好保護，少看書。外間來信，先生每信必覆，極費精力目力，以後可力求簡化，以保護目力。敬祝

大安

振甫上　十二月廿三日

姚著《李自成》二集深得茅盾先生贊許，即將付印。振對其中吹捧高夫人之完全虛構部分有意見，但自然不會接受。

季羡林（一九一一—二〇〇九）

汝昌先生：

大札奉悉，如從天降，喜不自勝，非空谷足音所能喻也。先生所論，多與鄙見相同，十分欽佩。惟「第二次文學革命」，恐已不能實現，蓋生米已成熟飯，「挽狂瀾於既倒」，非吾輩所能也。今之「文」人，多有不通「文」者。在大學中文系任古典文學教授，不講平仄，不通韻律，不明典故，不解對仗者實繁有徒。如此而言「藝術性」，實如水中捉月，南轅而北轍也。往歲羡林曾建議，在大學中文系中開中國古典詩詞入門課，庶學生對上述諸點能略有通解，對將來研究工作，實有極大裨益。聞清華曾進行嘗試，而北大中文系則置若罔聞，言者諄諄，而聽者藐藐，吾輩「老九」唯有苦笑。今之主文衡者向有不學有術之輩，對教育實極昏

昏，以己之昏昏，焉能使人昭昭哉！

環視中國士林，如先生者已不多見。唯望爲國家前途，爲中國文化前途，善自珍攝。

餘不一一，即祝

康吉

季羡林　一九九六、三、十六

徐邦達（一九一一—二〇一二）

山陰曲水漫流觴，繭紙昭陵事豈荒。矛戟森嚴抛定武，綺羅温雅寫西堂。梅妝奩啓雲花滿，筆陣圖（僞文也）虚緩急詳。眼底有神欣所遇，斜行晉髓獨能商。

謹毛失貌理同嗤，逸志何京想獻之。大道會通擅百世，（《大道帖》傳世見有老米臨本，不規規於形似也。）小人步學惑當時。華亭懸解生中熟，雙井旁參點更癡。（借喻，已非山谷原意。）换骨金丹只一味，寒江注目句多奇。

前二詩意不能盡，更作長歌書後也。

作畫求形似，見與兒童鄰。作詩必此詩，定知非詩人。八法囿六藝，一理敢粗陳。右軍本鍾衛，永和得其新。臨河趁遒媚，瀟灑出風塵。（借青蓮句。）咄咄陶貞白，眼高摩青雲。李唐推鼎足，歐虞褚最尊。深嘬鵝池墨，搨寫亦何勤。定武下黄絹，世上劇紛紛。天曆誠目想，（所謂虞橅本。）人云且亦云。筆法千古一，（松雪十三跋中語。）丰神各自伸。所以楊風子，許到山陰真。下士聞之笑，愚蒙誚等倫。五日芾親摹，仍不束於珍。趙家五百本，鷗波極精醇。魚熊唯一擇，定向顛染蹯。寂寞侵數紀，吾子獨苦辛。長安塵海訪作者，信錐處囊鶴立群。睥睨齊梁統，拘滯識永欣。（徐浩評。）屋下恥架屋，願羡透網鱗。二十八行三百字，融君髓腦會於神。扶桑美儂（日本紙名）比繭紙，書來驚倒過半山。我腕豈有鬼，幸察眼未昏。繞床大叫酹大杓，風騷一例招楚魂。

徐邦達拜稿　乙卯

鬢白已驚韋，衫黄敢效蕭。且從蠅附驥，不使佛頭遭。前來書又命作八分題卷首，亦同榜書也，卻之以小句，附書于後博笑，詩學米體。邦達贅筆，七月十七日。

楔帖入昭陵。定武歐臨隔壁聽。但愛元人摹本好，精能。無限波瀾筆下生。　大作富先型。紙上如聞戰馬聲。書苑自今傳勝績，飛騰。大展鵬圖萬里程。

題尾句駢羅。四絶雙賢雅韻和。仿佛枚文功大起，沉疴。發我南鄉一曲歌。　歲月苦蹉跎。破硯徒穿枉自磨。踏遍燕郊書興減，無鵝。遂較羲之遜幾多。

《南鄉子》二首，啓功奉題。

繭紙搨弘文。虎卧龍跳尚得真。换取鍾張章隸體，翻新。《要録》斑斑好細論。　絶倒竟何人。東晉風規誤右軍。意竄齊梁從漢簡，偏珍。受寵王家後世孫。（永師也。）其一

興盡轉來悲。今昔盈虚理正齊。游騁蘭亭非一瞬，噦噦。怪底爭稱半截碑。　刊誤只君推。勝似雲林祖帖批。拂拭還同温雅態，（君書近褚格。）垂垂。米薛衙官次第陪。其二

調南鄉子，邦達再題。中涉近世論證事，知者韙之。

字字珠璣串。睨迂儒、韋編脆絶，鄭箋毛傳。自有文章驚海内，（借杜。）憐得黄車俊彦。偷鍊石、鎸來恩怨。華屋山丘無窮意，款芳思、難透胭脂硯。捫索去，要通變。　尋根究底真曼衍。溯南冠、遼東舊事，從龍霄漢。依樣五侯朱紫貴，轉顧泥沙踏踐。憑一一、生花重判。收入錦函新徵好，算東風、歷歷紅樓案。金錯重，賸青眼。

調賀新涼，書謝玉言先生重刊《紅樓新證》之貽。一九七六

年春日徐邦達並識。

奉和玉老丙辰自壽之作

應是臨河一輩人，豈期降日復佳辰。紛紛喜接花邨指，句句堪傳耆舊身。風雨青舍存我寂，蚓蛇白屋索君嚬。何當舉屬可年醞，醉去相看更得真。

徐邦達頓首上

承君長句再和短章　邦達又上

才大量君自有真，（三字與君自況禪光語爲儷耳。）詎論八斗看成困。謫仙豈爲劉公幹，應格天公降此人。

三月初五日

運退筆作字如御生馬，動輒顛簸，難乎不遭泛駕矣。附識。

調木蘭花慢奉和玉老元韻　李庵稿上

雄壇文陣帥，擅北國、舊知名。究烈焰葫蘆，通靈礧碟，説豎論横。東城。坐輪月旦，挾風霜舔筆見稜稜。綺思飛紅萬點，情瀾捲雪千層。　游京。刺滅睨豪英。忽漫契初成。比片玉聽秋，閒窗來夢，曾是同經。心明。稗官絶學，擬青萍長價喜重鳴。黄葉暫移歸棹，（時余暫歸春申浦上。）逸鴻偏接離聲。

丙辰初冬書於京師之小石橋螻室。筆僵腕弱，殊不能工也，勿笑勿笑。

洛下花叢豈鄭園。金卮不爲奪仙元。（用影園牡丹狀元事。）才酌醇醪先醉倒。春好。勝看風竹裊爐煙。（西園之集只設茗具而已。）　座主丹顔三影匹。延客。歌尋佳樹詩清園。（未及雨絶，梅子之候。）更約年年今日會。情恣。趁來蝶鬧與蜂喧。

作此卷之後日，宴玉老於叢翁之居牡丹花下，再賦一闋，書于紙隙。螻又筆。

定風波　壽詞壽圖，俗例也，今歲上巳後一日爲玉翁六十降辰，亦不能吝辭，輒賦此並寫青士之真以貽，請兩正。螻叟拜上。

比似城東水竹巡。（倪迂有城東水竹居圖，今玉言亦寓鳳城之東。）錦繃（梅花道人自題畫竹詩有此字，謂稚竿耳）此日降庚寅。靈杖萬年（靈壽木似竹，可爲杖）瓢且負，醇酎，暮春林下醉吟魂。　片玉清聲落紙上。神王。瀟瀟逸響遏江雲。葉葉竿竿憑竊取。圖與。三毫青士更留真。

前年君示詩有「竿竹瀟瀟寄滬南」之句，蓋以青士自況也，故詞中後片云云。

「以貽」字下須增「其或能免俗□」一句。

邦達爲玉言作。

曾訪青門落葉深，西畿清潦接遥岑。居人指點渾難識，畫裏丹黄只我心。　絳樓博議過臨河，正索解人奈爾何。一樣著書多歲月，霜楓冷閑自婆娑。

余既爲玉老作《黄葉邨著書圖》，蓋緬懷悼紅舊跡也，圖成更題二絶於後。徐邦達又識。

踏長安、落葉幾西風，欺鬢帶新霜。指晨星吴士，前塵依黯，柳岸持觴。再識門風江左，盛世賦長楊。要托檀栾影，看寫清湘。　吉日臨河一笑，伴崔盧名望，宋艷班香。（叢碧翁。）侈濤師箏柱，歌唱睨襄陽。説堪頌、黄絹翠墨，比醉圍、紅袖故情長。鳴禽晚，同銀橋□，何處他鄉。　八聲甘州

余來京華廿餘載，癸丑始識津沽周玉翁，傾蓋如故。丁巳上巳後一日爲翁六十降辰，既製前圖爲壽，又作此闋，再書卷後，

亦承翁十三宴集紀事詩中意也。銀錠橋爲叢老居處，四日飲罷，與同席諸公連袂過之，故詞中末語云云。蠖叟並記。

玉老書言欲贈一詩，得兩句，敗興輒止，即以爲寄，援潘邠老例也。因就其中大癡字抽易本意，漫仿癡翁小筆遺之，且續成此絶，書於畫端。詩曰：揮汗寫詩事大癡，虚堂坐雨細聽之（周）。無聲有意矜潘老，敢説熏風殿角時（徐）。來書又告人有稱其字體瘦金者，故亦用誠懸事爲戲耳。邦達並記，時汗出如漿，真癡人事耶。

味老先生閣下：

新春伏維興居協吉爲頌。前者周曉川君所述紅樓倡和詩詞及拙圖將於四月號（香港）《美術家》刊出，先此奉告。達於即日小住頤和園藻鑑堂作畫。將同來者江南陸儼少先生，此達所敬畏者。比得一詞，聊叙近況，録以博笑也。詞曰：雪意潛銷，春心怎逗，芳園柳色還迷。傑閣層階，當年去盡宫翬。寒凝一片昆明水，待風和、畫鷁能移。轉縈情，節序燒燈，獨立支頤。　揮毫一飲千鐘後，算東江北國，幾接探微。此夜燈閣，禁闈終異鄒枚。人間天上殊今昔，喜龍池、换作鵝池。領鰲頭，繪苑平分，藻鑑同依。

此間水木清華，又得知契者樂與共晨夕，快何如之。惜不有吾周郎相爲索笑，終致憾耳。專上

撰席

徐邦達頓首

來信請投頤和園西門内藻鑑堂中國畫研究院籌備處一〇七室。約三月以前必在其中。又白。

何其芳（一九一二—一九七七）

周汝昌同志：

送上我爲曹雪芹逝世二百周年寫的紀念文章，請審閲。此稿擬在《文學評論》第六期上發表，不久即需付印，因此望在數日内就原件批改退還，以便早日定稿。費神之處，十分感謝！

文章中提到在《新小説》上發表一部分《小説叢話》的俠人，不知到底是誰？其人如何？如果知道，也望賜教。

專此。謹致

敬禮！

何其芳　十一月十八日

周汝昌同志：

我的《曹雪芹的貢獻》一文已在《文學評論》一九六三年第六期發表。此文根據您的意見作了一些修改，現送上《文學評論》一册，請指正。閲後如有意見，請再將意見告訴我。謝謝。

此致

敬禮！

何其芳　一九六四年一月六日

汝昌同志：

三月十二日寄來文稿《〈紅樓夢〉與曹雪芹有關文物叙録一束》和信，早就收到，我現在才來寫回信，實在太遲了，非常抱歉！

拖遲的原因我應當説明一下：

最初，收到文稿後，我怕在我處積壓，立即轉紹基、世德、毓羆同志，請他們先看。由於我患腦病，記憶異常壞，後來忘記了此事，世昌同志催我看，我才記起彷佛收到過你的文稿，在家裏翻箱倒櫃地找，都未找到。後來又見到世昌同志，向他説没有

找到，又是他提醒我，是不是交給別的同志看去了。我試問紹基同志，他説是在他處，他們早已給你寫了回信。重見到你的文稿和信，我才記起了全部事情。你看，這樣記憶壞，真可入笑林了。

找到文稿後，我拜讀了一遍，我是讀得很有興趣的。近年來，有關曹雪芹的新材料發現多種，是大家都注意的，你的《叙録》頗爲詳盡，整個説來，也很有説服力。讀時，只是對「二、畫象」部分，微覺似乎説服力不够充分。誠然，「對臉頁左右扇本不一定都有必然聯繫」，但一面是畫象，一面是畫象題記，兩者無關而又碰一起，似有些奇異，或者説兩者本來很象有關而判斷它們無關，也似不妥。總之，考據之事我不大懂得，僅讀時感覺有此一疑而已。

讀文稿後又過了一些日子，又由於瑣事較多，拖延到今天才來寫，真是難於求諒了！差不多天天都辦公、開會、談話，事作得極多，而精力不濟，常在疲乏中，頃刻之間即可寫出的一點意思，在我都要下决心，尋找頭腦清楚的時候。今天午睡剛起，應該説是比較頭腦好的時候，然而這樣一點意思，卻仍未必寫清楚。我患的是腦動脈硬化症，現象就是經常頭昏，有時甚至發生意識障礙，或者叫記憶中斷，出門不辨方向，開會發言常中斷，可笑之事甚多。前些日子，吴恩裕同志寄他的文稿來，我雖然看得較快，卻也是久未寫回信，當時除腦病原因外，還因爲實在提不出什麼較内行的意見。後來承他不恥下問，親臨我住處，我只有對一個字的解釋的意見也無保留地提出了，那就是廢齋之「廢」，我意應釋爲殘廢之「廢」，不必刻意求深。

寫這樣幾行，卻錯落字很多，詞不達意，亦是腦病之一種表現，幸勿見罪！

專覆。致

敬禮！

何其芳　四月二十五日下午

端木蕻良（一九一二—一九九六）

汝昌同志：

手書奉悉，承惠《曹雪芹小傳》，可倩《紅樓夢學刊》有人來舍時，便中帶來，或直寄虎坊路一樓一單元二號我收，均可。爲感！耑此，即頌

道祺

端木　十一月十五日

汝昌學兄惠鑒：

《新紅樓》座談會上，因你來得略遲，座【坐】得稍遠，未及細談。後因令嫒扶持我之際，我告她有關保護銀錠橋的建議。因爲你對「十刹海」一帶考證周詳，特別對銀錠橋説得精采。試想當年這是連接南北的惟一通道，試想：如果曹雪芹走到十刹海，也得走過這個橋。如果李西涯、紀曉嵐走過十刹海，也得走過這個銀錠橋。幸好，這個小橋還保存它的當年風貌。因爲大概是我十八歲時，在「東不壓橋」住過，那時，也像你當年住在這一帶一樣，常來十刹海，對當年的銀錠橋還有所記憶。

這個橋因爲太小，又没有建築上的特殊價值，在交通日繁的趨勢下，它必然需要改建。我在七九年曾特意到這兒來過一次，我覺得像一溜胡同、煙袋斜街都還有些當年的味道，特別是煙袋斜街，改變比較小，真有點兒像蘇州篦子巷的味道。你如有時間，不妨去看一下。

鄙意，這一帶最好能按原樣保存下來，因爲我行動不便，精力不足，西涯那邊没有去，所以不好説了。單就這一帶，我看是應該保留下來，銀錠橋可以仿金鰲玉蝀橋那樣，在旁邊加築一拱

橋或板橋，就可以把銀錠橋保護下來了。

當然，賢王祠的戲臺遺址，還有建祠時的石碑，還有其它如槐園裏面的老屋和僅有的一段城墻，都仍該繼續保存，但是，銀錠橋因爲行人日多，它已不合客觀要求，因此就感到有急迫感。這僅是我個人的感覺，希望你能以你考證的根據建議把銀錠橋保護起來。其它，再繼續來作。如果吾兄能抽出時間來，把有關曹家的有關的現存的實物，作一系統説明，由南到北，供人參考，一方面在改建時能加以注意，一方面也唤起旅游者的重視。我想，間接來説，對「四化」也是大有裨益的。

我最近頗感不適，因手麻木加重，所以寫得潦草不堪，但又想寫得大些，便於你入目，所以，反而寫得更亂了。

匆匆作覆，謹祝

筆健及

闔府均吉！

端木蕻良拜上　一九八二年四月十五日

我的住址是在光明報對面，一個理髮館的樓上。地址習慣上是這樣小【寫】的：「虎坊路小白樓一樓一單元二號」，有些不清楚，但已習慣了，郵遞員同志會清楚的，一笑！又及。

啓　功（一九一二—二〇〇五）

敏庵我兄：

除夕始考試畢，稽遲奉答爲歉！

獻歲恭維興居多福！前談「牛難」問題，鄙意以爲仍用「牛難」爲是。其故有二：

1. 既據乙本排，則乙本作何字即用何字；

2. 牛字在當時口語中實近似「扭」，如云「彆扭」。尚有内證：本回中即有「牛心」一詞，117回有「牛着他」一詞。尤以「牛着他」與牛難更近。

拙見如此，不知高明以爲何如？專此不盡，即致

敬禮！

弟功謹上　初六日

注在緊張工作中，附聞。

敏厂我兄：

所示諸條，誠有解釋之必要，惟淺學尚有不能盡識其出處者，如抓熱饅頭之類。尚擬博徵耆獻，以印其究竟。尊示津俗「抓鍋」，容或有相通處，惟弟亦不解，亦願明以惠教也！

注稿前40回已畢，爲397條，（120回共716條）已過一半，惟尚是卡片，未謄清。是否先將此部分謄清請正？但全部注畢仍需再作全面劃一及整理。本周内做規劃及課程，過於忙碌，下周内可先將此部分謄清稿送上也。

截止期是否三月底？約計之，或不致誤耳！

專此，敬致

敬禮！

弟功謹上　二月廿八日

尊謙實不克當，累次想鄭重聲明，竟不知應如何措辭，惟真率陳臆，請以同好、同志、同調相勉爲盼！

小弟功再上

三月二日到，當日又發復函。

玉言我兄師表：

首先話説稱謂問題，我公來稱，弟只敢以爲戲言，但即此戲言，又何敢捧讀第二遍！萬望下不爲例！尤其拙妻聞之，不禁駭叫，雖云及烏，總希勿使病婦增愧也！條約簽定，立即生效！！

程乙本之荒謬，誠如高論。此書問題，日益澄清，「天下本無事，庸人自擾之」，舊諺可誦，益恨胡氏胡説也。故今之印本，逕删程本之序，是治絲逾棼也。雙鈎曹氏書，草法既有誤，又乾隆人而作章草，俱大有研究餘地也。此疑恐未可遽與吴公言，必目驗而後有權發言耳。至於「祖師爺賞飯吃」之梨園行業語，所以注釋者，非僅爲我公豁然，實亦爲别人不致誤會，此層用意，想公當首肯也。逸少之字，自梁武與陶隱居即有辨别，宋人黄、米，復斷斷於閣帖，我輩習書正好玩味米札之語，所謂「去一百碎故紙，知他真僞」者，實爲名言，又米詩云：「寄言好事但賞佳」，可稱無等等咒也。

弟自住進内弟之家以來，已將十六年矣，今年東墻欲圮，因口占云：「東墻雨後朝西鼓，我床正靠墻之肚。坦腹多年學右軍，如今將作王夷甫。」弟所幸在未遇石勒，而逢房管所，此番可免夷甫之遭遇矣。因談逸少，書之以發一笑！

又有奉求之事，尊社所出之小人書，若劉繼卣兄所繪諸本，能由我公代購幾本麽？倘有希望，謹當恭奉書值，泥首趨領，所惠何止百朋耶？其書聞有《三打白骨精》、《芭蕉扇》、《東郭先生》、《武松打虎》等等，所聞不全，統求分神料理，小弟何敢詞費乎！

賤疾稍痊，即當趨候。人生之樂，樂在朋友，朋友之樂，樂在談學，談學之樂，樂在談書，書有二義，曰書籍、曰書法，談書之樂，樂在談書法，我公當不河漢斯言！專此，即致

敬禮！

小弟功謹上　十八日晚

玉言吾兄師表：

前獲賜札，尚未奉復，忽又舊疾發作，今晨尚未上班。夢中聞遞信同志呼聲，急起床快讀，真不啻檄愈頭風，今日真不白過矣！

大作於弟只有增加見聞，實無「意見」可得貢獻者，因除小硯一事昔曾寓目外，其餘皆不曾見也。

僅就大稿，作爲讀者感覺言，亦有數條可陳者，敬分寫於下，當否，尚求賜教！

1.題目不大俐落，但弟亦想不出辦法。且文中次序是先談曹氏遺物，後談新見之板本，其先後與題目不同。（題中先談書後談人。）

2.因以上問題想到，此文如將新本（靖本）之叙述移前，將各件文物移後，不但與題目相合，且分量壓得住（談書的字多），但版型已成，恐移動不易矣。

3.第25頁左欄第14行「靖本筆者未及目驗」，其「靖本」二字後宜加逗號，否則易誤爲「靖本的寫者」矣。

4.「板本」二字是否可概「寫本」，大文中已提出「借用泛義」之説，但究覺小有出入。大約是爲符合「文物」性質，又每項俱括二字，故此處不能再着多字。弟竊謂如直説「鈔本」，亦足名實相符，不知有當否？

5.程氏畫扇題語不見於《容臺别集》，董氏曾云「米家多瓦屋，高（房山）家多草房」（大意），程題又似套自董語，疑莫能明也。

匆匆寫出，請恕其潦草！計其書時距收到大稿時，八十分鐘。

此致

敬禮！

小弟功謹上　一九七三、三、十三

敏厂先生於三希堂帖中最嗜元人陸繼之摹本禊序偶登北海閲古樓見陸帖一石剥泐殆盡感而賦詩敬和三首即求斧削

唐摹陸搨各酸鹹，識小生涯在筆尖。只有牛皮看透處，賊毫一折

萬華嚴。

昔日曾疑帖與碑，説他毫刃總參差。但從燈帳觀遺影，黑虎牽來儘可騎。

叢帖三希字萬行，繼之一石獨凋傷。恰如急景瀟湘館，贏得詩人弔古忙。

弟啓功具草

吴則虞（一九一三—一九七七）

汝昌尊兄：

前上一緘，叢老以爲必覆，曾來寓看回信，竟未得。兹有小事懇者，頃爲某校哲學史，須戴明揚《嵇康集》一查。此書昔有之，不知置何處。又科學院及哲學所亦皆有之，病厞【痱】無力出户。恐兄有之，乞郵寄下，一二日準掛號奉璧，不稍延誤也。無則乞向公家代借，尤感。專此，敬問

著安

則虞　十二月廿六日

暎一目書此

佇候示復。

汝昌尊兄賜鑒：

正奉讀惠箋，適我所留守組負責同志來，託買：《紅樓夢》二部、《西遊記》五部、《水滸》二部、《聊齋選》二部、《三國演義》五部。請煩與胡香桂同志一談，預爲登記，拜感拜謝。餘另詳答。此致

敬禮

吴則虞拜託　四月六日

汝昌尊兄有道：

賜箋奉誦。買書事一再瀆勞，至爲心感，已電話留守處趨前取書。某公府第，荆人曾經去過，尊件擬飭其陪侍嫂夫人同往，蓋閽者例不掣收據，偕往最宜也。憶弟入都時，在蜀曾參運動會，到京後尚參加民兵訓練與檢閲，曾日月之幾何，一病頹唐，居然垂垂老矣，思往事，惜流年，未免生感。亦有詞二百闋，六三年經龍榆生兄代訂，近擬複寫，當求正教。邇來萬感幽單，理屈詞窮，稿添二三首而已，又誰識此意哉。聊因來書，略寄感慨，城闉相望，邈若千里。耑頌

康吉

虞　五月廿五日

汝昌尊兄：

昨發一書，計先此而達。某公官邸，六三年後即不收文件，一律送至禁掖；現在是否仍住原處，則不詳。如送禁內，似與郵遞無殊。除設法託人問訊外，特此奉達，因恐徒勞奔馳也。總之，送寄禁掖，確屬正辦，諸維荃照。敬問

康復

虞　五月廿八日下午七時

汝昌尊兄道席：

賜箋奉展。《論衡集證》，功同盍簪，故敢奉求椽筆。此事曾與叢老長談，僉謂京華冠蓋、人海之中，雅人深致如左右者，亦已寥寥矣。黄暉及劉本，弟當覓致送上，淮南稿本亦當奉正。書局印此書，在弟則如下車馮負【婦】，可笑也已。月之九日（星期天）上午十一時，在西單淮揚餐廳（即玉華臺）吃湯包。主則爲前重大校長何魯老人（八十矣）及弟，賓則叢碧夫婦，無他客也。

何翁年八十，猶能作小楷，酷肖《十三行》，亦女詩人黃稚荃之師輩也。最好乘九路無軌（至靈境胡同口）先至弟寓（下電車即西斜街），再偕叢碧翁同往。專此，即頌

著安

虞　四月六日

西斜街53號後院

汝昌先生道右：

叢碧翁宅良晤未得暢譚，撫塵之樂，知不易也。《論衡》體例，一依高郵王氏、德清俞氏之例，長可千言，短可數語，仍用文言文，一則文簡，二則與清儒及近人箋記求其一律。劉氏之書，可議者一爲書中斷句多誤，一爲所集箋記，頗多可商，即此二端，厥爲好題，且不枯窘也。《三國演義》如已印好，務懇搶購兩部，書款即託人奉上。叢碧近詞已鈔就，兄可索觀。拙詞亦請王半塘老人之文孫王孝丈代寫，寫成當呈教。本月三十日（星期天）下午三時，在中山公園茗叙看海棠，如有暇有興，乘興而往如何，並約（另約矣）叢碧翁也。有事敗興，有興無暇，勿勉强，亦無庸作覆。此頌

研綏

虞　四月廿五日

汝昌尊兄：

賜箋敬覽，感慨萬端。此生全在擾攘顛躓中消逝，真羨唐宋文人之多幸也。弟家世儒修，而終身幽寂，幼少失父母之蔭，尠兄弟姊妹之歡，中年乏室家之好，老而無子息之娱，以視兄玉樹挺生，不啻霄壤。「人間萬感幽單」，夢窗此語，實有會心，惜不能繼聲也。詞已付鈔，約百日可書竟，當呈奉教正。尊件照前議照行，如何，惟兄教之。覆頌

吟祺

虞　五月廿八日

汝昌尊兄：

賜函奉覽，謹答如次：

1、「脈通」余服有多瓶，雖無大效，平穩而已。購此藥時，須，1，持有醫證；2，機關證明，用者爲六級以上幹部，庶氓不得與也。近且聞原料缺乏，更形緊張。

2、此藥以廣州出品者爲上，北京次之，有「後勤」二字者則未用。

3、已飭小女託人代求，併力圖謀，何時可得，卻聽下回分解。

4、尊恙千萬珍重，與鄰人秦力生同志症略似。瞬息萬變，不可忽也。

5、北京中醫第一流者爲蒲輔周（中醫院），然非我輩所能求到；其次爲莊惕深翁，爲莊則楝之父，哈同之婿，而餘杭先生弟子也，精針灸，通方脈，又通《說文》、史漢，且精氣功養生之道。在京有四夫人，惟行醫則在前圓恩寺三號，此人與弟有同門之雅。兄去時即聲稱余所介紹，則免半夜掛號之勞，或且不收診金，上午九十時去最宜。請其細心診視，如室中無人，可從其學氣功，不三月，百病自除矣。不必作書，只說可也。

6、《紅樓夢》事除《越縵日記》外，又見津門某詩稿題中。此書四本索價八元，一放手，竟不可再得。其序略謂上元張燈，蘭坡前輩出示異書十五種，内有此書也。

7、又有一事，兄不可不知者，晚世言紅學者以吴仕鑑爲第一代，吴宓爲第二代，俞平伯爲第三代，兄及世昌則晚輩矣。吴絅齋事詳某尺牘中，又見馬彝初《石屋續瀋》。

8、五六年夏余在修綆堂見一女六十許，以巾箱本精鈔《紅樓夢》出售，索價四十金。孫助廉君即語余曰，此景樸孫之女也。景爲晚清藏書大家，多珍秘。俄忽即去，但知其住北新橋，未詢其門牌也。鈔寫甚工，爲內府物。此事尚可追求。

9、有正書局景印之本，爲夏曾佑所售出者，乃某小説史，亦夏所屬草。此事朱樂之翁言之，諒兄所知也。

10、朱蘭坡藏書，進士前則存吾鄉培風閣；通籍後，則存吴中。詳拙《續藏書［詩］紀事詩》注中，此書乃晚得也。五一冬，余在西南圖書館善本室邢仲采老坐茶，見其滿案書，邢曰此珂鄉物也，皆朱蘭坡所藏，以史部爲多。抽其一二，以《東都事略》爲最精。邢曰某室皆雜書，抽視「山中一半雨」本王孟韋柳集，黑口本，極精。中有鈔本多種，惜未問《紅樓夢》下落，公可直達其館館長楊竹坪一詢。

11、抗日戰爭中，余於衡陽許軍門家見張之洞手批本《紅樓夢》，實刪改也。張時年十四，亦異事也。（許在緑碧塘。）書首鈐「小帆」二字印，蓋閩中老翰林也，見滄趣樓詩題。書首長跋，謂底本爲許乃普所贈。

12、日記中朱逌然（肯夫）部份請細看。今日甚不適，匆匆奉復，畫虎且不成貓也。即叩

著安

虞　廿二日

汝昌兄：

「脈通」已得到否，尊况如何？至念也。今介周篤文兄相識，周爲湖南湘陰人，北師大十年前卒業，中文系佳材也，有意從事文史著述，敬祈指點，推愛相助，以兄弟待之。周兄在中醫學院教醫史，弟得住院，皆周先生一人之力也。「交期託後生」，真見今日矣。兄病已面託，有何需求，當併力爲之。去年奉上《論衡集解》，如不用，請交周兄，因其與友正治此書也。餘請其面詳。耑叩

百益

肇公近安

則虞　八、三

南小街禮拜寺13號

陳邇冬（一九一三—一九九〇）

敏庵背臨《蘭亭》，把玩多日，初覺大似褚河南，後乃發現得永禪師法。三百年來書家不能爲之，亦不能識之。惟其中或有一二差池之字，與敏庵筆路相違者，如「悟言一室」之「一」，「癸丑暮春」「春」字之「丿」，大概書時過疾，乃逾常軌。又「欣於所遇」之「欣」，末筆應挑起，蓋《蘭亭》中存章草意，此筆欲挑起而復捺下，敏庵寧不知？恐是書時過酣所致。（捺處如「放浪」之「浪」，「斯文」之「文」，「及其所之」之「之」，亦皆非敏庵筆路。）過疾過酣，皆非晉唐法，此意亦惟吾敏公知之，不佞對他人未敢發斯言也。昔嘗與敏庵論大王書，以爲龍跳虎卧之説不足憑，惟「天朗氣清，惠風和暢」八字足當之，未審敏公以吾言爲是否？

邇冬敬復　十二、卅一

此幅總的佳處在精神貫注到底，美不可言。自跋十三行尤妙，無瑕可尋。把玩多日，不忍釋手。

戲改定厂詩贈周公

少年尊隱有高文，紅學真堪張一軍。難向諸家搜比例，商量胭硯到湘雲。

解味道兄：

昨夕得手教，今晨令小女往社取還尊書扇子，（此扇亦豈藏而不用，世無賈赦，石家物不怕人奪也。）廊陰展玩，覺書是唐格，詩則宋意，觀賞久之，竟驅午睡。想來兄所繪《黄葉村著書圖》必是絶妙的東西，竊愧相交十年，知兄不盡！

來示評弟書太高，不覺聞雷失箸。前示云欲箋《書譜》（白石《續書譜》已有人注釋），此大好事，弟敢爲普天下習書人請命也。青峺如有詠歌，乞眎。專候

道安

弟邇冬　七、卅

代東敏庵用芹溪遺韻

芹溪遺韻費哦吟，我欲因之涉淺深。銷盡鋒鋩存劍匣，磨餘文字在碑陰。孤鴻沉影猶堪攝，一窟留紅倘可尋。未必研雲人去遠，隨君篝火夜蒐林。

附昨夜所成《雨夕》之一並乞政之。

淅淅潺潺壓一櫳，迷茫煙水漲橋東。蒼蒲挾雨驕喬木，薜荔封窗扈小蟲。已具老形寒臂膝，還招萬象列心胸。明朝一霽尋常事，會向湖頭待夕虹。

八月三日蘊盦待正草

周祜昌（一九一三—一九九三）

甲庵如面：

昨得十七日書，具悉。此信到平，業已考完，惟恐五高士二圍訪之需時，非匆遽可了耳。但盼多有所穫，以供暑中食糧。家園麥子收割竣事，約可得十石之譜。不論多少，暑中有麵吃矣。聞玉麵每斤十二萬，不知怎生得了。原有之集與柴禾車皆無形停頓，蓋爲麥場所掩，看出是農業社會。肥料與栽秧尚有兩筆大花銷。《奇雙會》若訪得譜子，抄録又需時矣。家事平平，夥計周頭人尚可用，老高則形同清客。所惜者，三哥舊病恐怕又已萌芽，惟覺察者尚鮮耳。匆匆即候面談。此祝

歸程順利

君度拜手　戊子五月十六日午

□、六、廿二

廿二日書到，慰慰。《三國》真是好書，此次看，又將竟，略嘗滋味。寫前言，地位極重，想弟當能應付裕如也。王君埽葉版插圖不全，令人介介。所見吉生畫册大本與舊購人物畫不仝否？念念。昔年流落中尚買帖，兄囊中卻常有物也，一笑。和紅腐韻不明所指，秃公想即喬君。四月廟詞上片勝，過片似弱，不足以盡大會之美。兄詩中「泥墳供親養」之阿兄乃指三哥言，第三句轉而自貶，缺小注，以致誤解。尹默今知乃蜀漢人名，官博士。今年海貨來得甚湧，而爲期短，對蝦已過時矣。夔龍兄以磨手由生變熟，今乃晶瑩異常，非復昔日。顧師有文攻胡風，以「畫皮」爲比，見《天津日報》。日來對書之改寫問題轉變看法，由急而緩，以爲大可徐徐從長圖之，急急求功轉成不美。弟當早見到此，毋待囑咐。改則舊全毁而新不立，心勞日絀，前功盡棄，故仍是如何充實問題，此非短期所能到也，弟意如何？《續琵琶》、《東華録》、永瑢像、雪芹像跋，當相機羅致之，亦不可過分，隨其自生自滅而已也。海棠季到，可約戈公到司鐸園一游否？兄言及此，但有搧風吹火恨舉之不大不力也，如何，如何。社方如催稿，只可碎碎唯唯否否，一錯不可再錯，一誤不可再誤。

射魚夏吉

乙未四月初三日受白懸肘書

夔老如面：

函隔將半月，開學之後，生活平淡，遂覺無多可書也。日中忽發奇想，即仿糟老《詞説》之例，將脂批擴而大之，縱横捭闔，按回作説，曰「説《紅樓夢》」。咱於考證方面已取得如干成績，彼是歷史性之縱剖面，有感於一般理解欣賞水平之低，此横剖面之一説乃成當務之急。考證以自傳説梗阻難行，説書不妨於自傳説力事發揮，百家爭鳴。作如是觀者，舍我其誰。大筆如椽，横掃將去，弟其有意乎？兄之氣魄文思甚不濟事，僅能擂鼓以助而已。自覺此工作較之續書輕重緩急之間迫切多多。説之於證，更覺重大可愛，芹脂悼紅，至於今日，非吾人出而説之，其誰知之乎？盛業當前，弟其勉之。天氣多變，諸希

珍衛

春安

丁酉二月初三日午納翁再拜

冷淡生涯，憐似陸、三間瓦屋。相慰勉、自家甘苦，自家涼熱。長夜荒雞微近遠，（荒雞在遠，大明東生。汝昌四八年句也。）中年絲竹鄰哀樂。展宗風、小綴到紅樓，勤鈎索。　尊再梓，量前作。真面目，高標格。攬三朝翻覆，縱横捭闔。曾埽煙埃鮮愛憎，已疏源委嚴清濁。揭新元、傑構出風流，看來哲。

《新證》重排出書後二閲月始有此作。

一九七六年七月二十五日祜昌手録

顧學頡（一九一三—一九九九）

汝昌吾兄文席：

八月末日惠書奉悉。囑删「暇」字注，前於還交校對科時，已代删去，勿念。《悲哉行》「平封」一辭，久未得解，殆成疑讞。頃偶翻《列子・楊朱篇》有「聚酒千鍾，積麴成封，望門百步，糟漿之氣逆於人鼻」之語，則「平封」者，平麹封也（極言「酒債」之多），已補入校樣中，不識可當此注否？盼裁酌。昨聞紹良兄云：王汝弼君「白詩選」稿自我社退稿後，頗致不滿，經修訂已送中華，則我輩此稿一出，不免成怨府的堠矣，奈何！然以退稿時水平觀之，似並非勁敵可懼。第恐得枕中鴻寶以後，庶不免應刮目相看耳。附圖數幀，均已略寫説明數語，頃正在製印中。此稿，據云本月底可打型，四季度可出書。弟寫知識叢書《元代雜劇》一種，下月或可問世，届時當奉上呈教。

劉十九問題，囑寫文爲復，盛意極感。此事，日本人、馬君《唐詩選》均誤爲劉夢得，前歲檢查出書，麥老已深致其疑，弟已明指其非，於白詩選注中，確指爲劉軻（岑仲勉先生《唐人行第考》存疑，不知爲何人）。刻復檢出有關劉事數則，因思詳跡其行實，稍遲，當草一小文奉呈。如有先我而得者，尤深跫然之喜也。

藏書一事，弟於古典部「諸公」中，最爲貧儉可哂。聞前月王、周二公各售出珍本若干種，獲價近萬元，我輩視之，可云豪矣！弟年來不遑寧處，遷居一次，即賣書一次，所剩寥寥。如兄便中過我，架上所有，無有不可借觀者；第恐覆瓿之外，徒資高人齒冷耳！（弟現寓隆福醫院對過：大佛寺西街黄米胡同正七號前院。）

匆匆一年，又是中秋，時有老之將至之感，亦時有發憤强自著書之思；然流光若駛，悠悠送日，竟不能自强，爲之何哉！

久不晤面，筆談已盡數紙，即問

起居佳勝

弟學頡拜　九月三日

尊寓有厨房否？門牌多少號？是否在12條内？請告知。

如全院均遷動，或部分遷動，弟擬全部租下（與人分住），或部分租下亦可。

王鍾翰（一九一三—二〇〇七）

周汝昌同志：

承惠《紅樓夢新證》一部，收訖，十分感激！此次修訂本視舊版幾增出一倍，深佩用功之勤。俟好好細讀一過，再前來請教。

此復

革命敬禮！

王鍾翰　五月十四日

汝昌吾兄文几：

此次唐山豐南地震，波及京津，爲三百年來所罕覯，而京市影響最微，舍下大小亦均清吉。連日來伏處西郊，露宿户外，野景絶佳。日昨入城，方奉華翰，謬承嘉許，愧不敢當。回憶二十七八年前，同學燕園，又同游鄧文如師之門，不時會晤，備聆高論。以年齒言，弟固稍長，學無寸進，而兄卓有樹立，早著才名。師友之説，詎以年論，兄列前茅，弟陪末座而已。別後我兄論著時見報刊，大作舊版《新證》，係從文師處借閲，今新版《新證》洋洋巨製，膾炙人口。目前不特舊版洛陽紙貴，無從覓得，即新版亦已斐【蜚】聲海内外，不脛而走。承饋新版一部，早爲戚友借去，迄未收回。所提諸點，有待商定，如新有所見，決不藏拙，仍當一一寫出，呈諸大雅之前，以供採擇。

兹就來示中提出之兩點，再申鄙見，作爲補充：

一、所謂「騷達子」，尊意以爲舊日習俗特爲孩提取賤名，便可易於成長，並非滿人自稱之詞，高見極是。只因新版頁11有云：「騷達子乃清代統治階級對他們所奴役的蒙族僕婢的侮辱性稱呼。……滿洲貴族稱蒙族爲達子，漢族爲蠻子」云云，似以達子專指蒙族而言，則不盡然。按蒙族有達子之稱，當是事實，明代《韃靼譯語》即有「韃靼俗曰達子」（見《紀録彙編》161/1a）一語可證。但即在明末，仍有「達子到門前，總兵還要錢」（見《籌遼碩畫》24/44b）及「達子流賊是梳子，自家兵馬勝如篦子」（見《明清史料》乙編1/32a引天聰九年正月二十三日奏語）之謡，則達子之稱同時亦指滿洲無疑。又乾隆二十年二月上諭中亦有「俗稱漢人曰蠻子，漢人亦俗稱滿洲曰達子。……如以稱蠻爲斯文之辱，則漢人之稱滿洲曰達子者，亦將有罪乎」（見《近世中國秘史》1/93引）。據此可證乾隆初年滿人亦不否認漢人於彼等之有此一稱呼也。質之高明，以爲然否？

二、墨爾根一詞，有「善獵人」即「打牲手」（見《清文鑑》卷九畋獵類三）與「智」即「睿」（見同上卷十一聰智類）兩義。滿語中一字有兩義，或多至三四義，多有其例。如阿巴aba：一爲「畋獵」（見《清文鑑》卷九畋獵一）；二爲「在何處」（見同上卷十二問答一）。又如阿格age：一爲「皇子」（見同上卷三君一）；二爲「兄」（見同上卷十人倫二）；三爲「兄長」（見同上卷十老少一）。又如阿拉ala：一爲「平頂山」（見同上卷二地輿三）；二爲「使告訴」（見同上卷十二問答二）；三爲「令樺樺皮」（見《清文彙書》）。又如伊爾哈ilha：一爲「花」（見《清文鑑》卷二花一）；二爲「花」（見同上卷二三采色三）；三爲「金花」（見同上卷二四冠帽二）；四爲「星」（見同上卷二三衡量一）。其中「兄長」爲「兄」之引申義，花、金花爲花之引申義。

再者，我兄以謚號與生時美號及正式封爵不應全同，高見亦極是。生時美號與封爵號大體相同，如多爾袞與多鐸，天命末，封貝勒，以軍功，多爾袞賜美號「墨爾根岱青」，多鐸賜美號「額爾克楚虎爾」。崇德元年，晉親王（均見《太祖、太宗實録》）。

故睿親王與豫親王之「睿」與「豫」均係封號，繙清則「睿」爲「莫爾根」，「豫」爲「額爾克」(見奕賡《封謚繙清》頁4下)，是封號與美號相同之證。其謚號則不相同，睿親王之謚號爲「忠」，全稱爲睿忠親王；豫親王之謚號爲「德」，全稱爲豫德親王，即是明證。然則「莫爾根」譯漢爲「智」，「額爾克」譯漢爲「雄壯」，引申之則爲「睿」爲「豫」矣。

草草奉復，即叩

平安

弟鍾翰上　七六、八、十五

賀翹華（一九一三—二〇〇八）

汝昌先生賜鑒：

新年遥祝身體健康，萬事如意爲頌！

今年初奉到手書，獲悉有關前畫《紅樓夢斷圖》畫面上有二憾，兹遵命重繪一幅，予以改正。今附函奉上，望查收爲荷！

去年底中國《橋》雜誌在上海發行英文版，該雜誌有一篇訪我的文章，其中有您賜我的墨寶和宗江在九七年參加偉國畫展開幕式的照片，這必然給該刊物增輝不小，俟書到當奉寄一本，順聞。

春節前我仍在皖，如有變動，我隨時和您聯繫。耑此，敬叩

冬安！

賀翹華上

紅樓夢斷圖

風枝露葉向疏欄，夢斷紅樓月半殘。舉火稱奇居冷巷，寺門蕭颯短檠寒。白石老人題。

青衫古廟對蕭晨，歡唾離痕憶絳唇。別夜紅樓塵夢斷，一回吮筆一酸辛。叔子題。

戊寅春應周汝昌先生命繪此圖，賀翹華，時年八十有六。

黄苗子（一九一三—二〇一二）

頃聞尊著《新證》改訂本已出版，曷勝欣賀！前託代買兩部（或三部）未知有無困難，便乞示及，以便備款（書款若干亦請見告）踵取也。此上

汝昌吾兄文席

弟苗子頓首　五月十三

大札奉悉，《法書要録》弟恰有三號仿宋字排印，但未刊行之校樣本，當較《叢書集成》本字大，然筆畫字形不逮明清木刻本遠甚，未知足當尊意否？(此書原係弟所輯《美術論著叢刊》之一，由啓元白兄較訂而未出版。)日間因牽於瑣事，未克趨奉，下周間當可踵呈。目疾似以及時治療爲宜，萬望善加養衛。承允賜以法書佳什，謹先道謝。匆上

汝公文席

弟每日下午晚間在家，書如急用，請派人來取亦可。苗又及。

弟苗子　四月廿四

一九八二年十二月四日上午，全國政協第33組會上，偶與黄苗子兄鄰座，因便於筆談，再以芹像冊頁之事奉詢。蒙答一紙如下：

陸繪肖像，當時係河南博物館寄請郭老審定（並附該館公函），郭老即送當時的曹展籌備處，我看到了原冊。但雪芹像在第幾頁，已記不得。只記得每頁都有尹繼善的題詩。所以阿英同志懷疑這些人都是尹繼善的幕僚。「楚門張鵬」題句已記不得了。

據兄所記憶，尹繼善各頁題詩是否都是兩首絕句？還是不一定一律？

又，諸頁尹詩有無任何一個是帶上款的？

盼盡可能追憶一下爲感！

弟叩

①記得都是兩首絕句，寫得較工整。

②諸頁尹詩有無帶上款，記不得了。

③記得曹孟浪同志曾拍了照片，底片聽説還保存。曹現在文聯圕，可函詢。

本是蚍蜉敢撼山？旁觀袖手亦閒閒。似公耳目真堪羡，不見不聞我卻難。

智叟天生怯動山，堂堂紅學豈同閒。謝公一再殷勤問，惶恐衰年記憶難。

原册畫像似有一二是陸厚信題款，否則雪芹二字就没根據了。

輕舟已過萬重山，（謂聽者杳杳，一遁即逝也。）偷得浮生半日閒。一自曲終人散後，相見時難別亦難。

汝昌兄疊以山難韻見酬四次奉和。

苗子博笑

姚奠中（一九一三—二〇一三）

周兄：

抵京豐，即訪，駕尚未來；電梯卒遇，未皇寒暄；兩撥九〇三三，話無人接；趨謁，門閉不開，想已歸府。欲抒積悃，當俟異日。今寄上拙編《梁集》一册，祈正！顧因時珍衛，千萬千萬！

奠中頓首　一九九二年四月五日

吴曉鈴（一九一四—一九九五）

汝昌學長：

昨天去文學所，才在古代文學研究室的亂紙堆裏理出來函九件，其中擱置最久厥爲吾兄於戊辰六月初三（公曆一九八八年七月十六日Sat.）所作大函，不禁駭然！研究室有主任四人及一個什麽員，效率若斯，真「不亡而無天理」矣！

請千萬恕我遲復之辜！同時也感謝您給我的大力支持，然而我們也只是知道「無可奈何之苦」，又偏偏還是要説，奈何不自知如此？（如：弟近又爲文刊《光明》論廠肆文昌館售於青島某企業之拆除事。）

我本月將去加拿大之多倫多大學任教一年，然後旅歐時在西德海德拉堡大學工作半年，最後則去四十年前工作之印度太戈爾翁創建之國際大學中國學院任院長，養老於斯，乘桴浮海，萍轉天涯，不獲已也。尚希不忘在遠，時錫教言，幸甚！

專復，順頌

撰祺！

曉鈴拜白　八八、十二、一

附加拿大地址：
12 Watford Avenue
Toronto
Ontario
Canada M6C 1G5

本市地址：
100053
宣外大街校場口内
校場頭條47
Tel.33.7905

汝昌學長：

大著《〈紅樓夢〉與中華文化》拜收，至感！

當年燕大及北大同窗方師鐸兄（我倆都是在一九三三年入大

學的，他於一九三四年自燕大轉北大，我則於一九三五年轉北大。師鐸治文字聲韻之學，一九三七年去滇，受中研院補助至西雙版納研究傣族語言，抗戰勝利後隨魏建功先生去臺灣推行國語，後任東海大學中國語文學系主任、語言研究所所長及教授外國人學習漢語中心主任，現已退休）之女今日抵京，我將與之晤面，擬即將兄昆仲之著作《石頭記會真》交她携往臺灣，囑與其姊丈朱傳譽（臺北·天一出版社社長）商榷出版事宜。

知關錦注，故特奉聞。

匆匆，不盡言。

頌

撰祺！

曉鈴拜白　一九八九、十一、十一

汝昌學兄：

久未晤矣，想近況嘉吉！

吴雪今日電告：有友人自外地發現有關《紅樓夢》的新材料，他説和您素識，囑我告訴您，希望您和他約一個時間到他那兒去看看。

他住100046木樨地24號樓3門26號，電話是36（306?）7096。

頌

撰安！

曉鈴拜白　一九九三、三、二十二

朱家溍（一九一四—二〇〇三）

汝昌仁兄左右：

日前進庫看畫，遵屬展開《王百穀半偈庵圖軸》一觀，始知此圖爲文嘉所繪，而王百穀即圖中之半偈庵主人也。有王百穀自題詩，文嘉款署「萬曆癸酉臘月文嘉畫」，並録皇甫汸、王世懋、王世貞詩各一首，未見曹雪芹題識或收藏印記。陶北溟先生大抵亦未嘗親見。專此即復，順候

暑祺

朱家溍拜

陳凡（一九一五—一九九七）

汝昌先生：

十月十八日來信收到了，所囑之事，當盡力以赴。世間能有幾癡人？曹公得此一癡，《紅樓夢》讀者得此一癡，敝人得知有此一癡，均當欣幸無既也。但來書所指之李祖涵先生，在港作何事？與何方面之人士較有關係？弟不清楚，問過一兩人，也不清楚，仍請詳示，俾可覓關係進行。總之，只要弄清楚了，相信始終會有辦法。又陶心如是在港抑在何處，人事關係如何？亦望告知。不笑吾孤陋寡聞乎？我是一個無所謂之人，不必存任何客氣。只要此人此件覓得到，以此間之照相技術，一定能拍得較像樣，此則可以預告也。草復，即祝

著安！

弟陳凡拜復　十一月八日

汝昌兄：

十二月三日信收到，甚快甚快！大作三題，乞即動筆，援兵不來，陳凡死矣！快，快，快來！「碎葉」分篇儘管多寫，將來可爲輯一單行本，先誓此願！

因兄目力關係，來稿可不用有格稿紙，字寫大個些無所謂，我略爲計度一下，即知字數了。拜託拜託。匆匆，即祝

新年好！

弟凡上　十二月廿日

聞俞平伯老先生中風癱瘓，是屬實否？見面時，盼代問候。

所需李田意、杜世杰文，有暇當設法覓寄，請勿念。

汝昌兄：

歲暮懷人一函，在我離港來昆探親之際剛剛寄到，故來不及詳復。

我來昆明是探望女兒，已來了一個星期了，現定十五日回穗，十七日就可以返到香港了。

上月王冶秋局長帶展覽代表團赴澳，來回均在港略作停留，兩次暢談。在談話中，他曾提及一事，説在《紅樓夢》研究中，仍以你的功夫做得深，又説有一次，康老找你去談《紅樓夢》事，甚爲投契，其中接觸到一些什麽問題，其實可以請你寫些文章，交《大公報》發表。可惜是你的眼力目前已相當不好，言下頗爲惋念。望你千萬保重，眼睛是我們做文字工作的人的「要害地帶」，非盡量保住不可，故必須嚴加注意。

《紅樓夢新證》的封面字，是哪人寫的？我極喜歡，如方便，請他爲我報《藝林》周刊寫一個版頭，大概寫一寸大小就可以。你自己也同樣給我們寫一個。我這個周刊的版頭字，是每期不同的，陳垣、葉恭綽、沈尹默、章士釗等等，以前都寫過，現在仍在用。故請你們也替我們寫個來。

我在今年一定要來一次北京，何時來，這次回去後就可以大致決定了。到有定時，再給你寫信。

祝好！

弟陳凡　三月六日

並問怙【祜】昌先生好。

我是「六十以學畫」，等到畫得稍爲像樣時，當給你畫一張。

再及。

汝昌兄：

十八日來書收到。港、京間平郵，六日内能達已算理想，並不算遲緩矣。（因此間與國内無航空郵。）而京中航空信抵港，大概前後也要五日，比方兄十八日信，乃廿二日收到者，即其例也。

我在十四日曾有一信給你，乃復五月八日來信，並告曾寄脈通一瓶，信想已到，而藥可能慢些也。

我廿七日離港赴穗，因女兒返穗探親，故去與她相會。也可能會去甯、杭二地看視一些已退休的親戚，故返港之期恐在六月底矣。到返港後會再寫信給你。

今年之内，必定到京一行，辦一些事，也看看朋友，惟確期未定耳。勿復，即祝

近安

弟凡上　五月廿三日

汝昌兄：

《靈芬館詩集》八册已由友人從廣州帶來，到手之後，已看完「初集」。我對郭詩之發生興趣，完全因爲你在《楊萬里選集》上的推許，因以前未見過，故想一讀。此書你必珍愛，故決於讀畢之後寄還，不過時間可能要在舊曆年之後耳。

余嘉錫的《四庫提要辨證》已覓得，不必爲我再勞神了。

至於陶明濬的《詩説雜記》，則是因看了郭紹虞先生的《滄浪詩話校釋》所引述，才知道有此書的。另據一粟《紅樓夢書録》（增訂本）136頁「紅樓夢別本」條下稱，著者陶明濬，字燃犀，瀋陽蒙古正藍旗人。不知是否即爲一人也？

《詩説雜記》及《説劍堂詩集》（粵人潘飛聲著），不必急急去

找，如去中國書店，順便問問好了。買到後也不必寄，因不能出口，暫存你處好了。

夏承燾與吴聞早已結婚，我在京時已告訴過你，可能你未聽清楚，故從其詩詞中猜謎耳。你的地址，還是六月間我在杭州寫給他們的。如方便，請把那詞抄示一看。此老忽然留了鬍子，長約四寸，其狀如張翼德然。一笑。手此，即祝

撰安

弟陳凡頓首　十月四日

汝昌先生：

唐山地震，北京亦爲震波所及，府上安全否？怙【祜】昌先生住津，是否未受損失？均在繫念中！如不太忙，請簡單復數字，俾可釋意，千萬千萬！

我本定八月下旬來京，現因上述原因，只得推遲。

我現在廣州，本月十日左右回港。匆祝

全家安好！

弟陳凡　八月三日

汝昌兄：

八月下旬掛號寄上《出峽詩畫册》一本，想已到達左右。來示所提《敦煌學》已向此間中文大學訪查過，據復並未刊印過。另有友人相告，臺灣似乎曾有此物，已託其代爲確查，俟有答復再告。亦請兄轉知所託之人，由其查明出版處所及刊印年月，弟必爲設法。書款等則是小事，無足掛意也。北來之期當在人大之後，目前尚難確定，知注奉聞。專復，即問

起居

弟陳凡草草　九月二日

方行（一九一五—二〇〇〇）

五月間我去西安，歸程道經鄭州，在河南省博物館見有裝裱甚舊的清代人物畫册頁一部，凡數十人，其中有雪芹肖象（面部、手部均泛黑）和尹繼善詩共二頁。時以行程匆促，其餘各幅，均未詳看，究與此幅有無關係不詳。近與滬上諸友人談起，大家從時間及曹尹均旗籍並通家等關係上看來，可能爲曹雪芹肖象，但作者陸艮生之身世，將數種《松江府志》大略翻了一下，均未有何發現。你和周汝昌仝志等於紅學深有研究，特將此照奉上，至請查察，設果爲曹氏肖象，則可息另一幀真假之爭矣。可請周仝志考證，結果如何，尚望示知。至於其餘各幅，可能爲當時尹幕之人或有關者，如有需要，可向鄭州瞭解。周仝志的文章是常讀的，但未見過，有關消息，作爲讀者，應該提供給他，即煩代達，並致候意。

順有一事要麻煩你，即幾年前你們出版了一部李

（這是我裹藏原件的紙，今仍附粘，因下方有我題記數行，兼可作爲方札之護紙也。汝昌，1982.11.5夜晚。）

此係1963年方行同志給王士菁同志的信。士菁同志剪下有關的兩紙送給了我，並有照片二幀。汝昌記。

我見此件是63.6.7晨。又及。

汝昌同志：

十四日復函誦悉。《雨花》大作，亦已拜讀，看來這個問題，可以展開研究也。我在鄭州所見畫册，以時間關係，其餘各幅，未及詳讀，很希望你能去鄭，以該册詳加翻閱，必能別有發現，如這方面有何結果，還望示知一二爲盼。

近年在滬，收得鈐有「楝亭藏書」印章的書籍幾種，均存上海圖書館，有便來滬，擬請一閱，或有助於研究。

最近南京有青年來滬投考高校，於閒談中講起，曾在南京見有《紅樓夢》曹氏手稿若干，初聞之餘，甚爲意外，已託彼返寧後將有關情況再瞭解一下後告我，設能有獲，誠一大發現？亦許爲傳訛，亦未可知，不知你可有所聞否？

聽説你在《大公報》上發表了一篇脂硯考。有人謂從照片上看王穉登的字，不像王的風格，好在王字極易得，可按其真跡一校，以息紛紜。所聞如是，順以見告。

你研究《紅樓夢》的作品，近甚少看到，而前寫諸篇，不知準備出單行本否？咸望能有讀到之機會也！

有空請來信。手此，即頌

著安

方行　八、廿二

又大札所云另一幅畫象，不知是否指的是王岡所作的那一張？（此畫上海有李秋君先生摹本。）又及。

汝昌同志：

五月來信及九月廿一日《天津晚報》所刊大作均收到。以邇來瑣俗較繁，深以未能即復爲歉！

前寄照片，是我於五月間在鄭州河南省博物館所見的一本册頁上拍下來的，當時河南省文化局陳局長等均在座，絶非單開之對臉兒，現寄京者既爲單頁，則全部册頁必仍在該館，要是你有機會去豫，定可看到全豹，自問對此記憶無誤。

該象上款寫明雪芹，而另頁尹詩爲贈俞姓者，如俞的字或號爲雪芹，則象爲俞姓無疑，否則當屬另人。至於象上的雪芹是否即曹雪芹，當可進一步展開研究。惜陸厚信之歷史，此處難以查覓，北京通人多而資料富，如能有所發現，定有助於此項公案之判明。吴世昌、吴恩裕、俞平伯諸先生不知持何看法。如便，希寄知一二，幸幸！

南京方面，日前已有信來，據云事爲多年前所聞，時有曹姓二人爭訟，自稱爲雪芹後人，家中藏有手稿云云。因事隔多年，曹姓之地址一時難以查到，法院卷宗字號，亦早忘懷。要是能找到此人地址，究爲事實抑訛傳，即可了然，故現時仍屬未知數也。既有此云云，當再託人訪問，如有所獲，容當續告。

前月於香港《大公報》上，見此象已發表，你可看到否？不知是誰寄去的。

匆此奉復，即頌

撰安

方行　十、廿三

汝昌同志：

前承來信，久未奉復，歉歉！

最近齊燕銘部長過滬，承告河南的那部册頁，已全部調京，不知可見到否？如能就全書一翻，必能有更多的綫索可供研究也。又聞北京近於曹氏後人處發現了兩部家譜，一部已見，世系及雪芹父輩等均無誤，獨無雪芹之名。另一部已知着落，但尚未取到，據估計這一部上是會有雪芹的名字的，謂兩者均爲抄本。要是你尚未見到，可能王崑崙同志已見到，不妨向伊一詢也。

匆復，即頌

近好

方行　十一月卅日

汝昌同志：

我因病住院已月餘，大札前天才由局轉來，遲復希諒。

關於在豫所見，自信當日所記均是實情，只是原物之後未再重見耳。

來信提到《文物》第四期上的文章，我特借來一檢，未見此項文字，希能以篇目告知，是否是別的刊物上看到，同請示知。倚枕匆匆，不克多寫，勿責爲幸。

專此，即頌

著安

方行　五、廿四

通信處：可仍由局轉，或寄上海中山路第二結核醫院十病區均可。

嚴文井（一九一五—二〇〇五）

汝昌同志：

關於主席最近指示，請你做一次發言，談談自己的心得體會，如何？時間，在星期五上午；地點，出版局三樓會議室。局領導同志有此希望，特轉達，望能考慮。

文井　八月二十日

楊憲益（一九一五—二〇〇九）

汝昌同志：

寄上《中國文學》三册，請教正。雖未識荆，但常從朋友那裏談起，也曾拜讀過您的一些著作，非常欽佩。有空請到我家玩玩，地址是百萬莊外文出版局東樓20號（即在大樓後面），我家電話是892250，如能來玩，請事先打個電話。祝

好

弟楊憲益

《紅樓夢》52回中西洋藥「伊佛那」是什麼？能見示否？

朱南銑（一九一六—一九七〇）

汝昌先生教席：

初意暑假駕或返津，故未即復。入秋以來，三聯又與人民出版社合併，工作較忙，無暇兼攻紅學，用力不勤，愧難報命。久稽問候，死罪死罪。兹請略陳管見於尊前。竊查《楝亭集》、《過甘園》詩注云「總制公死難滇南」，又云「謂鴻舒表兄」。考雲貴總督甘文焜原籍豐城，徙遼東，入漢軍正藍旗，康熙十二年殉吴藩之難。子國璧曾繼李煦任寧波知府，府志有傳，鴻舒殆其別字。文焜曾孫源，廣東巡撫。甘曹兩家既屬姻親，甘源與雪芹同輩，惜其《長江萬里集》未易訪致，或有材料否邪？關於顧赤方事，《白茆堂集》張士伋序稱「今直指使者巡鹺曹公爲先生宅相」，惟據赤方子文饒所撰行略及赤方撰其父狀，赤方之姊妹與女無適曹者，寅爲顧甥之關係尚待深考。弟嘗疑曹寅結納名士，交游甚廣，歿後豈無誄墓文字？苟能有計劃搜索康雍乾三朝別集，則雪芹家世庶幾一網打盡（周黎庵《吴鈎集》亦抱此見），然迄今毫無收穫，漸感絕望矣。至於八旗著作，侯堮《永忠年譜》雖引乾隆三十三年兼弔雪芹一題，以未詳詩句爲憾。據此吾人現知最早得覩《紅樓夢》者乃喀爾赫宜，敦誠稱之爲叔，似可在愛新覺羅宗譜求之。而永瑢生卒年代影響亦巨，燕京有宗譜，閣下便中幸一檢示。曹寅親筆真跡至少存二件，一即最近山東文物管理會展覽之明抄《唐歌詩》殘卷題記，一即《昭代名人尺牘》所收小柬，末署「署中正俶裝，謹命使捧上東山先生。眷弟寅頓首」。弟訂爲康熙四十四年初任巡鹽届滿寄汪繹者，時則曹宣新故。事雖猥屑，亦關掌故，敬呈鄙説，聊以解頤。辱承不棄，謬相推許，並以附驥爲囑。合作互助，一掃舊習，美具難并，共成鴻篇，高掌遠蹠，實獲我心。所恨財力薄弱，前途不亡窒礙耳。尊覆甲戌本想仍流轉未歸，弟

有一非分之求，覺兄似可對每位讀者劃定期限，以免書在一人手中閣置太久，再若可能，短期者不妨提前，弟列第四號，但只須兩星期務必奉趙。區區下情，不勝殷切，故亦忘其越俎代庖。諸祈鑒宥。俞平伯文暫可不辨。脂批方面，弟乏新見，要不出尊論範圍。英譯魯迅文或可向文教委員會對外文化聯絡局接洽。專肅，

敬布

道綏

弟朱南銑頓首　十月二十日

賜示請改寄東總布胡同十號人民出版社第三編輯室。又及。

汝昌先生有道：

月前暢叙，辱承深相容納，高誼永佩。《楝亭集》十五卷本經在北京圖書館借觀一過，不無收穫。如曹寅早歲有悼亡之作，又稱顧赤方爲舅氏，而文鈔中提及賜田居賓坻西，蓋京畿八旗圈給地，殆即烏進孝「黑山村」所指。卓見以爲如何？《棗窗閒筆》另紙附戊子（一九四八）成府文如居士跋，不知是否出足下手筆。又尊云蝶香齋（？）本上收舊批，寡陋未覩，尚冀一言教之。《人民文學》近載俞平伯《後三十回的〈紅樓夢〉》，似無甚新意。大稿殺青在即，定必有以振吾軍者。精義妙緒，時縈寤寐，抑可先賜一部分拜讀否邪？尊覆脂甲本頃輪閱至第幾人，並祈示悉，毋任感禱。臨紙神溯，匆匆未盡下懷。專布

台綏

弟朱南銑頓首　六月七日

袁水拍（一九一六—一九八二）

汝昌同志：

距離收到您關於本子名稱問題的信已有月餘。其間我曾復一條。當時，因許多同志，包括希凡同志，大部分都在搞調查。最近他們才回來。各地的反映，對名稱似未多加注意。但既然你考慮得很多，還是應該商量商量，可是我一是少時間，二是本身對版本太不熟悉。可否將您的信轉給希凡和馮其庸同志一看，由他們去您處一談。這件事，我個人覺得，完全是可以商討的。盼示。

敬禮

袁水拍　九、十

周汝昌同志：

示敬悉。今天晚上不知有暇否？擬請駕臨本社，與本社鄧拓社長一談。如可能，請復示，當派車來接。

敬禮

袁水拍　十、十八

周策縱（一九一六—二〇〇七）

汝昌先生道席：

暑期在京，接晤長談，不覺日之既夕，快幸如何！歸來復獲手教，過蒙獎飾，殊增感愧。縱于大著有關曹雪芹者，固已受益匪淺，而于析論宋人詩詞諸作，亦往往激賞不已也。承惠尊作零篇目録，已增入拙著《紅樓夢研究書目》稿中矣。此稿中英合文，約四百餘頁，列書文二千七百餘目，涉及十五國語言，不日當可出版。此次作書遲遲，良以八月底自港經東京歸途中，即患感冒，咳嗽卧床，數月始愈，嗣又等待加洗照片，以致多所稽延，蓋相片初洗時相館有誤，寄往他處重洗，至日昨始收到。又定購友人霍克思英譯《石頭記》，亦于前日方到。目前只出有前二册。茲特另包平郵寄奉。另有門人所著《唐宋詞評論書目》一種，原爲初學之用，略無足觀，並此奉上，或便檢覽耳。又同時寄上拙著《論

王國維詞》及《「破斧」新詁》二小册，一時興到之作，尚盼指正。前談及《紅樓夢》研究會議事，經已草就計劃書，此間校方頗願支持，俟得到充分經費後，當分函各方邀請。甚盼尊駕等能涖臨，以光盛舉也。匆匆草此，不盡欲言，即頌

著安

弟周策縱拜上　十一月十九日一九七八年

此信草就後即接月苓來書，重勞錦注爲歉。即此問候闔家安好，並望回音。

此稿寄出後之次日，即另寄該刊一稿，改正「周星」倒置之筆誤，並改「竟忘」爲「未注意」三字，蓋覺前語頗嫌不遜。乃過港時編者告我，云誤將初寄之稿付印，亦怪事也！

汝昌先生法正。

《明報月刊》第一五一期（一九七八年七月，香港）

汝昌學長吾兄文席：

前奉手教及月苓姪女華箋，至爲欣慰。趙岡兄回校帶來惠賜《石頭記畫册》，讀兄題詩，尤深佩感。近數月來，弟爲諸事忙亂，致稽裁候，然無時不以尊況爲念也。手書詩幅將來裱就，可光蓬壁爲幸。紅學會議本定去夏，但美國學術社團協會建議修改提議，並指派弟與哈佛、加州及芝加哥教授三人共組一四人籌備會，（由弟作召集人，數月來爲此亦甚忙亂也。）擬延至明夏六月舉行，惟最後經費尚待本月底該會批准。至于本校當局則早已同意弟之提議矣。弟計劃中列有兄名，盼來參加，惟趙岡兄頗以兄之健康爲慮，不知兄之近況究竟如何，殊深繫念。上月愛荷華大學召開之中國作家創作討論會，弟被邀參加，略作講演，亦卑無高論，中外各報皆有記載，刊物記之尤詳，兹寄上數種以供一覽。蕭乾與畢朔望先生下月並將來陌地生敝校一游，弟已徵得校方同意邀請也。弟名國内誤譯首見于《世界文學》去年十一月出版之第二期「世界文藝動態」欄（盼兄能代爲指出更正）。惟本年二月《文學評論》卞之琳先生論聞一多先生文中，則曾提到弟舊作一文也。兄之《楊萬里選集》修訂本盼能寄我一讀，初版弟曾讀過，本記有數事擬與商榷，亦爲雜事耽擱耳。兄之中、英文著作如能寄下，均所企盼也。匆匆草此，餘俟後陳。即頌

著安

弟策縱拜手　十月二十日一九七九

月苓均此。

汝昌兄如握：

北京一叙，快何如之，復擾郇厨，尤爲心感！返新後諸事蝟集，致久疏音問。内子及二小女皆曾于元月到新，一游半月，弟則于二月初方回美，又爲行裝及功課忙碌。

《雪芹小傳》等合約前已轉寄桂冠，近尚未見回信。在新時晤臺北遠景出版公司主人沈登恩君，堅約弟負責出一套《紅樓夢》研究叢書，要我轉請吾兄將著作參與在彼出版。《小傳》若統交彼處亦佳，遠景規模頗大也。餘俟以後詳告。（次可出《獻芹集》如何？版税皆可照結。）

弟已應邀將于今年春季赴史丹佛大學客座一季，惟因威大本期課尚未完，只能延至四月中才去，六月上旬當即返陌地生，爲時甚短，因史大有研究生需弟照顧耳。匆匆祝

健樂

並問合家好。

弟策縱手上　一九八八、三、七

外一章：聞道

上士聞道趕任務，中士聞道湊熱鬧，下士聞道大笑之，不笑不足以爲道。我臭老九本下士，聞此只好笑一笑。

（《老子》第四十一章：「上士聞道，勤而行之；中士聞道，若存若亡；下士聞道大笑之，不笑不足以爲道。」）

汝昌兄：

久未通候，時以近況爲念。弟春季又在史丹福大學客座一個春天，本學期仍返威大。上月又曾去加拿大多倫多大學講演，内子則去參加美、加醫學聯合會議。臺灣遠景擬出紅學叢書，欲將兄之《曹傳》及《獻芹集》列入，由弟出名編輯，但迄尚未完成。並欲請兄擔任爲顧問，想兄不致推辭也。弟對紅學研究（以及其他研究）均力求各有異見，蓋以爲如此方能有進益，非謂弟之所見皆是也。此意兄當能諒之，他人則恐未必耳。天寒，盼善自珍攝。新居如何？即祝

年禧

弟策縱手上　一九八八、一二、一五

嫂夫人及月苓、倫苓等均此。

汝昌兄：

久未通訊，時以兄況爲念。此短柬用大字寫，恐損兄目力也。弟每以兄之健康爲念，但望多加珍衛。以前新加坡潘受先生贈弟七絶一首，有「白頭海外説紅樓」之句，兄及弟皆有和作，當時因未覓得潘之通訊處，致久未寄與，六月間在星開漢學會，乃面告此事，今返家遍尋和作，兩皆不得。不知吾兄處或倫苓姪尚能找到否？兄之近況如何？並乞示我。匆祝

年安

淑仁嫂及月苓、倫苓姪均此。

弟策縱　一九九一年十二月廿七日

我六月間曾應臺北中央研究院之邀，去訪問二十天，講演數次，講詞之一，論「必也」與「無已」，已發表在該院《中國文哲通訊》，又草有《〈莊子·養生主〉原義》一文，約二萬字，將在該院《文哲研究》發表。近日又寫有《蘇軾〈念奴嬌·赤壁〉詞格律與原文試考》，約一萬字，將在香港中文大學《中國語文通訊》刊出，將來盼兄指正。

汝昌吾兄：

日昨寄上年片及五言古詩二首並短柬，今得賀柬，始知新址（但信封後所寫「(乙」不知是「紅」字否），不知昨寄至竹竿胡同一一三號者能交到否？前函告吾兄及弟和潘受先生七絶，久覓不得，今特更和一首，如兄亦無法覓得原和作，盼能再賜和一首，儘速寄下。潘先生年已八十餘，抗戰前即常與章士釗、潘伯鷹等唱和，詩與書法，領袖東南亞僑界。再者，近來海外友好及門人等擬爲弟生日出一紀念册，香港中文大學出版社允爲出版，兄之詩如來得及，或可加入。如兄能草一短文，略記兄與弟相交經過，尤所歡迎也。（書名《創作與回憶：慶祝周〇〇七十五周歲生日》。）匆匆草此，即祝

年安

弟策縱

沈登恩出書事，弟多次催促，都不得要領，不日當再去催問。

鄭子瑜（一九一六—二〇〇八）

汝昌教授道席：

接奉手教，辱承顧愛，拳拳致意，感激何可言宣？先生建議爲補《隱秀》，並附纂有關論辯文章，並乘此機會，爲《文心》全

部校訂定本，更進而編入有關《文心》注釋及其他問題之新論，確是極有意義之工作。惜弟學養不足，恐難膺此重任。將來如以先生爲主，再邀一二同好合力爲之，弟當勉附驥末。弟近正撰寫《唐宋八大家古文修辭疏略之研究》，書成另有一專題待治，欲實踐尊議，恐須在數年之後也。謹此布意，並頌

新禧

弟鄭子瑜拜上　二月四日

汝昌道長尊兄有道：

客臘十二月卅日手書拜悉。

（一）兄目日益艱，甚念。弟寓所客歲四月間入盜，以囊中款僅剩數百元，盜心不甘，遂毆擊弟之頭部，甚至以煙灰盅砸弟之右眼，雖不致失明，惟視力衰退，幸左眼完好如故，是以尚能讀書寫作，堪以告慰。

（二）大函謂舊居仍能收到信件，每收到一書即復弟一函；惟實際上自數年前收到提《文心》一函之後，至客臘始接兄之第二函，其間未嘗接兄任何函件。如《名家論學》，出版社未照弟所開名單寄遞，弟曾函詢兄收到與否，亦未得回復。今來函謂當時令兄極愛此書，欲再求一册而不可得，可見弟寄兄之函與兄寄弟之函雙方皆未收到。又昨年作家出版社出版弟之《墨緣録》，將大函刊於卷前（原函製版刊出），出版社來函謂寄至兄之舊址被退回，弟復函告以兄之新址，請其補寄，不知已收到否？念念。

再，拙著《唐宋八大家古文修辭偶疏舉要》收到否？亦未得復。

（三）兄博學而聲名亦大，不棄弟之末學淺識，願與弟合作研究《文心》，共著一書，對弟實有莫大之鼓舞作用。屢思邀兄來此講學與共同研治《文心》，至今未能如願，而京中苦寒，亦不適於弟之久居。兄以爲可分頭進行，亦一辦法，但開頭總須有若干時日之相處，始能發動。即如兄所擬三項中之第一項，最好能聚首共同校訂，然亦可先由兄校訂，再由弟補充，最後寄兄審定。至於二、三兩項，則完全無需同聚一地而可以完成。（注）復示請附尊處電話號碼，弟下次至京，當圖良晤，商談如何發動研究工作。

（四）弟未讀大作《詩詞賞會》，何以能上書指責誤字之多，想必吾兄誤記他人之函爲弟函也。

（五）望兄所提分頭研究並著述之辦法能徐徐逐步完成，並望彼此互相勉勵，保重身體，即使三年之内不能完成，三年之後，香港已回歸，當能聚首續成之也。

（六）吾人之聯繫中斷數年，除彼此皆因事忙，而相處又無由，致稍灰心之外，實由於洪喬之所誤，致令兄以爲弟不復兄之函而弟亦以爲兄不復弟之函也。然境遇不許可相聚致令人灰心而懶於執筆，實爲最大之原因。敬頌

新禧

弟鄭子瑜　九四、一、十七

汝昌學長道席：

弟自星洲度歲歸來，得見朵雲，知前寄上五書而兄台收到者只二册。至未退回弟處之原因，乃多囑出版社寄去，故退回與否，弟實未之知也。弟遇劫被毆傷腦部後，記憶力衰退，致兄台函提及大作《詩詞賞會》之一通，便請複印寄弟。（弟記憶中無寫此信，或係兄台張冠李戴亦未可知。）因杭州大學教授華宇清先生編弟之書信集，致道長函當亦在收集之列，如能選出較有意義之數封複印擲下，尤所感激！合撰《文心》研究之議，誠如道長所言，離始議時已有數年，精力實不逮昔，恐終將難於顧及，微特兩地相隔之難也。諸承關懷，至深銘感。燕地天寒，聞感冒未即痊愈，

望多珍重。敬頌

時祺

弟鄭子瑜拜上　九四、二、廿七

吴　聞（一九一七—一九八八）

汝昌同志：

您要查陳方貞材料，我的姪女去北大圖書館看過，未見曬藍本的書，請您再想一想，它到底叫何名目，並以告我。此致

敬禮！

吴聞　卅一日

周汝昌同志：

那天談後，歸來曾搜索枯腸，希望出一些題目請您寫。可是想不出題目來。昨接編輯部來信，他們提到請您寫有關《紅樓夢》短文的問題。我想關於這個問題，解味道人積累的資料當已不少，問題是自有成套計劃，零打細敲恐有困難。再一個問題是：《光明》、《文匯》提出同樣的要求，一定更加爲難。可是，編輯部的意見，我又不能不轉告。請通盤籌劃一下，想個兼顧之策。

此致

敬禮！

吴聞　廿四日

寇夢碧（一九一七—一九九〇）

渡江雲　敏庵鄉兄以追繪先世園林圖卷徵題

海閭沉斷夢，來潮去汐，流盡舊聲華。荊榛迷故苑，三春芳事，淒臏燭房花。網縈蛛户，淚香銷、古墨籠紗。憐舊燕、梁傾巢覆，喬木但棲鴉。　爭誇。春暉第宅，秋爽池臺，看千畦穲稏。漫登臨、百年夢跡，總付悲嗟。河山甯衹滄桑異，歎陸沉、忍説無家。圖畫展，渾忘身在天涯。（里誤苑。）

弟寇泰逢於夢碧簃

臨江仙　喜《紅樓夢新證》再版行世並懷周敏庵兄

漫道補天無妙手，直須鑿破渾淪。（見永忠讀《紅樓夢》詩。）窮搜世相寫奇文。小言超史乘，大厄福才人。　索隱紛紛徒掉舌，誰能解味如君。太清從此掃微雲。（聞目疾漸痊。）秋風人換世，不夢楝花春。（舊題《紅樓夢》詞：百年富貴楝花紅。三萬六千日，二十四番風。）

弟寇夢碧求正稿

周紹良（一九一七—二〇〇五）

汝昌兄：

來示敬悉。

現在把我搞的一本送上，希檢查，如可用者，敬祈編入尊册。另附上材料一本，可再看一下，有什麽可採者（弟已採入一些了）。明早請來社，劉兄還有一些，他没寫下來，只能面談了。因此印刷人，可能後日離京，所以他們很急，所以我亂了。

囑買《語録》，已無書矣，希婉回。「六條」人根本不買【賣】給他們，所以有也很難爲力。

《風雷》今日可出，來後當代購五份，請放心。

祝好！

弟紹　十六

汝昌兄：

關於主席《漁家傲》「不周山」一條注文事，到資料科去借原

「十九首本」，乃他們都不在，鎖着門，只好算了。

後來又向同志借到一對，乃知我們五九年印的那本「十九首本」，根本還没收這首，這首是後來發表六首一次時才公開的，所以只有「三十七首本」才有。

注文既如此，也無從核對了。經向負責編校過這本主席詩詞責編瞭解了一下，據告，這條注文根本没動過，始終是一樣，其說似可信。

特告。

此致

敬禮！

紹良　十一、廿二

汝昌兄：

奉手教，足見推愛，甚感。弟因上次晤談及四日餘字事，故敢以舊稿奉請指教，兼求斧正，固不敢以示人也。今承獎並推薦，殊使弟汗顔。蓋此事雖弟於六二年已想到，但後來陳仲篪兄也於其文中提及之，未免有抄襲之嫌，不過彼文未詳之耳。幸另數條爲人所未談者。

十餘年來，未常談紅，一則有些看法，頗不合時宜，殊怕人指摘，我本無心，而人以爲有意；二則甚怕爲此多事。故雖有些積稿，也只是信筆記之，以免遺忘。也由於如此，所以寫得並不周全，如此稿關於書口「脂硯齋」題記字樣，只大略寫了一下，未能愜意也。而求兄爲之訂正補充者，亦正像這種地方。今既認爲尚可勉强，則弟亦放心了。

今日腿疾忽又小發作，不能外出，容過五七日稍好，當趨談，面致承情之感。先此致謝。

祝好！

弟紹良　六／六

柳存仁（一九一七—二〇〇九）

汝昌先生尊鑒：

在哈爾濱得接謦欬，數日盤桓，獲益良深。別後曾去上海小住，頃已過香港。

在哈所攝照片已洗出，玆隨函奉呈一幀，聊作紀念，並博一粲。仁兩三日後即返澳洲，通信址書附箋末。臨穎神馳，還乞爲道珍重。遥候

潭祉不一

弟存仁頓首拜　六月廿五日

女公子前乞叱名問好。

友人閔福德君（Dr John Minford）在港中文大學翻譯中心才數年，因夫婦不喜十里洋場，聞半年後將應新西蘭University of Auckland New Zealand之聘赴彼處工作云。並聞。

仁之通訊地址如下：

Liu Ts'un-yan
China Centre, Faculty of Asian Studies
Australian National University
Canberra, A.C.T. 2601
Australia

汝昌先生尊鑒：

接奉惠書已多日，因仁上月亦曾出門，返後雜碎甚多，未遑早覆，至深歉疚。先生謙懷若谷，令我慚愧，雖旅邸閒譚，有時尚勝過《大品》、《華嚴》。想左右聞斯言亦必莞爾者耳。初抵美國，想一切尚習慣，有女公子隨同照料，當可多減懷念飲食之苦。惟

有周公在彼護法，度必一切賓至如歸耳。

附呈小文，聊博一粲，其他文字俟有抽印本當另寄呈。去歲仁在香港《明報月刊》（五月至九月號）曾有《全真教與西遊記》一篇，周先生處定可覓得，亦甚盼指教。近歲所作與小說史有關者僅此一篇，亦見其不長進也。匆此，並候

近福

弟存仁再拜　九月十八日

陳從周（一九一八—二〇〇〇）

汝昌道長賜鑒：

奉手教，至慰下懷。四月間客京，本約湜華同訪高齋，奈離駒在門，匆匆南返，何緣之慳也。

關于恭王府之建築，楊君立論僅言對一半。楊文中道及該府，我不排斥乾隆後之建築爲主要構成部分，但其清初建築古舊園墻實物皆存，假山清末者爲主，但對于該時期者非無存者。總之，歷史爲科學，建築考古不能以意爲之。質之高明，以爲然否耶？

大著其庸未寄到，如能物色一本，更所至盼。此覆，即頌

道安

弟陳從周　四日

金啟琮（一九一八—二〇〇四）

周先生：

近好。拙作《漠南集》樣書送來數册，特煩齊儆先生代呈二册，以求指正。想已收到。此次蒙您惠予題詩，光耀拙作，深爲感謝。又大作《滿學與紅學》已交《滿族研究》，初步約定本年三四期中刊登。時值新春將臨，祝

閤府新年快樂，諸事如意

金啟琮　九一年十二月二十六日

汝昌先生：

近好。月初一會快何如之。

因我自府上歸家，長途跋涉，下車後即暈倒，致入院診治，至今仍未痊愈，故來信近一二日才看到，不意您竟如此之忙也。已來兩封之多。

所詢問題，分復如下：

《紅樓夢影》出太清夫人一人手筆，雲槎外史是號，西湖散人亦假託。因太清閨友多浙人。此乃晚年之作。光緒二年初刊行。

外三營，乃外火器營、健鋭營、圓明園三處營房之總稱。太清夫人來歸前家住健鋭營内。

關於《紅樓夢》係以榮王府爲背景之説，來自外三營，余母乃外火世家，民六來歸時，即曾以此事詢余父，余父答無此事。可見此傳説民國初年猶存。

先人太素貝勒「題曹雪芹石頭記」一首極重要，胡適也没看過。榮王府與《紅樓夢》之關係，實不亞於恭王府。恭府多係推測。因對周、齊二位先生推誠相見，特持贈二册。

但此次會面，小女與齊先生事前商定分工安排，舍下一一照辦。齊先生一方一點没作，不知爲何？弄得我十分狼狽。病中又接連接周先生催索資料之函，甚爲緊張，不得已先上函答復。

看來周先生想得到資料就要很快發表文章。此事我完全支持。但涉及先人生活之事者，希能先給我一閱。因《百家言》欄曾出現過污蔑太清夫人文章。又向我索要資料之人甚多，勢難一一滿足。故大作發表後，以不致引起類似「胡同」之爭爲妥。此我所期望者，諒能見諒。專此，即致

敬禮

金啟孮　九二、五、二十四

又前數月曾託齊儆兄：拙作《漠南集》文學編，有關《紅樓夢》內容，可否在《紅樓夢學刊》某期中載一報道。齊兄云已託周先生辦，可以。想已知悉，特此致謝。

王士菁（一九一八—二〇一六）

汝昌同志：

中國作家協會已經批准您爲作協會員，寄來申請表和作品調查表各兩張，請您填寫。此外還要您寫一篇文學簡歷（即在文學方面的經歷，包括著述和活動等方面），並半身相片兩張。請抽暇寫就交我或辦公室轉去。

介紹人一項，如您覺得我還可以擔任，即由我填寫。如您認爲有更合適的同志，即請該同志填寫。

一切寫好之後，盼能早日交下。

此致

敬禮！

王士菁　二十三／十一

汝昌同志：

來信和大作都已收到，甚爲感謝！這是對於《雨花》雜誌的很大支持，我已於今日轉寄他們。

關於北京圖書館入館閱覽證，我社資料室正和他們交涉，如有結果，當告知。

敬禮！

王士菁　十五／五

孫正剛（一九一九—一九八〇）

敏庵卅四初度壽以長句

卅四年華三月四，風光不似去時春。觴餘曲水能多許，帖續蘭亭定幾人。媚景慣添游子戚，迂言總被俗流嗔。可憐儂亦栖栖者，介壽聊當一爽神。

書奉敏庵如兄粲政。

小弟□□上　辛卯三月初四

沁園春　敏庵四十矣，戲效稼軒贈同父壯詞意賦此，兼發書一笑也。

三五天來，搜索枯腸，持底壽君。恨微吟短詠，未空依傍；陳詞濫調，徒自紛紜。達或工愁，窮寧無骨，海內論交能幾人。誰禁得，只京津咫尺，不共清尊。　情親。如弟如昆。喜今歲明年俱四旬。要從容料理，千秋事業；艱難參預，一代風雲。世解憐才，客須説夢，地下掀髯曹雪芹。平生願，是心期相保，姓字長春。

丁酉三月初一晚作。是夜遂夢晤君，當即面致。次日録上並記。不敢云壽，敏庵鑒此心可也。

如小弟正剛百拜稾

臨江仙　奉題《紅樓夢新證》增訂本兼訊緝堂

太史名山藏不住，幽人血淚仍拋。三分解味七分勞。紅樓添信鉩，白眼障狂濤。　換骨奪胎忙底事，難能女校兄鈔。一燈三管認秋毫。射魚春水闊，黄葉幾曾飄。

録博玉言如兄一粲。

丙辰孟夏　正剛拜稾

程　曦（一九一九—一九九七）

汝昌兄：

自從在威斯康辛州回來，一直想寫信問候，只是想等加印出相片來連信一同寄。照片的底片被威州大學借去了，總没有去拿，一直等到現在，還是先把手頭留存的三張寄來，其餘的照片，以後再説。順便畫了兩張石頭，一同寄上，一笑置之可也。承賜寄《紅樓夢研究集刊》第二輯一册、《恭王府考》一册，已收到，多謝多謝。咱們的頭髮雖白了一點，老兄在學問研究上已有了有目共睹的成績，值得欣慰，你的著作，我一直是欣賞之至。咱下次再多寫，先祝

身體康健

弟仲炎　十一月六日

《石頭記》作者心目中之頑石究竟是何形狀，吾人不得而知，今且隨筆作頑石一塊，寄贈汝昌兄。庚申九月仲炎畫並題。

潘際坰（一九一九—二〇〇〇）

汝昌同志：

日昨接友人黄裳兄來函，他説：「紅學專家周汝昌兄是我的中學同學，極要好。可以寫很有風趣的文章……無論紅學或古典，都好。有便可往訪提出港報要求，他一定會寫出有趣的文章來的。」

港報指香港《大公報》，最近我又被調回舊工作崗位，仍替該報在北京做些打雜的工作。現擬趨訪候教，不知您後天（十一日）上午九時得閒否？如或不便，請賜電四一二三一，三十九號分機（上午）或五〇七五八（舍下）爲感。致以

敬禮！

潘際坰　七月九日

汝昌兄：

久未晤教，爲念。

報載香港正在放映《紅樓夢》影片（上海越劇演員徐玉蘭、王文娟主演），不知我兄「譚紅録」可否續賜三兩篇？弟意《藝林》副刊每周僅刊出一次，另一副刊《大公園》則每日見報，聯繫讀者面亦較廣。此次尊稿如能談談飲食、服飾等等，趣味性較强則更佳，署筆名亦可。

我兄如有興趣寫一些北京掌故的文章，亦表歡迎。

近日弟較忙，稍暇當來訪。此請

撰安！

弟際坰上　十一月二十日

汝昌我兄：

陳凡兄來函提及，《脂硯小識》一文訂於本月十七日在《藝林》刊出，且是頭條地位。

他還提起兄前曾託他查一物，他已復函問物主所在等情，久未獲復，要弟順便提一聲。

猪油已補寄，春節未能付郵是凡兄一時疏忽，「十分對不起他」。以海關新規定，每人每月只可寄油類二磅，因此這次未能多寄。弟意我兄便中將嫂夫人及諸弟妹姓名告知，以便轉達凡兄續辦。

凡兄以閣下健康殷殷爲念，談到藥品問題，不知我兄有何需要？據他説，出口的回春「蜂乳精」很補，如要，他可寄來。

匆此奉達，並祝

雙福！

弟際坰拜上　三月十三日

汝昌我兄：

久未晤教，爲念。

大作《〈桃花扇〉雜談》已拜讀，當遵囑轉去。

月前承惠賜三稿，阮大鋮一文已於《藝林》發表，據凡兄函告，單頁業已寄上矣。

連日學習較忙，組稿寫稿工作亦較多，容當奉訪，以謀良叙。

此請

撰安

弟際坰拜上　廿五/三夜

汝昌兄：

小文二篇，以代迎迓，剪奉一粲。

坰弟　六月卅日，香港

裳兄近日在京，並聞。L.P.S.

黄裳（一九一九—二〇一二）

玉言兄：

手書詩草俱拜悉。雅興不淺，此求之近人已不可多得矣。校誤諸處當據改，此事大不易。書店校手甚劣，自己學力亦不够，祁世培係明末小品專家，爲文有鍾譚氣息，斷句不易也。苦水先生處已請書店代寄一册去，亦請教正，便希致一書。此《曲品》原本弟買得後，妒者大有人在，亦有勸弟秘而不宣者，可笑之至。此書印出後，已將原本贈之北京圖書館，大抵無人更罵矣。此最乾淨之辦法，一笑。跋文過長，是否又有胡適派之嫌，弟鄭重考慮，終不加考慮矣，使乾嘉諸子生於今日，必改行作會計去矣，一笑。新詩弟甚賞「拍遍紅牙」一句，惜近久不復彈此道，不能奉和矣。匆復，即問

儷安

鼎昌　廿七日

玉言我兄：

今日自鄉下歸來，得讀手札，情同晤對。小飲微醺，燈前草此作復，亦可見其激楚情懷也。往歲得書輒言近來善病，今則以佳勝見示，歡忭何如。文章事業皆賴此事爲第一「本錢」，蓋至要事也。曹集早收到，瑣瑣不足齒及也。惜兄未作一跋留此書中，存此一段掌固，爲可惜也。曹集十年來只見有此，流傳頗罕。近來舊本固不可見，而弟於此事亦復淡然視之。藏書亦如他種嗜好，日日有新見之書，時時有所增益，樂此乃不疲。今幾年收一書，甚或經年不見一種，收藏之樂遂亦盡矣。此蓋所謂古董家數，然知此者亦不多也。一笑。弟居鄉幾三年，舊業拋荒，焚棄筆硯亦久，兄所垂詢，無以應對，如何可言。藏書亦漸出以易粟，惟清人别集則仍固鎖，其他佳本亦尚一百餘種，留以自愉。晴窗展卷，其樂蓋非可言宣。他年苟有卜鄰之幸，當同賞析之樂，書此爲券。兄居京華，金匱石室之富近在几側，何言無條件耶？如弟近來日荷鍤鋤於農圃之間，乃真無條件矣。

來書涉及數年前狂言二十年讀書之語，重讀徒增愧恧。惟更有一言，望兄於清代樸學家之餘，更爲馬列入室弟子，如此發爲新解，用以紀念雪翁百年紀念，斯爲雙美也。近來論《紅樓》者多矣，然無一文足觀。其稍有内容者，亦只言清初社會經濟，徒於有關處截搭一二，如此泛泛，何足稱耶？此亦狂言，不惜爲兄發之。《紅樓新證》一書缺點固有，然佳處亦不少，弟意似宜於此

基礎上更下功夫，大處落墨，小處着力，切忌空疏，必有可觀。際此明時，必有能識其佳勝者。兄意以爲如何？

小札亟思快睹，可仍投寄《文匯》或《光明》，惟《光明》弟不常見，尚煩以剪報相示耳。兄近著紅樓新鈔本一文已閱，不饜足也。《范石湖詩注》亦閱一過，評夏瞿禪、錢默存著作文亦得讀，俱佩服。惟有一感，似氣局尚狹，有所得一一拈出，似惟恐有所失者，失於剪裁。弟所輯《祁氏事輯》亦有此失，不堪爲老師宿儒一笑也，不罪不罪。一粟即阿英，所收《紅樓》書亦富矣，可佩服也。弟亦收小册數種，不知夾於何處，他日檢得，當以持贈。

此數箋皆上海朵雲軒近時所製，清疏可喜，因弄筆塗抹，聊當面談。頗望時寄好音，翹企翹企。匆此，即頌

撰祉

弟鼎昌頓首　七月十五日

兄近於人文作何生活？近日京中將有何佳書出版，暇乞示及。書林寂寞已久，實不勝企望之情也。又及。

讀花韻庵主人所譜紅樓夢傳奇六首

花間寫韻當談禪，癡女騃牛未了緣。一自紅樓傳艷曲，不教四夢擅臨川。

木石無情凭【恁】有情，淚珠錯落可憐生。茜紗窗外紅鸚鵡，恩怨呢呢話不明。

一縷情絲繞碧欄，葬花人忍看花殘。憑伊鍊石天能補，離恨天邊措手難。

舊譜傳鈔事太繁，芟除枝葉付梨園。蔦蘿締好殊坊本，弦索西廂董解元。

劇耽此帙歎奇書，三百虞初盡不如。待到定場重卻顧，玉人何處覓瓊琚。

氍毹一曲管弦催，磈礧誰教借酒杯。萬事到頭都是夢，甄真賈假任人猜。

右六詩見吴縣李福備之《花嶼讀書堂詩抄》卷八，書刻於道光丙午，絶精好，世少傳本。李子仙與黄蕘圃爲兒女親家，亦能畫善詩者，所詠六絶則撰於嘉慶戊寅己卯頃。所云傳奇似非荆石山民之本，花韻庵主人不知誰何，憶天津查蓮坡似有此室名，亦殊未敢必也。然道《紅樓》故事者卻絶未知有此曲本，且曾舊譜傳抄付之梨園，其事必在嘉慶初元，亦舊話矣。春雨樓頭讀書及此，亟抄奉玉言兄以爲研紅一助。今年爲雪公逝世二百年祭，則此數詩或可當一絶妙之掌固乎。草草書此以當千里面談。即叩

玉言兄撰祉

弟黄裳頓首　癸卯四月十九日

玉言兄：

函悉。芹展已至日，當函百庸兄詢以消息，惟此公亦不諳日文，未必能有多大收穫也。近上海天氣甚好，初冬佳日，陽光甚麗，今日休沐，研墨書此一箋，亦甚快意。近來友人示以新得二硯，皆尚佳。一宋硯，有明初宋景濂小楷銘，又伊墨卿銘。又一端石小浴日硯，有清初人銘，惟尚查不出其人生平，但知爲林佶人子姪輩耳。二硯皆二十元左右一方，知兄於此事亦有興趣，故瑣瑣及之。兄所藏硯必有佳品，可摘尤見告乎？周紹良藏墨似頗有名，北京廠肆近不知尚有舊墨可得否。弟但願得一二乾嘉之品可以濡染，乃爲大幸。便中如過市，亦望以情況見告，當託兄留意之也。近來寫字之風頗盛，《蘭亭墨蹟彙編》出板即搶買一空，亦一妙事，實以無法消遣之故。弟一向以買書爲消遣，但舊書已絶跡，新書又無幾本，遂不能不退而求硯求墨矣，可笑可笑。昨

檢韓菼《有懷堂詩文》，其中亦頗有關涉曹氏之作，諒早見及矣。箋注《楝亭集》之事尤可爲，不知已開始動手否？積十年之功力，當必可觀，盼盼。近又買《古典文學資料彙編》之杜甫卷，少少翻閱，不知當少勝於楊誠齋卷否？

案頭供菊花八朵，皆不惡，每朵價只二分，價廉如此，聞今年公家不許供花，因之大減值，亦是新聞。近忙於何事，豈將有新書出版乎？或有何大文乎？

匆匆書數語，權當千里面談，此箋甚雅，惜已加礬，爲可惜耳。即頌

冬安

弟裳頓首　十一月十五日

玉言兄：

手書拜悉，過承獎飾，甚愧。其實此數文因時間篇幅關係，寫得頗不細密。主要原因還是外行，有些問題看不準，不過大體上有此種看法，且蓄之已久，遂暢言之耳。且此事所關不大，對象不過只是幾位紅學家，無關大局，遂較少顧慮。我亦不擬於此中分一杯羹，即使頭痛，亦無大關係也。一笑。兄言必有反響，我亦以爲如此，有所聞便希見告。又文中缺失亦望指出，不必客氣也。二詩甚佳，律句尤勝，如蒙以法書見賜，極盼。報紙當設法去弄一份，此二紙暫留兄處可也。

後日擬作金陵之游，彼間有友人可暫借居數日，亦有南大教員之治文史者相陪，不知能有機會一游楝亭故址否？暌隔幾三十年，重游必多感觸，或可撰數文也。近來頗作文，計四月來所寫有十萬言，惜不能一一請正也。匆此，即叩

春安

弟裳頓首　五月十二日

玉言兄：

奉手書，藉悉一是。聞已撰一文揭批四人幫，甚喜，不知已完稿否。有關大觀園一案，確甚重要，亦有趣，如寫得好，必能引人注目，而爲《紅樓》研究開一新境界。但以此亦必下筆慎重，不能過火，不能授人以柄。此火候至關重要，不然只取快一時而有後患，於研究前景不利也。總之，大旨當指出研究之重要點，在以歷史唯物主義爲指導，以大量豐富史料爲基礎，《新證》之史料編年其意在此，搜尋高鶚、程小泉資料亦意在此也。推而廣之，卒年、大觀園、金陵舊宅三皆以此。過去我輩談此種問題皆有一缺點，不能在這一點上下功夫（單篇自有困難，然可連繫處亦多，皆未注意）。兄之《新證》巨册，於此點言之亦未透，因之動輒引來資產階級繁瑣考證之大棒，對此一點，確宜自責，庶幾可開一新境界，而人亦刮目相看矣。此事重要，因不避煩瑣言之，兄當解此意也。當年弟豪於此事，殊無可言，不過以姚家棒喝經爲準繩而隨意揮舞之耳。此輩皆不學，因亦無所發明，亦無任何可喜可笑之伎倆，不足道也。梁效於一九七四年尚有「批判資產階級不停」一文，切齒十年不已，可見其深仇大恨矣。近來《文匯報》於此更無可言，不學加以無知，因亦無力及此，於是兄此文乃更重要，不可忽視之也。復旦「大有大的難處」事，弟曾於街頭大字報一見之，語焉不詳，已託人一找，但不能急得。弟一切如常，近時恐無開展之訊，當候春暖花開時也。總之前途光明，道路曲折，一切殆皆無不如是也。文雷不知何名？近閱其大文，殊鮮勝意，此即大病。資料少，求之不易，遂一一列舉，如數家珍，而不知皆糟粕也，奈何奈何。惟於兄則頗尊重，於此亦可見玉言於紅學中之班輩矣，一笑。江青曾自命爲半個紅學家，思之可笑，此人真不世出之瑰寶，謂之空前，當非妄語。陳凡近有信來，亦

寄來紅行畫甚多，此公信爲才人，其不肯多所談論，當是慎重之意。此亦難怪，久歷風濤，安得不爾，弟下次寫信當一詢之。刊誤亟盼一閱。今年殊寒，杭州大雪三日，西湖可作滑冰場，人多騎車去三潭印月，亦有入冰洞而死者，言爲六十年所未見。上海亦冷，室中無火，惟晴窗則暖如春朝，陰寒則往往出游，於寒風中奔馳，往往三四小時，足部甚暖，而身亦暖矣。此消寒良法也。其它亦無可爲，每日閱報及聽無綫電耳，可談者少，遂令寂寞。兄目疾當留意治之，此甚關重要，因取舊箋書大字如此。今晨觀總理喪儀電影，又爲雪涕，中有南開一景。弟處尚餘同學録一册，中有總理之名，已珍藏之矣。頗望今年能北上一游，在京當同訪雪芹遺跡，再同到天津勾留一兩日。亦望兄能南來，當同游金陵吴下，亦可訪曹家舊事也。此皆非夢想，必可圓成者也。匆此，

即候

年禧

弟裳頓首　一月十六日

玉言兄：

得手書，得悉種種，快甚。兄此番壯游，實可快意，卅年辛苦，終得有此，人世間事，自有公道也。種種忙迫之狀，亦在意中。昨得香港馬力君信，弟前託其買蔣夢麟自傳《西潮》一册，云已交兄攜歸，此册意欲先睹，望先賜寄。又，新作《曹傳》未見，亦望賜一册。《恭王府考》則已有之矣。攜歸資料，如能選有趣者寄一二事亦佳，盼盼。紅學種種，真有波譎雲詭之勢，非善知識殆不足辨愚賢，思之可笑。然竊以爲三十年來，兄研究方向始終不誤，今後努力，亦當如是。國内紅學專刊已有三四種，然無一可觀之文，皆泛論也，以此爲繁榮，不敢以爲然也。

夜游恭王府係冒舒湮君導往，此君雅意可感，於此地亦頗熟，然所持論，則以爲小説行後，恭邸皆愛讀此書者，遂以意改建也。

姜德明同志甚有趣人，天津人，頗有水乳之契，能寫一連載乃大佳事，望努力爲之。姜近擬編一散文合集，云中有兄所作及黄苗子等文，亦徵弟作，已選十餘篇付之矣。中有《話説烏進孝》一文，不知已見之未？此就姚公雪垠之論而發者也。此公近撰一文云陳圓圓死於寧遠軍中，否定梅村詩及一切傳説，可笑往往類此。

天大熱，燈下弄筆，聊作閒話。即候

暑安

弟裳頓首　七月廿七日

唐德剛（一九二〇—二〇〇九）

汝昌先生學長兄：

月前曾寄上郵包一件，附影印甲戌篇附件一紙，不知達左右否？爲念。憶威城小聚，承囑作短箋，迄以手頭無紙筆，久辱雅命，近日年假稍閒，因塗鴉奉上。海外荒疏三十年，無此附庸雅興，亦「酒逢知己飲」之微意耳。

文几康樂，書不盡懷。

弟德剛匆上　庚申臘月

懶與阿瞞説慨慷，且從海甸結茆堂。伊人夢裏餘秋水，故國筵前半渺茫。用世有身三不要，述文無計兩頭荒。湖邊試續尋梅句，權把情場作道場。

庚申夏國際《紅樓夢》學會中步汝昌先生韻並書呈一笑。

胡服胡語三十餘年未握毛錐，執筆手顫，幾不能終篇矣。

弟唐德剛拜

汝老：

手示久稽復爲歉。承索《雜憶》拙著，弟手邊亦無存書，迨

續版再送吧。謹奉上胡公《自傳》乞正。臺灣文壇爲此書圍剿猶大，乞公作主也。紐約近有「文協」組織，弟被謬舉作行者。何時高僧東來，當在花果山上大會歡迎也。吳惠民已結婚，近在紐，嫁一百萬富翁也。

時安

弟廿六日飛臺北，轉港穗北京，並聞。

德剛頓首

穆欣（一九二〇—二〇一〇）

汝昌同志：

十四日信拜收。去年承蒙擲贈大作，亦早已收，一册並已轉康老。謝謝。

關於東京《紅樓夢》展，我們並未收到其他材料。現將十二日《光明日報》一份隨函寄去，請收。匆復。

祝好

穆欣　十二月十五日

汝昌同志：

手書拜收，致康老信已轉送去，勿念。那天在康老處，聽你暢論「大觀園」，得益頗多，原應向你致謝，望勿客氣。

有空當去看你，順祝

健好

穆欣　三月九日

汝昌同志：

康老囑將此信和書轉陳，現託黎丁同志帶上，請收。

好久不見，謹祝

健好

穆欣　十四/五

凌道新（一九二一—一九七四）

汝昌老兄大作紅樓夢新證問世初試新聲萬里可卜奉題二律用質斧斤

覓得金環證往身，七年誰共此甘辛。（自初屬草至問世蓋閱七年矣。）繁華轉燭銷香地，風雨高樓傷別人。脂硯幽光終有託，通明彩玉詎蒙塵。怡紅舊苑魂車過，應謝多情一愴神。

右步陳寅老贈吴雨老紅樓夢新談題辭舊韻。

人間滄海幾狂瀾，血淚文章隔世看。巷口飛煙殘劫在，橋頭落日逝波寒。華年錦瑟偏嗟李，雛鳳清聲欲擬韓。幽夢只從君索解，玉宸弦柱起三歎。

右步汝昌兄自題韻。

小弟凌道新拜稿　一九五四、二、十八

汝昌兄上元來碚小留一周頗盡歡樂蒙示詩篇及苦水師和作詠歎之餘良有所感於其返蓉前夕勉爲此律非敢云和但誌別情耳

隔代相憐弔故林，未容展卷已傷心。星歸海落珠難見，花近樓開夢可尋。人世須珍紅燭會，春宵莫厭緑醅斟。明朝便是西川路，又向流雲閲古今。

小弟道新再稿　一九五四、二、廿一

汝昌我兄大鑒：

來信早接，未能即覆，乞諒。弟校本於七月十五起放假，但各種會議未即停止，頗近苛擾，兼遭毒蟲嚙膚，痛楚纏綿，坐卧不安，神思不寧十有餘日，今且益甚，無由握管，一切下情，想可見宥。

弟原擬暑假赴蓉，但傅啟群尚未分發工作，仍在待命，須視水災稍蘇，交通恢復方可。弟不便獨往成都也，至於分往何地，亦不可知。近知聞在老已於五月返成都，兄當早悉。繆彦老六月間赴京開會，恐已會過。梁仲老亦在京料理私務，想亦把晤矣。盛況如何，乞示一二。又聞少荃教授又調回川大，穉荃詩人上月本月各晤一次，刻已返蓉省親。弟於八月三日邂逅於公共汽車之中，再申前請，彼已答應必在成都作成之。吴雨老現代歷史系主任。孫公刻亦在京開會。前言之何劍薰教授亦在京與會，近聞人言其趣事略如下：一、杜甫不好勞動，惟事嬉游吟詩，應與人民共棄之，二、曹寅有「棟」亭詩集（非「棟」亭集），三、《西遊記》人物分析：唐僧，地主；孫行者，革命家，鬥爭性强；沙僧，農奴；猪八戒，未覺悟之農民，惟知大吃大喝，思想水平不高，但階級成份很好。凡此種種，可以絶倒（此在我校爲紅教授之一）。兄在現職具體工作如何？有寒暑假否？近聞弟校將展開「工作時工作量」之學習，將來工作必更緊張矣，肥人孫海波教授已被河南師範學院（原河大）聘去（行前作代言五律二十首，五古若干），學校多方挽留，反遭譏誚怒罵，蓋孫公在思改、評薪二運動中頗受摧折。近中央文化部將其舊作印行，又知其著述達十餘種，當事乃改變態度，豈料孫君去志早決矣。則虞教授如恒。即頌

秋安　嫂夫人諸姪同此。

小弟道新頓首　五四、八、七、北碚

弟校現提前於九月一日上課。

黃宗江（一九二一—二〇一〇）

汝昌學長：

大别又小别，京華咫尺，難相往來，卻時深懷念。寒舍就在恭王府後身，如來研究院時，蹓彎過我，一叙爲暢也。因舍下位置偏屬王府，平伯老人爲我題了「焦大故居」四字，黃裳老兄認爲我也屬梨園行，又題做「琪官遺舍」，均無從考。然我院内有一小戲臺，或見書賴尚榮榮陞所建，但總不好題爲「賴大故居」，十分不雅。但或即尤三鍾情柳生處，乃想請貴權威題它個「湘蓮舊臺」（尺寸可略如俞老、容老的，約一張半箋紙即可），望即賜一揮，四分附郵，寒舍生光也。

這是我泡製的三家爭鳴，可見有些爭鳴云云也是泡製的，方家然否？一笑。

弟宗江拜　申酉明前

汝昌：

得賜簡，並轉鼎昌，共博一笑。

字大小如紙便佳，擬如是一裱，如何？不忙，不忙，且待一代「紅」儒找到一支筆。

深盼得暇來小院一游，必得趣。（當非饅頭庵也。）一笑，一笑。

宗江　三、三十

夏志清（一九二一—二〇一三）

汝昌吾兄如晤：

四月廿二日大函早已拜悉，那時學期將結束，校務甚忙，未即覆爲歉。翼明弟收到大札後，亦影印一份示余，表示其内心之興奮。兄以書法行家視之，感恩不淺也。明年紅學大會，兄有意提名邀弟參加，不勝感荷。但近年來紅學著作太多太雜，弟除吾兄等少數人作品外，皆未加注意，已成一大外行，返國獻醜，不如不去。半年前徐朔方先生有意邀弟返國參加《金瓶梅》會議，我也婉辭了。將届退休之齡，弟評新中國小説之第三本著作尚未完成，不想多開會。今夏原可返台參加明代小説戲曲大會，也

因無時間寫paper而作罷。實情於此，想兄必能諒解，而不加深責也。

天氣轉熱，兄八月返國，尚有兩月，可偕千金往名勝區游覽一番，比終日留居陌地生有意義也。弟因事忙，今夏反而不往何處旅行。去夏先後赴西德、香港，浪費時間太多。

望二位父女皆安，倫苓同此不另，即頌

暑祺

弟志清拜上　一九八七，五月31日

汝昌教授吾兄道席：

不久前收到大札，悉兄特在新著裏引了拙著論曹、吳之部分，感到十分光榮。兄爲當代紅學第一專家，弟對《紅樓夢》研究不深，而兄認爲我的某些觀點有可取之處，教弟興奮何如！「東大」印行之大作，弟亦於同日去信給朋友，囑他航寄我一册，想不久即可到手。拜讀後當再上書道謝，並寫下些對大作之意見。

一别已多載，望兄長身體健康爲禱。弟偕妻曾於六月初赴瑞典國都、倫敦玩了兩周，倫敦之游尤爲滿意。兄有機會應與令嬡同往其國一游也。劉紹銘處當會去信，他現在牛津小住。匆匆即頌

暑祺

弟志清頓首　1990，七月十八日

2/4/2006

汝昌吾兄：

去秋收到您郵寄來的新著《定是紅樓夢裏人》，非常高興。80年代末期兄來哥大多天，弟曾邀兄在我辦公室裏講紅學，房間雖小，卻坐滿了學生，津津有味的聽兄演講。此情此景，至今難忘。那時令嬡作陪，想即是爲《定是紅樓……人》寫編後記的倫玲女士。兄返加州後還寄墨寶真跡給弟，保藏至今，但弟退休以後，曾患心臟病住院一周，之後因養病關係久之與兄失掉了聯絡。細看兄評賞愛玲治紅學的大著，讓我想起了不少往事。我當年雖寫過一大章紅樓，載*The Classic Chinese Novel*，對版本問題只略加研究，自己興趣不在這方面，只能算是外行。即使想寫篇文章捧捧《紅樓夢魘》，也不可能寫出一篇像樣的文章來。愛玲雖是紅作家，認真討論其《夢魘》的文章，可説一篇也没有，連宋淇兄也没有寫過一篇。吾兄的《夢裏人》可惜愛玲無福讀到，否則她必以最欽佩的態度致函道謝，認定兄也是她的生平知己也。

去年十月，浦安迪來訪，贈弟一册《紅樓夢批語偏全》這部重要的專著，兄特爲之寫序。寫《四大奇書》之後，我以爲浦兄改變路綫從事别方面的研究了，想不到他在查閲各種木刻本、抄本，録下了如此多的批語。一時不會去重温紅學，浦安迪這本書一時不可能去細讀，但《批語偏全》也是部必備的紅學參考書。

吾兄想定居加州，不常返國作演講了。三位令嬡是否都在身邊，可日常見面。弟雖有心臟病，但别方面健康情形還好，看起來不像一個老人。兄著述不斷，而且落筆甚快，表示體健而腦子靈活也。我即將85歲（實足年齡），吾兄想比弟年長兩三歲，望自知保養。

狗年納福！

弟志清拜上

管樺（一九二二—二〇〇二）

汝昌兄：

今天同時收到三月廿六日和四月卅日來信，得知吾兄開完全國政協會即赴河北講學，真是爲「紅學」研究鞠躬盡瘁。（吾兄四月卅日信，等適當時機交有關報刊發表。）

拜讀《獻芹集》才知道，世上竟有反對「考證」的人。奇怪！難道不是由於紅學家的堅忍不拔的精神，千辛萬苦的「考證」工作，才能使廣大讀者正確的深刻的並且是全面的理解《紅樓夢》的嗎？那些反對「考證」的人是不是認爲「真理」已經在他們手裏呢？離開事實的唯心主義者，會犯這個毛病的。就算是真理吧，一旦掙脱開事實這一鎖練，奔跑起來，也會盲目的滚進荒謬的泥坑。

讀《美紅散記》，知外國朋友正在探討曹雪芹的哲學思想。小弟非常關心這個問題，但對這方面文章，不是接觸得太少，而是没有半點接觸，一無所知，吾兄寫的是國際紅學會的散記，不可能介紹出那些論文，不知那些論文（有關哲學思想的）在國内印出否？

去豐潤的問題，看樣子政協是不會出面的了。我想吾兄同河北省有密切關係，可否由河北省有關部門出面？他們約吾兄去時，小弟和陳大遠同志願做「陪客」和「嚮導」。因爲私人去，很多事難辦，問題也不好解決。

緊握手

管樺　五月一日

今天已是五月八號了，孩子忘了給我寄出，我只有自己跑郵局一趟了。

史樹青（一九二二—二〇〇七）

玉言學長惠鑒：

北京市機械工業局張鐵英同志，精研我國書法，曾從啓元白先生受業，對書法理論有不少專著，論文曾在報刊發表過一部分。近讀大著《書法藝術答問》，認爲是「近幾十年來書論之壓卷」，景慕情深，亟思拜謁。特爲介紹前來，務請接見，多加指導。

文化部學習班，已於八日開學，本期有我參加，聞研究所也有廿人參加，不知您參加否？明日全體到首都鋼廠，後日到沙河公社參觀學習，以提升對十二大精神的理解和認識。待下周結業後，擬趨訪聆教，如何。

專此奉懇，並致

敬禮！

弟史樹青敬上　一九八二、十一、十一

舒蕪（一九二二—二〇〇九）

汝昌兄：

假期中奉讀手教，屬望之殷，策勵之切，感何可言。吾兄鴻才績學，宿所欽儀，每接光風，頓慚淺劣，常恨未得晨夕過從，飫聆雅教。

辱承下問，「歷劫見冰消」一句，尋思反復，竟無由索解。數日來略事繙檢，亦無所得。譾陋之譏，知不能免。坐負高情，爲悵悵耳。他日儻釋此疑，還乞見教。

社中新出《近代詩選》，曩曾與閱稿，後雖由鴻森同志發稿，多所加工，然淺學謬見，影響所及，必多貽誤。尚請摘疵指垢，不吝誨迪，幸甚，幸甚。

比來新詩又得幾首？暇中祈寫示。

耑此布復，順頌

撰祺

弟舒蕪百拜　一九六三、十、十一

汝昌同志：

《先秦散文選》審稿意見收到。您的工作真是認真仔細，感謝感謝。

病况如何？我們已開始進行思想建設，又忙起來了。

此致

敬禮！

弟舒蕪頓首　即日

吴小如（一九二二—二〇一四）

之子勤攻錯，長才匯古今。何圖初識面，便繫久違心。世事真疑幻，江湖迥且深。它年春夢覺，詩卷證飛沈。

玉言兄有錦城之行，賦此爲贈。時在辛卯歲暮，燕園景物至寥闃也。

莎齋詩賸

風華吐屬長相憶，才調讓君先。歲年來去，關河修阻，別思淒然。　燕山舊事，湖橋清話，酒肆餘歡。只今惟有，噤鴉遠柝，冷月孤圓。

紅樓舊夢君能説，花月捴前因。幾年心願，一時身手，勝業誰倫。　多情笑我，久縻塵鞅，長味清貧。何當秉燭，忘形爾汝，對挹芳尊。

《人月圓》二闋寫似敏厂吾兄方家吟粲。

莎齋弟少若拜藁

射魚吾兄：

書來久不報，非不報，無以爲報也。昨課程始結束，可稍蘇喘息。從正剛所假得詩箋數枚，劣筆則依舊，録拙詩以塞命，客中亦無印泥，只好不落印矣。叢碧翁曾一晤，云頃有書寄左右，想先此抵達矣。調整甫開始，人事仍未確定，唯坐待而已。日日開會忙，竟不能足眠，長往則必憊，如何如何。連朝大雨，得《浣溪沙》一闋，本非詞人，蓋不敢以布鼓過雷門，然正欲兄斧正之，遂録似乞潤色焉。

渴雨吞山薦夜涼。飄風颭亂小荷塘。明踪晦跡恁匆忙。　柳意綢繆花影瘦，新知渺邈舊情荒。劇憐辛苦易疏狂。

正剛爲此道大講陰陽平仄，不是弟所能知，亦非弟所願爲，兄或不以此繩其謭陋邪。許政揚兄是否可望到蓉？渠曾與弟一談也。匆匆，候

安

弟寶　七月卅一

敏厂我兄：

得手示，敬承種切。正剛事忙，（正剛迄未移居，仍住大成坊也。）囑弟先作此函，渠或將弟與同臺之戲照寄奉也。（弟在此共演三次戲，《二進宫》是兄未走時所演，後合演《捉放公堂》，頃又合爨《上天台》，完全矇事，可發噱耳。）顧羡老可呼之爲王孫者，敏厂或未可呼之，况王孫其人雖於羡老亦未嘗無微詞（此則弟親耳聽啓公所談者），弟所以告於兄者，非望將此意傳之於羡老，以爲扯是非之舉，實欲告兄「人心不同，各如其面」耳。然啓公亦自有可取處，吾輩原不宜臧否人物也。平老已數數晤，彼寫有小品論雪芹卒年，刊津《大公報》，仍主卒於壬午。弟覚其言近是，惜手邊無報紙，不能奉寄，兄或可檢讀之。平老甚憐君之才調，且有願與兄相熟之意。兄儻返京，弟當一爲曹邱，兄或不以爲忤也。承兄厚愛，欲餽遺之，濟其窘乏，殷勤可感！然兄亦非富有者，以文鬻來區區版税，寧可四分五裂，供朋輩不時之需，弟心銘此意而實不敢當也。萬一兄以將伯之姿態出現，弟當泥首璧之，蓋此日債臺已高，不敢再向人乞米矣。（然亦很難説，春節後室人分娩在即，或真要向你開口，但請兄等我開口再寄下何如？）尊詩只是樓梯響耳，何屢開空頭支票邪？殷浩空函，桓温變色，弟

與正剛將共向兄興問罪之師矣，一笑。賜書拜領，什襲藏之，謝謝，餘再罄。

近擬爲報紙寫小文，總題即用尊詞「稗邊小綴」爲稱，頗欲談演義書，俟成篇後，當以報紙呈覽。

莎頓首

敏厂：

別後俞平老數遺柬札，告以前聚至款洽，極願移玉至老君堂清談。（平老住七十九號，或由弟陪同前往何如？乞示。）王佩璋君並囑轉陳，《文學遺産》有「粟豐」之文，聞係來自長沙之外稿，至恐兄誤會。其意拳拳，遂逕奉達如上。正剛聞已有行期矣。弟近仍忙，何時復見，至念也。匆候

著安

弟莎　六、廿三

新詞拜誦。遵囑寫奉，字不足觀，存鴻雪因緣耳。拙詩辱厚獎，慚愧之至，幸不吝斧斤，感何可言。尊作倘披諸報端，弟與有榮焉，請即投寄。弟昨偶得半日閒，已以小文塞責矣。六十年代初，政揚出城邀兄次日偕訪林靜希先生，政揚宿弟所，秉燭夜話，次日兄竟不至，憮然久之。兄尚記其事乎？盍再以詩識之。

專覆

敏厂學長兄

弟莎拜上　一月廿三日

李慎之（一九二三—二〇〇三）

汝昌學長：

大函奉悉，奬譽過當，曷勝惶悚。

五十年代初，得讀《紅樓夢新證》，即知作者實爲我四十年代初之燕園同窗，深以失之交臂爲憾。一九五七年以後，淪爲右派者二十餘年，既不齒於士林，更無論交於大雅之想。復出以後，塵事鞅掌，終未能遂識荆之願。此次得在校友會上暢聆高論，夙願得償，何幸如之。

弟幼承庭訓，亦嘗呫嗶五經，長而奔走革命，遂廢所學。唯五七年後，困而求知，每亦若有所悟，然獨學而無友，不免固陋而寡聞。近十年來於當世所謂學術者稍稍得窺其涯涘，因亦頗思請益於海内外碩學鴻儒。無非被驅於求真之一念，蓋亦受燕大校訓之所啓示也。

大札所署地名「朝内南竹竿胡同113號」不知是否即尊寓。倘蒙不棄，定當專誠趨謁，尚盼有以教我。

附上簡歷一紙，係用於「對外學術交流」者，不過便於足下略知弟之底蘊而已。去年風波中又獲罪於當道，退休在即，當可多得餘暇，讀書補過矣。專此奉復，即頌

研祺

同學弟李中（慎之）謹上　一九九〇、五、十三

舍下地址：

建外永安南里八號樓二門二〇六號

電話5006005　郵碼100022

趙國璋（一九二三—二〇〇四）

汝昌兄：

手教奉悉多日矣，其間爲二本書的印刷校對，忙亂不堪，清江印刷廠又遲遲無信來，愧無以奉告，心甚歉然！地震之事，頗以爲念，得紹昌函，知兄合第平安，欣慰之至。

前天才收到清江寄來樣書二册，又突得主席逝世消息，不勝悲痛！參加弔唁之後，昨夜略加對勘，發見兄來函囑改之處，均已改正無誤，一塊石頭方才落地。（惟「也知高韻」被改爲「也知遺韻」，不知何故。依尊函改。）這次校改頗費周折，幸主要錯字均改過，也算幸事。令兄來稿稍遲，未能據改，所幸關係不大，將來另謀補救吧！

《論叢》一書排印、裝訂、紙張、封面、書影，都不錯，在目前能印成這樣，也算難得的了。印刷廠説本月十五日可以裝訂完畢，書運到之後當立即奉寄。如發現須「勘誤」者我們再研究處理辦法。

南京也有地震警報，屬波及區，自八月二十日起，動員搭窩棚，到本月十日，未發過警報，又動員遷回矣。這個期間我白天在家裏看《魯迅文言論文試譯》校樣，夜裏到資料室睡覺，基本上未受干擾。

現在紙緊張得很，印刷越來越難。簡報八月號已編成，但發不出，以後如何，很難預測。

《新證》出版後深受歡迎，不少人反映讀過此書，對清初歷史認識更加深刻，對您的艱辛勞動極爲欽佩！

匆匆奉復，並希鑒諒！此致

敬禮！

趙國璋上　七六、九、十三

范用（一九二三—二〇一〇）

汝昌先生：

香港《明報月刊》匯來一筆稿費，適在病中，遲遲請人轉上，乞諒。近又收到該社寄來的大作，請查收。

不知道先生出國講學是否已經回到北京，請多保重！

冬祺

范用　一、十五

鄧雲鄉（一九二四—一九九九）

汝翁學長詞宗吟席：

大札並鴻文均已奉到，至謝至感。年來所遇者，獨少嚴師益友，於今得之矣。教誨之言服膺五衷。昔於羡季先生處亦稍蒙教誨，唯冀土之墻實難望群賢之軒駕也，能不慨然乎！

大作當過録後再付手民，先此布達，餘者容後續陳。專肅，

敬頌

撰安

愚小弟鄧雲驤頓首　三月九日

玉言學長兄惠鑒：

前賜《識小録》序言，今又在國内《隨筆》雜誌上刊出，寄上抽頁一份。已函該社，贈刊及稿酬將直接寄到府上。此稿「羊城」編輯蕭荻兄轉告，事先未及時奉告，乞諒！近又經營一書，名「燕京鄉土記」，附呈目録一份，用博微哂，能再賜一佳序乎？此書上海文藝出，約三十萬字，均爲散文隨筆，書名已承聖陶仁丈題好，再五十年前編《舊都文物略》之陳兼于丈（名聲聰，現年八十七歲）已賜一短序，如再蒙學長兄一序，則可荷九錫之榮矣！發稿在即，知近日盛會繁忙，不情之請，務乞海諒爲感！

嫂夫人、令嬡均此問好！諸唯不一。順頌

著安　並此叩節！

愚弟鄧雲驤頓首　端午日雨窗

人間艷説紅樓，於今又入瀛寰志。衣冠異國，新朋舊雨，一堂多士。脂硯平章，楝亭器度，白頭譚藝。念秋雲黄葉，孤村流水，繁華記、蓬窗底。　未識情爲何物，問茫茫、古今誰會？晝薔釵斷，掃花歌冷，並成旖旎。豈獨長沙，還憐屈子，離憂而已。愛西崑格調，鄭箋共析，掬天涯淚。

庚申新秋成《水龍吟》，奉汝昌先生大詞宗兩政。

鄧雲鄉　時客京華

卞孝萱（一九二四—二〇〇九）

汝翁先生賜鑒：

惠示敬悉。自有紅學以來，著作繁富，嘗試論之，占有材料之詳，涉及問題之廣，考證方法之精，應推大著爲第一。二十年來，先生鑽研益深，倘以新成果擴充舊著，如錦上添花，更善更美矣！下風引領，佩慰曷勝！

弟本學習唐代文化史，頃因范著《通史》僅出至隋唐五代，尚缺宋遼金元明清，亟需續成，弟被分配於宋代部分，目前正從事此項工作，一二年内，如能完篇，擬請先生斧正，幸勿見拒。

承允代購新版《三國演義》，估計約需十部，便中請代登記，書款若干，請示知，立即送上，費神，謝謝。

附寄揚州瘦西湖曆片一紙，請置案頭，以供欣賞。圖中風景，尚存乾嘉舊觀（請參閲《揚州畫舫録》排印本283、288頁插圖）。林黛玉曾隨宦揚州，圖中蓮花橋與白塔，或爲其舊游之地，一笑！

耑此，敬請

撰安

小弟孝萱拜上　三月廿七日

日文版《人民中國》書法專號，現已售罄，弟在考古所圖書室看到。

汝昌先生道長：

多日未聆教益。友人舒湮同志（冒隺亭先生之子）云：溽暑閉户不出，惟讀大著《誠齋詩注》。此法絶佳，惟不知先生如何消夏？故鄉桑愉同志精於篆刻，久慕大名，囑呈印稿一紙，請求誨正。如蒙不棄，賜題「桑愉印存」（或「樂觀樓印稿」）扉頁，曷勝感幸！先生如需刻印，桑同志亦樂於獻藝也。耑此，敬頌

秋祺

教弟孝萱上言　八、八

傳説江蘇有曹雪芹畫跡，不知有下落否？

汝翁先生道長：

手示敬悉。

（一）「三部」類中，確有《紅樓》。出版之後，務乞代購。書款面繳，費神拜謝。

（二）再呈桑君印稿一頁，懇求指教。扉葉題就，便中擲下，當爲轉去。桑君爲先生刻印，出於仰慕之忱，請將印文示知，印材由弟設法。

（三）囑查《永憲録》，已數度接洽，該館工作人員對弟云：確有此書，可能裝箱運往外地，如您社來信借閲，館方當爲追查下落，運回此書。此爲比較有效之法，不知尊意如何？

（四）鎮江曹畫，已去函託友尋覓，只慮已毀掉耳！

匆上，敬請

著安

教弟孝萱拜上　八、十五

闔府均此拜候。

汝翁先生道長：

手示拜悉。萱二十歲前，客滬上，聞馬夷初先生叙倫云：唐人學王羲之書，以褚遂良爲第一。稍長，知薛稷書法，淵源登善，時稱「買褚得薛，不失其節」，爾後李煜、趙佶皆師嗣通。趙稍變其法，爲瘦金體。褚、薛、李、趙四家，皆萱之所愛重。頃觀先生爲桑君印譜題簽，似瘦金而稍腴，較河南而加勁，求之今日，實無其匹。感佩之忱，不可言喻也。

昨又與科學院圕工作人員聯繫，據云：《永憲録》有二部，其一爲鄧文如先生舊藏，均運往外地。

頃得安徽大學冒效魯先生來函，囑向先生致意，並云：「汝昌兄有《誠齋詩選》，曩曾見過，不知渠尚有存者能見惠否？」如何答復，請示。

耑此，敬頌

撰安！

教弟孝萱拜上　八、廿八

購《紅樓夢》、《三國演義》，拜託拜託。

汝翁道長：

多日未晤教，不知有無需要查書之處？請隨時示下，萱所樂爲也。《三國演義》出版後，乞大力代購數部，書款已儲備，候示送上。耑此，敬請

著安

教小弟孝萱拜上　十一、七

敝所近有遺失信件情况，今後賜示，如係郵寄，請寄敝寓，如公子送，即送敝所。

敝寓：建外永安南里7樓305號

敝所：人民路10條1號

玉翁先生道長賜鑒：

昨託郭俊綸先生轉呈一函，已邀青鑒。萱與郭，僅通信，未見面。然據鄉人之識郭者，皆云其爲好人，故敢介紹購書。郭對先生，甚爲欽佩，無他要求，唯求代購大著一部，以便研讀。其心誠懇，請成全之。

墨寶兩幅，寫作雙絕。陶、蔣二老，表示深深的感謝。馮其庸同志之入黨介紹人，即陶之愛人；王士菁同志之本師，則蔣也。陶、蔣對先生之文學、書法，均有甚深之理解，故代求法書，以結墨緣。

自唐山、四川地震以後，江蘇震情亦甚緊張，自徐州至鎮江，均在不同程度地防震，揚州有震中之説，八月半起，揚州居民皆在户外搭棚，食宿其中，南方雨多，氣候又熱，日曬雨淋，加以蚊蟲叮咬，情景可以想見。

大示在中文系積壓多日，今始拜讀。今後賜教，請寄舍間，萬無一失。

附答某君疑問一紙，乞審閲，如無大錯，請轉交。周振甫同志與拙見不謀而合，深爲欽服。

聞京、津震警尚未解除，仍請多加防備，以策萬全。此信寫於防震棚中，請恕潦草。

耑此，敬請

著安

小弟孝萱拜上　九、六

許政揚（一九二五—一九六六）

玉言：

繹誦佳章，風旨遥深。使人得於簡編以外，想見其人其事。雖然，此豈徒爲曹侯作耶。於是弟竊有感焉。夫事固有存焉而實亡，即之而愈遠者，則刊與不刊，正未易言。所謂「風月寶鑑」，斷斷乎不可正照者也。近於友人座中，獲睹古槐翁新作《紅樓夢縹緲歌》，首云「紅樓縹緲無靈氣，容易虀鹽化芳旨」，亦富新義。弟謂若得治曹氏之學者，各賦一章，寫彙成册，亦非無味。第恐此中人未必個個能韻語耳。

弟有小書，專考戲曲小説俗語，兼及名物、典制，曩嘗目曰「小説戲曲釋詞」。然「釋詞」兩字，高郵王氏已用，專指虚辭。頗慮誤會，旋易爲「小説戲曲語彙考釋」，又病其嚕囌。故舉錯未定，兄能爲弟一決否？望之望之。南大學報將復刊（已付排），本期有弟舊稿「話本徵時」兩則，（考證話本各篇時代，題名亦蹇澀不佳。）弟原不欲發表，恐貽人口實，徒生事端。爲編者催逼，不得已而應之。然又恐自此將一發而不可收矣，奈何。便祝

健飯

弟斧摩　二十三日

秋懷二首

蜂盟蝶誓久如聾，花落花開曆日中。留得藥香伴午枕，高槐昨夜又西風。

點檢琴書事已非，風簾佇立送斜暉。楚些吟罷渾忘卻，黄葉無聲撲面飛。

玉言：

舉示「語釋」二字，簡而能該，俗不傷雅，不亢不卑，亦故亦新，其妙處殆不可以一二語仿佛。此弟朝夕求之而不獲者，得兄容易拈出之，恍如醍醐灌頂，豁然開悟，真快事也。嗟嗟，安得每有小規畫，一一能就吾兄商略體例哉！「話本徵時」首期已發稿，不及追改矣。兩書皆往歲所蓄材料，未嘗比輯，棄置篋衍，今爲學報編者逼勒，不得已而漫應之。招謗貽譏，可以逆睹，然而不遑恤矣。弟於南開，本無多感情，在學報發表文字，尤非所願。然而又不欲開罪於人，此所以身不由己也。退既不得，罷復不能，前語「留得藥香」，其亦自騙已。昨見人文所出《董西廂》，編者序稱「擄鞍兀兀」，「兀兀」或作「冗冗」，兩不可通，故改爲「亢亢」，「想都是形近致誤」云。其自作聰明乃如此。不知此編者果爲何人。前示貴處有「范大成」專家，想吾兄亦常聽此等妙論耳。即頌

撰安

弟斧摩　十一、二

味兄：

奉書展讀，病室生春。《禊帖》而能背臨，可知寢饋極熟。想見擲筆四顧，躊躇滿志，當時意氣，迥非尋常。如此佳筆，漫棄可惜，莫若付弟，時刻對玩，聊當指授，何如？又，舍弟獲讀兄詞，甚喜且感，復申前請，千祈勿吝。《蘭亭》弟向所覯，如落水本等，皆石本，且賈人索價，類非措大能辦。至勾填本，則絶未經眼。乍睹眼爲之明，神爲之清，不啻金篦刮目，靈醐灌頂。《張好好詩》，憶是伯駒先生物，曩在燕京展出，幸一寓目。初不知曾有翻印也。見示新印諸本，爲之垂涎三尺，病榻與世隔絶，寡聞至於此極，失之交臂，良堪歎惜。當去函滬上試覓。弟不能字劃，每觀兄書，不勝臨淵之羨。候病軀小平，擬發憤三年。右軍書，兄宜撰爲專論，未可但作隨筆。夫曹氏説部，既已專擅矣，今復有此著，藝苑好事，將被一人占斷，令人羡殺妒殺。書成必先借讀。弟思今代世説之作，其人不特須聞見廣博，必善於行文。微兄，其誰能任？牽涉多，勢所必然。能略者略之，應避者避之。

可先疏録，徐徐審定。蓋本垂後之文，不爲今人而作，刊布少晚，固無害也。弟於先世舊聞，知之甚鮮，承告《夢影録》，俟返校當覓一閲。

順頌

開爐之吉

弟斧頓首　十四日

王學仲（一九二五—二〇一三）

書周臨《蘭亭集》後

《蘭亭》爲天下第一行書。《蘭亭》一帖見於唐賢著録者不下十餘家，如房玄齡、劉餗、孫過庭、歐陽詢、徐堅、李冗、李綽、張彦遠、褚遂良、武平一、李約、韋述，唐太宗其尤著者，可知《蘭亭》事非妄誕也。梓澤蘭渚，一序垂成。惜乎有文無題，或稱「蘭亭帖」，或稱「蘭亭序」，且《文選》不入。碑版家李文田以來，或詆《蘭亭》之文，或疑《蘭亭》之字。以帖論則有孤獨落水之本，以石論則有定武八柱之刻。百家聚訟，蓋米氏詩所謂「寄言好事但學佳，俗説紛紜那有是」者乎？夫《禊帖》照灼千古，至百世以下尊王書爲千古書聖者則不可移也。竊以爲人奇、事奇、文奇、字奇，無不奇，即羲之復爲之亦不得，得非世之神物、書中之龍乎哉？周夫子以文苑之雅士，偶運霜毫，覃思竭慮，得雪芹神邈之思，數度默寫《蘭亭》，能太宗諸臣鈎摹響榻之所不逮者，而逮之不爽於毫釐，似馮承素而瘦硬綽約，亦并世書林之奇也。爲問周夫子何處乞靈藥、吞金丹，而使凡骨脱盡耶？

壬午禊日，幽禽時語，展觀一過，愚學弟王學仲於己出樓。

張牧石（一九二八—二〇一一）

敏庵詞丈有道：

前蒙賜題《夢邊填詞圖》，甚感奬掖後學之盛意。晉齋先生移居時，言須待其摹畢副稿方可賜下，迄今數月，靡日不念，寒假中連訪數次又不遇，恐移居亂中遺失，吾甚惜之，故特附上素箋，印已鈐畢（係前爲吾丈治印時初拓，因一印偏，故未寄上者。賜書《鷓鴣天》，爲復拓之）。敢勞吾丈再書尊作，促迫能事，不恭之極，先鳴謝悃。即頌

撰祺

後學牧石張洪濤頓首　乙巳新正三日

大作《鷓鴣天》恐尊處未留底，謹録别紙。

鷓鴣天　題夢邊填詞圖

舊日花邊與酒邊。騷人結習已千年。而今何事張三影，又向聲家結夢緣。　參活句，去陳言。試從真際識真傳。江山日日新圖好，夢裏分明百卉鮮。

謹據記憶，如有誤處，還乞諒之。

汝昌鄉前輩大鑒：

賈君送來先生寵賜大著《詩詞賞會》，感荷無已。連日拜讀一過，先生論述淹博，佩之無斁。京津兩地自叢碧、靈龕、正剛諸公逝後，吟事蕭條。夢碧近又病篤，吟壇牛耳舍先生莫屬。晚近除繼爲人之患者，又應古籍書店聘忙於編輯工作。日前由史樹青先生供本，將影印苦水師臨《聖教序》。我書店中青年編輯正擬赴京進謁先生，望不吝賜教，感同身受。又京劇音樂電視連續劇《曹雪芹》在京開機，先生定應邀指導。吾津青年演員雷英在此劇組，彼甚有前途，藝術禀賦甚高，望先生亦大力賜教。先致謝悃，諸俟面叩。耑肅。敬候

撰安

鄉後學張牧石頓首

合府均安不另。又及。

陳毓羆（一九三〇—二〇一〇）

汝昌同志：

來信拜讀。弟已於當晚發出一電致南京，告知與兄晤面商洽事。嗣後又草一信至美國威斯康辛大學趙岡先生家，信中轉達了兄的兩點意思。目前尚未得到回音，以後有訊再報。

大作訛字，當於補白中勘正。目前尚發現別人文章也有誤字，如40頁4行云「温都里納」乃滿語「玻璃」之意，「滿語」乃「法語」之誤。又第177頁7行「女兒翠袖詩懷冷」，「女兒」爲「女奴」之誤。兄如發現還有別處的錯字，乞示知。

關於王利器文章事，弟於近日已與世德兄及其他編委晤談，商討能否抽換。大家研究，覺得實行起來很困難。因爲第二輯於去年九月份業已發稿，上海古籍出版社是交給江蘇某地之印刷廠排印，業已明確規定，不能中途抽換，否則不單要罰款，而且不能保證出版之時間，廠方對此概不負責。八〇年此一辦法實行尤嚴格，出版社已和我們打過招呼。《集刊》第一輯已拖延半年有餘才出版，第二輯勢不能再拖，而且目前在爭取第四輯於七月出版，趕在哈爾濱討論會之前。望兄能够諒解。

弟可談談此稿之經過。我們曾向王君約稿，他答應了，並未告知其題目。後來他掛號寄來此文，原名《紅樓夢新證糾謬》。我們曾退回此稿，並提出意見供他參考，希望把文章中刺激性的話刪去，並認爲題目不妥，應改。王君改後重抄一遍，寄給我們，題目已改爲《證誤》。我們覺得還有一些不必要的話句，即給他大加刪除。在第二輯中，此文是排在最後一欄內，地位並不突出。此欄之第一篇爲上海郭若愚先生寫的《紅樓夢與文物考古——什物工藝編》，係一長文。如此之安排，蓋亦考慮到影響也。第二輯中還有幾篇商榷性質的文章，其中之一爲《棠村小序説質疑》，爲杭州一同志所寫，係與吳世昌先生商榷。發表這些文章，目的是爲了「百花齊放，百家爭鳴」，不是針對某個同志。兄閲過此文後，可針對之而寫一辨駁，我們必定儘快發表。

王君此文，係對兄《新證》中之若干材料提出意見，並非專門針對兄書之大標題，兄所聞言想必有誤。以弟觀之，兄之《新證》材料豐富，爲紅學中之奠基著作，久已膾炙人口，即在國外，亦爲專家學者所公認。其中即使有少許材料有不够準確或欠妥之處，固無傷日月之明也。

第四輯發稿在即，兄手頭如有存稿，可逕寄弟舍。長短不拘，兩萬字以内尤佳。兄是否能把《紅海微瀾録》繼續寫下去？希望能在二月三日前擲下最好。

王君與兄有憾，弟實不知，只覺其文章原稿有些火氣。他日當向兄瞭解。

赴美事，望彼此多通聲氣，互相關照。兄之意見甚好，實先獲我心。近日偶赴王府井外文書店（離新華書店很近），見新出一册《英語會話常用語》，外文局編譯辦公室出，供從事外事工作及出國人員參考。內容雖淺，然有不少詞彙。惟字跡甚小，不知兄需此參考否？價四角二分。兄如需要，可叫令愛赴外文書店購買。

即祝

撰安！

弟毓羆　八〇、一、二十三

徐無聞（一九三一—一九九三）

周先生：

您好！違教整整三年，時時從報刊上見到先生詩文，藉知先生身體强健，著述益豐，引領北望，欣忭曷已。我這三年來，仍從事《漢語大字典》編寫工作，没有教書。八零年編成《漢語古文字字形表》，署名爲徐中舒先生主編，我雖實任主要編寫工作，但名與工農兵學員同列。接着編《秦漢魏晉篆隸字形表》，從搜集資料、制訂規劃，發凡起例，直到編排摹寫，皆我始終主持。費時兩年，于八二年七月編成。全書收字頭五千三百餘個，形體二萬五千多個，取材以竹簡、帛書和碑刻爲主，旁及銅器、璽印、磚瓦等，過半的資料是前人同類字形書没有用過的。每個字形皆附文句，並對通假字、經典異文都一一注明。付印清稿爲十六開一千五百頁。但出版社仍不承認事實，要署徐中舒主編，西師方敬院長令我拒絶交稿。經過大半年各方面同志仗義執言，最近出版社才明確承認我爲主編。另外，我在教研室組織了東坡選集工作，段啓明兄亦參加，計選文一百首，詩二百六十餘首，詞五十餘首，已交出版社，但何時出來，未可預計。我寫了一篇序言（另一老教師署名在前），俟印出後即請先生指教。三四年來，我的主要精力都盡于這三部集體編著中，爲人作嫁，名利兩虛，還得不斷地受許多閒氣，真是何苦乃爾。因知一心爲公，實是迂腐之極，雖行「古」之道，實不周于今之人也。數年來，在集體編書之外，也寫了爲數不多的不成器的文字。去前年爲鮑渌飲手校《白石道人歌曲》寫跋文一篇，並作校勘記，並附録張、陸、朱本旁譜。此書現在影印中，俟出時當奉呈也。今年春節草成《褚遂良事迹繫年》和《褚遂良書法試論》兩稿。稿成不數日，便赴蘇州參加全國篆刻評審會，在會暇逛書店買得大著《書法藝術答問》，窮一夜之力快讀一通，真是夫子言之，于我心有戚戚焉。私心甚喜在褚稿中論及筆法時，竟與先生高論多有合處。今將拙稿複印本另郵寄呈先生不客氣地批評指正，至盼至感！大著《答問》，貌爲小册，實爲巨著，妙理名言，絡繹奔會。論筆法、論《蘭亭》等節，尤爲卓絶，可謂「一洗萬古凡馬空」者矣。除了論篆書小部分外，全書所論，我皆完全贊成，不僅贊成，實是衷心佩服。不知何時再得追陪杖履，從容請教也。先生近著，甚盼見示一二，用代面聆教言。終日碌碌，不能恭楷作書，幸乞恕宥。謹此肅陳，即叩

尊安

學生永年敬上　四月十三日

好事者督促參加展覽，拙刻呈先生哂之。終年忙，無暇，一年中尚不滿十石。

周先生：

違教忽又逾年，忙碌未及修問，然時時未嘗去懷，敬想杖履康勝，即事多欣，必符臆頌。半月前因公返成都，適值家君所藏《廛間之蓺》印出，遂郵呈惠鑒，昨啓明兄頒下手教，恪誦再三，且慚且感。此畫册連頭帶尾拖了三年方得出世，印刷不厭人意，與原作相去甚遠，且設計者不爲讀者着想，硬板洋裝，定價太貴，更可歎者，每頁亂畫圖章，惡俗不堪，不知者誤爲出自我手，掃盡西泠社中人臉面，然亦無可奈何矣。《沈尹默先生入蜀詞墨迹》已裝成樣書數册，年持一册歸家，家君見法書署檢，連連稱贊：「寫得好，秀勁得很。」此書綾面綫裝，彩色印刷，定價廿元。先生題署貼在書面，印得闊大，淺緑色底，銀色邊框，極爲醒目。扉頁則謝稚柳、沙孟海二老各占一面。稿費及樣書，大約下月上旬即由巴蜀書社直寄先生，謹先奉聞。又年主編之《秦漢魏晉篆隸字形表》，賴十餘人之力，歷時三年，方得成書，又經三年，兩月前才出版問世。全書一千八百餘頁，定價四十二元，分得樣書兩部，無力寄贈師友請教，殊以爲恨。本欲以稿費返買，但兒女媳婦輩一致要求買電視機，不願再借光于左鄰右舍，寡不敵衆，亦無可如何矣。南北數千里，無由聆教，先生新著如得頒示一二，

亦猶耳提面命也。謹此肅陳，即叩
道安　並候
師母康健

學生永年敬上　八六年一月二十二日夜

編後記

本書共收録了父親一百零二位師友寫給他的書札、詩箋及贈畫等近三百通（件），可以想見這批資料内容的豐富以及編集整理的繁難與不易。

一百零二位師友中，以誕於一八六七年的張元濟先生和一八七一年的汪鸞翔先生爲最年長，而顧隨先生一九四二年的三通致函和胡適先生一九四七年十二月的致函則時間最早。

這些信札，多爲父親在求學、教書期間，尤其是進入學術研究領域後六十多年間所結識的多領域多界别的大師名儒、詩人詞宿、學者作家等與他交往的記録，其中既有師輩的教誨鼓勵，又有友朋的情誼關懷，可以説每一通都包含著一段動人的故事、一幕學人往來的情景。可能父親的去函早已毁佚，但從來札中仍能品味出其間往來交流的内涵，窺見父親每一階段文化學術歷程的軌跡。

父親一生艱辛，家境窘迫，没有條件和别家相比，比如藏書，比如文玩……但他十分珍視往來信件，皆視爲寶貴之文獻。早在一九四七年十二月，得以重入燕園讀書的父親就給他的哥哥周祜昌寫信，叮囑「將家中所有諸人信件盡量收齊，依信封郵戳注明年月，依次編排」。父親還拜託哥哥説：「此乃極可寶貴之文徵，早年已毁無法矣，現時應立著手，不可再毁，此事大重要，有望於兄……」這也就可以明瞭父親爲什麽能够妥善保存下恩師顧隨先生一百多通書信、大學者胡適先生「手書六通」，以及詞家張伯駒、歷史學家繆鉞、文獻學家吴則虞、書畫鑒定家徐邦達等先生衆多珍貴墨跡的真正緣由。

本書雖曰「書札」，卻不乏小幅書法與畫卷，汪鸞翔先生精繪的四幅「周氏家園圖」、徐邦達先生賀家父六十壽的《翠竹卧石圖》、潘素先生爲紀念曹雪芹逝世二百周年而作的《黄葉邨著書圖》、賀翹華女史的《紅樓夢斷圖》，以及多位先生的法書詩文，除令人賞心悦目外，更有其獨特的歷史與文物價值。

當代學術史上的某些重大事件和論爭，比如一九五四年《紅樓夢》研究大批判、《蘭亭叙》的真僞、恭王府之建築年代、曹雪芹畫像之册頁等，以及一九八〇年美國召開首屆國際《紅樓夢》研討會的出席名單，本書都有所涉及，爲難得的學術史史料，彌足珍貴。

需要説明的是，本書所收録者並非父親遺留的全部，而只是擇取捐獻於恭王府博物館中的一部分和現存我們手中的零散碎件。未收入的數量還非常之多，如徐邦達先生、張中行先生、黄裳先生、許政揚先生……都是可以單獨成册的，這些只好留待來日整理了。

二〇一三年父親所藏書信等資料捐獻恭王府博物館時，並未想到今日能够彙集出版，當初只由建臨弟隨意拍照了一部分，若干圖片效果差的，只能割捨，也是一大遺憾。後來恭王府博物館提供了一部分照片，在此應表出並致以謝意！

感謝中華書局的鼎力支持，感謝編輯李世文先生的策劃建議，感謝趙林濤等先生作小傳與釋文，感謝美編諸位的辛勤勞作，在此一併致以深深謝意！

今年恰逢父親誕辰一百零五周年，值此之際，出版本書以爲紀念。

周倫玲　癸卯三月穀雨節